MW01199335

RESTAURANTS

DEUTSCHLAND
2023

INHALTSVERZEICHNIS
CONTENTS

Die Top-Adressen 2023

Regionalatlas

Die Selektion 2023

Allgemeiner Index 2023

EDITORIAL

Liebe Leserin, lieber Leser,

wir freuen uns, Ihnen die Ausgabe 2023 des Guide MICHELIN Deutschland vorstellen zu dürfen. Unsere Auswahl an Restaurants ist das Ergebnis einer spannenden und ebenso gewissenhaften Recherche durch unsere Inspektoren. Dank Qualität und Vielfalt verspricht die hiesige Gastronomie auch in diesem Jahr unvergessliche kulinarische Momente.

Hervorzuheben sind die zahlreichen jungen Talente, die jede Menge Motivation, frische Ideen und zukunftsorientierte Konzepte in die Restaurantküchen des Landes bringen. Viele von ihnen setzen sich für die Förderung der heimischen Region ein und machen sich für eine nachhaltige Gastronomie stark.

Ob Gemüsebauer, Fischer oder Viehzüchter, immer mehr Gastronomen unterstützen lokale Erzeuger und Lieferanten aus der nahen Umgebung.

Sogar internationale Produkte wie beispielsweise Zitronen, Garnelen oder Reis werden inzwischen hierzulande angebaut bzw. gezüchtet - und das oft in Bio-Qualität. Eine positive und bereichernde Entwicklung, die es weiterzuführen gilt.

Neben diesem erfreulichen Bild wird das Jahr 2023 aber auch so manchen Kraftaufwand fordern. Steigende Rohstoffpreise, Personalmangel und die Rückzahlung staatlicher Kredite stellen für die Gastronomen eine enorme Herausforderung dar. Deshalb sollten wir mehr denn je daran denken, einen Restaurantbesuch nicht nur als kulinarischen Genuss, sondern auch als Zeichen unsere Solidarität zu sehen.

Liebe Leserin, lieber Leser, diese Restaurantauswahl wurde für Sie zusammengestellt. Es liegt an Ihnen, mit dem Guide MICHELIN als Reisebegleiter spannende Adressen zu entdecken. Zögern Sie nicht, uns Ihre Erfahrungen - ob erfreulich oder enttäuschend - mitzuteilen. Mit Ihren Rückmeldungen können wir uns stetig verbessern - für Sie! ■

Das Guide MICHELIN-Team

BEMERKENSWERT...

Die neue Selektion zeigt es: Die Gastronomie in Deutschland trotzt so manchem Widerstand und hält an ihrem hohen Niveau fest – dank engagierter Küchenchefs und Küchenchefinnen, die ihr großes Talent unter Beweis stellen.

München glänzt mit echtem Highlight

Man kann es schon als Sensation bezeichnen, was München als gastronomische Neuigkeit zu verkünden hat: Die höchste Auszeichnung von drei MICHELIN Sternen wurde hier an ein neu eröffnetes Restaurant vergeben. Mit an der Spitze der internationalen Gastronomie steht nun das „JAN', in dem **Jan Hartwig** mit kreativer Küche in seinem eigenen Restaurant auf Anhieb den Sprung auf drei Sterne geschafft hat. Jan Hartwig dürfte Ihnen bereits aus dem Münchner „Atelier" im Hotel „Bayerischer Hof" bekannt sein, wo er zuvor schon auf 3-Sterne-Niveau kochte. Absolut herausragend – am besten gleich reservieren!

Glasiertes Kalbsbries, Stabmuscheln, Petersilienwurzel & Rauchfischbrühe. © Jan

Beindruckender Erfolg nach schweren Zeiten

Die deutsche Gastronomie zeigt sich robust und flexibel. Viele, zumeist junge Köche haben enormen Mut bewiesen und trotz erschwerter Bedingungen in der Branche den Schritt in die Selbstständigkeit gewagt. In ihren – bedingt durch den Personalmangel - oftmals kleinen Restaurants gehen sie in Sachen Qualität keine Kompromisse ein.

Mit beachtlichem Engagement, Können und Kreativität haben sie schon kurz nach der Eröffnung ein hohes kulinarischen Niveau erreicht, das sich in dieser Selektion widerspiegelt, nicht selten in Form einer Auszeichnung. Natürlich geht es vor allem um tolles Essen, aber auch Wohlfühlen in entspannter Atmosphäre zählt heute in den (Sterne-) Restaurants immer mehr.

Vegi auf top Niveau

Vegetarische und vegane Küche ist längst auch in der Spitzengastronomie fest etabliert. Nicht zuletzt in Sternerestaurants werden komplette Menüs als vegetarische oder sogar vegane Variante angeboten. In kreativen Konzepten setzen ambitionierte Küchenchefs pflanzenbasierte Alternativen zu Fleisch und Fisch äußerst spannend und niveauvoll um. Und auch hier gilt: Produktqualität ist das A und O. Unter den in unserer Selektion empfohlenen Restaurants finden sich auch einige, die sogar ausschließlich vegetarisch oder vegan ausgerichtet sind. ∎

Anna Kucher/Getty images Plus

7

Nachhaltigkeit – nicht mehr wegzudenken aus der Gastronomie!

In der Gastronomie dreht sich alles um Lebensmittel, da ist die Frage nach deren Herkunft praktisch ein Muss. Woher kommen die verwendeten Produkte? Wie werden sie erzeugt und verarbeitet? Wie weit sind die Wege zum Verbraucher?

Natur- und Umweltbewusstsein spielen hier eine bedeutende Rolle. Immer mehr Gastronomen nehmen sich dieser Aufgabe an und setzen konkrete Maßnahmen um, mit denen sie sich für die Schonung der Ressourcen und einen respektvollen Umgang mit Lebensmitteln einsetzen. Zu diesen Maßnahmen zählen die Verwendung von regionalen und lokalen Produkten der jeweiligen Jahreszeit sowie Fleisch aus artgerechter Tierhaltung, die Verwertung des kompletten Tieres („Nose to tail"), die Vermeidung langer Transportwege, die Zusammenarbeit mit Bio-Betrieben..., um nur einige zu nennen. Und nicht nur das Produkt selbst steht im Fokus, in allen Restaurantbereichen ist Nachhaltigkeit ein Thema. So gehören in vielen Betrieben zu einem konsequent nachhaltigen gastronomischen Konzept auch Energieeinsparung, Recycling, die Sensibilisierung der Mitarbeiter sowie die Information der Gäste. Sie sehen, die Maßnahmen sind vielfältig.

Seit 2020 würdigt der Guide MICHELIN diesen Einsatz der Restaurantbetreiber mit einer speziellen Auszeichnung, dem Grünen Stern. Und die Zahl der Grünen Sternen nimmt von Jahr zu Jahr zu - ein schöner Beweis dafür, dass die sich Gastronomen ihrer Verantwortung gegenüber der Natur bewusst sind und sich mit zukunftsorientiertem Handeln für deren Schutz engagieren.

EDITORIAL

Dear Reader,

We are delighted to present the 2023 edition of the MICHELIN Guide Germany. Our selection of restaurants is the culmination of an exciting and painstaking quest conducted by our inspectors. Rife with quality and variety, the local restaurant scene has plenty more unforgettable culinary moments in store again this year.

Let's start by acknowledging the many young talents who bring an abundance of motivation, fresh ideas and concepts that look to the future of Germany's restaurant kitchens. Many of them are committed to promoting their local regions, and make a strong case for sustainable gastronomy.

More and more restaurateurs are supporting local producers and suppliers from their own backyard, be they market gardeners, fishermen or livestock farmers.

Even international produce such as lemons, prawns and rice are now grown or cultivated in this country – often organically. This positive and enriching development is one that should be pursued.

This optimistic snapshot, however, is not the full picture: 2023 will also require many efforts to be made. The rising prices of raw material, staff shortages and the repayment of state loans pose enormous challenges for restaurateurs. It is therefore worth remembering that, now more than ever, a meal out is more than a culinary treat; it is an act of solidarity.

Dear reader, this restaurant selection has been compiled for you. Now, with the MICHELIN Guide as your travel companion, it's over to you to get out there and try out the places that caught our attention. Do not hesitate to tell us about your experiences – whether pleasant or disappointing. With your feedback, we can continue to improve – for you! ■

The MICHELIN Guide Team

REMARKABLE...

The new selection is proof: the restaurant scene in Germany is overcoming setbacks and maintaining its high standards – thanks to the dedicated chefs who are demonstrating their great talent..

Star-studded Munich

The news from Munich can rightly be described as sensational: The highest award that can be handed out – three MICHELIN stars – went to a newly opened restaurant. Now at the pinnacle of the international restaurant rankings is JAN, Jan Hartwig's own restaurant, where he has clinched three stars at the first attempt with his creative cuisine. You may be familiar with Jan Hartwig: he previously secured three stars for Atelier in the hotel Bayerischer Hof, also in Munich. Absolutely outstanding – it might be wise to book a table as soon as possible!

Impressive success in the wake of hard times

The German restaurant sector is showing itself to be resilient and flexible. Many chefs, many young, have shown enormous courage in daring to take the leap and go it alone, despite difficult conditions in the industry. A lack of staff may limit the size of their restaurants, but that doesn't mean they compromise on quality. Thanks to considerable commitment, skill and creativity, they are reaching lofty culinary heights within a short time of opening – and this is reflected in the current selection, not infrequently with the awarding of stars. It's all about great food, of course, but feeling good in a relaxed atmosphere also counts more and more in (starred) restaurants today.

Plant-based cuisine ranks highly

Vegetarian and vegan cuisine has established itself a mainstay of top-tier gastronomy, and, not least in Michelin-starred restaurants, completely vegetarian or even vegan set menus are served alongside omnivore options. In their creative concepts, ambitious chefs are introducing plant-based alternatives to meat and fish in extremely exciting and sophisticated ways. And here, too, ingredient quality is the heart of the matter. The restaurants recommended in our selection include some that are exclusively vegetarian or vegan.

You can find the entire MICHELIN Guide selection at www.guide.michelin.com and on our app, which is available free of charge for iOS and Android.

Looking for a suitable hotel?
You will find a varied selection of hotels on our website www.guide.michelin.com

Sustainability –
at the heart of gastronomy

In gastronomy, everything revolves around food, so the question of the origin of a meal's components is key. Where do the ingredients come from? How are they produced and processed? How far have they travelled to get to the consumer?

Awareness of nature and the environment play a significant role here. More and more restaurateurs are rising to the occasion and implementing concrete measures with a view to sparing resources and treating food respectfully. These initiatives include using regional and local produce in step with the seasons, and meat from sources that practise species-appropriate animal husbandry, utilising the entire animal (nose-to-tail approach), avoiding shipping foodstuffs over long distances, and working with organic farms, to name but a few.

But it is not just about the produce that goes into the dishes; sustainability is an issue that touches all aspects of running a restaurant. Correspondingly, in many establishments, a consistently sustainable concept also encompasses saving energy, recycling, raising awareness among staff, and informing customers. As you can see, the measures are manifold.

Since 2020, the MICHELIN Guide has saluted restaurant operators' commitment in this area with a special award: the Green Star. Every year, the number of Green Stars handed out is increasing – an encouraging sign that restaurateurs are aware of their responsibility to nature and are intent on protecting it through forward-looking actions.

DIE GRUNDSÄTZE
DES GUIDE MICHELIN

Ob in Japan, in den Vereinigten Staaten, in China oder in Europa, die Inspektoren des Guide MICHELIN respektieren weltweit exakt dieselben Kriterien, um die Qualität eines Restaurants zu überprüfen. Dass der Guide MICHELIN heute weltweit bekannt und geachtet ist, verdankt er der Beständigkeit seiner Kriterien und der Achtung gegenüber seinen Lesern. Diese Grundsätze möchten wir hier bekräftigen:

Die oberste Regel. Die Inspektoren testen **anonym und regelmäßig** die Restaurants, um das Leistungsniveau in seiner Gesamtheit zu beurteilen. Sie bezahlen alle in Anspruch genommenen Leistungen und geben sich nur zu erkennen, um ergänzende Auskünfte zu erhalten. Die Zuschriften unserer Leser stellen darüber hinaus wertvolle Erfahrungsberichte für uns dar und wir benutzen diese Hinweise, um unsere Besuche vorzubereiten.

Um einen objektiven Standpunkt zu bewahren, der einzig und allein dem Interesse des Lesers dient, wird die Auswahl der Häuser in **kompletter Unabhängigkeit** erstellt. Die Empfehlung im Guide MICHELIN ist daher kostenlos. Die Entscheidungen werden vom Chefredakteur und seinen Inspektoren gemeinsam gefällt. Für die höchste Auszeichnung wird zusätzlich auf europäischer Ebene entschieden.

Der Guide MICHELIN ist weit davon entfernt, ein reines Adressbuch darzustellen, er konzentriert sich vielmehr auf eine **Selektion** der besten Restaurants in allen Komfort- und Preiskategorien. Eine einzigartige Auswahl, die auf ein und **derselben Methode** aller Inspektoren weltweit basiert.

Alle praktischen Hinweise, alle Klassifizierungen und Auszeichnungen werden **jährlich aktualisiert**, um die genauestmögliche Information zu bieten.

Die Kriterien für die Klassifizierung im Guide MICHELIN sind weltweit identisch. Jede Kultur hat ihren eigenen Küchenstil, aber gute **Qualität** muss der **einheitliche Grundsatz** bleiben.

Von Tokio bis San Francisco, von Paris bis Kopenhagen, die Mission des Guide MICHELIN ist immer die gleiche, nämlich die besten Restaurants der Welt zu finden.

Küchenvielfalt und Know-how, moderne Kreativität oder große Tradition - unabhängig von Ort und Stil haben die Inspektoren des Guide MICHELIN nur ein Ziel: Geschmack und Qualität... Nicht zu vergessen die Emotionen.

Unter all den im Guide empfohlenen Restaurants erhalten die bemerkenswertesten eine Auszeichnung: die Sterne – bis zu drei für Restaurants, die Sie an die Spitze der Gastronomie führen. Ebenso der Bib Gourmand, der für unser bestes Preis-Leistungs-Verhältnis steht.

Dazu kommt ein weiterer Stern, nicht rot, sondern grün, der auf Betriebe hinweist, die sich für nachhaltige Gastronomie einsetzen.

So viele Geschmackserlebnisse, die man erleben kann – all das ist die Selektion des Guide MICHELIN, und noch viel mehr!

DIE AUSWAHL DES GUIDE MICHELIN

AUSZEICHNUNGEN: DIE QUALITÄT DER KÜCHE

DIE MICHELIN STERNE

Die bemerkenswertesten Küchen sind die mit MICHELIN Stern – einem ✿, zwei ✿✿ oder drei ✿✿✿. Von traditionell bis innovativ, von schlicht bis aufwändig – ganz unabhängig vom Stil erwarten wir immer das Gleiche: beste Produktqualität, Know-how des Küchenchefs, Originalität der Gerichte sowie Beständigkeit auf Dauer und über die gesamte Speisekarte hinweg.

✿✿✿   Eine einzigartige Küche – eine Reise wert!
✿✿   Eine Spitzenküche – einen Umweg wert!
✿   Eine Küche voller Finesse – einen Stopp wert!

BIB GOURMAND

Ein Maximum an Schlemmerei: gute Produkte, die schön zur Geltung gebracht werden, eine moderate Rechnung, eine Küche mit exzellentem Preis-Leistungs-Verhältnis.

DER GRÜNE STERN

GASTRONOMIE & NACHHALTIGKEIT

Achten Sie in unserer Restaurantselektion auf das Symbol MICHELIN Grüner Stern: Es kennzeichnet Betriebe, die sich besonders für nachhaltige Gastronomie einsetzen. Informationen über das besondere Engagement des Küchenchefs finden Sie unter den betreffenden Restaurants.

DIE SYMBOLE
DES GUIDE MICHELIN

Ⓝ	Neu empfohlenes Haus im Guide
N	Eine neue Auszeichnung in diesem Jahr!

Einrichtungen & Service

🍇	Besonders interessante Weinkarte
⩤	Schöne Aussicht
🏡	Park oder Garten
♿	Für Körperbehinderte leicht zugängliche Räume
AC	Klimaanlage
🏛	Terrasse mit Speiseservice
⇔	Privat-Salons
🅿	Parkplatz
🚫	Kreditkarten nicht akzeptiert
U	Nächstgelegene U-Bahnstation (in Berlin)

Preisklasse

€	unter 35 €
€€	35 - 60 €
€€€	60 - 100 €
€€€€	über 100 €

Schlüsselwörter

Schlüsselwörter lassen auf den ersten Blick den Küchenstil
und das Ambiente eines Hauses erkennen.

REGIONAL • DESIGN

LEGENDE
DER STADTPLÄNE

Sehenswürdigkeiten

• Restaurants

🏛 Interessantes Gebäude

Interessantes Gotteshaus

Straßen

Autobahn • Schnellstrasse

❶ ❶ Numerierte Ausfahrten

Hauptverkehrsstrasse

Fussgängerzone oder Einbahnstrasse

Ⓟ Parkplatz

Tunnel

Bahnhof und Bahnlinie

+++++ Standseilbahn

Luftseilbahn

Sonstige Zeichen

🅘 Informationsstelle

Gotteshaus

o ∴ ⚒ Turm • Ruine • Windmühle

Garten, Park, Wäldchen • Friedhof

Stadion • Golfplatz • Pferderennbahn

Freibad oder Hallenbad

Aussicht • Rundblick

▪ Denkmal • Brunnen

Jachthafen

Leuchtturm

✈ Flughafen

U-Bahnstation

Autobusbahnhof

○ Strassenbahn

Schiffsverbindungen:
Autofähre • Personenfähre

✉ Hauptpostamt (postlagernde Sendungen)

🏛 Rathaus

THE MICHELIN GUIDE'S COMMITMENTS

Whether they are in Japan, the USA, China or Europe, our inspectors apply the same criteria to judge the quality of each and every restaurant that they visit. The MICHELIN Guide commands a **worldwide reputation** thanks to the commitments we make to our readers – and we reiterate these below:

Our inspectors make regular and **anonymous visits** to restaurants to gauge the quality of products and services offered to an ordinary customer. They settle their own bill and may then introduce themselves and ask for more information about the establishment.

To remain totally objective for our readers, the selection is made with complete **independence**. Entry into the guide is free. All decisions are discussed with the Editor and our highest awards are considered at an international level.

The guide offers a **selection** of the best restaurants in every category of comfort and price. This is only possible because all the inspectors rigorously apply the same methods.

All the practical information, classifications and awards are revised and updated every year to give the most **reliable information** possible.

In order to guarantee the **consistency** of our selection, our classification criteria are the same in every country covered by the MICHELIN Guide. Each culture may have its own unique cuisine but **quality** remains the **universal principle** behind our selection.

THE MICHELIN GUIDE'S SELECTION

CUISINE QUALITY AWARDS

STARS

Our famous One ❀, Two ❀❀ and Three ❀❀❀ Stars identify establishments serving the highest quality cuisine – taking into account the quality of ingredients, the mastery of techniques and flavours, the levels of creativity and, of course, consistency.

❀❀❀ Exceptional cuisine, worth a special journey!

❀❀ Excellent cuisine, worth a detour!

❀ High quality cooking, worth a stop!

BIB GOURMAND

Good quality, good value cooking. 'Bibs' are awarded for simple yet skilful cooking.

THE MICHELIN GREEN STAR

GASTRONOMY AND SUSTAINABILITY

The MICHELIN Green Star highlights role-model establishments actively committed to sustainable gastronomy. A quote by the chef outlines the vision of these trail-blazing establishments. Look out for the MICHELIN Green Star in our restaurant selection!

From Tokyo to San Francisco, Paris to Copenhagen, the mission of the MICHELIN Guide has always been the same: to uncover the best restaurants in the world.

Cuisine of every type; prepared using grand traditions or unbridled creativity; whatever the place, whatever the style.. the MICHELIN Guide Inspectors have a quest to discover great quality, know-how and flavours.

And let's not forget emotion... because a meal in one of these restaurants is, first and foremost, a moment of pleasure: it is experiencing the artistry of great chefs, who can transform a fleeting bite into an unforgettable memory.

From all of the restaurants selected for the Guide, the most remarkable are awarded a distinction: first there are the Stars, with up to Three awarded for those which transport you to the top of the gastronomic world. Then there is the Bib Gourmand, which cleverly combines quality with price.

And finally, another Star, not red but green, which shines the spotlight on establishments that are committed to producing sustainable cuisine.

There are so many culinary experiences to enjoy: the MICHELIN Guide brings you all these and more!

SYMBOLS

N   New establishment in the guide
N   Establishment getting a new distinction this year

Facilities & services

🍇   Particularly interesting wine list
⪡   Great view
🛋   Park or garden
♿   Wheelchair access
🆎   Air conditioning
🏮   Outside dining available
🍽   Private dining room
🚗   Valet parking
🅿   Car park
🚫   Credit cards not accepted

Range price

€   under 35 €
€€   35 - 60 €
€€€   60 - 100 €
€€€€   over 100 €

Key words

Two keywords help you make your choice more quickly:
orange for the type of cuisine, gold for the atmosphere.

REGIONAL • DESIGN

TOWN PLAN KEY

• Restaurants

Sights

Place of interest

Interesting place of worship

Road

Motorway, dual carriageway

Junction: complete, limited

Main traffic artery

Pedestrian street

Car park

Tunnel

Station and railway

Funicular

Cable car, cable way

Various signs

Tourist Information Centre

Place of worship

Tower or mast • Ruins • Windmill

Garden, park, wood • Cemetery

Stadium • Golf course • Racecourse

Outdoor or indoor swimming pool

View • Panorama

Monument • Fountain

Pleasure boat harbour

Lighthouse

Airport

Underground station

Coach station

Tramway

Ferry services:
passengers and cars, passengers only

Main post office with poste restante

Town Hall

2023...
DIE TOP-ADRESSEN

✿ DIE NEUEN STERNE...

✿✿✿

München	**JAN**

✿✿

Deidesheim	**L.A. Jordan**
Hamburg	**Lakeside**
Hannover	**Votum**
Karlsruhe	**sein**
München	**Alois - Dallmayr Fine Dining**
Münster (Westfalen)	**Coeur D'Artichaut**
Rottach-Egern	**Gourmetrestaurant Dichter**
Schluchsee	**Mühle**

Und finden Sie alle
Sterne-Restaurants 2023
am Ende des Guide
MICHELIN, Seite 436.

Berlin	**Bonvivant**
Berlin	**The NOname**
Bischofswiesen	**Solo Du**
Blankenhain	**Masters**
Donaueschingen	**die burg**
Düsseldorf	**Pink Pepper**
Eggenstein-Leopoldshafen	**Das garbo im Löwen**
Erfurt	**Clara - Restaurant im Kaisersaal**
Essen	**Kettner's Kamota**
Frankfurt am Main	**bidlabu**
Frasdorf	**Gourmet Restaurant im Karner**
Freiburg im Breisgau	**Colombi Restaurant**
Freiburg im Breisgau	**Eichhalde**
Freiburg im Breisgau	**Wolfshöhle**
Hamburg	**haebel**
Koblenz	**Verbene**
Köln	**Sahila - The Restaurant**
Leipzig	**Kuultivo**
Marburg	**MARBURGER Esszimmer**
Maßweiler	**Borst**
München	**Brothers**
München	**mural farmhouse - FINE DINE**
Münster (Westfalen)	**BOK Restaurant Brust oder Keule**
Münster (Westfalen)	**Spitzner**
Nürnberg	**Tisane**
Osnabrück	**IKO**
Prien am Chiemsee	**Wachter Foodbar**
Schwendi	**Esszimmer im Oberschwäbischen Hof**
Stuttgart	**Hegel Eins**
Trier	**Bagatelle**
Ulm	**bi:braud**
Wachenheim an der Weinstraße	**Intense**
Weingarten	**MARKOS**
Weißenbrunn	**Gasthof Alex**

...UND DIE NEUEN BIB GOURMAND 😋

Baden-Baden	**Weinstube zum Engel**
Baiersbronn	**Schatzhauser**
Berlin	**Funky Fisch**
Berlin	**Jäger & Lustig**
Berlin	**November Brasserie**
Dresden	**ElbUferei**
Frasdorf	**Westerndorfer Stube**
Gersfeld (Rhön)	**Kaufmann's**
Großbundenbach	**WurzelWerk**
Großkarlbach	**Karlbacher**
Hattingen	**Fachwerk**
Herford	**Am Osterfeuer**
Ihringen am Kaiserstuhl	**Winzerstube - Vinum**
Karlsruhe	**Bistro Margarete**
Köln	**CARUSO Pastabar**
Köln	**HENNE.Weinbar**
Korb	**Rebblick**
Liebenzell, Bad	**Hirsch Genusshandwerk**
Lottstetten	**Gasthof zum Kranz**
München	**falke23**
Oberkirch	**Springbrunnen**
Regensburg	**Sticky Fingers**
Rödental	**Froschgrundsee**
Rosenberg	**Landgasthof Adler**
Ruderting	**Landgasthof zum Müller**
Schwerin	**Cube by Mika**
Wasserburg am Inn	**Weisses Rössl**
Weil am Rhein	**Café GUPI**

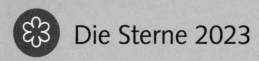

Die Sterne 2023

Dreis	✿✿✿	Ort mit mindestens einem 3-Sterne-Restaurant
Berlin	✿✿	Ort mit mindestens einem 2-Sterne-Restaurant
Bonn	✿	Ort mit mindestens einem 1-Stern-Restaurant

Norderney

Bad Zwischenahn

Münster

Haltern
am See

Xanten Dorsten Dortmu

Duisburg Essen Wuppertal

Meerbusch Velbert Odenthal

Düsseldorf

Erkelenz Pulheim Gummersb

Köln

Kerpen Niederkassel Bergisch
Gladbach

Aachen

Nideggen Bonn Limbu
an der L

Euskirchen

Bad Neuenahr-
Ahrweiler Andernach

Koblenz

Darscheid Dreis Wiesbaden
Elt

Kiedrich

Piesport

Trittenheim Sel

Trier Bad

Naurath/Wald Neuhütten Sobernhei

Perl

Mannheim

Saarlouis Maßwe

Saarbrücken Pirmase

Sankt Wendel

Blieskastel

Baiersbron

Bad Petersta

Rust La

Endingen am Kaiserstuhl

Vogtsburg im Kaiserstuhl

Freiburg im Breisgau Ho

Bad Krozingen

Sulzburg Schluch

Efringen-Kirchen

Grenzach-Wyhlen Bad
Säckin

Baden-Württemberg

Bib Gourmand 2023

• Orte mit mindestens
einem Bib-Gourmand-Haus.

List

Molfsee

Neuendorf bei Wilster

Tangsted

Hamburg

Wurster
Nordseeküste

Dornum

Schneverdingen

Verden

Meppen

Hannov

Twist

Bad Nenndorf

Nienstädt

Gehr

Rheine

Herford

Emsdetten

Horn-Bad
Meinberg

Pe

Vreden

Harsewinkel

Hövelhof

Waltrop

Rüthen

Hann. Münd

Neukirchen-Vluyn

Hattingen

Brilon

Düsseldorf

Kürten

Köln

Gummersbach

Frankenber

Aachen

Euskirchen

Hardert

Lauterbach

Altenahr

Koblenz

Freiensteinau

A

Frankfurt
am Main

Heidelbe

Saarbrücken

Karlsruhe

Stuttgar

Villingen-
Schwenningen

Freiburg im Breisgau

38

Neujellingsdorf auf Fehmarn
Wustrow
Greifswald
Ahlbeck
Bad Malente-Gremsmühlen
Schwerin
Waren
Lüneburg
Berlin
Magdeburg
Quedlinburg
Nordhausen
Leipzig
Hoyerswerda
Wilthen
Dresden
Pirna
Eisenach
Chemnitz
Aue
Gersfeld
Auerbach
Rödental
Lichtenberg
Presseck
Weissenstadt
Kirchlauter
Bindlach
Forchheim
Heßdorf
Heroldsberg
Erlangen
Illschwang
Wernberg-Köblitz
Marktbergel
Schwarzenfeld
Pilsach
Maxhütte-Haidhof
Cham
Spalt
Bad Abbach
Regensburg
Pappenheim
Ruderting
Neuburg an der Donau
Windorf
Hauzenberg
Höchstädt an der Donau
Kirchdorf an der Amper
Aldersbach
Passau
Bergkirchen
Ulm
Dachau
Friedberg
Forstinning
Wasserburg am Inn
Fürstenfeldbruck
Finning
München
Zorneding
Waging am See
Dießen am Ammersee
Frasdorf
Piding
Gmund am Tegernsee
Schleching
Dietramszell
Samerberg
Bad Tölz
Neubeuern
Wackersberg
Bad Wiessee
Feldkirchen-Westerham
Oberstdorf
Garmisch-Partenkirchen

39

A

Darscheid

Meerfeld

Reil

Eltville am Rhein

Jugenheim in Rheinhessen

Bad Kreuznach

Niederweis

Neuhütten

Sankt Wendel

Dernbach
(Kreis Südliche Weinstrasse)

Sankt Ingbert

Großbundenbach

Saarbrücken

Blieskastel

Frankweiler

Berghaupte

Lahr

Kenzingen

Freia

Endingen am Kaiserstuhl

Ihringen

Waldkir

Gottenheim

Glotte

Freiburg im Breisg

Oberri

Staufen im Breisgau

Heitersheim

Sulzburg

Todtn

Bad Bellingen

Klein
Wieser

Zell im Wiesen

Lörrach

Weil am Rhein

Inzling

Grenzach-Wyhlen

Bib Gourmand 2023

● Orte mit mindestens einem Bib-Gourmand-Haus.

40

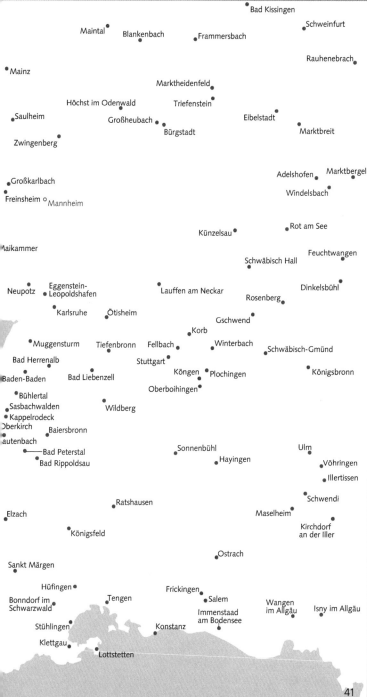

Bad Kissingen

Schweinfurt

Maintal   Blankenbach   Frammersbach

Rauhenebrach

Mainz

Marktheidenfeld

Höchst im Odenwald   Triefenstein

Saulheim   Großheubach   Eibelstadt

Bürgstadt   Marktbreit

Zwingenberg

Großkarlbach

Adelshofen   Marktbergel

Freinsheim   Mannheim   Windelsbach

Künzelsau   Rot am See

Maikammer   Feuchtwangen

Schwäbisch Hall

Neupotz   Eggenstein-   Lauffen am Neckar   Dinkelsbühl
Leopoldshafen   Rosenberg

Karlsruhe   Ötisheim

Gschwend

Korb

Muggensturm   Tiefenbronn   Fellbach   Winterbach   Schwäbisch-Gmünd

Stuttgart

Bad Herrenalb

Baden-Baden   Bad Liebenzell   Köngen   Plochingen   Königsbronn

Oberboihingen

Bühlertal

Sasbachwalden   Wildberg

Kappelrodeck

Oberkirch   Baiersbronn

autenbach

Bad Peterstal   Sonnenbühl   Ulm

Bad Rippoldsau   Hayingen   Vöhringen

Illertissen

Schwendi

Ratshausen   Maselheim

Elzach   Kirchdorf
an der Iller

Königsfeld

Ostrach

Sankt Märgen

Hüfingen   Frickingen

Bonndorf im   Tengen   Salem   Wangen   Isny im Allgäu
Schwarzwald   Immenstaad   im Allgäu
am Bodensee

Stühlingen   Konstanz

Klettgau

Lottstetten

41

by-studio/Getty Images Plus

Regionalatlas

Regionalkarten mit allen im Guide
erwähnten Orten.

Ort mit mindestens...

- einem Restaurant
- einem Sterne-Restaurant
- einem Bib-Gourmand-Restaurant

Place with at least...

- one restaurant
- one starred establishment
- one restaurant "Bib Gourmand"

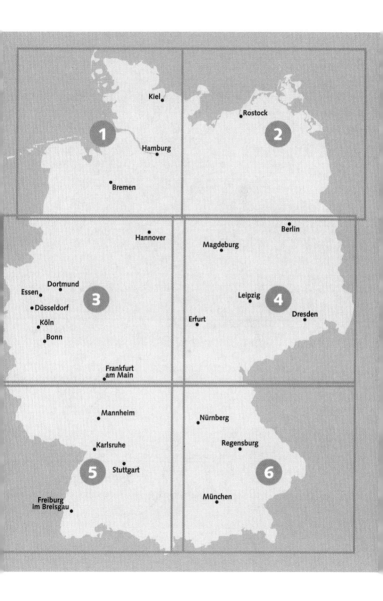

1

A

B

NORDSEE

NORDZEE

List

Munkmarsch
Keitum

Rantum

Tinnum

Sylt

Föhr

Hörnum

Wyk

Amrum

Sankt Peter Ording

Cuxhave

Wangerooge

Langeoog

Norderney

Juist

Norderney

Wurster
Nordseeküste

Borkum

Juist

Dornum

Bremerhaven

NEDERLAND

Bad Zwischenahn

Oldenburg

Twist

Meppen

46

3

A

B

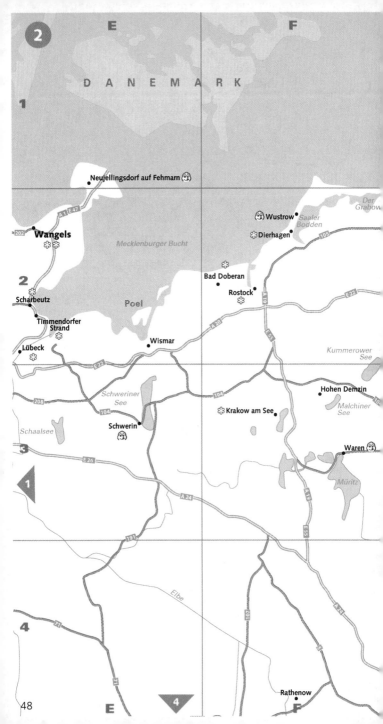

2

E   F

1

D A N E M A R K

Neujellingsdorf auf Fehmarn 🏖️

A 1 E 47

🏖️ Wustrow   *Saaler*
Bodden
202
Wangels
❄️ ❄️

🏖️ Dierhagen

Der
Grabow

105

Mecklenburger Bucht

❄️
Bad Doberan

E 22

2

Rostock
❄️

Scharbeutz
❄️

Poel

E 55

● Timmendorfer
Strand
❄️

A 20

Kummerower
See

Lübeck
❄️

Wismar

E 22

104

Hohen Demzin
●

208

Schweriner
See

Malchiner
See

104

❄️ Krakow am See ●

Schaalsee

Schwerin
🏖️

Waren 🏖️
●

3

E 26

A 19

Müritz

1

A 24

E 55

191

Elbe

101

A 31

4

27

71

Rathenow
●

48

E   F

4

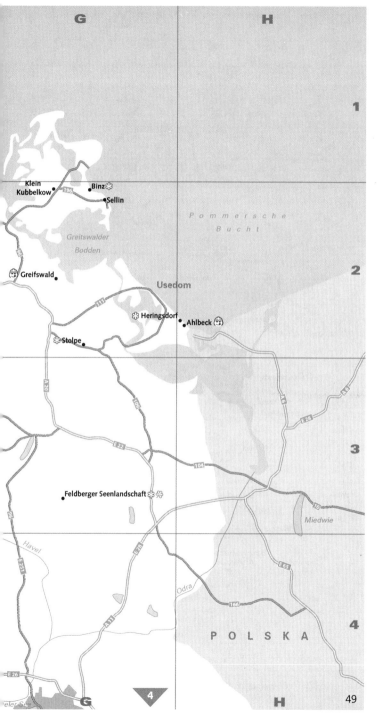

Klein
Kubbelkow
Binz ❄
Sellin

196

Greitswalder
Bodden

Pommersche
Bucht

Greifswald

Usedom

❄ Heringsdorf
Ahlbeck

111

❄ Stolpe

A 20

109

E 32

104

A 6

E 28

E 65

10

Miedwie

Feldberger Seenlandschaft ❄ ❄

Havel

96

E 251

A 11

Odra

166

POLSKA

E 26

eler See

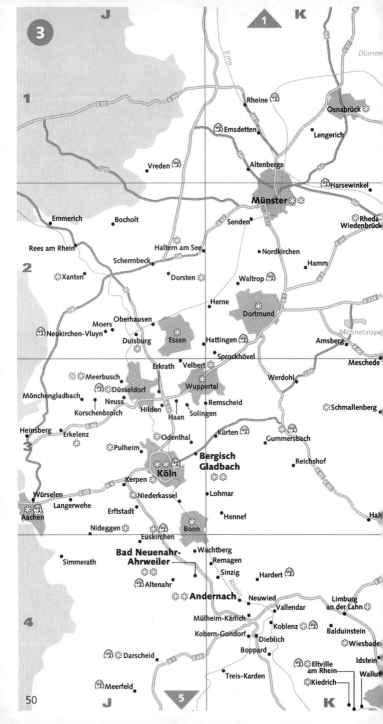

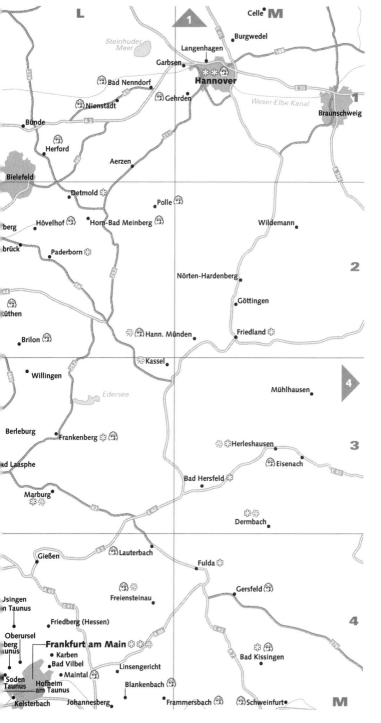

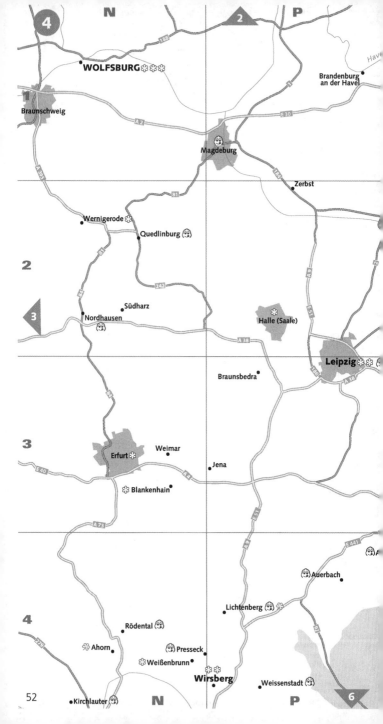

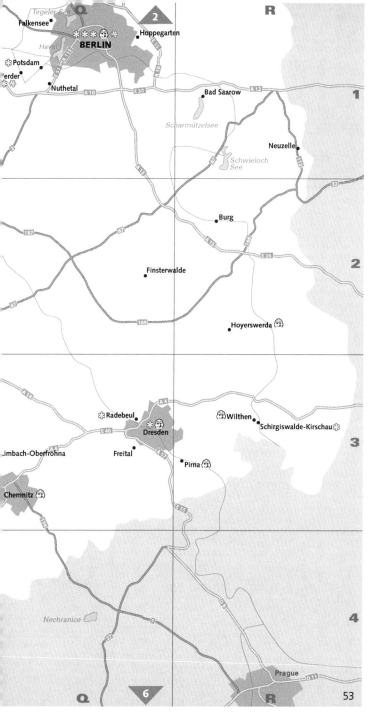

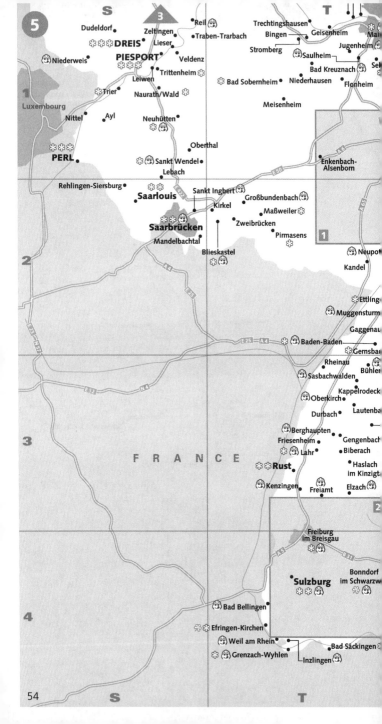

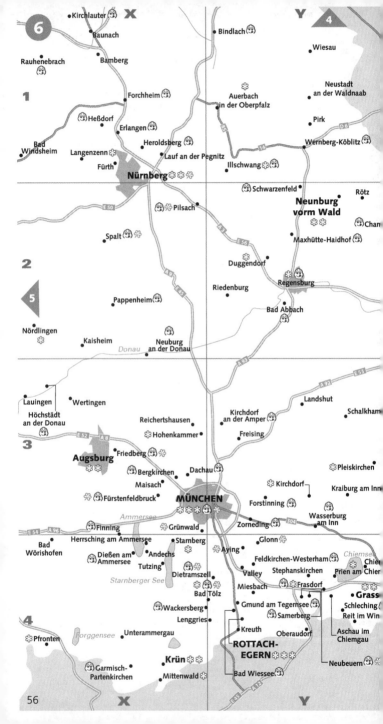

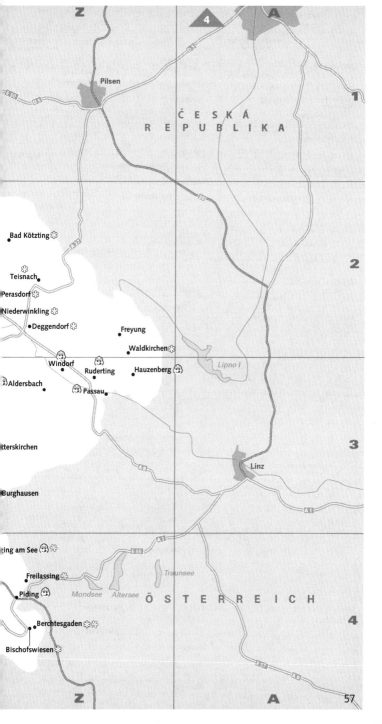

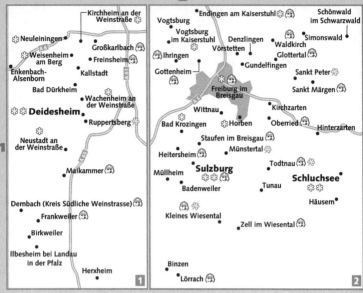
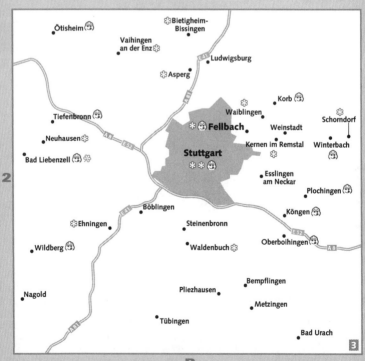

Die Selektion 2023

Die Restaurants sind nach Städten von A bis Z geordnet.

AACHEN

Nordrhein-Westfalen – Regionalatlas **3**–J3

❀ **LA BÉCASSE**

Chef: Christof Lang

FRANZÖSISCH-KLASSISCH • **BISTRO** Auch wenn die Lage des Restaurants am Zentrumsrand recht unscheinbar ist, die Küche ist es keineswegs! Bereits seit 1981 empfängt Sie Patron Christof Lang in dem gepflegten Eckhaus. Er und sein Team um Küchenchef Andreas Schaffrath sorgen für reduzierte, geradlinig-klassische Küche, die hier und da auch mit modernen Elementen gespickt ist. Die Speisen sind unkompliziert, haben aber dennoch Finesse, vom Geschmack ganz zu schweigen! Top Produktqualität ist selbstverständlich. Und dazu vielleicht einen der schönen französischen Weine? Sie bilden den Schwerpunkt der ansprechenden Weinauswahl. Der Service ist sehr aufmerksam, freundlich und charmant, alles läuft angenehm reibungslos. Mittags gibt es nur das kleine Lunchmenü.

🅰🅿 – Preis: €€€€

Hanbrucher Straße 1 ⌧ 52064 – ☏ 0241 74444 – labecasse.de – Geschlossen: Montag und Sonntag

---

❀ **SANKT BENEDIKT**

Chef: Maximilian Kreus

KREATIV • **FAMILIÄR** Seit 1982 hat das Aachener „St. Benedikt" seinen festen Platz in der nordrhein-westfälischen Sternegastronomie. Nach der Flutkatastrophe konnte Familie Kreus mit enormer Kraftanstrengung ihr Restaurant Anfang Dezember 2021 wiedereröffnen. Sehr zur Freude der Gäste, die in dem denkmalgeschützten Haus im historischen Ortskern von Kornelimünster nun wieder in den Genuss der klassisch geprägten Küche von Maximilian Kreus kommen. Basis für seine Gerichte sind immer exzellente Produkte, die er gefühlvoll und mit einer gewissen eigenen Idee zubereitet. Der Service ist überaus freundlich, versiert die Weinberatung - man empfiehlt ausschließlich Weine deutscher Winzer.

🛱 – Preis: €€€€

Benediktusplatz 12 ⌧ 52076 – ☏ 02408 2888 – stbenedikt.de – Geschlossen: Montag und Sonntag, abends: Dienstag und Mittwoch

---

☺ **BISTRO**

KLASSISCHE KÜCHE • **GEMÜTLICH** Kein Wunder, dass das charmante Bistro in dem schmucken historischen Haus immer gut besucht ist, denn hier wird grundehrlich und mit richtig viel Geschmack gekocht! Dazu sorgen ein gemütlich-modernes Interieur und professioneller, sympathisch-natürlicher Service unter der Leitung der Chefin für ein angenehmes Drumherum. Schön auch die kleine Terrasse mit Blick auf Kirche und Marktplatz.

🛱 – Preis: €

Benediktusplatz 12 ⌧ 52076 – ☏ 02408 2888 – stbenedikt.de – Geschlossen: Montag und Sonntag, abends: Dienstag-Samstag

---

BISTRO

FRANZÖSISCH-KLASSISCH • **BRASSERIE** Das stilvoll-geradlinige Bistro im "Parkhotel Quellenhof", Flaggschiff der Aachener Hotellerie, bietet saisonal und international inspirierte Küche von "Yellow Fin Tuna, Amalfi-Zitrone, Avocado & Buttermilch" bis zu Klassikern wie "Wiener Schnitzel, Kartoffel-Gurken-Salat, Steirisches Kernöl, Preiselbeeren & Zitrone". Sehr schön der Terrassenbereich.

🍴♿🅰🛱♻🅿 – Preis: €€

Monheimsallee 52 ⌧ 52062 – ☏ 0241 91320 – www.parkhotel-quellenhof.de/ la-brasserie – Geschlossen abends: Sonntag

PLAISIR BY HAMID HEIDARZADEH

MODERN • CHIC Hier stechen sofort der schöne Terrazzo-Boden, das klare redu-zierte Design in Schwarz und Weiß sowie die hohen Decken mit tollem Stuck ins Auge. Chef Hamid Heidarzadeh kocht einen interessanten Mix aus klassischer Basis und modernen Elementen und bindet leichte asiatische und mediterrane Einflüsse mit ein. Serviert wird ein Menü mit vier bis sieben Gängen.

Preis: €€€

Schlossstraße 16 ⊠ 52066 – ℰ 0241 89464514 – www.plaisiraachen.de –
Geschlossen: Montag, Dienstag, Sonntag, mittags: Mittwoch-Samstag

ABBACH, BAD

Bayern – Regionalatlas **6**–Y2

☺ SCHWÖGLER

MODERN • ZEITGEMÄSSES AMBIENTE Mit Engagement wird das gerad-linig gehaltene Restaurant geführt, das merkt man auch an der schmackhaf-ten Küche - und die nennt sich "von basic bis spacig". Da macht "Schwögler's Zwiebelrostbraten vom Angus-Rind" ebenso Appetit wie "Beef Tatar Asia Style".

🏡 🅿 – Preis: €€

Stinkelbrunnstraße 18 ⊠ 93077 – ℰ 09405 962300 – www.schwoegler.
de – Geschlossen: Montag und Dienstag, mittags: Mittwoch-Samstag, abends:
Sonntag

ADELSHOFEN

Bayern – Regionalatlas **5**–V1

☺ ZUM FALKEN

REGIONAL • GEMÜTLICH Seit vielen Jahren betreibt Lars Zwick den gemüt-lich-rustikalen Gasthof im reizenden Taubertal. Gekocht wird regional und saiso-nal, donnerstags und freitags gibt's frische hausgemachte Würste. Man hat auch eigene Obstbrände und eine Imkerei. Alte Scheune für Feierlichkeiten, Weinproben im Gewölbekeller. Übernachten können Sie in hübschen Zimmern mit ländlichem Charme.

🏡 ⇄ 🅿 – Preis: €

Tauberzell 41 ⊠ 91587 – ℰ 09865 941940 – www.landhaus-zum-falken.de –
Geschlossen: Montag und Dienstag

AERZEN

Niedersachsen – Regionalatlas **3**–L1

SCHLOSSKELLER

MARKTKÜCHE • REGIONALES AMBIENTE Richtig gemütlich ist der liebevoll dekorierte Gewölbekeller, traumhaft die Terrasse am Schlossweiher! Man kocht regional und saisonal, vom klassischen Wiener Schnitzel bis zu "gebratenem Zanderfilet, Rahmsauerkraut, Schnittlauch-Kartoffeln, Rieslingsauce".

🍴 🏡 🅿 – Preis: €€

Schwöbber 9 ⊠ 31855 – ℰ 05154 70600 – www.schlosshotel-muenchhausen.
com – Geschlossen mittags: Montag-Freitag

AHLBECK – Mecklenburg-Vorpommern ➜ Siehe Usedom (Insel)

AHORN

Bayern – Regionalatlas **4**–N4

SCHLOSS HOHENSTEIN 🔘

Chef: Andreas Rehberger

SAISONAL • HISTORISCHES AMBIENTE Idyllisch liegt das schöne, in 14. Jh. als Burg erstmals urkundlich erwähnte Schloss in einer tollen Parkanlage. Neben einem geschmackvollen Hotel haben Alexandra und Andreas Rehberger hier ein ansprechendes Restaurant in Wintergartenstil, in dem der Patron für saisonale Küche mit Produkten aus der Region sorgt. Dazu die sehr gute Weinberatung durch die charmante Chefin.

Engagement des Küchenchefs: Unsere Lage abseits der Städte kommt uns entgegen, denn wir züchten unsere eigenen Kräuter, suchen den intensiven Austausch mit regionalen Produzenten, bieten Bioweine und halten unsere Speisekarte bewusst klein, um so nachhaltig wie möglich zu wirtschaften und dem Gast das näher zu bringen.

⚐ 🖨 ⇆ 🅿 – Preis: €€€

Hohenstein 1 ✉ 96482 – ☏ 09565 9393151 – www.schlosshotel-hohenstein. de – Geschlossen: Montag und Dienstag, mittags: Mittwoch-Samstag, abends: Sonntag

ALDERSBACH

Bayern – Regionalatlas **6**–Z3

😊 DAS ASAM

MARKTKÜCHE • FREUNDLICH In der 1. Etage des einstigen Klostergebäudes speisen Sie in den "Modlersälen" unter einer schönen hohen Decke mit tollem Stuck und Malereien - geschmackvoll der Mix aus historischem Rahmen und geradlinigem Interieur. Geboten wird modern-regionale Küche mit internationalen Einflüssen. Übernachten können Sie in gepflegten, schlicht-charmanten Gästezimmern.

🖨 🅿 – Preis: €€

Freiherr-Von-Aretin-Platz 2 ✉ 94501 – ☏ 08543 6247624 – www.das-asam.de – Geschlossen: Dienstag und Mittwoch, mittags: Montag, Donnerstag-Samstag, abends: Sonntag,

ALPIRSBACH

Baden-Württemberg – Regionalatlas **5**–U3

RÖSSLE

REGIONAL • LÄNDLICH In dem bereits in 4. Generation als Familienbetrieb geführten Haus mit der gepflegten Fachwerkfassade wird saisonal, teilweise auch mit internationalen Einflüssen gekocht. Klassiker mit Bezug zur Region finden sich ebenfalls. Sie möchten übernachten? Dann dürfen Sie sich auf Zimmer im modernen Schwarzwaldstil freuen. Ausflugstipp: Klosteranlage und Klosterbrauerei, beides gut zu Fuß erreichbar.

♿ 🖨 ⇆ 🅿 – Preis: €€

Aischbachstraße 5 ✉ 72275 – ☏ 07444 956040 – www.roessle-alpirsbach.de/ de – Geschlossen: Mittwoch und Donnerstag, mittags: Montag und Dienstag

ALTENAHR

Rheinland-Pfalz – Regionalatlas **3**–J4

😊 GASTHAUS ASSENMACHER

INTERNATIONAL • KLASSISCHES AMBIENTE Bei Christian und Christa Storch spürt man das Engagement. Der Chef überzeugt mit einer schmackhaften klassischen Küche, die er auf moderne Art präsentiert. Seine Gerichte kommen ohne viel Chichi daher, die guten Produkte stehen im Fokus. Dazu freundlicher, aufmerksamer Service unter der Leitung der herzlichen Chefin. Nett die kleine Terrasse auf der Rückseite des Hauses. Im Hotel können Sie gepflegt übernachten.

🍴 **P** – Preis: €€

Brückenstraße 12 ✉ 53505 – ☎ 02643 1848 – assenmacher-altenahr.de – Geschlossen: Montag und Dienstag

ALTENBERGE
Nordrhein-Westfalen – Regionalatlas **3**–K1

PENZ AM DOM

REGIONAL • FREUNDLICH In dem hübschen alten Bürgerhaus vis-à-vis dem Dom mischt sich Historisches mit Modernem. Ein schöner stimmiger Rahmen für die frische, schmackhafte und preislich faire Küche. Tipp: Kommen Sie mal montagabends zum "After Work Dinner", da gibt es ein 3-Gänge-Menü für 25 €. Mittags unter der Woche nur Business Lunch. Tolle Terrasse!

🍴 ⇔🍽 – Preis: €€

Kirchstraße 13 ✉ 48341 – ☎ 02505 9399530 – penz-am-dom.de – Geschlossen: Mittwoch und Sonntag, mittags: Samstag

AMORBACH
Bayern – Regionalatlas **5**–U1

ABT- UND SCHÄFERSTUBE

FRANZÖSISCH-KLASSISCH • RUSTIKAL Ruhe und Natur pur erwarten Sie auf dem schönen Anwesen des jahrhundertealten Klosterguts. Im Restaurant mit historisch-rustikaler Note wird klassisch und mit saisonalen Einflüssen gekocht - Spezialität ist Lamm. Angenehm die Terrasse mit Blick auf den Odenwald. Sehenswert ist auch der sehr gut bestückte Gewölbeweinkeller von 1524. Gepflegt übernachten können Sie im Hotel "Der Schafhof".

🐃 🛏🍴⇔**P** – Preis: €€€

Schafhof 1 ✉ 63916 – ☎ 09373 97330 – schafhof-amorbach.de – Geschlossen mittags: Montag-Freitag

AMTSTETTEN
Baden-Württemberg – Regionalatlas **5**–V3

STUBERSHEIMER HOF

KLASSISCHE KÜCHE • GEMÜTLICH In dem liebevoll sanierten ehemaligen Bauernhof darf man sich auf geschmackvoll-ländliche Atmosphäre freuen. In der sehr netten Stube mit schönem Holzboden wird man freundlich umsorgt, während die Juniorchefin z. B. "geschmorte Ochsenbäckchen mit Blattspinat und getrüffelter Kartoffelmousseline" zubereitet. Charmant der Innenhof. Hübsche Gästezimmer hat man ebenfalls.

🍴 ⇔**P** – Preis: €€

Bräunisheimer Straße 1 ✉ 73340 – ☎ 07331 4429970 – www.stubersheimer-hof. de – Geschlossen: Montag und Dienstag, mittags: Mittwoch-Samstag

AMTZELL
Baden-Württemberg – Regionalatlas **5**–V4

❀ ## SCHATTBUCH

KREATIV • TRENDY Fest in der Allgäuer Gastro-Szene etabliert ist das trendigelegante "Schattbuch". Sebastian Cihlars und Nico Lanz (Sohn des bekannten Kochs Anton Lanz) bieten hier als Doppelspitze am Herd moderne Gerichte, bei denen sie nie die Region aus den Augen verlieren und stets auf sehr gute Produkte setzen. Finesse und ein Hauch Bodenständigkeit gehen Hand in Hand.

Am Abend gibt es zwei Menüs (eines davon vegetarisch), mittags können Sie neben günstigeren Tagesmenüs auch Gourmet-Gerichte à la carte wählen. Die Atmosphäre ist freundlich - leger und gleichermaßen fachkundig das Serviceteam um Christian Marz. Im Sommer sitzt man auf der Terrasse richtig schön.

🅰 🌲 ⇆ 🅿 – Preis: €€€

Schattbucher Straße 10 ✉ 88279 – 𝒞 07520 953788 – schattbuch.de/home –
Geschlossen: Montag, Dienstag, Sonntag, mittags: Samstag

ANDECHS

Bayern – Regionalatlas **6**–X4

BERNHARDHOF 🆕

MODERN • ENTSPANNT Am Fuße des berühmten Klosters Andechs finden Sie dieses sympathische chic-moderne Restaurant. Wo früher der Bauernhof der Holzingers stand, kümmert sich die Familie heute sehr freundlich und engagiert um ihre Gäste. Am Herd sorgt der Junior für gute, frische Küche mit regionalen und internationalen Einflüssen. Übrigens: Wohnen kann man hier auch richtig komfortabel, und zwar in großzügigen Maisonetten und Suiten.

&. 🌲 🅿 – Preis: €€

Andechser Straße 32 ✉ 82346 – 𝒞 0170 4411222 – www.bernhardhof.de –
Geschlossen: Dienstag und Mittwoch

ANDERNACH

Rheinland-Pfalz – Regionalatlas **3**–K4

PURS

MODERNE KÜCHE • DESIGN In einer unscheinbaren Nebenstraße versteckt sich dieses kleine Juwel, entstanden aus der "Alten Kanzlei" von 1677. Geschmackvollmodern das Design von Axel Vervoordt, das auch im Hotel für einen schicken Look sorgt. Hingucker sind Kunstwerke an der Wand sowie die - dank verglaster Front - gut einsehbare Küche. Das Team um Yannick Noack verarbeitet hier ausgesuchte Produkte zu modern-saisonalen Gerichten, die Sie sich selbst zu einem Menü zusammenstellen können. Dazu eine schön strukturierte Weinkarte. Umsorgt werden Sie kompetent und freundlich. Den Apero gibt's im Winter in der Lounge mit Kamin, im Sommer auf der tollen Terrasse.

🕸 🅰 – Preis: €€€€

Steinweg 30 ✉ 56626 – 𝒞 02632 9586750 – purs.com – Geschlossen: Montag,
Dienstag, Sonntag, mittags: Mittwoch

ARNSBERG

Nordrhein-Westfalen – Regionalatlas **3**–K2

MENGE

MARKTKÜCHE • FREUNDLICH Christoph Menge kocht geschmackvoll und ambitioniert, von gefragten Klassikern wie dem "Sauren Schnitzel" bis zu gehobeneren Gerichten wie "Wolfsbarsch mit Petersilienwurzel und Rote Beete". Je nach Saison gibt's auch Galloway-Rind, Wild und Lamm - natürlich aus der Region. In dem traditionsreichen Familienbetrieb kann man auch gepflegt übernachten.

🌲 ⇆ 🅿 – Preis: €€€

Ruhrstraße 60 ✉ 59821 – 𝒞 02931 52520 – hotel-menge.de – Geschlossen:
Montag und Sonntag, mittags: Dienstag-Samstag

ASCHAU IM CHIEMGAU

Bayern – Regionalatlas **6**–Y4

RESTAURANT HEINZ WINKLER

FRANZÖSISCH-KLASSISCH • ELEGANT Mit kulinarischer Klassik auf Spitzenniveau hat Kochlegende Heinz Winkler seine "Residenz" berühmt gemacht. Seit der Eröffnung 1991 hat er sie geführt und kontinuierlich aufgebaut. Nach seinem plötzlichen Tod möchte man das bewährte Konzept fortsetzen: eine klassisch geprägte Küche, die auch moderne Akzente einbezieht und auf hervorragenden Produkten basiert. Das Angebot umfasst Menüs sowie Gerichte à la carte und lässt auch die Winkler-Klassiker nicht vermissen, die die Gäste ebenso schätzen wie das venezianisch-elegante Ambiente. Sehr gut die Weinkarte, freundlich der Service.

⅍ 𝕄 🍴 ⇔ 🅿 – Preis: €€€€

Kirchplatz 1 ⊠ 83229 – ℰ 08052 17990 – www.residenz-heinz-winkler.de – Geschlossen mittags: Montag-Samstag

ASPERG

Baden-Württemberg – Regionalatlas **7**–B2

✿ SCHWABENSTUBE

FRANZÖSISCH-KLASSISCH • ELEGANT Hinter all dem Engagement, der Herzlichkeit und der Beständigkeit, die im Hause Ottenbacher eine Selbstverständlichkeit sind, steht eine lange Familientradition, genau genommen vier Generationen! Man pflegt das Bewährte und bleibt dennoch nicht stehen – so trifft in dem schmucken Fachwerkhaus mit den grünen Fensterläden historischer Charme auf modern-elegante Elemente. Die Küche von Max Speyer ist klassisch ausgelegt, bezieht aber auch die Region mit ein. Auf den Teller kommen durchdachte und ausdrucksstarke Speisen mit saisonalen Einflüssen. Dazu eine sehr gute Weinkarte und eine ebensolche Beratung. Zum Übernachten hat das Hotel "Adler" wohnliche Zimmer.

⅍ 𝕄 🅿 – Preis: €€€

Stuttgarter Straße 2 ⊠ 71679 – ℰ 07141 26600 – www.adler-asperg.de/de – Geschlossen: Montag, Dienstag, Sonntag, mittags: Mittwoch-Samstag

AUE

Sachsen – Regionalatlas **4**–P4

⊛ LOTTERS WIRTSCHAFT - TAUSENDGÜLDENSTUBE

REGIONAL • LÄNDLICH Das Hotel "Blauer Engel" beherbergt neben schönen Gästezimmern auch dieses Restaurant. Auf 340 Jahre Tradition kann das Haus zurückblicken, da spürt man historischen Charme! Warmes Holz sorgt in den Räumen für Gemütlichkeit - ein hübsches Detail ist auch der alte Kachelofen. Dazu wird man persönlich umsorgt und gut essen kann man ebenfalls - à la carte oder in Menüform.

🅿 – Preis: €€

Altmarkt 1 ⊠ 08280 – ℰ 03771 5920 – www.hotel-blauerengel.de – Geschlossen: Montag und Sonntag, mittags: Dienstag-Samstag

AUERBACH (VOGTLAND)

Sachsen – Regionalatlas **4**–P4

⊛ RENOIR

KLASSISCHE KÜCHE • ELEGANT Hier setzt man auf Klassik - das gilt für die Küche ebenso wie für die gediegene, aber dennoch unkomplizierte Atmosphäre. Zu den schmackhaften Gerichten aus guten Produkten können Sie der Weinempfehlung vertrauen - der Chef ist auch ausgebildeter Sommelier! Tipp: Besichtigen Sie die kleine Galerie im Haus.

P – Preis: €€

Schönheider Straße 235 ⊠ 08209 – 𝒞 03744 215119 – www.restaurant-renoir. de – Geschlossen: Montag und Dienstag, mittags: Mittwoch-Samstag, abends: Sonntag

AUERBACH IN DER OBERPFALZ

Bayern – Regionalatlas **6**–Y1

❀ **SOULFOOD**

Chef: Michael Laus

KREATIV • TRENDY "SoulFood" - das bedeutet "Nahrung für die Seele", und genau die bieten Christine Heß und Michael Laus. Nach ihrer gemeinsamen Zeit in der Frankfurter "Villa Merton" haben sich die beiden direkt neben dem Rathaus von Auerbach den Traum vom eigenen Restaurant erfüllt. Und womit tun sie hier der Seele ihrer Gäste etwas Gutes? Zum einen mit ihrer sympathischen und herzlichen Art, die für eine angenehm Atmosphäre sorgt, zum anderen mit ausgezeichneter kreativer Küche aus sehr guten saisonalen Produkten, die es auch noch zu einem fairen Preis gibt. Sie können "DasEine" oder "DasAndere" Menü wählen. Asiatische Einflüsse finden sich ebenso wie mediterrane und auch den Bezug zur Region verliert man nicht aus den Augen. Eine schöne moderne Adresse, die einfach Spaß macht!

🏠 – Preis: €€€

Unterer Markt 35 ⊠ 91275 – 𝒞 09643 2052225 – www.restaurant-soulfood. com – Geschlossen: Montag und Dienstag, mittags: Mittwoch und Donnerstag

AUGSBURG

Bayern – Regionalatlas **6**–X3

❀❀ **AUGUST**

Chef: Christian Grünwald

KREATIV • KLASSISCHES AMBIENTE Geradezu ein Ort der Kunst! Da ist zum einen die spezielle Atmosphäre in der denkmalgeschützten Haag-Villa von 1877, zum anderen die Küche von Christian Grünwald, die man in dieser Form wohl kein zweites Mal findet. Er ist ein überaus kreativer Koch, der vor allem eines hat: seine eigene Handschrift! Und die gibt er in einem saisonalen Menü zum Besten - klasse schon die diversen Kleinigkeiten vorab. Die Natur bringt Inspirationen, Die Produktqualität ist ausgezeichnet. Serviert wird auf beleuchteten "Schaufenster"-Tischen, unter deren Glasplatte Deko und Essbares präsentiert wird. All das erlebt man in überaus stilvollen Räumen, umsorgt von einem angenehm ruhigen und eingespielten Service - Christian Grünwald ist auch selbst "am Gast" und erklärt die Kreationen.

🛒🏠**P** – Preis: €€€€

Johannes-Haag-Straße 14 ⊠ 86153 – 𝒞 0821 35279 – restaurantaugust.de – Geschlossen: Montag-Mittwoch, Sonntag, mittags: Donnerstag-Samstag

❀ **ALTE LIEBE**

Chef: Benjamin Mitschele

MODERNE KÜCHE • CHIC Inhaber und Küchenchef Benjamin Mitschele - in Augsburg schon lange als Gastronom bekannt - gibt hier zwei Konzepte zum Besten. Mittwochs und donnerstags bietet man als Bistro "Small Plates" à la carte, freitags und samstags ein aufwändiges "Tasting Menu". Hier wie dort sind die Gerichte durchdacht, geschmacksintensiv und ausdrucksstark. Dabei achtet man immer sehr auf Produktqualität und Saisonalität, einiges kommt aus der eigenen biozertifizierten Gärtnerei. Ambitioniert die Weinberatung. Die Atmosphäre ist angenehm modern-leger. Im Sommer nette Terrasse auf dem Gehsteig.

⊗ 🏠 – Preis: €€€€

Alpenstraße 21 ✉ 86159 – ☏ 0821 65057850 – www.alte-liebe-augsburg.de – Geschlossen: Montag, Dienstag, Sonntag, mittags: Mittwoch-Samstag

✿ SARTORY

KLASSISCHE KÜCHE • ELEGANT Schön modern präsentiert sich das kleine Gourmetrestaurant des geschichtsträchtigen Hauses, dem heutigen Hotel „Maximilian's". Das gilt für das klare frische Design ebenso wie für die klassisch basierte Küche. Unter der Leitung von Simon Lang wird mit sehr guten Produkten und saisonalem Bezug gekocht - teilweise kommen die Kräuter aus dem Garten des Küchenchefs. Eigenen Honig hat an ebenfalls. Geboten wird ein Menü, auch als vegetarische Variante. Zusätzlich gibt es donnerstags ein Überraschungsmenü. Benannt ist das Restaurant übrigens nach Johann Georg Sartory, dem berühmten Augsburger Küchenchef a. d. 19. Jh.

& 🔲 – Preis: €€€€

Maximilianstraße 40 ✉ 86150 – ☏ 0821 50360 – www.sartory-augsburg.de – Geschlossen: Montag-Mittwoch, Sonntag, mittags: Donnerstag-Samstag

NOSE & BELLY

INNOVATIV • MINIMALISTISCH "Folge deiner Nase - höre auf deinen Bauch" - dafür steht der Name dieses kleinen Restaurants im Zentrum von Augsburg. Ein Besuch lohnt sich, das liegt vor allem an der durchdachten saisonalen Küche, für die Hendrik Ketter und sein Team vorzugsweise regionale Produkte verwenden. Dazu versierter, sympathischer Service und angenehm puristisch-modernes Ambiente.

& 🏠 – Preis: €€€

Heilig-Kreuz-Straße 10 ✉ 86152 – ☏ 0821 50895791 – www.noseandbelly.de – Geschlossen: Montag, Dienstag, Sonntag, mittags: Mittwoch-Samstag

AYING
Bayern – Regionalatlas **6**–Y4

BRAUEREIGASTHOF AYING

Chef: Tobias Franz

MARKTKÜCHE • GEMÜTLICH Im Restaurant des schmucken "Brauereigasthofs Hotel Aying", einem traditionsreichen Familienbetrieb, lässt man sich in stimmigem, wertig-gemütlichem Ambiente herzlich umsorgen. Serviert wird eine gute regional-saisonale Küche, für die man Produkte von ausgesuchter Qualität verwendet. Dazu gibt es neben schönen Weinen natürlich auch Ayinger Bierspezialitäten. Auch wohnen kann man hier sehr geschmackvoll und komfortabel.

✿ *Engagement des Küchenchefs: Unsere Region liegt uns am Herzen, daher verarbeiten wir nur das Beste aus unserer Umgebung, aus eigener Jagd und Zucht! Dazu profitieren wir natürlich von unserer eigenen Landwirtschaft, unserer eigenen Brauerei, Gärtnerei, Imkerei, und wir schenken Mineralwasser aus der eigenen Quelle aus.*

⊗ 🏠 ⇔ 🅿 – Preis: €€€

Zornedinger Straße 2 ✉ 85653 – ☏ 08095 90650 – www.brauereigasthof-aying. de – Geschlossen: Montag und Dienstag

AYL
Rheinland-Pfalz – Regionalatlas **5**–S1

WEINRESTAURANT AYLER KUPP

MARKTKÜCHE • FREUNDLICH Während Sie sich frische saisonal ausgerichtete Gerichte schmecken lassen, für die man gerne Produkte aus der Region verwendet, schauen Sie auf die Weinberge und den schönen Garten. Darf es dazu vielleicht ein Riesling vom Weingut nebenan sein? Auch auf Übernachtungsgäste ist man eingestellt: Im Hotelbereich stehen gepflegte, freundliche Zimmer für Sie bereit.

⚘ 🍴🅿 – Preis: €€

Trierer Straße 49a ✉ 54441 – 𝒞 06581 988380 – www.saarwein-hotel.de – Geschlossen: Dienstag und Mittwoch

BADEN-BADEN

Baden-Württemberg – Regionalatlas 5–T2

⚘ LE JARDIN DE FRANCE IM STAHLBAD

Chef: Stéphan Bernhard

FRANZÖSISCH-KLASSISCH • ELEGANT Seit 1998 sind Sophie und Stéphan Bernhard mit Engagement in der Stadt im Einsatz. Nach ihrem Umzug begrüßen sie ihre Gäste nun im „Stahlbad", einem schönen Bau a. d. 19. Jh. mitten im Herzen von Baden-Baden. Nach wie vor überaus gefragt ist die klassisch-französische Küche, die dem Patron, einem gebürtigen Franzosen, gewissermaßen im Blut liegt. Die Gerichte sind produktorientiert, klar im Aufbau und schön harmonisch. Der Service samt Chefin ist herzlich und versiert, auch in Sachen Wein wird man trefflich beraten - man hat eine richtig gute Auswahl.

⚘ 🆎🍴 – Preis: €€€€

Augustaplatz 2 ✉ 76530 – 𝒞 07221 3007860 – www.lejardindefrance.de/baden-baden/aktuell – Geschlossen: Montag und Sonntag

⚘ MALTES HIDDEN KITCHEN

Chef: Malte Kuhn

MODERNE KÜCHE • GEMÜTLICH Mitten in der hübschen Fußgängerzone der gepflegten Kurstadt finden Sie dieses interessante Doppelkonzept aus Kaffeehaus und Restaurant: Tagsüber werden hier Kaffee und Kuchen serviert, am Abend bietet das Team um Patron und Namensgeber Malte Kuhn moderne Speisen - zubereitet in der hinter einer verschiebbaren Wand versteckten Küche, der "hidden kitchen". Gekonnt reduziert man sich auf das Wesentliche, das Produkt steht immer im Mittelpunkt des Menüs. Dazu wird man überaus freundlich und geschult umsorgt. Auch die Köche servieren mit und der Chef ist ebenfalls präsent. Ein sympathisches und gemütliches kleines Restaurant mit eigenem Charme - da macht es wirklich Spaß, Gast zu sein!

🆎🍴 – Preis: €€€€

Gernsbacher Straße 24 ✉ 76530 – 𝒞 07221 7025020 – exquisite-concepts.com/maltes-hidden-kitchen – Geschlossen: Montag, Dienstag, Sonntag, mittags: Mittwoch-Samstag

🏵 WEINSTUBE ZUM ENGEL 🆕

REGIONAL • GEMÜTLICH Mit seiner Weinstube hat Christian Beck, Sohn der Betreiber des ebenfalls in Neuweier gelegenen Hotels und Restaurants "Heiligenstein", für eine kulinarische Bereicherung im Ort gesorgt. Die Küche verbindet Regionales, Saisonales und Mediterranes. Vegetarisches und Vespergerichte gibt es ebenfalls. Dazu freundlicher Service und ein gemütliches Ambiente aus Tradition und Moderne. Schön auch die Terrasse.

🍴🅿 – Preis: €€

Mauerbergstraße 62 ✉ 76534 – 𝒞 07223 9912392 – www.weinstube-zum-engel.de – Geschlossen: Montag und Sonntag, mittags: Dienstag-Samstag

DIE KLOSTERSCHÄNKE

INTERNATIONAL • GEMÜTLICH Ein sympathisches kleines Restaurant, in dem man regional und italienisch kocht. Appetit machen z. B. "Cordon bleu mit Schwarzwälder Schinken und Bergkäse" oder "Piccata milanese". Terrasse mit wunderbarem Blick auf die Rheinebene!

≼🍴🅿 – Preis: €€

Klosterschänke 1 ✉ 76530 – 𝒞 07221 25854 – www.restaurant-klosterschaenke.de – Geschlossen: Montag, mittags: Dienstag-Samstag

HEILIGENSTEIN

KLASSISCHE KÜCHE • FREUNDLICH Hier sitzt man in geschmackvoll-modernem Ambiente bei klassisch-saisonaler Küche. Gute, frische Produkte werden angenehm unkompliziert und mit Geschmack zubereitet. Dazu gibt es eine schöne Weinkarte mit über 400 Positionen. Hübsch die Terrasse. Zum Übernachten hat das ruhig gelegene Haus attraktive wohnliche Zimmer.

🏵 ⪦🏡🔄🅿 – Preis: €€

Heiligensteinstraße 19a ✉ 76534 – ℰ 07223 96140 – hotel-heiligenstein.de – Geschlossen: Donnerstag, mittags: Montag-Mittwoch

MORIKI

ASIATISCH • TRENDY Nur einen kurzen Fußweg vom Kurpark entfernt bekommt man hier im Restaurant des Hotels "Roomers" panasiatische Gerichte und eine schöne Sushi-Auswahl. Auf der Karte z. B. "Ebi Udon - Riesengarnelen, Udon-Nudeln, Pak Choi, Butter-Soja-Sake-Sauce, Bonito-Flocken". Betreut wird man von einem jungen motivierten Serviceteam.

♿ 🅼 🏡🔄 – Preis: €€€

Lange Straße 100 ✉ 76530 – ℰ 07221 90193901 – www.roomers-hotels.com/ baden-baden – Geschlossen mittags: Montag-Freitag

NIGRUM

INTERNATIONAL • DESIGN Ein tolles Kreuzgewölbe, edle dunkle Töne, Designer-Elemente und Kunst - so stylish zeigen sich die ehemaligen Stallungen etwas oberhalb der Stadt, nur wenige Schritte vom Neuen Schloss. Geboten wird ein modernes Menü mit internationalen Einflüssen, dessen bis zu acht Gänge Sie selbst zusammenstellen können. Schicke Bar für Apero oder Digestif. Tipp: Von der Fußgängerzone über die "Burgstaffeln"-Treppe erreichbar.

🅼 🅿 – Preis: €€€€

Schloßstraße 20 ✉ 76530 – ℰ 07221 3979008 – www.restaurant-nigrum.de – Geschlossen: Montag, Dienstag, Sonntag, mittags: Mittwoch-Samstag

WEINSTUBE BALDREIT

TRADITIONELLE KÜCHE • RUSTIKAL Sie liegt schon etwas versteckt, diese sympathische Weinstube, doch das Suchen lohnt sich - vor allem im Sommer, da wird die charmante Terrasse im lauschigen Innenhof zum Lieblingsplatz! Neben entspannter Atmosphäre und freundlichem Service darf man sich auch auf saisonal beeinflusste Küche freuen. Man hat viele Stammgäste und ist immer gut besucht, also reservieren Sie lieber!

🏡🔄 – Preis: €€

Küferstraße 3 ✉ 76530 – ℰ 07221 23136 – Geschlossen: Montag und Sonntag, mittags: Dienstag-Freitag, abends: Samstag

WINTERGARTEN

MODERN • ELEGANT Geschmackvoll und luftig-licht, so präsentiert sich der Wintergarten des ehrwürdigen "Brenners Park-Hotel & Spa", die raumhohe Verglasung zum Kurpark gewährt einen wunderbaren Blick ins Grüne - da lockt natürlich auch die Terrasse! Die klassisch, aber auch modern beeinflusste Küche gibt es mittags à la carte, am Abend in Form dreier Menüs, eines davon vegetarisch.

⪦🅼🔄 – Preis: €€€

Schillerstraße 4 ✉ 76530 – ℰ 07221 900890 – www.oetkercollection.com/de/ hotels/brenners-park-hotel-spa/restaurants-bars/wintergarten-restaurant

BADENWEILER

Baden-Württemberg – Regionalatlas **7**–B1

SCHWARZMATT

KLASSISCHE KÜCHE • GEMÜTLICH Hier darf man sich auf klassische Küche mit saisonalem Bezug freuen. Dazu stimmiges Ambiente mit hübschen Stoffen, Farben und Accessoires, nicht zu vergessen der herrliche Garten. Ein Muss am Nachmittag: Kuchen nach altem Rezept von Hermine Bareiss! Im gleichnamigen Ferienhotel stehen Zimmer im eleganten Landhausstil bereit.

🔣 🎦 **P** – Preis: €€

Schwarzmattstraße 6a ✉ 79410 – ☎ 07632 82010 – schwarzmatt.de

BAIERSBRONN

Baden-Württemberg – Regionalatlas **5**–U3

✿✿✿ RESTAURANT BAREISS

FRANZÖSISCH-KLASSISCH • LUXUS Claus-Peter Lumpp ist wahrlich ein Meister seines Fachs! Seit März 1992 ist der gebürtige Schwabe Küchenchef im Bareiss'schen Gourmetrestaurant und gehört gewissermaßen zum Inventar des Hauses. Er bleibt seiner Linie treu: klassisch-französisch basierte Küche aus besten Produkten. Schlichtweg beeindruckend die geschmackliche Tiefe und Kraft auf dem Teller. Nicht zu vergessen der tolle Käsewagen, ebenso klasse Confiserie und Pralinen vom Wagen! Dazu stilvolles Ambiente und exzellenter Service unter der Leitung von Thomas Brandt, einem Maître alter Schule. Für top Weinberatung sorgt Sommelier Teoman Mezda. Wunderbar, dass man in diesen Genuss auch mittags kommt!

🕸 ♿ 🔣 **P** – Preis: €€€€

Hermine-Bareiss-Weg 1 ✉ 72270 – ☎ 07442 470 – www.bareiss.com – Geschlossen: Montag-Mittwoch

✿✿✿ SCHWARZWALDSTUBE

FRANZÖSISCH-KLASSISCH • DESIGN Nach ihrer Übergangszeit als "temporaire" erstrahlt die "Schwarzwaldstube" der "Traube Tonbach" seit Mitte des Jahres in neuem Glanz. Im neu erbauten Stammhaus präsentiert sie sich modern-elegant und zugleich mit regionalem Bezug, die giebelhohe Fensterfront gibt den Blick in die Natur frei! In der Küche begeistern Torsten Michel und sein Team mit einer durchdachten Mischung aus Moderne und Klassik in Form von klar strukturierten Kreationen voller Finesse und Aromen, die auf top Produkten basieren. Nicht zu vergessen die tollen Desserts von Piet Gliesche. Und dann ist da noch das überaus angenehme, perfekt organisierte Serviceteam um Restaurantleiterin Nina Mihilli und den mit Persönlichkeit und Kompetenz glänzenden Chef-Sommelier Stéphane Gass!

🕸 ≼♿ 🔣 **P** – Preis: €€€€

Tonbachstraße 237 ✉ 72270 – ☎ 07442 492665 – www.traube-tonbach.de/ restaurants-bar/schwarzwaldstube – Geschlossen: Montag und Dienstag, mittags: Mittwoch-Freitag

✿ 1789

MODERNE KÜCHE • MINIMALISTISCH Ebenso wie für die "Schwarzwaldstube" endet auch für das Zweitrestaurant der "Traube Tonbach" die Zeit als "temporaire". Anfang April 2022 ging es zurück ins neu aufgebaute Stammhaus, und zwar unter dem neuen Namen "1789". Dieser nimmt Bezug auf das Gründungsjahr des Traditionshauses. Schön die wertig-moderne Einrichtung in warmen Tönen. Erwarten dürfen Sie nach wie vor geschulten und aufmerksamen Service sowie niveauvolle Speisen. Florian Stolte und sein Team bieten eine moderne Küche mit asiatischen Einflüssen. Engagiert empfiehlt man Ihnen dazu das Passende von der tollen, fair kalkulierten Weinkarte.

🕸 ♿ 🔣 **P** – Preis: €€€€

Tonbachstraße 237 ✉ 72270 – ☎ 07442 492665 – www.traube-tonbach.de/ restaurants-bar/1789-1 – Geschlossen: Mittwoch und Donnerstag, mittags: Montag, Dienstag, Freitag-Sonntag

WIR **LIEBEN** EURE HINGABE.

WIR **LIEBEN** EURE LEIDENSCHAFT.

WIR **LIEBEN,** DASS IHR EUREN GÄSTEN FREUDE SCHENKT.

WE ♥ GASTRO

METRO

✿ SCHLOSSBERG

Chef: Jörg Sackmann und Nico Sackmann

KREATIV • ELEGANT Seit Jahrzehnten ist das "Schlossberg" eine kulinarische Institution im idyllischen Murgtal. Das Interieur ist chic und wertig: moderne Formen, helles Holz und ruhige Grau- und Beigetöne, hier und da Design-Akzente... Als eingespieltes Vater-Sohn-Team binden Jörg und Nico Sackmann sowohl Klassik als auch Moderne in ihre Kreationen ein, internationale Einflüsse ebenso wie regionale, mal kommen die Gerichte reduziert, mal komplex daher. Dabei finden natürlich nur beste Produkte Verwendung. Es gibt ein konventionelles und ein vegetarisches Menü. Umsorgt wird man von einem geschulten und präsenten Serviceteam. Sie möchten länger bleiben? Schön sind die Gästezimmer und der Spa-Bereich des Hotels "Sackmann".

🍷 🅿 – Preis: €€€€

Murgtalstraße 602 ✉ 72270 – ☎ 07447 2890 – www.hotel-sackmann.de – Geschlossen: Montag und Dienstag, mittags: Mittwoch-Sonntag

⊛ DORFSTUBEN

REGIONAL • GEMÜTLICH "Uhrenstube" und "Förster-Jakob-Stube", so heißen die reizenden, mit Liebe zum Detail originalgetreu eingerichteten Bauernstuben a. d. 19. Jh. Ausgesprochen herzlicher Service im Dirndl umsorgt Sie mit richtig guter saisonal-regionaler Küche samt Wild aus eigener Jagd und Forellen aus eigener Zucht. Beliebt die "Dorfstuben"-Klassiker. Tipp: Beachten Sie das Tagesmenü.

&. 🍴 🅿 – Preis: €€

Hermine-Bareiss-Weg 1 ✉ 72270 – ☎ 07442 470 – www.bareiss.com

⊛ SCHATZHAUSER ⓝ

INTERNATIONAL • CHIC Eine weitere Variante der "Traube Tonbach"-Gastronomie der Familie Finkbeiner. Puristisch-modern und luftig-licht die Atmosphäre, toll die Terrasse mit Blick ins Tal. Geboten wird ein schöner Mix aus internationaler Küche und regionalen Klassikern, dazu Steaks vom Lavastein-Grill. Sehr freundlich und ebenso geschult der Service. Benannt ist das Restaurant übrigens nach dem guten Waldgeist eines Schwarzwald-Märchens.

&. 🍷 🍴 ✥ 🅿 – Preis: €€

Tonbachstraße 237 ✉ 72270 – ☎ 07442 492622 – www.traube-tonbach.de/ restaurants-bar/schatzhauser-1 – Geschlossen abends: Sonntag

ENGELWIRTS-STUBE

MARKTKÜCHE • GEMÜTLICH Ein schönes Restaurant mit hübscher Terrasse zum Garten. Geboten wird eine regional-saisonal geprägte Küche mit internationalen Einflüssen. Zur einladenden Atmosphäre trägt auch der freundliche und geschulte Service bei. Sie können auch getrost einen längeren Aufenthalt planen, dafür bietet das komfortable Ferien- und Wellnesshotel "Engel Obertal" stilvolle Gästezimmer und tolle Möglichkeiten zum Entspannen.

🛏 &. 🍴 🅿 – Preis: €€

Rechtmurgstraße 28 ✉ 72270 – ☎ 07449 850 – www.engel-obertal.de – Geschlossen mittags: Montag-Sonntag

FORELLENHOF

REGIONAL • REGIONALES AMBIENTE Auch dieser historische Forellenhof in idyllischer Lage gehört zur Bareiss'schen Gastromomie. Der Name lässt es bereits vermuten: Im Fokus stehen Gerichte rund um die frischen Forellen aus eigener Zucht. Neben hübschen gemütlichen Stuben lockt natürlich auch die Terrasse. Geöffnet von 11.30 - 17.30 Uhr. Tipp: Fischverkauf im "Forellenlädle" (9 - 12 Uhr).

&. 🍴 ✥ 🅿 – Preis: €

Schliffkopfstraße 64 ✉ 72270 – ☎ 07442 470 – www.forellenhof-buhlbach. com – Geschlossen abends: Montag-Sonntag

KAMINSTUBE

FRANZÖSISCH-KLASSISCH • ELEGANT Schön sitzt man in der stilvoll-eleganten Stube mit dem namengebenden Kamin, die neben dem "Restaurant Bareiss" und den "Dorfstuben" ebenfalls zur Gastronomie des luxuriösen Hotels der Familie Bareiss gehört. Geboten wird klassisch-traditionelle Küche mit internationalen Einflüssen - auch kleine Portionen sind möglich. Dazu sehr freundlicher Service. Beliebt ist im Sommer die Terrasse mit Blick ins Ellbachtal.

⇐ 🖪 🔽 🖨 🅿 – Preis: €€€

Hermine-Bareiss-Weg 1 ⊠ 72270 – ℰ 07442 470 – www.bareiss.com – Geschlossen mittags: Montag-Freitag

MEIEREI IM WALDKNECHTSHOF

REGIONAL • RUSTIKAL Gebälk, Natursteinwände und dekorative Accessoires machen den ehemaligen Gutshof des Klosters richtig gemütlich! Auf der Karte z. B. "gebratenes Schwarzwälder Störfilet, Spargelrisotto, Wildkräuter-Mojo-Espuma, pochiertes Ei", in der "Hofscheuer" gibt's u. a. Flammkuchen und Vesper. Zum Übernachten: charmante Zimmer mit freiliegenden Holzbalken, auch Maisonetten.

🔽 🖨 ⇔ 🅿 – Preis: €€€

Baiersbronner Straße 4 ⊠ 72270 – ℰ 07442 8484400 – www. waldknechtshof.de – Geschlossen: Dienstag und Mittwoch, mittags: Montag, Donnerstag-Sonntag

BALDUINSTEIN

Rheinland-Pfalz – Regionalatlas **3**–K4

RESTAURANT ZUM BÄREN

REGIONAL • LANDHAUS Seit 1827 ist Familie Buggle in dem idyllisch gelegenen Traditionshaus im Einsatz. Mit Küchenchef Joachim Buggle ist inzwischen die 8. Generation an der Spitze und sein Konzept kann sich sehen lassen. Mit geschmacksintensiven, angenehm reduzierten, ohne Chichi zubereiteten Gerichten wie "Glasiertes Kalbsbries mit Erbse und Pfifferlingen" oder "In Nussbutter pochierter arktischer Saibling mit Pak Choi und Süßkartoffelpüree" hat er sich der kulinarischen Klassik verschrieben. Im Restaurant mit seinem schönen Interieur im Landhausstil herrscht eine angenehme und gemütliche Atmosphäre, in der Weinstube geht es etwas rustikaler zu. Dazu die wunderbare Terrasse unter Lindenbäumen! Umsorgt werden Sie von einem charmanten und herzlichen Serviceteam. Auch übernachten lässt es sich im "Bären" hervorragend.

🐾 🖨 ⇔ 🅿 – Preis: €€

Bahnhofstraße 24 ⊠ 65558 – ℰ 06432 800780 – www.landhotel-zum-baeren. de – Geschlossen: Montag-Mittwoch

BALINGEN

Baden-Württemberg – Regionalatlas **5**–U3

COSITA

SPANISCH • DESIGN In dem schönen modern designten Restaurant des schicken gleichnamigen kleinen Hotels ("Cosita" ist übrigens der Spitzname der Tochter) darf man sich auf spanische Küche freuen. Auf Vorbestellung gibt es z. B. "Paella à la manera de mama Gonzalez". Der Patron empfiehlt dazu gerne die passenden Weine: über 200 Positionen aus Spanien. Tipp: die gereiften Jahrgänge!

🐾 🖨 ⇔ 🅿 – Preis: €€

Gratweg 2 ⊠ 72336 – ℰ 07433 902170 – www.cosita-balingen.de – Geschlossen: Montag und Sonntag, mittags: Dienstag-Freitag

BAMBERG

Bayern – Regionalatlas **6**–X1

VITA

ITALIENISCH • GEMÜTLICH Fabio Galizia (zuvor Junior Souschef im Restaurant "Schloss Schauenstein" in Fürstenau) bietet in seinem Restaurant am Rande der hübschen Innenstadt eine schmackhafte italienische Küche, die schön auf das Wesentliche reduziert ist. Sie können à la carte wählen oder ein Menü. Gut die Weinberatung durch Sommelière Anja Körber. Ansprechend das moderne und zugleich gemütliche Ambiente.

🍴 – Preis: €€

Obere Sandstraße 34 ✉ *96049 –* ☏ *0951 57397 – vita-bamberg.de –*
Geschlossen: Dienstag und Mittwoch, mittags: Montag, Donnerstag-Sonntag

BAUNACH

Bayern – Regionalatlas **6**–X1

ROCUS

INTERNATIONAL • FAMILIÄR In dem hübschen ehemaligen Bahnhof von 1904 wird ambitioniert gekocht, dabei orientiert man sich an der Saison. Neben Gerichten à la carte bietet man auch ein Menü. Terrasse im Innenhof oder zur Bahnlinie. Tipp: Buchen Sie einen Tisch im Weinkeller, umgeben von vielen spanischen Rotweinen!

🍴 🅿 – Preis: €€€

Bahnhofstraße 16 ✉ *96148 –* ☏ *09544 20640 – www.restaurant-rocus.de –*
Geschlossen: Montag und Dienstag, mittags: Mittwoch-Samstag

BELLINGEN, BAD

Baden-Württemberg – Regionalatlas **5**–T4

😊 LANDGASTHOF SCHWANEN

REGIONAL • GASTHOF Ein Landgasthof im besten Sinne! Familie Fräulin ist hier mit Engagement für Sie da, das ganze Haus ist sehr gepflegt, von der Gastronomie bis zu den wohnlichen Gästezimmern. Gekocht wird schmackhaft, unkompliziert und mit regionalem Einfluss - am Abend ist das Angebot etwas umfangreicher. Und das Ambiente dazu? Die Räume präsentieren sich mal traditionell-ländlich, mal mit moderner Note.

🍴 ⇄ 🅿 – Preis: €€

Rheinstraße 50 ✉ *79415 –* ☏ *07635 811811 – www.schwanen-bad-bellingen.de –*
Geschlossen: Montag und Dienstag

BERGHOFSTÜBLE

MARKTKÜCHE • FREUNDLICH Sehr schön liegt das Haus etwas außerhalb des Ortes, toll die Aussicht auf die Hügellandschaft ringsum - da sitzt man gerne auf der herrlichen Terrasse! Drinnen gibt es im vorderen Bereich die gemütliche Gaststube, hinten den eleganteren Wintergarten. Hier wie dort serviert man einen Mix aus gutbürgerlich und klassisch. Beliebt ist u. a. das Cordon bleu!

◁ 🍴 🅿 – Preis: €€

Markus-Ruf-Straße ✉ *79415 –* ☏ *07635 1293 – www.berghofstueble-bad-*
bellingen.de – Geschlossen: Montag und Dienstag

BEMPFLINGEN

Baden-Württemberg – Regionalatlas **7**–B2

KRONE

FRANZÖSISCH-KLASSISCH • RUSTIKAL Seit 1973 steht Patron Werner Veit hier am eigenen Herd! Die nächste Generation ist bereits mit von der Partie - am Gast und in der Küche. Gekocht wird klassisch, mit regional-saisonalen Einflüssen und

75

auch mal international. Bei der Produktqualität geht man keine Kompromisse ein, so manches kommt aus der Region. Beliebt: das günstige Mittagsmenü. Schön die Balkonterrasse. Tipp: Reservieren Sie rechtzeitig, das Restaurant ist gefragt!

🍴 ⇦ 🅿 🍷 – Preis: €€€

Brunnenweg 40 ✉ 72658 – ☎ 07123 31083 – www.kronebempflingen.de –
Geschlossen: Montag, Dienstag, Sonntag, mittags: Mittwoch

BERCHTESGADEN

Bayern – Regionalatlas **6**–Z4

PUR

MODERNE KÜCHE • DESIGN Hier lockt schon die malerische Lage auf dem Obersalzberg samt tollem Bergpanorama! Doch das Gourmetrestaurant des luxuriösen "Kempinski Hotel Berchtesgaden" hat noch weit mehr zu bieten. Da ist zum einen das schicke Interieur aus elegantem modern-reduziertem Stil und ruhigen, harmonischen Tönen, zum anderen die Küche von Ulrich Heimann. Er überzeugt mit einem Degustationsmenü, das Sie in verschiedenen Längen wählen können. Die Gerichte sind modern, die ausgesuchten Produkte orientieren sich an der Saison. Begleitet wir das ausgezeichnete Essen von einem sehr freundlichen und zuvorkommenden Service. An schönen Sommertagen sitzt man natürlich gerne auf der herrlichen Terrasse!

🐾 ⇦ 🅿 – Preis: €€€€

Hintereck 1 ✉ 83471 – ☎ 08652 97550 – www.kempinski.com/berchtesgaden –
Geschlossen: Montag, Dienstag, Sonntag, mittags: Mittwoch-Samstag

BERCHTESGADENER ESSZIMMER

Chef: Maximilian Kühbeck

REGIONAL • GEMÜTLICH Jede Menge Charme und Atmosphäre stecken in dem historischen Gasthaus, das von Maximilian und Roxana Kühbeck mit Herzblut und Sinn für Nachhaltigkeit geführt wird. Mit ausgewählten Produkten aus der direkten Umgebung wird geschmackvoll und ambitioniert gekocht. Bei den Stammgästen sind die "kitchen tables" beliebt: zwei Hochtische mit Blick in die offene Küche!

🌱 Engagement des Küchenchefs: Regionalität steht in meiner Küche neben der Qualität der Speisen an erster Stelle, Fleisch kommt vom Metzger mit eigener Zucht, die anderen Produkte aus maximal 20 km Entfernung, Kräuter oft aus dem eigenen Garten! Unsere Gäste sollen glücklich, aber auch mit gutem Gefühl nach Hause gehen!

⇦ – Preis: €€€

Nonntal 7 ✉ 83471 – ☎ 08652 6554301 – esszimmer-berchtesgaden.com –
Geschlossen: Montag und Sonntag, mittags: Dienstag-Samstag

LOCKSTEIN 1

Chefs: Gabi Kurz und Christl Kurz

VEGETARISCH • GEMÜTLICH Das ist schon eine besondere Adresse: Durch die schöne Küche gelangt man in das 500 Jahre alte Bauernhaus, das von einem eingespielten Mutter-Tochter-Team geleitet wird. Hier kocht man mit Liebe und Können, und zwar ein vegetarisches Menü mit frischen Gerichten aus regionalen Produkten. Tipp: Auch die beiden hübschen Ferienwohnungen sind gefragt.

🌱 Engagement des Küchenchefs: Seit Jahrzehnten stehe ich, und inzwischen auch meine Tochter Gabi, für Nachhaltigkeit und vegetarische Gaumenfreuden in unserem 500 Jahre alten Haus! Dafür verwenden wir Produkte aus dem eigenen Garten, wie Wildkräuter, Aprikosen und Quitten, Küchenabfälle werden im eigenen Gemüsegarten kompostiert!

🍴🍷 – Preis: €€

Locksteinstraße 1 ✉ 83471 – ☎ 08652 9800 – www.biohotel-kurz.de –
Geschlossen mittags: Montag-Sonntag

BERGHAUPTEN

Baden-Württemberg – Regionalatlas **5**–T3

😊 HIRSCH

REGIONAL • LÄNDLICH Ein badischer Landgasthof wie aus dem Bilderbuch! Hier wohnt man in geschmackvollen, wohnlichen Zimmern und wird kulinarisch ebenso gut versorgt. Am Herd führt der Schwiegersohn der Inhaberfamilie Regie und bietet Klassiker der badischen und französischen Küche, von geschmorten Rinderbäckchen bis zum Filet vom Loup de mer. Gekocht wird immer mit Geschmack und Würze und mit sehr guten, frischen Produkten. Charmant und geschult der Service.

 ♿🌴 ⇆ 🅿 – Preis: €€

Dorfstraße 9 ✉ 77791 – 📞 07803 93970 – www.hirsch-berghaupten.de –
Geschlossen: Montag, mittags: Dienstag-Freitag, abends: Sonntag

BERGISCH GLADBACH

Nordrhein-Westfalen – Regionalatlas **3**–J3

🏵🏵 VENDÔME

KREATIV • LUXUS Seit dem Jahr 2000 hat Joachim Wissler die Leitung des eleganten Gourmetrestaurants im luxuriösen "Althoff Grandhotel Schloss Bensberg" inne. In seiner klassisch-französisch basierten Küche setzt der gebürtige Schwabe auf kreativ kombinierte Aromen, die er als filigrane und technisch anspruchsvolle Gerichte auf den Teller bringt. Die Produkte sind durchweg Spitzenklasse. Geboten werden zwei Menüs mit sechs oder acht Gängen, eines konventionell, das andere vegetarisch - Sie können auch gerne mischen. Dazu ein gut besetzter Service, kompetent, stets präsent und dennoch angenehm zurückhaltend. Sehr schön auch die Weinkarte - nicht zuletzt für Liebhaber deutscher Rieslinge eine Freude.

 🦟 ♿🌐 ⇆🏠 – Preis: €€€€

Kadettenstraße ✉ 51429 – 📞 02204 421940 – www.althoffcollection.com/de/
althoff-grandhotel-schloss-bensberg – Geschlossen: Montag und Dienstag,
mittags: Mittwoch-Sonntag

DRÖPPELMINNA

MARKTKÜCHE • GEMÜTLICH Gemütlich-rustikal ist die Atmosphäre in dem hübschen Fachwerkhaus, charmant die Deko aus antiken Stücken und allerlei Zierrat samt der namengebenden dreifüßigen Kaffeekannen aus Zinn. Aus der offenen Küche kommt ein wechselndes klassisch geprägtes Menü. Dazu schöne Weine, darunter eine gute Auswahl aus dem Elsass - der Patron ist Sommelier. Lauschige Terrasse.

 🦟 🌴🅿 🍽 – Preis: €€€

Herrenstrunden 3 ✉ 51465 – 📞 02202 32528 – www.restaurant-droeppelminna.
de – Geschlossen: Montag-Mittwoch, mittags: Donnerstag-Samstag

BERGKIRCHEN

Bayern – Regionalatlas **6**–X3

😊 GASTHAUS WEISSENBECK

TRADITIONELLE KÜCHE • GEMÜTLICH Lauter zufriedene Gesichter! Kein Wunder, denn Mutter und Tochter Weißenbeck kochen richtig gut und preislich fair - dafür verwenden sie regionale und saisonale Produkte. Richtig gemütlich sitzt man in dem netten Wirtshaus auch noch, und im Sommer lockt draußen die schöne Gartenterrasse.

 🌴 ⇆ 🅿 – Preis: €€

Ludwig-Thoma-Straße 56 ✉ 85232 – 📞 08131 72546 – www.weissenbeck.de –
Geschlossen: Montag und Dienstag, mittags: Mittwoch-Freitag

BERLEBURG, BAD

Nordrhein-Westfalen – Regionalatlas **3**–L3

ALTE SCHULE

KLASSISCHE KÜCHE • ZEITGEMÄSSES AMBIENTE Gemütlich sitzt man in dem ehemaligen Schulgebäude in schönem modernem Ambiente und lässt sich freundlich und aufmerksam umsorgen. Serviert werden saisonale Gerichte aus regionalen Produkten wie z. B. "Wittgensteiner Hirschgulasch, Serviettenknödel, Apfelkompott".

Preis: €

Goetheplatz 1 ✉ *57319 –* ☏ *02751 9204780 – www.hotel-alteschule.de –*
Geschlossen: Mittwoch und Donnerstag, mittags: Montag, Dienstag, Freitag, Samstag

BERLIN

Berlin – Regionalatlas **22**-B2

Die Hauptstadt ist bekannt für ihre vielfältige Gastro-Szene.
Kosmopolitisch und ambitioniert geht es in dem mit einem
MICHELIN Stern ausgezeichneten **ernst** zu – reservieren
dringend notwendig! Als Berliner Legende führt Tim Raue
neben seinem 2-Sterne-Restaurant auch die **Brasserie Colette
Tim Raue** mit französischen Klassikern in entspannter
Atmosphäre. Trendig-shabby wird es im **Chicha**, das mit
peruanischer Küche überzeugt. Interessant auch die angesagten
Restaurants **Tupac** und **136**, welche südamerikanische Küche
im Crossover-Stil bieten. Im **prism** wird die Küche der Levante
modern umgesetzt – uns ist das einen Stern wert! Im **INDIA
CLUB** ist der Name Programm. Und wer sich einfach nach
einem guten Schnitzel sehnt, ist bei der **Nußbaumerin** bestens
aufgehoben. Niveauvolle vegetarische und vegane Küche findet
man im **Bonvivant** und im **FREA**. Berlin bietet richtig viel –
hier heißt es eintauchen und genießen.

STERNE-RESTAURANTS

Eine einzigartige Küche – eine Reise wert!

Eine Spitzenküche - einen Umweg wert!

Eine Küche voller Finesse - einen Stopp wert!

BIB GOURMAND

Jancouver/Getty Images Plus

RESTAURANTS AM SONNTAG GEÖFFNET

UNSERE RESTAURANTAUSWAHL

ALLE RESTAURANTS VON A BIS Z

Trang Ta/Getty Images Plus

bernjuer/Getty Images Plus

A | **B**

N

BERLIN-TEGEL

Kurt-
Schumacherpl.
Hollänterstrasse
Markstr.
Afrikanischestr.
Müllerstr.
SCHILLERPARK
Rehberge
Kurt-Schumacher-Damm
Ring
Cor-celle-
Charles-
VOLKSPARK
REHBERGE
Seestr.
WEDDING
Transvaalstrasse
Schulstr.
Seestrasse
Saatwinkler Damm
VOLKSPARK
JUNGFERNHEIDE
GOETHEPARK
Seestrasse
Amrumer
str.
Leopoldpl.
Amrumerstr.
Nettelbeckpl.
Heckerdamm
CHARLOTTENBURG
NORD
Maria Regina
Martyrum
Gedenkstätte
Plötzensee
Föhrerstr.
Fennstr.
Jakob-
Kaiserpl.
Heckerdamm
A100
Westhafenkanal
Westhafen
Halemweg
Siemensdamm
Jungfernheide
Sickingenstrasse
Beusselstr.
Birkenstr.
FRITZ-SCHLOSS-
PARK
Olbersstr.
Gaussstr.
Huttenstr.
MOABIT
Stromstr.
Mierendorffpl.
Neues
Ufer
Ottopl.
Turmstrasse
Hauptbahnhe
Schlossgarten
CHARLOTTENBURG
Am Spreebord
Spree
Turmstr.
Alt-Moabit
Schloss Charlottenburg
Otto-Suhr-
Allee
Levetzow-
str.
Bellevue
Paulstr.
SAMMLUNG
BERGGRUEN
Richard-
Wagnerpl.
Carterstr.
Einsteinufer
Hansaplatz
Altonaerstr.
Bachstr.
Tiergarten
des
17
WEST-END
Kaiserdamm
Westend
Schlossstr.
Bismarckstr.
Deutsche
Oper
Ernst-
Reuterpl.
Str.
Tiergarten
Tiergartens
Theodor-
Heusspl.
Bismarckst.
Leibnizstr.
Juni
Klingelhöferstr.
Tiergarten
TIERGARTE
Messe-
gelände
Sophie-
Charlottepl.
25
Kantstrasse
39
75
ZOO
BERLIN
24
Funkturm
Messe
Nord
34
30
31
37
70
35
Zoologischer
Garten
Kurfürstenstr.**73**
Charlottenburg
36
26
Savignypl.
27
28
Wittenbergpl.
33
Kleiststr.
Bülowst.
38
Nürnbergerstr.
Nollendorfpl.
Westkreuz
Kurfürstendamm
Adenauerpl.
Uhlandstrasse
Nachod-
str.
Viktoria-
Luisepl.
76
32
Pallas-
str.
Halensee
WILMERSDORF
Konstanzerstr.
PREUSSEN-
PARK
Fehrbellinerpl.
Güntzelstr.
Berlinerstr.
HEINRICH-VON-
KLEIST-PARK
Kleistpark
SCHÖNEBERG
Eisenacherstr.
42
Julius-Leb
Brücke
Hubertus
Allee
Paulsbornerstr.
Seesener
str.
Konstanzerstr.
Blissestr.
Badenschestr.
Bayerischepl.
Koenigsallee
Hohenzollerndamm
Hohenzollerndamm
SCHMARGENDORF
Berkaerstr.
Teplitzerstr.
Rathaus
Schöneberg
Dominicusstr.
Hauptstr.
VOLKSPARK
WILMERSDORF
4
Wexstr.
Schönebe
Heidelbergerpl.
Bundesplatz
A100
Bundesallee
Innsbruckerpl.
16
17
Hagenstrasse
Breitestr.
Wiesbadenerstr.
Südwestkorso
Friedenau
A103
Rheinbaben
Allee
Clayallee
Rheinstr.

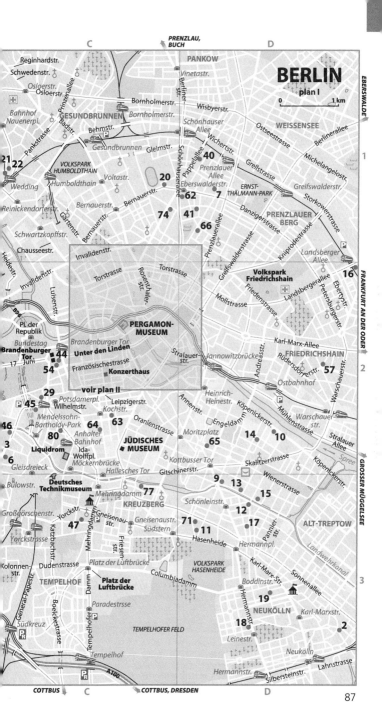

Im Zentrum

✿✿✿ RUTZ

Chef: Marco Müller

MODERNE KÜCHE · DESIGN Alles hier ist modern, vom Ambiente bis zur Küche. Es gibt ein Inspirationsmenü, das es in sich hat, und zwar beste regionale Produkte. Für Marco Müller sind ausgesuchte Zutaten das A und O, man legt großen Wert auf Nachhaltigkeit und Herkunft und arbeitet eng mit Landwirten zusammen, manches wird sogar speziell für das Restaurant erzeugt. Auch vermeintlich einfache Produkte werden ausgesprochen kreativ, durchdacht und mit enormem Aufwand zu absolut außergewöhnlichen Gerichten, in denen eine Fülle an Details steckt. Da ist Ihnen so manches Umami-Erlebnis gewiss. Ein zweites Mal findet man das so nirgends! Sie können sieben oder acht Gänge wählen. Tipp: die interessante alkoholfreie Getränkebegleitung. Der Service ist angenehm locker und zugleich professionell und diskret.

✿ *Engagement des Küchenchefs: In meiner Küche verarbeite ich nur das beste Produkt. Mir sind die Nachhaltigkeit, die visuelle wie auch die geschmackliche Authentizität meiner Waren genauso wichtig wie die Frische und die Herkunft! Daher arbeite ich mit kleinen Erzeugern eng zusammen und suche den ständigen Austausch!*

🕸 ⏵ 🛋 – Preis: €€€€

Stadtplan: E1-43 – *Chausseestraße 8* ✉ *10115* – **U** *Oranienburger Tor* – ☎ *030 24628760* – *rutz-restaurant.de* – *Geschlossen: Samstag und Sonntag, mittags: Montag-Freitag*

✿✿ FACIL

KREATIV · CHIC Eine wahre Oase mitten in Berlin! Hier oben im 5. Stock des Hotels „The Mandala" sitzt man einfach herrlich auf der kleinen Terrasse mit Kastanienbäumen und Springbrunnen! Sie gehört zu dem schicken, luftig-lichten Dachgarten-Restaurant, in dem man sich dank Rundumverglasung auch drinnen fast wie im Freien fühlt. Schöne Bambuspflanzen sorgen für eine asiatische Note. "Top" ist neben der Location auch die Küche von Michael Kempf (Küchendirektor) und Joachim Gerner (Küchenchef). Sie hat eine klassische Basis und integriert gekonnt asiatische und mediterrane Einflüsse. Kreative Gerichte voller Geschmack und Aroma - erwähnenswert auch die tollen Desserts. All das wird abgerundet durch einen smarten, professionellen Service.

🕸 ♿ 🛋 ⏵ ↺ – Preis: €€€€

Stadtplan: C2-45 – *Potsdamer Straße 3* ✉ *10785* – **U** *Potsdamer Platz* – ☎ *030 590051234* – *facil.de/de* – *Geschlossen: Samstag und Sonntag*

✿✿ LORENZ ADLON ESSZIMMER

KREATIV · LUXUS Ein Dinner im Gourmetrestaurant des noblen "Adlon Kempinski" am Brandenburger Tor sollte man einfach mal erlebt haben! Der anspruchsvolle, klassisch-opulente Rahmen findet in der überaus niveauvollen kreativen Küche sein Pendent. Durchweg exzellente Zutaten werden zu ausgefeilten, wunderbar ausgewogenen Kompositionen zusammengestellt, klasse die technische Präzision. Hervorragend auch der Service: Vom ersten Moment an werden Sie ausgesprochen zuvorkommend und professionell umsorgt, alles ist bestens koordiniert. Das Menü wird begleitet von klasse Weinempfehlungen aus einem umfangreichen Angebot.

🕸 ♿ 🛋 ↺ – Preis: €€€€

Stadtplan: C2-44 – *Unter den Linden 77* ✉ *10117* – **U** *Brandenburger Tor* – ☎ *030 22611960* – *www.lorenzadlon-esszimmer.de* – *Geschlossen: Montag, Dienstag, Sonntag, mittags: Mittwoch-Samstag*

✿ BANDOL SUR MER

Chef: Andreas Saul

FRANZÖSISCH-MODERN · NACHBARSCHAFTLICH Sie würden in diesem ungezwungen-legeren Restaurant mit "shabby Chic" keine Sterneküche erwarten? Zugegeben, der kleine Raum kommt schon etwas „rough" daher: Die Einrichtung ist dunkel gehalten und sehr schlicht, die blanken Tische stehen recht eng, an

den schwarzen Wänden sind die Gerichte angeschrieben. In der offenen Küche zeigt Andreas Saul (zuvor Souschef in der "Rutz Weinbar") bemerkenswerte Leidenschaft, Präzision und Originalität. Er kocht mit Bezug zur Region und bindet vergessene Kräuter und Gemüse mit ein. Haben Sie schon mal Bärlauch-Kimchi oder Brennnesselpüree probiert? Die Gerichte sind äußerst durchdacht, harmonisch bis ins Detail und stecken voller einzigartiger Aromen. Das ist richtig hohes Niveau gepaart mit sympathischer Bodenständigkeit.

Engagement des Küchenchefs: Uns ist die Work-Life-Balance der Mitarbeiter mindestens genauso wichtig wie die Qualität unserer Produkte und unser grüner Fingerabdruck! Fisch und Fleisch beziehen wir von befreundeten Jägern und Züchtern, dazu Produkte von lokalen Kleinproduzenten und unser Menü ist stark vegetabil geprägt!

– Preis: €€€€

Stadtplan: E1-50 – Torstraße 167 ✉ 10115 – **U** Rosenthaler Platz – ✆ 030 67302051 – www.bandolsurmer.de – Geschlossen: Samstag und Sonntag, mittags: Montag-Freitag

COOKIES CREAM

VEGETARISCH • HIP Speziell ist schon der Weg hierher: Über Hotel-Hinterhöfe erreicht man eine unscheinbare Tür, an der man klingeln muss. Über alte Treppen gelangt man in den 1. Stock, und hier in ein lebendiges Restaurant im "Industrial Style". Früher war diese trendige Location ein angesagter Nachtclub, heute gibt es zu elektronischer Musik rein vegetarische Sterneküche. Stephan Hentschel heißt der Chef am Herd. Ausgesprochen durchdacht, klar strukturiert und exakt zubereitet sind seine Gerichte. Geboten wird ein Menü mit fünf bis sieben Gängen. Der Service ist cool und lässig, aber ebenso professionell und sehr gut organisiert. Ein jugendliches und gleichermaßen hervorragendes Konzept, das ankommt - das gemischte Publikum vom Hipster über den Banker bis zur Familie spricht für sich!

🔠 – Preis: €€€

Stadtplan: E2-51 – *Behrenstraße 55* ⊠ *10115* – **U** *Französische Straße* – ℰ *030 680730448* – *www.cookiescream.com* – *Geschlossen: Montag und Sonntag, mittags: Dienstag-Samstag*

⸙ CORDO

Chef: Yannic Stockhausen

KREATIV • ZEITGEMÄSSES AMBIENTE Durch und durch hochwertig und unprätentiös! Da wäre zum einen das Ambiente: trendig und zugleich gemütlich, schönes Gedeck auf blanken Naturholztischen, originelle Details setzen dekorative Akzente. Passend dazu der Service: charmant und locker, auch Küchenchef Yannic Stockhausen dreht seine Runde durchs Restaurant. Seine Küche fügt sich bestens ins moderne Bild: ein kreatives Menü (auch als vegetarische Variante), das kontrastreich in Aromen und Texturen und gleichzeitig absolut harmonisch ist. Dabei legt er Wert auf umwelt- und ressourcenschonend erzeugte Produkte aus der Umgebung. Auf der umfangreichen Weinkarte findet sich eine interessante Auswahl an Natur- und Bio-Weinen, die auch als Menübegleitung angeboten werden.

❀ *Engagement des Küchenchefs: Unsere Produkte beziehen wir fast nur aus Nord- und Ostdeutschland, Gemüse kommt vom Bauern. Wir sind bekannt für unsere große Auswahl an biologisch-dynamisch hergestellten Weinen. Soweit möglich verzichten wir auf Plastik und industriell gefertigte Produkte und nutzen Fahrräder und Öffis statt PKW.*

🕸 🅿 – Preis: €€€€

Stadtplan: E1-49 – *Große Hamburger Straße 32* ⊠ *10115* – **U** *Hackescher Markt* – ℰ *030 27581215* – *www.cordo.berlin* – *Geschlossen: Montag und Sonntag, mittags: Dienstag-Samstag*

⸙ GOLVET

KREATIV • DESIGN Hier in der 8. Etage des „Loeser & Wolff"-Hauses beeindruckt der sensationelle Blick über den Potsdamer Platz und die Stadt! Dazu kommt der stylische Look des großzügigen Restaurants in den Räumen des ehemaligen "40seconds Club" samt offener Küche und 13 m langer Bar - hier die vermutlich größte Aquavit-Auswahl Deutschlands! Von den Plätzen an der Theke kann man den Köchen zuschauen. Das Team um Küchenchef Jonas Zörner kocht modernkreativ und setzt auf Produktqualität und eigene Ideen. Ihr Menü wechselt mit den Jahreszeiten. Interessant auch die Weinkarte mit kleinen ökologischen Betrieben. Oder lieber etwas Alkoholfreies wie hausgemachter Kombucha? Top der Service.

🕸 ⪡ 🔠 🎋 ⇔ – Preis: €€€€

Stadtplan: C2-46 – *Potsdamer Straße 58* ⊠ *10785* – **U** *Kurfürstenstraße* – ℰ *030 89064222* – *www.golvet.de* – *Geschlossen: Montag, Dienstag, Sonntag, mittags: Mittwoch-Samstag*

⸙ HUGOS

MODERNE KÜCHE • CHIC Die herrliche Aussicht und das schicke Ambiente machen das "Hugos" im 14. Stock des Hotels "InterContinental" zu einer richtig interessanten Adresse in der Hauptstadt. Sanfte Beleuchtung, elegante Einrichtung und Kerzenlicht schaffen eine entspannte und romantische Atmosphäre. Die Gerichte des Küchenchefs Eberhard Lange stehen dem attraktiven Rahmen in nichts nach: In seinem 8-Gänge-Menü (reduzierbar auf sechs Gänge) bringt er mit modern umgesetzten klassischen Speisen seine präzise Technik zum Ausdruck. Dazu eine Weinkarte mit rund 500 Positionen. Tipp: Nehmen Sie vor dem Abendessen einen Aperitif an der Bar ein.

🕸 ⪡ ♿ 🔠 ⇔ – Preis: €€€€

Stadtplan: B2-24 – *Budapester Straße 2* ⊠ *10787* – **U** *Wittenbergplatz* – ℰ *030 26021263* – *www.hugos-restaurant.de* – *Geschlossen: Montag-Mittwoch, Sonntag, mittags: Donnerstag-Samstag*

⌘ IRMA LA DOUCE

FRANZÖSISCH-MODERN • LIBERTY-STIL Mit diesem klassisch-zeitgemäßen Restaurant hat die Gastro-Szene um den Potsdamer Platz einen wirklich interessanten Anziehungspunkt. Küchenchef Michael Schulz überzeugt hier mit einer Karte, die klassisch-französische Elemente ebenso einbindet wie modern-kreative Ideen. Seine Gerichte basieren auf ausgezeichneten Produkten, sind aromareich, aber keinesfalls überladen, ganz im Fokus steht der Geschmack. In ungezwungener und zugleich anspruchsvoller Atmosphäre wird man geschult umsorgt, auch mit schönen Weinen aus Frankreich. Benannt ist das Restaurant übrigens nach dem US-amerikanischen Film "Irma la Douce", der auf das gleichnamige Musical zurückgeht.

🛋 – Preis: €€€

Stadtplan: C2-3 – *Potsdamer Straße 102 ✉ 10785* – **U** *Kurfürstenstrasse* – ℰ *030 23000555* – *www.irmaladouce.de* – *Geschlossen: Montag und Sonntag, mittags: Dienstag-Samstag*

⌘ PRISM

Chef: Gal Ben Moshe

ISRAELISCH • MINIMALISTISCH Das Restaurant im Kiez Charlottenburg-Wilmersdorf hält neben minimalistisch-schickem Ambiente auch eine spannende Küche bereit. In seinen levantinisch inspirierten Gerichten kombiniert Patron Gal Ben Moshe seine israelische Heimat mit modernem europäischem Stil. So entstehen interessante kontrastreiche Speisen aus hervorragenden Produkten. Überzeugend sind hier sowohl die tolle geschmackliche Vielfalt als auch eine ganz persönliche Note, die man sonst nirgends bekommt. Harmonisch begleitet wird das Ganze von den trefflichen Weinempfehlungen der ausgesprochen freundlichen Gastgeberin und ausgezeichneten Sommelière Jacqueline Lorenz. Unter den 230 Positionen finden sich u. a. auch schöne Weine aus Israel, Syrien, dem Libanon... Alle Weine gibt es auch glasweise.

🕸 – Preis: €€€€

Stadtplan: A2-25 – *Fritschestraße 48 ✉ 10627* – **U** *Wilmersdorfer Straße* – ℰ *030 54710861* – *www.prismberlin.de* – *Geschlossen: Montag und Sonntag, mittags: Dienstag-Samstag*

⌘ THE NONAME

MODERNE KÜCHE • DESIGN Eine ganz spezielle Adresse! Gelungen verbindet sich in diesem Restaurant in den Heckmann-Höfen der stilvolle historische Rahmen samt toller hoher Stuckdecken mit schickem geradlinig-modernem Design - Blickfang ist ein markantes Streetart-Kunstwerk. Geboten wird ein modern-kreatives Menü aus hochwertigen Produkten, das es auch als vegetarische Variante gibt.

🅺 🛋 ⇧ – Preis: €€€

Stadtplan: E1-55 – *Oranienburger Straße 32 ✉ 10117* – **U** *Oranienburger Straße* – ℰ *030 279099027* – *the-noname.de* – *Geschlossen: Montag und Sonntag, mittags: Dienstag-Samstag*

⊛ FUNKY FISCH

WESTLICH / ASIATISCH • HIP Lust auf Fisch? Unkompliziert und asiatisch inspiriert? Dann auf ins trendig-lebendige "Funky Fisch" von The Duc Ngo. Mittelpunkt ist die große Fischtheke. Hier suchen Sie sich Fisch und Meeresfrüchte aus, die dann in der offenen Küche zubereitet werden. Man bietet einen breiten asiatischen Mix von chinesisch bis vietnamesisch, dazu Einflüsse aus der ganzen Welt. Gleich nebenan betreibt man übrigens noch das "Ngo Kim Pak".

🛋 – Preis: €€

Stadtplan: A2-35 – *Kantstraße 135 ✉ 10625* – **U** *Kantstraße* – ℰ *0163 9382215* – *funky-fisch.de* – *Geschlossen: Montag und Sonntag*

⊛ GÄRTNEREI

MODERNE KÜCHE • CHIC Das schicke Restaurant liegt quasi direkt auf einer Restaurantmeile in Berlin-Mitte. Gekocht wird modern, geschmackvoll und frisch.

Auf der Karte findet sich auch viel Vegetarisches. Dazu überwiegend österreichische Weine - der Patron ist Steirer! Geradlinig das Ambiente - passend zum Namen dienen Pflanzen und florale Bild-Motive als Deko.

Preis: €€

Stadtplan: E1-52 – *Torstraße 179* ✉ *10115* – **U** *Rosenthaler Platz* – *℘ 030 24631450* – *www.gaertnerei-berlin.com* – *Geschlossen mittags: Montag-Sonntag*

NOVEMBER BRASSERIE ⓝ

JAPANISCH • MINIMALISTISCH Diese japanische Brasserie in einem geschäftigen Viertel bietet quasi zwei Konzepte unter einem Dach: Während es mittags (Sa. + So.) nur eine kleine Karte gibt, wählt man an den Abenden aus einem guten Angebot an japanischen Gerichten, Sushi und Sashimi. Der Service ist kompetent und sympathisch-natürlich, schön das angehm helle und modern-minimalistische Interieur, kleine Sushi-Theke inklusive. Am Wochenende auch Frühstück.

🅰️ 🈁 – Preis: €€

Stadtplan: D1-41 – *Husemannstraße 15* ✉ *10435* – **U** *Husemannstraße* – *℘ 0162 3332135* – *november.berlin* – *Geschlossen: Montag, mittags: Dienstag-Freitag*

NUSSBAUMERIN

ÖSTERREICHISCH • GEMÜTLICH Ein Stück Österreich mitten in Berlin gibt es in dem gemütlichen "Edel-Beisl" von Johanna Nußbaumer, und zwar in Form von Backhendl, Tafelspitz & Co., nicht zu vergessen leckere Mehlspeisen wie Kaiserschmarrn! Auch die guten Weine stammen aus der Heimat der Chefin. Eine beliebte Adresse - reservieren Sie also lieber frühzeitig! Man hat in Berlin übrigens auch noch einen Heurigen.

🅰️ – Preis: €€

Stadtplan: A2-26 – *Leibnizstraße 55* ✉ *10629* – **U** *Adenauerplatz* – *℘ 030 50178033* – *www.nussbaumerin.de* – *Geschlossen: Samstag und Sonntag, mittags: Montag-Freitag*

136

FUSION • VINTAGE Hier steht die Fusion von Peru und Italien im Fokus. Geprägt von seinen peruanischen Wurzeln und inspiriert von kreativen Ideen verbindet Küchenchef Matias Diaz Produkte beider Länder. Geboten wird ein alle zwei Monate wechselndes Menü mit sieben Gängen, das Sie auf fünf Gänge reduzieren können. Trendig der Vintage-Bistro-Look des Lokals samt offener Küche. Einige Tische draußen auf dem Gehsteig.

🅰️ 🈁 – Preis: €€€

Stadtplan: E1-72 – *Linienstraße 136* ✉ *10115* – **U** *Oranienburger Tor* – *℘ 030 27909683* – *136-berlin.com* – *Geschlossen: Montag und Sonntag, mittags: Dienstag-Samstag*

893 RYOTEI

JAPANISCH-ZEITGEMÄSS • TRENDY Nicht ganz einfach zu finden: Hinter der verspiegelten, mit Graffiti besprühten Fassade vermutet man kein Restaurant! Das Interieur: trendig, in Schwarz gehalten, kleine Tische. Mittelpunkt ist die offene Küche. Hier bietet The Duc Ngu eine breit ausgelegte japanische Küche, gespickt mit anderen asiatischen, aber auch südamerikanischen und europäischen Einflüssen.

♿ 🅰️ – Preis: €€€

Stadtplan: A2-31 – *Kantstraße 135* ✉ *10623* – **U** *Wilmersdorfer Straße* – *℘ 030 91703132* – *www.893-ryotei.de* – *Geschlossen: Montag und Sonntag, mittags: Dienstag-Samstag*

BERTA ⓝ

ISRAELISCH • FARBENFROH Berta wäre sehr stolz auf ihren Enkel, Küchenchef Assaf Granit, dass er dieses vergnügliche Restaurant nach ihr benannt hat. Die ansteckend dynamischen Köche in der offenen Küche hinter der Theke erfüllen den farbenfrohen Raum mit Schwung und Geselligkeit. Da passt die Speisekarte nur zu gut ins lebhafte Bild: Sie ist geradezu ein Fest Jerusalemer Familienrezepte, die durchzogen sind vom modernen Spirit Berlins. Es ist praktisch unmöglich, sich diesem Charme zu entziehen!

🄰🄲 – Preis: €€

Stadtplan: C2-80 – *Stresemannstraße 99* ✉ *10963* – **U** *Anhalter* – *☏ 0162 8861827* – *www.bertarestaurant.com* – *Geschlossen mittags: Montag-Sonntag,*

BOCCA DI BACCO

ITALIENISCH • **ELEGANT** Außen die schmucke historische Fassade, drinnen ein schönes modern-elegantes Restaurant mit Bar und Lounge. In der durch Fenster einsehbaren Küche kocht man italienisch. Die Pasta ist natürlich hausgemacht. Darf es dazu vielleicht einer der tollen toskanischen Weine sein?

🍽 🄰🄲 ⇔ – Preis: €€

Stadtplan: E2-53 – *Friedrichstraße 167* ✉ *10117* – **U** *Französische Straße* – *☏ 030 20672828* – *www.boccadibacco.de* – *Geschlossen: Montag und Sonntag*

BRASSERIE LAMAZÈRE

FRANZÖSISCH • **BRASSERIE** Hier im Herzen von Charlottenburg fühlt man sich fast wie in Frankreich, dafür sorgt nicht zuletzt die wirklich charmante unkomplizierte und lebhafte Bistro-Atmosphäre. Von der Tafel wählt man wechselnde Gerichte, die sich an der Saison orientieren. Gut und fair kalkuliert die Weinkarte - die Passion des Patrons!

Preis: €€

Stadtplan: A2-30 – *Stuttgarter Platz 18* ✉ *10627* – **U** *Wilmersdorfer Straße* – *☏ 030 31800712* – *lamazere.de* – *Geschlossen: Montag, mittags: Dienstag-Sonntag*

BRIKZ

MARKTKÜCHE • **INTIM** Wo früher ein Jazz-Café war, reichen Arne Anker und sein Team heute eine täglich wechselnde Karte, inspiriert von den regionalen und saisonalen Produkten, die der Markt gerade bietet und ergänzt durch die ein oder andere Überraschung. Gekocht wird angenehm reduziert, modern-kreativ und mit der richtigen Portion Finesse. Interessant auch die alkoholfreie Getränkebegleitung mit selbst angesetztem Kombucha, Kefir, Sirup, Tee etc. Das Ambiente ist geprägt durch markante freigelegte Ziegelsteinwände und dekorative Kunst. Der Service ist freundlich und gut organisiert - auch die Köche sind am Gast. Auf dem Gehsteig hat man nette Terrassenplätze. Buchung über Ticketsystem.

🌤 – Preis: €€€

Stadtplan: B2-70 – *Grolmanstraße 53* ✉ *10623* – **U** *Ernst-Reuter-Platz* – *☏ 030 31803780* – *restaurantbrikz.com* – *Geschlossen: Montag und Sonntag, mittags: Dienstag-Samstag*

CRACKERS

INTERNATIONAL • **HIP** Eine Etage unter dem "Cookies Cream" geht es ebenso trendig zu. Nach dem Klingeln gelangt man durch die Küche in ein großes lebhaftes Restaurant mit hoher Decke und schummrigem Licht. Auf der Karte ambitionierte Fleisch- und Fischgerichte.

🄰🄲 – Preis: €€€

Stadtplan: E2-58 – *Friedrichstraße 158* ✉ *10117* – **U** *Französische Straße* – *☏ 030 680730488* – *www.crackersberlin.com* – *Geschlossen mittags: Montag-Sonntag*

DAE MON

FUSION • **TRENDY** Eine interessante Adresse ist dieses schicke und recht stylische Restaurant. Man nennt seinen Küchenstil "open minded cuisine": europäische Küche mit japanischen und koreanischen Einflüssen, geschmackvoll und aromatisch abgestimmt. Probieren Sie z. B. "Oktopus, Daikon, Wakame, Rhabarber" oder "Rinderfilet, Bete, Rübe".

🞓 – Preis: €€€

Stadtplan: E1-59 – *Monbijouplatz 11* ✉ *10178 –* **U** *Weinmeisterstraße – ☏ 030 26304811 – dae-mon.com – Geschlossen: Montag und Sonntag, mittags: Dienstag-Samstag*

DIEKMANN

FRANZÖSISCH • BISTRO Lust auf sympathische Bistro-Atmosphäre? Im vorderen Bereich mit seinen dekorativen Weinregalen sitzt man leger an Hochtischen um eine freistehende Austernbar, hinten nimmt man in charmant-puristischem Ambiente an kleinen Tischen Platz. Abends gibt es ambitionierte französische und deutsche Gerichte, mittags den günstigen Business Lunch. Zu beiden Zeiten gesonderte Austernkarte.

Preis: €€€

Stadtplan: B2-28 – *Meinekestraße 7* ✉ *10719 –* **U** *Kurfürstendamm – ☏ 030 8833321 – diekmann-restaurant.de – Geschlossen: Montag und Sonntag*

FREA

Chef: David Johannes Suchy

VEGAN • HIP "Full Taste. Zero Waste" - so lautet das Motto von Patron David Johannes Suchy und seiner Frau Jasmin. Auf Basis dieses Nachhaltigkeitsgedankens bietet man eine modern-kreative und rein vegane Küche. Aus den raffinierten und finessenreichen saisonalen Gerichten des engagierten Küchenteams können Sie sich selbst ein Menü mit drei bis fünf Gängen zusammenstellen - auch eine Erweiterung ist möglich, wenn Sie mehr probieren möchten. In dem freundlich-trendigen Eckrestaurant mit rustikalem Touch und offener, teils einsehbarer Küche geht es angenehm lebendig zu, sympathisch der Service. Nett sitzt man auch auf der Terrasse vor dem Haus.

🞕 *Engagement des Küchenchefs: Mein FREA steht für ein pflanzenbasiertes „Zero Waste"-Restaurant, wir arbeiten ökologisch, saisonal, regional, bieten eine tierfreie, nachhaltige Küche, in der alles handgefertigt wird, daher entstehen kaum Abfälle und diese werden im Haus kompostiert und der Kompost geht zurück an die Produzenten.*

🅰🞓 – Preis: €€

Stadtplan: E1-1 – *Torstraße 180* ✉ *10115 –* **U** *Rosenthaler Platz – ☏ 030 98396198 – www.frea.de – Geschlossen mittags: Montag-Sonntag*

GRACE

INTERNATIONAL • CHIC "The place to be" in Berlin! Ein wirklich tolles stilvolles Restaurant voller Glamour - Hollywood-Stars geben sich hier die Klinke in die Hand. Serviert werden Gerichte mit asiatisch-kalifornischen und europäischen Aromen. Ein Muss: nach dem Essen auf einen Cocktail in die Rooftop-Bar-Lounge!

♿🅰🞓 – Preis: €€€€

Stadtplan: B2-27 – *Kurfürstendamm 25* ✉ *10719 –* **U** *Kurfürstendamm – ☏ 030 88437750 – www.grace-berlin.com – Geschlossen: Montag und Sonntag, mittags: Dienstag-Samstag*

INDIA CLUB

INDISCH • ELEGANT Absolut authentische indische Küche gibt es auch in Berlin! Sie nennt sich "rustic cuisine" und stammt aus dem Norden Indiens - das sind z. B. leckere Curries oder original Tandoori-Gerichte. Attraktiv auch das edle Interieur mit dunklem Holz und typisch indischen Farben und Mustern.

🅰🞓 – Preis: €€

Stadtplan: C2-54 – *Behrenstraße 72* ✉ *10117 –* **U** *Brandenburger Tor – ☏ 030 20628610 – www.india-club-berlin.com – Geschlossen mittags: Montag-Sonntag*

JULIUS 🆕

KREATIV • BÜRGERLICH Dies ist gewissermaßen der "kleine Bruder" des Restaurants "ernst" von Dylan Watson-Brawn und Spencer Christenson. Minimalistisch-schlicht das Interieur, jung und ungezwungen die Atmosphäre. Aus der einsehbaren Küche hinter der Theke kommen kreative Gerichte, die es am

Abend auf Vorreservierung auch als Degustationsmenü gibt. Frühstück und Brunch bietet man übrigens ebenfalls.

🍴 – Preis: €€

Stadtplan: C1-22 – *Gerichtstraße 31* ✉ *13347* – **U** *Wedding –*
www.exploretock.com/juliusberlin – Geschlossen: Montag-Mittwoch

KIN DEE

Chef: Dalad Kambhu

THAILÄNDISCH • DESIGN Diese urbane, jungendlich-legere Adresse wird ihrem Namen ("Kin Dee" bedeutet "gut essen") voll und ganz gerecht. In dem äußerlich recht unscheinbaren Haus abseits der Touristenpfade bietet die gebürtige Thailänderin Dalad Kambhu gute Thai-Küche, für die sie ausgesuchte Produkte aus Brandenburg mit gelungenen Kontrasten aus typischen asiatischen Aromen verbindet. Serviert wird ein Menü, bestehend aus einigen kleinen Einstimmungen vorab, gefolgt von einem Hauptgang zur Wahl und einem abschließenden kleinen Dessert. Die Weinkarte ist überwiegend deutsch und französisch ausgerichtet.

🍷 🍴 – Preis:

Stadtplan: B2-73 – *Lützowstraße 81* ✉ *10785* – **U** *Kurfürstenstraße –*
☎ *030 2155294 – www.kindeeberlin.com – Geschlossen: Montag und Sonntag,*
mittags: Dienstag-Samstag

KITCHEN LIBRARY

FRANZÖSISCH-MODERN • FREUNDLICH Wie gut ein kleines Team funktionieren kann, beweisen die Knörleins, die hier nur zu zweit am Werk sind. Daniela Knörlein kümmert sich herzlich um die Gäste und sorgt für persönliche Atmosphäre, Udo Knörlein verwirklicht am Herd seine kreativen Ideen. Das internationale "Kleine Dinger"-Menü können Sie mit vier bis sieben Gängen wählen. Die 7-Gänge-Variante gibt es optional auch zum Teilen für zwei Personen. Wunderbar bringt man in den Gerichten schöne Kontraste in Einklang. Eine Leidenschaft hat man übrigens für das Pickeln von Gemüse - gibt's auch im Glas zum Mitnehmen. Das Restaurant selbst hat mit seiner charmant-rustikalen Note und rund 700 Sammlerstücken zum Thema Kochen fast schon Bibliothek-Charakter - daher der Name!

🍴 – Preis: €€

Stadtplan: B2-39 – *Bleibtreustraße 55* ✉ *10623* – **U** *Uhlandstraße –* ☎ *030*
3125449 – www.kitchen-library.de – Geschlossen: Montag, Dienstag, Sonntag,
mittags: Mittwoch-Samstag

KURPFALZ WEINSTUBEN

REGIONAL • RUSTIKAL Eine typische Pfälzer Weinstube mitten in Berlin? Am Adenauerplatz beim Ku'damm liegt etwas versteckt in einem Hinterhof diese traditionelle Adresse. In gemütlich-rustikalen Stuben gibt es bürgerliche Küche samt regionalen Klassikern, dazu 50 offene Weine und 800 auf der Weinkarte. Mittags kleine Tageskarte.

🐾 ♿ 🍴 ↔ – Preis: €€

Stadtplan: A2-36 – *Wilmersdorfer Straße 93* ✉ *10629* – **U** *Adenauerplatz –*
☎ *030 8836664 – kurpfalz-weinstuben.de – Geschlossen: Montag und Sonntag,*
mittags: Dienstag-Samstag

LOVIS 🆕

MODERN • HISTORISCHES AMBIENTE Architektonisch sehr gelungen hat man hier ein ehemaliges Gefängnis in einen attraktiven Ort zum Speisen verwandelt. Hohe Decken und Backsteinwände, klare Formen und sanfte Beleuchtung schaffen eine besondere Atmosphäre, originell das "Aquarium"-Zimmer. Dazu moderne gemüseorientierte Küche und internationale Weine. Tipp: Aperitif in der netten Cocktailbar. Schön übernachten kann man im angrenzenden Hotel.

Preis: €€€

Stadtplan: A2-34 – *Kantstraße 79* ✉ *10627* – **U** *Uhlandstraße –* ☎ *030*
201805160 – lovisrestaurant.com – Geschlossen: Montag und Sonntag, mittags:
Dienstag-Samstag

MADAME NGO - UNE BRASSERIE HANOI

SÜDOSTASIATISCH • BRASSERIE Das Warten auf einen der begehrten Tisch lohnt sich! Das charmant-ungezwungene Lokal ist sehr beliebt für seine einfache, aber gute vietnamesische Küche, die auch noch preiswert ist. Verlockend der Duft aus den brodelnden Töpfen in der offenen Küche - da ist eine große Schüssel authentische "Pho" praktisch ein Muss!

Preis: €€

Stadtplan: B2-37 – *Kantstraße 30* ✉ *10623* – **U** *Uhlandstraße* – ☎ *030 60274585* – *madame-ngo.de*

MINE

ITALIENISCH • BRASSERIE In St. Petersburg und in Moskau hat sie bereits Restaurants, nun bietet die Betreiberfamilie hier ganz in der Nähe des Ku'damms diese chic-legere Adresse. Die Küchenphilosophie ist italienisch, trotzdem zeigen sich Einflüsse der russischen Heimat - probieren Sie z. B. "Ravioli del Plin mit Rindfleisch". Dazu eine schöne Weinauswahl samt erstklassiger offener Weine.

🅰🅲 🍴 – Preis: €€

Stadtplan: B2-38 – *Meinekestraße 10* ✉ *10719* – **U** *Kurfürstendamm* – ☎ *030 88926363* – *www.minerestaurant.de* – *Geschlossen mittags: Montag-Sonntag*

MRS ROBINSON'S ⓝ

KREATIV • RUSTIKAL Richtig schön entspannt und persönlich ist die Atmosphäre in dem intimen, schlicht-rustikal gehaltenen Restaurant samt einigen Thekenplätzen. Man kocht modern und kreativ sowie produktorientiert und mit Bezug zur Saison. Es gibt ein interessantes Überraschungsmenü - in einem Korb präsentiert man den Gästen die verwendeten Zutaten und erklärt die Gerichte. Gut die Weinbegleitung, angenehm der Service.

🍽 – Preis: €€€€

Stadtplan: D1-40 – *Pappelallee 29* ✉ *10437* – **U** *Raumerstraße* – ☎ *030 54622839* – *mrsrobinsons.de* – *Geschlossen: Montag, Dienstag, Sonntag, mittags: Mittwoch-Samstag*

OH PANAMA

MARKTKÜCHE • TRENDY Durch einen Hof gelangt man in das trendig-lebendige Restaurant auf zwei Etagen. Hier erwarten Sie sympathisch-lockerer Service und moderne deutsche Küche. Auf der Karte z. B. "Schweinsbraten, Roter Grünkohl, Saure Pfifferlinge". Schöne Innenhofterrasse, dazu die "Tiger Bar". Vis-à-vis: Varieté-Theater "Wintergarten".

🍴 ✿ – Preis: €€

Stadtplan: C2-6 – *Potsdamer Straße 91* ✉ *10785* – **U** *Kurfürstenstraße* – ☎ *030 983208435* – *oh-panama.com/en/welcome-3-2* – *Geschlossen: Montag und Sonntag, mittags: Dienstag-Samstag*

OUKAN ⓝ

VEGAN • ZEITGEMÄSSES AMBIENTE Die Suche nach diesem versteckt in einer kleinen Gasse gelegenen Restaurant lohnt sich. Die Küche ist inspiriert von der "Shōjin Ryōri"-Tradition, der japanischen buddhistischen Tempelkost. Gekocht wird rein vegan. Es gibt ein kreatives Menü mit drei oder sieben Gängen, erweiterbar durch Signature Dishes. Geradezu ein Muss ist die interessante Teebegleitung! Passend dazu: fernöstlich-minimalistisches Design in klaren Formen und ruhigen dunklen Tönen.

🅰🅲 – Preis: €€€

Stadtplan: E1-61 – *Ackerstraße 144* ✉ *10115* – **U** *Rosenthaler Platz* – ☎ *030 54774716* – *oukan.de* – *Geschlossen: Montag und Sonntag, mittags: Dienstag-Samstag,*

POTS

DEUTSCH • CHIC Locker und stylish-chic ist es hier! Hingucker im Restaurant des Hotels "The Ritz-Carlton" sind die markante Deko und die große offene Küche. Hier werden deutsche Gerichte modern interpretiert, so z. B. "Klopse,

Bayerische Garnele, Rieslingsauce" - auch zum Teilen geeignet. Oder lieber das Überraschungsmenü? Der Patron ist übrigens kein Geringerer als Dieter Müller.

🦐 ♿ 🍴 🍽 – Preis: €€€

Stadtplan: C2-29 – *Potsdamer Platz 3* ✉ *10785* – **U** *Potsdamer Platz* – ☎ *030 337775402* – *www.potsrestaurant.com* – *Geschlossen: Sonntag, mittags: Samstag, abends: Montag*

REMI

MODERNE KÜCHE • HIP Mit diesem trendig-urbanen Restaurant im Suhrkamp-Verlagshaus haben die Betreiber des "Lode & Stijn" ein weiteres Restaurant in Berlin. Raumprägende Elemente sind das puristische Design, die bodentiefen Fensterflächen sowie die offene mittige Küche. Gekocht wird modern-international und mit saisonal-regionalem Bezug.

♿ 🍴 – Preis: €€

Stadtplan: F1-60 – *Torstraße 48* ✉ *10119* – **U** *Rosa-Luxemburg-Platz* – ☎ *030 27593090* – *remi-berlin.de* – *Geschlossen: Montag und Sonntag, mittags: Dienstag-Freitag*

RESTAURANT 1687

MEDITERRAN • DESIGN In einer kleinen Seitenstraße zu "Unter den Linden" ist dieses geschmackvoll-stylische Restaurant samt netter Terrasse zu finden. Gekocht wird überwiegend mediterran mit internationalen Einflüssen. Mittags ist die Karte reduziert. Frühstücken können Sie hier übrigens auch.

🅰🅲 🍴 – Preis: €€

Stadtplan: E2-56 – *Mittelstraße 30* ✉ *10117* – **U** *Friedrichstraße* – ☎ *030 20630611* – *1687.berlin* – *Geschlossen: Samstag und Sonntag*

RESTAURANT AM STEINPLATZ

MODERNE KÜCHE • CHIC Ein schickes Restaurant mit offener Küche und angeschlossener Bar im gleichnamigen schönen Boutique-Hotel im Herzen Charlottenburgs. Im Sommer sitzt es sich angenehm im Innenhof. Abends bietet man moderne Sharing-Gerichte, die Sie à la carte oder als Menü bestellen können. Mittags gibt es ein attraktives Lunchmenü mit Wahlmöglichkeit, das gut ankommt. Tipp: die Sektkarte!

🍴 – Preis: €€

Stadtplan: B2-75 – *Steinplatz 4* ✉ *10623* – **U** *Zoologischer Garten* – ☎ *030 305544440* – *www.restaurantsteinplatz.com* – *Geschlossen: Sonntag, mittags: Samstag, abends: Montag*

TUPAC 🆕

LATEINAMERIKANISCH • NACHBARSCHAFTLICH Eine besondere Adresse, die man gerne als Stammlokal hat! In einer Wohngegend liegt das nach Revolutionsführer Tupac Amaru benannte Restaurant. Unter dem Namen "Cocina libre" wird die traditionelle Küche Lateinamerikas frei und kreativ zu interessanten Gerichten voller Geschmack und Aromen umgesetzt. Für Atmosphäre sorgen die offene Küche, rustikales Flair und authentische Deko, im Sommer mit schöner Terrasse. Tipp: ein Cocktail vorab.

🍴 – Preis: €€€

Stadtplan: C3-47 – *Hagelberger Straße 9* ✉ *10965* – **U** *Mehringdamm* – ☎ *030 78891980* – *tupac-berlin.com* – *Geschlossen: Montag, Dienstag, Sonntag, mittags: Mittwoch-Samstag*

Außerhalb des Zentrums

In Berlin-Britz

BUCHHOLZ GUTSHOF BRITZ

REGIONAL • FREUNDLICH Ein richtig schönes Anwesen ist der ruhig gelegene Gutshof des Schlosses Britz. Hier erwarten Sie regional-saisonale Küche und ein ansprechendes geradliniges Ambiente. Dazu wird man freundlich und aufmerksam umsorgt. Tipp: Speisen Sie im Sommer im hübschen Garten!

🕍 – Preis: €€

außerhalb Stadtplan – *Alt-Britz 81* ✉ *12359* – **U** *Parchimer Allee* – ☏ *030 60034607 – www.matthias-buchholz.de – Geschlossen: Dienstag und Mittwoch*

In Berlin-Friedrichshain

😊 ### JÄGER & LUSTIG ⓝ

DEUTSCH • GEMÜTLICH Was für eine charmante Adresse! Richtig gemütlich hat man es hier und gut essen kann man ebenfalls. Geboten wird "Heimatküche", so nennt man es selbst: eine frische, schmackhafte Küche mit klassischen deutschen Gerichten, Wild und Gans als saisonale Spezialität der Hauses - Tipp: "Ganze Gans für vier Personen". Lassen Sie sich im Sommer nicht den Biergarten entgehen.

🕍 ✿ – Preis: €€

Stadtplan: D2-57 – *Grünberger Straße 1* ✉ *10243* – ☏ *030 29009912 – jaegerundlustig.de*

In Berlin-Kreuzberg

✿✿ ### HORVÁTH

Chef: Sebastian Frank

KREATIV • ELEGANT Seit 100 Jahren ist hier Gastronomie zuhause. Bekannt geworden durch das 1973 gegründete "Exil", legendäre Künstlerkneipe von Oswald Wiener, hat diese Adresse auch heute noch ein besonderes Flair. Die beiden Gastgeber, der aus Österreich stammende Sebastian Frank und seine Lebensgefährtin Jeannine Kessler, machen nun mit neuem Innendesign samt markantem Gemälde von Jim Avignon auf die künstlerische Historie dieses Ortes aufmerksam und sind zugleich am Puls der Zeit. In der Küche zeigt Sebastian Frank seine ganz eigene Handschrift, und die ist fast schon unspektakulär und vielleicht gerade deshalb so bemerkenswert: Klar und reduziert setzt er hochwertige Zutaten in Szene und stellt auch gerne Gemüse in den Fokus. Dazu freundlicher, kompetenter Service samt interessanter Weinempfehlungen.

✿ *Engagement des Küchenchefs:* *Wir reflektieren unsere Arbeit, wollen noch verantwortungsvoller, sozial gerechter und ressourcenschonender agieren. Wir wollen zum Umdenken anregen, als Mitbegründer des Vereins „Die Gemeinschaft" stehen für die Etablierung einer neuen kulinarischen Wertschätzung entlang der Wertschöpfungskette.*

❀ ♿🕍 – Preis: €€€€

Stadtplan: D3-9 – *Paul-Lincke-Ufer 44a* ✉ *10999* – **U** *Kottbusser Tor* – ☏ *030 61289992 – www.restaurant-horvath.de – Geschlossen: Montag, Dienstag, Sonntag, mittags: Mittwoch-Samstag*

✿✿ ### TIM RAUE

ASIATISCH • TRENDY Europäische Küche, asiatisch inspiriert – diesen modernen und erfrischenden Twist schafft Tim Raue auf einzigartige Weise. Der gebürtige Berliner hat einen ganz eigenen, in Deutschland sicher einmaligen Stil. Für seine kraftvollen Kompositionen hat er ein eingespieltes Team an seiner Seite. Geboten werden die Menüs "Kolibri" und "Koi", immer wählbar mit den Signature Dishes "Wasabi Kaisergranat" und "Peking Ente". Daneben gibt es auch ein veganes Menü. Eine Location, die ihren Reiz im Anderssein hat. Dabei steht das hohe Niveau der Küche in keinerlei Widerspruch zur lebendig-urbanen Atmosphäre. Auch dank

Gastgeberin Marie-Anne Wild und ihrem charmanten Serviceteam fühlt man sich in dem geradlinig-schicken Restaurant wohl. Weinliebhaber dürfen sich über eine schöne Auswahl an offenen Weinen freuen.

🕸 ♿ Ⓜ – Preis: €€€€

Stadtplan: C2-63 – *Rudi-Dutschke-Straße 26* ✉ *10969* – **U** *Kochstraße* – ☏ *030 25937930 – tim-raue.com – Geschlossen: Montag und Sonntag, mittags: Dienstag-Donnerstag*

✿ NOBELHART & SCHMUTZIG

Chef: Micha Schäfer

KREATIV • HIP In dem unscheinbaren Haus in der Friedrichstraße verfolgt man eine ganz eigene Philosophie. Für Patron und Sommelier Billy Wagner (zuvor im Berliner "Rutz" tätig) und Küchenchef Micha Schäfer (zuvor in der "Villa Merton" in Frankfurt) haben Wertschätzung und Herkunft der Produkte größte Bedeutung. So verwendet man beste saisonale Zutaten, natürlich aus der Region. Butter stellt man sogar selbst her. Gekocht wird durchdacht und reduziert, jeder Bestandteil eines Gerichts hat seine Geschichte. Und die wird Ihnen von den Köchen selbst erklärt, entweder am Tisch oder an der Theke direkt an der offenen Küche - die Plätze hier sind übrigens besonders gefragt! Es gibt ein Menü mit 10 Gängen, dazu überaus interessante Weine, Biere und Destillate.

🕸 *Engagement des Küchenchefs: Unsere Küche ist abhängig von der Landwirtschaft, den Vorgaben der Natur und von den Lieferanten. Das ermöglicht uns, den Gästen das Berliner Umland auf dem Teller zu präsentieren. Wir sind allerdings auch als Gastronomen gefordert, uns mit den Produzenten und Kollegen ständig weiterzuentwickeln!*

🕸 ♿ Ⓜ – Preis: €€€€

Stadtplan: C2-64 – *Friedrichstraße 218* ✉ *10969* – **U** *Kochstraße* – ☏ *030 25940610 – www.nobelhartundschmutzig.com – Geschlossen: Montag und Sonntag, mittags: Dienstag-Samstag*

✿ RICHARD

Chef: Hans Richard

FRANZÖSISCH-MODERN • TRENDY Im einstigen "Köpenicker Hof" von 1900 hat Hans Richard (ursprünglich Maler) im Jahr 2012 dieses schicke Restaurant eröffnet. Die Gäste sitzen unter einer kunstvoll gearbeiteten hohen Holzdecke, allerlei Accessoires, Designerlampen und schöne Bilder (sie stammen übrigens vom Patron selbst) setzen dekorative Akzente. Eine perfekte Atmosphäre für die moderne französische Küche, für die Hans Richard sein eingespieltes Team um Küchenchef Francesco Contiero hat. Serviert wird ein Menü, das mit Leichtigkeit, Finesse und Aromen überzeugt - auch als vegetarische Variante.

Ⓜ – Preis: €€€

Stadtplan: D2-10 – *Köpenicker Straße 174* ✉ *10997* – **U** *Schlesisches Tor* – ☏ *030 49207242 – www.restaurant-richard.de – Geschlossen: Montag, Dienstag, Sonntag, mittags: Mittwoch-Samstag*

✿ TULUS LOTREK

Chef: Maximilian Strohe

MODERNE KÜCHE • HIP Warum das Restaurant von Maximilian Strohe und Partnerin Ilona Scholl so gefragt ist? Zum einen hat man in dem hübschen Altbau in Kreuzberg mit hohen stuckverzierten Decken, Holzboden, Kunst und originellen Tapeten ein schönes Interieur geschaffen, zum anderen sorgt der lockere und dabei sehr kompetente Service unter der Leitung der Chefin für eine sympathisch-ungezwungene Atmosphäre. In erster Linie lockt aber natürlich die Küche. Der Patron und sein Team kreieren ausgesprochen interessante Kombinationen aus exzellenten Produkten. Das Geheimnis ihrer Küche: kraftvolle Saucen und Fonds, die die verschiedenen Aromen wunderbar verbinden und den Gerichten das gewisse Etwas verleihen! Da möchte man am liebsten noch einen weiteren Gang bestellen!

⊛ 🍴 – Preis: €€€€

Stadtplan: D3-11 – *Fichtestraße 24* ✉ *10967* – **U** *Südstern* – 𝒞 *030 41956687* – *www.tuluslotrek.de* – *Geschlossen: Dienstag und Mittwoch, mittags: Montag, Donnerstag-Sonntag*

😊 LONG MARCH CANTEEN

CHINESISCH • HIP Eine coole, lebendige Adresse. Aus der einsehbaren Küche kommen chinesisch-kantonesische Gerichte in Form von verschiedenen Dim Sum und Dumplings. Sie können à la carte speisen oder zwischen mehreren Menüs wählen, die zum Teilen gedacht sind. Dazu eine große Auswahl an Wein, Spirituosen, Cocktails und Longdrinks.

🚹 🍴 – Preis: €€

Stadtplan: D2-14 – *Wrangelstraße 20* ✉ *10969* – **U** *Schlesisches Tor* – 𝒞 *0178 8849599* – *www.longmarchcanteen.com* – *Geschlossen mittags: Montag-Sonntag*

CHICHA

PERUANISCH • VINTAGE Belebt, laut, rustikal, hier und da ein bisschen "shabby"... Bewusst hat man eine lockere, authentisch südamerikanische Atmosphäre geschaffen, die wunderbar zur sehr schmackhaften modern-peruanischen Küche passt. Gekocht wird ambitioniert und mit guten, frischen Produkten.

🍴 – Preis: €€

Stadtplan: D3-12 – *Friedelstraße 34* ✉ *12047* – **U** *Schönleinstraße* – 𝒞 *030 62731010* – *www.chicha-berlin.de* – *Geschlossen: Montag und Dienstag, mittags: Mittwoch-Sonntag*

LODE & STIJN

Chef: Lode van Zuylen

MODERNE KÜCHE • NACHBARSCHAFTLICH Eine sympathische und ebenso spezielle Adresse. Das Restaurant ist mit viel Holz geradlinig, klar und wertig eingerichtet, gekocht wird modern. Es gibt ein festes Menü, die Speisen sind sehr reduziert, fast schon puristisch und haben einen leicht skandinavischen Akzent. Saisonale Zutaten von ausgesuchten Produzenten stehen hier absolut im Vordergrund. Tipp: Man hat eine schöne Auswahl an belgischen Geuze-Bieren!

🐝 *Engagement des Küchenchefs: In meiner Küche geht es recht streng zu, also bezogen auf die Regionalität und Qualität meiner Produkte! Sie kommen ausschließlich von Kleinerzeugern, welche mit ihrer Arbeit unser Fundament bilden! Wir verarbeiten überwiegend das ganze Tier und Nordsee-Fisch. Massentierhaltung lehne ich strikt ab!*

⊛ – Preis: €€€

Stadtplan: D3-13 – *Lausitzer Straße 25* ✉ *10999* – **U** *Görlitzer Bahnhof* – 𝒞 *030 65214507* – *www.lode-stijn.de* – *Geschlossen: Montag, Dienstag, Sonntag, mittags: Mittwoch-Samstag*

ORANIA.BERLIN

MODERNE KÜCHE • CHIC Stylish, warm und relaxt kommt das Restaurant des schönen gleichnamigen Hotels daher, Lobby und Bar (interessant die Cocktail-Karte) sind direkt angeschlossen. Blickfang ist die große offene Küche - hier wird modern-kreativ gekocht. Der Service aufmerksam und versiert. Tipp: 4-Gänge-Enten-Menü "Xberg Duck" (ab 2 Pers.).

🚹 🎦 – Preis: €€€

Stadtplan: D2-65 – *Oranienplatz 17* ✉ *10999* – **U** *Moritzplatz* – 𝒞 *030 69539680* – *orania.berlin* – *Geschlossen mittags: Montag-Sonntag*

RUTZ - ZOLLHAUS

MODERNE KÜCHE • ENTSPANNT Die Lage direkt am Landwehrkanal ist schon etwas Besonderes - toll im Sommer die überdachte Terrasse. Drinnen ist das ehemalige Zollhaus geschmackvoll eingerichtet, locker die Atmosphäre. Geboten wird modern interpretierte deutsche Küche. Interessant: hochwertige "Wurstwaren" vorab oder nebenher. Die Weinbar des Gourmetrestaurants "Rutz" finden Sie nun übrigens hier im Haus.

🏠 ⇄ – Preis: €€

Stadtplan: C3-77 – *Carl-Herz-Ufer 30* ✉ *10961* – **U** *Prinzenstraße* – 𝄐 *030 233276670 – rutz-zollhaus.de – Geschlossen: Montag und Dienstag, mittags: Mittwoch-Sonntag*

TANTE FICHTE

MODERNE KÜCHE • FREUNDLICH Über die kleine nachbarschaftliche Terrasse gelangt man ein paar Stufen hinunter in ein herrlich unkompliziertes Restaurant - gelungen der Mix aus modern, rustikal und elegant. Es gibt ein regional-saisonal beeinflusstes Menü in variabler Länge, auch vegetarisch. Interessant die nach Winzern sortierte Weinkarte. Freundlich und aufmerksam der Service.

🕸 🏠 ⇄ – Preis: €€€

Stadtplan: D3-71 – *Fichtestraße 31* ✉ *10967* – **U** *Südstern* – 𝄐 *030 69001522 – tantefichte.berlin – Geschlossen: Montag, Dienstag, Sonntag, mittags: Mittwoch-Samstag*

VOLT

MODERNE KÜCHE • DESIGN Zum interessanten Industrie-Chic in dem ehemaligen Umspannwerk am Landwehrkanal kommt eine moderne Küche, die es z. B. in Form von "Stör, Zwiebel, Spitzkohl" oder als "Schaufel, Schwarzwurzel, Haselnuss" gibt. Ein vegetarisches Menü wird ebenfalls angeboten.

♿ 🏠 ⇄ – Preis: €€€

Stadtplan: D3-15 – *Paul-Lincke-Ufer 21* ✉ *10999* – **U** *Schönleinstraße* – 𝄐 *030 338402320 – www.restaurant-volt.de – Geschlossen: Montag und Sonntag, mittags: Dienstag-Samstag*

In Berlin-Lichtenberg

🕸 SKYKITCHEN

MODERNE KÜCHE • TRENDY Die Fahrt nach Lichtenberg lohnt sich: Hier oben im 12. Stock des "Vienna House Andel's" hat man bei chic-urbaner Atmosphäre einen fantastischen Blick über Berlin, zudem wird auch unter neuer Küchenleitung ausgezeichnet gekocht. Die modernen Menüs "Voyage Culinaire" und "Vegetarian" verbinden mediterrane, asiatische und regionale Akzente. Dazu auf Wunsch die passende Wein- oder alkoholfreie Begleitung. Klasse der top geschulte und angenehm lockere Service. Übrigens: Nicht nur das Restaurant mit seinem stylischen Vintage-Look ist erlebenswert, noch ein bisschen höher lockt das "Loft14" zum Digestif!

⇆ ♿ 🅰🅲 – Preis: €€€€

Stadtplan: D2-16 – *Landsberger Allee 106* ✉ *10369* – **U** *Landsberger Allee* – 𝄐 *030 4530532620 – www.skykitchen.berlin – Geschlossen: Montag und Sonntag, mittags: Dienstag-Samstag*

In Berlin-Neukölln

🕸🕸 CODA DESSERT DINING

Chef: René Frank

KREATIV • INTIM Lassen Sie sich vom unscheinbaren Äußeren dieser Neuköllner Adresse nicht täuschen, denn hier ist ein ganz spezielles Gastro-Konzept zu Hause. Trendig-puristisch und etwas schummrig ist es hier. Man sitzt am Bar-Tresen mit Blick in die Küche oder an den Tischen drum herum. Die Küche hat ihren eigenen Stil und der ist sicher einzigartig: Das Team um René Frank setzt auf Techniken aus der Patisserie, mit denen man innovative Gerichte zubereitet, Umami inklusive! Die Süße steht dabei keinesfalls im Vordergrund. Locker und professionell der Service. Schöne Weinkarte mit Fokus auf Schaumwein aus der Champagne, Riesling und Sake.

Preis: €€€€

Stadtplan: D3-17 – *Friedelstraße 47* ✉ *12047* – **U** *Hermannplatz* – *☏ 030 91496396* – *www.coda-berlin.com* – *Geschlossen: Montag, Dienstag, Sonntag, mittags: Mittwoch-Samstag*

⊛ BARRA

KREATIV • MINIMALISTISCH Ein durch und durch unkompliziertes trendiges Konzept, angefangen beim minimalistisch-urbanen Look über die lockere, sympathisch-nachbarschaftliche Atmosphäre bis hin zur angenehm reduzierten modernen Küche in Form von kleinen "Sharing"-Gerichten. Hier kommen hochwertige, möglichst regionale Produkte zum Einsatz.

🖙 – Preis: €€

Stadtplan: D3-18 – *Okerstraße 2* ✉ *12049* – **U** *Leinestraße* – *☏ 030 81860757* – *www.barraberlin.com* – *Geschlossen: Samstag und Sonntag, mittags: Montag-Freitag*

HALLMANN UND KLEE

FRANZÖSISCH-KREATIV • ENTSPANNT Sie finden das "Hallmann und Klee" am kleinen Böhmischen Platz, dessen lebhaftes Treiben die Terrasse auf dem Gehsteig im Sommer zu einem beliebten Ort macht. Auch drinnen hat das Restaurant seinen Reiz: Markante gekalkte Ziegelsteinwände, schöner Dielenboden und moderne Design-Elemente verbinden sich zu einem fast schon puristischen charmant-urbanen Interieur. Sarah Hallmann, Patronin und kulinarische Ideengeberin, sowie Küchenchefin Rosa Beutelspacher (beide waren übrigens u. a. im Berliner "Facil" tätig) haben das einstige Frühstückscafé zum "Fine Dining"-Restaurant gemacht. Ihre Menüs "Vegetarisch" und "Nicht vegetarisch" kommen angenehm klar, kreativ und ohne Spielereien daher. "Ehrlich gute Küche" nennt man es selbst. Die Produkte dafür bezieht man überwiegend aus der Region.

🖙 – Preis: €€€

Stadtplan: D3-2 – *Böhmische Straße 13* ✉ *12055* – **U** *Neukölln* – *☏ 030 23938186* – *www.hallmann-klee.de* – *Geschlossen: Montag, Dienstag, Sonntag, mittags: Mittwoch-Samstag*

TISK

Chef: Jan Rzehak

DEUTSCH • FREUNDLICH Das "TISK" (altdeutsch für "Tisch") nennt sich selbst "Speisekneipe", und das trifft es ganz gut. In einer ruhigeren Seitenstraße in Neukölln findet sich dieses junge urbane Konzept, das deutsche Küche modernisiert und geschmacklich aufgepeppt präsentiert. Ein Großteil des verarbeiteten Gemüses stammt übrigens von der eigenen Farm in der Nähe von Brandenburg.

🌱 *Engagement des Küchenchefs: Unsere eigene Tisk-Farm in Brandenburg lässt uns ein „Farm to table"-Konzept leben, welches perfekt in unsere Speisekneipe passt! Handgeerntete Gemüse und Kräuter veredeln unsere Gerichte bzw. werden auch als Fassbrausen und Limonaden angesetzt. „Zero Waste" gehört in unserer Küche zur Normalität!*

🖙 – Preis: €€

Stadtplan: D3-19 – *Neckarstraße 12* ✉ *12053* – **U** *Rathaus Neukölln* – *☏ 030 398200000* – *www.tisk-speisekneipe.de* – *Geschlossen: Montag und Sonntag, mittags: Dienstag-Samstag*

In Berlin-Prenzlauer Berg

✿ BRICOLE

FRANZÖSISCH-MODERN • NACHBARSCHAFTLICH Richtig schön nachbarschaftlich, geradezu vertraut geht es hier zu - da fühlt man sich gleich willkommen! Das liegt zum einen an der sympathischen Bistro-Atmosphäre, zum anderen am herzlichen und professionellen Patron und Sommelier Fabian Fischer, der dem Service eine angenehm persönliche Note gibt und mit Leidenschaft den passenden Wein empfiehlt. Verantwortlicher in der Küche ist Steven Zeidler. Kreativ verbindet er in seinem Menü Regionales mit internationalen Akzenten. Da kommen z. B.

"Bauch und Rücken vom Lamm mit Hirse, Aubergine und BBQ-Aromen" perfekt balanciert daher, "Kohlrabi, Gazpacho, Fenchel und Dill" leicht und frisch, aber dennoch voller Finesse. Es gibt auch eine komplett vegetarische Variante. Vor dem Restaurant hat man übrigens auch ein paar kleine Tische auf dem Gehsteig.

🕸 🛱 – Preis: €€€

Stadtplan: D1-7 – *Senefelderstraße 30* ⊠ *10437 –* **U** *Husemannstraße – ℰ 030 84432362 – www.bricole.de – Geschlossen: Samstag und Sonntag, mittags: Montag-Freitag*

🍃 LUCKY LEEK

VEGAN • NACHBARSCHAFTLICH Vegan, frisch, saisonal und mit persönlicher Note - so wird in dem charmanten Restaurant gekocht. Die schmackhaften Gerichte gibt es als Menü mit drei bis fünf Gängen, auf Wunsch mit Weinbegleitung. Neben der guten Küche kommt auch die sympathisch-unkomplizierte Atmosphäre an. Hinweis: Barzahlung nur bis 100€.

🛱 – Preis: €€

Stadtplan: D1-66 – *Kollwitzstraße 54* ⊠ *10405 –* **U** *Senefelderplatz – ℰ 030 66408710 – www.lucky-leek.com – Geschlossen: Montag und Dienstag, mittags: Mittwoch-Sonntag*

AV

MODERNE KÜCHE • BÜRGERLICH Das Restaurant liegt etwas versteckt, aber die Suche lohnt sich. "AV" steht für Antonio Vinciguerra, Patron und Küchenchef dieses persönlich geführten kleinen Restaurants mit rustikalem Flair und nachbarschaftlich-entspannter Atmosphäre. Geboten wird ein saisonales Menü, dessen durchdachte moderne Gerichte die Leidenschaft des Chefs für hochwertige Zutaten und ihre natürlichen Aromen widerspiegelt. Dazu herzlicher Service und interessante Weinempfehlungen. Nett die Bar für ein Glas Wein oder einen Snack.

🛱 – Preis: €€€

Stadtplan: D1-62 – *Schönhauser Allee 44* ⊠ *10435 –* **U** *Eberswalder Straße – ℰ 030 27018851 – de.avrestaurantberlin.com – Geschlossen: Montag, Dienstag, Sonntag, mittags: Mittwoch-Samstag*

KINK BAR & RESTAURANT

KREATIV • HIP Auf dem Pfefferberg - einst Brauereigelände, heute Kulturstätte - finden Sie dieses trendig-urbane Restaurant. Gekocht wird modern-kreativ mit gewissem Twist und eigener Note. Und dazu vielleicht eine der interessanten Getränke-Kreationen der angeschlossenen Bar? Der angenehm lockere Service sorgt für eine unkomplizierte und persönliche Atmosphäre. Schön die Terrasse!

Preis: €€

Stadtplan: F1-48 – *Schönhauser Allee 176* ⊠ *10119 –* **U** *Prenzlauer Allee – ℰ 030 41207344 – kink-berlin.de – Geschlossen mittags: Montag-Sonntag*

KOCHU KARU

KOREANISCH • MINIMALISTISCH So ungewöhnlich der Mix aus spanischer und koreanischer Küche auch sein mag, die Kombination von Aromen ist gelungen. Es gibt ein Menü mit vier bis sieben Gängen, bestehend aus "kleinen Gerichten" (hier wählen Sie die Anzahl selbst) sowie einem "nicht so kleinen Gericht" und etwas "Süßem". Käse-Gang optional. Ein wirklich charmantes puristisches kleines Restaurant.

🛱 – Preis: €€€

Stadtplan: C1-20 – *Eberswalder Straße 35* ⊠ *10437 –* **U** *Eberswalder Straße – ℰ 030 80938191 – kochukaru.de – Geschlossen: Montag und Sonntag, mittags: Dienstag-Samstag*

OTTO

SAISONAL • BÜRGERLICH Sympathisch-lebendig geht es in diesem kleinen Restaurant mit offener Küche zu. Mittags gibt es ein Tagesgericht nebst vegetarischer Variante, abends eine etwas größere Auswahl an Speisen, die sich auch zum Teilen anbieten. Gekocht wird modern-reduziert und mit nordischem Einschlag, basierend auf Produkten aus der Umgebung. Vor dem Haus eine kleine Terrasse - dank Pavillon sogar im Winter.

🛖 – Preis: €€

Stadtplan: C1-74 – *Oderberger Straße 56* ✉ *10435* – **U** *Eberswalder Straße* – ✆ *030 58705176* – *otto-berlin.net* – *Geschlossen: Dienstag und Mittwoch, mittags: Montag, Donnerstag-Sonntag*

In Berlin-Schöneberg

🕸 **BONVIVANT** 🅝

VEGETARISCH • FARBENFROH Ein Original in vielerlei Hinsicht. Das Menü bietet eine Auswahl an vegetarischen Gerichten, die delikat, präzise und wunderschön präsentiert sind. Eine vegane Menü-Variante gibt es ebenfalls. Wie der vollständige Name "Bonvivant Cocktail Bistro" schon andeutet, dürfen Sie auch eine tolle Begleitung aus ebenso originellen und durchdachten Getränken und Cocktails erwarten. In unkomplizierter, relaxter Atmosphäre erklärt Ihnen das engagierte junge Serviceteam ausführlich jeden Gang und das dazugehörige Getränk - ein gelungenes Konzept!

🛖 🕸 – Preis: €€€

Stadtplan: B3-32 – *Goltzstraße 32* ✉ *10781* – **U** *Nollendorfplatz* – ✆ *0176 61722602* – *bonvivant.berlin* – *Geschlossen: Montag, mittags: Dienstag-Freitag, abends: Sonntag*

🕸 **FAELT**

Chef: Björn Swanson

REGIONAL • FREUNDLICH Unkompliziert, professionell und durchdacht geht es in dem denkmalgeschützten Altbau von 1903 zu, und das gilt für Ambiente, Service und Küche gleichermaßen. Der Name des Restaurants ist übrigens das schwedische Wort für "Feld" und nimmt Bezug auf die nordischen Wurzeln von Chef Björn Swanson und den produktorientierten Kochstil, den er und sein Team hier pflegen. Man lässt sich von den Jahreszeiten inspirieren, pflanzliche Zutaten spielen in dem modernen Menü die Hauptrolle. Die Küche befindet sich quasi im Raum - da kann man den Köchen zusehen. Sympathisch die lebhafte, freundliche Atmosphäre in dem kleinen Restaurant - wie gemacht für ein gemütliches Treffen.

Preis: €€€€

Stadtplan: B3-42 – *Vorbergstraße 10A* ✉ *10823* – **U** *Eisenacher Straße* – ✆ *030 78959001* – *www.faelt.de* – *Geschlossen mittags: Montag-Sonntag*

🐵 **BRASSERIE COLETTE TIM RAUE**

FRANZÖSISCH • BRASSERIE Tim Raue - wohlbekannt in der Gastroszene - hat hier eine sympathisch-unkomplizierte Brasserie geschaffen, die man eher in Paris vermuten würde. Das Atmosphäre ist modern, hat aber auch einen leicht nostalgischen Touch. Gekocht wird richtig gut. Die interessante Karte bietet natürlich auch Klassiker. Am Abend gibt es zudem das "Tim Raue Menü" und das saisonale Monatsmenü. Tipp zum Lunch: "la table dressée".

&. – Preis: €€

Stadtplan: B2-33 – *Passauer Straße 5* ✉ *10789* – **U** *Wittenbergplatz* – ✆ *030 21992174* – *www.brasseriecolette.de*

BOB & THOMS

FRANZÖSISCH-MODERN • MINIMALISTISCH Bob & Thoms, das sind Oliver Körber ("Bob"), der sich im Service mit seiner authentischen Berliner Art charmant um die Gäste kümmert, und Felix Thoms, der mit reichlich Sternerfahrung am Herd steht. Kennengelernt haben sich die beiden im ehemaligen "Alt Luxemburg" in Berlin, ihren gemeinsamen Traum vom eigenen kleinen Restaurant haben sie sich mit diesem sympathischen Zwei-Mann-Betrieb erfüllt. Das angebotene Menü überzeugt mit gelungenen modernen Akzenten, feinen Kontrasten und exaktem Handwerk. In dem recht puristisch gehaltenen Restaurant werden pro Abend nur wenige Gäste empfangen, also reservieren Sie rechtzeitig! Und lassen Sie sich im

Sommer nicht die schöne kleine Terrasse entgehen! Tipp: Oliventapenade oder Konfitüren und Marmeladen gibt's auch für daheim.

🍴 – Preis: €€€

Stadtplan: B3-76 – *Welserstraße 10* ⊠ *10777* – **U** *Viktoria-Luise-Platz* – ℰ *030 20929492* – *www.bobthoms.berlin* – *Geschlossen: Montag, Dienstag, Sonntag, mittags: Mittwoch-Samstag*

In Berlin-Steglitz

JUNGBLUTH

MODERNE KÜCHE • **NACHBARSCHAFTLICH** Sympathisch-leger und ungezwungen ist hier die Atmosphäre, schmackhaft und frisch die Küche, die sich bei der Produktwahl an der Saison orientiert. Tipp: Lassen Sie sich mit einem 3-Gänge-Menü überraschen. Dazu wird man freundlich umsorgt. Auch die Plätze im Freien kommen gut an.

🍴 ⇔ – Preis: €€

außerhalb Stadtplan – *Lepsiusstraße 63* ⊠ *12163* – **U** *Steglitzer Rathaus* – ℰ *030 79789605* – *www.jungbluth-restaurant.de* – *Geschlossen: Montag, mittags: Dienstag-Freitag*

In Berlin-Wedding

❀ ERNST

Chef: Dylan Watson-Brawn und Spencer Christenson

KREATIV • **MINIMALISTISCH** Äußerlich eher unscheinbar, drinnen stylish und kreativ! An der langen Holztheke gibt es nur acht Plätze, und die sind gefragt, denn hier sitzt man direkt gegenüber der großen offenen Küche, hat stets Kontakt zum Team und erlebt mit, wie die Köche ein Menü mit zahlreichen tollen kleinen Gerichten zubereiten. Erwähnenswert ist auch der wunderbare Duft vom Holzkohlegrill! Das Inhaber- und Küchenchef-Duo Dylan Watson-Brawn und Spencer Christenson beeindruckt mit einem klaren, puren und oftmals subtilen Stil, der sich stark an der japanischen Küche orientiert. Auf dem Teller wird das Produkt zelebriert, da darf man den reinen Geschmack erstklassiger Zutaten erwarten. Spaß macht auch die Weinbegleitung. Hinweis: Reservierung über Online-Tickets. Man bietet zwei Services pro Abend.

🍷 🅼 – Preis: €€€€

Stadtplan: C1-21 – *Gerichtstraße 54* ⊠ *13347* – **U** *Wedding* – *www.ernstberlin.de* – *Geschlossen: Montag und Sonntag, mittags: Dienstag-Samstag*

In Berlin-Wilmersdorf

❀ BIEBERBAU

Chef: Stephan Garkisch

MODERNE KÜCHE • **GEMÜTLICH** Wer neben richtig gutem Essen auch ein tolles Ambiente schätzt, ist hier genau richtig! In dem wunderschön restaurierten denkmalgeschützten Gastraum von 1894 erwartet Sie absolut sehenswertes Stuckateurhandwerk von Richard Bieber! In diesem einzigartigen Rahmen wird man vom freundlichen und kompetenten Serviceteam um Gastgeberin und Sommelière Anne Garkisch umsorgt, während Patron Stephan Garkisch am Molteni-Herd moderne Gerichte zubereitet. Wirklich gelungen, wie er in den Menüs (darunter ein vegetarisches) Kräuter und Gewürze in Szene setzt - vieles kommt aus dem eigenen Garten. Die Preise sind fair!

🍴 – Preis: €€€

Stadtplan: B3-4 – *Durlacher Straße 15* ⊠ *10715* – **U** *Bundesplatz* – ℰ *030 8532390* – *www.bieberbau-berlin.de* – *Geschlossen: Mittwoch, Samstag, Sonntag, mittags: Montag, Dienstag, Donnerstag, Freitag*

BESIGHEIM

Baden-Württemberg – Regionalatlas **5**–U2

MARKTWIRTSCHAFT BESIGHEIM

SAISONAL • ZEITGEMÄSSES AMBIENTE In dem sympathisch-legeren Restaurant wird regional-saisonal gekocht. Mittags ergänzt eine zusätzliche kleine Karte das Angebot. Gegenüber hat man noch die Brasserie & Vinothek "Marktkeller". Man bietet auch regelmäßig Themenabende an. Tipp: Machen Sie einen Bummel durch das romantische kleine Fachwerk-Städtchen!

🌤 – Preis: €€

Marktplatz 2 ✉ 74354 – ☎ 07143 9099091 – www.marktwirtschaft-besigheim. de – Geschlossen: Dienstag und Mittwoch

BIBERACH IM KINZIGTAL

Baden-Württemberg – Regionalatlas **5**–T3

LANDGASTHAUS ZUM KREUZ

TRADITIONELLE KÜCHE • LÄNDLICH Der attraktive Mix aus regional und modern ist hier allgegenwärtig - vom gemütlichen Restaurant über die Küche bis zu den schönen wohnlichen Zimmern im Gästehaus "Speicher" nebenan. Auf den Tisch kommen Klassiker und Saisonales - interessant sind z. B. die "Mini-Versucherle". Die tolle Lage im Grünen genießt man im Sommer am liebsten auf der herrlichen Terrasse!

🌤 ⇔ 🅿 – Preis: €€

Untertal 7 ✉ 77781 – ☎ 07835 426420 – www.kreuz-prinzbach.de/home.html – Geschlossen: Mittwoch und Donnerstag, mittags: Montag und Dienstag

BIELEFELD

Nordrhein-Westfalen – Regionalatlas **3**–L1

BÜSCHER'S RESTAURANT

REGIONAL • GASTHOF Im Restaurant der Familie Büscher legt man Wert auf ausgesuchte Produkte und daraus entstehen international beeinflusste Speisen mit Bezug zur Saison. Im Sommer sitzt man am liebsten auf der schönen Gartenterrasse. Tipp: Probieren Sie doch mal die Steaks oder Grillgerichte - dafür ist man bekannt! Gepflegt übernachten können Sie übrigens ebenfalls.

🌤 ⇔ 🅿 – Preis: €€

Carl-Severing-Straße 136 ✉ 33649 – ☎ 0521 946140 – www.buescher.app – Geschlossen: Montag und Sonntag, mittags: Dienstag-Samstag

GUI

MEDITERRAN • FREUNDLICH Reservieren Sie hier lieber, denn das lebhafte Bistro mitten in Bielefeld hat viele Stammgäste! Gekocht wird mediterran inspiriert, aber auch mit regionalen Einflüssen. Zur netten Atmosphäre trägt auch die offene Küche bei. Im Sommer lockt die Terrasse in der Fußgängerzone. Übrigens: "GUI" steht in der internationalen Plansprache Esperanto für "Genießen".

🅰🅲 🌤 – Preis: €€

Gehrenberg 8 ✉ 33602 – ☎ 0521 5222119 – gui-restaurant.de – Geschlossen: Montag und Sonntag

TOMATISSIMO

ITALIENISCH • FREUNDLICH Etwas außerhalb in einem kleinen Dorf findet man diese beliebte Adresse. Freundlich die Atmosphäre, herrlich im Sommer die Terrasse beim Dorfbrunnen, auf der man angenehm unter Kastanien sitzt. Gekocht wird mit Herz und reichlich Geschmack, die Karte ist mediterran geprägt. Dazu Dry Aged Beef vom Holzkohlegrill - aus dem eigenen Reifeschrank. Tipp: "Bernhards Küchentisch" für kleinere Gruppen (auf Vorreservierung).

🏛 ⇦ 🅿 – Preis: €€€

Am Tie 15 ✉ *33619 –* ✆ *0521 163333 – tomatissimo.de – Geschlossen: Montag und Dienstag, mittags: Mittwoch-Samstag*

BIETIGHEIM-BISSINGEN

Baden-Württemberg – Regionalatlas **7**–B2

❀ **MAERZ - DAS RESTAURANT**

Chef: Benjamin Maerz

FRANZÖSISCH-KREATIV • GEMÜTLICH So stimmig kann ein Mix aus regional und modern sein! Und diese Mischung bieten die Brüder Benjamin und Christian Maerz im Gourmetrestaurant ihres Hotels "Rose" gleich in zweifacher Hinsicht. Da ist zum einen das Interieur, das mit seiner schönen warmen Holztäfelung und klaren Formen gemütlich und zugleich trendig-chic daherkommt. Auch in der Küche findet sich sowohl der Bezug zur Region als auch der moderne Aspekt, umgesetzt im Menü "Heimweh/Fernweh". Dafür verwendet man erstklassige Produkte, die man vorzugsweise aus der Umgebung bezieht. Die Gerichte sind sind angenehm klar aufgebaut und verbinden geschickt tolle Aromen. Gerne lässt man sich von Christian Maerz in Sachen Wein oder alkoholfreie Alternative beraten. Hübsche Lounge-Terrasse für Apero oder Digestif.

⇦ 🅿 – Preis: €€€€

Kronenbergstraße 14 ✉ *74321 –* ✆ *07142 42004 – maerzundmaerz.de – Geschlossen: Montag, Dienstag, Sonntag, mittags: Mittwoch-Samstag*

BILSEN

Schleswig-Holstein – Regionalatlas **1**–C3

JAGDHAUS WALDFRIEDEN

INTERNATIONAL • ELEGANT Gemütliches Kaminzimmer, luftiger Wintergarten oder die schöne Terrasse mit schattenspendenden Bäumen? Zu diesem charmanten Rahmen gesellt sich eine gute Küche. Gekocht wird regional geprägt, auf der Karte findet sich z. B. sous vide gegarte Kalbsschulter. Tipp: das preislich faire Mittagsmenü. Sie möchten übernachten? Man hat hübsche, sehr wohnliche und individuelle Gästezimmer.

🛏 🏛 ⇦ 🅿 – Preis: €€

Kieler Straße 1 ✉ *25485 –* ✆ *04106 61020 – www.waldfrieden.com – Geschlossen: Montag und Dienstag*

BINDLACH

Bayern – Regionalatlas **6**–Y1

☺ **LANDHAUS GRÄFENTHAL**

SAISONAL • GASTHOF In dem idyllisch gelegenen Familienbetrieb hat mit Peter Lauterbach bereits die 4. Generation die Leitung inne. Geboten wird eine zeitgemäß umgesetzte regional-saisonal und mediterran beeinflusste Küche. Drinnen sorgen helles Holz, Kachelofen und nette Deko für Gemütlichkeit, draußen hat man eine schöne Gartenterrasse. Freundlich der Service.

🍴 ♻ 🅿 – Preis: €€
Obergräfenthal 7 ✉ 95463 – ☏ 09208 289 – www.landhaus-graefenthal.de –
Geschlossen: Dienstag, mittags: Montag, Mittwoch-Freitag

BINGEN AM RHEIN
Rheinland-Pfalz – Regionalatlas **5**–T1

DAS BOOTSHAUS

MODERN • **VINTAGE** Das Restaurant des Lifestyle-Hotels "Papa Rhein" verbindet geschmackvollen maritimen Vintage-Look mit guter, frischer Küche. Abends gibt es ein Menü, mittags ein kleines A-la-carte-Angebot. Der Service engagiert und recht leger - man wird geduzt. Toll der Blick auf den Rhein und die umliegenden Weinberge - da lockt im Sommer die herrliche Terrasse!
≼🍴🅿 – Preis: €€
Hafenstraße 47a ✉ 55411 – ☏ 06721 35010 – www.paparheinhotel.de

BINZ – Mecklenburg-Vorpommern ➔ Siehe Rügen (Insel)

BINZEN
Baden-Württemberg – Regionalatlas **7**–B1

RESTAURANT MÜHLE 🆕

MODERN • **GEMÜTLICH** Hier hat man die Küchencrew aus der "Krone" in Weil am Rhein mit dem hiesigen Team am Herd vereint. Geboten wird ein zeitgemäßer Mix aus regional-saisonalen und mediterranen Einflüssen, basierend auf guten, frischen Produkten. Einladend das ländlich-elegante Ambiente, schön die Terrasse. Im Hotel erwarten Sie wohnlich-gemütliche Zimmer. Praktisch: nur ca. 15 Autominuten nach Basel, zum Flughafen und zur Messe.
🍴♻🅿 – Preis: €€
Mühlenstraße 26 ✉ 79589 – ☏ 07621 6072 – muehlebinzen.de/muehle-restaurant – Geschlossen: Montag und Sonntag

BIRKENAU
Hessen – Regionalatlas **5**–U1

STUBEN

Chef: Maik Rosenheinrich
MARKTKÜCHE • **GEMÜTLICH** Toll ist hier schon die Lage auf einem 45 ha großen Anwesen. Sie sitzen in gemütlichen Stuben mit rustikalem Charme und gewissem Chic, Hingucker ist der Kachelofen. Spezialität ist "Bison-Burger" mit Fleisch der eigenen Bisonzucht. Hinweis: Montags gibt es ausschließlich Burger, auch vegetarisch. Tipp: die herrliche Terrasse mit Blick ins Grüne! Im kleinen Hotel "Lammershof" mit Haupthaus von 1709 kann man in wohnlichen Zimmern übernachten.
🌱 *Engagement des Küchenchefs: Ich kann aus dem Vollen schöpfen, was die herrlichen Produkte der eigenen Bisons und des eigenen Rotwilds angeht. Dazu wird Nachhaltigkeit hier vielfältig gelebt. Eigene Holzschnitzelanlage und Nassmüllanlage zur Biogasproduktion, viele der Möbel sind aus eigenem Altholz gefertigt.*
♿🍴♻🅿 – Preis: €€
Absteinacher Straße 2 ✉ 69488 – ☏ 06201 845030 – www.lammershof.de – Geschlossen mittags: Montag-Freitag

WILD X BERG

MODERNE KÜCHE • **ELEGANT** In dem wertig-schicken kleinen Gourmetstübchen in der 1. Etage des geschmackvollen kleinen Hotels "Lammershof" erwartet Sie eine ambitionierte und technisch äußerst exakte moderne Küche in Form eines Menüs in variabler Länge - auf Vorbestellung auch als Vegi-Variante. Ausgesucht die Produkte, darunter Fleisch der selbst gezüchteten Bisons. Ein paar Plätze bieten Blick in die Küche. Tipp: die Bison Bar im urigen Keller.

🛖 🅿 – Preis: €€€€

Absteinacher Straße 2 ✉ 69488 – ☎ 06201 845030 – www.lammershof.de – Geschlossen: Montag, Dienstag, Sonntag, mittags: Mittwoch-Samstag

BIRKWEILER
Rheinland-Pfalz – Regionalatlas **7**–B1

ST. LAURENTIUSHOF Ⓝ

MARKTKÜCHE • GEMÜTLICH Mit dem Doppelkonzept aus "Schockes Gourmetmenü in der GenießerEcke" und "Schockes Küche von Tag zu Tag" bietet man im "St. Laurentiushof" einen interessanten Mix aus ambitioniertem Menü (auf Vorbestellung auch vegetarisch) und regional-saisonaler A-la-carte-Auswahl. Die Weine kommen vorwiegend aus der direkten Umgebung. Sehr charmant der Service durch die Chefin. Schön die Terrasse im Innenhof. Übernachten kann man ebenfalls.

🛖 ♻ 🅿 – Preis: €€€

Hauptstraße 21 ✉ 76831 – ☎ 06345 9199431 – www.st-laurentiushof-birkweiler.de – Geschlossen: Montag, Dienstag, Sonntag, mittags: Mittwoch-Samstag

BISCHOFSWIESEN
Bayern – Regionalatlas **6**–Z4

❀ ## SOLO DU Ⓝ

MODERNE KÜCHE • STUBE Im vielfältigen Kulturhof verwandelt sich an vier Tagen in der Woche die zum traditionellen Kartenspiel "Schafkopf" eingerichtete Stube in ein Gourmetrestaurant mit vier Tischen. Hier bietet der aus Ungarn stammende Küchenchef Zsolt Fodor ein gelungen komponiertes Menü aus top Produkten. Betreut werden Sie vom sehr kompetenten und charmanten Maître und Sommelier Martin Bielik, einem gebürtigen Slowaken, der Ihnen stimmige Weinreisen zum Menü zusammenstellt. Der Name "Solo Du" ist übrigens eine Wertung beim "Schafkopf".

♿ 🅿 – Preis: €€€

Berchtesgadener Straße 111 ✉ 83483 – ☎ 08652 958524 – www.kulturhof.bayern/solo-du – Geschlossen: Montag, Dienstag, Sonntag, mittags: Mittwoch-Samstag

BLANKENBACH
Bayern – Regionalatlas **3**–L4

❀ ## BEHL'S RESTAURANT

REGIONAL • LÄNDLICH Das Engagement, mit dem Familie Behl ihr Haus betreibt, zeigt sich nicht zuletzt in der guten Küche, für die man gerne regionale Produkte verwendet, so z. B. Blankenbacher Bachsaibling oder Ziegenkäse vom Berghof Schöllkrippen. Schön der schattige Innenhof! Tipp: Brennabende in der eigenen Destille. Zum Übernachten: freundliche, wohnliche Zimmer.

🛖 ♻ 🅿 – Preis: €€

Krombacher Straße 2 ✉ 63825 – ☎ 06024 4766 – www.behl.de – Geschlossen mittags: Montag-Samstag, abends: Sonntag

BLANKENHAIN

Thüringen – Regionalatlas **4**–N3

❀ **MASTERS**

FRANZÖSISCH-MODERN • **CHIC** Das geschmackvolle kleine Restaurant des "Spa & GolfResort Weimarer Land" hat mit seinen 16 Plätzen einen angenehm intimen Charakter. Bequeme Polstersessel, eine schöne Deko und wohnliche Atmosphäre bieten den perfekten Rahmen für das Menü von Küchenchef Danny Schwabe und seinem ambitionierten Team. Die Gerichte präsentieren sich frankophil-kreativ. Gepflegt die Weinbegleitungen. Der Service ist freundlich-charmant und wird durch das Küchenteam unterstützt.

🐾 ⇐ 🍴 ♿ 🅼 🅿 – Preis: €€€

Weimarer Straße 60 ✉ *99444 –* ☏ *036459 61640 – www.golfresort-weimarerland.de – Geschlossen: Dienstag und Mittwoch, mittags: Montag, Donnerstag-Sonntag*

THE FIRST Ⓝ

ITALIENISCH • **GEMÜTLICH** In diesem "Pop-up"-Restaurant im Seitenflügel des attraktiven "Spa & GolfResort Weimarer Land" dürfen Sie sich auf die italienisch basierten Gerichte von Marcello Fabbri freuen. Der Küchenchef ist kein Unbekannter in der Region und bietet hier ein 5-Gänge-Menü mit tollen Produkten aus Italien - zubereitet in der offenen Küche. Dazu freundlicher Service und gute Weinempfehlungen.

🍴 🅿 – Preis: €€€

Weimarer Straße 60 ✉ *99444 –* ☏ *036459 61644000 – www.golfresort-weimarerland.de/spa-golf-hotel/geniessen/restaurant/restaurant-the-first. html – Geschlossen: Montag und Sonntag*

BLIESKASTEL

Saarland – Regionalatlas **5**–T2

❀ **HÄMMERLE'S RESTAURANT - BARRIQUE**

FRANZÖSISCH-MODERN • **ELEGANT** Ein sympathischer langjähriger Familienbetrieb, der seiner Linie treu bleibt, nämlich der klassischen Küche von Cliff Hämmerle. Eine Selbstverständlichkeit ist für ihn dabei die ausgezeichnete Qualität der Produkte - das gilt für die vegetarische Menü-Variante natürlich ebenso. Gut abgestimmt die Weinempfehlungen. Dazu geschmackvolles modern-elegantes Interieur samt schönem gläsernem Weinschrank. Die ganze Familie sorgt hier als eingespieltes Team dafür, dass man sich als Gast wohlfühlt. Tipp: Im Zweitrestaurant "Landgenuss" kann man auch am Mittag speisen. Übernachten ist ebenfalls möglich: Man hat eine schicke, wohnlich-moderne Suite.

🅿 – Preis: €€€

Bliestalstraße 110a ✉ *66440 –* ☏ *06842 52142 – haemmerles.de – Geschlossen: Montag, Samstag, Sonntag, mittags: Dienstag-Freitag*

❀ **LANDGENUSS**

REGIONAL • **LÄNDLICH** Hier sollten Sie rechtzeitig buchen, denn das Restaurant der Hämmerles ist gefragt! In dem sympathischen Familienbetrieb darf man sich auf freundliches Landhaus-Flair und richtig gute regionale Küche freuen, die teilweise mediterrane Einflüsse hat. Schön sitzt man auch auf der Terrasse.

🍴 🅿 – Preis: €€

Bliestalstraße 110a ✉ *66440 –* ☏ *06842 52142 – haemmerles.de – Geschlossen: Samstag und Sonntag, abends: Montag-Mittwoch*

BOCHOLT

Nordrhein-Westfalen – Regionalatlas **3**–J2

MUSSUMER KRUG

MARKTKÜCHE • NACHBARSCHAFTLICH Sympathisch-leger ist die Atmosphäre in dem alten Backsteinhaus. Die Einrichtung ist ein charmanter Mix aus modernen und rustikalen Elementen, dazu erwartet Sie ein freundlicher Service. Auf der Karte finden sich trendige Gerichte, aber auch Klassiker, dabei orientiert man sich an der Saison und legt Wert auf hochwertige Produkte, die man gerne aus der Region bezieht.

🏠 ⇦➪ 🅿 – Preis: €

Mussumer Kirchweg 143 ✉ *46395 –* 📞 *02871 13678 – mussumerkrug.de –*
Geschlossen: Montag, Dienstag, Sonntag, mittags: Mittwoch-Samstag

BODMAN-LUDWIGSHAFEN

Baden-Württemberg – Regionalatlas **5**–U4

✿ S'ÄPFLE

MODERNE KÜCHE • GEMÜTLICH Nicht nur Hotelgäste zieht es in die stilvoll-charmante "Villa Linde" am Bodensee, und das hat einen guten Grund: das Gourmetrestaurant mit seiner überaus modernen Küche. Das Engagement des Teams zeigt sich bei der Wahl ausgesuchter Produkte ebenso wie bei handwerklichem Können und gelungenen Kombinationen, die zudem auch noch sehr schön präsentiert werden. Dass man sich hier wohlfühlt, liegt auch am Restaurant selbst: ein luftig-lichter Raum mit wohnlicher Einrichtung und unkomplizierter Atmosphäre. Und dann ist da noch das Serviceteam - herzlich, aufmerksam und geschult. Lassen Sie sich im Sommer nicht die Terrasse entgehen!

⇐ 🔲 🏠 ⇦➪ – Preis: €€€€

Kaiserpfalzstraße 50 ✉ *78351 –* 📞 *07773 959930 – www.seehotelvillalinde.de –*
Geschlossen: Montag, mittags: Dienstag-Sonntag

BÖBLINGEN

Baden-Württemberg – Regionalatlas **7**–B2

REUSSENSTEIN

TRADITIONELLE KÜCHE • GEMÜTLICH Hier geht es schwäbisch zu: Die Karte ist nicht nur regional ausgerichtet, sondern auch im Dialekt geschrieben - Tipp: die "Mauldaschasubb"! Die Glaswand zur Küche gewährt interessante Einblicke, dazu wirklich freundlicher Service. Im Gewölbe: Wein-"Schatzkämmerle" und Kochschule. Der langjährige Familienbetrieb bietet auch wohnliche Zimmer in ländlich-modernem Stil.

♿ 🔲 ⇦➪ 🅿 – Preis: €€

Kalkofenstraße 20 ✉ *71032 –* 📞 *07031 66000 – reussenstein.com – Geschlossen:*
Montag und Sonntag, mittags: Dienstag-Freitag

BONN

Nordrhein-Westfalen – Regionalatlas **3**–J3

✿ HALBEDEL'S GASTHAUS

FRANZÖSISCH-MODERN • ELEGANT Ein nobles Viertel in Bad Godesberg, eine Gründerzeitvilla mit stilvoller gelb-weißer Fassade, wertig-elegantes Interieur samt Stuck, Parkettboden und modernen Akzenten - die perfekte Kulisse für die Küche von Rainer-Maria Halbedel. Gewissermaßen eine Legende der deutschen Gastro-Szene, begann er 1966 mit dem Kochen, 1984 bekam er in seinem damaligen Restaurant „Korkeiche" einen MICHELIN Stern, und den hält er seither. In seine klassisch-französische Küche bindet er moderne Elemente ein und schafft stimmige Kombinationen. Dafür verwendet er beste Produkte, darunter auch eigene Eier und Gemüse aus dem eigenen großen Garten in der Eifel. Eine vegetarische Menü-Variante gibt es als "Menu Surprise". Sehr schön die handgeschriebene Weinkarte - die Beratung übernimmt der Patron auch gerne selbst.

🕸 🏕 ⇔ – Preis: €€€€

Rheinallee 47 ⊠ 53173 – ℰ 0228 354253 – www.halbedels-gasthaus.de – Geschlossen: Montag, mittags: Dienstag-Sonntag

❀ YUNICO

JAPANISCH • ELEGANT "Einzigartig" - so die Bedeutung des Namens, der sich aus dem japanischen Wort "Yu" und dem italienischen Wort "unico" zusammensetzt. Damit nimmt man Bezug auf das hohe Niveau des Restaurants. Untergebracht in der obersten Etage des Lifestyle-Hotels "Kameha Grand", bietet es dank der raumhohen Fensterfront einen tollen Blick auf den Rhein - der ist von der Terrasse natürlich besonders schön. Dazu kommen wertig-schickes Design in Rot, Schwarz und Weiß sowie ein versiertes, gut eingespieltes Serviceteam. Küchenchef Christian Sturm-Willms kocht japanisch inspiriert, aber auch mit mediterranen Einflüssen und vor allem modern! Gerne lässt man sich mit dem Omakase-Menü überraschen. Alternativ gibt es das Ösentikku-Menü. Oder lieber Filet & Roastbeef vom Kobe-Rind?

⪦ 占 𝕄 🏕 – Preis: €€€€

Am Bonner Bogen 1 ⊠ 53227 – ℰ 0228 43345500 – www.kamehabonn.de/ yunico – Geschlossen: Montag, Dienstag, Sonntag, mittags: Mittwoch-Samstag

KONRAD'S

MODERN • CHIC Besonderheit dieses Restaurants in der 17. Etage des Hotels "Marriott" ist der spektakuläre Blick über Bonn, den die raumhohe Fensterfront freigibt. Dazu chic-urbane Atmosphäre. Aus der offenen Küche kommen modern inspirierte Gerichte mit mediterranen Einflüssen. Tipp: Apero oder Digestif in der Bar direkt nebenan. Parken kann man in der Tiefgarage im Haus, der Lift führt direkt ins Restaurant.

⪦ 占 𝕄 ⇔ 🅿 – Preis: €€€

Platz der Vereinten Nationen 4 ⊠ 53113 – ℰ 0228 28050684 – www.konrads-bonn.de – Geschlossen: Montag und Sonntag, mittags: Dienstag-Samstag

OLIVETO

ITALIENISCH • ELEGANT In dem geschmackvoll-eleganten Restaurant im UG des "Ameron Hotel Königshof" sitzt man besonders schön an einem der Fenstertische oder auf der Rheinterrasse. Schmackhaft und frisch die italienisch-mediterran geprägte Küche, gepflegt die Weinauswahl, aufmerksam der Service. Gerne kommt man auch zum Business Lunch. Die wohnlich-zeitgemäßen Gästezimmer bieten teilweise Rheinblick.

⪦ 占 𝕄 🏕 ⇔ – Preis: €€€

Adenauerallee 9 ⊠ 53111 – ℰ 0228 2601541 – ameroncollection.com/de/ bonn-hotel-koenigshof

REDÜTTCHEN

MODERNE KÜCHE • GEMÜTLICH Das ehemalige Gärtnerhäuschen des Ball- und Konzerthauses "La Redoute" a. d. 18. Jh. ist ein Ort zum Wohlfühlen. Dazu tragen neben dem überaus charmanten Ambiente auch die ambitionierte moderne Küche von Matthias Pietsch sowie der fachlich ausgezeichnete, zuvorkommende und ausgesprochen herzliche Service unter Gastgeber Klaus Sasse bei - top die Weinberatung!

🕸 ⪧ 𝕄 🏕 ⇔ 🅿 – Preis: €€€

Kurfürstenallee 1 ⊠ 53117 – ℰ 0228 68898840 – reduettchen.de – Geschlossen: Montag und Sonntag, mittags: Dienstag-Samstag

STRANDHAUS

MARKTKÜCHE • FREUNDLICH Ein "Strandhaus" mitten in Bonn? Für maritimes Flair sorgt die charmante Einrichtung, und auch die angenehm-ungezwungene Atmosphäre passt ins sympathische Bild. Nicht zu vergessen die lauschige geschützte Terrasse. Gekocht wird auf klassischer Basis, mit saisonalem Bezug und modernen Akzenten.

🌇 – Preis: €€€

Georgstraße 28 ✉ 53111 – 𝒞 0228 3694949 – www.strandhaus-bonn.de –
Geschlossen: Samstag und Sonntag, mittags: Montag-Freitag

BONNDORF IM SCHWARZWALD

Baden-Württemberg – Regionalatlas **5**–T4

😊 SOMMERAU

Chef: Wolfram Hegar

REGIONAL • REGIONALES AMBIENTE Die Fahrt zu dem etwas außerhalb von Bonndorf gelegenen Haus der Familie Hegar lohnt sich! Richtig idyllisch ist es in dem ruhigen Tal, ringsum Wald und Wiesen - da lockt die Terrasse, aber auch drinnen kann man die Aussicht genießen. Gekocht wird regional-saisonal und mit sehr guten Produkten. Für Gäste des gleichnamigen Hotels gibt es gemütlich-moderne Zimmer und ein schönes Saunahaus mit Naturbadeteich.

🌿 *Engagement des Küchenchefs: Wir verfolgen hier schon lange eine nachhaltige Philosophie! Wir stehen für herrliche Produkte aus eigener Jagd, Fisch aus dem nahen Forellenteich, Kräuter aus dem Garten. Tiere verwenden wir komplett. Alles, was bei uns nicht wächst, beziehen wir von Erzeugern, die den nachhaltigen Ansatz leben.*

⬅🛇🌇♻🅿 – Preis: €€

Sommerau 1 ✉ 79848 – 𝒞 07703 670 – sommerau.de – Geschlossen: Montag und Dienstag

BOPPARD

Rheinland-Pfalz – Regionalatlas **3**–K4

LE CHOPIN

FRANZÖSISCH-KLASSISCH • ELEGANT Hier erwarten Sie stilvolles Ambiente, geschulter Service und eine klassisch basierte Küche mit Bezug zur Saison. Geboten wird ein offenes "Mix & Match"-Menükonzept. Alternativ können Sie auch à la carte wählen. Dazu gibt es ausschließlich Weine aus Rheinland-Pfalz. Für Übernachtungsgäste bietet das an der Rheinpromenade gelegene "Bellevue Rheinhotel" von 1887 auch schöne Zimmer.

⬅🎦🌇 – Preis: €€€

Rheinallee 41 ✉ 56154 – 𝒞 06742 1020 – www.lechopin-boppard.de –
Geschlossen: Montag-Mittwoch, Sonntag, mittags: Donnerstag-Samstag

BRACKENHEIM

Baden-Württemberg – Regionalatlas **5**–U2

ADLER

TRADITIONELLE KÜCHE • LÄNDLICH Hier trifft schwäbische Tradition auf Weltoffenheit, Regionales auf Internationales. Gemütlich sitzt man in der historischen Gaststube oder im charmanten Innenhof und lässt sich vom herzlichen Service umsorgen. Aus der Küche kommen saisonal beeinflusste Gerichte. Zum Übernachten hat man schicke Gästezimmer. Dienstagabends hat das Restaurant für Hotelgäste geöffnet.

🌇🅿 – Preis: €€

Hindenburgstraße 4 ✉ 74336 – 𝒞 07135 98110 – adlerbotenheim.de –
Geschlossen: Dienstag

BRANDENBURG AN DER HAVEL

Brandenburg – Regionalatlas **4**–P1

INSPEKTORENHAUS ⓝ

SAISONAL • GEMÜTLICH Im Herzen der Stadt, gegenüber des in Backsteingotik erbauten Rathauses befindet sich das "Inspektorenhaus" - von hier beobachtete man früher das Treiben auf dem Markt. Heute speisen Sie in gemütlichem Ambiente, alte Holzbalken und hübsche Deko versprühen Charme. Im Sommer lockt der Hofgarten. Geboten werden zwei saisonal geprägte Menüs, eines mit Fisch, eines mit Fleisch. Freundlich der Service.

🌿 – Preis: €€€

Altstädtischer Markt 9 ✉ 14770 – ✆ 03381 3282139 – www.inspektorenhaus.de –
Geschlossen: Montag, Dienstag, Sonntag, mittags: Mittwoch-Samstag,

BRAUNSBEDRA

Sachsen-Anhalt – Regionalatlas **4**–P3

WARIAS AM MARKT

MARKTKÜCHE • FREUNDLICH Hier erwartet Sie regional und saisonal beeinflusste Küche aus guten Produkten - gerne wählt man die Tagesempfehlungen. Freundlich die Atmosphäre im Restaurant, draußen sitzt man schön auf der Terrasse. Praktisch: Zum Übernachten hat man sehr gepflegte, helle Gästezimmer.

🌿⇔🅿 – Preis: €

Markt 14 ✉ 06242 – ✆ 034633 9090 – www.warias-restaurant.de/wordpress –
Geschlossen: Montag

BRAUNSCHWEIG

Niedersachsen – Regionalatlas **3**–M1

DAS ALTE HAUS

MODERNE KÜCHE • ZEITGEMÄSSES AMBIENTE In dem schönen gemütlich-modernen Restaurant wird ambitioniert, kreativ und mit internationalen Einflüssen gekocht. Die Gerichte auf der Karte können Sie als Menü in verschiedenen Längen wählen. Dazu eine gute, umfangreiche Auswahl an deutschen Weinen. Es gibt auch ein zum Essen passendes glasweises Wein-Menü. Hübsche Terrasse.

🆓 🌿 – Preis: €€€€

Alte Knochenhauerstraße 11 ✉ 38100 – ✆ 0531 6180100 – www.altehaus.de –
Geschlossen: Montag, Dienstag, Sonntag, mittags: Mittwoch-Samstag

ÜBERLAND

MODERN • CHIC In weniger als einer Minute bringt Sie der Lift hinauf in die 18. Etage des "BraWoParks" nahe dem Hauptbahnhof. Trendig-chic das Ambiente, klasse die Aussicht, modern die Küche. Probieren Sie z. B. schöne Cuts vom tollen hausgereiften Rindfleisch. Das Konzept stammt übrigens von TV-Koch und Gastro-Vollprofi Tim Mälzer. Hinweis: zwei Seatings pro Abend. Eine Etage höher: Rooftop-Bar und Terrasse.

♿ 🆓 🌿 ⇔ 🅿 – Preis: €€€

Willy-Brandt-Platz 18 ✉ 38102 – ✆ 0531 18053410 – www.ueberland-bs.de –
Geschlossen: Montag, mittags: Dienstag-Sonntag

ZUCKER

MARKTKÜCHE • BRASSERIE Die hübsche moderne Brasserie (attraktiv das freiliegende Mauerwerk) befindet sich in einer ehemaligen Zuckerfabrik - der Name lässt es bereits vermuten. Geboten werden aromatische saisonal inspirierte

Gerichte à la carte, ergänzt durch ein Menü. Der Service: angenehm unkompliziert, sehr freundlich und gut organisiert.

🌴 ⇦ – Preis: €€€

Frankfurter Straße 2 ⊠ 38122 – ☏ 0531 281980 – www.zucker-restaurant.de – Geschlossen: Sonntag

BREMEN

Bremen – Regionalatlas **1**–C4

AL PAPPAGALLO

ITALIENISCH • FAMILIÄR In dem eleganten Restaurant mit tollem lichtem Wintergarten und wunderbarem Garten kann man sich wohlfühlen. Aus der Küche kommen klassisch italienische Gerichte, zubereitet aus sehr guten Produkten - besonderes Highlight ist die Pasta! Freundlich der Service.

🌴 – Preis: €€€

Außer der Schleifmühle 73 ⊠ 28203 – ☏ 0421 327963 – www.alpappagallo.de/ wp – Geschlossen: Sonntag, mittags: Samstag

DAS KLEINE LOKAL

KLASSISCHE KÜCHE • NACHBARSCHAFTLICH Eine wirklich nette, gemütlich-moderne Atmosphäre erwartet Sie in dem kleinen Restaurant in einer lebhaften Wohngegend. Sowohl in der Küche als auch im Service ist man mit Engagement bei der Sache. Es gibt zwei Menüs, eines davon konventionell mit Fleisch bzw. Fisch, das andere vegetarisch. Dazu die passenden Weine. Im Sommer sitzt man auch gerne auf der Terrasse.

🐌 🌴 – Preis: €€€

Besselstraße 40 ⊠ 28203 – ☏ 0421 7949084 – www.das-kleine-lokal.de – Geschlossen: Montag-Mittwoch, Sonntag, mittags: Donnerstag-Samstag

BREMERHAVEN

Bremen – Regionalatlas **1**–B3

FINE DINING BY PHILLIP PROBST

MODERNE KÜCHE • DESIGN Im Hotel "The Liberty" befindet sich dieses geschmackvoll-moderne Fine-Dining-Restaurant - durch die hohe Fensterfront kann man zum kleinen Hafen schauen. An vier Abenden in der Woche bieten Küchenchef Phillip Probst und sein Team ein interessantes kreatives Menü mit vier bis sieben Gängen. Dabei orientiert man sich an der Saison und achtet auf Produktqualität - die sehr guten Zutaten kommen teilweise aus der Region.

🅰🅲 – Preis: €€€

Columbusstraße 67 ⊠ 27568 – ☏ 0471 902240 – www.liberty-bremerhaven. com/gastro/mulberry-street – Geschlossen: Montag, Dienstag, Sonntag, mittags: Mittwoch-Samstag

PIER 6

INTERNATIONAL • CHIC In dem stylischen Restaurant in den Havenwelten isst man modern-international und wird freundlich umsorgt. Man verwendet Produkte aus der Region und die Karte wird saisonal abgestimmt. Zusätzlich bietet man einen günstigen Mittagstisch. Besonders beliebt sind die Fensterplätze und die Terrasse - schön die Aussicht auf den Neuen Hafen. Das Lokal ist gut gebucht, reservieren Sie also lieber!

♿ 🌴 🅿 – Preis: €€

Barkhausenstraße 6 ⊠ 27568 – ☏ 0471 48364080 – restaurant-pier6.de – Geschlossen: Sonntag

BRETTEN

Baden-Württemberg – Regionalatlas **5**–U2

MAXIME DE GUY GRAESSEL

KLASSISCHE KÜCHE • FREUNDLICH Ein schönes modernes Restaurant mit intimer Atmosphäre. In der Küche setzt der aus dem Elsass stammende Patron Guy Graessel auf elsässisch-badische Klassiker. Draußen kann man in der Fußgängerzone oder im charmanten Innenhof, dem "Gärtle", sitzen. Tipp: Das "Café Hesselbacher" im Eingangsbereich bietet eigene Kuchen, Torten und Pâtisserie im Thekenverkauf und auf Vorbestellung.

🏠 – Preis: €€

Melanchthonstraße 35 ✉ 75015 – 𝒞 07252 7138 – guy-graessel.de – Geschlossen: Montag-Mittwoch, abends: Sonntag

BRETZFELD

Baden-Württemberg – Regionalatlas **5**–U2

LANDHAUS RÖSSLE

INTERNATIONAL • TRENDY Hier darf man sich auf ambitionierte Küche freuen. Gekocht wird klassisch-französisch, mit regionalen und saisonalen Einflüssen - à la carte oder als Menü (auch vegetarisch). Dazu charmanter Service durch die Chefin. Das Ambiente ist modern-elegant, beliebt im Winter die Plätze am Kamin. Schön die begrünte Terrasse. Für Übernachtungsgäste hat man hübsche Zimmer.

🏠 🅿 🍽 – Preis: €€

Mainhardter Straße 26 ✉ 74626 – 𝒞 07945 911111 – www.roessle-brettach.de/ start.html – Geschlossen: Montag und Dienstag, mittags: Donnerstag-Samstag

BRILON

Nordrhein-Westfalen – Regionalatlas **3**–L2

🏡 ALMER SCHLOSSMÜHLE

SAISONAL • LÄNDLICH Eine richtig nette Adresse mit rustikalem Charme ist die sorgsam restaurierte ehemalige Mühle beim kleinen Almer Schloss. Hier wird schmackhaft gekocht, und zwar regional-saisonale Gerichte sowie Klassiker aus der österreichischen Heimat des Chefs. Bei gutem Wetter sitzt man auch schön auf der Terrasse. Übernachten kann man ebenfalls.

🏠 ⇆ 🅿 – Preis: €€

Schlossstraße 13 ✉ 59929 – 𝒞 02964 9451430 – www.almer-schlossmuehle.de – Geschlossen: Montag und Dienstag, mittags: Mittwoch-Freitag

BÜHLERTAL

Baden-Württemberg – Regionalatlas **5**–T3

🏡 BERGFRIEDEL

Chef: Andreas Schäuble

REGIONAL • FAMILIÄR Seit Jahren ein engagiert geführter Familienbetrieb! Man wird herzlich umsorgt und genießt neben richtig guter, frischer Küche auch die Aussicht über das Bühlertal. Das Speiseangebot reicht von badisch-regional über vegetarisch/vegan bis zum Feinschmecker-Menü. Dazu eine umfangreiche Weinkarte. Chic der Restaurantanbau in modern-regionalem Stil. Schön übernachten kann man ebenfalls.

❀ *Engagement des Küchenchefs: Im Nordschwarzwald fest verwurzelt, biete ich meinen Gästen eine Naturparkküche mit Fleisch vom Metzger im Ort, Wild aus der Umgebung, regionalem Süßwasserfisch, Gemüse, Pilzen, Kräutern und Obst aus dem Bühlertal, frischer und saisonaler geht es nicht und mein Haus ist als Klimahotel zertifiziert!*

🦞 ⟨🍴♻️🅿️ – Preis: €€

Haabergstraße 23 ✉ 77830 – ☏ 07223 72270 – www.bergfriedel.de –
Geschlossen: Montag und Dienstag

BÜNDE
Nordrhein-Westfalen – Regionalatlas **3**–L1

ZUM ADLER

MODERN • HIP Der Name "Zum Adler" nimmt Bezug auf die lange Tradition des
a. d. 19.Jh. stammenden Gasthauses. Dass man hier dennoch mit der Zeit geht,
beweist schon das attraktive geradlinig-moderne Interieur, nicht zu vergessen
die Küche: Den Schwerpunkt legt man auf hochwertiges Fleisch, und das kommt
z. B. von freilaufendem Wagyu-Rind. An Fischliebhaber und Veganer ist ebenfalls
gedacht.

🍴 – Preis: €€€

Moltkestrasse 1 ✉ 32257 – ☏ 05223 4926453 – www.adler-restaurant.de

BÜRGSTADT
Bayern – Regionalatlas **5**–U1

🐿️ ## WEINHAUS STERN

REGIONAL • FAMILIÄR Zu Recht eine gefragte Adresse: gemütlich-rustikales
Ambiente, ein hübscher Innenhof, freundlicher Service und nicht zuletzt gute
saisonale Küche. Patron Klaus Markert setzt hier auf ehrliches Handwerk und
Geschmack, dazu schöne Weine aus der Region. Tipp: eigene Edelbrände. Man
bietet auch charmante Gästezimmer, und zum Frühstück gibt's hausgemachte
Fruchtaufstriche.

🍴♻️🅿️ – Preis: €€

Hauptstraße 23 ✉ 63927 – ☏ 09371 40350 – www.hotel-weinhaus-stern.de –
Geschlossen: Dienstag und Mittwoch, mittags: Montag, Donnerstag-Sonntag

BURG (SPREEWALD)
Brandenburg – Regionalatlas **4**–R2

SPEISENKAMMER

MODERNE KÜCHE • FREUNDLICH Das kleine Restaurant ist schön leger und
gemütlich, draußen sitzt man idyllisch im Grünen. Gekocht wird modern, pro-
duktbezogen und schmackhaft - wie wär's mit "rosa Rücken vom Brandenburger
Reh, wildes Gemüse, Pfifferlinge, Quitte"? Oder lieber das vegetarische Menü?
Weine empfiehlt man mündlich. Übernachten können Sie im "Ferienhof
Spreewaldromantik" gleich nebenan.

🍴🛏️ – Preis: €€€

Waldschlößchenstraße 48 ✉ 03096 – ☏ 035603 750087 – www.
speisenkammer-burg.de – Geschlossen: Montag, Dienstag, Sonntag, mittags:
Mittwoch-Samstag

BURGHAUSEN
Bayern – Regionalatlas **6**–Z3

RESTAURANT|271 🆕

REGIONAL • MINIMALISTISCH In der Altstadt von Burghausen finden Sie dieses Restaurant mit recht puristisch wertigem Interieur und einer ambitionierten modernen Küche, die sich ganz auf regionale Produkte fokussiert. Dominik
Lobentanzer (zuvor u. a. im "Ikarus" in Salzburg, im "einsunternull" in Berlin und
bei Andreas Döllerer in Golling tätig) kocht mit klassischer Basis, spielt gerne mit
Kontrasten und kraftvollen Aromen und setzt auf ausgezeichnete Zutaten. Dazu
ein äußerst charmanter Service. Schön die geschützte Terrasse.

🏠 – Preis: €€
Mautnerstraße 271 ✉ *84489 –* ☎ *08677 9179949 – www.restaurant271.de –*
Geschlossen: Montag und Sonntag, mittags: Dienstag-Freitag

BURGWEDEL
Niedersachsen – Regionalatlas **3**–M1

GASTHAUS LEGE

KLASSISCHE KÜCHE • LÄNDLICH Neben behaglichem Ambiente (schön
die dekorativen Bilder) darf man sich hier auf herzliche Gastgeber freuen und
nicht zuletzt auf gute saisonal-klassische Küche, z. B. als "Rotbarschfilet mit
Meerrettichmayonnaise und Petersilienwurzel".
🏠 ✿ 🅿 – Preis: €€€
Engenserstraße 2 ✉ *30938 –* ☎ *05139 8233 – www.gasthaus-lege.de –*
Geschlossen: Montag und Dienstag, mittags: Mittwoch-Samstag

CELLE
Niedersachsen – Regionalatlas **1**–D4

DAS ESSZIMMER

MODERNE KÜCHE • ZEITGEMÄSSES AMBIENTE Richtig einladend ist das
schmucke kleine Haus am Zentrumsrand schon von außen. Das hübsche Bild
setzt sich im Inneren fort. Hier sitzen Sie in attraktivem geradlinig-modernen
Ambiente und lassen sich eine ebenfalls modern inspirierte Küche mit medi-
terranen Einflüssen servieren - à la carte oder als Menü, auch vegetarisch. Als
Getränkebegleitung können Sie Wein oder eine alkoholfreie Alternative wählen.
Umsorgt wird man freundlich und versiert.
🏠 – Preis: €€
Hostmannstraße 37 ✉ *29221 –* ☎ *05141 9777536 – dasesszimmer-celle.de –*
Geschlossen: Montag und Dienstag, mittags: Mittwoch-Samstag

DER ALLERKRUG

REGIONAL • LÄNDLICH Bei den freundlichen Gastgebern Sven Hütten und Petra
Tiecke-Hütten dürfen Sie sich auf sorgfältig und gekonnt zubereitete Gerichte
freuen. Ländliche Küche findet sich hier ebenso wie internationale Einflüsse. Schön
sitzt man auf der nach hinten gelegenen Terrasse.
🏠 ✿ 🅿 – Preis: €€
Alte Dorfstraße 14 ✉ *29227 –* ☎ *05141 84894 – www.allerkrug.de – Geschlossen:*
Montag und Dienstag, mittags: Mittwoch-Freitag

KÖLLNER'S LANDHAUS

SAISONAL • LÄNDLICH Ein Anwesen wie aus dem Bilderbuch ist dieses charmante Fachwerkhaus von 1589 mit einem 11000 qm großen Garten drum herum -
da könnte das Landhaus-Interieur nicht besser passen! Dazu serviert man gute
regional-internationale Küche. Schön übernachten kann man ebenfalls, und zwar
in wohnlich-modernen Gästezimmern.
🛏 🏠 ✿ 🅿 – Preis: €€
Im Dorfe 1 ✉ *29223 –* ☎ *05141 951950 – www.koellners-landhaus.de –*
Geschlossen: Montag und Dienstag, mittags: Mittwoch-Samstag, abends:
Sonntag

SCHAPERS

MARKTKÜCHE • FAMILIÄR Eine familiär geführte Adresse, in der Sie freundlich
und herzlich umsorgt werden. Kulinarisch darf man sich auf eine klassisch und
regional geprägte Küche freuen, die ambitioniert umgesetzt wird. Neben dem
A-la-carte-Angebot gibt es auch daraus zusammengestellte Menüs, darunter

ein vegetarisches. Schön die Terrasse. Sie möchten über Nacht bleiben? Es stehen wohnlich-funktionale Zimmer bereit, verteilt auf zwei Häuser.

🛖 🅿 – Preis: €€€

Heese 6 ✉ 29225 – ℰ 05141 94880 – www.hotel-schaper.de/de – Geschlossen: Montag und Sonntag, mittags: Dienstag-Samstag

TAVERNA & TRATTORIA PALIO

ITALIENISCH • MEDITERRANES AMBIENTE Richtig nett sitzt man hier in legerer Trattoria-Atmosphäre, aus der offenen Küche kommen frische italienische Speisen - probieren Sie unbedingt eines der Pasta-Gerichte! Interessant auch die saisonalen Menüs. Sehr schöne Terrasse unter alter Kastanie.

🕸 🅰 🛖 🅿 – Preis: €€

Hannoversche Straße 55 ✉ 29221 – ℰ 05141 2010 – www.althoffcollection.com/ de/althoff-hotel-fuerstenhof-celle – Geschlossen mittags: Montag-Freitag

CHAM

Bayern – Regionalatlas 6–Y2

😊 GASTHAUS ÖDENTURM

REGIONAL • LÄNDLICH Ein Bilderbuch-Gasthof: schön die Lage am Waldrand, sympathisch-familiär die Atmosphäre, reizvoll die Terrasse, und gekocht wird richtig gut, von regional bis mediterran. Ob Steak, Fisch oder Wild aus heimischer Jagd, die schmackhafte Auswahl bietet für jeden das Passende. Zum Übernachten hat man gemütlich-moderne Zimmer.

⬅🛖 ⇔ 🅿 – Preis: €

Am Ödenturm 11 ✉ 93413 – ℰ 09971 89270 – www.oedenturm.de – Geschlossen: Montag und Sonntag, mittags: Dienstag und Donnerstag

CHEMNITZ

Sachsen – Regionalatlas 4–Q3

😊 VILLA ESCHE

INTERNATIONAL • TRENDY Die ehemalige Remise der 1903 erbauten Villa Esche (hier das Henry-van-de-Velde-Museum) ist ein wirklich schöner Rahmen für das geschmackvolle helle Restaurant mit seinem geschulten, aufmerksamen Service und seiner guten Küche samt Klassikern und Internationalem. Mittags und abends unterscheidet sich die Karte etwas. Angenehm die Terrasse zum Park.

🛬🛖 ⇔ 🅿 – Preis: €€

Parkstraße 58 ✉ 09120 – ℰ 0371 2361363 – www.restaurant-villaesche.de – Geschlossen: Montag und Sonntag, abends: Dienstag-Donnerstag

ALEXXANDERS

INTERNATIONAL • TRENDY Attraktiv das stylische Ambiente in diesem Restaurant in einem Wohnviertel, ebenso die Terrasse im Hof mit hübsch bepflanztem kleinem Garten. Gekocht wird international mit mediterran-saisonalen Einflüssen - es gibt auch Tagesempfehlungen. Und vorab einen Apero an der Bar? Ein Blick auf die Weinkarte lohnt sich ebenfalls. Das gleichnamige Hotel hat Zimmer in modernem Look.

🛖 ⇔ 🅿 – Preis: €€

Ludwig-Kirsch-Straße 9 ✉ 09130 – ℰ 0371 4311111 – www.alexxanders.de/de – Geschlossen: Montag und Sonntag, mittags: Dienstag und Samstag

CHIEMING

Bayern – Regionalatlas **6**–Y4

ZUM GOLDENEN PFLUG

REGIONAL • LÄNDLICH In einem der ältesten Gasthäuser der Region schreibt man Tradition groß, ohne stehen zu bleiben. In unterschiedlichen charmanten Stuben gibt es z. B. "Rindertafelspitz aus dem Kupferpfandl, Röstkartoffeln, Apfelmeerrettich, Schnittlauchsauce, Rahmspinat" oder auch "Millirahmstrudel, Vanilleschaum, Brombeereis".

 – Preis: €€

Kirchberg 3 ⊠ 83339 – ☏ 08667 79172 – www.gut-ising.de

CUXHAVEN

Niedersachsen – Regionalatlas **1**–B2

ॐ **STERNECK**

KREATIV • KLASSISCHES AMBIENTE Neben dem atemberaubenden Blick auf die Nordsee, den Weltschifffahrtsweg und das Weltnaturerbe Wattenmeer genießt man im Gourmetrestaurant des "Badhotel Sternhagen" die Küche von Marc Rennhack. Er kocht modern, ohne dabei die klassische Basis aus den Augen zu verlieren. Sehr gut die Produkte. Geschickt gibt er den Gerichten eine kreative Note und schafft interessante Geschmackskombinationen. Sein Menü können Sie mit drei bis sieben Gängen wählen. An elegant eingedeckten Tischen werden Sie herzlich und aufmerksam umsorgt. Der begehbare Weinkeller 3 m unter NN birgt eine große Auswahl ausgesuchter Weine.

⇐ & ⅏ 🅿 – Preis: €€€€

Cuxhavener Straße 86 ⊠ 27476 – ☏ 04721 4340 – www.badhotel-sternhagen. de – Geschlossen: Montag-Mittwoch, mittags: Donnerstag-Samstag

DACHAU

Bayern – Regionalatlas **6**–X3

ॐ **SCHWARZBERGHOF**

MARKTKÜCHE • GASTHOF Hier isst man richtig gut, entsprechend gefragt ist das charmante holzgetäfelte Restaurant - reservieren Sie also lieber! Auf der Karte liest man z. B. "Zanderfilet mit Rieslingcremesauce". Schön sitzt man im Sommer auf der Gartenterrasse.

 – Preis: €

Augsburger Straße 105 ⊠ 85221 – ☏ 08131 338060 – www.schwarzberghof.eu – Geschlossen: Montag und Dienstag

DARMSTADT

Hessen – Regionalatlas **5**–U1

ॐ **OX**

Chef: David Rink

MODERNE KÜCHE • MINIMALISTISCH Die Brüder Rink haben in der Darmstädter Innenstadt ein angenehm ungezwungenes Fine-Dining-Restaurant etabliert und sind hier mit viel Engagement im Einsatz. Während David Rink für die Küche verantwortlich ist, leitet Normen Rink den Service. Aber auch sein kochender Bruder ist am Gast - er lässt es sich nicht nehmen, die Gerichte selber an den Tisch zu bringen und zu erklären. Hier darf man jede Menge Aufwand, sehr gutes Handwerk und ausgezeichnete Produkte erwarten. Und die gibt es in Form zweier Menüs: "Pure Taste" oder "Vegetarisch / Pescetarisch". Das Ambiente ist trendig-puristisch, sehr nett sitzt man im Sommer auf der Innenhofterrasse.

🏠 – Preis: €€€€

Mauerstraße 6 ✉ 64283 – ☏ 06151 9615333 – ox-restaurant.de – Geschlossen: Montag, Dienstag, Sonntag, mittags: Mittwoch-Samstag

DARSCHEID
Rheinland-Pfalz – Regionalatlas **3**–J4

❀ KUCHER'S GOURMET

KLASSISCHE KÜCHE • ELEGANT Bereits seit 1988 betreibt Familie Kucher dieses Haus mit Leidenschaft und Engagement, immer wieder wird investiert und verbessert. Inzwischen bringen Sohn Florian Kucher und Tochter Stefanie Becker frischen Wind ins Gourmetrestaurant. In angenehmer und eleganter Atmosphäre bietet man "Florian's Klassik Menü" und das "Modern Art Menü". Der junge Chef kocht handwerklich richtig gut, ohne große Schnörkel und geschmacklich schön ausbalanciert. Unbedingt erwähnt werden muss die Weinkarte: Hier finden sich rund 1700 Positionen, zurückreichend bis 1868 - der Verdienst des passionierten Weinkenners und Seniorchefs Martin Kucher! Sie möchten übernachten? Zur Wahl stehen Zimmer im Stammhaus und im Neubau.

🅱 🏠 🅿 – Preis: €€€€

Karl-Kaufmann-Straße 2 ✉ 54552 – ☏ 06592 629 – www.kucherslandhotel.de – Geschlossen: Montag, Dienstag, Sonntag, mittags: Mittwoch-Samstag

☺ KUCHER'S WEINWIRTSCHAFT

REGIONAL • FAMILIÄR Charmant die unterschiedlichen antiken Tische und Stühle, die hübsche Deko und die fast familiäre Atmosphäre. Seit jeher gibt es hier "Saure Nierle mit Bratkartoffeln" - ein Klassiker, der treue Anhänger hat! Für die regional-saisonale Küche wird generell nur Fleisch aus der Eifel verarbeitet.

🅱 🏠 🅿 – Preis: €€

Karl-Kaufmann-Straße 2 ✉ 54552 – ☏ 06592 629 – www.kucherslandhotel.de – Geschlossen: Montag, mittags: Dienstag-Samstag

DEGGENDORF
Bayern – Regionalatlas **6**–Z2

❀ [KOOK] 36

KREATIV • FREUNDLICH Nach ihrem Umzug von Moos nach Deggendorf bieten Patron und Küchenchef Daniel Klein und Partnerin Josefine Noke ihr [KOOK]36-Konzept nun im 4. Stock des Gebäudes der ERL-Immobiliengruppe. Aus produktorientierten modern-kreativen Gerichten mit internationalen, meist asiatischen Einflüssen (darunter auch vegetarische Optionen) wählen Sie ein Menü mit fünf bis sieben Gängen. Das Ambiente ist chic und wertig, schön der Blick durch die raumhohe Fensterfront. Charmant und versiert der Service unter der Leitung der Gastgeberin.

🏠 🅿 – Preis: €€€

Oberer Stadtplatz 18 ✉ 94469 – ☏ 09938 9196636 – kook36.de – Geschlossen: Montag und Dienstag, mittags: Mittwoch-Sonntag

DEIDESHEIM
Rheinland-Pfalz – Regionalatlas **7**–B1

❀❀ L.A. JORDAN

KREATIV • DESIGN Sie finden das "L.A. Jordan" eingebettet in das schön restaurierte historische Anwesen des "Ketschauer Hofs". Küchenchef in diesem Gourmetrestaurants ist Daniel Schimkowitsch. Sein Stil? Kreativ, angenehm reduziert und ohne Spielerei sorgt er in seinem Menü mit ausgesprochen intensiven Aromen für ein echtes kulinarisches Erlebnis - gelungene japanische Einflüsse inklusive. Ausgezeichnete Produkte sind dabei das A und O. Großartig die Desserts, die mit top Niveau und geschmacklicher Eigenständigkeit beeindrucken. Interessant die Weinbegleitungen zum Menü. Dazu ein Service, wie man ihn sich wünscht: charmant, fachlich ausgezeichnet und stets präsent. Das Ambiente chic-modern. Es gibt einen eleganten und einen trendigen Bereich. Herrlich die Terrasse im Hof.

⅋ 🖦&ⓚ🛋️🅿️ – Preis: €€€€

Ketschauerhofstraße 1 ✉ 67146 – ℰ 06326 70000 – www.ketschauer-hof. com/restaurants/la-jordan – Geschlossen: Montag und Sonntag, mittags: Dienstag-Samstag

✿ SCHWARZER HAHN

FRANZÖSISCH-MODERN • ELEGANT Das Engagement der Familie Hahn ist hier im "Deidesheimer Hof" allgegenwärtig, da macht man auch gastronomisch keine Ausnahme. In dem schönen historischen Gebäude erwartet Sie ein gelungener Kontrast aus sehenswertem altem Kreuzgewölbe, moderner Tischkultur und farbenfrohem Ambiente. Die mit ausgesuchten Produkten zubereiteten Gerichte gibt es als Menü oder à la carte. Nicht fehlen darf der Klassiker "Saumagen". Verantwortlich für die tolle Küche sind Stefan Neugebauer und Felix Jarzina. Tipp: die Weine aus der Region im Offenausschank, die Ihnen der versierte und sympathische Service gerne erklärt.

⅋ ⓚ🛋️🅿️ – Preis: €€€€

Am Marktplatz 1 ✉ 67146 – ℰ 06326 96870 – www.deidesheimerhof.de/de/ home – Geschlossen: Montag-Mittwoch, Sonntag, mittags: Donnerstag-Samstag

LEOPOLD

INTERNATIONAL • MINIMALISTISCH Der aufwändig sanierte ehemalige Pferdestall des Weinguts von Winning (Teil des Bassermann-Jordan-Imperiums) ist ein schön modernes und überaus beliebtes Restaurant, in dem man gut isst. Auf der Karte finden sich internationale und Pfälzer Gerichte. Hübsch die Terrasse. Tipp: auch als tolle Event-Location buchbar. Namensgeber war übrigens Leopold von Winning, Gründer des Weinguts.

&ⓚ🛋️🔄🅿️ – Preis: €€

Weinstraße 10 ✉ 67146 – ℰ 06326 9668888 – www.von-winning.de/de – Geschlossen: Mittwoch, abends: Sonntag

RESTAURANT 1718

INTERNATIONAL • TRENDY Ein schönes Ambiente erwartet Sie im Restaurant des Hotels "Ketschauer Hof". Im "White Room" und im "Black Room" treffen stilvolle Altbau-Elemente auf hochwertige Designereinrichtung. Im Sommer speist man angenehm im ruhigen Innenhof umgeben von viel Grün. Zur französisch-internationalen Küche gibt es eine tolle Auswahl an Pfälzer Weinen, aber auch Überregionales ist dabei.

⅋ 🖦&ⓚ🛋️🅿️ – Preis: €€

Ketschauerhofstraße 1 ✉ 67146 – ℰ 06326 70000 – www.ketschauer-hof. com/restaurants/restaurant-1718/restaurant-1718 – Geschlossen: Dienstag und Mittwoch, mittags: Montag, Donnerstag-Samstag

RIVA

INTERNATIONAL • HIP Geradliniges Interieur in hellen Naturtönen, dazu angenehm legerer Service und international-mediterrane Küche. Neben Steaks, Pizza und Pasta liest man auf der Karte z. B. "Paillard vom Kalb, Spargelragout, junge Kartoffeln, Bärlauch".

🖦&ⓚ🛋️🅿️ – Preis: €€€

Weinstraße 12 ✉ 67146 – ℰ 06326 700077 – www.kaisergarten-deidesheim. com – Geschlossen abends: Sonntag

ST. URBAN

REGIONAL • RUSTIKAL In den behaglichen Restaurantstuben spürt man den traditionellen Charme eines Pfälzer Gasthofs. Serviert wird gute regional-saisonale Küche, vom Vesper bis zum Menü. Auf der Karte z. B. "Ravioli vom Hasenpfeffer mit Rosenkohl, glasierten Kastanien und Wacholderschaum" oder "gebratener Bachsaibling mit Vanille-Wirsing".

🌇 ♿ 🅿 – Preis: €€

Am Marktplatz 1 ✉ 67146 – ☎ 06326 96870 – www.deidesheimerhof.de/de/home – Geschlossen: Montag

DELBRÜCK

Nordrhein-Westfalen – Regionalatlas **3**–L2

ESSPERIMENT

MODERNE KÜCHE • HIP Hier wird eine ambitionierte weltoffene Küche geboten, die Einflüsse aus unterschiedlichen Ländern vereint. Geradlinig-modern das Ambiente, freundlich der Service. Im Sommer sitzt man schön auf der Terrasse. Sonntagmittags gibt es eine Bistrokarte.

🌇 ♿ – Preis: €€€

Schöninger Straße 74 ✉ 33129 – ☎ 05250 9956377 – www.restaurant-essperiment.de – Geschlossen: Montag-Mittwoch, mittags: Donnerstag-Samstag

KANTINERS

TRADITIONELLE KÜCHE • LÄNDLICH Geschmackvoll hat man das Restaurant "Kantiners" in dem traditionsreichen Familienbetrieb (4. Generation) gestaltet. Geboten wird eine saisonal und regional geprägte Küche. Dazu gibt es eine hübsche Terrasse vor und hinter dem Haus. Nett ist auch die gemütliche Barstube. Im Hotel "Waldkrug" kann man schön übernachten.

♿ 🌇 ♿ 🅿 – Preis: €€

Graf-Sporck-Straße 34 ✉ 33129 – ☎ 05250 98880 – www.waldkrug.de – Geschlossen: Sonntag, mittags: Montag-Samstag

DENZLINGEN

Baden-Württemberg – Regionalatlas **7**–B1

REBSTOCK-STUBE

KLASSISCHE KÜCHE • GEMÜTLICH Bei Familie Frey wird ambitionierte klassische Küche geboten, vom Gourmetmenü bis zu bürgerlich geprägten Gerichten wie Kalbsfrikassee. Dazu wird man in dem Gasthaus mit dem traditionellen Charakter freundlich, aufmerksam und geschult umsorgt. Im Sommer sitzt man sehr nett auf der schönen Gartenterrasse.

🌇 🅿 – Preis: €€€

Hauptstraße 74 ✉ 79211 – ☎ 07666 900990 – www.rebstock-stube.de – Geschlossen: Montag und Sonntag, mittags: Dienstag-Samstag

DERMBACH

Thüringen – Regionalatlas **3**–M3

✿ BJÖRNSOX

Chef: Björn Leist

KREATIV • RUSTIKAL Björn Leist bietet hier ein 1-Menü-Konzept, das die Verbundenheit mit seiner Rhöner Heimat zum Ausdruck bringt. Aus erstklassigen, meist regionalen Produkten entsteht ein kreatives Überraschungsmenü ohne Schnickschnack. Stolz ist man auf die eigene Weideochsen-Zucht - das spiegelt sich auch im Menü wider. Das hochwertige Fleisch und andere ausgezeichnete Zutaten finden sich in einem einzelnen Gericht durchaus mal in mehreren Varianten - für diesen Genuss nimmt man sich gerne etwas Zeit! Serviert wird in einer historischen kleinen Stube, die mit Holztäfelung und Fachwerk, umlaufender Sitzbank und kleinen Nischen so richtig gemütlich ist. Daneben bietet der "SaxenHof" freundliche und moderne Gästezimmer. Als Restaurant-Alternative gibt es das "Wohnzimmer".

🌿 *Engagement des Küchenchefs: Uns ist das Thema Nachhaltigkeit sehr wichtig. Wir profitieren da stark von unserer Zucht „Rhöner WeideOxen", verarbeiten auch sonst regional geprägte Ware und sparen Ressourcen wo immer es geht, setzen auf Fernwärme, schulen die Mitarbeiter, bieten unseren Gästen Ladestationen für E-Autos.*

& 🅿 – Preis: €€€€

Bahnhofstraße 2 ✉ *36466 –* 𝒞 *036964 869230 – www.rhoener-botschaft.de –*
Geschlossen: Montag, Dienstag, Sonntag, mittags: Mittwoch-Samstag

DERNBACH (KREIS SÜDLICHE WEINSTRASSE)

Rheinland-Pfalz – Regionalatlas **7**–B1

🎧 SCHNEIDER

REGIONAL • RUSTIKAL 1884 als Gaststube eröffnet und seit jeher in Familienhand. Am Herd steht Junior Stefan Püngeler, der bei seinen Gerichten auf gute saisonale Produkte setzt. Neben Klassikern können Sie auch ein Feinschmecker-Menü genießen. Schwerpunkt der schönen Weinkarte ist die Region. Tipp zum Übernachten: das kleine Hotel "Sonnenhof" im Nachbarort. Für Wanderer hat man am Waldrand noch das "Dernbacher Haus".

& 🍴 🏡 🅿 – Preis: €€

Hauptstraße 88 ✉ *76857 –* 𝒞 *06345 8348 – www.schneider-dernbachtal.de –*
Geschlossen: Montag und Dienstag, mittags: Mittwoch-Samstag

DETMOLD

Nordrhein-Westfalen – Regionalatlas **3**–L2

🎄 JAN DIEKJOBST RESTAURANT

Chef: Jan Diekjobst

SAISONAL • BRASSERIE Im "Detmolder Hof" a. d. 16. Jh. kann man nicht nur komfortabel in klassischem Stil wohnen, das Gourmetrestaurant von Jan Diekjobst ist inzwischen das eigentliche Herzstück des Hauses. Nach Stationen u. a. in "Victor's FINE DINING by Christian Bau" in Perl-Nennig und "The Table Kevin Fehling" in Hamburg zieht er hier mit klassisch basierter und modern aufgefrischter Küche zahlreiche Gäste an. Zu niveauvollen Speisen gesellen sich ein sehr freundlicher Service und geschmackvolles Ambiente samt hoher Decke, markantem Lüster, großem Spiegel und schönem Dielenboden sowie einsehbarer Küche - eine wirklich nette und lebendige Atmosphäre.

Preis: €€€

Lange Straße 19 ✉ *32756 –* 𝒞 *05231 980990 – www.jandiekjobst.de –*
Geschlossen: Montag und Sonntag, mittags: Dienstag-Freitag

PORTE NEUF 🆕

FRANZÖSISCH • CHIC Ein guter Tipp unter den Detmolder Restaurants ist diese Adresse am Rande zur Altstadt. Küchenchef und Patron Daniel C. Fischer erwartet Sie in seinem kleinen, chic gestalteten Restaurant mit moderner Wohlfühl-Atmosphäre. Aus seiner Küche kommt überwiegend französisch inspirierte Klassik mit modernem Twist. Sie können à la carte oder in Menüform speisen.

🍴 – Preis: €€€

Woldemarstraße 9 ✉ *32756 –* 𝒞 *05231 3027553 – www.porteneuf.de –*
Geschlossen: Montag und Sonntag, mittags: Dienstag-Samstag

DETTIGHOFEN

Baden-Württemberg – Regionalatlas 5–U4

HOFGUT ALBFÜHREN

KLASSISCHE KÜCHE • LANDHAUS Schon die Lage des Hofguts mitten im Grünen ist wunderbar - ringsum Pferdekoppeln, Wald und Felder. Dazu isst man auch noch gut: In geschmackvollem Ambiente serviert man klassische Küche mit internationalen Einflüssen, gerne verwendet man regionale Produkte. Sie möchten übernachten? Man hat hübsche und wohnliche Gästezimmer.

🛏🌳♻️🅿️ – Preis: €€€

Albführen 5 ⊠ 79802 – ☎ 07742 92960 – www.albfuehren.de – Geschlossen: Montag und Dienstag

DIEBLICH

Rheinland-Pfalz – Regionalatlas 3–K4

LANDHAUS HALFERSCHENKE

KLASSISCHE KÜCHE • LANDHAUS Familie Schmah hat aus dem schönen Bruchsteinhaus von 1832 ein Schmuckstück gemacht. In geschmackvollem Landhausambiente serviert Ihnen ein aufmerksames Team ambitionierte klassische Küche, z. B. als "Filet vom Black Angus Rind, Bohnen-Cassoulet, Kartoffelpüree, Burgunderjus". Im Sommer lockt eine hübsche Terrasse. Zum Übernachten stehen vier gepflegte Zimmer bereit.

🌳♻️ – Preis: €€

Hauptstraße 63 ⊠ 56332 – ☎ 02607 7499154 – halferschenke-dieblich.de – Geschlossen: Dienstag und Mittwoch, mittags: Montag, Donnerstag-Samstag

DIERHAGEN

Mecklenburg-Vorpommern – Regionalatlas 2–F2

⸙ OSTSEELOUNGE

MODERNE KÜCHE • ELEGANT Wo soll man da anfangen zu schwärmen? Bei der herrlichen Lage hinter den Dünen am Meer nebst fantastischer Aussicht? Beim charmanten und professionellen Service? Bei der elegant-entspannten Atmosphäre? Im Mittelpunkt des Gourmetrestaurants in der 4. Etage des luxuriösen "Strandhotel Fischland" steht dennoch die Küche von André Beiersdorff und Matthias Stolze. Sie kochen modern, auf klassischer Basis und mit regionalen sowie hier und da auch internationalen Einflüssen. Trefflich die Weinempfehlungen zum Menü - oder lieber eine interessante hausgemachte alkoholfreie Alternative? Tipp: Aperitif auf der wunderbaren Terrasse!

🍸🌿🌳🅿️ – Preis: €€€€

Ernst-Moritz-Arndt-Straße 6 ⊠ 18347 – ☎ 038226 520 – www.strandhotel-fischland.de/fis-start – Geschlossen: Montag und Sonntag, mittags: Dienstag-Samstag

DIESSEN AM AMMERSEE

Bayern – Regionalatlas 6–X4

⸙ SEEHAUS

INTERNATIONAL • GEMÜTLICH Ein wirklich wunderschöner Ort, und das zu jeder Zeit. Im Sommer ist die Terrasse mit Blick auf den See perfekt für ein entspanntes Mittagessen oder den Nachmittagskuchen, am Abend sitzt man genauso gerne drinnen - da hat das charmante Restaurant mit seinem warmen rustikalen Holz schon etwas Romantisches. Dazu eine richtig gute modern-internationale Küche. Tipp: hausgemachte Pannacotta als Dessert!

≼🏠🅿 – Preis: €€

Seeweg-Süd 12 ⊠ 86911 – 𝒞 08807 7300 – www.seehaus.de – Geschlossen: Montag und Dienstag, mittags: Mittwoch

DIETRAMSZELL

Bayern – Regionalatlas **6**–Y4

😊 MOARWIRT

Chef: Sebastian Miller

MARKTKÜCHE • GEMÜTLICH Richtig gut kocht man hier im "Bio-Landhotel Moarwirt", dafür verwendet man meist Bio-Produkte - man ist Mitglied bei Naturland und Slow Food. Sehr hübsch die modern-alpenländischen Stuben, im Sommer ist die Terrasse der Renner. Nett übernachten kann man ebenfalls. Hinweis: veränderte Ruhetage außerhalb der Saison.

🌿 *Engagement des Küchenchefs:* „Regionalität", "Saisonalität" und "Bio" sind für mich keine werbewirksamen Begrifflichkeiten, sondern meine ganz natürliche Lebensphilosophie. Unsere Rinder und Schweine werden beim nahen Bio-Bauern aufgezogen, Hühner und die Bienen für unseren Honig haben wir praktisch vor der Tür.

🏠 ⇔ 🅿 🍽 – Preis: €€

Sonnenlängstraße 26 ⊠ 83623 – 𝒞 08027 1008 – moarwirt.de – Geschlossen: Montag-Mittwoch

DINKELSBÜHL

Bayern – Regionalatlas **5**–V2

😊 ALTDEUTSCHES RESTAURANT

REGIONAL • RUSTIKAL Seine Karte teilt Florian Kellerbauer in "Unsere Heimat" und "Unsere Leidenschaft", hier wie dort legt man Wert auf die Qualität der Produkte. Man achtet auf saisonalen Bezug und auch das Thema Nachhaltigkeit spielt eine Rolle. Dazu wird man freundlich-charmant umsorgt. Schön die Lage im historischen Zentrum. Zum Übernachten bietet das Hotel "Deutsches Haus", ein Patrizierhaus von 1440, wohnliche Zimmer.

🏠 ⇔ – Preis: €€

Weinmarkt 3 ⊠ 91550 – 𝒞 09851 6058 – www.deutsches-haus-dkb.de

DOBERAN, BAD

Mecklenburg-Vorpommern – Regionalatlas **2**–F2

🕸 FRIEDRICH FRANZ

MODERNE KÜCHE • LUXUS So richtig luxuriös und elegant ist das Gourmetrestaurant im Seitenflügel des exklusiven "Grand Hotel Heiligendamm" in herrlicher Ostseelage - auch "Weiße Stadt am Meer" genannt. Dass man hier auch kulinarischen Luxus erwarten darf, ist der Verdienst von Ronny Siewert. Der aus Nienburg (Saale) stammende Küchenchef und sein Team verwenden ausschließlich exklusive Produkte und bereiten daraus feinfühlige und detailliert ausgearbeitete Gerichte zu. Auch das Serviceteam unter der Leitung des gebürtigen Berliners Norman Rex weiß zu überzeugen: Die Gäste werden aufmerksam und stilvoll umsorgt und auch in Sachen Wein sehr kompetent betreut! Tipp: Versuchen Sie einen Tisch am Fenster mit Blick aufs Meer zu bekommen!

🏖 ♿ 🎦 ⇔ 🅿 – Preis: €€€€

Prof.-Dr.-Vogel-Straße 6 ⊠ 18209 – 𝒞 038203 7400 – www.grandhotel-heiligendamm.de – Geschlossen: Montag, Dienstag, Sonntag, mittags: Mittwoch-Samstag

DONAUESCHINGEN

Baden-Württemberg – Regionalatlas 5–U4

❀❀ ÖSCH NOIR

MODERNE KÜCHE • CHIC Schon auf dem Weg zu Ihrem Tisch wird Ihre Neugier geweckt: Sie kommen vorbei an der offenen Küche, Blick in die Töpfe inklusive - das macht Lust! In dem stylish-eleganten Gourmetrestaurant des großzügig angelegten, luxuriösen Hotels "Der Öschberghof" ist Manuel Ulrich für die Küche verantwortlich. Der junge Donaueschinger bringt absolut gekonnt genau das richtige Maß an Moderne in die klassisch-französisch basierte Küche. Alles ist durchdacht und überzeugt mit Präzision, Harmonie und geschmacklicher Tiefe. Zur Wahl stehen die Menüs "Noir" und "Vert" (vegetarisch). Für klasse Service sorgt das eingespielte und engagierte Team um Sommelier Michael Häni.

⚙ ♿ ⓐ 🅿 – Preis: €€€€

Golfplatz 1 ⊠ 78166 – ☏ 0771 846100 – www.oeschberghof.com/restaurants-bars/oesch-noir – Geschlossen: Montag und Dienstag, mittags: Mittwoch-Sonntag

❀ DIE BURG

Chef: Jason Grom

MARKTKÜCHE • DESIGN Mit den Brüdern Grom hat das schicke Restaurant mitten in dem kleinen Ort engagierte junge Gastgeber. Küchenchef Jason Grom (zuvor in diversen Sternerestaurants tätig) hat seinen eigenen Stil entwickelt. Er kocht ausdrucksstark und modern, wobei er die Regionalität nicht aus dem Blick verliert. Tipp: Wählen Sie das Menü (auch vegetarisch). In Sachen Wein berät Sie Sommelier Niklas Grom - er produziert übrigens mit einem befreundeten Winzer auch eigene Cuvées. Zudem abends "Weinbaar" mit Barfood sowie Hotel mit modern-funktionellen Zimmern.

⚙ ⓐ 🍽 🅿 – Preis: €€

Burgring 6 ⊠ 78166 – ☏ 0771 17510050 – www.burg-aasen.de – Geschlossen: Montag und Dienstag, mittags: Mittwoch-Samstag

DORNUM

Niedersachsen – Regionalatlas 1–A3

☺ FÄHRHAUS

REGIONAL • RUSTIKAL Das gemütlich-rustikale Restaurant im Hotel "Fährhaus" am Deich ist beliebt, man sitzt nett hier und isst gut, und zwar traditionell-regionale Küche mit internationalem Einfluss. Dazu gehört natürlich viel fangfrischer Fisch! Schön ist auch der Terrassenbereich.

🍽 ♿ 🅿 🧺 – Preis: €€

Dorfstraße 42 ⊠ 26553 – ☏ 04933 303 – www.faehrhaus-nessmersiel.de – Geschlossen: Mittwoch, mittags: Montag, Dienstag, Donnerstag-Sonntag

DORSTEN

Nordrhein-Westfalen – Regionalatlas 3–J2

❀ GOLDENER ANKER

Chef: Björn Freitag

MODERNE KÜCHE • ELEGANT Als sympathischer TV-Koch ist er wohl jedem bekannt: Björn Freitag. 1997 hat er im Alter von 23 Jahren die alteingesessene Gaststätte übernommen, frischen Wind in die Küche gebracht und 2002 einen MICHELIN Stern erkocht, was ihm und seiner Küchenbrigade seither Jahr für Jahr aufs Neue gelingt. Und schön ist es hier auch noch: wertig und chic-elegant ist das Ambiente, und das passt wunderbar zu den modern inspirierten klassischen Speisen. Hier werden die tollen Aromen ausgezeichneter Produkte ausgesprochen stimmig kombiniert. Charmant und geschult begleitet Sie das Serviceteam durch den Abend. Übrigens: Man hat auch eine Kochschule direkt im Haus.

🍴 ♿ 🅿 – Preis: €€€€

Lippetor 4 ✉ 46282 – ☎ 02362 22553 – bjoern-freitag.de – Geschlossen: Samstag und Sonntag, mittags: Montag-Freitag

❀ ROSIN

KREATIV • CHIC Wer kennt ihn nicht? TV-Koch Frank Rosin. Mit seinem Küchenchef und längjährigem Weggefährten Oliver Engelke bildet er in dem schicken Restaurant ein eingespieltes Team. Ihr Menü: klassisch und kreativ. Zur Wahl stehen drei bis fünf Gänge, auf Wunsch auch mehr (vegetarisches/veganes Menü bitte 24 h im Voraus schriftlich bestellen). Absolut erwähnenswert auch der Service: Entspannt und ebenso professionell begleitet Sie das Team um Maître Jochen Bauer und Sommelière Susanne Spies durch den Abend - Letztere empfiehlt auch gerne die eigenen Weine der "Rosin & Spies"-Edition. Tipp: Im Online-Shop gibt es vegetarische und vegane "Green Rosin"-Produkte.

🍽 Ⓜ 🅿 – Preis: €€€€

Hervester Straße 18 ✉ 46286 – ☎ 02369 4322 – www.frankrosin.de – Geschlossen: Montag und Sonntag, mittags: Dienstag-Samstag

DORTMUND

Nordrhein-Westfalen – Regionalatlas **3**-K2

❀ DER SCHNEIDER

MODERNE KÜCHE • TRENDY Modern und unkompliziert, wie man es gerne hat! Und das gilt sowohl für die Küche als auch fürs Ambiente. So sitzt man im Restaurant des Businesshotels "ambiente" im Ortsteil Wambel in angenehm trendig-legerer Atmosphäre (Tipp für Paare: die beiden "Gondeln"!), wobei man im Sommer auch durchaus die geschützte, nach hinten hinaus gelegene Terrasse vorzieht. Namensgeber Phillip Schneider "schneidert" für Sie sein "tailored food": moderne, feine, schön ausbalancierte und kontrastreiche Gerichte, die Ihnen in Form zweier Menüs "nach Maß" präsentiert werden. Eines ist komplett vegetarisch, das andere überzeugt mit ausgesuchten Fisch- und Fleischprodukten. Sie können auch à la carte speisen. Dazu werden Sie zuvorkommend und kompetent betreut und auch die Weinempfehlungen sind stimmig.

🍴 🅿 – Preis: €€€€

Am Gottesacker 70 ✉ 44143 – ☎ 0231 4773770 – derschneider-restaurant.de – Geschlossen: Montag und Sonntag, mittags: Dienstag-Samstag

❀ GRAMMONS RESTAURANT

MODERN • CHIC Eine Adresse, die Freude macht! Inmitten eines gepflegten Wohnviertels hat Dirk Grammon in einem hübschen Haus mit Spitzgiebel dieses modern-elegante und lichtdurchflutete Restaurant. Aus der offenen Küche kommt ein Degustationsmenü, das man um "Das kleine Extra" erweitern kann. "Signature Fingerfood" vorweg: "Zweierlei von Parmesan und Olive". Die Speisen haben eine ganz klassische Basis, sind finessenreich und trumpfen mit vollmundigen Aromen. Die Weinkarte ist gut bestückt und fair kalkuliert. Man hat übrigens auch eine Weinbar mit Terrasse, in der man auch gerne kleine Gerichte essen kann.

Preis: €€€€

Wieckesweg 29 ✉ 44309 – ☎ 0231 93144465 – grammons.de – Geschlossen: Montag, Dienstag, Sonntag, mittags: Mittwoch, Freitag, Samstag

❀ THE STAGE

Chef: Michael Dyllong

MODERNE KÜCHE • CHIC Eine coole Location! In weniger als 20 Sekunden geht's mit dem Lift hinauf in die 7. Etage des Dula-Centers. Chic-modern ist das Ambiente hier, klasse die Aussicht auf das Dortmunder Stadtgebiet und das Westfalen-Stadion, schön die Terrasse. Michael Dyllong und sein Team bieten ein aufwändig zubereitetes Menü - vielleicht mit Kaviar oder japanischem Wagyu-Beef als Upgrade? Alternativ gibt es ein vegetarisches Menü. Umsorgt wird man überaus professionell, nicht zuletzt dank Restaurant-Manager und Sommelier Ciro De Luca, langjähriger Weggefährte von Michael Dyllong.

🦟 ≤Ⓚ🏠 – Preis: €€€€

Karlsbader Straße 1A ✉ 44225 – ☏ 0231 7100111 – thestage-dortmund.com –
Geschlossen: Montag und Sonntag, mittags: Dienstag-Samstag

LA CUISINE MARIO KALWEIT

FRANZÖSISCH-KLASSISCH • ELEGANT In dem schönen lichten hohen Raum im ehemaligen Tennisclubhaus (praktisch nahe der B1 gelegen) bietet man modernklassische Küche - die Menüs nennen sich "Poisson", "Viande" und "Veggie". Dabei setzt man auf ausgesuchte saisonale Produkte, die man gerne aus der Region bezieht. Ein besonderes Faible hat der Chef für Tomaten: Unzählige alte Sorten hat er bereits selbst gezüchtet! Reizvoll die Terrasse hinterm Haus.

🏠 🅿 – Preis: €€€

Lübkestraße 21 ✉ 44141 – ☏ 0231 5316198 – mariokalweit.de – Geschlossen:
Montag, Dienstag, Sonntag, mittags: Mittwoch-Samstag

VIDA

KREATIV • DESIGN Das kommt an: wertig-stylisches Ambiente, kreative internationale Küche und freundlicher Service, und dazu ein gutes Preis-Leistungs-Verhältnis. Zur Wahl stehen das Menü „Vida" - auch als vegetarische Variante - sowie Gerichte à la carte. Tipp: Zum Steak Tartare können Sie als "Upgrade" noch Kaviar bestellen! Etwas legerer sitzt man an den Hochtischen oder an der Bar bei ambitioniertem "Bar Food".

♿Ⓚ🏠🅿 – Preis: €€€

Hagener Straße 231 ✉ 44229 – ☏ 0231 95009940 – www.vida-dortmund.com –
Geschlossen: Montag und Sonntag, mittags: Dienstag-Samstag

DREIS

Rheinland-Pfalz – Regionalatlas **5**–S1

✿✿✿ WALDHOTEL SONNORA

Chef: Clemens Rambichler

FRANZÖSISCH-KLASSISCH • LUXUS Mit Clemens Rambichler und seiner Frau Magdalena hat diese Legende der Gastronomie ein beispielhaftes Gastgeberpaar. In der Küche pflegt Clemens Rambichler die Klassiker des Hauses (hier sei die "Kleine Torte vom Rinderfilet-Tatar mit Imperial-Gold-Kaviar" erwähnt!) und modernisiert sie mit Fingerspitzengefühl, bindet aber auch neue, ganz eigene Gerichte ein. Alles ist höchst raffiniert, herrlich ausbalanciert und handwerklich absolut perfekt. Interessant die zwei Weinbegleitungen zum Menü. Sie können aber auch à la carte speisen. Stets präsent, herzlich und überaus kompetent sind Magdalena Rambichler und Ulrike Thieltges die guten Seelen im Service. Das Ambiente stilvoll-elegant und zurückhaltend modern. Ebenso niveauvoll die wohnlich-individuellen Gästezimmer.

🦟 ⊶🅿 – Preis: €€€€

Auf'm Eichelfeld 1 ✉ 54518 – ☏ 06578 98220 – www.hotel-sonnora.de –
Geschlossen: Montag-Mittwoch, mittags: Donnerstag

Sachsen
Regionalatlas **4**–Q3

DRESDEN

Schon beim Schlendern durch die wunderschöne Altstadt von „Elbflorenz" freut man sich auf ausgezeichnete Gastronomie: Die gibt es auf der anderen Seite der Elbe in From zweier 1-Stern-Restaurants, dem **Elements** und dem **Genuss-Atelier**. Ein kulinarisches Erlebnis der anderen Art ist der Besuch der Neustädter Markthalle. Nicht weit von Semperoper, Zwinger und Residenzschloss, fast neben der Frauenkirche kann man im **Hotel Suitess** nicht nur stilvoll wohnen: Gin-Liebhaber zieht es in die Bar "Gin House". Entlang der Elbe geht's zur etwas außerhalb des Zentrums gelegenen **ElbUferei** mit ihrem mediterranen Konzept. Gut und preislich fair essen kann man auch im **DELI** und im **Daniel**. Ebenso lohnenswert ist auch die Fahrt zum Schloss Pillnitz direkt an der Elbe.

❄ **ELEMENTS**

Chef: Stephan Mießner

MODERNE KÜCHE • FREUNDLICH Industrie-Architektur, Loft-Flair, trendig-elegantes Design - ein schickes Restaurant haben Stephan Mießner und seine Frau Martina im geschichtsträchtigen "Zeitenströmung"-Gebäudeensemble. Er leitet die Küche, sie kümmert sich sympathisch und versiert um die Gäste. Und die sitzen in einem großzügigen Raum mit bodentiefen Rundbogenfenstern und schönem Dielenboden unter einer hohen offenen Decke auf bequemen braunen Ledersesseln im Vintage-Stil. Gekocht wird angenehm klar und reduziert, ausdrucksstark und finessenreich - à la carte oder als Chefmenü. Schön die Terrasse am Platz "Times Square". Ab mittags: das legere "DELI".

❄ ⛓ 🍴 🅿 – Preis: €€€

außerhalb Stadtplan – *Königsbrücker Straße 96* ✉ *01099* – ✆ *0351 2721696* – *www.restaurant-elements.de* – *Geschlossen: Montag, Dienstag, Sonntag, mittags: Mittwoch-Samstag*

❄ **GENUSS-ATELIER**

Chef: Marcus Blonkowski

MODERNE KÜCHE • INTIM 14 Stufen geht es hinab in das freundlich-gemütliche Kellerrestaurant der Geschwister Marcus und Nicole Blonkowski, in dem Sandsteinmauern und Ziegelgewölbe ein besonderes Ambiente schaffen. In der schmucken alten Villa in der Neustadt serviert man in wunderbar ungezwungener Atmosphäre eine interessante modern-kreative Küche aus sehr guten Produkten - überaus erfreulich das Preis-Leistungs-Verhältnis! Sie können aus dem gut aufgestellten A-la-carte-Angebot wählen oder sich vom Küchenteam ein

Überraschungsmenü zusammenstellen lassen. Auf der Weinkarte nur ostdeutsche Winzer, darunter auch bewusst weniger bekannte. Gerne speist man auch auf der hübschen Terrasse.

🍴 – Preis: €€€

außerhalb Stadtplan – *Bautzner Straße 149* ✉ *01099* – ☎ *0351 25028337* – *www.genuss-atelier.net* – *Geschlossen: Montag und Sonntag, mittags: Dienstag-Freitag*

DELI

INTERNATIONAL • **TRENDY** Hier sitzen Sie in angenehm unkomplizierter, lockerer Atmosphäre und genießen eine interessante international und saisonal ausgerichtete Küche, bei der man Wert auf ausgesuchte Produkte legt. Nett ist auch die Terrasse am Niagaraplatz mit Wasserfall. Und wer es besonders relaxt mag, "chillt" in einem der Strandkörbe. Gut zu wissen: Man bietet durchgehend warme Küche.

&🍴🅿 – Preis: €€

außerhalb Stadtplan – *Königsbrücker Straße 96* ✉ *01099* – ☎ *0351 2721696* – *www.restaurant-elements.de* – *Geschlossen: Montag und Sonntag*

ELBUFEREI

MEDITERRAN • **HIP** Etwas außerhalb des Zentrums, am Elbradweg, erwartet Sie im EG des "ARCOTEL HafenCity" ein freundliches Restaurant mit schöner Terrasse, Bar und Showküche. Angenehm locker und modern-maritim die Atmosphäre, mediterran das Speiseangebot (à la carte oder als Menü) nebst Snacks und Steaks. An bestimmten Wochentagen gibt es zusätzlich Specials wie Pasta oder Burger.

&🎬🍴 – Preis: €€

Stadtplan: A1-3 – *Leipziger Straße 29* ✉ *01097* – ☎ *0351 44891110* – *www. elbuferei.de/de* – *Geschlossen: Montag und Sonntag*

CAROUSSEL NOUVELLE

FRANZÖSISCH-KLASSISCH • **ELEGANT** Im schönen Hotel "Bülow Palais" im Dresdner Barockviertel hat man Bistro und Wintergarten zum "Caroussel Nouvelle" vereint, stilvoll das Interieur von Stardesigner Carlo Rampazzi. Mittags und abends gibt es die Klassikerkarte, am Abend zusätzlich zwei Gourmetmenüs (eines davon vegetarisch) - auch A-la-carte-Wahl möglich. Die Gerichte orientieren sich an der Saison, sind klassisch-französisch und regional. Palais Bar und Cigar Lounge für Apero oder Digestif.

&🎬🍴⇔ – Preis: €€€

Stadtplan: B1-1 – *Königstraße 14* ✉ *01097* – ☎ *0351 8003140* – *www.buelow-palais.de/restaurants-bar*

DANIEL

KLASSISCHE KÜCHE • **FAMILIÄR** In dem angenehm hellen, freundlichen und geradlinig gehaltenen Restaurant darf man sich auf eine recht klassisch ausgerichtete und saisonal beeinflusste Küche freuen. Aus den angebotenen Menüs können Sie auch à la carte wählen. Oder lieber ein Überraschungsmenü? Dazu wird man aufmerksam umsorgt. Gerne sitzt man im Sommer auch auf der hübschen Terrasse. Tipp: Beachten Sie auch den "Genusskalender" mit Themenabenden.

🎬🍴 – Preis: €€

außerhalb Stadtplan – *Gluckstraße 3* ✉ *01309* – ☎ *0351 81197575* – *www. restaurant-daniel.de* – *Geschlossen: Montag und Sonntag, mittags: Dienstag-Samstag*

HEIDERAND

INTERNATIONAL • **ENTSPANNT** Nahe der namengebenden Dresdner Heide leitet Martin Walther in 4. Generation den elterlichen Betrieb, Mutter und Vater sind nach wie vor mit von der Partie. In dem stattlichen Haus von 1905 erwartet Sie eine moderne international ausgerichtete Küche. Darf es vielleicht das Sharing-Menü

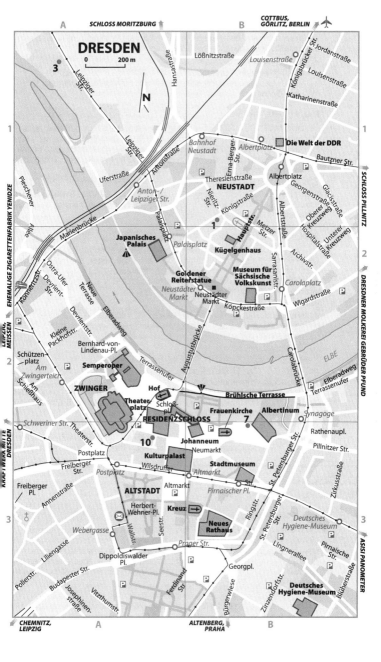

sein? Hier hat man Gerichte der A-la-carte-Auswahl als Menü zum Teilen zusammengestellt. Tipp: Straßenbahnlinie 11 hält vor der Tür.

🌿 ✿ 🅿 – Preis: €€

außerhalb Stadtplan – *Ullersdorfer Platz 4* ✉ *01324 –* ☎ *0351 2683166 – www.heiderand.restaurant – Geschlossen: Montag und Dienstag, mittags: Mittwoch-Sonntag*

PALAIS BISTRO

FRANZÖSISCH-KLASSISCH • BISTRO Stilvoll und leger-gemütlich ist es hier, stimmig das Bistroflair mit chic-modernen Einrichtungsdetails. Auf der Karte französische Speisen und Regionales, z. B. "angemachtes Rindertatar, Pommes Frites, Sauce Béarnaise" oder "gebratenes Zanderfilet mit Rotwein, Ratatouille, Bandnudeln, Oliventapenade".

♿ 🅰🅒 🌿 – Preis: €€

Stadtplan: A3-10 – *Taschenberg 3* ✉ *01067 –* ☎ *0351 4912710 – www.kempinski. com/de/hotel-taschenbergpalais – Geschlossen: Montag und Dienstag, mittags: Mittwoch und Donnerstag*

SCHMIDT'S

MARKTKÜCHE • BISTRO In den Hellerauer Werkstätten für Handwerkskunst (1909 von Karl Schmidt gegründet) erwartet Sie neben moderner Bistro-Atmosphäre eine saisonal-regionale Küche mit kreativem Einschlag, für die man sorgfältig ausgewählte Produkte verwendet. Tipp: das Menü "Schmidt's Karte rauf und runter". Schön auch die Terrasse.

♿ 🌿 🅿 – Preis: €€

außerhalb Stadtplan – *Moritzburger Weg 67* ✉ *01109 –* ☎ *0351 8044883 – www.schmidts-dresden.de – Geschlossen: Montag und Sonntag, mittags: Dienstag-Samstag*

VEN

INTERNATIONAL • TRENDY Puristisch-urbaner Chic mit Loft-Flair, das hat schon was! Gekocht wird international mit regionalem und saisonalem Einfluss. Dazu wird man sehr freundlich umsorgt. Draußen lockt die geschützte Innenhofterrasse. Das "VEN" befindet sich übrigens im Hotel "INNSiDE by Meliä" - in der 6. Etage schaut man von der "Twist Bar" auf die Kuppel der Frauenkirche.

♿ 🅰🅒 🌿 – Preis: €€

Stadtplan: B3-7 – *Rampische Straße 9* ✉ *01067 –* ☎ *0351 795151021 – www.ven-dresden.de – Geschlossen: Montag und Sonntag, mittags: Dienstag-Samstag*

DUDELDORF

Rheinland-Pfalz – Regionalatlas **5**-S1

TORSCHÄNKE

REGIONAL • FREUNDLICH Die "Torschänke" neben dem historischen Obertor ist eine wirklich sympathische Adresse. Die Atmosphäre ist gemütlich und angenehm unkompliziert, draußen sitzt es sich schön auf der netten begrünten Terrasse. Aus der Küche kommen Gerichte mit französischer und mediterraner Note, zubereitet aus sehr guten und frischen Produkten. Umsorgt werden Sie freundlich, aufmerksam und geschult.

🌿 🅿 – Preis: €€

Philippsheimer Straße 1 ✉ *54647 –* ☎ *06565 2024 – torschaenke-dudeldorf.de – Geschlossen: Montag und Sonntag, mittags: Dienstag-Samstag*

DÜRKHEIM, BAD

Rheinland-Pfalz – Regionalatlas **7**–B1

WEINSTUBE BACH-MAYER

REGIONAL • **WEINBAR** In der historischen Weinstube (das schöne Portal a. d. 18. Jh. erinnert an die Zeit als "Fürstliches Jagdhaus") bietet Inhaber und Küchenchef Carsten di Lorenzi regionale Küche mit saisonalen und internationalen Einflüssen. Dazu gemütlich-rustikales Ambiente samt blanken Holztischen und hübschem grünem Kachelofen. Draußen lockt die charmante begrünte Terrasse, die man zu Recht "Gartenlaube" nennt.

🍽🖼 – Preis: €€

Gerberstraße 13 ✉ *67098 –* ☎ *06322 92120 – www.bach-mayer.de/startseite. html – Geschlossen: Dienstag und Mittwoch, mittags: Montag, Donnerstag, Freitag*

DÜSSELDORF

Kulinarisch überaus interessant ist die Landeshauptstadt Nordrhein-Westfalens nicht zuletzt wegen seiner zahlreichen mit MICHELIN Stern ausgezeichneten Restaurants. Mit dem **Nagaya** und dem **Yoshi by Nagaya** hat Düsseldorf übrigens gleich zwei Restaurants mit japanischer Sterneküche. Nicht selten trifft Sterne-Niveau auf legere Atmosphäre, so z. B. im **DR.KOSCH** oder auch im herrlich französischen **Le Flair**. Einen Besuch wert sind auch das **Weinhaus Tante Anna** mit seinem historischen Charme und der tollen Weinauswahl oder die **20° RESTOBAR** mit spanisch-mediterraner Küche. Sie bleiben über Nacht? Schöne Hotelempfehlungen sind z. B. das **Grandhotel Breidenbacher Hof** oder das stylische **25hours Hotel Das Tour**.

🕸 **1876 DANIEL DAL-BEN**

Chef: Daniel Dal-Ben

KREATIV • FREUNDLICH Moderne und Klassik gehen bei Daniel Dal-Ben Hand in Hand. Der gebürtige Düsseldorfer mit italienischen Wurzeln hat im November 2002 das kleine Restaurant im Zooviertel (direkt am Zoopark und ganz in der Nähe des Eisstadions) eröffnet und beweist seither als Patron und Küchenchef volles Engagement. Sehr gelungen verbindet er beim Kochen die klassische Basis mit der richtigen Portion Kreativität. Dabei kombiniert er ausgesuchte Produkte zu stimmig ausbalancierten, vollmundigen und finessenreichen Gerichten. Geboten wird ein Menü, bei dem die Gäste die Anzahl der Gänge selbst wählen. Neben dem tollen Essen genießt man auch die angenehm entspannte Atmosphäre. Umsorgt wird man aufmerksam und geschult.

🅰🄲 🍴 – Preis: €€€€

Stadtplan: D1-6 – *Grunerstraße 42a* ✉ *40239* – ☎ *0211 1717361* – *www.1876. restaurant* – *Geschlossen: Montag, Dienstag, Sonntag, mittags: Mittwoch-Samstag*

🕸 **AGATA'S**

MODERNE KÜCHE • TRENDY Sie mögen es modern-kreativ? Dann dürfte Sie der interessante Mix aus europäischer und asiatischer Küche ansprechen. Alles, was hier auf den Teller kommt, basiert auf hervorragenden Produkten und sprüht geradezu vor Finesse und eigenen Ideen. Dass man hier auch noch richtig nett sitzt, liegt an der schicken und zugleich warmen Atmosphäre. Modernes Design, erdige Töne, florale Deko..., das komplette Interieur ist geschmackvoll und überaus wertig! Und für kompetenten Service samt ebensolcher Weinberatung ist ebenfalls gesorgt, denn Patronne Agata Reul - übrigens gebürtige Polin - hat hier ein charmantes und versiertes Team um sich.

🍴 – Preis: €€€€

Stadtplan: C3-3 – *Kirchfeldstraße 59* ✉ *40217* – ☎ *0211 20030616* – *www. agatas.de* – *Geschlossen: Montag, Dienstag, Sonntag, mittags: Mittwoch-Samstag*

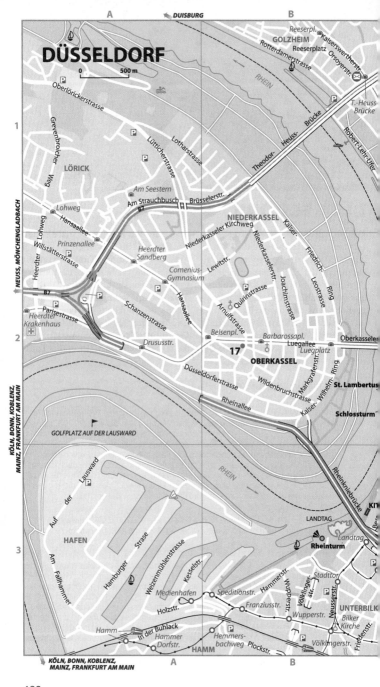

DÜSSELDORF

0   500 m

DUISBURG

GOLZHEIM

Reeserpl.
Reeserplatz
Rotterdamerstrasse
Kaiserswerther str.
Orsoyerstr.

T.-Heuss Brücke

Robert-Lehr-Ufer

RHEIN

Theodor-
Heuss-
Brücke

Oberlörickerstrasse

Grevenbroicher Weg

LÖRICK

Lütticherstrasse
Lotharstrasse

Am Seestern
Am Strauchbusch
Brüsselerstr.
67

NIEDERKASSEL
Kirchweg
Niederkasseler
Niederkasselerstr.
Kaiser-
Friedrich-
Ring
Leostrasse

Lohweg
Hansaallee
Prinzenallee
Willstätterstrasse
Heerdter
Lohweg
Heerdter
Heerdter
Sandberg
Comenius-
Gymnasium
Lewitstr.
Joachimstrasse

B7
Schanzenstrasse
Hansaallee
Quirinstrasse
Arnulfstrasse

Parisstrasse
Heerdter
Krakenhaus

Drususstr.
Belsenpl.
17
Barbarossapl.
Luegallee
Luegplatz
Oberkasseler

OBERKASSEL

Düsseldorferstrasse
Wildenbruchstrasse
Markgrafenstr.
Kaiser-Wilhelm-Ring

St. Lambertus

Rheinallee

Schlossturm

GOLFPLATZ AUF DER LAUSWARD

RHEIN

Rheinkniebrücke

KIT

Auf der Lausward

LANDTAG
Landtag
Rheinturm

HAFEN

Hamburger Strase

Am Fallhammer

Weizenmühlenstrasse
Keselstr.
Hammerstr.
Wupperstr.
Stadttor
Volklinger
str.
Neussenstr.

Medienhafen
Speditionstr.
Franziusstr.
Wupperstr.

UNTERBILK
Bilker
Kirche

Holzstr.
Hamm
In der Buhlack
Hammer
Dorfstr.
Hemmers-
bachweg
Plockstr.
Völklingerstr.
Friedenstr.

HAMM

ESSEN, BOCHUM, DORTMUND

WUPPERTAL, HILDEN, UNTERBACH

N

Heinrich-

Ehrhardtstrasse

Johannstr.

Haeselerstr.

Nördlicher Zübringer

Münsterstrasse

Merzigerstr.

Tannenstrasse

Tannenstr.

Grashofstr.

Heinrichstrasse

DERENDORF

Strassburger-str.

Ulmenstrasse

Rathauser

Toulouser

Heinrichtr.

Mörsenbroicher Weg

Heinrichstrasse

Frankenplatz

Rossstrasse

Saarbrückerstr.

Spichernpl.

Derendorf

Brehmstrasse

Hansapl.

Golzheimerpl.

H.-Böcklertr.

Rolandstrasse

Essenerstr.

Münster-str.

Ratherstr.

Kaiserswertherstrasse

Kennedydamm

Schweinstr.

Madstr.

10

12

St.-Vinzenz-Krakenhaus

Grunerstr.

DÜSSELTAL

Sybelstrasse

Grunerstrasse

6

RHEINPARK

Cecilienallee

Schweinstr.

Kleverstrasse

Kolpingplatz

Dreieck

Eulerstrasse

Molktestrasse

Annastrasse

Lennestrasse

Tussmanstrasse

Marc-Chagallstrasse

Annfeldstrasse

Weselerstr.

Brehmstrasse

Zoopark

Faunastrasse

Graf-Reckestrasse

Tiergarten str.

Freyagstrasse

Lindemannstrasse

Emmericher str.

Victoriapl.

Fischerstr.

9

8

Nordstr.

Blücherstrasse

Prinz

Venloerstr.

Stockkampstr.

Stock-kampstr.

5

Zoo

Brehmpl.

Schillerpl.

Schumann-str.

Museum Kunstpalast

31

Noord-str.

Sternstrasse

Marien-hospital

Georgstrasse

Derendorferstr.

Tussmann-str.

Rochus-markt

Rethelstrasse

FLINGERN NORD

Lindemannstr.

Tonhallen-Ufer

Mag-dasor

Helmut-Hentrich-Platz

22

Sternstr.

Rosenstrasse

Schloss Jägerhof

BERTY-ALBRECHT-PARK

Uhlandstr.

Brücke

Hofgarten

Kaiserstrasse

Gartenstrasse

Adlerstrasse

Tonhalle/Ehrenhof

32

K20 Kunstsammlung am Grabbeplatz

Hofgarten

29

Schloss Jägerhof-Goethemuseum

Jacobistr.

Am

Pempelforterstr.

Wehrhahn

Wehrhahn

Birkenstr.

Gerresheimerstr.

Ackerstrasse

13

Wetterstr.

Flingern

14

Dreischeibenhaus

Schadowstr.

26

27

11

Rathaus

Heinrich-Heine-Allee

25

Blumenstr.

18

Klosterstrasse

Leopoldstr.

Pl. der Diakonie

Hetjens-Museum

Benratherstr.

Wallstr.

Königsallee

Berliner

Allee

21

Stein-str.

Oststrasse

Worringerpl.

FLINGERN SUD

Erkratherstrasse

Stadtmuseum

23

28

Berliner Allee

19

Oststrasse

Charlottenstr.

Karlstrasse

Kölnstrasse

Hauptbahnhof

Kettwigerstr.

Südstrasse

Stresemannpl.

Poststr.

20

Graf-Adolf-Platz

Luisenstr.

Graf-Adolfstrasse

Luisenstr.

Herzogstr.

Hüttenstr.

Scheurenstr.

Mintroppl.

Bertha-von-Suttner-Platz Handelszentrum

OBERBILK Markt

Oberbilker Markt

Fichtenstr.

Werdenstrasse

Polizei-räsidium

Reichstr.

Elisabethstr.

Friedrichstrasse

Corneliusstrasse

Fürstenwall

Helmholtzstr.

Industriestr.

Siemensstrasse

Lessingpl.

Ellerstrasse

Heerstrasse

Ellerstrasse

Kölnstr.

Kronprinzenstr.

Floratr.

Kirchpl.

Kirchplatz

FRIEDRICHSTADT

Kirchfeldstrasse

Friedrichstr./Bilk

4

Morsestr.

Fürsten-wall

Sonnenstr.

Friedrichstadt

Gangelplatz

Kruppstr.

✿ DR.KOSCH

Chef: Volker DRKOSCH

MODERNE KÜCHE • HIP Das Konzept kommt richtig gut an: Eine sehr schöne moderne Gastro-Bar mit sympathisch-ungezwungener Atmosphäre, gepaart mit nicht alltäglicher Küche und fairen Preisen. All das bietet Volker Drkosch. Er kocht technisch modern und verbindet geschickt Finesse und Eleganz mit Kraft und Tiefe. Mediterrane Einflüsse finden sich in seinen Gerichten ebenso wie klassische. Die Qualität der Produkte steht außer Frage. Geboten wird ein Menü mit vier bis sechs Gängen - originell deren Namen. Tipp: Von der Theke haben Sie direkten Blick zu den Köchen.

🍴 ⇔🖵 – Preis: €€€

Stadtplan: C1-10 – *Roßstraße 39* ✉ *40476* – 𝒞 *0176 80487779* – *www.dr-kosch. de* – *Geschlossen: Montag-Mittwoch, Sonntag, mittags: Donnerstag-Samstag*

✿ IM SCHIFFCHEN

Chef: Jean-Claude Bourgueil

MEDITERRAN • ELEGANT Wenn von Sterneküche in einem wunderschönen barocken Backsteinhaus am Kaiserswerther Markt die Rede ist, kann es sich nur um das "Schiffchen" von Jean-Claude Bourgueil handeln. Seit 1977 am Herd, kann man getrost vom Altmeister der Düsseldorfer Hochgastronomie sprechen. Bourgueil und sein bewährtes Team setzen auf kreative französische Küche. Hummer, Wild, Wagyu-Rind..., die Produkte sind von ausgesuchter Qualität. Dazu eine gute Weinauswahl, aufmerksamer und geschulter Service sowie schönes Ambiente - geschmackvoll-maritim das Restaurant im Erdgeschoss.

🐟 🍽 – Preis: €€€€

außerhalb Stadtplan – *Kaiserswerther Markt 9* ✉ *40489* – 𝒞 *0211 401050* – *im-schiffchen.de* – *Geschlossen: Montag und Sonntag, mittags: Dienstag-Samstag*

✿ LE FLAIR

Chef: Dany Cerf

FRANZÖSISCH • FREUNDLICH Dany Cerf heißt der Patron und Küchenchef dieses recht puristisch und mit elegantem Touch designten Restaurants. Er stammt aus der französischsprachigen Schweiz und hat in renommierten Adressen wie dem "Baur au Lac" in Zürich oder bei Jean-Claude Bourgueil gekocht, bevor er 2014 gemeinsam mit Partnerin Nicole Bänder das "Le Flair" eröffnete. Hier beeindruckt er in einem 4- bis 6-Gänge-Menü mit angenehm geradlinigen und durchdachten Gerichten aus sehr guten Produkten. Dabei merkt man sein Faible für die klassisch-französische Küche, dennoch finden sich auch moderne Einflüsse. Tipp für den Sommer: die schöne Terrasse.

🍴 – Preis: €€€€

Stadtplan: D2-5 – *Marc-Chagall-Straße 108* ✉ *40477* – 𝒞 *0211 51455688* – *restaurant-leflair.de* – *Geschlossen: Montag und Dienstag, mittags: Mittwoch-Sonntag*

✿ NAGAYA

JAPANISCH • FREUNDLICH Ohne Zweifel ist die Küche von Yoshizumi Nagaya etwas Besonderes. Durchdacht, klar und präzise fügt er japanische und westliche Elemente zusammen. Während seiner Ausbildung in Osaka lehrte Toshiro Kandagawa ihn die traditionelle japanische Küche, den innovativen Stil lernte er bei Takada Hasho in Gifu kennen. Daraus entwickelte er seine eigene Handschrift, die beides vereint. Exzellente Produkte sind in seinem Menü Ehrensache, vom Wagyu-Rind bis Sushi und Sashimi. Neben guten Weinen darf auch eine schöne Sake-Auswahl nicht fehlen. Dazu wird man in dem sehr modern und wertig eingerichteten Restaurant aufmerksam und professionell umsorgt.

🕸 Ⓐⓒ – Preis: €€€€

Stadtplan: C2-18 – *Klosterstraße 42 ✉ 40211 – ☎ 0211 8639636 – www.nagaya. de – Geschlossen: Montag und Sonntag, mittags: Mittwoch*

🛱 PHOENIX

INTERNATIONAL • DESIGN Ganz in der Nähe des Schauspielhauses und des Hofgartens samt Theatermuseum lockt Düsseldorfs bekanntes und architektonisch markantes Dreischeibenhaus mit einem interessanten Restaurant. Das Ambiente ist ein stilvoller Mix aus 60er-Jahre-Design und modernen Elementen, dazu die einsehbare Küche. Hier entstehen unter der Leitung von Philipp Wolter klassische Speisen mit modernen und internationalen Einflüssen. Die Produktqualität stimmt ebenso wie Handwerk, Finesse und Harmonie. Am Abend gibt es die Menüs "Flora" und "Fauna" sowie Gerichte à la carte, mittags bietet man eine A-la-carte-Auswahl sowie "Quicklunch". Freundlich und versiert das Serviceteam um Restaurantleiterin Tanja Wolter. Im 1. Stock hat man noch die "Bel Étage" als Veranstaltungsraum.

& Ⓐⓒ 🛱 ⇔ – Preis: €€€€

Stadtplan: C2-29 – *Dreischeibenhaus ✉ 40211 – ☎ 0211 30206030 – www. phoenix-restaurant.de – Geschlossen: Montag und Sonntag, mittags: Samstag*

🛱 PINK PEPPER ⓝ

MODERNE KÜCHE • CHIC Das Restaurant im "Steigenberger Parkhotel" ist ein mondän-elegant designter Wintergartenanbau zur Königsallee. In einem von Gold, rosafarbenen Sesseln und dekorativen Details bestimmten Ambiente bietet Benjamin Kriegel "Genussvolles Storytelling": eine interessante moderne Küche aus sehr guten Produkten. Freundlich und geschult der Service. Schöne Bar für Apero oder Digestif.

Ⓐⓒ 🍸 🅿 – Preis: €€€€

Stadtplan: C2-11 – *Königsallee 1A ✉ 40212 – ☎ 0211 1381611 – www.pink-pepper. com – Geschlossen: Montag und Sonntag, mittags: Dienstag-Samstag*

🛱 YOSHI BY NAGAYA

JAPANISCH • MINIMALISTISCH Sterneküche von Yoshizumi Nagaya gibt es in Düsseldorf gleich zweimal! Unweit des Stammhauses, ebenfalls in "Japantown", findet man seit Oktober 2016 das "Yoshi". Gekocht wird hier klassisch japanisch, ganz ohne westliche Einflüsse. Das abendliche Omakase-Menü beeindruckt mit absolut produktorientierter und überaus exakter Zubereitung. Dazu bietet man eine große Auswahl an Sake. Das Ambiente ist gewissermaßen ein Spiegelbild des klaren Küchenstils: Stilvoll-puristisch hat man das Restaurant gestaltet. Tipp: Kommen Sie ruhig auch mal mittags - da gibt es ein günstigeres Menü. Übrigens: Viele der Gäste hier sind Japaner - das spricht für sich!

Ⓐⓒ – Preis: €€€€

Stadtplan: C2-21 – *Kreuzstraße 17 ✉ 40213 – ☎ 0211 86043060 – yoshibynagaya.wixsite.com/nagayaduesseldorf – Geschlossen: Montag und Sonntag, mittags: Dienstag-Donnerstag*

🐸 BISTRO FATAL

FRANZÖSISCH • BISTRO Dieses angenehm unprätentiöse Bistro von Alexandre und Sarah Bourgeuil nicht zu kennen, wäre "fatal", denn hier isst man nicht nur richtig gut, sondern auch zu einem hervorragend fairen Preis! Appetit macht z. B. "Mille-feuille vom geschmorten Rind im Trüffelduft mit karamellisierten Schalotten". Nett sitzt man auch auf der Terrasse vor dem Haus.

🛱 �Ⓩ – Preis: €€

Stadtplan: D2-13 – *Hermannstraße 29 ✉ 40233 – ☎ 0211 36183023 – www. bistro-fatal.com – Geschlossen: Montag, Dienstag, Sonntag, mittags: Mittwoch-Samstag*

ESSBAR

INTERNATIONAL • ENTSPANNT Nur wenige Schritte vom Hofgarten entfernt liegt das äußerlich unscheinbare Restaurant von Küchenchef Daniel Baur und Olga Jorich. Sympathische Atmosphäre, aromatische Gerichte aus guten Produkten und ein faires Preis-Leistungs-Verhältnis - das kommt an! Auch in Sachen Wein wird man nicht enttäuscht. Nett die geschützte, nach hinten gelegene Terrasse.

🛋 – Preis: €€

Stadtplan: C2-22 – *Kaiserstraße 27* ✉ *40479* – 📞 *0211 91193905* – *hm-essbar. de/?lang=de* – *Geschlossen: Montag und Sonntag, mittags: Dienstag-Samstag*

MÜNSTERMANNS KONTOR

INTERNATIONAL • BRASSERIE Mit Eier- und Butterhandel sowie Feinkost fing alles an, heute hat man hier ein beliebtes Bistro mit sympathisch-lebendiger urbaner Atmosphäre und offener Küche. Unter den schmackhaften Gerichten finden sich Klassiker wie Currywurst oder Wiener Schnitzel, aber auch Internationales. Dazu gute offene Weine und freundlicher Service. Geöffnet ist von 12 - 20 Uhr, letzte Bestellung 18.30 Uhr. Hinweis: mittags keine Reservierung möglich - kommen Sie also rechtzeitig, man ist sehr gut besucht!

Preis: €€

Stadtplan: C3-23 – *Hohe Straße 11* ✉ *40213* – 📞 *0211 1300416* – *www. muenstermann-kontor.de* – *Geschlossen: Montag und Sonntag, abends: Samstag*

20° RESTOBAR ⓝ

MEDITERRAN • BISTRO Mitten im Zentrum liegt dieses modern-unkomplizierte Restaurant mit Terrasse, Bar und schönem Innenhof. In netter lebendiger Atmosphäre lässt man sich spanisch-mediterrane Küche schmecken - da finden sich neben Fisch-, Fleisch-, Reis- und Kartoffelgerichten natürlich auch Tapas, Croquetas & Co. Passend zum südländischen Konzept nimmt der Name Bezug auf die durchschnittliche Wassertemperatur um die Insel Mallorca.

🅰🛋 ⇄ – Preis: €€

Stadtplan: C2-14 – *Mutter-Ey-Platz 3, Neubrückstraße* ✉ *40213* – 📞 *0172 8902320* – *www.20grad.com* – *Geschlossen: Sonntag, mittags: Montag-Samstag*

BRASSERIE STADTHAUS

FRANZÖSISCH-KLASSISCH • BRASSERIE Eine schöne Adresse im Herzen der Altstadt. Unter einer markanten hohen Kassettendecke oder im hübschen Innenhof serviert man Ihnen französische Küche. Appetit machen z. B. "Hummerschaumsuppe" oder "Entrecôte mit Sauce Béarnaise". Dazu Weine aus Frankreich.

🅰🛋 – Preis: €€

Stadtplan: C2-27 – *Mühlenstraße 31* ✉ *40213* – 📞 *0211 16092815* – *brasserie-stadthaus.de* – *Geschlossen: Montag und Sonntag, mittags: Dienstag*

FLEHER HOF ⓝ

REGIONAL • TRADITIONELLES AMBIENTE In dem etwas außerhalb gelegenen Gasthof sitzt man in gemütlichen Stuben, in denen getäfelte Wände, alter Dielenboden und Holztische Charme versprühen. Dazu die gute Küche, die schmackhafte Klassiker mit modernem Touch bietet. Interessant das angebotene Menü. Dessert-Tipp: Baba au Rhum mit Jahrgangsrumtopf. Diese sympathische Adresse kommt an, also reservieren Sie rechtzeitig! Hinweis: Parken ist zwar nicht ganz einfach, ein Besuch lohnt sich aber auf jeden Fall.

🛋 ⇄ – Preis: €€

außerhalb Stadtplan – *Fleher Straße 254* ✉ *40213* – 📞 *0211 31195711* – *www. fleherhof.de* – *Geschlossen: Montag und Dienstag, mittags: Mittwoch-Samstag*

FRITZ'S FRAU FRANZI ⓝ

KREATIV • CHIC Cool und trendy ist das Restaurant im stylischen Boutique-Hotel "The Fritz". Geschmackvoll und wertig das Ambiente, an der Bar im Eingangsbereich können Sie Ihren Apero einnehmen. Geboten werden interessante moderne Gerichte, die Sie à la carte wählen können oder sich zu einem Menü zusammenstellen. Vegetarisches und Veganes ist auch dabei. Tipp: Von einigen Tischen hat man einen guten Blick in die Küche.

🅰🅲 – Preis: €€€

Stadtplan: C3-20 – *Adersstraße 8* ✉ *40215* – ☏ *0211 370750* – *www.fritzs-frau-franzi.de* – *Geschlossen: Montag, Dienstag, Sonntag, mittags: Mittwoch-Samstag*

JAE ⓝ

FUSION • INTIM Mit reichlich Erfahrung in Sterneadressen (darunter "Vendôme", "Nagaya", "Agata's") hat sich Jörg Wissmann hier den Traum vom eigenen Restaurant erfüllt. Er bietet eine moderne Fusionsküche mit asiatischen Einflüssen, die seine halb koreanischen Wurzeln widerspiegelt. Sein Menü gibt es konventionell oder vegetarisch. Als Begleitung wählen Sie Wein oder eine alkoholfreie Alternative. Dazu helles minimalistisches Interieur - interessante Einblicke hat man von den Thekenplätzen zur offenen Küche.

🅰🅲 – Preis: €€€€

Stadtplan: C3-4 – *Keplerstraße 13* ✉ *40215* – ☏ *0211 99919966* – *jae-restaurant.de* – *Geschlossen: Montag und Sonntag, mittags: Dienstag-Samstag,*

KÖ59 MASTERMINDED BY BJÖRN FREITAG

DEUTSCH • BRASSERIE Björn Freitag, bekannt aus dem "Goldenen Anker" in Dorsten, hat direkt an der "Kö" sein neuestes gastronomisches Projekt. Die schicke Brasserie im "Hotel Kö59" hat sich neu interpretierte deutsche Klassiker auf die Fahnen geschrieben, so z. B. "Königsberger Klopse" oder "Senfbraten von der Weideochsenlende".

🅰🅲 – Preis: €€

Stadtplan: C3-28 – *Königsallee 59* ✉ *40215* – ☏ *0211 82851220* – *www.koe59.com* – *Geschlossen: Montag und Sonntag, mittags: Dienstag-Samstag*

L'ARTE IN CUCINA

ITALIENISCH • GEMÜTLICH Das findet man nicht allzu oft: In dem hübschen Ristorante gegenüber der Basilika St. Margareta wird die Küche der Toskana wirklich authentisch umgesetzt, mit Liebe und Fingerspitzengefühl! Richtig lecker sind z. B. Spezialitäten aus der toskanischen Heimat des Chefs wie "Gnudi" (eine Art Gnocchi) oder "Il Coniglio" (Kaninchen). Die Nudeln sind hausgemacht.

🍴 – Preis: €€€

außerhalb Stadtplan – *Gerricusplatz 6* ✉ *40625* – ☏ *0211 52039590* – *www.arteincucina.de* – *Geschlossen: Montag und Sonntag, mittags: Dienstag-Samstag*

PARLIN

MARKTKÜCHE • BRASSERIE Mitten in der Altstadt ist dieses nette, angenehm unkomplizierte und lebendige Restaurant zu finden - ein echter Hingucker ist die tolle Stuckdecke! Der Name "Parlin" steht für "das Beste aus Paris und Berlin", und das spiegelt sich auf der Karte wider. Hier machen schmackhafte saisonale Gerichte und Klassiker wie Fischsuppe oder Wiener Schnitzel gleichermaßen Appetit.

🍴🏷 – Preis: €€

Stadtplan: C2-32 – *Altestadt 12* ✉ *40213* – ☏ *0211 87744595* – *www.parlin-weinbar.de* – *Geschlossen: Montag und Dienstag, mittags: Mittwoch-Sonntag*

ROKU - JAPANESE DINING & WINE

JAPANISCH-ZEITGEMÄSS • HIP Dies ist das dritte Restaurant von Yoshizumi Nagaya in der Landeshauptstadt. Die Atmosphäre ist trendig-modern und entspannt, das Angebot reicht von Sushi und Sashimi über Tempura bis zu japanischen Fisch- und Fleischgerichten. Dazu eine schöne überwiegend deutsche Weinauswahl.

🛋 – Preis: €€€

Stadtplan: C1-8 – *Schwerinstraße 34* ✉ *40477* – ✆ *0211 15812444* – *www.restaurant-roku.de* – *Geschlossen: Montag und Sonntag, mittags: Dienstag-Samstag*

RUBENS

ÖSTERREICHISCH • ENTSPANNT Geradezu ein "alpenländischer Hotspot"! In dem hübschen Restaurant der sympathischen Gastgeber Cornelia Stolzer und Ruben Baumgart - sie Österreicherin, er Deutsch-Österreicher - dürfen Klassiker wie Backhendl, Tafelspitz oder Kaiserschmarrn nicht fehlen, aber auch moderne Gerichte finden sich auf der Karte. Dazu charmanter, geschulter Service und eine schöne Weinkarte, natürlich aus der Alpenrepublik. Das Kürbiskernöl kommt übrigens aus dem Heimatdorf der Chefin.

🛋 ➳ – Preis: €€

Stadtplan: C2-31 – *Kaiserstraße 5* ✉ *40479* – ✆ *0211 15859800* – *www.rubens-restaurant.de* – *Geschlossen: Montag und Sonntag, mittags: Dienstag-Samstag*

SAITTAVINI

ITALIENISCH • FREUNDLICH Ein Klassiker unter den italienischen Restaurants in Düsseldorf, immer auf der Suche nach neuen Produkten und Weinen. Besonders zu empfehlen ist das Filet vom Piemonteser Rind! Schön sitzen Sie hier zwischen Weinregalen, Theke und Antipastibuffet, über Ihnen toller Stuck.

🐃 🛋 ➳ – Preis: €€€

Stadtplan: B2-17 – *Luegallee 79* ✉ *40545* – ✆ *0211 57797918* – *saittavini.de* – *Geschlossen: Sonntag*

SETZKASTEN

MODERNE KÜCHE • CHIC Gourmetrestaurant im Supermarkt? Dieses Gastro-Konzept ist schon etwas Besonderes - zu erleben im UG des "Crown", einem der größten Lebensmittelmärkte Europas! Nicht nur die Location ist erwähnenswert: Zum schicken Ambiente samt teils einsehbarer Küche bietet das engagierte Team kreativ-moderne Gerichte, die auf ausgesuchten Produkten basieren. Schön ausgewogen die Zubereitung, klar und nicht überladen. Alle Weine auf der Karte gibt es auch glasweise. Tipp: Für besondere Einblicke in die Küche reservieren Sie am Chef's Table. Wer mit dem Auto kommt, nutzt am besten das Parkhaus im "Crown".

♿ Ⓜ 🅿 – Preis: €€€€

Stadtplan: C3-19 – *Berliner Allee 52* ✉ *40212* – ✆ *0211 2005716* – *www.setzkasten-duesseldorf.de* – *Geschlossen: Donnerstag und Sonntag, mittags: Montag-Mittwoch*

STAUDI'S

MODERN • BISTRO Früher eine Metzgerei, heute ein hübsches kleines Restaurant mit Bistro-Flair. Dekorative Relikte von einst wie historischer Fliesenboden und Glasmalerei an der Decke machen sich gut zur charmanten Einrichtung. Dazu herzlicher Service und modern beeinflusste Gerichte wie z. B. "Berliner Curry-Krake mit Pommeswürfeln". Deutlich einfachere Lunchkarte.

🛋 ➳ 📋 – Preis: €€

Stadtplan: C1-12 – *Münsterstraße 115* ✉ *40476* – ✆ *0211 15875065* – *www.staudisrestaurant.de* – *Geschlossen: Montag und Sonntag, mittags: Dienstag-Samstag*

THE DUCHY

MODERN • BRASSERIE Elegant hat man es in der Brasserie in der 1. Etage des luxuriösen "Breidenbacher Hofs" - Blick auf die Heinrich-Heine-Allee. Die Küche ist ein breiter Mix von Sashimi über Ceviche bis Tartar und Ravioli, nicht zu vergessen die Steaks. Man achtet auf die Herkunft der Produkte, arbeitet mit regionalen Erzeugern zusammen und hat eigene Hühner und Kühe. Schöne Weinauswahl.

NEOLÌTH

touch.feel.live

www.neolith.com

&. 🄰 ⇔ – Preis: €€€

Stadtplan: C2-25 – *Königsallee 11* ✉ *40212* – ☏ *0211 16090500* – *www. theduchy-restaurant.com* – *Geschlossen: Montag und Sonntag*

WEINHAUS TANTE ANNA

REGIONAL • **GEMÜTLICH** In dem traditionsreichen Familienbetrieb - hier ist bereits die 7. Generation im Einsatz - speisen Sie in der beeindruckenden historischen Atmosphäre einer einstigen Kapelle a. d. 16. Jh. Man beachte auch die sehenswerte 1000 Jahre alte Granitsäule an der Theke! Serviert werden gehobene regionale Speisen, zu denen man gerne einen der vielen deutschen Weine empfiehlt.

🕭 – Preis: €€€

Stadtplan: C2-26 – *Andreasstraße 2* ✉ *40213* – ☏ *0211 131163* – *www.tanteanna. de/de* – *Geschlossen: Montag und Sonntag, mittags: Dienstag-Samstag*

ZWEIERLEI

KREATIV • **FREUNDLICH** In dem modernen kleinen Restaurant wird mit guten Produkten und immer mit einem zeitgemäß-kreativen Touch gekocht. Das Angebot reicht von Pulpo über Schweinebauch bis Scholle oder Kabeljau. Oder möchten Sie lieber vegetarisch speisen? Dazu gibt es eine schöne Weinkarte mit Schwerpunkt Deutschland. Übrigens: Man hat auch eine ansprechende Außer-Haus-Karte.

Preis: €€

Stadtplan: C1-9 – *Schwerinstraße 40* ✉ *40477* – ☏ *0211 9894587* – *www. zweierlei-restaurant.de* – *Geschlossen: Montag und Sonntag, mittags: Dienstag-Samstag*

DUGGENDORF

Bayern – Regionalatlas **6**–Y2

🕸 HUMMELS GOURMETSTUBE

Chef: Stefan Hummel

MARKTKÜCHE • **CHIC** Richtig chic ist es hier: Klare Linien, angenehme Naturmaterialien und helle, warme Töne schaffen im Gourmetrestaurant des 100 Jahre alten "Gasthauses Hummel" eine moderne und zugleich gemütliche Atmosphäre. Schon beim Betreten des Restaurants können Sie einen Blick in die Küche werfen, wo unter der Leitung von Patron Stefan Hummel ein saisonales Menü entsteht. Die ausgesuchten Produkte dafür bezieht man gerne aus der Region. Freuen darf man sich hier nicht nur auf Finesse und jede Menge Geschmack, sondern auch auf ein gutes Preis-Leistungs-Verhältnis. Das Engagement der Hummels spürt man auch am freundlichen, kompetenten Service unter der Leitung der herzlichen Chefin. Gepflegt übernachten kann man in dem schön auf dem Berg gelegenen familiären Gasthof ebenfalls.

🅿 – Preis: €€€

Heitzenhofener Straße 16 ✉ *93182* – ☏ *09473 324* – *gasthaushummel.de* – *Geschlossen: Montag-Mittwoch, Sonntag, mittags: Donnerstag-Samstag*

DUISBURG

Nordrhein-Westfalen – Regionalatlas **3**–J2

🕸 MOD BY SVEN NÖTHEL

Chef: Sven-Niklas Nöthel

MODERNE KÜCHE • **HIP** Eine richtig schöne Location! In einem sorgsam sanierten ehemaligen Stall, umgeben von viel Grün, hat Sven Nöthel ein schickes Restaurant eröffnet. Das klare moderne Design ist ebenso ein Hingucker wie die offene Küche, die einem das Gefühl gibt, Teil des Geschehens zu sein. Auf dem Teller (übrigens getöpfertes Geschirr aus Wesel) zeigen harmonische Geschmackbilder und die richtige Dosis Kreativität das Talent des Küchenchefs. Er verarbeitet ausgesuchte Produkte, die er vorzugsweise aus der Region bezieht. Vegetarische Gerichte finden sich ebenso auf der saisonalen Karte. Umsorgt wird man sehr freundlich und herzlich - auch die Köche servieren mit und erklären die Speisen. Eine hübsche Terrasse gibt es ebenfalls.

&.斺 ⇆ 🅿 – Preis: €€€

Grafschafter Straße 197 ✉ 47199 – ℰ 0176 23557864 – www.mod-dining.com – Geschlossen: Montag, mittags: Dienstag-Samstag, abends: Sonntag

KÜPPERSMÜHLE RESTAURANT

MODERNE KÜCHE • TRENDY Eine tolle Location: altes Industrieflair, Blick auf den Innenhafen, eine Terrasse am Wasser! In urbaner Atmosphäre gibt es ambitionierte klassisch-moderne Küche mit internationalen Einflüssen - auf der Karte z. B. "Fjordlachs & geflämmte Jakobsmuschel mit Schnittlauch-Beurre-blanc". Mittags einfacheres Angebot. Tipp: Besuch im Museum Küppersmühle gleich nebenan.

&.斺 ⇆ 🅿 – Preis: €€€

Philosophenweg 49 ✉ 47051 – ℰ 0203 5188880 – kueppersmuehle-restaurant. de – Geschlossen: Montag und Dienstag, abends: Sonntag

VILLA PATRIZIA

ITALIENISCH • ELEGANT Die vielen Stammgäste schätzen das Engagement der Betreiber und ihres Teams, die in der klassisch-eleganten Villa für italienische Küche und herzlich-familiäre Atmosphäre sorgen. Auf der Karte z. B. "gegrilltes Fassona-Kalbskotelett mit Lorbeer und Thymian". Oder lieber hausgemachte Pasta? Hübsch der Pavillon. Gediegene Smoker Lounge im OG.

斺 ⇆ 🅿 – Preis: €€€

Mülheimer Straße 213 ✉ 47058 – ℰ 0203 330480 – www.villa-patrizia.de – Geschlossen: Sonntag, mittags: Samstag

DURBACH

Baden-Württemberg – Regionalatlas **5**–T3

[MAKI:'DAN] IM RITTER

MODERN • STUBE Das Restaurant ist eine sehr geschmackvolle und gemütliche Gaststube im historischen Teil des Hotels "Ritter". Hier erlebt man am Abend ein spannendes Konzept à la "Mezze": Statt klassischer Menüfolge gibt es moderne Gerichte in Zwischengang-Größe - da kann nach Lust und Laune probiert und kombiniert werden. Tipp: der „Brotkasten" mit herrlichem Sauerteigbrot!

🐎 斺 ⇆ 🅿 – Preis: €€€

Tal 1 ✉ 77770 – ℰ 0781 93230 – www.ritter-durbach.de – Geschlossen: Montag und Sonntag, mittags: Dienstag-Samstag

REBSTOCK

REGIONAL • LÄNDLICH Im Restaurant des geschmackvoll-komfortablen gleichnamigen Wellnesshotels sitzt man in schönen Stuben mit ländlichem Charme, wird aufmerksam umsorgt und lässt sich regional-saisonale Gerichte wie Hechtklöße oder Rehragout servieren. Im Sommer schaut man von der traumhaften Terrasse auf Park und Schwarzwald - ein Renner ist die große Auswahl an hausgemachten Torten und Kuchen!

🛏&.斺 ⇆ 🅿 – Preis: €€

Halbgütle 30 ✉ 77770 – ℰ 0781 4820 – www.rebstock-durbach.de – Geschlossen: Montag

EFRINGEN-KIRCHEN

Baden-Württemberg – Regionalatlas **5**–T4

✿ TRAUBE

Chef: Brian Wawryk

MODERNE KÜCHE • CHIC Ein wunderschönes historisches Haus in einem kleinen Weindorf. Das Betreiberpaar kommt aus der Spitzengastronomie ("Maaemo" in Oslo, "La Vie" in Osnabrück), man merkt sofort, hier sind Profis am Werk. Der Service durch die charmante Daniela Hasse ist ungezwungen, wortgewandt und höchst professionell - absoluter Wohlfühlfaktor! Respekt verdient auch Küchenchef Brian Wawryk. Der gebürtige Kanadier kocht handwerklich äußerst exakt und harmonisch. Seine moderne Küche hat einen klaren nordischen Einschlag, setzt aber ebenso auf Regionalität - konservierte Produkte aus dem Vorjahr inklusive. Tipp: Versuchen Sie im Winter den kleinen Tisch in der "Kuschelecke" am Kachelofen zu bekommen! Im Sommer lockt die begrünte Terrasse. Übrigens: Die "Traube" ist auch zum Übernachten eine tolle Adresse.

🌸 *Engagement des Küchenchefs:* *Unsere Speisekarte ist die Krönung der Tagesernte, ändert sich oft täglich durch Wetter, Jahreszeit und Terroir, das Markgräflerland bietet uns da mannigfaltige Möglichkeiten! Wir achten darauf, dass unsere Produkte maximal in 50 - 100 km entfernt entstehen und wir verarbeiten diese in Gänze.*

🅿 – Preis: €€€€

Alemannenstraße 19 ✉ 79588 – ☏ 07628 9423780 – www.traube-blansingen. de – Geschlossen: Montag und Dienstag, mittags: Mittwoch-Sonntag

EGGENSTEIN-LEOPOLDSHAFEN

Baden-Württemberg – Regionalatlas **5**–U2

🌸 DAS GARBO IM LÖWEN

Chef: Marcel Kazda

MARKTKÜCHE • LÄNDLICH Im Restaurant des im Ortskern gelegenen Hotels "Zum Löwen" sitzt man in schönem Ambiente, das mit warmem Holz, Kachelofen, hübschen Stoffen und hochwertiger Tischkultur ländlichen Charme und Eleganz verbindet. Am Herd sorgt Marcel Kazda für ambitionierte Küche mit klassischer Basis und saisonalen Einflüssen, toll die Produktqualität. Die durchdachten, finessenreichen und geschmacksintensiven Gerichte gibt es in Form zweier Menüs mit drei bis sechs Gängen. Eines davon ist ein "Low Carb"-Menü - eine wirklich interessante zeitgemäße Variante, die ganz auf Weizen, Soja und Industriezucker verzichtet. Zusätzlich bietet man einige regionale Gerichte à la carte. Sehr gut die Weinempfehlungen zu den Menüs. Mit Philipp Spielmann leitet ein versierter Sommelier das ausgezeichnete Serviceteam.

🐾 🍴 ⇔ – Preis: €€

Hauptstraße 51 ✉ 76344 – ☏ 0721 780070 – www.garbo-loewen.de – Geschlossen: Montag und Sonntag, mittags: Mittwoch-Samstag, abends: Dienstag

🐵 ZUM GOLDENEN ANKER

REGIONAL • FREUNDLICH In dem Gasthof a. d. 18. Jh. wohnt man nicht nur gut (Tipp: die neueren Zimmer), er ist auch als ländlich-modernes Restaurant gefragt. Gekocht wird schmackhaft, frisch und saisonal. Die Hauptgänge gibt es auch als kleine Portion. Richtig schön sitzt man im Sommer auf der ruhigen Terrasse hinter dem Haus!

🍴 ⇔ 🅿 – Preis: €

Hauptstraße 16 ✉ 76344 – ☏ 0721 706029 – hotel-anker-eggenstein.de – Geschlossen: Samstag

EHNINGEN

Baden-Württemberg – Regionalatlas **7**–B2

🌸 LANDHAUS FECKL

Chef: Franz Feckl

FRANZÖSISCH-KLASSISCH • FREUNDLICH Manuela und Franz Feckl sind wirklich beispielhafte Gastgeber. Seit 1985 leiten sie ihr Haus und man spürt ihr Engagement - nicht zuletzt in der Küche. Hier heißt es hochwertige Produkte, ausgezeichnetes Handwerk, viel Gefühl. Zur Wahl stehen "Franz Feckl's Klassiker" sowie verschiedene Menüs, darunter eine kohlenhydratreduzierte Variante und ein vegetarisches Menü. Beliebt auch das preiswerte Mittagsmenü. Fast schon ein Muss: die handgeschabten Spätzle! Weinfreunde schätzen die gute Auswahl mit der ein oder anderen Rarität. Dazu eleganter Landhausstil, der das Restaurant mit seinen schönen Sitznischen richtig wohnlich macht - von den Fensterplätzen kann man auf die Felder schauen. Im Service ist auch die freundliche Chefin mit von der Partie. Zum Übernachten hat man hübsche Gästezimmer.

🐌 ♿ ⇔ 🅿 – Preis: €€€

Keltenweg 1 ✉ 71139 – ☎ 07034 23770 – www.landhausfeckl.de – Geschlossen: Montag, Dienstag, Sonntag

EIBELSTADT

Bayern – Regionalatlas **5**–V1

🙂 GAMBERO ROSSO DA DOMENICO

ITALIENISCH • FREUNDLICH Hier wird Gastfreundschaft gelebt! Seit über 20 Jahren ist Domenico schon in italienischer Mission in Franken unterwegs, seit 2012 hier am kleinen Yachthafen, wo er und seine Frau Teresa sympathisch und herzlich ihre Gäste umsorgen. Geboten werden zwei Menü, aus denen Sie aber auch à la carte wählen können. Der Chef empfiehlt den passenden Wein. Schön die Terrasse zum Main.

🌿 🅿 – Preis: €€

Mühle 2 ✉ 97246 – ☎ 09303 9843782 – gambero-rosso.eu/site – Geschlossen: Montag, Dienstag, Sonntag, mittags: Mittwoch-Samstag

EISENACH

Thüringen – Regionalatlas **3**–M3

🙂 WEINRESTAURANT TURMSCHÄNKE

MARKTKÜCHE • ROMANTISCH In dem Restaurant im Nicolaiturm schaffen schöne historische Details wie Gemälde und original Mobiliar von 1912 eine rustikal-elegante Atmosphäre. Geboten wird saisonal geprägte Küche - als Menü oder à la carte. Grillgerichte gibt es ebenfalls. Dazu eine rund 140 Positionen umfassende Weinkarte mit passenden Erklärungen. Tipp: Man bietet auch spezielle Weinabende an.

🐌 ⇔ 🅿 – Preis: €€

Karlsplatz 28 ✉ 99817 – ☎ 03691 213533 – www.turmschaenke-eisenach.de – Geschlossen: Montag und Sonntag, mittags: Dienstag-Samstag

LANDGRAFENSTUBE

INTERNATIONAL • RUSTIKAL Speisen in einmaligem Rahmen! Die stilvollen Räume werden ganz dem herrschaftlichen Charakter der a. d. 11. Jh. stammenden Burg gerecht. Grandios: die Aussicht vom Restaurant und der Terrasse! Dazu am Abend ambitionierte internationale Küche, mittags kleineres bürgerlich-regionales Angebot. Tipp: Das kleine Hotel, in dem das Restaurant liegt, bietet sehr wohnliche Zimmer mit Chic, teils mit "historic touch".

⇐ ♿ 🌿 ⇔ 🅿 – Preis: €€

Auf der Wartburg 2 ✉ 99817 – ☎ 03691 7970 – wartburghotel.de – Geschlossen mittags: Montag-Sonntag

ELMSHORN

Schleswig-Holstein – Regionalatlas **1**–C3

SETTE FEINBISTRO

INTERNATIONAL • **BISTRO** Etwas versteckt liegt diese sympathische Adresse in der Fußgängerzone. Hinter dem Namen "Feinbistro" verbirgt sich eine Kombination aus Feinkostgeschäft und Restaurant. Hier serviert man morgens Frühstück, am Mittag gibt es eine kleine mediterran geprägte Speisekarte. Vergessen Sie nicht, aus dem Laden Feines wie Konfitüre, Käse, Wein etc. für zuhause mitzunehmen.
🍴🗹 – Preis: €

*Marktstraße 7 ✉ 25335 – 𝒞 04121 262939 – www.sette-feinbistro.de –
Geschlossen: Montag und Sonntag, abends: Dienstag-Donnerstag, Samstag*

ELTVILLE AM RHEIN

Hessen – Regionalatlas **3**–K4

JEAN

Chef: Johannes Frankenbach

FRANZÖSISCH-KLASSISCH • **FREUNDLICH** Im Familienbetrieb der Frankenbachs gibt es neben dem Hotel und dem Café auch das "Jean" in der ehemaligen Weinstube. Nach Stationen in renommierten Adressen wie dem „Ikarus" in Salzburg oder dem „Restaurant Heinz Winkler" in Aschau steht Johannes Frankenbach (die 3. Generation) hier seit 2012 am Herd. Schon der Name „Jean" (französische Kurzform von Johannes) lässt die Liebe zu Frankreich erkennen, und die steckt ebenso in der produktorientierten, mediterran beeinflussten Küche von Johannes Frankenbach wie sein Händchen für feine Aromen und Kontraste. Dazu eine schöne, fair kalkulierte Weinbegleitung. Attraktiv auch der Rahmen: halbhohe Holztäfelung, gepflegte Tischkultur, alte Fotos..., und draußen der hübsche Platanenhof. Überaus freundlich und natürlich ist der Service durch die junge Chefin!
🍴⇔🅿 – Preis: €€€

*Wilhelmstraße 13 ✉ 65343 – 𝒞 06123 9040 – www.hotel-frankenbach.de –
Geschlossen: Montag-Mittwoch, mittags: Donnerstag-Samstag*

GUTSAUSSCHANK IM BAIKEN

SAISONAL • **WEINBAR** Wirklich traumhaft die Lage inmitten von Reben, mit Blick auf die Weinberge und Eltville - das allein ist schon einen Besuch wert! Am liebsten isst man da natürlich auf der Terrasse. Gekocht wird richtig gut, unkompliziert und schmackhaft. Dazu lockerer, freundlicher Service. Tipp: Reservieren Sie unbedingt frühzeitig - man ist fast immer ausgebucht!
⩻🍴🗹 – Preis: €€

*Wiesweg 86 ✉ 65343 – 𝒞 06123 900345 – www.baiken.de – Geschlossen:
Montag-Mittwoch, mittags: Donnerstag und Freitag*

ADLER WIRTSCHAFT

REGIONAL • **RUSTIKAL** Die "Adler Wirtschaft" von Franz Keller ist eine Institution in der Region. Reizend das kleine Fachwerkhaus, gemütlich und unkompliziert die Atmosphäre - hier lebt man noch Wirtshauskultur. Das Konzept: Zu einem Fixpreis stellt man sich sein Menü zusammen. Gut zu wissen: Bentheimer Schweine sowie Charolais- und Limousin-Rinder kommen vom eigenen Falkenhof im Taunus.
♿🍴🗹 – Preis: €€€

*Hauptstraße 31 ✉ 65347 – 𝒞 06723 7982 – www.franzkeller.de – Geschlossen:
Montag, Dienstag, Sonntag, mittags: Mittwoch-Samstag*

KRONENSCHLÖSSCHEN

MODERN • **ELEGANT** Schön sitzt man hier unter einer stilvollen bemalten Decke oder auf der hübschen Terrasse mit angrenzendem Garten. Geboten wird ein Menü, aus dem Sie auch à la carte wählen können. Dazu eine der bestsortierten

Weinkarten in Deutschland! Alternativ gibt es das Bistro. Übernachten kann man im gleichnamigen Hotel in wohnlichen, wertig eingerichteten Zimmern.

🕸 🛗🍴♿🅿 – Preis: €€€€

Rheinallee ✉ 65347 – ☎ 06723 640 – www.kronenschloesschen.de – Geschlossen: Montag, Dienstag, Sonntag, mittags: Mittwoch-Samstag

Y WINE & KITCHEN

INTERNATIONAL • DESIGN Klare Formen, flippige Farben, markantes Flamingo-Design an der Wand..., das denkmalgeschützte Haus in der Altstadt von Eltville überrascht mit einem stylischen Interieur. In sympathisch-lebhafter Atmosphäre serviert man modern-internationale Küche. Das "Y" im Namen nimmt übrigens Bezug auf die eigenen Weine von Inhaber und Sommelier Ahmet Yildirim.

🕸 🅐🅒 – Preis: €€€

Rheingauer Straße 22 ✉ 65343 – ☎ 06123 7096563 – y-wineandkitchen.com – Geschlossen: Montag-Mittwoch, Sonntag, mittags: Donnerstag-Samstag

ZUM KRUG

SAISONAL • FAMILIÄR Hinter der hübschen historischen Fassade sitzt man in gemütlichen Gasträumen bei regionaler und internationaler Küche mit Bezug zur Saison. Auf der Karte liest man z. B. "Sauerbraten vom Bio-Weiderind mit Kartoffelklößen und Preiselbeeren". Dazu gibt's schöne Rheingau-Weine. Gepflegt übernachten kann man ebenfalls - einige Zimmer sind besonders modern.

🕸 🍴♿🅿 🛏 – Preis: €€

Hauptstraße 34 ✉ 65347 – ☎ 06723 99680 – www.zum-krug-rheingau.de – Geschlossen: Montag und Dienstag, mittags: Mittwoch, abends: Sonntag

ELZACH

Baden-Württemberg – Regionalatlas **5**-T3

😊 RÖSSLE

REGIONAL • FAMILIÄR In dem Familienbetrieb wird schmackhaft, frisch und mit ausgesuchten Produkten gekocht. Tolle Steaks und Schwarzwaldforellen aus dem Oberprechtal kommen ebenso gut an wie das interessante Überraschungsmenü. Dazu aufmerksamer Service, freundliche Atmosphäre und eine nette Terrasse. Tipp: Zum Übernachten hat man Gästezimmer mit einem schönen Mix aus warmem Holz und klaren Linien.

♿🍴♿ – Preis: €€

Hauptstraße 19 ✉ 79215 – ☎ 07682 212 – www.roessleelzach.de – Geschlossen: Mittwoch

😊 SCHÄCK'S ADLER

REGIONAL • ROMANTISCH Christoph und Sandra Schäck haben hier einen Gasthof wie aus dem Bilderbuch! Richtig gemütlich ist die Atmosphäre in den ganz in Holz gehaltenen Stuben, sehr freundlich der Service, ambitioniert und schmackhaft die Küche - man setzt auf Produkte aus der Region und orientiert sich an der Saison. Schön ist auch die "Strumbel-Bar". Sie möchten übernachten? Man hat auch sehr gepflegte Zimmer.

🍴♿🅿 – Preis: €€

Waldkircher Straße 2 ✉ 79215 – ☎ 07682 1291 – www.schaecks-adler.de – Geschlossen: Montag und Dienstag, mittags: Mittwoch und Donnerstag

EMMERICH AM RHEIN

Nordrhein-Westfalen – Regionalatlas **3**-J2

ZU DEN DREI LINDEN - LINDENBLÜTE

INTERNATIONAL • ELEGANT Richtig gut isst man bei Familie Siemes, und zwar internationale Speisen mit saisonalen Einflüssen - da lässt man sich z. B. "gebackenen Kabeljau mit Garnelencurry und Blumenkohl an Bärlauchpüree" schmecken.

Vor allem die Menüs sind preislich wirklich fair. Und das Ambiente? Freundlich, mit eleganter Note.

🏧 🍸 ⇄ 🅿 – Preis: €€

Reeser Straße 545 ⊠ 46446 – ℰ 02822 8800 – www.zu-den-3-linden.de –
Geschlossen: Montag-Mittwoch, mittags: Donnerstag-Samstag

EMSDETTEN

Nordrhein-Westfalen – Regionalatlas **3**-K1

😊 LINDENHOF

REGIONAL • GEMÜTLICH Wie das Hotel mit seinen individuellen, wohnlichen Zimmern erfreut sich auch das Restaurant der Hankhs großer Beliebtheit. Grund ist die gute saisonal geprägte Küche, die regional und mediterran beeinflusst ist. Sie können zwischen Gerichten à la carte und einem Menü wählen, auch vegetarisch. Freundlich und geschult der Service. Schön die kleine Terrasse vor und hinter dem Haus.

🕭 🍸 ⇄ 🅿 – Preis: €€

Alte Emsstraße 7 ⊠ 48282 – ℰ 02572 9260 – www.lindenhof-emsdetten.de –
Geschlossen: Montag und Sonntag, mittags: Dienstag-Samstag

ENDINGEN AM KAISERSTUHL

Baden-Württemberg – Regionalatlas **7**-B1

🕸 MERKLES RESTAURANT

Chef: Thomas Merkle

MODERNE KÜCHE • GEMÜTLICH Gemeinsam mit seiner Frau führt Thomas Merkle die gepflegte Gastlichkeit des langjährigen Familienbetriebs fort. Seine Heimatverbundenheit zeigt der gebürtige Endinger gerne mit der Wahl regionaler Zutaten, lässt mit Aromen aus fernen Ländern aber auch seine Weltoffenheit einfließen. Klasse die Produktqualität. Donnerstags gibt es das Menü "Merkles First Date", freitags und samstags das Menü "Merkles Légère". Versiert der Service, schön die glasweisen Weinempfehlungen. Der Chef und sein Küchenteam sind übrigens auch selbst im Restaurant präsent, der Kontakt zum Gast ist ihnen wichtig! Angenehm ist auch der Rahmen: ein historisches Pfarrhaus mit attraktivem geradlinigem Interieur, schön die Terrasse. Tipp: Leckeres à la Merkle für daheim in Form von Hausgemachtem wie Saucen, Ölen, Salzen...

🍸 🅿 – Preis: €€€€

Hauptstraße 2 ⊠ 79346 – ℰ 07642 7900 – www.merkles-restaurant.de –
Geschlossen: Montag-Mittwoch, Sonntag, mittags: Donnerstag-Samstag

😊 DIE PFARRWIRTSCHAFT

REGIONAL • TRENDY Dies ist nicht einfach das Zweitrestaurant von Thomas Merkle, sondern ein eigener Hotspot. Man kocht schön unkompliziert, schmackhaft und auf Basis sehr guter Produkte. Tipp: Gerichte vom Schwarzwälder Rind. Dazu gesellen sich freundlicher und aufmerksamer Service sowie eine angenehm zwanglose und recht moderne Atmosphäre mit rustikalem Touch. Im Sommer zieht es die Gäste natürlich in den herrlichen Garten. Kurzum eine Adresse zum Wohlfühlen!

🍸 ⇄ 🅿 – Preis: €€

Hauptstraße 2 ⊠ 79346 – ℰ 07642 924311 – www.merkles-restaurant.de/
pfarrwirtschaft – Geschlossen: Montag und Dienstag

DUTTERS STUBE

REGIONAL • FREUNDLICH Schon die 4. Generation der Dutters leitet den charmanten Gasthof a. d. 16. Jh. Gut kommt die saisonal-regional ausgerichtete Küche an - gerne wählt man das Menü. Etwas bodenständiger ist die "Dorfwirtschaft" mit Vesper, Flammkuchen, Rumpsteak. Als Terrassen-Alternative gibt es die hübsche Sommerlaube! Übrigens: Chef Arthur Dutter ist Mitglied der "Deutschen Fußballköche".

🖼 – Preis: €€

Winterstraße 28 ✉ 79346 – ☎ 07642 1786 – www.dutters-stube.de –
Geschlossen: Montag-Mittwoch, Sonntag, mittags: Donnerstag-Samstag

ENKENBACH-ALSENBORN

Rheinland-Pfalz – Regionalatlas **7**–B1

KÖLBL

INTERNATIONAL • LÄNDLICH Viele Stammgäste mögen die regionale und internationale Küche bei den Kölbls. Sie können à la carte wählen oder das 4-Gänge-Menü. Auch eine vegetarische Menüvariante wird angeboten. Serviert wird in den gemütlichen Gaststuben oder auf der Hofterrasse. Sie möchten übernachten? Man hat auch funktionale Gästezimmer.

🖼 ⇄ – Preis: €€

Hauptstraße 3 ✉ 67677 – ☎ 06303 3071 – www.hotel-restaurant-koelbl.de/
index.php/de – Geschlossen: Montag und Dienstag, mittags: Mittwoch-Samstag

ERFTSTADT

Nordrhein-Westfalen – Regionalatlas **3**–J3

HAUS BOSEN

KLASSISCHE KÜCHE • BÜRGERLICH In dem gemütlichen Fachwerkhaus, seit über 120 Jahren gastronomisch genutzt, bietet man Mediterranes, Regionales und Klassisches: "Calamares Mallorquinische Art", "Jahrgangssardinen mit Landbrot", "Königsberger Klopse", "geschmorte Schweinebäckchen"...

Preis: €€

Herriger Straße 2 ✉ 50374 – ☎ 02235 691618 – www.hausbosen.de –
Geschlossen: Montag

ERFURT

Thüringen – Regionalatlas **4**–N3

✿ CLARA - RESTAURANT IM KAISERSAAL

MODERNE KÜCHE • ELEGANT Christopher Weigel sorgt hier zusammen mit seinem Team für eine sehr aufwändige und technisch ausgefeilte Küche mit vielen Kontrasten, Ausdruck und Finesse. Mit ihren tollen Produkten und Aromen zeigen sich die kreativen Gerichte weltoffen, vergessen aber auch nicht die Region. Zum Menü empfiehlt Ihnen der freundliche und geschulte Service die passende Weinbegleitung. Attraktiv auch das Ambiente: Dekoratives Detail in dem eleganten Restaurant ist ein großes Portrait von Clara Schumann, die u. a. vom ehemaligen 100-DM-Schein bekannt ist und dem Restaurant seinen Namen gab. Eine Kochschule gibt es übrigens auch.

🖼 ♿ 🖼 🖼 – Preis: €€€€

Futterstraße 15 ✉ 99084 – ☎ 0361 5688207 – www.restaurant-clara.de –
Geschlossen: Montag, Dienstag, Sonntag, mittags: Mittwoch-Samstag

DAS BALLENBERGER

MARKTKÜCHE • FREUNDLICH Ein freundliches, sympathisch-lockeres Restaurant mitten in der Altstadt nahe der historischen Krämerbrücke, vor dem Haus eine kleine Terrasse. Man bietet saisonal-internationale Gerichte, außerdem locken hausgebackene Kuchen, und ab 9 Uhr kann man schön frühstücken. Zum Übernachten gibt es fünf charmante Apartments.

🖼 – Preis: €€

Gotthardtstraße 25 ✉ 99084 – ☎ 0361 64456088 – www.das-ballenberger.de –
Geschlossen: Sonntag

ESTIMA BY CATALANA

MODERNE KÜCHE • FREUNDLICH Mitten in der Altstadt, nicht weit vom Dom, finden Sie dieses geschmackvolle kleine Restaurant, in dessen offener Küche unter der Leitung von Sebastian Ernst klassisch basiert und stark katalanisch inspiriert gekocht wird. Aufwändige Gerichte mit schön ausbalancierter Aromatik beweisen die stetige Entwicklung. Dazu serviert man ausgewählte spanische Weine, die Patron Jan-Hendrik Feldner engagiert vorstellt - sehr persönlich und aufmerksam seine Gästebetreuung. Ca. 100 m entfernt betreibt man noch ein Tapas-Lokal.

Preis: €€€

Allerheiligenstraße 3 ⊠ 99084 – ℰ 0361 5506335 – www.estima-erfurt.de –
Geschlossen: Montag, Dienstag, Sonntag, mittags: Mittwoch-Samstag

IL CORTILE

ITALIENISCH • GEMÜTLICH Über die Johannesstraße erreichen Sie das in der Erfurter Altstadt in einem netten kleinen Innenhof gelegene Restaurant. Hier sitzt man in gemütlicher Atmosphäre und bekommt frische mediterran inspirierte Küche serviert. Sie können das Menü wählen oder à la carte. Die Gerichte orientieren sich an der Saison, alle drei Wochen gibt es eine neue Speisekarte.

🌧 – Preis: €€

Johannesstraße 150 ⊠ 99084 – ℰ 0361 5664411 – www.ilcortile.de –
Geschlossen: Montag, Dienstag, Sonntag, mittags: Mittwoch-Samstag

ERKELENZ

Nordrhein-Westfalen – Regionalatlas **3**–J3

TROYKA

Chef: Alexander Wulf und Marcel Kokot

MODERNE KÜCHE • TRENDY Es ist schon eine ganz besondere kulinarische Erfahrung, die das Küchenchef-Duo Alexander Wulf und Marcel Kokot Ihnen hier bietet: russische Gerichte, sehr modern und aromareich umgesetzt. Begleitet wird das Menü von dem tollen, fachlich versierten und legeren jungen Team um Sommelier Ronny Schreiber - als echter Weinkenner überrascht er mit interessanten, nicht immer alltäglichen Weinempfehlungen. Im Sommer wird das puristisch-schicke Restaurant um eine schöne Terrasse ergänzt. Sie können auch an der Theke zur offenen Küche speisen. Der russische Name "Troyka" bedeutet übrigens "Dreigespann" und nimmt Bezug auf das eingespielte Betreiber-Trio.

🕸 Ⓜ 🌧 ⇔ 🅿 – Preis: €€€€

Rurstraße 19 ⊠ 41812 – ℰ 02431 9455355 – www.troyka.de/start – Geschlossen:
Montag-Mittwoch, mittags: Donnerstag-Samstag

ERKRATH

Nordrhein-Westfalen – Regionalatlas **3**–J3

HOPMANNS OLIVE

MEDITERRAN • ZEITGEMÄSSES AMBIENTE Seit über 20 Jahren sind Ingo und Petra Hopmann die engagierten Gastgeber in diesem freundlichen, geradlinig-modern gehaltenen Restaurant - er am Herd, sie im Service. Geboten wird eine saisonal und mediterran inspirierte Küche auf klassischer Basis, die man im Sommer auch gerne auf der schönen Terrasse genießt. Tipp: Der angeschlossene historische Lokschuppen ist eine ideale Location für Veranstaltungen.

♿ 🌧 ⇔ 🅿 – Preis: €€€

Ziegeleiweg 1 ⊠ 40699 – ℰ 02104 803632 – hopmannsolive.de – Geschlossen:
Dienstag und Mittwoch, mittags: Montag, Donnerstag-Samstag

ERLANGEN

Bayern – Regionalatlas **6**–X1

⊛ GASTHAUS POLSTER

REGIONAL • FREUNDLICH In dem traditionsreichen Haus - Familienbetrieb seit 1839 - hat man Gourmet-Restaurant und Stube zusammengelegt und bietet auf der Karte nun viele fränkisch-regionale Gerichte, aber auch klassische Speisen. An Vegetarier ist ebenfalls gedacht. Sehr nett die Terrasse mit viel Grün. Übernachtungsgäste dürfen sich auf hübsche, wohnliche Zimmer freuen.

🛲 ⇔ 🄿 – Preis: €€

Am Deckersweiher 26 ✉ 91056 – ℰ 09131 75540 – www.gasthaus-polster.de – Geschlossen: Montag

ESSEN

Nordrhein-Westfalen – Regionalatlas **3**–J2

⁇ HANNAPPEL

Chef: Knut Hannappel

MODERNE KÜCHE • ELEGANT Seit 1993 sind Knut und Ulrike Hannappel hier Ihre engagierten Gastgeber und sie gehen mit der Zeit. Das beweist zum einen das geschmackvolle geradlinige Design des Restaurants, zum anderen die moderne Küche. Mit top Produkten und ebensolchem Handwerk sorgt das Team um Knut Hannappel und Küchenchef Tobias Weyers für spannende innovative Gerichte, die technisch sehr anspruchsvoll, aber keineswegs überladen sind. "Casual Fine Dining" trifft es genau. Da passt auch das Serviceteam ins Bild, das Sie mit einer gewissen Lockerheit, aber stets aufmerksam und professionell umsorgt.

🄺 ⇔ – Preis: €€€

Dahlhauser Straße 173 ✉ 45279 – ℰ 0201 534506 – www.restaurant-hannappel. de – Geschlossen: Montag und Dienstag, mittags: Mittwoch-Samstag

⁇ KETTNER'S KAMOTA ⒩

Chef: Jürgen Kettner

ÖSTERREICHISCH • ZEITGEMÄSSES AMBIENTE "New Austrian" nennen Küchenchef Jürgen Kettner und Partnerin Wiebke Meier ihr modern-österreichisches Konzept, das sich sowohl im trendig-gemütlichen Ambiente als auch auf dem Teller widerspiegelt. Mit tollen Produkten und Originalität gibt der Chef, gebürtiger Steirer, seine eigene Interpretation der österreichischen Küche zum Besten, asiatische Einflüsse inklusive - übrigens ideal zum Teilen. Auf der kleinen Weinkarte viele offene und Bio-Weine. Tipp: Greisslerei mit steirischer Feinkost.

Preis: €€€

Hufergasse 23 ✉ 45239 – ℰ 0201 72044700 – kettnerskamota.de – Geschlossen: Montag und Sonntag, mittags: Dienstag-Samstag

⁇ SCHOTE

Chef: Nelson Müller

MODERNE KÜCHE • CHIC Der sympathische Gastronom und TV-Koch Nelson Müller bietet in der Essener Innenstadt ein gelungenes Doppelkonzept. Der moderne Gebäudekomplex am Rüttenscheider Stern beherbergt neben dem Bistro "MÜLLERS auf der Rü" auch sein Gourmetrestaurant "Schote". In der großen offenen Küche entsteht ein Menü mit vier bis zehn Gängen, für das man ausgezeichnete Produkte handwerklich überaus akkurat zu ausdrucksstarken Gerichten zubereitet. Auf Voranmeldung gibt es auch die vegetarische Menü-Variante "No Meat No Fish". Dazu empfiehlt man gerne die passende Weinbegleitung. Das Ambiente ist modern und zugleich gemütlich, der Service sehr freundlich, aufmerksam und kompetent.

Preis: €€€€

Rüttenscheider Straße 62 ✉ 45130 – ℰ 0201 780107 – www.restaurant-schote. de – Geschlossen: Montag und Sonntag, mittags: Dienstag-Samstag

ANNELIESE

MODERNE KÜCHE • TRENDY Sympathisch, trendig und angenehm ungezwungen. Das gut geführte Lokal liegt in einem eher unscheinbaren Haus in einer
Wohngegend und hat viele Stammgäste - kein Wunder, denn man kocht hier ambitioniert und mit ausgesuchten Zutaten. Die Küche ist modern-saisonal ausgerichtet
und wird in Menüform angeboten.

Preis: €€€

*Petzelsberg 10 ⊠ 45259 – ☏ 0201 61795081 – www.restaurant-anneliese.de –
Geschlossen: Montag-Mittwoch, Sonntag, mittags: Donnerstag-Samstag*

LUCENTE

ITALIENISCH • FREUNDLICH Sie suchen in Rüttenscheid gute italienische
Küche? Dann sind Sie in diesem Ristorante genau richtig. Auf der Karte finden
sich Klassiker wie Vitello Tonnato oder hausgemachte Ravioli. Interessant auch
das Tagesangebot auf der Tafel sowie mündliche Empfehlungen. Die Atmosphäre:
jung, frisch, sympathisch - italienische Lebensfreude liegt hier förmlich in der Luft!
🌤 – Preis: €€

*Rüttenscheider Str. 212 ⊠ 45131 – ☏ 0201 424660 – www.ristorante-lucente.de –
Geschlossen: Montag und Sonntag*

PARKHAUS HÜGEL

MARKTKÜCHE • FREUNDLICH Das von Familie Imhoff seit Jahren mit
Engagement geführte traditionsreiche Anwesen a. d. 19. Jh. liegt direkt gegenüber dem Baldeneysee - sowohl das geradlinig-elegante Restaurant als auch
die Terrasse bieten Seeblick. Es gibt saisonal-internationale Küche, aber auch
"Vergessene Klassiker" wie "Milchkalbsleber Berliner Art". Wohnliche Hotelzimmer
hat man ebenfalls.

≤🌤♻🅿 – Preis: €€

*Freiherr-vom-Stein-Straße 209 ⊠ 45133 – ☏ 0201 471091 – www.parkhaus-
huegel.de – Geschlossen: Montag und Dienstag, mittags: Mittwoch-Samstag*

PIERBURG - ERIKA BERGHEIM

MARKTKÜCHE • TRENDY In der bereits seit 1901 gastronomisch genutzten
"Pierburg" sorgt Erika Bergheim (zuletzt Küchenchefin im Essener "Laurushaus")
für international und saisonal inspirierte Gerichte. Das Angebot gibt es als "Pierburg
Karte" und als Menü "Selection E.B.". Freundlich umsorgt sitzt man in geschmackvoll-modernem Ambiente, die Küche ist einsehbar.

🅰🌤🅿 – Preis: €€€

*Schmachtenbergstraße 184 ⊠ 45219 – ☏ 02054 5907 – pierburg-essen.com –
Geschlossen: Montag und Dienstag, mittags: Mittwoch-Freitag*

RESTAURANT 1831 🅽

FRANZÖSISCH-ZEITGEMÄSS • GEMÜTLICH Schon der Weg zu dem tollen
Wasserschloss ist ein Erlebnis: Durch ein Waldgebiet erreichen Sie das markante
Anwesen, eine Brücke über den Wassergraben führt in den herrlichen Innenhof. Im
Restaurant verbindet sich der historische Charakter mit modernem Komfort. Schön
die Aussicht durch die große Fensterfront, ganz zu schweigen von der Terrasse!
Gekocht wird klassisch und mit gelungenen modernen Akzenten.

🍽🅰🌤♻🅿 – Preis: €€€

*August-Thyssen-Straße 51 ⊠ 45219 – ☏ 02054 12040 – www.hugenpoet.de –
Geschlossen: Montag und Sonntag, mittags: Dienstag-Donnerstag*

ROTISSERIE DU SOMMELIER

FRANZÖSISCH-KLASSISCH • BISTRO Richtig sympathisch ist das in der
Fußgängerzone gelegene Bistro mit französischem Flair - beliebt die Hochtische
bei der Theke. Auf der Karte liest man z. B. "Maultasche vom Sauerbraten auf
Elsässer Rahmkraut", "Frikassee von Bio-Huhn" oder die Spezialität "Rührei mit
Trüffel aus dem Burgund". Die Leidenschaft des Chefs für Wein sieht man an den
rund 300 Positionen.

≪ 🍴📺 – Preis: €€

Wegenerstraße 3 ✉ 45131 – ☏ 0201 9596930 – www.rotisserie-ruettenscheid.
de – Geschlossen: Montag und Sonntag, mittags: Dienstag-Samstag

ESSLINGEN AM NECKAR

Baden-Württemberg – Regionalatlas 7–B2

POSTHÖRNLE

INTERNATIONAL • **FREUNDLICH** Das kleine Restaurant befindet sich am Ende der Fußgängerzone in einem der ältesten Wirtshäuser der Stadt. Das Ambiente geradlinig-leger, der Service freundlich. Aus der Küche kommen frische saisonale Gerichte, auch ein vegetarisches Menü wird angeboten. Tipp für Autofahrer: Das Parkhaus Pliensauturm ist nur wenige Schritte entfernt.

🍴 – Preis: €€

Pliensaustraße 56 ✉ 73728 – ☏ 0711 50629131 – posthoernle.de – Geschlossen:
Montag und Dienstag, mittags: Mittwoch-Sonntag

ETTLINGEN

Baden-Württemberg – Regionalatlas 5–U2

🌻 ERBPRINZ

KLASSISCHE KÜCHE • **ELEGANT** Der „Erbprinz" ist ohne Zweifel eine Institution im Raum Karlsruhe - nicht nur für die zahlreichen Tagungsgäste, die hier gerne logieren. Das Haus ist eine kulinarische Adresse, die Wert legt auf stilvolles Ambiente und hervorragende Küche. Für die ist Ralph Knebel verantwortlich. Der gebürtige Regensburger und sein Team kochen klassisch und mit internationalen Einflüssen. Für die aromareichen Gerichten kommen ausgesuchte Produkte zum Einsatz, die sich an der Jahreszeit orientieren. Mit von der Partie ist übrigens auch Ralph Knebels Frau Jasmina, die als Chef-Patissière für feine Desserts sorgt. Besonders hübsch ist im Sommer die blumengeschmückte Terrasse, auf der man an warmen Tagen entspannt sein Essen genießen kann.

🆎 🍴 🅿 – Preis: €€€€

Rheinstraße 1 ✉ 76275 – ☏ 07243 3220 – www.erbprinz.de/de – Geschlossen:
Montag, Dienstag, Sonntag, mittags: Mittwoch-Samstag

DIE RATSSTUBEN ⓝ

INTERNATIONAL • **CHIC** Schön ist hier zum einen die Lage mitten in der hübschen Altstadt am Flüsschen Alb, zum anderen das chic-moderne Interieur. Geboten wird eine international-saisonal geprägte Küche - die Gerichte können Sie als Menü oder à la carte wählen. Der Service ist freundlich und geschult. Angenehm sitzt es sich im Sommer auch auf der zum Platz hin gelegenen Terrasse.

♿ 🍴 💬 – Preis: €€

Kirchenplatz 1 ✉ 76275 – ☏ 07243 2199399 – die-ratsstuben.de – Geschlossen:
Dienstag, mittags: Montag

HARTMAIER'S VILLA

INTERNATIONAL • **ELEGANT** In einer schönen Villa von 1816 befindet sich das moderne Restaurant. Das Ambiente mal elegant, mal legerer, schöne Terrassen vor und hinter dem Haus. Auf der Karte liest man z. B. "Rumpsteak mit handgeschabten Spätzle" und auch Internationales wie "Spicy Riesengarnelen mit asiatischen Nudeln". Lunch zu gutem Preis-Leistungs-Verhältnis.

≪ 🍴 💬 🅿 – Preis: €€€

Pforzheimer Straße 67 ✉ 76275 – ☏ 07243 761720 – www.hartmaiers.de –
Geschlossen: Dienstag

WEINSTUBE SIBYLLA

REGIONAL • WEINBAR Eine gute Adresse für unkomplizierte Küche und Klassiker. Das Angebot reicht von Wiener Schnitzel über Rinderroulade bis zu "Gourmet-Tradition" wie "Pot au feu von Hummer". Oder ziehen Sie eines der vegetarischen Gerichte vor? Schöner alter Holzfußboden, getäfelte Wände und hübsche Deko versprühen Charme.

🅐🏠🅿 – Preis: €€

Rheinstraße 1 ⊠ 76275 – ℰ 07243 3220 – www.erbprinz.de/de

EUSKIRCHEN

Nordrhein-Westfalen – Regionalatlas **3**–J4

✿ BEMBERGS HÄUSCHEN

Chef: Oliver Röder

MODERNE KÜCHE • KLASSISCHES AMBIENTE Steht Ihnen der Sinn nach etwas herrschaftlichem Flair? Das vermittelt die schöne jahrhundertealte Schlossanlage der Familie von Bemberg. Der angegliederte Gutshof a. d. 18. Jh. beherbergt ein ausgesprochen hübsches modern-elegantes Restaurant, das mit geradlinigem und zugleich stilvollem Interieur dem Charakter des historischen Wirtschaftsgebäudes gut zu Gesicht steht. Patron Oliver Röder und sein Küchenchef Filip Czmok sorgen für stimmige, aromareiche und ausdrucksstarke Gerichte aus exquisiten Produkten. Dass man sich rundum wohlfühlt, liegt nicht zuletzt auch am überaus aufmerksamen, charmanten und kompetenten Service. Sie möchten diesen geschmackvollen Rahmen noch ein bisschen länger genießen? Im "Nachtquartier", ehemals Kuhstall, gibt es fünf individuelle und richtig wohnliche Zimmer!

🔄🅿 – Preis: €€€€

Burg Flamersheim ⊠ 53881 – ℰ 02255 945752 – burgflamersheim.de –
Geschlossen: Montag, Dienstag, Sonntag, mittags: Mittwoch-Samstag

☺ EIFLERS ZEITEN

REGIONAL • RUSTIKAL Gemütlich kommt die sympathisch-rustikale Alternative zu "Bembergs Häuschen" daher. Lust auf "gebratenes Lachsfilet mit Rahmschwarzwurzeln" oder Klassiker wie "Milchkalbsleber Berliner Art"? Es gibt auch wechselnde Tagesgerichte wie z. B. Sonntagsbraten. Hingucker: die beiden Flaschenkronleuchter! Schön auch der Blick durch die Fensterfront auf den Teich.

🕸🛏🏠🔄🅿 – Preis: €€

Burg Flamersheim ⊠ 53881 – ℰ 02255 945752 – burgflamersheim.de –
Geschlossen: Montag und Dienstag, mittags: Mittwoch und Donnerstag

FALKENSEE

Brandenburg – Regionalatlas **4**–Q1

SAWITO 🆕

MARKTKÜCHE • ZEITGEMÄSSES AMBIENTE In dem sympathischen, zeitlos-geradlinig gehaltenen Restaurant sorgt Küchenchef Marco Wahl mit saisonal geprägten Gerichten für Qualität, Geschmack und Ausdruck auf dem Teller - da zeigen sich die guten Adressen, die der gebürtige Pfälzer hinter sich hat. Sie können à la carte oder in Menüform speisen. Dass man sich hier gut aufgehoben fühlt, ist auch dem sehr freundlichen Service unter der Leitung von Patrik Schwabe zu verdanken.

🛏🏠🅿 – Preis: €€€

Spandauer Straße 14 ⊠ 14612 – ℰ 03322 1218566 – www.restaurant-sawito.
com – Geschlossen: Montag und Sonntag, mittags: Dienstag-Samstag,

FEHMARN (INSEL)

Schleswig-Holstein – Regionalatlas **2**–E1

In Neujellingsdorf

☺ MARGARETENHOF

REGIONAL • GEMÜTLICH Richtig idyllisch liegt das einstige Bauernhaus! Drinnen liebevoll dekorierte Räume, draußen eine herrliche Gartenterrasse. Dazu engagierte Gastgeber und gute Küche von regional bis asiatisch, Sushi inklusive. Ende Okt. - März freitagabends nur "Wine & Dine"-Menü auf Reservierung. Tipp: sonn- und feiertags "Afternoon Tea" (14 - 16.30 Uhr).

🏠 ⇄ 🅿 🗖 – Preis: €€

Dorfstraße 7 ✉ 23769 – ✆ 04371 87670 – www.restaurant-margaretenhof.com – Geschlossen: Montag und Dienstag, mittags: Mittwoch-Samstag

FELDBERGER SEENLANDSCHAFT

Mecklenburg-Vorpommern – Regionalatlas **2**–G3

✿ ALTE SCHULE - KLASSENZIMMER

Chef: Daniel Schmidthaler

MODERNE KÜCHE • FREUNDLICH Da geht man doch richtig gerne zur Schule! Zu verdanken ist das Daniel Schmidthaler. Wo früher gepaukt wurde, bietet der gebürtige Oberösterreicher an einem geradezu idyllischen Ort ein interessantes modernes Überraschungsmenü mit sieben Gängen, das im "Klassenzimmer" serviert wird. Geradlinig-stilvoll das Ambiente mit hübschen Details wie altem Kachelofen, Parkettboden und hohen Sprossenfenstern. Im "Schulgarten", einem schönen Wintergarten, gibt es alternativ ein vegetarisches Menü mit vier Gängen. Die Küche spiegelt die Naturverbundenheit des Chefs wider. Ob Wild, Fisch oder Pilze, er verwendet frische saisonale Produkte, die aus der direkten Umgebung kommen. Gerne setzt er aromatische Kräuter und die Säure von Früchten ein. Man hat übrigens auch freundliche Zimmer zum Übernachten.

✿ *Engagement des Küchenchefs: Wir nutzen unsere Abgeschiedenheit und profitieren direkt von Wäldern und Wiesen, wir sammeln selbst, unser Vertrauens-Fischer „Olli" bringt den frischsten Fang umliegender Seen und der Jäger den schönsten und besten Schuss aus direkter Umgebung, regionaler und saisonaler kann man kaum arbeiten!*

🏠 ⇄ 🅿 – Preis: €€€€

Zur Alten Schule 5 ✉ 17258 – ✆ 039831 22023 – www.hotelalteschule.de – Geschlossen: Montag und Dienstag, mittags: Mittwoch-Sonntag

FELDKIRCHEN-WESTERHAM

Bayern – Regionalatlas **6**–Y4

☺ ASCHBACHER HOF

MARKTKÜCHE • LÄNDLICH Der schmucke Landgasthof von Familie Lechner bietet nicht nur eine wunderschöne Aussicht auf die Region sowie geschmackvolle, wohnliche Zimmer, sondern auch eine richtig gute, frische Küche. Es gibt regional-saisonale Gerichte samt Wild oder auch Klassiker wie Zwiebelrostbraten. Tipp: Speisen Sie auf der tollen Terrasse - den grandiosen Blick von hier sollten Sie sich nicht entgehen lassen!

❮ 🏠 ⇄ 🅿 – Preis: €€

Aschbach 3 ✉ 83620 – ✆ 08063 80660 – www.aschbacher-hof.de

FELLBACH

Baden-Württemberg – Regionalatlas **7**–B2

❄ **OETTINGER'S RESTAURANT**

Chef: Michael Oettinger

FRANZÖSISCH-MODERN • LÄNDLICH "Edel, aber nicht steif" lautet das Motto hier. Entsprechend angenehm sind das wohnliche Landhaus-Ambiente und die versierte, sympathisch-lockere Gästebetreuung. Michael Oettinger (er leitet den Familienbetrieb mit über 150-jähriger Tradition gemeinsam mit seinem Bruder Martin) führt nach Stationen u. a. im "Burgrestaurant Staufeneck" in Salach oder auch im Hamburger "Louis C. Jakob" seit 2005 hier am Herd Regie. Gekocht wird mit modernem Touch und absolut hochwertigen Zutaten. Zur Wahl stehen die Menüs "TeamWork" und "AbInsBeet" (Vegi-Variante). Das "Signature Dish" des Restaurants ist die Bouillabaisse, die Sie zusätzlich ins Menü einbauen können. Sie möchten übernachten? Mit dem Hotel "Hirsch" bietet man auch schöne Gästezimmer.

Preis: €€€€

Fellbacher Straße 2 ⊠ 70736 – ℰ 0711 9513452 – www.hirsch-fellbach.de –
Geschlossen: Montag, Dienstag, Sonntag, mittags: Mittwoch-Freitag

😊 **ALDINGERS**

REGIONAL • GEMÜTLICH Geschickt verbinden Volker und Susanne Aldinger hier Tradition und Gegenwart. Gekocht wird so richtig schmackhaft, à la carte oder als Menü. Es gibt Regionales und Internationales von der "Innereienwoche" bis "Nasi Goreng". Gemütlich-nachbarschaftlich die Atmosphäre, nett die kleine Terrasse. Tipp: Weine vom eigenen Weingut!

🍽 ⇔ 🗗 – Preis: €€

Schmerstraße 6 ⊠ 70734 – ℰ 0711 582037 – www.aldingers-restaurant.de –
Geschlossen: Montag und Sonntag

FEUCHTWANGEN

Bayern – Regionalatlas **5**–V2

😊 **GREIFEN-POST**

MARKTKÜCHE • GASTHOF Die drei Stuben sprühen förmlich vor historischem Flair und Gemütlichkeit. Man kocht mit Bezug zur Saison und bezieht viele Produkte aus der Region. Die gute Küche gibt es à la carte oder als Menü - darf es vielleicht das Überraschungsmenü mit Weinbegleitung sein? Hotelgäste wählen zwischen schönen Renaissance-, Romantik-, Biedermeier- oder Landhauszimmern.

🍽 ⇔ – Preis: €€

Marktplatz 8 ⊠ 91555 – ℰ 09852 6800 – hotel-greifen.de/de/hotel –
Geschlossen: Montag, mittags: Dienstag-Samstag, abends: Sonntag

FINNING

Bayern – Regionalatlas **6**–X3

😊 **STAUDENWIRT**

REGIONAL • GASTHOF Das gewachsene Gasthaus mit gepflegtem kleinem Hotel ist ein Familienbetrieb in 3. Generation. Man hat unterschiedliche Räume, von ländlich bis charmant-zeitgemäß, dazu eine schöne Terrasse. Die Küche ist ein guter Mix aus regional-bürgerlichen, modern-saisonalen und international beeinflussten Gerichten. Wer es vegetarisch mag, wird auf der Karte ebenfalls fündig. Preislich ist alles fair kalkuliert!

♿ 🍽 ⇔ 🅿 – Preis: €€

Staudenweg 6 ⊠ 86923 – ℰ 08806 92000 – www.staudenwirt.de –
Geschlossen: Dienstag und Mittwoch, abends: Sonntag

FINSTERWALDE

Brandenburg – Regionalatlas **4**–Q2

GOLDENER HAHN

SAISONAL • **FREUNDLICH** Seit über 20 Jahren sind Frank und Iris Schreiber die sympathischen Gastgeber in dem traditionsreichen Haus. Man bietet klassische Küche mit regional-saisonalen Einflüssen. Besonderheit: "Die kulinarische Lesung" einmal im Monat - hier liest die Chefin eigene Geschichten und Gedichte zu den dazu abgestimmten Gerichten ihres Mannes. Gepflegt übernachten kann man auch.

🍴 ⇦ – Preis: €€€

Bahnhofstraße 3 ⊠ 03238 – ℰ 03531 2214 – www.goldenerhahn.com – Geschlossen: Montag, Dienstag, Sonntag, mittags: Mittwoch-Samstag

FLENSBURG

Schleswig-Holstein – Regionalatlas **1**–C1

✿ DAS GRACE

Chef: Quirin Brundobler

MODERNE KÜCHE • **CHIC** Ein ehemaliges Marinegebäude direkt am Yachthafen beherbergt heute das mondäne Hotel "The James". Hier finden Sie auch das Restaurant "Das Grace". Das Ambiente ist wertig, chic und elegant. Beeindruckend die sieben Meter hohe Decke und die in Seide gehüllten Kronleuchter - das schafft eine besondere Atmosphäre. Nicht zu vergessen der Blick auf den Yachthafen von einigen Plätzen. Sehr freundlich und aufmerksam serviert man Ihnen die modern-saisonale Küche von Quirin Brundobler. Viele Produkte kommen von der eigenen "James Farm" oder von heimischen Feldern, Wiesen und Gewässern. Alternativ gibt es noch die Restaurants "James Farmhouse" mit Frontcooking sowie das japanische "Minato". Außerdem: die Bar "The Lion" und "Tea Time & More" in "James Livingroom" am Kamin.

✿ *Engagement des Küchenchefs: Auch in unserem Gourmetrestaurant spielt Nachhaltigkeit eine zentrale Rolle, die Produktauswahl hier ist sehr regional und ebenfalls stark von unserem eigenen Hofgut in Hörup geprägt. Eigenes Brot, herrliche Käse und eigene Eier spielen eine ebenso zentrale Rolle wie Meeresprodukte aus Dänemark.*

🅿 – Preis: €€€€

Fördepromenade 30 ⊠ 24944 – ℰ 0461 1672360 – www.dasjames.com – Geschlossen: Montag-Mittwoch, mittags: Donnerstag-Sonntag

JAMES FARMHOUSE ⓝ

Chef: Quirin Brundobler

REGIONAL • **INDUSTRIELL** Schmackhafte und frische Küche gibt es hier, und die ist stark geprägt von der hauseigenen Farm - man hat z. B. eigene Husumer Protestschweine, Hühner und Deutsch-Angus-Rinder. Das Ambiente ist ein Mix aus "Industrial Chic" und charmantem Retro-Touch. Dazu sehr freundlicher Service. Mittags kleinere Karte. Tipp: "Afternoon Tea" mit Scones, Törtchen & Co. (Reservierung am Vortag).

✿ *Engagement des Küchenchefs: Nachhaltige Landwirtschaft war von Anfang an das Ziel unseres Unternehmens, hier im Farmhaus verarbeiten wir dann die Protestschweine, Duroc-Schweine und Wollschweine sowie Hühner und Rinder aus der eigenen Zucht, sparen Energie wo immer möglich und produzieren sie per Biogasanlage selbst.*

🍴 🅿 – Preis: €€

Fördepromenade 30 ⊠ 24944 – ℰ 0461 1672360 – www.dasjames.com

FLONHEIM

Rheinland-Pfalz – Regionalatlas **5**–T1

MAYERS ART

MEDITERRAN • GEMÜTLICH In der Vinothek des Weinguts Klosterhof am histo-rischen Marktplatz von Flonheim finden Sie dieses sympathische Restaurant. Hier im OG erwartet Sie nicht nur ein ansprechendes geradlinig-modernes Ambiente, man isst auch noch richtig gut. Gekocht wird frisch und schmackhaft, die Küche ist saisonal und mediterran ausgerichtet. Dazu sorgt die charmante Chefin für auf-merksamen und freundlichen Service.

🍴 🍽 – Preis: €€

Marktplatz 3 ⊠ 55237 – ☏ 06734 913930 – www.klosterhof.zum-goldenen-engel.com – Geschlossen: Dienstag-Donnerstag, mittags: Montag und Freitag

FÖHR (INSEL)

Schleswig-Holstein – Regionalatlas **1**–B1

In Wyk

🌸 ### ALT WYK

Chef: René Dittrich

KLASSISCHE KÜCHE • ELEGANT Ausgezeichnet essen, und das in echter Wohlfühl-Atmosphäre? Beides ist Ihnen in dem gepflegten Backsteinhaus in der Fußgängerzone gewiss. Ein bisschen Wohnzimmer-Flair vermitteln die ausgespro-chen geschmackvollen gemütlich-eleganten Stuben mit ihrem friesischen Charme. Für die niveauvolle Küche ist René Dittrich verantwortlich. Er kocht klassisch, seine Gerichte überzeugen mit handwerklichem Können und schönen Aromen. Richtig gut umsorgt wird man hier auch noch. Das liegt nicht zuletzt an der herzlichen Gastgeberin Daniela Dittrich, die das geschulte, aufmerksame und gut eingespielte Serviceteam leitet. Möchten Sie die reizvolle Lage nahe dem Meer gerne etwas län-ger genießen? Dann buchen eine der beiden wirklich hübschen Ferienwohnungen.

💠 🍽 – Preis: €€€€

Große Straße 4 ⊠ 25938 – ☏ 04681 3212 – www.alt-wyk.de – Geschlossen: Montag und Sonntag, mittags: Dienstag-Donnerstag

FORCHHEIM

Bayern – Regionalatlas **6**–X1

😊 ### ZÖLLNER'S WEINSTUBE

KLASSISCHE KÜCHE • LÄNDLICH Außen wie innen gleichermaßen charmant ist das auf einem herrlichen Gartengrundstück gelegene Fachwerk-/Sandstein-Haus, das a. d. 18. Jh. stammt. Unter einem markanten Kreuzgewölbe serviert man regional, aber auch mediterran inspirierte Gerichte, für die man sehr gute Produkte verwendet. Schön die Auswahl an Frankenweinen. Im Sommer ist die Terrasse eine Muss!

🍴 💠 🅿 🍽 – Preis: €€

Sigritzau 1 ⊠ 91301 – ☏ 09191 13886 – www.zoellners-weinstube.de – Geschlossen: Montag und Dienstag, mittags: Mittwoch-Sonntag

FORSTINNING

Bayern – Regionalatlas **6**–Y3

😊 ### ZUM VAAS

TRADITIONELLE KÜCHE • GASTHOF Wo es lebendig, herzlich und familiär zugeht, kehrt man gerne ein! Was das engagierte Team als "Klassiker" oder "Heuer" auf den Tisch bringt, schmeckt und ist preislich fair! Wie wär's z. B. mit "Boeuf Bourguignon, Wurzelgemüse, Topfenspätzle"? Dazu eine überwiegend regionale

Weinauswahl mit rund 500 Positionen. Im gleichnamigen Hotel kann man gepflegt übernachten.

⌘ ⌘ ⌘ ⌘ ⌘ – Preis: €€

Münchener Straße 88 ⊠ 85661 – ℰ 08121 43091 – zum-vaas.de – Geschlossen: Montag und Dienstag

FRAMMERSBACH

Bayern – Regionalatlas **3**–L4

⟨⟩ SCHWARZKOPF

REGIONAL • GASTHOF Frisch und schmackhaft ist die regionale Küche bei Stefan Pumm und seiner charmanten Frau Anja. Ein beliebter Klassiker: "Chateaubriand mit Sauce Béarnaise" für zwei Personen. Gediegen der holzgetäfelte Gastraum, hübsch die Terrasse. Gepflegt übernachten können Sie hier auch - fragen Sie nach den renovierten Zimmern.

⌘ – Preis: €€

Lohrer Straße 80 ⊠ 97833 – ℰ 09355 307 – www.schwarzkopf-spessart.de – Geschlossen: Montag-Mittwoch, Sonntag, mittags: Donnerstag-Samstag

FRANKENBERG (EDER)

Hessen – Regionalatlas **3**–L3

⟨⟩ PHILIPP SOLDAN

KREATIV • TRENDY Ein echter Hingucker sind die drei liebenswert restaurierten historischen Häuser mitten in der charmanten Altstadt. Hier bietet das geschmackvolle Hotel "Sonne" seine vielfältige Gastronomie samt "Philipp Soldan". Chic, modern und angenehm leger ist das Restaurant im Souterrain des jahrhundertealten "Stadtweinhauses" - wer nicht durchs Hotel kommt, erreicht das Restaurant vom Untermarkt. In der einsehbaren Küche entstehen unter der Leitung von Erik Arnecke kreative Gerichte mit Charakter und ausgezeichneter Balance. Man zeigt jede Menge Feingefühl bei der harmonischen Zusammenstellung des Menüs. Dazu schöne Weine. Tipp für "Gourmet-Einsteiger": das 3-Gänge-Menü sonntagmittags. Übrigens: Der Name stammt vom Bildhauer Philipp Soldan, dessen geschnitzte Holzfiguren das Rathaus zieren.

⌘ ⌘ ⌘ ⌘ – Preis: €€€€

Marktplatz 2 ⊠ 35066 – ℰ 06451 7500 – sonne-frankenberg.de – Geschlossen: Montag-Mittwoch, mittags: Donnerstag-Samstag, abends: Sonntag

⟨⟩ SONNESTUBEN

REGIONAL • FREUNDLICH Sie mögen es regional-saisonal? Die Küche überzeugt mit Geschmack und gutem Handwerk. Serviert wird in hübschen gemütlichen Stuben mit Blick auf die historischen Fachwerkfassaden der Altstadt, ebenso angenehm sitzt man auf der Terrasse zum Marktplatz. Mittagessen gibt es ebenfalls. Tipp: Auch ein kleiner Spaziergang durch das Städtchen lohnt sich. Schön übernachten können Sie im Hotel "Die Sonne Frankenberg".

⌘ ⌘ ⌘ ⌘ ⌘ – Preis: €€

Marktplatz 2 ⊠ 35066 – ℰ 06451 7500 – sonne-frankenberg.de

Hessen
Regionalatlas **3**–L4

FRANKFURT AM MAIN

Kulinariische Highlights der Stadt sind das zweifach besternte **Gustav**, übrigens auch mit dem Grünen Stern für Nachhaltigkeit ausgezeichnet, sowie das ebenfalls mit zwei Sternen gewürdigte **Lafleur** - Tipp: das vegane Menü! Sterneküche bei herrlichem Panoramablick? Das gibt es im **MAIN TOWER Restaurant & Lounge** über den Dächern von Mainhatten. Toll auch das **bidlabu**, ein sympathisches Bistro in der Stadtmitte. Sie mögen japanische Küche? Im **Masa Japanese Cuisine** ist nicht zuletzt das Sushi hervorragend. Verbinden Sie Ihren Restaurantbesuch am besten mit einem Bummel durch die schöne Altstadt samt "Römer". In der nahen Kleinmarkthalle machen mehr als 60 Lebensmittelstände Appetit - hier können Sie auch die berühmte "Frankfurter Grüne Soße" probieren. Ein Muss ist auch eines der Äppelwoi-Lokale im lebendigen Viertel Sachsenhausen.

❀❀ **GUSTAV**

Chef: Jochim Busch

KREATIV • MINIMALISTISCH Ein Restaurant zum Wohlfühlen - das haben Gastgeberin Milica Trajkovska Scheiber und Küchenchef Jochim Busch hier in den letzten Jahren geschaffen. In dem äußerlich eher unscheinbaren Haus im Westend erwartet Sie eine Küche mit Charakter! Modern ist sie, und sie hat vor allem eins: eine eigene Handschrift. Jochim Busch kocht mit Mut zur Reduktion, schön das Zusammenspiel von Kontrasten und Texturen. Ein bewusster Umgang mit Ressourcen ist ihm sehr wichtig, daher sind ausgesuchte regionale Produkte der Saison das A und O. Ebenso hochwertig ist das stylische, chic-moderne Interieur. Angenehm unkompliziert die Atmosphäre, der Service überaus freundlich, zuvorkommend und fachlich ausgezeichnet. Tipp: Von einigen Tischen hat man einen guten Blick auf den Küchenpass!

❀ *Engagement des Küchenchefs: Meiner Meinung nach gibt es auch in der globalisierten Welt noch Raum für Entdeckungen, gleich vor den Toren der Stadt. Aber meine Expeditionen führen mich auch in die Rhön, den Odenwald oder die Wetterau, wichtig sind mir kurze Wege, unabdingbar Saisonalität, Frische und Ehrlichkeit der Erzeuger.*

🍽 – Preis: €€€€

Stadtplan: B1-3 – *Reuterweg 57* ✉ *60323* – ☎ *069 74745252* – *www.restaurant-gustav.de* – *Geschlossen: Montag und Sonntag, mittags: Dienstag-Samstag*

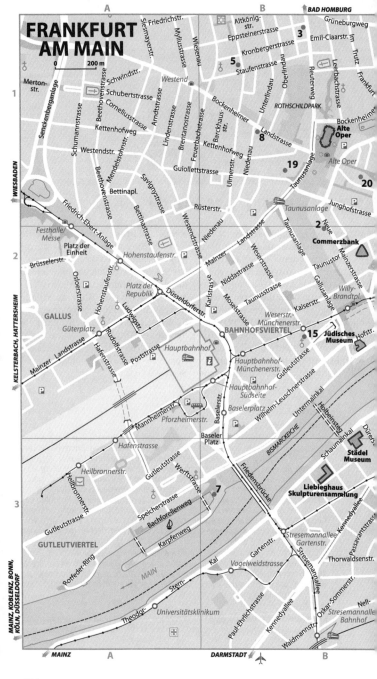

FRANKFURT AM MAIN

0   200 m

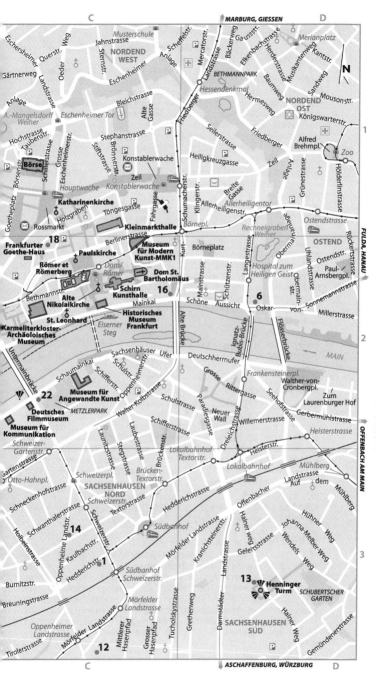

❀❀ **LAFLEUR**

FRANZÖSISCH-MODERN • ELEGANT Außerordentliches Engagement und stetige Weiterentwicklung, dafür steht Andreas Krolik. Modern, aber dennoch auf klassischer Basis verbindet er exzellente Produkte zu einem intensiven und absolut stimmigen Geschmacksbild. Beeindruckend die Präzision, toll die Aromentiefe. Auch das vegane Menü ist überaus gefragt! Begleitet wird die "zeitgemäße Klassik" - so nennt Andreas Krolik seine Küche - vom souveränen, sehr freundlichen und erstklassig geschulten Serviceteam um Restaurantleiter Boris Häbel sowie die Sommeliers Miguel Martin und Alexandra Himmel. Hochwertig die Coravin-Weinbegleitung zum Menü. Der Glasanbau des „Gesellschaftshauses Palmengarten" bildet den stilvoll-modernen Rahmen.

❀ ♿ Ⓜ ⇦ 🅿 – Preis: €€€€

außerhalb Stadtplan – *Palmengartenstraße 11 ✉ 60325 – ☎ 069 90029100 – www.restaurant-lafleur.de – Geschlossen: Montag, Dienstag, Sonntag, mittags: Mittwoch-Samstag*

❀ **BIDLABU**

Chef: André Rickert

MARKTKÜCHE • BISTRO Das sympathische Bistro in etwas versteckter, aber sehr zentraler Lage im Herzen Frankfurts ist eine lebendige Adresse mit richtig guter Küche. Dass André Rickert sein Metier versteht, zeigte er bereits vor Jahren im "Weinsinn". Er kocht herrlich unkompliziert und handwerklich dennoch anspruchsvoll. Auch Vegetarier fühlen sich hier wohl. Dazu werden Sie von einem ebenso lockeren wie kompetenten Serviceteam betreut samt passenden Weinempfehlungen zum Menü. Tipp: Reservieren Sie frühzeitig, das Lokal ist gut gebucht!

🌿 – Preis: €€€

Stadtplan: B1-20 – *Kleine Bockenheimer Straße 14 ✉ 60313 – ☎ 069 95648784 – bidlabu.de – Geschlossen mittags: Montag-Donnerstag, Sonntag*

❀ **CARMELO GRECO**

ITALIENISCH • ELEGANT Sie lieben italienische Küche und Lebensart? In Sizilien geboren und im Piemont aufgewachsen, fühlt sich Carmelo Greco auch kulinarisch mit seiner Heimat verbunden. Da darf man sich in dem etwas versteckt liegenden Restaurant bei kreativ inspirierter, finessenreicher Küche und professionellem Service mit italienischem Charme auf "La dolce vita" freuen! Aus sehr guten Produkten entstehen zwei Menüs (eines davon vegetarisch), aus denen man auch à la carte wählen kann. Attraktiv das modern-elegante Interieur, draußen lockt im Sommer die schöne Terrasse.

Ⓜ 🌿 – Preis: €€€

Stadtplan: C3-12 – *Ziegelhüttenweg 1 ✉ 60598 – ☎ 069 60608967 – www.carmelo-greco.de – Geschlossen: Sonntag, mittags: Samstag*

❀ **ERNO'S BISTRO**

FRANZÖSISCH-KLASSISCH • BISTRO Savoir-vivre in Frankfurt! Seit vielen Jahren schätzt man die modern und saisonal beeinflusste französische Küche von Valéry Mathis. Serviert werden die aromareich und handwerklich toll zubereiteten Gerichte in charmanter Bistro-Atmosphäre, zu der das authentische Interieur mit Holztäfelung und dekorativen Accessoires ebenso beiträgt wie das sympathische, unkomplizierte und gleichermaßen kompetente Team um Patron Eric Huber. In Sachen Wein wird man ebenfalls versiert beraten, Frankreich steht im Fokus. Wirklich nett ist auch die kleine Terrasse. Ein Restaurant, das Freude macht - da verwundern die vielen Gäste nicht!

❀ 🌿 – Preis: €€€€

Stadtplan: B1-5 – *Liebigstraße 15 ✉ 60323 – ☎ 069 721997 – ernosbistro.de – Geschlossen: Samstag und Sonntag*

✿ MAIN TOWER RESTAURANT & LOUNGE

MODERNE KÜCHE • HIP Eine tolle Location mitten in Frankfurt. Mit dem Lift fahren Sie in den 53. Stock und erleben eine Aussicht, die man nicht oft findet - geradezu spektakulär der Blick über die Dächer von "Mainhatten" von den Tischen direkt am Fenster! Die Küche überzeugt ebenso. Geboten wird ein modernes Menü mit vier bis sieben Gängen. Die Gerichte sind nicht nur optisch ansprechend, elegant verbindet man hier asiatische Einflüsse mit hochwertigen Produkten. Es gibt auch eine vegetarische Menü-Variante. Gerne genießt man davor einen Apero in der Lounge (ab 21 Uhr ist ein Besuch hier auch ohne Abendessen möglich). Das Ticket für den Lift ist mit Reservierung kostenlos, dann hat man auch Zugang zur Aussichtsplattform.

⟨ 🎬 – Preis: €€€€

Stadtplan: B2-2 – *Neue Mainzer Straße 52* ✉ *60311* – ☎ *069 36504777* – *www.maintower-restaurant.de* – *Geschlossen: Montag und Sonntag, mittags: Dienstag-Samstag*

✿ MASA JAPANESE CUISINE

Chef: Masaru Oae

JAPANISCH • MINIMALISTISCH Schnell hat es sich herumgesprochen, dass das unscheinbare Stadthaus im Frankfurter Ostend eine tolle Adresse für japanische Küche beherbergt. Hier hat sich Masaru Oae im Juni 2021 selbstständig gemacht, nachdem er zuletzt in den beiden Düsseldorfer "Nagaya"-Restaurants seine Fertigkeiten und sein Wissen um die japanische Kochkunst erweiterte. In unprätentiöser fernöstlich-puristischer Atmosphäre sitzt man an der Food-Theke oder an kleinen Tischen. Serviert werden Gerichte voller Finesse, Geschmack und Ausdruck, die sich zwischen japanischer Klassik und Moderne bewegen und teilweise auch europäische Einflüsse erkennen lassen. Sushi und Sashimi beherrscht der junge Chef natürlich ebenfalls. Tipp: Die ganze Bandbreite seines Könnens erlebt man beim Omakase-Menü, auf Wunsch mit Sake-Begleitung.

🎬 – Preis: €€€€

außerhalb Stadtplan – *Hanauer Landstraße 131* ✉ *60314* – ☎ *069 60666247* – *masa-frankfurt.de* – *Geschlossen: Montag und Sonntag, mittags: Dienstag-Samstag*

✿ RESTAURANT VILLA MERTON

Chef: André Grossfeld

KLASSISCHE KÜCHE • TRENDY Sein Können hat André Großfeld schon in seinem Restaurant "Grossfeld" in Friedberg bewiesen und er zeigt dies auch in der eleganten "Villa Merton". Stimmig kombinieren der Patron und sein Küchenchef Philippe Giar Klassik und Moderne und bringen dabei auch ihre kreative Ader zum Einsatz. Die Produktqualität steht außer Frage. Mit der denkmalgeschützten Villa im noblen Diplomatenviertel ist auch für einen repräsentativen Rahmen gesorgt: hohe Stuckdecke, schöner Parkettboden, stilvolle Tapete, Kamin... Hinter dem Haus die wirklich hübsche Terrasse. Nicht zu vergessen der freundliche und geschulte, stets präsente und dennoch unaufdringliche Service. Gourmetkarte auf Vorbestellung auch mittags (Di.- Fr.). Tipp: Mo. - Sa. ist der Chefs Table buchbar.

🍽 ✿ – Preis: €€€€

außerhalb Stadtplan – *Am Leonhardsbrunn 12* ✉ *60487* – ☎ *069 703033* – *restaurant-villa-merton.de* – *Geschlossen: Sonntag, mittags: Montag-Samstag*

✿ SEVEN SWANS

Chef: Ricky Saward

VEGAN • DESIGN Speziell die Location, ganz eigen die Küchen-Philosophie! Zu finden im schmalsten, aber immerhin sieben Etagen hohen Gebäude der Stadt! Stylish und klar das Design, toll der Blick zum Main durch ein großes Fenster, das die komplette Breite und Höhe des Raumes einnimmt. Auf dem Teller rein Veganes aus Bio-Produkten. "Permakultur" heißt das Konzept, und dafür kommen ausschließlich regionale Zutaten zum Einsatz, die ökologisch und im Einklang mit der Natur erzeugt werden. Passend zu dieser Ideologie stammen viele Produkte vom eigenen Bauernhof in der Nähe! Küchenchef Ricky Saward hat ein Händchen für interessante kreative Kombinationen, die auf den ersten Blick eher ungewöhnlich erscheinen, aber fantastisch harmonieren! Den Service übernehmen die Köche selbst.

🌿 *Engagement des Küchenchefs:* *Meine Küche ist nicht vegan "geboren", sondern hat sich dahin entwickelt, vor allem durch die tollen Zutaten vom eigenen Feld! Selbst gesammelte wilde Produkte gibt es ganzjährig. Regionalität, Saisonalität, "farm to table" und "root to leaf" sind ebenso selbstverständlich wie Ressourcenschonung.*

🅼 – Preis: €€€€

Stadtplan: C2-16 – *Mainkai 4* ✉ *60311* – ☏ *069 21996226* – *www.sevenswans. de* – *Geschlossen: Montag und Sonntag, mittags: Dienstag-Samstag*

⸙ WEINSINN

MODERNE KÜCHE • **CHIC** Man muss klingeln, um in das Restaurant im lebendig-umtriebigen Bahnhofsviertel zu gelangen - übrigens Partnerbetrieb des "Gustav". Richtig chic ist es hier: ein großer heller hoher Raum in puristisch-urbanem Design - dekorative Kunstgegenstände setzen ansprechende Akzente. Von fast überall kann man den Köchen in der offenen Küche zusehen. Hier entstehen modern-kreative Gerichte aus exzellenten Zutaten. Verantwortlich sind Jochim Busch, Küchenchef des "Gustav", und Souschef Daniel Pletsch. Dazu wird man sehr freundlich und geschult umsorgt - zum aufmerksamen und gut organisierten Serviceteam gehört auch ein Sommelier, der auf Wunsch eine schöne glasweise Weinbegleitung zum großen oder kleinen Menü empfiehlt. Tipp: Apero oder Digestif im charmanten Schanigarten hinter dem Haus.

Preis: €€€€

Stadtplan: B2-15 – *Weserstraße 4* ✉ *60329* – ☏ *069 56998080* – *www. weinsinn.de* – *Geschlossen: Montag und Sonntag, mittags: Dienstag-Samstag*

AUREUS ⓝ

MODERNE KÜCHE • **CHIC** Seit 2019 gibt es das im Westend von Frankfurt gelegene Restaurant, seit Frühjahr 2023 empfängt es Sie hier im Grüneburgweg in einem denkmalgeschützten Haus. In geschmackvollem Ambiente serviert man Ihnen eine französisch basierte Küche, die sowohl mit Klassikern als auch mit Eigenkreationen Appetit macht. Zur Wahl stehen ein Menü mit Fleisch und Fisch sowie eine vegetarische Variante. Beide können Sie in unterschiedlicher Länge bestellen.

🍴 – Preis: €€€€

außerhalb Stadtplan – *Grüneburgweg 95* ✉ *60323* – ☏ *069 79533979* – *aureus-frankfurt.de* – *Geschlossen: Montag, Dienstag, Sonntag, mittags: Mittwoch-Samstag,*

BISTRO VILLA MERTON

REGIONAL • **ELEGANT** Mit dem Bistro hat die Villa Merton eine schöne Alternative zum Gourmetrestaurant. Ein Ort gepflegter Kulinarik, der Ihnen in attraktivem Ambiente mit eleganter Note eine schmackhafte regional und international geprägte Küche mit saisonalen Einflüssen bietet. Mittags gibt es unter der Woche auch ein Lunchmenü.

🍴 ✿ – Preis: €€

außerhalb Stadtplan – *Am Leonhardsbrunn 12* ✉ *60487* – ☏ *069 703033* – *restaurant-villa-merton.de* – *Geschlossen: Sonntag, mittags: Samstag*

CARTE BLANCHE

MARKTKÜCHE • **NACHBARSCHAFTLICH** Eine feste Speisekarte gibt es hier nicht, stattdessen bietet man ein Überraschungsmenü mit fünf oder sieben Gängen - auf Wunsch auch mit korrespondierenden Weinen. Gekocht wird modern-saisonal und möglichst mit Produkten aus der Region. Schön der Rahmen: ein schmuckes historisches Eckhaus, in dem man unter einer hohen Stuckdecke sitzt.

🍴 – Preis: €€€

außerhalb Stadtplan – *Egenolffstraße 39* ✉ *60316* – ☏ *069 27245883* – *www.carteblanche-ffm.de* – *Geschlossen: Montag und Dienstag, mittags: Mittwoch-Sonntag*

FRANKFURTER BOTSCHAFT

INTERNATIONAL • HIP Eine wirklich coole Location - die Lage direkt am Westhafen macht die Terrasse zu einem echten Highlight! Aber auch drinnen sitzt man schön: Das Ambiente ist chic und dank Rundum-Verglasung schaut man von hier ebenfalls aufs Wasser. Die Küche ist international ausgerichtet. Man bietet übrigens auch Parkservice an - fragen Sie am besten bei der Reservierung danach.
🌂 – Preis: €€

Stadtplan: B3-7 – *Westhafenplatz 6* ✉ *60327* – ☎ *069 15342522* – *www. frankfurterbotschaft.de* – *Geschlossen: Montag und Sonntag, mittags: Dienstag-Samstag*

FRANZISKA

TRADITIONELLE KÜCHE • CHIC 40 Sekunden sind es mit dem Lift hinauf in den Henninger Turm. Bei grandiosem Blick auf die Frankfurter Skyline heißt es hier "Progressive German Vintage Cuisine". Geboten werden die modernen Gerichte in Menüform. Wer an der Theke sitzt, kann in die Küche schauen. Der Name "Franziska" stammt übrigens von der Großtante des Mook-Group-Gründers. Cocktails in der "Barrel Bar". Terrasse eine Etage tiefer. Hinweis: nur online buchbar.
🍸 ⅏ 🅰️ – Preis: €€€

Stadtplan: D3-13 – *Hainer Weg 72* ✉ *60599* – ☎ *069 66377640* – *www.mook-group.de/franziska* – *Geschlossen mittags: Montag-Samstag*

GOLDMUND ⓝ

FRANZÖSISCH-KLASSISCH • KLASSISCHES AMBIENTE Überaus stilvoll und hochwertig ist das Ambiente in dem Restaurant im Literaturhaus direkt am Mainufer. Hingucker sind sowohl der große Barbereich als auch die markanten Portraits internationaler Künstler. Die Küche ist klassisch ausgerichtet. Sehr schön auch das angrenzende Kaminzimmer. Tipp: gute Parkmöglichkeiten hinter dem Restaurant.
🌂 🅿️ – Preis: €€

Stadtplan: D2-6 – *Schöne Aussicht 2* ✉ *60311* – ☎ *069 21085985* – *www.gold-mund.de* – *Geschlossen: Montag und Sonntag, mittags: Dienstag-Samstag*

L'ECUME

FRANZÖSISCH-MODERN • BISTRO "L'Ecume" bedeutet "Schaum" und nimmt Bezug auf die Leichtigkeit der Küche hier sowie auf den berühmten französischen Schaumwein aus der Champagne, der Heimat des Küchenchefs Alexandre Sadowczyk. Man sitzt in freundlich-legerer Atmosphäre und lässt sich moderne französische Gerichte mit regionalen Akzenten servieren. Die Länge des angebotenen Menüs ist variabel.
🅰️ – Preis: €€€

außerhalb Stadtplan – *Friedberger Landstraße* ✉ *60316* – ☎ *069 90437307* – *restaurant-lecume.de* – *Geschlossen: Montag und Dienstag, mittags: Mittwoch-Sonntag,*

LOHNINGER

ÖSTERREICHISCH • CHIC Geschmackvoll hat man in diesem Restaurant am Frankfurter Mainufer klassisches Altbau-Flair samt schönen hohen Stuckdecken und Fischgrätparkett mit moderner Geradlinigkeit verbunden. In der Küche treffen die österreichischen Wurzeln der Familie Lohninger auf internationale Einflüsse, "Die Heimat" trifft auf "Die Welt". Die Gerichte überzeugen mit Produktqualität, Finesse und intensiven Aromen, auf Chichi verzichtet die Küchenmannschaft um Patron Mario Lohninger bewusst, vielmehr steht der Geschmack ganz im Mittelpunkt. Gut kommen auch österreichische Klassiker wie Wiener Schnitzel an. Umsorgt werden Sie sehr freundlich und aufmerksam, das Serviceteam ist alles andere als steif, sondern angenehm locker.
🅰️ 🌂 ⌘ – Preis: €€€

Stadtplan: C2-22 – *Schweizer Straße 1* ✉ *60594* – ☎ *069 247557860* – *lohninger.de* – *Geschlossen: Montag und Sonntag*

MEDICI

INTERNATIONAL • FREUNDLICH Schon seit 2004 stehen die Brüder Simiakos in ihrem Restaurant in einer kleinen Seitenstraße mitten im Zentrum am Herd und bieten internationale Küche mit mediterranen Einflüssen. Sie mögen es etwas einfacher? Es gibt auch Flammkuchen. Sehr beliebt: das günstige Lunch-Menü. Nett sitzt man auf der Terrasse vor dem Haus.

🅰️ 🍴 – Preis: €€

Stadtplan: C2-18 – *Weißadlergasse 2* ✉ *60311 –* ☏ *069 21990794 – www. restaurantmedici.de – Geschlossen: Montag und Sonntag*

MON AMIE MAXI

FRANZÖSISCH • BRASSERIE Chic, fast schon opulent kommt die Brasserie in der schönen Villa von 1925 daher - toll die lebendige Atmosphäre, sehr freundlich, aufmerksam und geschult der Service. Mittig die "Raw Bar", dazu die einsehbare Küche. Das französische Angebot reicht von Austern und Hummercocktail über Innereien bis zum hochwertigen Steak vom Grill. Gute, exklusive Weinauswahl.

🅰️ 🍴 ♻️ 🦐 – Preis: €€€

Stadtplan: B1-8 – *Bockenheimer Landstraße 31* ✉ *60325 –* ☏ *069 71402121 – www.mook-group.de – Geschlossen mittags: Samstag*

SORRISO 🆕

MODERN • In einem gepflegten Eckhaus in Sachsenhausen finden Sie dieses geschmackvoll gestaltete Restaurant, das eine modern und mediterran inspirierte Küche aus sehr guten Produkten bietet. Es gibt zwei Menüs, von denen eines rein vegan ist. Dazu schöne Weinempfehlungen durch den Patron. Im Sommer hat man eine nette Terrasse.

🍴 – Preis: €€€€

Stadtplan: C3-14 – *Oppenheimer Landstr. 49* ✉ *60596 –* ☏ *069 66408861 – www.restaurantsorriso.de – Geschlossen: Montag und Sonntag, mittags: Dienstag-Samstag*

THE SAKAI

JAPANISCH-ZEITGEMÄSS • EXOTISCHES AMBIENTE Mit Hiroshi Sakai steht hier ein echter Sushi-Meister am Herd! Das Restaurant im Souterrain ist im authentisch japanischen Stil gehalten: geradlinig und minimalistisch. Von den Plätzen an der Theke kann man bei der Zubereitung der Speisen zusehen. Geboten wird ein "Omakase"-Menü - auch als vegane Variante. Umsorgt wird man sehr freundlich und geschult. Gut die Sake-Auswahl.

🅰️ – Preis: €€€€

Stadtplan: C3-1 – *Hedderichstraße 69* ✉ *60596 –* ☏ *069 89990330 – www.the-sakai.com – Geschlossen: Montag und Sonntag, mittags: Dienstag-Samstag*

ZENZAKAN

ASIATISCH • HIP Elegant und gediegen geht es hier zu: dunkle Töne und gedimmtes Licht, fernöstliche Deko, die Atmosphäre lebhaft, aber dennoch angenehm anonym. Auf der Karte pan-asiatische Speisen wie "Crispy Nori Taco mit Tuna" oder das scharfe "General Tso´s Chicken". Daneben gibt es auch Sushi, Currys und Grillgerichte.

♿ 🅰️ 🍴 ♻️ – Preis: €€€

Stadtplan: B1-19 – *Taunusanlage 15* ✉ *60325 –* ☏ *069 97086908 – www.mook-group.de/zenzakan – Geschlossen: Sonntag, mittags: Montag-Samstag*

FRANKWEILER

Rheinland-Pfalz – Regionalatlas **7**–B1

🐸 WEINSTUBE BRAND

REGIONAL • GEMÜTLICH Frisch, saisonal und richtig gut isst man in hier, dazu wird man herzlich umsorgt. Alles ist angenehm unkompliziert - wie man es in einer

Weinstube erwartet. Wein und Wild sowie die meisten Zutaten kommen aus der Region. Ein Klassiker ist das Rumpsteak, lecker auch der warme Schokokuchen! Tagesgerichte auf der Tafel ergänzen die Karte. Charmant die Terrasse im Hof.

🌳🍴 – Preis: €€

Weinstraße 19 ⊠ 76833 – ℰ 06345 959490 – weinstube-brand.de –
Geschlossen: Montag und Sonntag, mittags: Dienstag

FRASDORF

Bayern – Regionalatlas **6**–Y4

🕸 GOURMET RESTAURANT IM KARNER

KREATIV • GEMÜTLICH Richtig schön verbinden sich im Gourmetrestaurant des "Landgasthofs Karner" Tradition und Moderne. Der Mix aus altem Holz und wertigen, chic-modernen Einrichtungselementen schafft eine geschmackvolle und gemütliche Atmosphäre. Hier genießt man ein stimmiges und durchdachtes saisonales Menü, für das Produkte aus der nächsten Umgebung verwendet werden.

P – Preis: €€€€

Nußbaumstraße 6 ⊠ 83112 – ℰ 08052 17970 – www.landgasthof-karner.com –
Geschlossen: Montag-Mittwoch, Sonntag, mittags: Donnerstag und Freitag

🕸 MICHAEL'S LEITENBERG

Chef: Michael Schlaipfer

KREATIV • RUSTIKAL Wer würde in dem kleinen Ortsteil von Frasdorf ein solches Restaurant erwarten? Ein Besuch in dem etwas versteckt liegenden Haus lohnt sich definitiv, denn der junge Chef hat Talent und Ambitionen. Gekocht wird modern-kreativ, durchdacht und mit richtig viel Geschmack. Die ausgesuchten Produkte stellt man dabei gekonnt in den Fokus. Dazu gibt es eine gute Weinauswahl. Zum Menü bietet man Ihnen die passende Weinreise an. Abgerundet wird das Ganze durch freundlichen, geschulten Service und hübsches modernes Ambiente.

🌳 ♻ **P** – Preis: €€€€

Weiherweg 3 ⊠ 83112 – ℰ 08052 2224 – www.michaels-leitenberg.de –
Geschlossen: Mittwoch und Donnerstag, mittags: Montag, Dienstag, Freitag,
Samstag

🐸 WESTERNDORFER STUBE Ⓝ

REGIONAL • RUSTIKAL Diese gemütliche Stube des "Landgasthofs Karner" ist eine schöne Alternative zum Gourmetrestaurant. Rustikaler Charme und dezente moderne Elemente ergeben ein stimmiges Bild. Hier wird der Bezug zur Region gelebt: Ob "Schnitzel mit Bratkartoffeln", "geschmorte Lammkeule" oder "Knödeltrio", man legt Wert auf heimische und saisonale Produkte.

🌳 **P** – Preis: €€

Nußbaumstraße 6 ⊠ 83112 – ℰ 08052 17970 – www.landgasthof-karner.com –
Geschlossen: Montag und Sonntag, mittags: Dienstag-Donnerstag

FREIAMT

Baden-Württemberg – Regionalatlas **5**–T3

🐸 ZUR KRONE

REGIONAL • GASTHOF In dem gemütlichen Landhaus isst man gut und wohnt richtig nett. Seit über 200 Jahren und inzwischen in 9. Generation wird es engagiert und mit Sinn für Tradition geführt. Gekocht wird mit saisonalem Bezug. Zu den Spezialitäten des Chefs zählen die gefüllten Wachteln und Leckeres aus der Region wie Gitzi, Spargel, Wild etc.

🌳 ♻ **P** 🍴 – Preis: €€

Mussbach 6 ⊠ 79348 – ℰ 07645 227 – www.krone-freiamt.de – Geschlossen:
Dienstag-Donnerstag, mittags: Montag und Freitag

Baden-Württemberg
Regionalatlas **7**–B1

FREIBURG IM BREISGAU

Die Breisgau-Metropole ist zurück in der Sterneliga des Guide MICHELIN! Gleich drei Restaurants haben die begehrte Auszeichnung für 2023 bekommen. Zurück sind das **Colombi Restaurant** mit den beiden neuen Küchenchefs Henrik Weiser und Sven Usinger und nach der Neuübernahme durch den gebürtigen Österreicher Martin Fauster (bekannt aus dem Münchner "Königshof") zudem die **Wolfshöhle** im Herzen der Altstadt.

Ebenfalls nach vielen Jahren und auch unter neuer Leitung ist die **Eichhalde** mit Küchenchef und Inhaber Federico Campolattano im gehobenen Ortsteil Herdern zu nennen. Als Übernachtungsadresse bieten sich das schicke Designhotel **The Alex** oder das außerhalb gelegene **Schloss Reinach** mit seiner vielfältigen Gastronomie und dem im Guide empfohlenen Restaurant **Regional** an.

⸙ COLOMBI RESTAURANT

FRANZÖSISCH-KLASSISCH • GEMÜTLICH Einer der großen Klassiker der Südbadener Gastronomie liegt im international renommierten Grandhotel "Colombi" und hat mit Henrik Weiser und Sven Usinger eine Doppelspitze mit Sterne-Erfahrung am Herd. Französische Klassik wird hier mit Gefühl und Finesse umgesetzt, basierend auf ausgezeichneten Produkten. Dazu die elegante und zugleich warme Atmosphäre der "Zirbelstube" mit ihrer schönen namengebenden Holzvertäfelung. Gemütlich sitzt man auch in der "Falkenstube" mit traditionellem Charme. Hervorragend die Weinkarte!

&. 🔲 – Preis: €€€€

Rotteckring 16 ✉ 79098 – ☏ 0761 21060 – www.colombi.de – Geschlossen: Montag und Sonntag, mittags: Dienstag-Samstag

⸙ EICHHALDE

Chef: Federico Campolattano

ITALIENISCH • FAMILIÄR Das Restaurant ist ein echtes Muss für Liebhaber der italienischen Küche! Die Speisen sind sehr geschmackvoll, überaus produktorientiert und angenehm puristisch. Zur Wahl stehen ein Menü und Gerichte à la carte. Sehr freundlich der Service. Das Ambiente ist geradlinig und eher schlicht gehalten, aber dennoch gemütlich. Nett auch die kleine Terrasse.

🔲 🍽 ⇔ – Preis: €€€

Stadtstraße 91 ✉ 79104 – ☏ 0761 58992920 – www.eichhalde-freiburg.de – Geschlossen: Mittwoch und Donnerstag, mittags: Samstag

✿ WOLFSHÖHLE ⓝ

KLASSISCHE KÜCHE • FREUNDLICH Martin Fauster ist in der Gastro-Szene kein Unbekannter. Bereits im Münchner "Königshof" hat er viele Jahre sein Können unter Beweis gestellt. Auch hier in Freiburg bleibt er seiner Linie treu: Klassisch orientierte Küche, die auf sehr guten Produkten basiert. Nicht zuletzt die ausdrucksstarken Saucen, Jus und Fonds machen Freude! Angenehm die Terrasse in der Fußgängerzone. Tipp: Parkhaus Schlossberggarage gegenüber.

🏡 ⇔ – Preis: €€€€

Konviktstraße 8 ✉ 79098 – ☎ 0761 30303 – www.wolfshoehle-freiburg.de –
Geschlossen: Montag und Sonntag, mittags: Dienstag-Donnerstag

🕸 KURO MORI

ASIATISCHE EINFLÜSSE • CHIC "Kuro Mori" ist japanisch und bedeutet "Schwarzer Wald", entsprechend das Motto in dem stylish-coolen Restaurant des Horbener Sternekochs Steffen Disch: "Black Forest meets Asia". Aus der offenen Küche kommen interessante, nicht ganz alltägliche moderne Gerichte aus sehr guten Produkten. Mittags reduzierte Karte. Schön die Lage in der Freiburger Altstadt.

🖼 🏡 – Preis: €€

Grünwälderstraße 2 ✉ 79098 – ☎ 0761 38848226 – www.kuro-mori.de –
Geschlossen: Montag und Sonntag

BASHO-AN

JAPANISCH • MINIMALISTISCH Das Restaurant nahe der Fußgängerzone ist bekannt für seine authentisch-japanische Küche und entsprechend gut besucht – da sollten Sie rechtzeitig reservieren! Das Ambiente ist typisch puristisch, einige Plätze auch an der Sushi-Theke. Tipp: das günstige Mittagsmenü. Abends ist die Karte umfangreicher.

Preis: €€

Merianstraße 10 ✉ 79098 – ☎ 0761 2853405 – www.bashoan.com –
Geschlossen: Montag und Sonntag

DREXLERS

KLASSISCHE KÜCHE • HIP Seit 2007 ist das schicke, recht edle Bistro nahe dem Colombipark gewissermaßen eine Institution in Freiburg. In lebendiger Atmosphäre bietet man eine saisonal beeinflusste Küche in Form eines 6-Gänge-Menü, das Sie auch mit vier oder fünf Gängen wählen können. Toll die Weinauswahl - der eigenen Weinhandlung sei Dank!

🐝 – Preis: €€€

Rosastraße 9 ✉ 79098 – ☎ 0761 5957203 – drexlers-restaurant.
de – Geschlossen: Dienstag, Mittwoch, Sonntag, mittags: Montag,
Donnerstag-Samstag

GASTHAUS ZUR LINDE

MODERN • GASTHOF Mit Renee Rischmeyer hat kein Unbekannter das historische Gasthaus im Ortsteil St. Georgen übernommen - er war bereits im Freiburger "Colombi" erfolgreich und auch in der Schweiz. Das Ambiente ländlich-modern (schön die Kachelöfen), die Atmosphäre angenehm unkompliziert. Gekocht wird international und mit regionalen Einflüssen, und das zu fairen Preisen.

🏡 ⇔ – Preis: €€€

Basler Landstraße 79 ✉ 79111 – ☎ 0761 45345235 – www.zur-linde-freiburg.de –
Geschlossen: Montag und Dienstag, mittags: Mittwoch-Samstag

HIRSCHEN

MARKTKÜCHE • GEMÜTLICH Badische Gemütlichkeit erwartet Sie in der Stube des charmanten historischen Gasthauses, das von Familie Baumgartner engagiert geführt wird und in der Region schon eine Institution ist. Die Küche ist regional und saisonal geprägt, der Service sehr freundlich. Im gleichnamigen Hotel hat man hübsche Zimmer.

🅰️ 🍴 🅿️ – Preis: €€€

Breisgauer Straße 47 ✉ 79110 – ✆ 0761 8977690 – www.hirschen-freiburg.de –
Geschlossen: Mittwoch, mittags: Donnerstag

KREUZBLUME

KLASSISCHE KÜCHE • GEMÜTLICH Eine wirklich nette Adresse! Im Herzen
der Altstadt finden Sie dieses geschmackvoll und geradlinig-chic gestaltete
Restaurant, in dem man moderne Küche aus guten Produkten bietet - wählbar à
la carte oder als Menü, auch vegetarisch. Charmanter und aufmerksamer Service
rundet das schöne Bild ab. Für Übernachtungsgäste hat man attraktive Zimmer.
Tipp: Parken können Sie in der Schlossberggarage um die Ecke.

🅰️ 🍴 – Preis: €€

Konviktstraße 31 ✉ 79098 – ✆ 0761 31194 – www.kreuzblume-freiburg.de –
Geschlossen: Montag und Dienstag, mittags: Mittwoch-Sonntag

LÖWENGRUBE

INTERNATIONAL • ZEITGEMÄSSES AMBIENTE Frischer Wind weht in der
ehemaligen Weinstube im Herzen der Altstadt. Gelungen hat man in dem historischen Gebäude den traditionellen Charakter mit modernen Elementen gemischt.
Geboten wird eine international inspirierte Küche aus regionalen Produkten. Sehr
nett sitzt man auf der geschützten Terrasse.

🍴 – Preis: €€€

Konviktstraße 12 ✉ 79098 – ✆ 0761 76991188 – www.restaurant-loewengrube.
de – Geschlossen: Sonntag

REGIONAL

REGIONAL • TRENDY Ins ehemalige "Herrehus" des "Schlosses Reinach" ist nach
Renovierung und Verjüngung das "Regional" eingezogen. Der Name ist Programm:
Für die schmackhaften und ausdrucksstarken Gerichte verarbeitet man fast nur
badische und Schwarzwälder Produkte, überwiegend in Bioqualität. Herrlich sitzt
man bei schönem Wetter auf der Innenhofterrasse!

🍴 ♻️ 🅿️ – Preis: €€

St.-Erentrudis-Straße 12 ✉ 79112 – ✆ 07664 4070 – www.schlossreinach.de –
Geschlossen: Dienstag-Donnerstag, mittags: Freitag

FREIENSTEINAU

Hessen – Regionalatlas **3**–L4

🕸️ LANDGASTHOF ZUR POST

Chef: Sebastian Heil

REGIONAL • RUSTIKAL Seit 1870, bereits in 6. Generation, befindet sich das Haus
in Familienbesitz. Geboten wird eine regional verankerte, geschmackvolle und
aromatische Küche, für die man gute Produkte aus der Region verwendet. Man
kocht unkompliziert, oft traditionell geprägt und dennoch mit modernem Touch.
Gemütlich-ländlich das Ambiente, im Sommer lockt die Terrasse mit schönem
Blick über Nieder-Moos. Man hat auch fünf Gästezimmer und eine Ferienwohnung.

🌿 *Engagement des Küchenchefs: Wir sind stark in unserer Region verwurzelt,*
beziehen Fleisch, Fisch und Gemüse oft in Bio-Qualität aus einem 50 km Radius,
verarbeiten ganze Lämmer und Wildtiere, kochen und heizen mit Holz aus dem
eigenen Wald, haben einen eigenen Obst- und Kräutergarten und sind aktiv bei
"Hessen à la carte".

🍴 ♻️ – Preis: €

Zum See 10 ✉ 36399 – ✆ 06644 295 – gasthofzurpost-nieder-moos.de –
Geschlossen: Montag und Dienstag, mittags: Mittwoch und Donnerstag

FREILASSING

Bayern – Regionalatlas **6**–Z4

MOOSLEITNER

Chef: Daniel Schnugg

REGIONAL • **GASTHOF** Seit Jahrhunderten pflegt man hier die Wirtshaustradition. Die sehr hübschen gemütlichen Stuben mit ihrem ländlichen Charme sind ebenso einladend wie die frische bayerisch-saisonal geprägte Küche, für die man vorzugsweise Produkte aus der Region verwendet. Auch zum Übernachten eine schöne Adresse: Man hat gepflegte Zimmer sowie einen kleinen Sauna- und Fitnessbereich.

🍀 *Engagement des Küchenchefs: In meiner Küche werden regionale Produkte klar favorisiert, Honig von Nachbar Otto's Bienen, eigene Marmeladen, Säfte & Bier aus der Umgebung, auch Ressourcenschonung steht mit eigenem Blockheizkraftwerk, Stromtankstellen, Abwärmenutzung und kostenlosen Leihrädern im Fokus. Wald- & Moorführungen.*

🛏�🔄🅿 – Preis: €€

Wasserburger Straße 52 ✉ *83395 –* ☎ *08654 63060 – www.moosleitner.com –* *Geschlossen: Samstag und Sonntag, mittags: Montag-Freitag*

FREINSHEIM

Rheinland-Pfalz – Regionalatlas **7**–B1

🕸 **WEINREICH**

REGIONAL • **WEINBAR** Eine Weinstube der modernen Art in einem beschaulichen Örtchen, schöner Innenhof inklusive. In der Küche setzt man auf Regionales und Saisonales. Sie können in Menüform oder à la carte speisen, vegetarische Gerichte bietet man ebenfalls. Tipp: Fragen Sie nach den Steakwochen. Auf Vorbestellung gibt es auch "Unseren Sonntagsbraten". Außerdem: selbst gebackenes Brot zum Mitnehmen. Richtig nett übernachten kann man auch.

� – Preis: €€

Hauptstraße 25 ✉ *67251 –* ☎ *06353 9598640 – www.weinstube-weinreich.de –* *Geschlossen: Montag und Sonntag, mittags: Dienstag, Mittwoch, Freitag*

ATABLE IM AMTSHAUS

INTERNATIONAL • **ELEGANT** Schön liegt das "Amtshaus" in der sehenswerten Altstadt von Freinsheim, umgeben von der Stadtmauer. Über den Innenhof samt idyllischer Terrasse gelangen Sie in das chic-elegante Restaurant mit seinem von Säulen getragenen weißen Kreuzgewölbe. Küchenchef Swen Bultmann bietet saisonal inspirierte klassisch-französische Gerichte aus sehr guten Produkten. Dazu eine schöne umfangreiche Weinauswahl. Geschmackvolle Gästezimmer hat man ebenfalls - wie im Restaurant fügt sich auch hier moderner Stil toll in den historischen Rahmen ein.

🕸 �🔄 – Preis: €€€

Hauptstraße 29 ✉ *67251 –* ☎ *06353 5019355 – www.amtshaus-freinsheim.de –* *Geschlossen: Montag und Sonntag, mittags: Dienstag*

FREISING

Bayern – Regionalatlas **6**–Y3

GASTHAUS LANDBRECHT

MARKTKÜCHE • **RUSTIKAL** So stellt man sich einen bayerisch-ländlichen Gasthof vor: In dem Familienbetrieb herrscht eine ungezwungene Atmosphäre, gekocht wird mit regionalen Produkten. Im Winter wärmt der Kachelofen, im Sommer sitzt es sich angenehm im Biergarten!

🕹�🅿 – Preis: €€

Freisinger Straße 1 ✉ *85354 –* ☎ *08167 8926 – www.gasthaus-landbrecht.de/* *startseite.html – Geschlossen: Montag und Dienstag, mittags: Mittwoch-Freitag*

FREITAL

Sachsen – Regionalatlas **4**–Q3

BRASSERIE EHRLICH

MARKTKÜCHE • **BRASSERIE** Die Bezeichnung "Brasserie" trifft es genau. Das kleine Restaurant wird persönlich geführt, der Service ist freundlich und die Atmosphäre gemütlich. Das kommt ebenso an wie die gute saisonale Küche - da sollte man rechtzeitig reservieren. Im Sommer hat man eine hübsche Terrasse. Tipp: Man bietet auch eigene Feinkost-Produkte für daheim. Übernachten können Sie ebenfalls.

🏡 ✿ – Preis: €€€

Wiesenweg 1 ⊠ 01705 – ℰ 0351 30934232 – www.brasserie-ehrlich.de –
Geschlossen: Montag-Mittwoch, mittags: Donnerstag-Samstag, abends: Sonntag

FREUDENSTADT

Baden-Württemberg – Regionalatlas **5**–U3

STÜBLE

REGIONAL • **LÄNDLICH** Das "Stüble" ist das geschmackvoll-rustikale A-la-carte-Restaurant des schicken Wellnesshotels "Lauterbad"! In der ganz in Holz gehaltenen Stube hat man es schön gemütlich, während man sich vom freundlichen Service mit frischen traditionellen, aber auch moderneren Gerichten umsorgen lässt. Eine Spezialität ist der Hängespieß.

♿🏡 🅿 – Preis: €€

Amselweg 5 ⊠ 72250 – ℰ 07441 860170 – www.lauterbad-wellnesshotel.de –
Geschlossen mittags: Montag-Sonntag

FREYUNG

Bayern – Regionalatlas **6**–Z2

LANDGASTHAUS SCHUSTER

KLASSISCHE KÜCHE • **FREUNDLICH** Durch und durch charmant geht es im Landgasthaus der Familie Schuster zu! Das liegt in erster Linie an der herzlichen Chefin und der geschmackvollen Einrichtung. Und dann ist da noch die angenehm reduzierte klassische Küche des Patrons, die es z. B. als "Steinköhler mit Scallops-Schuppen in Speckrauchsoße" gibt. Schöne Weinauswahl mit guten "Offenen".

🅿 – Preis: €€

Ort 19 ⊠ 94078 – ℰ 08551 7184 – www.landgasthaus-schuster.de – Geschlossen:
Montag-Mittwoch, abends: Sonntag

FRICKENHAUSEN AM MAIN

Bayern – Regionalatlas **5**–V1

EHRBAR-FRÄNKISCHE WEINSTUBE

REGIONAL • **RUSTIKAL** Das nette Fachwerkhaus ist ein Traditionsbetrieb mit Charme. Gemütlich die liebenswert-rustikalen Stuben, regional die Küche. Lust auf "Fränkische Versucherle" oder "Sauerbraten, Rotkohl, Klöße"? Im Sommer ein Muss: die reizende Hofterrasse.

🏡 ✿🍽 – Preis: €

Hauptstraße 17 ⊠ 97252 – ℰ 09331 651 – www.ehrbar-weinstube.de –
Geschlossen: Montag und Dienstag, mittags: Mittwoch-Samstag

FRICKINGEN

Baden-Württemberg – Regionalatlas **5**–U4

😊 **LÖWEN**

INTERNATIONAL • GEMÜTLICH Hier ist inzwischen die 4. Generation im Haus, und die sorgt für regional-internationale Küche mit Bezug zur Saison. Für das schmackhafte und abwechslungsreiche Angebot verwendet man frische, gute Produkte. Man kümmert sich sehr freundlich um die Gäste. Gemütlich das Ambiente, lauschig die Terrasse unter Kastanien.

🏡 ⇧ 🅿 ⊠ – Preis: €

Hauptstraße 41 ⊠ 88699 – 𝒞 07554 8631 – loewen-altheim.de – Geschlossen: Montag und Sonntag, mittags: Dienstag-Samstag

FRIEDBERG

Bayern – Regionalatlas **6**–X3

😊 **GASTHAUS GOLDENER STERN**

Chef: Stefan Fuß

REGIONAL • GEMÜTLICH Das gestandene Gasthaus wird in 3. Generation mit Engagement von Familie Fuß geleitet. Schön die gemütlich-modernen Räume, ebenfalls modern inspiriert ist die nachhaltig ausgerichtete regional-saisonale Küche. Dazu charmanter Service im Dirndl. Interessant für verschiedene Anlässe: die schicke Vinothek im UG. Angenehm auch der Biergarten - hier etwas kleinere Karte.

🌸 *Engagement des Küchenchefs: Meine Küche steht für Qualität und die garantiert mein regionales Netzwerk von Erzeugern! Vieles an Kräutern, Gemüsen und Obst ziehen wir selbst, Fleisch kommt von befreundeten Bauern aus der Region und aus der eigenen Jagd der Familie. Dazu eigene Kompostierung und Hackschnitzelheizung.*

🏡 ⇧ 🅿 ⊠ – Preis: €€

Dorfstraße 1 ⊠ 86316 – 𝒞 08208 407 – www.gasthaus-goldenerstern.de – Geschlossen: Montag, Dienstag, Sonntag

FRIEDBERG (HESSEN)

Hessen – Regionalatlas **3**–L4

BASTIAN'S RESTAURANT

KLASSISCHE KÜCHE • GEMÜTLICH Das Landgasthaus mit dem geschmackvollen hellen Interieur und der schönen teilweise überdachten Terrasse setzt auf kulinarische Klassik mit saisonalen Einflüssen. geboten werden zwei Menüs mit drei bis sieben Gängen, eines davon ist vegetarisch. Dazu werden Sie sehr freundlich und charmant umsorgt.

🏡 – Preis: €€

Erbsengasse 16 ⊠ 61169 – 𝒞 06031 6726551 – bastians-restaurant.de – Geschlossen: Montag und Sonntag, mittags: Dienstag-Samstag

FRIEDLAND

Niedersachsen – Regionalatlas **3**–M2

😳 **GENIESSER STUBE**

Chef: Daniel Raub

KLASSISCHE KÜCHE • LÄNDLICH Daniel Raub ist bereits die 3. Generation in dem engagiert geführten Familienbetrieb. 2011 übernahm er die Küche der "Genießer Stube" im "Landhaus Biewald". Schön sitzt man im geschmackvollen Restaurant samt Wintergarten und lässt sich an wertig eingedeckten Tischen professionell und charmant umsorgen. In der Küche stellt Daniel Raub das Produkt in den Mittelpunkt und kocht ohne viel Schnickschnack, aber mit viel Ausdruck. Mittags gibt es das "Tassenmenü", am Abend darf man sich auf ein Feinschmeckermenü freuen. Oder wählen Sie lieber à la carte? Ein Blick auf die Weinkarte lohnt sich ebenfalls. Zweitrestaurant "Zur Tränke" im modernen Hotelneubau.

🕸 **P** – Preis: €€€€

*Weghausstraße 20 ⊠ 37133 – ℰ 05504 93500 – www.landhaus-biewald.de/
geniesser-stube – Geschlossen: Montag und Sonntag*

SCHILLINGSHOF

MARKTKÜCHE • ELEGANT Seit 1648 gibt es den "Schillingshof" bereits. Mit
Engagement kümmert man sich in dem Familienbetrieb um die Gäste. Hinter der
gepflegten Fachwerkfassade erwarten Sie ein elegantes Ambiente, aufmerksamer und herzlicher Service und nicht zuletzt eine klassisch geprägte Küche. Man
kocht aufs Wesentliche reduziert und achtet auf gute Produkte. Dazu eine schöne
Weinauswahl. Für Übernachtungsgäste hat man attraktive Zimmer.

🛏 ✜ **P** – Preis: €€€

*Lappstraße 14 ⊠ 37133 – ℰ 05504 228 – www.schillingshof.de – Geschlossen:
Montag, Dienstag, Sonntag, mittags: Mittwoch-Freitag*

FRIEDRICHSTADT

Schleswig-Holstein – Regionalatlas **1**–C2

URSPRUNG

MODERN • CHIC Sie finden dieses chic gestaltete Restaurant im familiengeführten
Hotel "Aquarium", das mitten in der schönen Innenstadt liegt. Mit Jan Boddenberg
führt inzwischen die 3. Generation Regie. Als Küchenchef bietet er Ihnen ein modernes Menü und klassisch-regionale Gerichte, wobei er Wert legt auf gute Produkte
und saisonalen Bezug. Dazu werden Sie freundlich umsorgt.

P – Preis: €€

*Am Mittelburgwall 4 ⊠ 25840 – ℰ 04881 93050 – hotel-aquarium.de/
ursprung – Geschlossen mittags: Montag-Freitag*

FRIESENHEIM

Baden-Württemberg – Regionalatlas **5**–T3

MÜHLENHOF

REGIONAL • GASTHOF Das Restaurant des gleichnamigen Landhotels bietet badisch-
bürgerliche Küche mit internationalem Touch - auch Klassiker à la Zwiebelrostbraten
finden sich hier. In Sachen Wein ist man ebenfalls stark regional ausgerichtet. Dazu
werden Sie freundlich und aufmerksam umsorgt. Das Ambiente verbindet ländlichen
Stil mit einer modernen Note, sehr nett ist der überdachte Terrassenbereich.

🛏 ✜ **P** – Preis: €€

*Oberweierer Hauptstraße 33 ⊠ 77948 – ℰ 07821 6320 – www.landhotel-
muehlenhof.de – Geschlossen: Dienstag*

FÜRSTENFELDBRUCK

Bayern – Regionalatlas **6**–X3

FÜRSTENFELDER

Chef: Andreas Wagner

REGIONAL • FREUNDLICH Eine schöne Location ist diese Klosteranlage.
Drinnen sitzt man unter dem tollen böhmischen Kappengewölbe des ehema-
ligen Klosterstalls, draußen im Hof des Zisterzienserklosters. Gekocht wird mit
Bioprodukten aus der Region. Mittags gibt es ein richtig gutes Lunchbuffet, am
Abend ebenso schmackhafte moderne Gerichte. Auch Vegetarier/Veganer kom-
men auf ihre Kosten.

🍀 *Engagement des Küchenchefs: Ich möchte genau wissen, wie meine Bio-
Produkte entstehen, das betrifft sowohl die Haltung, Fütterung und Schlachtung tie-
rischer Produkte wie auch Feldfrüchte, die ich aus ökologischer Landwirtschaft verarbeite. Genauso wichtig ist mir fairer Handel und die Lebensqualität meiner Mitarbeiter!*

♿ 🛏 ✜ **P** – Preis: €€

*Fürstenfeld 15 ⊠ 82256 – ℰ 08141 88875410 – www.fuerstenfelder.com –
Geschlossen abends: Montag und Sonntag*

FÜRTH

Bayern – Regionalatlas **6**-X1

KUPFERPFANNE

KLASSISCHE KÜCHE • RUSTIKAL Schon seit 1978 wird das zentral gegenüber dem Rathaus gelegene Restaurant von Erwin Weidenhiller geführt und ist gewissermaßen ein Klassiker der Fürther Gastronomie. In gemütlich-elegantem Ambiente serviert man klassische Küche mit saisonalen Einflüssen, gut die Produktqualität. Tipp: fair kalkuliertes Mittagsmenü - dieses bietet man auf Vorbestellung auch an bestimmten Abenden.
⇔ – Preis: €€€

Königstraße 85 ⊠ *90762 –* ☏ *0911 771277 – www.ew-kupferpfanne.de –*
Geschlossen: Sonntag

FULDA

Hessen – Regionalatlas **3**-M4

❀ ## CHRISTIAN & FRIENDS, TASTEKITCHEN

Chef: Christian Steska

MODERNE KÜCHE • ENTSPANNT Eines vorweg: Reservieren Sie, die Plätze hier sind gefragt! Das verwundert nicht angesichts des tollen Menüs, das Christian Steska in dem schmucken Stadthaus in attraktiver Altstadtlage bietet. Das Restaurant besteht aus dem "Christian & Friends" und der angeschlossenen Weinbar "Bordeaux & Friends" mit ihrem markanten Weinregal - hervorragend die Auswahl mit vielen Spitzenweinen zu fairen Preisen. Aus der offenen Küche kommen moderne Gerichte mit klassischer Basis und schöner Tiefe. Gerne verwendet man regionale Zutaten einschließlich Kaviar - in Fulda gibt es zwei nachhaltig arbeitende Störzuchten samt Kaviar-Produktion. Die Atmosphäre ist angenehm, nicht zuletzt dank des herzlichen Service.
⍟ – Preis: €€€€

Nonnengasse 5 ⊠ *36037 –* ☏ *0162 4139588 – christianandfriends.de –*
Geschlossen: Montag, Dienstag, Sonntag, mittags: Mittwoch-Samstag

GOLDENER KARPFEN

INTERNATIONAL • FREUNDLICH In dem historischen Haus bietet man saisonal-internationale Küche mit klassisch-regionalen Wurzeln, zubereitet aus frischen, ausgesuchten Produkten. Tipp: der Klassiker "Beeftatar". Dazu eine umfangreiche internationale Weinkarte mit der ein oder anderen Rarität. Das Atmosphäre ist elegant und zugleich gemütlich, im Sommer sitzt man draußen schön. Zum Übernachten gibt es wohnliche Zimmer von stilvoll-gediegen bis chic-modern.
♿ Ⓜ 🍽 ⇔ 🅿 – Preis: €€€

Simpliziusbrunnen 1 ⊠ *36037 –* ☏ *0661 86800 – www.hotel-goldener-karpfen.de – Geschlossen: Sonntag*

GAGGENAU

Baden-Württemberg – Regionalatlas **5**-T2

VINOPHIL

MODERN • FREUNDLICH Der Name lässt es bereits vermuten: Hier spielt Wein eine große Rolle. So gibt es in dem Restaurant mit der angenehm ungezwungenen Atmosphäre auch eine Vinothek. Da darf man sich auf gute Weinempfehlungen freuen, und die gibt es zu leckeren modernen Gerichten mit regionalem Bezug. Interessante Cocktails bekommen Sie ebenfalls.
🍽 – Preis: €€

Max-Roth-Straße 16 ⊠ *76571 –* ☏ *07225 9884880 – www.vinophil-murgtal.de – Geschlossen: Montag und Sonntag, mittags: Dienstag-Samstag*

GARBSEN

Niedersachsen – Regionalatlas **3**–M1

LANDHAUS AM SEE

REGIONAL • ELEGANT Die Lage im Grünen am See ist schon etwas Besonderes, vor allem wenn man auf der Terrasse zum herrlichen Garten mit Seeblick speist. Drinnen hat man es bei geschmackvoller, freundlicher Landhaus-Atmosphäre ebenfalls schön. In der Küche legt man Wert auf saisonalen und regionalen Bezug. Stolz ist man übrigens auch auf das eigene Kochbuch. Für Übernachtungsgäste gibt es hübsche individuelle Zimmer.

⇐ 𝄐 & 𝄐 ⇔ 🅿 – Preis: €€€

Seeweg 27 ✉ 30827 – ☏ 05131 46860 – www.landhausamsee.de – Geschlossen: Sonntag, mittags: Montag-Samstag

GARMISCH-PARTENKIRCHEN

Bayern – Regionalatlas **6**–X4

🐝 JOSEPH NAUS STUB'N

REGIONAL • GEMÜTLICH Das nach dem Erstbesteiger der Zugspitze benannte Restaurant ist nicht einfach nur ein nettes Stüberl, in dem man sehr freundlich umsorgt wird, man isst hier auch wirklich gut, und das zu einem fairen Preis. Tipp: Sie können sich aus drei verschiedenen Karten Ihr eigenes Menü zusammenstellen. Zum Übernachten bietet das Hotel "Zugspitze" gepflegte Gästezimmer.

𝄐 – Preis: €€

Klammstraße 19 ✉ 82467 – ☏ 08821 9010 – www.hotel-zugspitze.de – Geschlossen mittags: Montag-Samstag

HUSAR

KLASSISCHE KÜCHE • GEMÜTLICH In dem über 400 Jahre alten Gasthaus mit der bemalten Fassade sitzt man in charmanten Stuben und wird aufmerksam mit klassischer Küche umsorgt. Dafür verwendet man überwiegend regionale Produkte der Saison. Die Familientradition der Mergets begann übrigens bereits 1986 und wird - nach einigen Jahren Unterbrechung - seit 2004 fortgeführt.

🐌 𝄐 ⇔ 🅿 – Preis: €€€

Fürstenstraße 25 ✉ 82467 – ☏ 08821 9677922 – www.restauranthusar.de – Geschlossen: Montag und Sonntag, mittags: Dienstag-Samstag

GEHRDEN

Niedersachsen – Regionalatlas **3**–M1

🐝 BERGGASTHAUS NIEDERSACHSEN

KLASSISCHE KÜCHE • LÄNDLICH Das historische Anwesen auf dem Gehrdener Berg bietet richtig gute Küche, die klassisch und saisonal geprägt ist. Auch ein veganes Menü wird angeboten. Schön die Parkanlage mit Feingemüse- und Kräutergarten, toll die Terrasse! Hinweis: donnerstags und freitags ab 15 Uhr sowie am Wochenende durchgehend warme Küche.

𝄐 🅿 – Preis: €€

Köthnerberg 4 ✉ 30989 – ☏ 05108 3101 – www.berggasthaus-niedersachsen. de – Geschlossen: Montag-Mittwoch, mittags: Donnerstag und Freitag

GEISENHEIM

Hessen – Regionalatlas **5**–T1

MÜLLERS AUF DER BURG

KLASSISCHE KÜCHE • CHIC Mit seiner schicken Brasserie im verglasten Pavillon auf Burg Schwarzenstein hat Nelson Müller seine Gastro-Philosophie in den Rheingau gebracht. Bei herrlichem Ausblick - wunderbar auch von der Terrasse! - gibt es frische klassisch-mediterrane Küche mit einem Hauch Bodenständigkeit, das Angebot reicht vom "Bretonischen Steinbutt" bis zur "Kalbs-Currywurst".

⟨⇐ 📺 🍴 ⇔ 🅿 – Preis: €€€

Rosengasse 32 ⊠ 65366 – ℰ 06722 99500 – www.burg-schwarzenstein.de – Geschlossen: Montag und Dienstag

GENGENBACH
Baden-Württemberg – Regionalatlas **5**–T3

DIE REICHSSTADT
KLASSISCHE KÜCHE • FREUNDLICH Im Restaurant des schicken gleichnamigen Hotels mit historischem Rahmen sitzen Sie in geschmackvollen Räumen, die wertig und mit modernem Touch eingerichtet sind. Dazu werden Sie freundlich und geschult umsorgt, und zwar mit feinen badischen Klassikern sowie modernisierten französischen Gerichten, aber auch verschiedene Menüs werden angeboten, darunter ein vegetarisches. Im Sommer ist der Garten ein Traum!

🍴 ⇔ – Preis: €€€

Engelgasse 33 ⊠ 77723 – ℰ 07803 96630 – www.die-reichsstadt.de – Geschlossen: Montag und Sonntag, mittags: Dienstag-Samstag

PONYHOF
MODERNE KÜCHE • LÄNDLICH Ein Restaurant, das man sich in der Nachbarschaft wünscht. Die Karte bietet Modernes, aber auch Klassiker und Steaks vom Holzkohlegrill. Zur schmackhaften Küche mit reichlich "Soulfood"-Gerichten kommen in dem langjährigen Familienbetrieb ein freundlicher Service und ein schlichtes Ambiente mit modernen Akzenten, in dem man sich wohlfühlt. Zudem hat man eine richtig schöne Terrasse.

🍴 ⇔ 🅿 – Preis: €€

Mattenhofweg 6 ⊠ 77723 – ℰ 07803 1469 – www.ponyhof.co – Geschlossen: Montag und Dienstag, mittags: Mittwoch-Freitag

GERMERSHEIM
Rheinland-Pfalz – Regionalatlas **5**–U2

PAN VINOTHEK
INTERNATIONAL • GEMÜTLICH In dem hübschen Backsteinhaus von 1847, einst Essigfabrik und Brennerei, verbinden die engagierten Betreiber Regina und Dennis Schneider gelungen Vinothek und Restaurant. Letzteres bietet in modernem Ambiente mit elegantem Touch eine saisonal beeinflusste Küche, à la carte oder als Menü (auch vegetarisch). Super charmant die Chefin im Service! Tipp: schöner ruhiger Innenhof. Günstigere kleine Mittagskarte.

🍴 – Preis: €€€

Klosterstraße 2 ⊠ 76726 – ℰ 07274 9192095 – www.pandievinothek.de – Geschlossen: Montag und Sonntag

GERNSBACH
Baden-Württemberg – Regionalatlas **5**–T2

⍟ WERNERS RESTAURANT
FRANZÖSISCH-KLASSISCH • ELEGANT Sie wollten sich schon immer mal in einem Schloss kulinarisch verwöhnen lassen? Dann sind Sie auf Schloss Eberstein goldrichtig. Umgeben von Weinreben, auf einer Bergkuppe hoch über dem Murgtal - einfach wunderbar die Aussicht! - leitet Familie Werner auf diesem tollen historischen Anwesen ein schönes Hotel samt Gastronomie. Letztere hat sich mit dem eleganten Gourmetrestaurant einen Namen gemacht. Patron Bernd Werner und sein engagiertes Team um Küchenchef Edmund Schmidt setzen in ihrem Menü auf klassische Küche mit gelungener Balance. Zur guten Weinauswahl gehören auch Eigenbauweine, versiert die Beratung.

🕸 ⪦🕭⇔🅿 – Preis: €€€€

Schloss Eberstein 1 ⊠ 76593 – ℰ 07224 995950 – www.hotel-schloss-eberstein.
de – Geschlossen: Montag und Dienstag, mittags: Mittwoch-Samstag

GERSFELD
Hessen – Regionalatlas **3**–M4

😊 KAUFMANN'S ⓝ

SAISONAL • HISTORISCHES AMBIENTE In der sorgsam renovierten ehemaligen Schlossbrauerei heißt es heute gute, frische Küche. In einem schönen
Ambiente aus freigelegtem altem Mauerwerk, Gewölbe und geradlinig-modernem Einrichtungsstil serviert man schmackhafte Gerichte mit regionalem Bezug,
aber auch internationalen Einflüssen. Das ganze Jahr über gibt es beispielsweise
Rhönforelle, dazu kommt Saisonales wie z. B. geschmorte Rehkeule.

🅿 – Preis: €€

Schloßplatz 11 ⊠ 36129 – ℰ 01515 0612004 – kaufmanns-am-schlosspark.de –
Geschlossen: Montag-Mittwoch, mittags: Donnerstag und Freitag

GIESSEN
Hessen – Regionalatlas **3**–L4

HEYLIGENSTAEDT

INTERNATIONAL • TRENDY Hohe Decken, Stahlträger, große Sprossenfenster,
hier und da freigelegte Backsteinwände... Den Industrie-Charme der einstigen Fabrik
hat man bewusst bewahrt, dazu chic-modernes Design, freundlicher Service und
schmackhafte international-saisonale Küche. Mittags kleinere Karte. Angeschlossen:
Boutiquehotel mit trendigen Zimmern und Saunabereich auf dem Dach!

♿ 🆔 🕭 ⇔ 🅿 – Preis: €€€

Aulweg 41 ⊠ 35392 – ℰ 0641 4609650 – restaurant-heyligenstaedt.de –
Geschlossen: Montag und Sonntag, mittags: Dienstag, Mittwoch, Samstag

GLONN
Bayern – Regionalatlas **6**–Y4

WIRTSHAUS ZUM HERRMANNSDORFER SCHWEINSBRÄU

Chef: Olimpia Cario

MARKTKÜCHE • LÄNDLICH Hier setzt man auf Bio-Qualität, Bezug zur Saison
und Verbundenheit mit der Region. Entsprechend dieser Philosophie kommen
hochwertige Produkte des eigenen Hofguts zum Einsatz. Ein Hingucker auch
das Restaurant selbst: ein großer hoher Raum mit modern-rustikalem Scheunen-
Ambiente samt Balkenkonstruktion bis unters Dach.

🐛 *Engagement des Küchenchefs: In meiner Küche dreht es sich um*
den Geschmack, daher gibt es bei uns nur Bio-Qualität aus naturnaher
Lebensmittelerzeugung, das ist mein Verständnis von Gastfreundschaft. Wir ken-
nen die Lieferanten und machen uns ein Bild vor Ort, um zu wissen, was bei uns
serviert wird. Gemüse ernten wir vom Feld.

♿🕭🅿 🛝 – Preis: €€€

Herrmannsdorf 7 ⊠ 85625 – ℰ 08093 909445 – www.biorestaurant-steirereck.
de – Geschlossen: Montag und Dienstag

GLOTTERTAL
Baden-Württemberg – Regionalatlas **7**–B1

😊 WIRTSHAUS ZUR SONNE

REGIONAL • FAMILIÄR Ein beliebter familiengeführter Gasthof, in dem ehrliches
Handwerk seit Jahrhunderten Tradition ist. Gekocht wird regional und mit saisonalem Bezug. Drinnen sitzt man in einer wunderschönen holzgetäfelten Stube,

draußen lockt die hübsche Gartenterrasse. Freitagmittags gibt es statt der normalen Karte ein kleines Menü.

& 🚭 **P** 🍽️ – Preis: €€

Talstraße 103 ⊠ 79286 – 𝒞 07684 242 – www.sonne-glottertal.de – Geschlossen: Mittwoch und Donnerstag, mittags: Montag und Dienstag

GASTHAUS ADLER

REGIONAL • **GASTHOF** In schwarzwaldtypisch gemütlichen Stuben darf man sich auf herzlichen Service und badische Küche mit französisch-internationalen Einflüssen freuen. Im Winter sind z. B. Wild- und Gänsegerichte gefragt. Gerne sitzen die Gäste im Sommer im "Adler Gärtle". Zum Übernachten hat man wohnliche, teils auch einfache Zimmer.

🚭 ⇔ **P** – Preis: €€

Talstraße 11 ⊠ 79286 – 𝒞 07684 90870 – www.adler-glottertal.de – Geschlossen: Montag und Dienstag, mittags: Mittwoch-Samstag

HIRSCHEN

KLASSISCHE KÜCHE • **FREUNDLICH** Das Restaurant und das gleichnamige Hotel zählen zu den Klassikern hier im Tal! In ländlich-eleganten Stuben werden Sie von einem freundlichen Team umsorgt. Gekocht wird teils mit badischer, teils mit eher französischer Note. Neben heimischem Wild schmeckt z. B. auch "Wolfsbarsch, Pfifferlingsrisotto, Safransauce".

🚭 ⇔ **P** – Preis: €€

Rathausweg 2 ⊠ 79286 – 𝒞 07684 810 – www.hirschen-glottertal.de – Geschlossen: Montag

ZUM GOLDENEN ENGEL

REGIONAL • **RUSTIKAL** Absolut originalgetreu hat man das Traditionsgasthaus a. d. 16. Jh. direkt neben der Kirche nachgebaut. Dass man sich in den liebevoll dekorierten Stuben wohlfühlt, liegt nicht nur an der Atmosphäre und am kompetent-charmanten Service, sondern natürlich auch an der guten Küche. So manches Produkt kommt aus der Region. Wohnliche Gästezimmer hat man ebenfalls.

🚭 ⇔ **P** – Preis: €€

Friedhofweg 2 ⊠ 79286 – 𝒞 07684 250 – www.goldener-engel-glottertal.de – Geschlossen: Mittwoch

GLÜCKSBURG

Schleswig-Holstein – Regionalatlas **1**-C1

🏵️🏵️ MEIEREI DIRK LUTHER

KLASSISCHE KÜCHE • **ELEGANT** Sie sitzen hier in elegantem Ambiente an schönen Holztischen und schauen durch bodentiefe Fenster - von einigen Plätzen hat man einen besonders guten Blick auf die Flensburger Förde. Doch neben der Aussicht begeistert vor allem die Küche von Dirk Luther. Fantastisch verbindet der gebürtige Hamburger klassische und moderne Elemente. Den ein oder anderen fast schon genialen Moment bringt er beispielsweise bei "Sautierter Langoustine, Curryschaum, Karotte, Papayachutney" auf den Teller. Zu erwähnen sei auch die außergewöhnliche Produktqualität - nicht zuletzt bei Fisch und Krustentieren! Angenehm entspannt der Service: professionell, charmant-aufmerksam und diskret.

🏵️ ⪕ & 🎏 **P** – Preis: €€€€

Uferstraße 1 ⊠ 24960 – 𝒞 04631 6199411 – www.alter-meierhof.de – Geschlossen: Montag, Dienstag, Sonntag, mittags: Mittwoch-Samstag

BRASSERIE

INTERNATIONAL • **LÄNDLICH** Eine schöne Alternative zur Gourmetküche der "Meierei". In freundlicher Atmosphäre gibt es mittags Sandwiches und Salate, am Abend ein regional und international geprägtes Angebot. Tipp: Lassen Sie sich nicht die wirklich wunderbare Terrasse mit Blick auf die Flensburger Förde entgehen!

⪕ 🏡 & 🚭 **P** – Preis: €€

Uferstraße 1 ⊠ 24960 – 𝒞 04631 6199410 – www.alter-meierhof.de

GMUND AM TEGERNSEE

Bayern – Regionalatlas **6**–Y4

⊛ **OSTINER STUB'N**

INTERNATIONAL • **GASTHOF** In dem regionstypischen Gasthaus legt man Wert auf regionale Produkte. Das Speiseangebot wechselt stetig und richtet sich nach den Jahreszeiten. Man bietet auch ein Menü mit Weinbegleitung, das gut bei den Gästen ankommt. Dazu wird man aufmerksam umsorgt. Im Sommer ist die schöne Terrasse zum Garten gefragt.

🍽 ⇄ 🅿 – Preis: €€

Schlierseer Straße 60 ⊠ 83703 – ℰ 08022 7059810 – ostiner-stubn.de – Geschlossen: Montag und Dienstag, mittags: Mittwoch-Freitag

JENNERWEIN

REGIONAL • **GEMÜTLICH** Eine wirklich nette Adresse mit charmant-rustikaler Gasthaus-Atmosphäre - richtig gemütlich ist es hier. Die frische und saisonal-bayerische Küche gibt es z. B. als "geschmortes Böfflamott" oder "Kälberne Fleischpflanzerl". Oder lieber Fisch nach Tageseinkauf?

🍽 ⇄ 🅿 ⊐ – Preis: €€

Münchner Straße 127 ⊠ 83703 – ℰ 08022 706050 – www.jennerwein-gasthaus. de – Geschlossen: Dienstag und Mittwoch, mittags: Montag und Donnerstag

GÖTTINGEN

Niedersachsen – Regionalatlas **3**–M2

INTUU Ⓝ

JAPANISCH-ZEITGEMÄSS • **HIP** Im Hotel "Freigeist" finden Sie dieses angenehm moderne und lebendige Restaurant. Sie können auch direkt an der Theke sitzen und in die offene Küche schauen. Hier bereitet man einen breiten Mix aus japanischer und südamerikanischer Küche zu. Das Angebot reicht von Sushi und Sashimi über Tempura und Yakitori bis hin zu Gegrilltem aus dem Josper-Ofen. Die Gerichte laden zum Teilen ein.

🍽 – Preis: €€

Berliner Straße 30 ⊠ 37073 – ℰ 0551 999530 – www.freigeist-goettingen.de/ restaurant-goettingen – Geschlossen: Sonntag, mittags: Montag-Samstag,

GOTTENHEIM

Baden-Württemberg – Regionalatlas **7**–B1

⊛ **ZUR KRONE**

REGIONAL • **GEMÜTLICH** Seit 1854 pflegt Familie Isele hier Gastgebertum. Die Stuben in dem Traditionshaus haben nicht nur eine nette Atmosphäre, es gibt auch noch richtig gute klassisch-saisonale Küche. Der Chef hat ein Händchen für Patisserie - wie wär's z. B. mit Feingebäck, Pralinen oder Marmelade zum Mitnehmen? Gepflegt übernachten kann man ebenfalls.

🍽 ⇄ 🅿 ⊐ – Preis: €€

Hauptstraße 57 ⊠ 79288 – ℰ 07665 6712 – www.krone-gottenheim.de – Geschlossen: Montag-Mittwoch, Sonntag, mittags: Donnerstag-Samstag

GRASSAU

Bayern – Regionalatlas **6**–Y4

✿ ✿ **ES:SENZ**

KREATIV • **MONTAN** Hier im Restaurant des Hotels "Das Achental" beeindruckt Edip Sigl mit seiner ganz eigenen Stilistik: modern und ausgefeilt sind seine Gerichte, haben eine herrliche Aromendichte und intensive Kontraste, die aber nie die wunderbare Balance stören. Die Gäste können aus zwei Menüs mit sechs oder acht Gängen wählen: "Chiemgau pur" oder "Chiemgau goes around the world". Wie die Namen bereits vermuten lassen, widmet sich das erste Menü ganz den top Produkten des Chiemgaus, während das zweite Menü lokale und internationale Zutaten kombiniert. Da passt das Interieur des Restaurants mit seinem modern-alpenländischen Chic bestens ins Bild. Ebenso niveauvoll der zuvorkommende Service samt fundierter Weinberatung.

  🕸 ✿ 🅿 – Preis: €€€€

Mietenkamer Straße 65 ⊠ 83224 – ✆ 08641 401609 – www.das-achental.com –
Geschlossen: Montag, Dienstag, Sonntag, mittags: Mittwoch-Samstag

GREIFSWALD

Mecklenburg-Vorpommern – Regionalatlas **2**–G2

😊 **TISCHLEREI**

REGIONAL • FREUNDLICH Eine absolut sympathische Adresse, die etwas versteckt zwischen Segelmachern und Werften liegt (Tipp: Parkplatz des "Marina Yachtzentrums"). Leger sitzt man an langen Tischen und wählt von der Tafel schmackhafte Gerichte aus frischen Produkten, die schlicht und unprätentiös zubereitet sind. Mittags ist das günstige Tagessen beliebt. Klasse im Sommer: die Terrasse zum Hafen!

  🕏 – Preis: €€

Salinenstraße 22 ⊠ 17489 – ✆ 03834 884848 – Geschlossen: Sonntag

GRENZACH-WYHLEN

Baden-Württemberg – Regionalatlas **5**–T4

🕸 **ECKERT**

Chef: Nicolai Peter Wiedmer

KREATIV • DESIGN So chic wie das gleichnamige Designhotel ist auch das Gourmetrestaurant. Ob Wintergarten oder Loungebereich, das Interieur ist stilvollmodern, reduziert und zugleich gemütlich. In der Küche zeigt der junge Patron Nicolai Peter Wiedmer, dass er sich auf klassisches Handwerk ebenso versteht wie auf kreative Elemente, gerne lässt er auch asiatische Aromen einfließen. Am Abend gibt es das Menü "Lieblings Momente" - konventionell und vegan. Beide Varianten serviert man mittags als kleineres "Tasting Menü", zusätzlich Business Lunch. Schön die Weinkarte mit rund 450 Positionen, passend die Empfehlungen zum Menü. Im Sommer mit hübscher Terrasse.

  🕸 🕏 ✿ 🅿 – Preis: €€€

Basler Straße 20 ⊠ 79639 – ✆ 07624 91720 – www.eckert-grenzach.de/e/
de.html – Geschlossen: Montag und Dienstag, mittags: Samstag

😊 **RÜHRBERGER HOF**

KLASSISCHE KÜCHE • TRENDY Dass das historische Anwesen einmal landwirtschaftlich genutzt wurde, sieht man dem heutigen Restaurant mit seiner hübschen modernen Einrichtung nicht mehr an. Ein attraktiver Rahmen für die richtig gute klassisch basierte Küche. Und wer übernachten möchte, findet hier funktionelle Gästezimmer in zeitgemäßem Design.

  🕭 🕏 ✿ 🅿 – Preis: €€

Inzlinger Straße 1 ⊠ 79639 – ✆ 07624 91610 – www.ruehrbergerhof.com –
Geschlossen: Montag und Dienstag

GROSSBUNDENBACH

Rheinland-Pfalz – Regionalatlas **5**–T2

😊 **WURZELWERK** 🆕

MARKTKÜCHE • GEMÜTLICH Zwei Häuser, 1875 als landwirtschaftliches Anwesen gebaut, beherbergen heute ein Gästehaus (am Wochenende mit Cafébetrieb) sowie ein Restaurant, in dem Patron Benjamin Bendzko frische Marktküche bietet. Für die geschmackvollen und angenehm unkomplizierten Gerichten werden ausgezeichnete und fast nur regionale Produkte verarbeitet. Ländlicher Charme und hübsche Deko machen es hier schön gemütlich. Im Sommer ist die Gartenterrasse der Renner!

  🕏 ✿ 🅿 – Preis: €€

Bergstraße 7 ⊠ 66501 – ✆ 06337 9952970 – www.gaestehaus-alte-
baeckerei.de – Geschlossen: Dienstag und Mittwoch, mittags: Montag,
Donnerstag-Sonntag

GROSS-GERAU
Hessen – Regionalatlas **5**–U1

PIZARRO FINE DINING ⓝ

PERUANISCH • **ENTSPANNT** Geschmackvoll und casual ist es hier - hübsche Details wie eine alte Kommode und eine klassische Stehlampe verleihen dem kleinen Restaurant fast ein bisschen Wohnzimmer-Feeling. Küchenchef Julio Pizarro kocht kreativ, wobei er gekonnt seine peruanischen Wurzeln sowie viele Jahre internationale Gastronomie-Erfahrung einbindet. Diesen interessanten Mix gibt es als Menü (bitte reservieren) und als kleines A-la-carte-Angebot. Schön die Terrasse mit Blick auf das historische Fachwerk-Rathaus.

🅰🅲 🍽 – Preis: €€€

Frankfurter Straße 13 ✉ 64521 – ☎ 0177 7447204 – restaurant-pizarro.de –
Geschlossen: Montag und Sonntag, mittags: Dienstag-Samstag

GROSSHEUBACH
Bayern – Regionalatlas **5**–U1

🐝 **ZUR KRONE**

MARKTKÜCHE • **GASTHOF** Schon seit 1969, inzwischen in 2. Generation, wird das Gasthaus von Familie Restel geführt. Ihr Engagement merkt man nicht zuletzt an der schmackhaften saisonal beeinflussten Küche. Dazu gibt es eine gut sortierte Weinkarte mit Bezug zur Region. Schön sitzt man auch auf der begrünten Terrasse. Gepflegt übernachten kann man ebenfalls.

🍽 ✿ 🅿 – Preis: €€

Miltenberger Straße 1 ✉ 63920 – ☎ 09371 2663 – gasthauskrone.de –
Geschlossen: Montag und Dienstag

GROSSKARLBACH
Rheinland-Pfalz – Regionalatlas **7**–B1

🐝 **KARLBACHER**

KLASSISCHE KÜCHE • **GEMÜTLICH** Wirklich einladend ist das 400 Jahre alte Fachwerkhaus mit seinem reizenden überdachten Innenhof, der gemütlichen Weinstube und dem schönen Restaurant im Kreuzgewölbe. Die Küche orientiert sich an der Saison - geboten wird das "Petit Menu", ab Donnerstagabend serviert man auch das "Grand Menu".

🍽 ✿ – Preis: €€

Hauptstraße 57 ✉ 67229 – ☎ 06238 3737 – www.karlbacher.info – Geschlossen:
Montag und Dienstag

GROSS-UMSTADT
Hessen – Regionalatlas **5**–U1

FARMERHAUS

AFRIKANISCH • **EXOTISCHES AMBIENTE** Hier heißt es "African Flair"! Das gilt für die südafrikanische Küche ebenso wie für die authentische Deko in dem gemütlichen Restaurant. Die erhöhte Lage am Waldrand zwischen Weinreben und Obstbäumen macht die Terrasse zum Highlight - an warmen Sommerabenden kommt da bei schöner Aussicht und tollen Sonnenuntergängen durchaus Afrika-Feeling auf! Zum Übernachten: Hotel "Farmerhaus Lodge" im Zentrum.

⬙ 🍽 ✿ 🅿 – Preis: €€€

Am Farmerhaus 1 ✉ 64823 – ☎ 06078 911191 – www.farmerhaus.de –
Geschlossen: Montag, Dienstag, Sonntag, mittags: Mittwoch-Samstag

GRÜNWALD

Bayern – Regionalatlas **6**–X3

ALTER WIRT

Chef: Michael Kaiser

REGIONAL • **LÄNDLICH** Sympathisch-leger ist es in dem modern-rustikal gehaltenen Restaurant. Man legt Wert auf Bioprodukte und bietet eine saisonal und regional ausgerichtete Küche mit zusätzlicher Tageskarte. Zum Übernachten hat man gepflegte, mit Naturmaterialien nach ökologischen Gesichtspunkten ausgestattete Zimmer.

❀ *Engagement des Küchenchefs: Familie Portenländer ermöglicht mir die Verarbeitung bester Bio-Produkte vom Brot bis zum Fleisch aus der Region. Aber „Bio" und „Nachhaltigkeit" werden auch gelebt, Solarstrom, keine Einwegprodukte, regelmäß persönlicher Austausch mit den Erzeugern, selbst die Hotelzimmer sind „baubiologisch".*

🏡 ⇄ 🅿 – Preis: €€

Marktplatz 1 ✉ 82031 – 𝒞 089 6419340 – www.alterwirt.de – Geschlossen: Montag

CHANG

ASIATISCH • **ZEITGEMÄSSES AMBIENTE** Die Fahrt nach Grünwald lohnt sich: Hier bietet man eine breite Palette an asiatischen Speisen. Neben Sushi-Variationen sind Currys und Wok-Gerichte die Highlights. Im Fokus steht die Qualität der Produkte. Drinnen geradliniges Ambiente samt einsehbarer Küche, draußen die schöne überdachte Terrasse. Tipp: Wenige Meter entfernt parken Sie kostenfrei in der Garage am Marktplatz.

🏡 – Preis: €€€

Marktplatz 9 ✉ 82031 – 𝒞 089 64958801 – chang-restaurant.de – Geschlossen: Dienstag

GSCHWEND

Baden-Württemberg – Regionalatlas **5**–V2

☺ HERRENGASS

REGIONAL • **CHIC** In dem ehemaligen Kolonialwarenladen sitzt man in frischer moderner Atmosphäre, während man umsichtig und freundlich umsorgt wird. Auf den Tisch kommen schmackhafte Gerichte mit saisonalem und regionalem Bezug. Neben dem A-la-carte-Angebot gibt es ein kleines Saisonmenü und das "Große Herrengassmenü". Nett die Terrasse hinter dem Haus. Eine gefragte Adresse, die auch so manchen Stammgast hat.

🏡 ⇄ 🅿 – Preis: €€

Welzheimer Straße 11 ✉ 74417 – 𝒞 07972 912520 – www.herrengass-gschwend. de – Geschlossen: Montag-Mittwoch, mittags: Donnerstag und Freitag

GUMMERSBACH

Nordrhein-Westfalen – Regionalatlas **3**–K3

✿ MÜHLENHELLE

Chef: Michael Quendler

FRANZÖSISCH-MODERN • **ELEGANT** Was für ein tolles Anwesen! Mit dieser herrlichen Villa haben sich Michael und Brigitta Quendler einen absolut repräsentativen Ort ausgesucht, um ihre Gäste zu verwöhnen. Eleganter Stil, warme Töne, schöner Holzfußboden, große Sprossenfenster..., wirklich einladend! Dazu kommen der aufmerksame und kompetente Service sowie die Küche von Michael Quendler. Er kocht auf klassischer Basis, aber dennoch modern und angenehm unkompliziert - gelungen bringt er die verschiedenen Aromen der ausgezeichneten Produkte auf dem Teller zusammen. Es gibt zwei Menüs (eines davon vegetarisch/vegan), deren Gerichte Sie auch mischen oder à la carte bestellen können. Sehr gut die Auswahl an Flaschenweinen - oder Sie verlassen sich auf die Empfehlungen der charmanten Chefin! Zum Übernachten hat man wohnliche Gästezimmer.

ॐ ㅗ⻔ 굠 🅿 – Preis: €€€€

Hohler Straße 1 ✉ 51645 – ☏ 02261 290000 – www.muehlenhelle.de –
Geschlossen: Montag-Mittwoch, mittags: Donnerstag-Samstag

☺ MÜHLENHELLE - BISTRO

MARKTKÜCHE • BISTRO Das hübsche Bistro mit der angenehm luftigen Atmosphäre ist eine richtig nette Alternative zum Gourmetrestaurant. Auch hier isst man gut, in der einsehbaren Küche entstehen schmackhafte saisonale Speisen mit Wild, Spargel, Matjes etc. Eine schöne Weinauswahl bietet man ebenfalls. Dazu herzlicher Service mit persönlicher Note.

ॐ ㅗ⻔ 굠 🅿 – Preis: €€

Hohler Straße 1 ✉ 51645 – ☏ 02261 290000 – www.muehlenhelle.de

GUNDELFINGEN

Baden-Württemberg – Regionalatlas **7**–B1

BAHNHÖFLE

FRANZÖSISCH-KLASSISCH • LÄNDLICH In dem kleinen Häuschen am Gundelfinger Bahnhof sitzt man in legerer Atmosphäre (dekorativ die Bilder einer jungen polnischen Künstlerin), sehr schön die Terrasse vor dem Haus! Thierry Falconnier ist einer der großen Klassiker im Raum Freiburg, entsprechend seiner Herkunft kocht er französisch - angenehm reduziert und schmackhaft. Tipp: die Enten- oder Fischgerichte.

굠 ⇆ – Preis: €€

Bahnhofstraße 16 ✉ 79194 – ☏ 0761 5899949 – bahnhoefle-gundelfingen.
eatbu.com/?lang=en – Geschlossen: Dienstag und Mittwoch, mittags: Montag,
Donnerstag-Samstag

SONNE WILDTAL

MARKTKÜCHE • MINIMALISTISCH Einladend ist das hübsche Fachwerkhaus schon von außen, drinnen erwartet Sie ein ebenso ansprechendes modernes Ambiente. Sie werden freundlich umsorgt und können zudem noch richtig gut essen. Geboten wird eine ambitionierte klassische Küche mit Bezug zur Saison. Zur Wahl stehen ein Menü sowie Gerichte à la carte. Schön kann man im Sommer auch auf der Terrasse am Dorfplatz sitzen.

굠 ⇆ – Preis: €€€

Talstraße 80 ✉ 79194 – ☏ 0761 61257060 – www.sonnewildtal.com –
Geschlossen: Montag und Dienstag, mittags: Mittwoch-Sonntag

HAAN

Nordrhein-Westfalen – Regionalatlas **3**–J3

ESSENSART

INTERNATIONAL • FREUNDLICH Trotz der etwas versteckten Lage hat man sich hier mit saisonaler Küche einen Namen gemacht. Das Angebot reicht vom vegetarischen Menü bis zu internationalen Gerichten. Die Gastgeber sind herz-lich-engagiert, das Ambiente freundlich, draußen die nette überdachte Terrasse.

굠 🅿 – Preis: €€

Bachstraße 141 ✉ 42781 – ☏ 0212 9377921 – www.essensart-haan.de –
Geschlossen: Montag und Dienstag, mittags: Mittwoch-Samstag

HÄUSERN

Baden-Württemberg – Regionalatlas **7**–B1

KAMINO

MEDITERRAN • GEMÜTLICH Aus dem einstigen "Chämi-Hüsli" der Familie Zumkeller ist das gemütliche "Kamino" entstanden. Hier gibt es frische mediterrane

Küche mit Tapas und Gerichten wie "gebratener Pulpo & Garnelen, Mojosauce, marokkanischer Couscous". Auch Klassisches findet sich auf der Karte. Zum Übernachten gibt es zwei hübsche, wohnliche Gästezimmer.

🏡 ⇄ 🅿 – Preis: €€€

Sankt-Fridolin-Straße 1 ⊠ 79837 – ☏ 07672 4819970 – restaurant-kamino.de – Geschlossen: Dienstag und Mittwoch, mittags: Montag und Donnerstag

HAIGER

Hessen – Regionalatlas **3**–K3

VILLA BUSCH

INTERNATIONAL • ELEGANT Die schöne aufwändig renovierte Villa in erhöhter Lage bietet im Sommer nicht nur eine sehr hübsche Terrasse, auch das Interieur des Restaurants ist geschmackvoll mit seinen Stuckdecken, Dielenboden und modernen Designerstühlen. Aus der Küche des Patrons kommen Gerichte mit mediterranen und asiatischen Einflüssen, darunter viele Fischgerichte. Dazu wird man mit Herz und Charme betreut.

🏡 – Preis: €€

Westerwaldstraße 4 ⊠ 35708 – ☏ 02773 9189031 – www.villabusch.com – Geschlossen: Montag und Dienstag, mittags: Samstag

HALLE (SAALE)

Sachsen-Anhalt – Regionalatlas **4**–P2

❀ ## SPEISEBERG

MODERNE KÜCHE • MINIMALISTISCH Man muss schon ein bisschen Zeit mitbringen, doch was Sie in dem Restaurant in Halles bekannter traditionsreicher "Bergschenke" erwartet, ist ein echtes Genusserlebnis! Geboten wird ausschließlich ein Menü, in dem Küchenchef Konstantin Kuntzsch ausgezeichnete Produkte in den Mittelpunkt stellt - modern, reduziert und mit intensivem Geschmack. Da begeistert "Kaisergranat, Melone, Dashi, Gurke" ebenso wie "Hirschkalb, Sellerie, Zwiebel". Das Menü beginnt für alle Gäste um 19.15 Uhr. Teilnehmen können pro Abend allerdings leider nur maximal 15 Personen. Diese sitzen in dem schön oberhalb der Saale gelegenen Restaurant in modernem, fast schon puristischem Ambiente und werden geschult und freundlich-leger umsorgt. Sa. und So. kleiner Mittagstisch sowie Kaffee und Kuchen.

🅿 – Preis: €€€

Kröllwitzer Straße 45 ⊠ 06120 – ☏ 01525 6029306 – www.bergschenke-halle. com – Geschlossen: Montag, Dienstag, Sonntag, mittags: Mittwoch-Samstag

HALTERN AM SEE

Nordrhein-Westfalen – Regionalatlas **3**–J2

❀ ## RATSSTUBEN

Chef: Daniel Georgiev

MODERNE KÜCHE • FREUNDLICH Das kleine "Ratshotel" mitten in der Altstadt hat nicht nur hübsche wohnliche Zimmer, es ist auch gastronomisch interessant. Patron und Küchenchef Daniel Georgiev bereitet ein modernes Menü mit ausgesuchten Produkten und internationalen Einflüssen zu. Die schöne Weinauswahl dazu umfasst über 250 Positionen. Der Service ist freundlich und aufmerksam, das Interieur geradlinig-elegant in hellen warmen Tönen gehalten. Als bürgerliche Alternative bietet die "Gute Stube" u. a. Steaks. Draußen hat man ein paar Tische auf dem Gehsteig zur Fußgängerzone.

⇄ – Preis: €€€

Mühlenstraße 3 ⊠ 45721 – ☏ 02364 3465 – hotel-haltern.de – Geschlossen: Montag und Sonntag, mittags: Dienstag-Samstag

HAMBURG

Hamburg – Regionalatlas **10**-15

Nicht entgehen lassen sollten sich Gourmets das luxuriöse **Haerlin** im traditionsreichen Fairmont Hotel Vier **Jahreszeiten** direkt an der Binnenalster. In Sankt Pauli macht das **Salt & Silver - Lateinamerika** schon mit seinem Namen Lust auf ein spezielles Konzept. Ebenfalls in Sankt Pauli locken das neu mit Stern ausgezeichnete **haebel** mit seinem interessanten „Carte Blanche"-Angebot sowie das **HACO** mit ambitionierter Küche - beide werden mit dem Grünen Stern für Nachhaltigkeit gewürdigt. Wenn Sie die Sehnsucht nach den Alpen packt, dann auf ins **Tschebull** im edlen Levantehaus. Genuss bei toller Aussicht heißt es im nun zweifach besternten **Lakeside** im exklusiven Hotel **The Fontenay.** Ebenfalls ein Highlight ist das **bianc** mit seiner mediterran angehauchten modern-kreativen 2-Sterne-Küche. Oder zieht es Sie ins relaxt-moderne **Jellyfish** im Szeneviertel Schanze?

UNSERE BESTEN RESTAURANTS

STERNE-RESTAURANTS

✿✿✿

Eine einzigartige Küche – eine Reise wert!

The Table Kevin Fehling 200

✿✿

Eine Spitzenküche - einen Umweg wert!

100/200 Kitchen 208
bianc 200
Haerlin 200
Lakeside **N** 200

✿

Eine Küche voller Finesse - einen Stopp wert!

haebel **N** 209
Jellyfish 206
Landhaus Scherrer ✿ 204
Piment 207
Zeik ✿ 211

BIB GOURMAND 🅑

HYGGE Brasserie & Bar 208
Nil 209
Oechsle 209
philipps 209
Salt & Silver Levante 210
Stocks Restaurant 208
Zipang 206
Zur Flottbeker Schmiede 208

foodandwinephotography/Getty Images Plus

RESTAURANTS AM SONNTAG GEÖFFNET

UNSERE RESTAURANTAUSWAHL

ALLE RESTAURANTS VON A BIS Z

from_my_point_of_view/Getty Images Plus

QUICKBORN, KIEL

BAD-SEGEBERG

A

B

26

Volksparkstrasse

Sportplatzring

Koppelstrasse

Hagenbecks Tierpark

Lohkoppelweg

Lokstedter Steindamm

STELLINGEN

Basselweg

Stellingen

Kielerstrasse

Warnstedtstrasse

27

Schnackenburgallee

Rondenbarg

Langenfelde

Langenfelder Damm

Kielerstrasse

LOKSTEDT

Lenzweg

Stresemannallee

Troplowitzstrasse

Gärtnerstr.

Lutterothstr.

Eidelstedterweg

Else-Rauchpl.

17

Quickbornstr.

16

Müggenkamp-str.

Methfesselstr.

Heussweg

Im Gehölz

Mansteinstr.

Fanny-Mendelssohnpl.

Lappenbergsallee

Osterstr.

Osterstrasse

BAHRENFELD

Holstenkamp

Leunastrasse

Diebsteich

Fruchtallee

Emilienstr.

EIMSBÜTTEL

Christuskirche

Bornkampsweg

SPORTPARK BAHRENFELD

Kielerstr.

Augustenburgstr.

Doormannsweg

Alsenstrasse

Eimsbütteler Chaussee

Weidenallee

18

8

23

Stresemannstrasse

Bahrenfelder Steindamm

Plönerstrasse

Holstenstrasse

STERNSCHANZE

Gasstrasse

Stresemannstr.

Friedensallee

Barnerstrasse

Harkortstrasse

Neuer Pferdemarkt

OTTENSEN

Altona

Max-Brauer-Allee

Holstenstrasse

Wohlwillstr.

24

Paul-Roosenstr.

Paulinenpl.

ALTONA-NORD

ALTONA-ALTSTADT

26

Clemens-Schultzstr.

25

48

Hohenzollernring

Ehrenberg-str.

Jessenstr.

L-Schroederstr.

Mörkenstr.

Simon- von- Utrechtstr.

ST. PAULI

Altonaer Museum

Ottenser Marktpl.

Pl. der Republik

Königstrasse

Königstrasse

Pepermölenbek

Reeperbahn

Reeperbahn

2

ELBCHAUSSEE

Palmaille

Breitestrasse

Bernhard-Nochtstr.

51

50

St. Pauli Hafenstr.

HAFEN

Kaistrasse

5

Grosse

4

7

Elbstrasse

Fischmarkt

Neumühlen-Övelgönne

Fischereihafen

6

FINKENWERDER

CUXHAVEN, HELGOLAND

ELBE

A7

Steinwerder

STEINWERDER

BREMEN, HANNOVER

ROTTENBURG, SOLTAU

A

B

HAMBURG
plan I

0   500 m

KIEL

EPPENDORF

20 Hudtwalckerstr. Winterhuder Marktplatz

Winterhuder Fährhaus

28 Sierichstr.

Tarpenbekstr.

22 Landstr. Kellinghusenstr.

Martinistrasse

30

Breitenfelderstrasse

Eppendorfer

21 Geffckenstr. Loogestrasse

Maria-Louisenstr.

WINTERHUDE

N

Hoheluftchaussee

HOHELUFT-OST

19

Lehmweg

Eppendorfer Baum

Streekbrücke

Heilwigstrasse

Sierichstrasse

Goldbekpl.

Gertigstrasse

Jarrestr.

Winterhuder Weg

1

Hohallee

Klosterstern

Fernsicht

Mühlenkamp

HOHELUFT-WEST

Hoheluftbrücke

Krugkoppelbrücke

Harvestehuder Weg

Alster

Mühlenkamp

Hofweg

HARVESTEHUDE

Bogenstrasse

Grindelberg

Mittelweg

Fährdamm

Uhlenhorster Fährhaus

Zimmerstr.

27

UHLENHORST

Bogenstrasse

Hallerstrasse

Hallerstr.

11

Rabenstrasse

Hofweg

Schwanenwik

Bundesstrasse

ROTHERBAUM

Rothenbaumchaussee

13

Schlump

Grindelallee

33

Aussenalster

Mundsburger Damm

Schröderstiftstr.

Rentzelstr.

34

Mittelweg

HOHENFELDE

2

Sternschanze

38

Fernsehturm

Karolinenstr.

St. Petersburger-str.

Dammtor

voir plan II

Sechslingspforte

47

Messehallen

Stephanspl.

Kennedybrücke

An der Alster

Schmilinskystr.

ST. GEORG

Feldstrasse

Feldstr.

Sievekingpl.

Gorch-Fock-Wall

Gänsemarkt

Lombardsbrücke

Binnenalster

Hamburger Kunsthalle

Lohmühlenstr.

Steindamm

MILLERNTOR-STADION

Kaiser-Wilhelm-str.

Jungfernstieg

Grosse Bleichen

Ballindamm

Museum für Kunst und Gewerbe

Kurt-Schumacher-Allee

3

Museum für Hamburgische Geschichte

Glacischaussee

St. Pauli

Stadthausbrücke

Ludwig-Erhardstr.

Steinstrasse

Sprinkenhof

Amsinckstrasse

HAMMERBROOK

49

St. Michaeliskirche und Turm des Michels

Rödingsmarkt

Willy-Brandtstrasse

Högerdamm

Amsinckstrasse

Nagelsweg

Landungsbrücken

Hohe Brücke

Bei den Mühren

Zollkanal

Bankstr.

Vorsetzen

Baumwall

Brooktorkai

Shanghaiallee

Oberhafen

ELBPHILHARMONIE

15

1

Theater im Hafen

Elbphilharmonie

Versmannstr.

ERNST-AUGUST-SCHLEUSE

ARNINGSTRASSE

LÜNEBURG

BERLIN, LÜBECK

LAUENBURG

Im Zentrum

THE TABLE KEVIN FEHLING

Chef: Kevin Fehling

KREATIV • DESIGN Waren Sie mal in Kevin Fehlings Restaurant in der HafenCity am namengebenden langen geschwungenen Tresen gesessen und haben bei stylischer, angenehm lockerer Atmosphäre das Geschehen in der offenen Küche verfolgt? Gebannt beobachtet man, wie das bestens eingespielte Team ein international inspiriertes Menü kreiert. Was hier auf den Teller kommt, ist technisch auf top Niveau und steckt voller Details. Dass nur beste Zutaten zum Einsatz kommen, braucht kaum erwähnt zu werden. Und dann ist da noch der Service, der Sie von der Begrüßung über die Erklärung der Gerichte und Weine bis zur Verabschiedung professionell begleitet.

🕸 – Preis: €€€€

Stadtplan: F3-10 – *Shanghaiallee 15* ✉ *20457* – 𝒞 *040 22867422 – thetable-hamburg.de – Geschlossen: Montag und Sonntag, mittags: Dienstag-Samstag*

BIANC

Chef: Matteo Ferrantino

MEDITERRAN • DESIGN Hier bringt ein gebürtiger Italiener südliche Aromen nach Hamburg. Matteo Ferrantino, der zuvor im portugiesischen Albufeira zusammen mit Dieter Koschina die Küche des 2-Sterne-Restaurants der "Vila Joya" leitete, gibt mit den Menüs "Emotion" und "Garten" (vegetarisch) eine modern-kreative mediterrane Küche zum Besten. Jedes Menü beginnt mit einer Vielzahl gleichzeitig servierter Amuses Bouches und endet mit einer Reihe ebenso feiner Petits Fours. Dazwischen z. B. "Iberico Secreto, Meeresfrüchte, Chorizo, Perlzwiebel, Dijonsenf". Mit viel Geschmack und technischer Finesse bereitet er top Produkte zu und schafft dabei ausgesprochen interessante Kombinationen. Dazu hat Architektin Julia Erdmann ein schickes Ambiente mit Piazza-Flair geschaffen - Blick in die Küche inklusive.

🕸 🅰🅲 – Preis: €€€€

Stadtplan: E3-32 – *Am Sandtorkai 50* ✉ *20457* – 𝒞 *040 18119797 – www.bianc. de/en – Geschlossen: Montag, Dienstag, Sonntag, mittags: Mittwoch-Samstag*

HAERLIN

FRANZÖSISCH-KREATIV • LUXUS Wer in Hamburg die Verbindung aus Historie, noblem Chic und exzellenter Küche sucht, kommt an diesem eleganten Gourmetrestaurant im legendären "Fairmont Hotel Vier Jahreszeiten" am Neuen Jungfernstieg nicht vorbei. Seit vielen Jahren ist Küchenchef Christoph Rüffer hier mit seinen saisonalen und auf erstklassigen Produkten basierenden Menüs der Garant für Kontinuität und ständige Evolution. Seine Küche glänzt mit Präzision, die Optik ist ausgefeilt, steht aber nie im Mittelpunkt. Passend zum stilvoll-luxuriösen Ambiente wird man von einer sehr aufmerksamen, hervorragend besetzten Servicebrigade umsorgt, ausgezeichnet die Weinkarte. Empfehlenswert auch die Weinbegleitung zum Menü - hier kann man übrigens auch die "Grand Cru"-Variante wählen.

🕸 ⇐ ♿ 🅰🅲 ⇔ – Preis: €€€€

Stadtplan: E1-31 – *Neuer Jungfernstieg 9* ✉ *20354* – 𝒞 *040 34943310 – restaurant-haerlin.de/de – Geschlossen: Montag und Sonntag, mittags: Dienstag-Samstag*

LAKESIDE

MODERNE KÜCHE • DESIGN Wenn Sie in der 7. Etage des imposanten Hotels "The Fontenay" aus dem Lift steigen, finden Sie sich in einem einzigartigen Restaurant wieder: ein luftiger, lichtdurchfluteter Raum, der mit klarem Design in elegantem Weiß sowie mit einer schlichtweg grandiosen Aussicht über die Stadt und die Außenalster besticht. Die moderne Küche von Julian Stowasser gibt es als Menü mit vier bis sechs Gängen. Die Gerichte sind komplex, aber nie überladen, klasse die Produkte, exakt das Handwerk. Top geschult der Service unter Michel Buder: professionell und ungezwungen, eingespielt und gut koordiniert - tolle Weinempfehlung durch Sommelière Stefanie Hehn inklusive. Wer vor dem

HAMBURG

plan II

0   300 m

N

E   F

Mittelweg

Neue Rabenstr.

Alsterterrasse

Warburgstraße

Alsterufer

Alsterglacis

Alsterufer

Aussenalster

An der Alster

Gurlittstraße

1

Esplanade

Kennedybrücke

Atlantic

39

Koppel

45

Soester-str.

Fehlandt-Str.

Lombardsbrücke

Holzdamm

Lange Reihe

ST. GEORG

31 **37**

Neuer Jungfernstieg

36

Binnenalster

Galerie der Gegenwart

An der Kunsthalle

Glockengießerwall

HAMBURGER KUNSTHALLE

Kirchenweg

Jungfernstieg

Alsterpavillon

Ballindamm

Ferdinandstraße

Georgspl.

Wallringtunnel

Hauptbahnhof Nord

Hachmannpl.

Bremer Reihe

Hauptbahnhof

43

Jungfernstieg

Alstertor

Rabolsen

Rosenstraße

Lilienstraße

Kurze Mühren

Hauptbahnhof Süd

Alsterarkaden

Schleusen-brücke

Hermannstr.

Spitalerstraße

Lange Mühren

Steintorwall

Museum für Kunst und Gewerbe

Reesendstr.

Bucerius Kunstforum

Rathaus-markt

ALTSTADT

Hauptkirche St. Petri

Barkhof

42

Mönckebergstr.

Steintorweg

Repsoldstr.

Münzstraße

Rathaus

Rathaus

St. Jakobi Kirche

Levantehaus

Steinstr.

Arno-Schmidt-Platz

Handelskammer

Domstraße

KONTORHAUSVIERTEL

Steinstraße

Kunstverein Hamburg

HAMMERBROOK

Trostbrücke

Domplatz

Sprinkenhof

Burchardpl.

Kunstverein

Große Reichenstr.

Chilehaus

Deichtorpl.

Amsinckstraße

Laeiszhof

Nikolai Kirchturm

Willy-Brandt-Straße

Messberg

Meßberghof

Chocoversum

Högerdamm

Deichtorhallen

46

Dovenfleet

St. Katharinen Kirche

Katharinen-Str.

Alter Wandrahm

Dialog im Dunkeln

Bankstraße

Stadtdeich

ALTSTADT

44

Zollkanal

Neuer Wandrahm

SPEICHERSTADT

Oberhafen

Bei den Mühren

Brook

Pickhuben

Stockmeyerstr.

InfoCenter HafenCity

Am Sandtorkai

32

Am Sandtorpark

Internationales Maritimes Museum

Koreastraße

Osakaallee

41

Automuseum Prototyp

10

Am Lohsepark

HAFENCITY

3

Magellan-Terrassen

Marktpl.

Greenpeace Exhibition

12

Überseeallee

HafenCity Universität

Vasco-da-Gama-Platz

HAFENCITY

Marco-Polo-Terrassen

Überseequartier

HafenCity Universität

Marco Polo Tower

14

Unilever Haus

Hamburg Cruise Center

E   F

Essen einen Apero in der schicken Bar in der 6. Etage einnimmt, gelangt über eine geschwungene Treppe hinauf ins Restaurant.

🕸 ⪜ 🅰 ⇦ 🅿 – Preis: €€€€

Stadtplan: D2-33 – *Fontenay 10* ✉ *20354* – ☏ *040 60566050* – *www. thefontenay.com/restaurants-bar/lakeside-restaurant* – *Geschlossen: Montag und Sonntag, mittags: Dienstag-Samstag*

ANNA SGROI

ITALIENISCH • **ELEGANT** Charmant ist die Atmosphäre in dem aufwändig renovierten Haus von 1897. Ausgesprochen stilvoll und gemütlich ist das Ambiente, richtig schön hat man historische Elemente in das Interieur eingebunden. Hier darf man sich auf klassisch italienische Küche freuen. Nett sitzt man auch auf der Terrasse.

🍴 – Preis: €€

Stadtplan: D2-11 – *Milchstraße 7* ✉ *20148* – ☏ *040 28003930* – *www.annasgroi. de* – *Geschlossen: Montag und Sonntag, mittags: Dienstag-Samstag*

BOOTSHAUS BAR & GRILL

FLEISCH • **ZEITGEMÄSSES AMBIENTE** Das "Bootshaus" liegt mitten in der HafenCity. Gemütlich sitzt man im "Boot" mit Blick in die offene Küche - oder möchten Sie lieber vom luftig-lichten Barbereich auf den Grasbrookhafen schauen? Im Mittelpunkt steht Fleisch vom Josper-Grill: "New York Strip", "Rib Eye"... - genau richtig zubereitet! Dazu eine große Auswahl an Beilagen und gute Saucen.

🅰 🍴 – Preis: €€

Stadtplan: E3-12 – *Am Kaiserkai 19* ✉ *20457* – ☏ *040 33473744* – *www. bootshaus-hafencity.de* – *Geschlossen: Montag und Sonntag, mittags: Dienstag-Samstag*

BROOK

INTERNATIONAL • **BISTRO** Eine beliebte Adresse! Abends ist die hübsch angestrahlte Speicherstadt vis-à-vis ein schöner Anblick, da sitzt man im Sommer natürlich gerne draußen - dafür gibt es vor dem Eckhaus einige Tische an der Straße. Gekocht wird mit internationalen, deutschen und klassischen Einflüssen.

🍴 – Preis: €€

Stadtplan: E3-44 – *Bei den Mühren 91* ✉ *20457* – ☏ *040 37503128* – *www. restaurant-brook.de* – *Geschlossen: Montag und Sonntag*

BUTCHER'S AMERICAN STEAKHOUSE

FLEISCH • **FAMILIÄR** Steak-Liebhaber aufgepasst! Hier setzt man auf exklusives US Prime Beef, und das steht in Form von unterschiedlichen Cuts auf dem Teller absolut im Mittelpunkt! Und das Drumherum passt bestens zur Küche: Typische Steakhouse-Atmosphäre nach amerikanischem Vorbild sorgt für ein stimmiges Bild. Tipp: Besonders gemütlich hat man es im Winter am Kamin.

⇦ – Preis: €€€

Stadtplan: D2-13 – *Milchstraße 19* ✉ *20148* – ☏ *040 446082* – *www.butchers-steakhouse.de* – *Geschlossen: Sonntag, mittags: Montag-Samstag*

CARLS BRASSERIE AN DER ELBPHILHARMONIE

DEUTSCH • **BRASSERIE** Mit Blick auf die Elbphilharmonie genießt man hier in lebendig-legerer und zugleich eleganter Brasserie-Atmosphäre gehobene norddeutsche Küche wie z. B. Fischeintopf oder Seezunge im Ganzen. Die Lage ist einmalig, da ist im Sommer die Terrasse praktisch ein Muss. Im Bistro nebenan serviert man Bowls und Tartines.

⪜ ♿ 🅰 🍴 ⇦ – Preis: €€

Stadtplan: C3-1 – *Am Kaiserkai 69* ✉ *20457* – ☏ *040 300322400* – *carls-brasserie.de*

COAST BY EAST

FUSION • **FREUNDLICH** Klasse die Lage an den Marco-Polo-Terrassen in der HafenCity - herrlich sitzt man da auf der Terrasse zur Elbphilharmonie! Auch das

Konzept kommt an: Sushi und Sashimi aus der offenen Sushi-Küche. Aber auch einige internationale Gerichte finden sich auf der Karte. Im UG gibt es noch die Enoteca mit italienischem Angebot.

🐾 🕭🍴 – Preis: €€€

Stadtplan: E3-14 – *Großer Grasbrook 14 ✉ 20457 – 𝒞 040 30993230 – www. coast-hamburg.de – Geschlossen mittags: Montag, Dienstag, Sonntag*

COX

INTERNATIONAL • **BISTRO** Mit ihrer sympathisch-legeren Atmosphäre ist diese Adresse ein Bistro im besten Sinne! Das Lokal zieht ein bunt gemischtes Publikum an, das von einem freundlichen und aufmerksamen Serviceteam umsorgt wird. Beliebt ist auch das günstige Mittagsangebot.

Preis: €€

Stadtplan: F1-45 – *Lange Reihe 68 ✉ 20099 – 𝒞 040 249422 – www. restaurant-cox.de/cox_home_de.html – Geschlossen: Montag und Sonntag*

HELDENPLATZ

FRANZÖSISCH-MODERN • **TRENDY** Sie möchten nach dem Musical- oder Konzertbesuch noch essen gehen? Hier serviert man Ihnen bis Mitternacht eine klassisch inspirierte Küche. Dazu eine sehr gute kleine Weinkarte - fast alle Weine gibt es auch glasweise. Ansprechend das geradlinig-moderne Ambiente mit dekorativen Bildern an den Wänden.

🅰🅲 – Preis: €€€

Stadtplan: E2-46 – *Brandstwiete 46 ✉ 20457 – 𝒞 040 30372250 – www. heldenplatz-restaurant.de – Geschlossen: Montag-Mittwoch, mittags: Donnerstag-Sonntag*

HENRIKS

INTERNATIONAL • **DESIGN** Dieses stylische Restaurant ist beliebt. Drinnen sitzt man in schickem Ambiente, draußen auf der schönen Terrasse unter alten Bäumen. Das Angebot ist ein Mix aus asiatischer, mediterraner und regionaler Küche samt Grillgerichten, Hummer und Kaviar. Dazu eine gute Weinauswahl.

🕭🅰🅲🍴 – Preis: €€€

Stadtplan: C2-38 – *Tesdorpfstraße 8 ✉ 20148 – 𝒞 040 288084280 – www. henriks.cc*

HERITAGE

INTERNATIONAL • **TRENDY** Das Restaurant bietet nicht nur einen fantastischen Ausblick auf die Alster, auch die Küche lockt. Es gibt Internationales wie "Nordsee-Steinbutt mit Belugalinsen und Limonen-Hollandaise" oder erstklassige gereifte Steaks mit besonderem Aroma - dem 800°-US-Southbend-Broiler sei Dank!

🕭🅰🅲 – Preis: €€€€

Stadtplan: F1-39 – *An der Alster 52 ✉ 20099 – 𝒞 040 21001070 – www. heritage-restaurants.com/hamburg – Geschlossen: Montag und Sonntag, mittags: Dienstag-Samstag*

JAHRESZEITEN GRILL

FRANZÖSISCH-KLASSISCH • **ELEGANT** Seit 1926 ist diese stilvolle Hamburger Institution mit Art-déco-Flair beliebt bei den Gästen. Klassisch ist hier sowohl der Service als auch die Küche. Einige Gerichte wie z. B. Beef Tartare, Seezunge oder Crêpe Suzette werden direkt am Tisch vollendet.

🍽🕭🅰🅲 – Preis: €€€€

Stadtplan: E1-36 – *Neuer Jungfernstieg 9 ✉ 20354 – 𝒞 040 34940 – hvj.de/ de/jahreszeiten-grill.html*

KINFELTS KITCHEN & WINE

MARKTKÜCHE • **CHIC** In unmittelbarer Nähe zur Elbphilharmonie betreibt der aus dem "Trüffelschwein" bekannte Kirill Kinfelt sein zweites Restaurant. Chic-modern ist die Einrichtung hier, ambitioniert und zugleich bodenständig die regional-saisonal ausgerichtete Küche. Die schöne Weinauswahl zeigt fundiertes Sommelierwissen. Für Ihre Reservierung stehen am Abend zwei Zeitfenster zur Verfügung.

🦪 🍴 – Preis: €€€

Stadtplan: C3-15 – *Am Kaiserkai 56* ✉ *20457* – ☎ *040 30068369* – *www. kinfelts.de* – *Geschlossen: Dienstag, mittags: Montag, Mittwoch-Samstag*

NIKKEI NINE

JAPANISCH • CHIC In diesem kulinarischen Hotspot in der Elbmetropole sollten Sie unbedingt reservieren! Stylish-elegant ist die Atmosphäre in dem in dunklem Holz, Creme- und Goldtönen gehaltenen Restaurant, das sich im luxuriösen "Fairmont Hotel Vier Jahreszeiten" befindet. Geboten wird eine japanisch-internationale Fusionsküche. Der Service sehr freundlich und präsent. Tipp: Man hat auch eine coole Bar!

Preis: €€€

Stadtplan: E1-37 – *Neuer Jungfernstieg 9* ✉ *20354* – ☎ *040 34943399* – *nikkei-nine.de/de* – *Geschlossen mittags: Montag-Sonntag*

STRAUCHS FALCO

INTERNATIONAL • TRENDY Neben dem "Maritimen Museum" finden Sie dieses stylish-schicke Restaurant. Hier in den Elbarkaden mitten in der HafenCity sitzt man natürlich auch gerne auf der Terrasse. Aus der einsehbaren Küche kommt ein breites internationales Angebot von Grillgerichten über Mediterranes bis zu deutschen Klassikern. Dazu "Bar & Deli".

🍴 – Preis: €€€

Stadtplan: E3-41 – *Koreastraße 2* ✉ *20457* – ☎ *040 226161511* – *falco-hamburg. de*

TSCHEBULL

ÖSTERREICHISCH • MONTAN In der 1. Etage der exklusiven Einkaufspassage ist der Bezug zu Österreich allgegenwärtig: als Deko in Form von Kuhglocken und Edelweiß-Motiv an der Decke sowie Bergpanorama-Wandbild, auf dem Teller in Form von Klassikern wie Alt Wiener Tafelspitz oder Kaiserschmarrn. Oder vielleicht die "Schmankerlvariation" zum Teilen? Legerer: Im "Beisl" serviert man an halbhohen Tischen "Austrian Tapas". Schöne Auswahl an offenen Weinen.

🍽 – Preis: €€€

Stadtplan: F2-42 – *Mönckebergstraße 7* ✉ *20095* – ☎ *040 32964796* – *www. tschebull.de/de* – *Geschlossen: Montag und Sonntag*

YOSHI IM ALSTERHAUS

JAPANISCH • FREUNDLICH In der 4. Etage des noblen Einkaufszentrums finden Sie diesen Treffpunkt für Freunde japanischer Esskultur. Japanische Köche bringen hier Tradition und Moderne in Einklang, z. B. mit "Kamo-Nabe", "Blaukrabben-Tempura mit Matcha-Salz" oder Sushi. Gefragte Dachterrasse!

♿ 🅰 🍴 – Preis: €€€

Stadtplan: E2-43 – *Jungfernstieg 16* ✉ *20354* – ☎ *040 36099999* – *www. yoshi-hamburg.de* – *Geschlossen: Sonntag*

Außerhalb des Zentrums

In Hamburg-Altona

LANDHAUS SCHERRER

Chef: Heinz Otto Wehmann

KLASSISCHE KÜCHE • ELEGANT Heinz O. Wehmann gehört zum "Landhaus Scherrer" (übrigens mit frischem neuem Äußeren!) wie der "Michel" zu Hamburg! Schon seit 1980 ist er Küchenchef in dem 1976 von Armin und Emmi Scherrer eröffneten Restaurant (bereits seit 1978 mit einem, zeitweise sogar mit zwei MICHELIN Sternen ausgezeichnet!). Seit Jahren eine Selbstverständlichkeit: herausragende regionale, oftmals biozertifizierte Produkte! So klassisch wie das

Ambiente - Hingucker ist nach wie vor das große erotische Gemälde! - sind auch die Speisen. Absolut fantastisch z. B. das Holsteiner Reh mit exzellenter Rosmarin-Sauce. Dazu beeindruckt der gewachsene Weinkeller mit über 10.000 Flaschen! Der Service aufmerksam und professionell, aber keineswegs steif. Alternative zur Gourmetküche: gute regionale Gerichte in "Wehmann's Bistro".

🌿 *Engagement des Küchenchefs: Seit 40 Jahren steht für mich Regionalität neben Qualität an oberster Stelle und dass wir bereits seit mehr als 10 Jahren biozertifiziert sind, macht mich stolz! Aber nicht nur meine Sterneküche profitiert davon, sondern auch die Umwelt, viele langjährige Mitarbeiter und natürlich die Ökonomie!*

🕸 🍷 🏠 ⇌ 🅿 – Preis: €€€€

Stadtplan: A3-2 – *Elbchaussee 130* ✉ *22763* – ☏ *040 883070030* – *www.landhausscherrer.de* – *Geschlossen: Sonntag*

AM KAI

FISCH UND MEERESFRÜCHTE • **HIP** Trendig, hip und relaxed geht es in dem sympathischen Restaurant direkt am Wasser zu, toll der Blick auf den Containerhafen - vor allem im Sommer von der Terrasse! Aus der Küche kommt modernes Seafood - die Gerichte in Zwischenportions-Größe sind ideal zum Probieren und Teilen.

⇽ 🏠 🅿 – Preis: €€

Stadtplan: B3-7 – *Große Elbstraße 145 b* ✉ *22767* – ☏ *040 38037730* – *amkai.hamburg* – *Geschlossen: Montag und Sonntag, mittags: Dienstag-Samstag*

FISCHEREIHAFEN RESTAURANT

FISCH UND MEERESFRÜCHTE • **KLASSISCHES AMBIENTE** Es ist und bleibt eine Institution - gewissermaßen das Hamburger "Wohnzimmer" für Fischliebhaber, ob Alt oder Jung! In elegantem hanseatisch-traditionellem Ambiente samt Hafenblick kommen topfrische Qualitätsprodukte vom Fischmarkt auf den Tisch, von "Nordsee-Steinbutt in Senfsauce" bis "Hummerragout mit Cognac".

⇽ 🏠 ⇌ 🅿 – Preis: €€€

Stadtplan: A3-5 – *Große Elbstraße 143* ✉ *22767* – ☏ *040 381816* – *www.fischereihafenrestaurant.de*

HENSSLER HENSSLER

ASIATISCHE EINFLÜSSE • **MINIMALISTISCH** Zwischen Holzhafen und Altonaer Fischmarkt, umgeben von zahllosen Fisch- und Meeresfrüchtehändlern, hat der bekannte TV-Koch Steffen Henssler sein puristisch gehaltenes Restaurant. Aus der Küche kommen vor allem modern interpretierte Sushi- und Sashimi-Zubereitungen, aber auch leckere warme Fisch- und Fleischgerichte. Reservierung ist hier mittags wie abends ratsam!

🍷 🏠 – Preis: €€€

Stadtplan: B3-4 – *Große Elbstraße 160* ✉ *22767* – ☏ *040 38699000* – *hensslerhenssler.de* – *Geschlossen: Montag und Sonntag*

RIVE

FISCH UND MEERESFRÜCHTE • **BRASSERIE** Die Betreiber des "Tschebull" leiten auch dieses herrlich direkt am Hafen gelegene Restaurant. Im Mittelpunkt stehen hier Fisch und Meeresfrüchte, von Büsumer Krabben über Kotelett vom Seeteufel bis Hummer vom Grill. Mit dem Wiener Schnitzel findet sich aber auch ein Fleisch-Klassiker auf der Karte. Im Sommer ist die wunderbare Terrasse praktisch ein Muss! Durchgehend warme Küche.

⇽ 🏠 – Preis: €€

Stadtplan: B3-6 – *Van-der-Smissen-Straße 1* ✉ *22767* – ☏ *040 3805919* – *www.rive.de* – *Geschlossen: Montag*

In Hamburg-Duvenstedt

LENZ

REGIONAL • **FREUNDLICH** Hier bietet man in freundlicher und moderner Atmosphäre regionale Küche von Labskaus über geschmorte Kalbsbäckchen bis zur roten Grütze. Dazu aufmerksamer Service. Der lichte Wintergarten lässt sich übrigens im Sommer öffnen!

🅰🄲 🍴 🅿 – Preis: €€

außerhalb Stadtplan – *Poppenbütteler Chaussee 3* ✉ *22397* – ✆ *040 60558887* – *restaurant-lenz.de* – *Geschlossen: Dienstag und Mittwoch*

In Hamburg-Eimsbüttel

❀ **JELLYFISH**

Chef: Stefan Fäth

FISCH UND MEERESFRÜCHTE • TRENDY Wer Fisch- und Meeresfrüchte-Küche mag, ist im "Jellyfish" genau richtig. Diese wird in Form eines Menüs angeboten, das es als große und kleine Variante gibt. Hier findet man auch eine hervorragende "Ausnahme" in Form eines Fleisch- oder Geflügelgerichts. Ausgesuchte Produkte werden durchdacht und modern-kreativ zubereitet, toll das Handwerk. Und der Rahmen zum guten Essen? Das im Schanzenviertel gelegene Restaurant ist angenehm puristisch gehalten, die volle Aufmerksamkeit gilt der finessenreichen und interessanten Küche. Ein weiterer Wohlfühlfaktor ist der pfiffige, aufmerksame und fachkundige junge Service, der auch die passenden Weine empfiehlt. Sa. + So. mittags kleine Bistrokarte.

🥄 – Preis: €€€€

Stadtplan: B2-8 – *Weidenallee 12* ✉ *20357* – ✆ *040 4105414* – *www.jellyfish-restaurant.de* – *Geschlossen: Montag und Dienstag, mittags: Mittwoch-Freitag*

☺ **ZIPANG**

JAPANISCH • MINIMALISTISCH "Zipang" bedeutet "Reich der aufgehenden Sonne", entsprechend fernöstlich ist hier das Konzept vom modern-puristischen Ambiente bis zur Küche. Neben typisch Japanischem wie Sushi, Sashimi und Tempura erwarten Sie aber auch westliche Einflüsse. Gut die Auswahl an hochwertigem Sake! Freundlich der Service. Einfacheres Lunch-Angebot.

Preis: €€

Stadtplan: B1-16 – *Eppendorfer Weg 171* ✉ *20253* – ✆ *040 43280032* – *www.zipang.de* – *Geschlossen: Montag und Sonntag*

HEIMATJUWEL

KREATIV • MINIMALISTISCH Marcel Görke, in Hamburg kein Unbekannter, hat hier ein geradlinig-rustikales und angenehm legeres kleines Restaurant. Geboten wir eine kreativ-saisonale Küche aus regionalen Produkten, die in Form eines vegetarischen Menüs mit vier oder sechs Gängen serviert wird - als Hauptgang gibt es auch eine Alternative, mal Fisch, mal Fleisch. Sie können auch auf der kleinen Terrasse auf dem Gehweg sitzen.

🍴 – Preis: €€€

Stadtplan: B1-17 – *Stellinger Weg 47* ✉ *20255* – ✆ *040 42106989* – *www.heimatjuwel.de* – *Geschlossen: Montag und Sonntag, mittags: Dienstag-Samstag*

MOMO RAMEN

RAMEN • BÜRGERLICH Lust auf japanische Ramen? Dann sind Sie hier genau richtig! In dem hip-legeren Lokal serviert man frische hausgemachte Nudeln. Bei den aromatischen Gerichten legt man Wert auf regionale Produkte und verzichtet auf Zusatzstoffe. Mittags ist das Angebot reduziert. Witziges Detail: Die Toiletten sind mit japanischen Zeitungen tapeziert.

Preis: €€

Stadtplan: B2-23 – *Margaretenstraße 58* ✉ *20357* – ✆ *040 57226024* – *www.momo-ramen.de*

WITWENBALL

MODERNE KÜCHE • BISTRO Ein chic-modernes "Bistro deluxe" in einem ehemaligen Tanzlokal: hellgrüne Stühle und azurblaue Bänke, glänzende Marmortische, eine markante weiße Marmortheke, dazu dekorative Weinregale...

Die themenbezogene Karte wechselt alle paar Wochen. Zu den richtig leckeren Gerichten gibt es über 300 Weine - hier legt man Wert auf ökologischen Anbau. Tipp: die Desserts!

⅜ 🍴 – **Preis: €€**

Stadtplan: B2-18 – *Weidenallee 20* ⊠ *20357* – ☏ *040 53630085* – *www.witwenball.com* – *Geschlossen: Montag und Dienstag, mittags: Mittwoch-Sonntag*

In Hamburg-Eppendorf

❀ ### PIMENT

Chef: Wahabi Nouri

KREATIV • NACHBARSCHAFTLICH Was den Charme dieses Restaurants ausmacht? Neben schönem Ambiente in warmen Tönen und freundlichem, kompetentem Service sei hier in erster Linie die Küche von Wahabi Nouri zu nennen. Man spürt sein volles Engagement und seine ganze Leidenschaft für Kochen! Ausgangspunkt sind immer die Zutaten: Seine beiden Menüs basieren auf den besten saisonalen Produkten, und die bringt er gekonnt mit Gewürzen, Aromen und Säure in Einklang. Er arbeitet technisch überaus geschickt, bisweilen sehr tief ins Detail und zaubert zahlreiche Nuancen auf den Teller. Die persönliche Note verdankt seine Küche dem Respekt vor seinen familiären Wurzeln. Nouri stammt aus Casablanca, so lässt er feine nordafrikanische Akzente einfließen, die z. B. seine marokkanische Gemüse-Tarte zu einem echten Geschmackserlebnis machen.

🍴 – **Preis: €€€€**

Stadtplan: C1-19 – *Lehmweg 29* ⊠ *20251* – ☏ *040 42937788* – *restaurant-piment.de* – *Geschlossen: Mittwoch und Sonntag, mittags: Montag, Dienstag, Donnerstag-Samstag*

BRECHTMANNS BISTRO

ASIATISCHE EINFLÜSSE • MINIMALISTISCH Ausgesprochen beliebt in Hamburg ist das modern-puristische und sympathisch-legere Bistro der Brechtmanns. Gekocht wird asiatisch inspiriert, aber auch Regionales findet sich auf der Karte. Tipp: Probieren Sie mal die verschiedenen Varianten der Oldenburger Ente - auch im Sommer ein Genuss. Schön lässt es sich in der warmen Jahreszeit auch im Freien sitzen.

🍴 – **Preis: €€**

Stadtplan: C1-20 – *Erikastraße 43* ⊠ *20251* – ☏ *040 41305888* – *www.brechtmann-bistro.de* – *Geschlossen: Montag, Dienstag, Sonntag, mittags: Mittwoch-Samstag*

CORNELIA POLETTO

ITALIENISCH • FREUNDLICH Ein wirklich nettes Restaurant in top Lage! Schön das wertige, modern-elegante Interieur, frisch die mediterran geprägte Küche, in der sich immer wieder deutliche italienische Einflüsse finden. Probieren Sie mal die Antipasti! Aus dem Menü können Sie auch à la carte wählen. Freundlich und versiert der Service. Tipp: Speisen Sie im Sommer auf der Terrasse vor dem Haus. Zwischen Restaurant und Kochschule gibt es übrigens noch das "Paola's": ein Mix aus Bar und Deli.

🍴 – **Preis: €€€**

Stadtplan: C1-22 – *Eppendorfer Landstraße 80* ⊠ *20249* – ☏ *040 4802159* – *cornelia-poletto.de* – *Geschlossen: Montag und Sonntag*

STÜFFEL

MARKTKÜCHE • CHIC So attraktiv wie die Lage direkt am Isekai ist auch die saisonale Küche mit mediterranem und regionalem Einfluss. Aus guten Produkten entsteht z. B. "Steinbeißerfilet mit Tomaten-Brot-Salat & Basilikum". Dazu eine gut sortierte Weinkarte - der Chef berät Sie auch gerne selbst. Serviert wird in stylish-modernem Bistro-Ambiente oder auf der Terrasse am Kai.

♞ – Preis: €€

Stadtplan: C1-21 – *Isekai 1 ✉ 20249 – ☎ 040 60902050 – restaurantstueffel. de – Geschlossen: Montag und Dienstag, mittags: Mittwoch-Sonntag*

In Hamburg-Flottbek

☺ **HYGGE BRASSERIE & BAR**

REGIONAL • BRASSERIE "Hygge" (dänisch) steht für Geborgenheit, Vertrautheit, Gemeinschaft... Passend dazu geht es in dem hübschen Fachwerkhaus in schickem, stylischem Ambiente angenehm entspannt zu, Herzstück der mittige Kamin. Serviert werden richtig gute saisonal-regionale Gerichte. Auch die trendige Bar-Lounge kommt an.

🍽 🍴 **P** – Preis: €€

außerhalb Stadtplan – *Baron-Voght-Straße 179 ✉ 22607 – ☎ 040 82274160 – www.hygge-hamburg.de – Geschlossen mittags: Montag-Sonntag*

☺ **ZUR FLOTTBEKER SCHMIEDE**

PORTUGIESISCH • BISTRO Lust auf ein bisschen Portugal in Hamburg? In der denkmalgeschützten alten Schmiede trifft traditionell-deutsches Ambiente (samt authentischer Deko und offener Feuerstelle von einst) auf südländisch-familiäre Atmosphäre und portugiesisch-mediterrane Küche in Form von leckeren Tapas.

🍴 **P** – Preis: €€

außerhalb Stadtplan – *Baron-Voght-Straße 79 ✉ 20038 – ☎ 040 20918236 – zurflottbekerschmiede.de – Geschlossen: Montag, mittags: Dienstag-Sonntag*

In Hamburg-Lemsahl-Mellingstedt

☺ **STOCKS RESTAURANT**

INTERNATIONAL • DESIGN Ein charmantes Fachwerkhaus, unter dessen Reetdach man schön gemütlich sitzt. Freundlich umsorgt lässt man sich leckere Fischgerichte schmecken. Oder haben Sie Lust auf Sushi? Fleischliebhaber werden auf der Karte ebenfalls fündig.

🍴 ⇔ **P** – Preis: €€

außerhalb Stadtplan – *An der Alsterschleife 3 ✉ 22399 – ☎ 040 6113620 – www.stocks.de – Geschlossen: Montag*

In Hamburg-Nienstedten

JACOBS RESTAURANT

MODERNE KÜCHE • CHIC Das Restaurant im wunderbar gelegenen Hotel "Louis C. Jacob" bietet Ihnen in stilvollem Ambiente eine moderne Küche mit klassischen Einschlägen. Die Gerichte können Sie à la carte wählen oder als Menü. Klassiker wie "Steak Frites" oder "Baba au rhum" gibt es ebenfalls. Dazu eine gut sortierte Weinkarte. Highlight im Sommer ist ganz klar die Lindenterrasse mit Blick auf die Elbe.

≤ 🍷 🍴 ⇔ – Preis: €€€€

außerhalb Stadtplan – *Elbchaussee 401 ✉ 22609 – ☎ 040 82255406 – www. hotel-jacob.de – Geschlossen: Montag und Sonntag, mittags: Dienstag-Samstag*

In Hamburg-Rothenburgsort

⭐⭐ **100/200 KITCHEN**

Chef: Thomas Alfons Imbusch

KREATIV • CHIC Was für ein Erlebnis! Im 3. Stock des unscheinbaren Fabrikgebäudes steht in einem loftähnlichen Raum im "Industrial Chic" die offene Küche ganz im Mittelpunkt. Am tollen Molteni-Herd entsteht bei 100 bzw. 200 Grad (daher der Name) ein kreatives Überraschungsmenü, das ganz der Jahreszeiten angepasst ist. Schöne Einstimmung: die Schaubar mit den rohen Zutaten. Man setzt auf Nachhaltigkeit und kleine Produzenten, die man persönlich kennt. Respekt vor den Lebensmitteln heißt es hier! Mit Leidenschaft und eigenem Stil verleiht Thomas Imbusch den Gerichten Ehrlichkeit und Natürlichkeit. Dazu Bio-Weine oder Alkoholfreies. Tipp: 3-Gänge-Menü am "Stundentisch" an der Fensterfront. Oder lieber auf der Empore Empfehlungen der Küche genießen? Hinweis: Reservierung über Ticketsystem.

Engagement des Küchenchefs: Als Koch, Unternehmer, aber auch als Mensch aus Leidenschaft arbeite ich mit meinem Team mit allem Respekt vor dem Klima, der Natur, den Gezeiten, der Saison und der Heimat. Wir wollen für den Gast und uns selbst Genuss ohne Reue und da ist das „Nose to tail"-Handeln für uns mehr als ein Konzept!

≼ & 🎬 🅿 – Preis: €€€€

außerhalb Stadtplan – *Brandshofer Deich 68* ✉ *20539* – ✆ *040 30925191* – *100100.kitchen* – *Geschlossen: Sonntag, mittags: Montag-Samstag*

In Hamburg-Rotherbaum

😊 **OECHSLE**

DEUTSCH • BISTRO In dem sympathischen zeitgemäßen Eckrestaurant gibt es schmackhafte Küche aus guten, frischen Produkten, die süddeutsche und österreichische Einflüsse zeigt. Dazu eine fair kalkulierte kleine Weinkarte. Im Sommer sitzt man auch gerne vor dem Haus an den Tischen zur Straße.

🍴 – Preis: €€

Stadtplan: C2-34 – *Bundesstraße 15* ✉ *20146* – ✆ *040 4107585* – *oechsle-restaurant.de* – *Geschlossen: Montag und Dienstag, mittags: Mittwoch-Samstag*

In Hamburg-St. Pauli

✿ **HAEBEL**

Chef: Fabio Haebel und Kevin Bürmann

MODERNE KÜCHE • ZEITGEMÄSSES AMBIENTE In dem kleinen Restaurant sitzt man in charmanter Bistro-Atmosphäre, wird sehr freundlich umsorgt und kann direkt in die zum Gastraum hin offene Küche schauen. Geboten wird ein "Carte Blanche"-Konzept, das die Menüs "Fauna" und "Flora" (vegetarisch) zur Wahl stellt. Man kocht modern und aufs Wesentliche fokussiert. Darf es zum Abschluss vielleicht mal ein frisch gebrühter Kaffee sein?

Engagement des Küchenchefs: Als Südbadener bin ich der Kulinarik verbunden, doch ein Herzensthema ist die Nachhaltigkeit. So verarbeite ich oft eigene Gemüse, Wild aus nachhaltiger Jagd, leinengeangelten Fisch, setze aus Abschnitten Getränke an, mein Motto lautet „das Beste zur Saison" und lasse auch gerne mal Unnötiges weg!

Preis: €€€€

Stadtplan: B3-26 – *Paul-Roosen-Straße 31* ✉ *22767* – ✆ *01517 2423046* – *www.haebel.hamburg* – *Geschlossen: Montag und Sonntag, mittags: Dienstag-Samstag*

😊 **NIL**

INTERNATIONAL • NACHBARSCHAFTLICH Eine Adresse, die Spaß macht! Das Restaurant im Szeneviertel "Schanze" hat eine charmante Atmosphäre, man wird freundlich-leger umsorgt und gut essen kann man ebenfalls. Gekocht wird richtig schmackhaft, mit internationalen und saisonalen Einflüssen. Tipp: das 5-Gänge-Menü. Toll die fair kalkulierte kleine Weinkarte.

🍴 – Preis: €€

Stadtplan: B3-24 – *Neuer Pferdemarkt 5* ✉ *20359* – ✆ *040 4397823* – *restaurant-nil.de* – *Geschlossen: Dienstag, mittags: Montag, Mittwoch-Sonntag*

😊 **PHILIPPS**

INTERNATIONAL • HIP Eine wirklich sympathische Adresse im Schanzenviertel. Über ein paar Stufen nach unten gelangt man in ein lebhaftes modernes Lokal. Der Service ist freundlich und sehr engagiert. Geboten wird eine frische internationale Küche. Tipp: Reservieren Sie - das kleine Restaurant ist überaus beliebt!

🛆 – Preis: €€

Stadtplan: C2-47 – *Turnerstraße 9* ✉ *20357* – ☎ *040 63735108* – *www.philipps-restaurant.de* – *Geschlossen: Montag und Sonntag, mittags: Dienstag-Samstag*

SALT & SILVER LEVANTE

MITTLERER OSTEN • GEMÜTLICH Mit diesem sympathischen urbanen Restaurant hat das "Salt & Silver" in St. Pauli neben der lateinamerikanischen auch eine levantinische Variante. Hier speist man nach dem Vorbild der Levante-Küche im Mezze-Style: größere und kleinere orientalisch inspirierte Gerichte kommen zusammen auf den Tisch und sind wie gemacht zum Teilen.

🛆 – Preis: €€

Stadtplan: B3-51 – *Hafenstraße 140* ✉ *20359* – ☎ *0173 4274366* – *saltandsilver.de* – *Geschlossen: Montag und Dienstag, mittags: Mittwoch-Sonntag*

CLOUDS - HEAVEN'S BAR & KITCHEN

INTERNATIONAL • DESIGN In gerade mal 50 Sekunden sind Sie mit dem Lift in der 23. Etage, der Blick ist schlichtweg grandios! In urbanem Ambiente speist man modern - fragen Sie auch nach den Fleisch-Cuts. An Vegetarier ist ebenfalls gedacht. Dazu eine gute Bar mit Snackkarte ab 17 Uhr. Im 24. Stock hat im Sommer bei gutem Wetter das "Heaven's Nest" geöffnet - hier gibt es ebenfalls Drinks und Snacks.

⟨ ↔ – Preis: €€€

Stadtplan: C3-49 – *Reeperbahn 1* ✉ *20359* – ☎ *040 30993280* – *www.clouds-hamburg.de* – *Geschlossen mittags: Montag-Sonntag*

EAST

FUSION • DESIGN Ein echter Hingucker ist das Restaurant in dem stylischen gleichnamigen Hotel, dafür sorgen die tolle Industrie-Architektur der ehemaligen Eisengießerei und das geradlinig-schicke Interieur. Zentrales Element in der einstigen Werkshalle ist der Sushi-Tresen. Auf der Karte finden sich moderne Gerichte. Tipp für Fleischliebhaber: feine Steaks vom Southbend-Grill.

♿ 🛆 – Preis: €€€

Stadtplan: B3-48 – *Simon-von-Utrecht-Straße 31* ✉ *20359* – ☎ *040 309930* – *www.east-hamburg.de* – *Geschlossen mittags: Montag-Sonntag*

HACO

Chef: David Danek

MODERNE KÜCHE • GEMÜTLICH Trendig und relaxed geht es in dem sympathischen Eck-Restaurant zu. Herzstück der offenen Küche ist ein Buchenholzgrill. Geboten wird ein Menu Surprise, bei dem der saisonale Bezug im Fokus steht und auch der Nachhaltigkeitsgedanke eine große Rolle spielt. Gekocht wird ambitioniert, die Gerichte sind harmonisch, finessenreich und geradlinig - Spielereien findet man hier nicht. Dazu empfiehlt der freundliche Service sehr gute Weine.

🌿 *Engagement des Küchenchefs: In meinem Restaurant ist mir Nachhaltigkeit sehr wichtig. Ich verarbeite Obst und Gemüse von vier Bio-Händlern, Wild aus der Lüneburger Heide, Rind, Schwein und Geflügel aus dem Hamburger Umland, 80% der Weine sind biodynamisch. Wir reduzieren Verpackung und Abfall, verwenden Öko-Reinigungsmittel.*

🛆 – Preis: €€€€

Stadtplan: B3-25 – *Clemens-Schultz-Straße 18* ✉ *20359* – ☎ *040 74203939* – *www.restaurant-haco.com* – *Geschlossen: Montag, Dienstag, Sonntag, mittags: Mittwoch-Samstag*

SALT & SILVER - LATEINAMERIKA

LATEINAMERIKANISCH • HIP Lateinamerikanische Küche in St. Pauli? Mit Blick auf die Elbe genießt man hier ein Menü (mit Fisch und Fleisch oder als Vegi-Variante), das die Reiselust der beiden Betreiber widerspiegelt. Zur angenehm lebendigen Atmosphäre trägt auch das charmante Serviceteam bei, das sich leger und freundlich, sehr souverän und gut geschult um Sie kümmert.

🌳 – Preis: €€€
Stadtplan: B3-50 – *Hafenstraße 136 ✉ 20359 – ☏ 0173 4274366 – saltandsilver. de – Geschlossen: Montag und Sonntag, mittags: Dienstag-Samstag*

In Hamburg-Uhlenhorst

WOLFS JUNGE

Chef: Sebastian Junge
MARKTKÜCHE • FREUNDLICH Hier setzt man auf Regionalität. Der Chef lebt für Nachhaltigkeit, man verwendet, was die Saison bietet, verarbeitet nur ganze Tiere und baut selbst Gemüse an. Man spürt förmlich die Leidenschaft für das Produkt. Während das Angebot mittags etwas einfacher ist, serviert man am Abend ein ambitioniertes 5-Gänge-Menü - hier können Sie zwischen "regular" und "vegetar" wählen.
� *Engagement des Küchenchefs: Die Begriffe „Regionalität" & „Saisonalität" werden aus meiner Sicht zu inflationär genutzt, bei mir ist das Programm. Eigene Bio-Produkte kommen vom Gut Wulfsdorf, dazu „Urban-Gardening" ums Restaurant. Wir unterstützen und initiieren zudem nachhaltige Weidewirtschaftsprojekte.*
🌳 – Preis: €€€
Stadtplan: D2-27 – *Zimmerstraße 30 ✉ 22085 – ☏ 040 20965157 – www. wolfs-junge.de – Geschlossen: Montag, Dienstag, Sonntag*

In Hamburg-Volksdorf

DORFKRUG

MARKTKÜCHE • RUSTIKAL Richtig charmant ist das historische Haus am Museumsdorf mit seinen alten Bauernwerkzeugen, Holzbalken und offenem Kamin. Auf der Karte finden sich Klassiker wie "Zwiebelrostbraten mit Spätzle", aber auch Asiatisches wie "Lachs-Sashimi".
🌳 ⇄ 🅿 – Preis: €€€
außerhalb Stadtplan – *Im alten Dorfe 44 ✉ 22359 – ☏ 040 6039294 – www.dorfkrug-volksdorf.com – Geschlossen: Montag und Dienstag, mittags: Mittwoch-Samstag*

In Hamburg-Winterhude

🌼 **ZEIK**

Chef: Maurizio Oster
MODERNE KÜCHE • HIP Maurizio Oster heißt der Inhaber und Küchenchef dieses geradlinig-modernen, fast schon puristisch gehaltenen kleinen Restaurants. Seine norddeutsche Herkunft spiegelt sich auch in seiner Küche wider. Die Region steht im Mittelpunkt. Ausgesuchte saisonale Produkte werden kreativ zubereitet. Gerne spielt der Chef hier mit verschiedenen Techniken und schafft interessante geschmackliche Kontraste. Das Ergebnis ist ein durchdachtes, stimmig aufgebautes Menü, das es auch als vegetarische Variante gibt. Ein echtes Faible hat man übrigens fürs Fermentieren, Einwecken und Herstellen von Essig. Neben Wein gibt es auch eine alkoholfreie Menü-Begleitung - hier bietet man nur selbst produzierte Getränke. Umsorgt wird man sehr freundlich und geschult - auch die Köche servieren mit und erklären die Gerichte.
🌼 *Engagement des Küchenchefs: Eine gute und moderne Küche sollte auch immer für Nachhaltigkeit stehen. Wir kochen nachhaltig-regional, aber weltoffen und nicht dogmatisch, dennoch auch stark vegetarisch geprägt. Wir fermentieren, pickeln und legen ein - und das alles ohne die sogenannten "Luxusprodukte".*
🕸 🌳 – Preis: €€€€
Stadtplan: D1-30 – *Sierichstraße 112 ✉ 22299 – ☏ 040 46653531 – zeik.de – Geschlossen: Montag und Sonntag, mittags: Dienstag-Samstag*

PORTOMARIN

SPANISCH • GEMÜTLICH Seit Jahren setzt man hier auf ambitionierte spanische Küche. Dafür kommen sehr gute, frische Produkte zum Einsatz, von Jakobsmuscheln über Lardo Ibérico de Bellota bis Rinderfilet von LAFINA Natural Beef. Die Atmosphäre ist gemütlich und charmant, der Service herzlich. Dazu bietet man ein ausgesuchtes Sortiment an spanischen Weinen und Spirituosen - Sommelier und Inhaber Jesús A. Díaz Sindin berät Sie mit fundiertem Wissen.

❀ 🏠 – Preis: €€

Stadtplan: D1-28 – *Dorotheenstraße 180 ✉ 22299 – ☏ 040 46961547 – www. portomarin.de – Geschlossen: Montag und Sonntag, mittags: Dienstag-Samstag*

HAMM

WIELAND-STUBEN

FRANZÖSISCH-KLASSISCH • **ELEGANT** Pure Klassik - dafür stehen die "Wieland-Stuben" seit 1965! In den geschmackvoll-eleganten Räumen sitzt man ebenso schön wie auf der herrlichen Gartenterrasse. In die "cuisine française classique" von Lukas Erfurth und seinem Team kommen nur ausgesuchte Produkte. Dazu sehr guter Service unter der Leitung seiner Frau und Sommelière Ronja.

🌳 ⇔ **P** – Preis: €€€

Wielandstraße 84 ✉ 59077 – ℰ 02381 401217 – www.wieland-stuben.de – Geschlossen: Montag und Dienstag, mittags: Mittwoch-Samstag

HANN. MÜNDEN

🐷 FLUX - BIORESTAURANT WERRATAL

Chef: Marius Mirchel

REGIONAL • **LÄNDLICH** Ungekünstelt, natürlich, einfach und ehrlich, so das Motto hier. Die Bio-Küche gibt es z. B. als "Duett vom Lamm mit Kohlrabispaghetti und Zitronenpolenta". Oder lieber vegetarisch/vegan? Gluten- und laktosefrei ist auch kein Problem. Idyllischer Garten. Das dazugehörende "Biohotel Werratal" bietet wohnliche Zimmer.

🌱 *Engagement des Küchenchefs: Ich biete vegane Küche mit Fleisch und Fisch als Beilage. Dafür verwende ich nur Zutaten aus biologisch-kontrolliertem Anbau, aus Bioland- und Demeterbetrieben, vorzugsweise aus der Region. Dazu eigene Streuobstwiese und Kräutergarten. Wir sind ein klimaneutrales Haus mit eigenem Blockheizkraftwerk.*

♿ 🌳 ⇔ **P** – Preis: €€

Buschweg 40 ✉ 34346 – ℰ 05541 9980 – www.flux-biohotel.de – Geschlossen: Montag und Sonntag

HANNOVER

✿✿ JANTE

Chef: Tony Hohlfeld

KREATIV • **GEMÜTLICH** Effekthascherei? Show? Fehlanzeige! Das Küchenteam um Tony Hohlfeld kocht aufwändig, durchdacht bis ins Detail und äußerst komplex, dennoch haben die Gerichte eine angenehme Leichtigkeit - absolut bemerkenswert und nicht alltäglich! Alle Komponenten passen perfekt zusammen, wunderbar die geschmackliche Tiefe. Geboten wird ein fixes Menü mit "Upgrade"-Option. Bei der Reservierung können Sie auch ein vegetarisches/veganes Menü bestellen. So ungezwungen wie die Küche ist auch die Atmosphäre in dem halbrunden Bau mit raumhoher Fensterfront. Dazu trägt das charmante Serviceteam - hier steht neben Gastgeberin und Sommelière Mona Schrader auch die Köche mit von der Partie und erklären die Gerichte. Tipp: Wählen mal eine alkoholfreie Begleitung!

🌳 – Preis: €€€€

Marienstraße 116 ✉ 30171 – ℰ 0511 54555606 – www.jante-restaurant.de – Geschlossen: Montag, Dienstag, Sonntag, mittags: Mittwoch-Samstag

✿✿ VOTUM

KREATIV • **CHIC** Benjamin Gallein, kein Unbekannter in der Region, überzeugt mit kreativer Küche - ausdrucksstark, mutig und technisch auf überaus hohem Niveau. Untergebracht ist das Restaurant im modernen Anbau des am Platz der Göttinger Sieben und dem Leinewehr gelegenen historischen Leineschlosses samt Niedersächsischem Landtag. Der Name "Votum" steht nicht zuletzt für die

Wahl des Menüs: Die Gäste entscheiden über Speisefolge und "Upgrades" sowie über Weinbegleitung oder eine alkoholfreie Alternative. Dazu bietet das verglaste "Votum" einen schicken Rahmen, schön die Terrasse zum Fluss. Umsorgt wird man aufmerksam und geschult, auch die Köche servieren mit. Zum Haus gehört auch das "Royal Casino".

⌘ 🐧 🎵 🍴 – Preis: €€€€

Hannah-Arendt-Platz 1 ⊠ 30159 – ✆ 0511 30302412 – vo-tum.de – Geschlossen: Montag und Sonntag, mittags: Dienstag-Samstag

⌘ HANDWERK

MODERNE KÜCHE • CHIC Wertiges, trendig-reduziertes Design, ausgezeichnete modern-kreative Speisen und dazu ein unkomplizierter und gleichermaßen kompetenter Service - so sieht hier "Casual.Fine.Dining" aus. In der einsehbaren Küche spielt das namengebende Handwerk eine große Rolle. Und das wird von Küchenchef Thomas Wohlfeld gelungen mit eigenen Ideen, nordischen Elementen und dezenten fernöstlichen Einflüssen kombiniert. Recht puristische und sehr produktorientierte Gerichte wie z. B. "Vierländer Platte, Melone, Belper Knolle" oder „Kabeljau, Himbeere, Mandel" gibt es als Menü mit fünf oder sechs (auf Wunsch auch sieben) Gängen - und das zu einem fairen Preis. Harmonisch die Weinbegleitung. Draußen im Vorgarten hat man eine hübsche Terrasse.

🍴 – Preis: €€€

Altenbekener Damm 17 ⊠ 30173 – ✆ 0511 26267588 – www.handwerk-hannover. com – Geschlossen: Montag und Dienstag, mittags: Mittwoch-Sonntag

😊 SCHORSE IM LEINESCHLOSS

INTERNATIONAL • FREUNDLICH Das angenehm unkomplizierte "Schorse" ist neben dem "Votum" das zweite Restaurant im kubusartigen Anbau des Leineschlosses. Geschickt verbindet man Bodenständigkeit und Moderne, die Küche ist international ausgerichtet, zeigt aber auch regionale Einflüsse. Schön sitzt man auf der Terrasse am Leinewehr oder am Platz der Göttinger Sieben. Nachmittags Kaffee und Kuchen.

🐧 🎵 🍴 – Preis: €€

Hannah-Ahrendt-Platz 1 ⊠ 30159 – ✆ 0511 30302411 – www.schorse-im-leineschloss.de – Geschlossen: Sonntag, abends: Montag

MARIE ⓝ

FRANZÖSISCH • ENTSPANNT In der Oststadt, umgeben von historischer Bausubstanz, liegt das "Marie". Zu modern-legerer und zugleich warmer Atmosphäre gesellt sich französische Küche mit kreativen und fernöstlichen Einflüssen. Patron und Küchenchef Sven Holthaus bietet ein Menü - auch vegetarisch - mit bis zu fünf Gängen. Und als Ergänzung vielleicht Austern? Dazu eine feine kleine deutsch-französische Weinkarte - auch glasweise Weinbegleitung möglich. Aufmerksam der Service. Im Sommer nette Terrasse vor dem Haus. Tipp: Reservieren Sie.

🍴 – Preis: €€€

Wedekindplatz 1 ⊠ 30161 – ✆ 0511 65399074 – www.restaurantmarie.de – Geschlossen: Montag und Sonntag, mittags: Dienstag-Samstag

HARDERT

Rheinland-Pfalz – Regionalatlas **3**–K4

😊 RESTAURANT CORONA IM HOTEL ZUR POST

MEDITERRAN • GASTHOF Hier isst man richtig gerne! In dem klassisch gehaltenen Restaurant sorgen Sergio und Kerstin Corona als eingespieltes Team für charmanten Service und mediterran inspirierte Küche. Neben den Menüs "Méditerranée" und "Corona", aus denen man auch à la carte wählen kann, gibt es am Mittag zusätzlich ein fair kalkuliertes 3-Gänge-Menü.

🐧 🍴 🔄 🅿 🍽 – Preis: €€

Mittelstraße 13 ⊠ 56579 – ✆ 02634 2727 – www.restaurantcorona.de – Geschlossen: Montag und Dienstag

HARSEWINKEL

Nordrhein-Westfalen – Regionalatlas **3**–K2

😊 POPPENBORG'S STÜBCHEN

TRADITIONELLE KÜCHE • GASTHOF Kennen Sie auch das zweite Restaurant des Poppenborg'schen Traditionsbetriebs? Das Stübchen ist eine sympathische, etwas legerere Alternative, die schmackhafte Küche bietet. Tipp: Speisen Sie bei schönem Wetter auf der hübschen Terrasse im Grünen!

🍴 ⇔ 🅿 – Preis: €€

Brockhäger Straße 9 ⊠ 33428 – 𝒞 05247 2241 – www.hotel-poppenborg.de – Geschlossen: Mittwoch, mittags: Montag, Dienstag, Donnerstag-Samstag

HASLACH IM KINZIGTAL

Baden-Württemberg – Regionalatlas **5**–T3

IN VINO VERITAS

MARKTKÜCHE • FREUNDLICH Inga und Ralf Müller haben sich mit diesem freundlichen Restaurant einen Namen gemacht. Das liegt nicht zuletzt an der international-regionalen Küche, die auf guten, oft heimischen Produkten basiert. Der Service aufmerksam und charmant. Etwas einfacher speist man im Sommer in der reizenden Innenhof-Weinlaube. Zum Übernachten hat man chic-moderne Zimmer und Appartements.

🍴 – Preis: €€

Steinacher Straße 9 ⊠ 77716 – 𝒞 07832 9944695 – in-vino-haslach.de – Geschlossen: Montag und Sonntag, mittags: Samstag

HATTINGEN

Nordrhein-Westfalen – Regionalatlas **3**–K2

😊 DIERGARDTS KÜHLER GRUND

KLASSISCHE KÜCHE • GEMÜTLICH Familientradition seit 1904. Mit Philipp Diergardt hat die 4. Generation die Leitung inne. Mit Leidenschaft sorgt er für saisonal-traditionelle Küche mit vielen Produkten aus der Heimat. Neben dem fair kalkulierten "Heimat-Menü" gibt es auch Klassiker wie Bouillabaisse oder Wiener Schnitzel. Dazu geschmackvolles Landhausambiente und eine schöne Terrasse sowie aufmerksamer Service.

🆎 🍴 ⇔ 🅿 – Preis: €€€

Am Büchsenschütz 15 ⊠ 45527 – 𝒞 02324 96030 – www.diergardt.com – Geschlossen: Montag und Dienstag, mittags: Mittwoch-Freitag

😊 FACHWERK 🄽

REGIONAL • HIP Im Herzen der Altstadt haben Semi Hassine und seine Frau Patrizia ihr Restaurant, in dem freigelegtes Fachwerk für eine charmant-rustikale Note sorgt. Schön auch die Terrasse mit Blick auf die alten Fachwerkfassaden ringsum. Gekocht wird westfälisch-regional und mit asiatischen und dezent orientalischen Einflüssen. Warme Küche ab 16 Uhr, samstags ab 12 Uhr durchgehend.

🍴 – Preis: €€

Untermarkt 10 ⊠ 45525 – 𝒞 02324 6852770 – fachwerk-hattingen.de – Geschlossen: Montag und Sonntag, mittags: Dienstag-Samstag

HAUZENBERG

Bayern – Regionalatlas **6**–Z3

😊 ANETSEDER

REGIONAL • MINIMALISTISCH Hier wird Wirtshauskultur gelebt und dabei geht man mit der Zeit. Trendig-modern das Ambiente, freundlich der Service. Gekocht wird frisch und richtig gut, à la carte und als Menü. Dabei legt man Wert

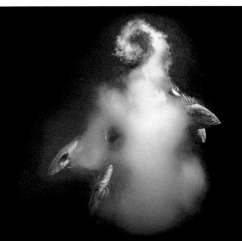

THERE IS ETERNITY
IN EVERY BLANCPAIN
The spirit to preserve.

70th
Fifty Fathoms
70th anniversary

BLANCPAIN
OCEAN COMMITMENT

JB
1735
BLANCPAIN
MANUFACTURE DE HAUTE HORLOGERIE

Maximilianstr. 14 · 80539 München · blancpain.muenchen@swatchgroup.com · +49 (0) 89 23239688451

auf saisonale Produkte, vorzugsweise aus der Region. Man hat eigene Hühner und einen Kräutergarten. Schön sitzt man auch im charmant-rustikalen Innenhof oder auf der Balkonterrasse.

&⛱↔🅿 – Preis: €€

Lindenstraße 15 ⊠ 94051 – ℰ 08586 1314 – www.anetseder-wirtshauskultur.de – Geschlossen: Montag und Dienstag, mittags: Mittwoch-Samstag

LANDGASTHAUS GIDIBAUER-HOF

REGIONAL • RUSTIKAL Richtig gut isst man hier, und das zu wirklich fairen Preisen. Für die regional-saisonale Küche verwendet man frische Produkte, teilweise aus der eigenen Landwirtschaft - man hat z. B. einen Bauerngarten und eine kleine Angus-Rinder-Herde. Freundlich und gemütlich-rustikal das Ambiente, charmant der begrünte Innenhof mit Terrasse. Gepflegt übernachten kann man auf dem schön im Grünen gelegenen Anwesen ebenfalls.

⛱↔🅿 – Preis: €

Grub 7 ⊠ 94051 – ℰ 08586 96440 – www.gidibauer.de – Geschlossen: Montag, mittags: Dienstag-Freitag

HAYINGEN

Baden-Württemberg – Regionalatlas **5**–U3

ROSE

Chef: Simon Tress und Carsten Volkert

BIO • ZEITGEMÄSSES AMBIENTE Bei Familie Tress dreht sich alles um das Thema Bio sowie die Verwertung von Tieren nach dem "Nose to Tail"-Prinzip. Man kocht regional und saisonal, gerne auch vegetarisch. Dazu gibt es ausschließlich Demeter-Weine. Mit im Haus: Shop mit Kochbüchern, Suppen, Eintöpfen, Pasta... Zum Übernachten: Gästehaus gegenüber.

Engagement des Küchenchefs:Es macht mich stolz, das weiterzuführen, was mein Opa bereits 1950 begann. Ökologischer Landbau passt zu uns, steht im Einklang mit der Natur der Region. Wir garantieren 100% nachhaltigen Genuss und ordnen ökonomische Entscheidungen unseren Prinzipien unter. Vegetarische Küche steht im Fokus.

🅿 – Preis: €€

Aichelauer Straße 6 ⊠ 72534 – ℰ 07383 94980 – www.tressbrueder.de/rose-restaurant – Geschlossen: Montag und Dienstag, mittags: Mittwoch-Freitag

RESTAURANT 1950

Chef: Simon Tress

REGIONAL • ZEITGEMÄSSES AMBIENTE Angenehm gesellig ist es in dem hellen modernen Raum mit hoher Decke und offener Küche, nicht zuletzt dank Patron und Küchenchef Simon Tress, der herzlich am Gast ist. Es gibt ein vegetarisches Basis-Menü, das um Fleisch-Komponenten erweiterbar ist - nahezu alles Bio- oder Demeter-Produkte ganz aus der Nähe. Zum Übernachten hat man liebevoll eingerichtete Zimmer.

Engagement des Küchenchefs: Im Gourmet-Restaurant unseres Demeter- & Biolandbetriebs arbeite ich ebenso streng nach ökologisch-biologischen Vorgaben, wie es meine gesamte Familie im komplett durchzertifizierten Unternehmen tut und womit bereits mein Großvater 1950 begann! Nachhaltigkeit gepaart mit Qualität ist meine Passion!

🅿 – Preis: €€€€

Aichelauer Straße 6 ⊠ 72534 – ℰ 07383 94980 – www.tressbrueder.de/bio-fine-dining-restaurant-1950 – Geschlossen: Montag-Mittwoch, mittags: Donnerstag-Sonntag

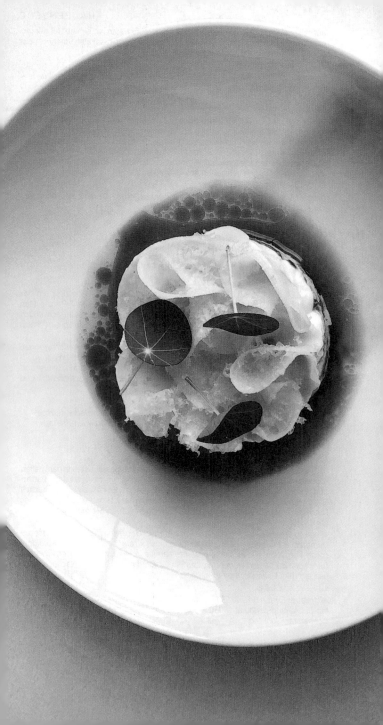

Baden-Württemberg
Regionalatlas **5**–U1

HEIDELBERG

Wer es klassisch-traditionell mag, ist im **Hotel Europäischer Hof Heidelberg** bestens aufgehoben. Diese Adresse ist eine Institution in der Stadt, deren Historie sich auch im Restaurant **Kurfürstenstube** wiederfindet. Modern wird es im liebevoll eingerichteten Restaurant **Oben**, schön in der Natur oberhalb von Heidelberg gelegen - neu ausgezeichnet mit dem Grünen Stern für Nachhaltigkeit! Ein Stück Studentengeschichte erlebt man in der **Mensurstube**, angeschlossen das Sternerestaurant **Le Gourmet**. Bei einem Bummel durch die Altstadt lohnt sich auch eine kurze Einkehr in den letzten Studentenkarzer Heidelbergs, einem ehemaligen Studentengefängnis, das mittlerweile als Museum dient. Nicht weit von hier fährt die Bergbahn zum Schloss Heidelberg, was zweifelsfrei einen Ausflug wert ist.

❀ **LE GOURMET**

FRANZÖSISCH-KLASSISCH • ROMANTISCH Ein wirklich reizvolles Anwesen mit langer Tradition: Schon 1472 wurden in der Hirschgasse auf der gegenüberliegenden Seite des Schlosses Gäste empfangen. Im "Le Gourmet", dem romantisch-historischen Fine-Dining-Restaurant des Hauses mit seinem alten Kachelofen, stilvollem Parkett und stoffbespannten Wänden, geht es trotz erhaltener Details aus vergangenen Tagen alles andere als verstaubt zu. Dafür sorgt Küchenchef Mario Sauer, der in seine finessenreiche klassisch basierte Küche geschickt moderne Elemente einbindet und so geschmacklich komplexe Gerichte schafft. Das Serviceteam um Sommelier Erik Himpel betreut Sie mit Charme und Kompetenz.

🅰 🍴 🅿 – Preis: €€€€

Stadtplan: B1-3 – *Hirschgasse 3* ✉ *69120* – ☏ *06221 4540* – *www.hirschgasse. de* – *Geschlossen: Montag und Sonntag, mittags: Dienstag-Samstag*

❀ **OBEN**

Chef: Robert Rädel

KREATIV • GEMÜTLICH Geradezu eine kulinarische Insel im Wald ist der historische "Kohlhof", der idyllisch zwischen Wiesen und Obstbäumen oberhalb von Heidelberg liegt. Der gepflasterte Innenhof mit ländlichem Flair lädt zum Aperitif ein, danach geht's in den charmanten Gastraum mit liebevollen Details und angenehm intimer Atmosphäre. In der einsehbaren Küche entsteht ein durchdachtes modernes 13-Gänge-Menü. Küchenchef Robert Rädel kocht kreativ und legt Wert auf regionale und saisonale Produkte. Vieles kommt aus der nächsten Umgebung, darunter auch der Wein. Die Köche servieren mit und erklären die Speisen. Es gibt nur deutsche Weine - wählen Sie selbst im Weinkeller! Hinweis: Man ist sehr gut gebucht - für Nachrückerplätze folgen Sie dem Link auf der Homepage des "Oben". Zum Übernachten: "Obendrüber" im Atelier.

✿ *Engagement des Küchenchefs: Wir liegen im Grünen, sammeln und kompostieren! Wir verzichten auf jegliche geflogene Zutat, verarbeiten keinen Salzwasserfisch, nutzen die Region um den Rhein, den Odenwald, fermentieren, legen ein, selektieren die Produkte stark und unterstützen ein Mineralwasserprojekt aus Süddeutschland.*

🖾 🅿 ⊡ – Preis: €€€€

außerhalb Stadtplan – *Am Kohlhof 5* ⊠ *69117* – ☎ *0172 9171744* – *restaurantoben.de* – *Geschlossen: Montag, Dienstag, Sonntag, mittags: Mittwoch-Samstag*

CHAMBAO

INTERNATIONAL • **MEDITERRANES AMBIENTE** In dem sympathisch-trendigen Restaurant mit gläserner Küche steht "Sharing" im Mittelpunkt - dabei kann man sich sein Menü selbst zusammenstellen. Der Service ist freundlich und geschult, den Empfehlungen des Sommeliers können Sie getrost folgen. Schräg gegenüber: Bar & Bistro "Chambino". Tipp: schöne lebendige Terrasse mit Blick auf die Alte Brücke!

🖾 ⇔ – Preis: €€

Stadtplan: B1-8 – *Dreikönigstraße 1* ⊠ *69117* – ☎ *06221 7258271* – *chambaoheidelberg.de* – *Geschlossen: Montag und Sonntag, mittags: Dienstag-Samstag*

DIE KURFÜRSTENSTUBE

FRANZÖSISCH-KLASSISCH • **ELEGANT** Ein Klassiker der Stadt! Im Restaurant des stilvollen Grandhotels "Der Europäische Hof Heidelberg" bewahren die mächtige Kassettendecke und Wandvertäfelungen mit schönen Intarsienarbeiten ein Stück Geschichte. Geboten wird eine ambitionierte klassische Küche mit modernen Einflüssen, die auf frischen, guten Produkten basiert. In der warmen Jahreszeit hat das Sommerrestaurant geöffnet.

𝕏 ᕕ 🖾 – Preis: €€€

außerhalb Stadtplan – *Friedrich-Ebert-Anlage 1* ⊠ *69117* – ☎ *06221 5150* – *www.europaeischerhof.com*

GRENZHOF

SAISONAL • **LÄNDLICH** Im "Grenzhof" bietet das Team um Küchenchef Sebastian Andrée eine moderne Küche, die sich stark an der Saison orientiert. Bei gutem Wetter ist der Kastanienhof ein absolut idyllischer Ort, an weniger schönen Tagen und im Winter sitzt man gemütlich in der ländlich dekorierten Gutsstube. Mittags nur Lunchbuffet und kleine Mittagskarte. Zum Übernachten gibt es hübsche wohnliche Landhaus- und Themenzimmer.

🖾 ⇔ 🅿 – Preis: €€€

außerhalb Stadtplan – *Grenzhof 9* ⊠ *69123* – ☎ *06202 9430* – *www.grenzhof. de* – *Geschlossen: Sonntag, mittags: Montag-Samstag*

MENSURSTUBE

KLASSISCHE KÜCHE • **GEMÜTLICH** Blanke Holztische mit Schnitzereien einstiger Studenten, freigelegtes Mauerwerk und allerlei Zierrat prägen das Bild der historischen Stube. In gemütlicher Atmosphäre wählen Sie von einer wechselnden Tageskarte saisonale Gerichte - mal klassisch, mal moderner.

🖾 🅿 – Preis: €€€

Stadtplan: B1-6 – *Hirschgasse 3* ⊠ *69120* – ☎ *06221 4540* – *www.hirschgasse. de* – *Geschlossen: Montag und Sonntag, mittags: Dienstag-Samstag*

RESTAURANT 959

MODERN • **CHIC** Das Revival des Stadtgarten-Pavillons von 1936! Trendig-chic das Ambiente, eine Portion Glamour inklusive! Die produktorientierte modernklassische Küche serviert man durchgehend von mittags bis abends, dazu eine kleine Pizza-Auswahl. Am Abend gibt es zusätzlich ein Menü mit Gerichten aus dem A-la-carte-Angebot. Schön die Terrasse zur kleinen Parkanlage. Bar-Klassik in "Pino's Bar" samt Außenlounge.

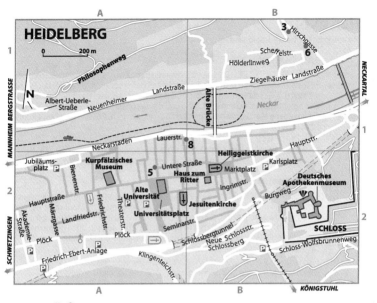

HEIDELBERG

🕃 🏠 ✿ – Preis: €€€

außerhalb Stadtplan – *Friedrich-Ebert-Anlage 2 ⊠ 69117 – 📞 06221 6742959 – 959heidelberg.com – Geschlossen: Montag und Sonntag*

TRAUBE

REGIONAL • GEMÜTLICH Ein engagiert geführtes Restaurant mit gemütlichem Ambiente aus Tradition und Moderne. Die saisonale Küche gibt es als Menü, das Sie sich selbst zusammenstellen können. Gut zu wissen: Man bietet nur Wildfleisch aus der Region an. Der Name "Traube" hält übrigens, was er verspricht: Sie können von einer gut sortierten Weinkarte mit Schwerpunkt Baden und Pfalz wählen. Tipp: öffentlicher Parkplatz bei der nahen Thorax-Klinik.

Preis: €€€

außerhalb Stadtplan – *Rathausstraße 75 ⊠ 69126 – 📞 06221 6737222 – www. traube-heidelberg.de – Geschlossen: Dienstag und Mittwoch, mittags: Montag, Donnerstag-Sonntag*

WEISSER BOCK

INTERNATIONAL • GEMÜTLICH Für Gemütlichkeit sorgen in dem traditions-reichen Haus hübsche Details wie Holztäfelung und historische Fotos. Aus der Küche kommen internationale und regionale Gerichte wie "gegrilltes Steinbuttfilet, Kräuterschaum, Schwarzwurzel, Kürbis-Gnocchi". Zum Übernachten bietet das gleichnamige Hotel geschmackvoll-wohnliche Zimmer.

🕃 🏠 ✿ – Preis: €€

Stadtplan: A2-5 – *Große Mantelgasse 24 ⊠ 69117 – 📞 06221 90000 – weisserbock.de – Geschlossen: Montag-Mittwoch, Sonntag, mittags: Donnerstag-Samstag*

HEILBRONN

Baden-Württemberg – Regionalatlas **5**–U2

BACHMAIER

MARKTKÜCHE • TRENDY Seit vielen Jahren betreiben Ulrike und Otto Bachmaier ihr Restaurant. Schön das moderne Ambiente - durch bodentiefe Fenster beobachtet man das Geschehen am Neckar, ebenso von der Terrasse. Dazu der freundlich-kompetente Service durch die Chefin und die saisonale Küche des Patrons. Es gibt verschiedene Menüs, nach Absprache auch vegetarisch. Gut die Weinbegleitung. Tipp: Reservieren Sie frühzeitig.

🛆 – Preis: €€€

Untere Neckarstraße 40 ✉ 74072 – 𝒞 07131 6420560 – restaurant-bachmaier. de – Geschlossen: Montag und Sonntag, mittags: Dienstag-Samstag

BEICHTSTUHL

MODERN • FARBENFROH Bereits seit 1979 gibt es das Restaurant mit dem ausgefallenen Namen. Angenehm ungezwungen und gemütlich-modern ist es hier. Gekocht wird ambitioniert, durchdacht und kreativ. Man wählt ein Menü oder à la carte. Auch "Sharing" (ab 2 Pers.) ist beliebt. Der Chef serviert auch gerne mal mit und erklärt die Gerichte. Tipp: fair kalkuliertes 3-Gänge-Lunchmenu.

🛆 – Preis: €€

Fischergasse 9 ✉ 74072 – 𝒞 07131 2758985 – www.beichtstuhl-hn.de/home – Geschlossen: Montag und Sonntag, mittags: Dienstag, Mittwoch, Samstag

MAGNIFICO DA UMBERTO

ITALIENISCH • FREUNDLICH Umberto Scuccia ist kein Unbekannter in Heilbronn. In dem attraktiven, geradlinig und wertig eingerichteten Restaurant im 12. Stock des WTZ-Turmes bietet man italienische Küche, die angenehm reduziert ist und das Produkt in den Mittelpunkt stellt. Dazu gibt's einen tollen Blick auf die Stadt!

🕸 ≼🛆 🅿 – Preis: €€€

Im Zukunftspark 10 ✉ 74076 – 𝒞 07131 74564140 – wtz-magnifico.de – Geschlossen: Montag-Mittwoch, Sonntag, mittags: Donnerstag-Samstag

HEILIGENBERG

Baden-Württemberg – Regionalatlas **5**–U4

BAYERISCHER HOF

REGIONAL • BÜRGERLICH In diesem gepflegten Gasthaus der Familie Leykauf erwarten Sie lockere Atmosphäre und die schmackhafte, frische Küche des Patrons, dazu der freundliche und aufmerksame Service unter der Leitung der Chefin - Gastfreundschaft, wie man sie gerne hat! Die Weinkarte ist überwiegend regional geprägt. Wer übernachten möchte, findet hier auch recht preisgünstige Zimmer von schlicht bis neuzeitlich.

🛆 ⇔ 🅿 – Preis: €

Röhrenbacherstraße 1 ✉ 88633 – 𝒞 07554 217 – www.bayerischerhof-heiligenberg.de/de – Geschlossen: Dienstag und Mittwoch

HEINSBERG

Nordrhein-Westfalen – Regionalatlas **3**–J3

ALTES BRAUHAUS

KLASSISCHE KÜCHE • TRADITIONELLES AMBIENTE Eine schöne Adresse ist dieses a. d. J. 1779 stammende Haus. Drinnen sitzt man in sehenswerten elegant-traditionellen Stuben mit Holztäfelung und Schnitzereien. Auf der Karte finden sich Klassiker wie z. B. Wiener Schnitzel oder Fischgerichte, die je nach saisonalem Angebot wechseln. Zudem gibt es weitere Speisen auf der Tageskarte. Gefragt ist auch die kleine Innenhofterrasse!

🏠 ✿ – Preis: €€

Wurmstraße 4 ✉ 52525 – ☎ 02452 61035 – www.altesbrauhaus-heinsberg.
de – Geschlossen: Montag und Dienstag, mittags: Mittwoch-Samstag, abends:
Sonntag

HEITERSHEIM
Baden-Württemberg – Regionalatlas **7**–B1

😊 LANDHOTEL KRONE

MARKTKÜCHE • LÄNDLICH Gelungen mischen sich hier Tradition und Zeitgeist.
In gemütlichen Stuben mit einem schönen Mix aus altem Mauerwerk, Holz, Stahl
und Glas serviert man regional-saisonale Küche mit internationalen Einflüssen.
Für Veranstaltungen hat man den mittelalterlichen Gewölbekeller. Der engagiert
geführte Familienbetrieb bietet zudem hübsche, individuelle Gästezimmer sowie
Wellness.
🏠 ✿ 🅿 – Preis: €€

Hauptstraße 12 ✉ 79423 – ☎ 07634 51070 – www.landhotel-krone.de/de/
startseite.html – Geschlossen: Montag und Dienstag, mittags: Mittwoch-Samstag

HENNEF (SIEG)
Nordrhein-Westfalen – Regionalatlas **3**–K3

SÄNGERHEIM - DAS RESTAURANT

MARKTKÜCHE • FREUNDLICH Das sympathische Restaurant in netter nach-
barschaftlich-dörflicher Umgebung bietet eine aromareiche saisonale Küche zu
einem guten Preis-Leistungs-Verhältnis. Gerne verwendet man regionale Produkte.
Herzlich der Service. Hinter dem Haus die schöne Terrasse.
🏠 ✿ 🅿 – Preis: €€

Teichstraße 9 ✉ 53773 – ☎ 02242 3480 – das-saengerheim.de – Geschlossen:
Montag-Mittwoch, mittags: Donnerstag-Samstag

HERFORD
Nordrhein-Westfalen – Regionalatlas **3**–L1

😊 AM OSTERFEUER ⓝ

REGIONAL • GEMÜTLICH Hans-Jörg Dunker und sein Team stehen schon lange
für Qualität und für westfälische Küche mit gewissem internationalem Twist. Schön
das Ambiente: Geschickt hat man dem Restaurant eine freundliche moderne Note
verliehen, ohne die Tradition des Hauses zu vergessen. Eine der Spezialitäten des
Chefs ist die wunderbare "Fisch & Krustentier Suppe mit Aioli, Brot und Parmesan".
Im Sommer lockt eine hübsche Terrasse.
🏠 ✿ 🅿 – Preis: €€

Hellerweg 35 ✉ 32052 – ☎ 05221 70210 – am-osterfeuer.de – Geschlossen:
Montag und Dienstag, mittags: Mittwoch-Samstag

DIE ALTE SCHULE ⓝ

INTERNATIONAL • WEINBAR Torben Tönsing, Spross einer in Herford bekannten Gastronomen-Familie, hat das Restaurant 2017 von seinen Eltern übernommen und setzt hier auf eine zeitgemäße und regional-international ausgerichtete
Küche. In dem Fachwerkhauses a. d. 17. Jh. herrscht eine charmante Atmosphäre -
serviert wird auf verschiedenen Ebenen, im Sommer ist die Terrasse ein lauschiges Fleckchen. Schön die Weinauswahl - man hat einen eigenen Weinhandel
angeschlossen.
🏠 ✿ – Preis: €€€

Holland 39 ✉ 32052 – ☎ 05221 51558 – www.diealteschule.com – Geschlossen:
Montag und Sonntag, mittags: Dienstag-Samstag

HERLESHAUSEN
Hessen – Regionalatlas **3**–M3

❀ **LA VALLÉE VERTE**

FRANZÖSISCH • KLASSISCHES AMBIENTE Wunderbar ist das aus einem Rittergut entstandene herrschaftliche Anwesen samt Schloss von 1901, das so malerisch in herrlicher Wald- und Wiesenlandschaft liegt. In dem kleinen Restaurant geben Küchendirektor und Gastgeber Peter Niemann und sein Küchenchef Denis Jahn ein Menü mit bis zu zehn Gängen zum Besten. Für die ausbalancierten Gerichte voller Finesse und Intensität verwendet man hervorragende Produkte aus der eigenen Jagd und Landwirtschaft, bei Fisch und Meeresfrüchten bindet man gelungen die Bretagne und Skandinavien ein. Der Service sehr aufmerksam, kompetent und stets präsent, versierte Weinberatung inklusive. Schön übernachten können Sie im Hotel "Schloss Hohenhaus".

⅋ 🅿 – Preis: €€€€

Hohenhaus 1 ⊠ 37293 – ℰ 05654 9870 – hohenhaus.de – Geschlossen: Montag, Dienstag, Sonntag, mittags: Mittwoch-Samstag

HOHENHAUS GRILL

Chef: Lars Pfister

REGIONAL • RUSTIKAL Das zweite Restaurant des idyllisch gelegenen Hotels "Hohenhaus", einem herrlichen historischen Anwesen, kommt mit klassisch-rustikaler Note und warmer Atmosphäre daher - schön der Kachelofen a. d. 18. Jh. Die Küche orientiert sich an der Saison und basiert auf ausgesuchten Produkten, die man überwiegend aus der Region bezieht. Gerne sitzt man auf der Terrasse, von der man ins Grüne schaut.

❀ *Engagement des Küchenchefs: Im „Hessischen Märchenland" habe ich mein persönliches El Dorado gefunden und kann aus dem Vollen schöpfen, Bergschafe, Wild, Kartoffeln, Obst, Honig, Getreide, Schlachthaus, da wird „Farm to table" Wirklichkeit! Mitarbeiter liegen uns am Herzen, wie man an der betriebseigenen Kinderbetreuung sieht!*

🍽 ⇄ 🅿 – Preis: €€

Hohenhaus 1 ⊠ 37293 – ℰ 05654 9870 – hohenhaus.de – Geschlossen: Montag, mittags: Dienstag-Samstag, abends: Sonntag

HERNE
Nordrhein-Westfalen – Regionalatlas **3**–K2

GUTE STUBE IM PARKHOTEL

MODERNE KÜCHE • ELEGANT In einem hübschen Palais-Gebäude beim Stadtgarten findet man das modern-elegante Restaurant nebst Dachterrasse. Gekocht wird klassisch-international, modern inspiriert und mit Bezug zur Saison. Gerne verwendet man regionale Produkte. Einfachere Alternative am Abend: das "Stübchen", dazu der Biergarten. Gepflegt übernachten kann man im "Parkhotel".

♿ 🍽 ⇄ 🅿 – Preis: €€€

Schäferstraße 109 ⊠ 44623 – ℰ 02323 9550 – www.parkhotel-herne.de – Geschlossen: Montag-Mittwoch, mittags: Donnerstag-Sonntag

HEROLDSBERG
Bayern – Regionalatlas **6**–X1

☺ **FREIHARDT**

INTERNATIONAL • ZEITGEMÄSSES AMBIENTE Hier macht es Freude, zu essen! Gekocht wird international und saisonal, Highlight sind die Cuts vom bayerischen Rind. Freundlich die Atmosphäre im Restaurant mit Wintergarten, auf der Terrasse an der belebten Straße heißt es "sehen und gesehen werden". Gleich nebenan die eigene Metzgerei. Schon seit vielen Jahren setzt man auf die sog. Human-Schlachtung.

🍴 – Preis: €€

Hauptstraße 81 ⊠ 90562 – ☎ 0911 5180805 – www.freihardt.com – Geschlossen: Montag und Dienstag, mittags: Mittwoch-Freitag

HERRENALB, BAD

Baden-Württemberg – Regionalatlas **5**–U2

🏵 LAMM

REGIONAL • LÄNDLICH Richtig gemütlich ist es hier und gut essen kann man ebenfalls. Gekocht wird saisonal sowie schwäbisch-badisch. Man legt Wert auf Produkte aus der Region, Fleisch kommt teilweise von den eigenen Hochlandrindern. Dazu schöne Weine, nicht zu vergessen das spezielle Whisky-Angebot. Im Sommer ist die Terrasse gefragt. Gepflegt übernachten kann man übrigens auch.

🏖 🍴 ⇔ 🅿 – Preis: €€

Mönchstraße 31 ⊠ 76332 – ☎ 07083 92440 – lamm-rotensol.de/de – Geschlossen: Montag

HERRSCHING AM AMMERSEE

Bayern – Regionalatlas **6**–X4

CHALET AM KIENTAL

KREATIV • GASTHOF Als reizvoller Mix aus Alt und Neu kommt das schöne moderne Restaurant in dem historischen Bauernhaus daher - das schafft eine gemütliche Atmosphäre. Hübsch auch die Terrasse. Gekocht wird kreativ inspiriert und mit regionalem Bezug, aber auch mit internationalen Einflüssen. Sie möchten über Nacht bleiben? Die Gästezimmer sind mit Geschmack und Liebe zum Detail individuell eingerichtet.

♿ 🍴 ⇔ 🅿 – Preis: €€

Andechsstraße 4 ⊠ 82211 – ☎ 08152 982570 – www.chaletamkiental.de – Geschlossen: Mittwoch, mittags: Montag, Dienstag, Donnerstag-Sonntag

HERSFELD, BAD

Hessen – Regionalatlas **3**–M3

❀ L'ÉTABLE

KLASSISCHE KÜCHE • ELEGANT Dass man hier in einem ehemaligen Kuhstall (frz.: "l'étable") speist, lässt nur noch der Name des Restaurants vermuten. Das schmucke historische Haus mitten in der beschaulichen Altstadt war früher eine Postkutschenstation. Wo einst Stallungen untergebracht waren, sitzt man heute freundlich und aufmerksam umsorgt in zurückhaltend elegantem Ambiente. Unter der Leitung von Küchenchef Konstantin Kaiser werden ausgezeichnete Produkte mit Finesse und handwerklichem Geschick zubereitet. Das Ergebnis nennt sich beispielsweise "Steinbutt, La Ratte Kartoffel, Artischocke, Räucheraal-Velouté". Dazu gibt es eine gepflegte Weinauswahl. Sie möchten übernachten? Das Hotel "Zum Stern" bietet dafür unterschiedlich geschnittene, wohnliche Zimmer. Parken können Sie im Hof.

🎖 🅿 🍷 – Preis: €€€

Linggplatz 11 ⊠ 36251 – ☎ 06621 1890 – www.zumsternhersfeld.de – Geschlossen: Montag-Mittwoch, mittags: Donnerstag-Samstag

STERN'S RESTAURANT

REGIONAL • GEMÜTLICH Dies ist die "gute Stube" des historischen Hotels "Zum Stern", ländlich-charmant das Ambiente mit Holztäfelung und schönem weißem Kachelofen. Aus der Küche kommen regionale Gerichte mit internationalem Einfluss - wie wär's z. B. mit "gebratenem Rhönforellenfilet, Spinatpüree, Kartoffelgnocchi"?

♿ 🍴 🅿 – Preis: €€

Linggplatz 11 ⊠ 36251 – ☎ 06621 1890 – www.zumsternhersfeld.de

HERXHEIM

Rheinland-Pfalz – Regionalatlas **7**–B1

PFÄLZER STUBE

REGIONAL • GEMÜTLICH Die "Pfälzer Stube" gehört zum schönen Hotel "Krone", wie das Hotel zu Herxheim-Hayna. Mitten im Ort liegt dieser traditionelle Familienbetrieb. Die Stube hat Charme, gemütlich sitzt man an gut eingedeckten Tischen, im Sommer auf der begrünten Terrasse. Gekocht wird regional, saisonal und mit internationalen Einflüssen. Samstags 17:00 - 20:30 Uhr, sonntags 12:00 - 13:30 Uhr und 17:00 - 20:00 Uhr.

🍴 ⇔ 🅿 – Preis: €€

Hauptstraße 62 ✉ 76863 – 𝒞 07276 5080 – www.hotelkrone.de – Geschlossen mittags: Montag-Samstag

HESSDORF

Bayern – Regionalatlas **6**–X1

😊 ## WIRTSCHAFT VON JOHANN GERNER

REGIONAL • GEMÜTLICH Der Weg hier hinaus aufs Land lohnt sich, denn Detlef Gerner und seine Frau Tanja leben in den gemütlichen Stuben Gastlichkeit "par excellence". Auf der von Hand geschriebenen Karte finden Sie schmackhafte Gerichte, die auf saisonalen und meist regionalen Produkten basieren - das Brot wird übrigens im Haus gebacken. Im Sommer sitzt man schön auf der Terrasse vor dem Haus. Übernachten kann man im hübschen "Häusla" (für 2-7 Personen).

🍴 ⇔ 🅿 – Preis: €€

Dannberg 3 ✉ 91093 – 𝒞 09135 8182 – www.wirtschaft-von-johann-gerner.de – Geschlossen: Montag und Dienstag, mittags: Mittwoch-Sonntag

HILDEN

Nordrhein-Westfalen – Regionalatlas **3**–J3

INTENSIU 🅝

FRANZÖSISCH-KREATIV • TRENDY Im Restaurant des seit Jahrzehnten familiengeführten Hotels "Monopol" ist der Name Programm: "intensiü" nimmt Bezug auf die intensiven Aromen der kreativen Küche. Das angebotene Menü gibt es auch vegan. Als 3. Generation hat Inhaber und Gastgeber Kristjan Bratec modernes Design und lockere Atmosphäre ins Haus gebracht. Das Graffiti an der Wand zeigt übrigens seinen Großvater im Freestyle-Look und demonstriert den Wandel.

🆔 ⇔ – Preis: €€€€

Poststraße 42 ✉ 40721 – 𝒞 02103 54745 – www.monopol-intensiu.de – Geschlossen: Montag, Dienstag, Sonntag, mittags: Mittwoch-Samstag

PUNGSHAUS

MARKTKÜCHE • GEMÜTLICH Richtig gemütlich hat man es in dem netten Fachwerkhäuschen und gut essen kann man hier ebenfalls. Gekocht wird mit saisonalen Einflüssen. Auf der Karte liest man z. B. "Lammhüfte unter der Curry-Ingwer-Kruste".

🍴 🅿 ⛶ – Preis: €€

Grünstraße 22 ✉ 40723 – 𝒞 02103 61372 – www.pungshaus.de – Geschlossen: Montag und Dienstag, mittags: Mittwoch-Samstag

HINTERZARTEN

Baden-Württemberg – Regionalatlas **7**–B1

ADLER STUBEN

INTERNATIONAL • ELEGANT Richtig schön sitzt man in dem historischen Schwarzwaldhaus in fünf verschiedenen Bereichen, von der charmanten "Stube" mit alter Holztäfelung und niedriger Decke bis zum schicken "Bergkristall". Die Küche bietet Badisches und Internationales, vegetarische Gerichte gibt es ebenfalls. Dazu viele Weine aus der Region. Übernachten kann man in wohnlich-eleganten Zimmern.

🖐🛝🕭🕻🄿 – Preis: €€

Adlerplatz 3 ⊠ 79856 – ℰ 07652 1270 – www.parkhoteladler.de/de –
Geschlossen mittags: Montag-Sonntag

ALEMANNENHOF

MARKTKÜCHE • **RUSTIKAL** Möchten Sie in hübschen rustikalen Stuben speisen oder lieber auf der herrlichen See-Terrasse? Die Abendkarte macht z. B. mit "Süppchen von der Petersilienwurzel, Piment d'Espelette" oder "Barbarie-Entenbrust, fermentierter Pfeffer" Appetit. Mittags ist die Karte kleiner. Zum Übernachten: Zimmer mit einem schönen Mix aus Moderne und Tradition.

≼🖐🕭🕻🄿 – Preis: €€

Bruderhalde 21 ⊠ 79856 – ℰ 07652 91180 – www.hotel-alemannenhof.de

HÖCHST IM ODENWALD

Hessen – Regionalatlas **5**–U1

🏚 GASTSTUBE

REGIONAL • **BÜRGERLICH** Mit der Gaststube hat Familie Wölfelschneider in ihrer "Krone" ein gemütliches, angenehm unkompliziertes Restaurant für alle, die gerne regional-bürgerlich essen. Neben der schmackhaften Küche kommt bei den Gästen auch der freundliche Service gut an, der zur sympathischen Atmosphäre beiträgt.

🐜 🕭🕻🄿 – Preis: €€

Rondellstraße 20 ⊠ 64739 – ℰ 06163 931000 – www.krone-hetschbach.de –
Geschlossen: Montag und Donnerstag, abends: Sonntag

KRONE

KLASSISCHE KÜCHE • **ELEGANT** Modern, klassisch und saisonal, so kocht man in dem geradlinig-eleganten Restaurant - gerne verwendet man dafür heimische Produkte. Umsorgt wird man freundlich und aufmerksam, gut auch die Weinberatung. Sie möchten übernachten? Gepflegte Gästezimmer bietet man ebenfalls.

🐜 🕭🕻🄿 – Preis: €€€

Rondellstraße 20 ⊠ 64739 – ℰ 06163 931000 – www.krone-hetschbach.de –
Geschlossen: Montag und Donnerstag, mittags: Dienstag, Mittwoch, Freitag, abends: Sonntag

HÖCHSTÄDT AN DER DONAU

Bayern – Regionalatlas **6**–X3

🏚 ZUR GLOCKE

MARKTKÜCHE • **CHIC** Mit Herzblut ist Familie Stoiber in dem trendig-modernen Restaurant bei der Sache. Das merkt man nicht zuletzt an der guten Küche, bei der man auf Produktqualität und saisonalen Bezug achtet. Geboten werden zwei Menüs, eines davon vegetarisch - man kann aber auch à la carte speisen. Zum Übernachten hat man neuzeitliche Zimmer: "Classic" im Haupthaus, "Design" im schicken Neubau.

🕭🕻🄿 🍽 – Preis: €€

Friedrich-von-Teck-Straße 12 ⊠ 89420 – ℰ 09074 957885 – glocke.one –
Geschlossen: Montag und Sonntag, mittags: Dienstag-Freitag

HÖRNUM – Schleswig-Holstein ➜ Siehe Sylt (Insel)

HÖVELHOF

Nordrhein-Westfalen – Regionalatlas **3**–L2

🍴 GASTHOF BRINK

FRANZÖSISCH-KLASSISCH • **FAMILIÄR** Eine Adresse mit Charme! Der klassische Stil, den man hier pflegt, dürfte bei so manchem Kindheitserinnerungen wecken. In dem seit 1880 familiengeführten Haus serviert man in angenehmem Ambiente mit eleganter Note eine klassisch-französische Küche, die unkompliziert und sehr schmackhaft ist. Hausgemachte Pasteten und Terrinen sind ebenso gefragt wie "Kalbsrückensteak mit Sauce Béarnaise" oder "Seezunge Müllerin".

⇔🅿 – Preis: €€

Allee 38 ✉ 33161 – ☎ 05257 3223 – Geschlossen: Montag und Dienstag, mittags: Mittwoch-Sonntag

GASTHAUS SPIEKER

REGIONAL • **GASTHOF** In geschmackvollen, wirklich liebenswert dekorierten Räumen lässt man sich regionale Küche mit mediterranem Touch schmecken, so z. B. "Spiekers leckere Tapas" oder "Lammragout auf Bulgur, grüner Spargel, Crème fraîche". Und wer dazu ein bisschen mehr Wein trinken möchte, kann auch gepflegt übernachten.

♿🍴⇔🅿 – Preis: €€

Detmolder Straße 86 ✉ 33161 – ☎ 05257 2222 – www.gasthaus-spieker.de – Geschlossen: Montag und Dienstag, mittags: Mittwoch-Samstag

HOFHEIM AM TAUNUS

Hessen – Regionalatlas **3**–L4

DIE SCHEUER

REGIONAL • **GEMÜTLICH** Richtig charmant, die einstige "Hammelsche Scheune" a. d. 17. Jh., das mögen auch die zahlreichen Stammgäste! In gemütlicher Atmosphäre gibt es Leckeres wie Wild aus eigener Jagd oder auch "Zwiebelrostbraten mit Maultasche, Sauerkraut und Spätzle". Im Sommer lockt die Terrasse.

🍴📅 – Preis: €€

Burgstraße 12 ✉ 65719 – ☎ 06192 27774 – www.die-scheuer.de – Geschlossen: Montag, Dienstag, Sonntag

HOHEN DEMZIN

Mecklenburg-Vorpommern – Regionalatlas **2**–F3

WAPPEN-SAAL

KLASSISCHE KÜCHE • **ELEGANT** Sie wollten schon immer mal in herrschaftlichem Rahmen speisen? Hier im Schlosshotel auf Burg Schlitz dinieren Sie in einem eindrucksvollen hohen historischen Saal und genießen charmanten, versierten Service. Die ambitionierte klassische Küche gibt es in Form eines Menüs mit vier bis sechs Gängen, ein Glas Champagner inklusive. Dazu eine gut aufgestellte Weinkarte - vertrauen Sie ruhig auf die Empfehlungen des Sommeliers.

⊛🅿 – Preis: €€€€

Burg Schlitz 2 ✉ 17166 – ☎ 03996 12700 – www.burg-schlitz.de – Geschlossen: Montag, Dienstag, Sonntag, mittags: Mittwoch-Samstag

HOHENKAMMER

Bayern – Regionalatlas **6**–X3

❀ CAMERS SCHLOSSRESTAURANT

FRANZÖSISCH-KLASSISCH • **ELEGANT** Ganz schön herrschaftlich! Wie es dem eleganten Schloss gebührt, muss man zuerst den Wassergraben überqueren, bevor man durch den Innenhof (hier die wahrscheinlich schönste Terrasse im Freistaat!) in einen angenehm geradlinig gehaltenen Raum mit schmuckem weißem Gewölbe kommt. Florian Vogel (zuvor u. a. im "Kastell" in Wernberg-Köblitz und im "Dallmayr" in München) gibt hier eine moderne Küche zum Besten, in der sich klassische, mediterrane und asiatische Einflüsse finden. Das Konzept könnte man als "Weltreise mit bayerischen Wurzeln" bezeichnen. Die Produkte sind top, viele kommen vom nahen Gut Eichethof. Umsorgt wird man fachlich gut geschult, mit Charme und Niveau, interessante Weinempfehlungen inklusive. Übrigens: Im angeschlossenen Hotel finden Sie attraktive Zimmer in klarem Design.

🛋 🅿 – Preis: €€€€

Schlossstraße 25 ⊠ 85411 – ℰ 08137 934443 – www.camers.de – Geschlossen: Montag, Dienstag, Sonntag, mittags: Mittwoch-Samstag

HOPPEGARTEN
Brandenburg – Regionalatlas **4**–Q1

CLINTON'S Ⓝ

MARKTKÜCHE • ZEITGEMÄSSES AMBIENTE Nicht weit von der Berliner Stadtgrenze finden Sie dieses Restaurant in der 1. Etage der Europazentrale des Fashion-Unternehmens Clinton. Die Atmosphäre ist modern, ebenso die saisonal beeinflusste Küche. Sie können zwischen einem Menü oder Gerichten à la carte wählen. Auch Liebhaber von "Dry Aged"-Steaks dürfen sich freuen. Aufmerksam und geschult der Service. Von einigen Plätzen kann man in das Modegeschäft schauen.

🔆 🗘 🅿 – Preis: €€

Neuer Hönower Weg 7 ⊠ 15366 – ℰ 03342 3066102 – www.clintons.de – Geschlossen: Montag und Sonntag, mittags: Dienstag-Samstag

HORBEN
Baden-Württemberg – Regionalatlas **7**–B1

🕸 GASTHAUS ZUM RABEN

Chef: Steffen Disch

FRANZÖSISCH-KLASSISCH • GEMÜTLICH Ein wirklich idyllischer Ort ist dieses reizende Bauerngehöft von 1728! Im Inneren schaffen bemalte Holzdecken, rustikale Holztische und -bänke sowie ein alter Kachelofen heimelige Gemütlichkeit. Dazu sorgen Patron Steffen Disch und sein Team für hervorragende Küche. Immer wieder bindet man kreative Elemente in die klassisch basierten Gerichte ein. Dabei legt man Wert auf Produkte aus der Region. Zudem kommt man in den Genuss von Horbener Quellwasser. Wer angesichts der wunderbaren Schwarzwaldlandschaft gerne etwas länger verweilen möchte, kann in dem charmanten Gasthaus in hübschen, wohnlichen Zimmern übernachten.

🛏 🛋 🗘 🅿 – Preis: €€€

Dorfstraße 8 ⊠ 79289 – ℰ 0761 556520 – www.raben-horben.de – Geschlossen: Montag und Dienstag, mittags: Mittwoch-Samstag

HORN-BAD MEINBERG
Nordrhein-Westfalen – Regionalatlas **3**–L2

😊 DIE WINDMÜHLE

REGIONAL • LÄNDLICH In der einstigen Getreidemühle heißt es heute gut essen! Im Haus der Familie Lemke sitzen Sie gemütlich in der Mühlenstube, im Kaminzimmer oder auf der schönen Terrasse und lassen sich schmackhafte Gerichte mit saisonalem und regionalem Bezug servieren. Dazu werden Sie aufmerksam und freundlich umsorgt. Mit Hingabe empfiehlt man Ihnen ausgesuchte deutsche Weine.

♞ ♨ **P** – Preis: €€

Windmühlenweg 10 ✉ 32805 – 𝒞 05234 919602 – www.diewindmuehle.de –
Geschlossen: Montag und Dienstag, mittags: Mittwoch und Donnerstag

HOYERSWERDA

Sachsen – Regionalatlas **4**–R2

☺ **WESTPHALENHOF**

INTERNATIONAL • FREUNDLICH Etwas versteckt liegt das stilvoll-gedie-
gene Restaurant in einem Wohngebiet. Hier sorgen die Brüder Westphal (der
eine Küchenchef, der andere Sommelier) für saisonal-internationale Küche
(z. B. "Roastbeef, grüner Pfeffer, Kräuterseitling") und gute Weinberatung - im
begehbaren Weindepot hat man rund 150 Positionen. Mittags etwas reduziertes
Speisenangebot.

♞ ♨ – Preis: €€

Dorfaue 43 ✉ 02977 – 𝒞 03571 913944 – www.westphalenhof.de – Geschlossen:
Montag und Dienstag, mittags: Mittwoch-Freitag

HÜFINGEN

Baden-Württemberg – Regionalatlas **5**–U4

☺ **LANDGASTHOF HIRSCHEN**

REGIONAL • FAMILIÄR Das Engagement von Chefin Verena Martin und ihrem
Team spürt und schmeckt man. Die Gäste sitzen in charmanter Atmosphäre, wer-
den herzlich umsorgt und genießen gute Küche, für die man gerne Produkte aus
der Region verwendet und sich von der Jahreszeit inspirieren lässt. Man kocht mit
Liebe und Hingabe - das Motto lautet "Ä weng eppis Feins". Tipp: "Unser badisches
Menü" oder auch "Unser großes Menü ab 2 Personen".

♨ ↺ **P** – Preis: €€

Wutachstraße 19 ✉ 78183 – 𝒞 07707 99050 – www.hirschen-mundelfingen.de –
Geschlossen: Mittwoch und Donnerstag, mittags: Montag, Dienstag, Freitag

IDSTEIN

Hessen – Regionalatlas **3**–K4

HENRICH HÖER'S SPEISEZIMMER

KLASSISCHE KÜCHE • ROMANTISCH Eine Adresse zum Wohlfühlen ist das
rund 400 Jahre alte Fachwerkhaus, das neben dem Hotel "Höerhof" auch dieses
charmante Restaurant beherbergt. Die Kombination aus historischem Rahmen und
modernen Akzenten schafft hier Atmosphäre, dazu im Sommer die schöne Terrasse
im lauschigen Innenhof! Die gute Küche reicht von regionalen Schlemmergerichten
bis zum Gourmetmenü (Mi. - Sa.).

♨ ↺ **P** – Preis: €€

Obergasse 26 ✉ 65510 – 𝒞 06126 50026 – www.hoerhof.de/start – Geschlossen:
Sonntag

IHRINGEN AM KAISERSTUHL

Baden-Württemberg – Regionalatlas **7**–B1

☺ **WINZERSTUBE - VINUM** Ⓝ

REGIONAL • FREUNDLICH Freundlich-modern ist das Restaurant in dem
geschmackvoll eingerichteten gleichnamigen Hotel. Im Sommer sitzt man schön
auf der mediterran gestalteten Terrasse. Aus der Küche kommen schmackhafte
badische Gerichte, die handwerklich exakt zubereitet sind und auf ausgesuchten Produkten basieren. In Sachen Wein ist man ebenfalls regional ausgerichtet.
Zusätzlich gibt es noch die rustikalere Weinstube.

🏡 ⇔ 🅿 – Preis: €€

Wasenweilerstraße 36 ✉ 79241 – ℰ 07668 970910 – www.winzerstube-ihringen. de/de – Geschlossen: Montag und Sonntag, mittags: Dienstag-Samstag

ILBESHEIM BEI LANDAU IN DER PFALZ
Rheinland-Pfalz – Regionalatlas **7**–B1

HUBERTUSHOF

MODERNE KÜCHE • **GEMÜTLICH** Die sympathischen Gastgeber Sandra Bernhard und Jochen Sitter haben in dem denkmalgeschützten Gemäuer ein wirklich charmantes Restaurant. Sandstein, Fachwerk und Kamin machen es drinnen richtig gemütlich, draußen lockt ein traumhafter Innenhof. Gekocht wird modern und mit regional-saisonalen Einflüssen, dazu bietet die Weinkarte eine schöne Auswahl an Gewächsen aus der nächsten Umgebung.

🏡 🍽 – Preis: €€€

Arzheimer Straße 5 ✉ 76831 – ℰ 06341 930239 – www.restaurant-hubertushof-ilbesheim.de – Geschlossen: Montag, Dienstag, Sonntag, mittags: Mittwoch-Samstag

ILLERTISSEN
Bayern – Regionalatlas **5**–V3

😊 VIER JAHRESZEITEN RESTAURANT IMHOF

MARKTKÜCHE • **GASTHOF** Bei Andreas Imhof isst man richtig gut. Die Küche ist regional geprägt, bei der Wahl der Produkte achtet man auf saisonalen Bezug. Beliebt sind z. B. Gerichte vom Allgäuer Färsenrind. Drinnen ist das Gasthaus hell, freundlich und geradlinig-modern, draußen im Biergarten sitzt man unter einer schönen großen Linde. Tipp: Man bietet täglich ein günstiges Mittagsgericht.

♿ 🏡 ⇔ 🅿 – Preis: €€

Dietenheimer Straße 63 ✉ 89257 – ℰ 07303 9059600 – www.vier-jahreszeiten-illertissen.de – Geschlossen: Mittwoch, mittags: Samstag

ILLSCHWANG
Bayern – Regionalatlas **6**–Y1

❀ CHEVAL BLANC

Chef: Christian Fleischmann

KLASSISCHE KÜCHE • **CHIC** In 7. Generation führen Katharina und Christian Fleischmann diesen Familienbetrieb. Man ist eng verbunden mit der Region und ihren Produzenten. Fleisch und Wurstwaren kommen aus der eigenen Metzgerei, Wild, Lamm oder Tauben von bekannten Erzeugern. Geboten wird eine interessante klassische Küche mit moderner Note. Die Gerichte sind sehr durchdacht und nie überladen, jedes Gericht wird in Form von drei Varianten serviert - als Menü oder à la carte wählbar. Dazu bietet die kleine Gourmet-Stube des traditionsreichen "Weißen Roßes" ein schickes Ambiente. Charmant-aufmerksam der Service samt herzlicher Chefin. Für Übernachtungsgäste hat man geschmackvoll designte Zimmer und einen schönen Wellnessbereich.

🛏 🅺 🅿 – Preis: €€€€

Am Kirchberg 1 ✉ 92278 – ℰ 09666 188050 – www.weisses-ross.de – Geschlossen: Montag, Dienstag, Sonntag, mittags: Mittwoch-Samstag

😊 WEISSES ROSS

REGIONAL • **GASTHOF** Was im zweiten Restaurant der Familie Nägerl auf den Tisch kommt, ist regional und saisonal, frisch und aromatisch - das Fleisch stammt übrigens aus der eigenen Metzgerei! In Sachen Ambiente darf man sich auf Gemütlichkeit und ländlichen Charme freuen.

🔭 ❖ **P** – Preis: €€

*Am Kirchberg 1 ✉ 92278 – ☏ 09666 188050 – www.weisses-ross.de –
Geschlossen: Montag, mittags: Dienstag-Donnerstag*

IMMENSTAAD AM BODENSEE

Baden-Württemberg – Regionalatlas **5**–U4

HEINZLER

REGIONAL • **GASTHOF** Mögen Sie es eher bürgerlich oder lieber etwas exotischer? Bei den Brüdern Heinzler gibt es beides, von der Rinderroulade bis zum asiatischen Glasnudelsalat mit gebackenen Gambas. Serviert wird in der Jagdstube, im Panorama-Restaurant oder auf der tollen Terrasse fast direkt am Wasser! Wer übernachten möchte, ist hier ebenfalls gut aufgehoben: Im Hotel stehen geschmackvolle und zeitgemäße Zimmer bereit.

⇐ ﹠ 🔭 ❖ **P** – Preis: €€

*Strandbadstraße 3 ✉ 88090 – ☏ 07545 93190 – www.heinzleramsee.de/de/
home*

SEEHOF

REGIONAL • **GEMÜTLICH** Herrlich ist hier schon die Seelage beim Yachthafen. Neben der gefragten Terrasse gibt es die "Badische Weinstube" und das Panoramarestaurant "Alois". Gekocht wird schmackhaft, handwerklich klassisch und mit regionalem Bezug - probieren Sie z. B. die "Alemannischen Klassiker". Schön übernachten können Sie übrigens ebenfalls - Tipp: Panoramazimmer und "Bootshäuser".

⇐ ﹢ ﹠ 🔭 ❖ **P** – Preis: €€

*Bachstraße 15 ✉ 88090 – ☏ 07545 9360 – www.seehof-hotel.de – Geschlossen:
Mittwoch*

INZLINGEN

Baden-Württemberg – Regionalatlas **5**–T4

KRONE

MARKTKÜCHE • **CHIC** Ein richtig schönes Gasthaus mit guter Küche, nicht weit von der Schweizer Grenze. In geschmackvoll-modernem Ambiente gibt es ein ansprechendes A-la-carte Angebot und zwei Menüs (eines davon vegetarisch) sowie mittags zusätzlich ein Lunchmenü (außer sonn- und feiertags). Hübsch die begrünte Terrasse. Sie möchten übernachten? Die "Krone" hat chic und wertig eingerichtete Gästezimmer.

🅰🅲 🔭 ❖ **P** – Preis: €€

*Riehenstraße 92 ✉ 79594 – ☏ 07621 2226 – wio-group.de/krone – Geschlossen:
Donnerstag, mittags: Freitag*

INZLINGER WASSERSCHLOSS

KLASSISCHE KÜCHE • **HISTORISCHES AMBIENTE** Das Wasserschloss nahe der Schweizer Grenze mit über 500-jähriger Historie und stilvollem Interieur ist seit Jahren ein Synonym für klassisch-französische Küche aus sehr guten Produkten. Sie können à la carte speisen oder in Menüform - eine vegetarische oder vegane Variante wird ebenfalls angeboten. Dazu empfiehlt man schöne Weine. Tipp: Zum Übernachten gibt es tolle Zimmer im 150 m entfernten Gästehaus.

🔭 ❖ **P** – Preis: €€€

*Riehenstraße 5 ✉ 79594 – ☏ 07621 47057 – www.inzlinger-wasserschloss.de –
Geschlossen: Montag und Dienstag*

IPHOFEN

Bayern – Regionalatlas **5**–V1

99ER KULINARIUM

MARKTKÜCHE • FREUNDLICH Sie finden dieses engagiert geführte Restaurant im Herzen der Stadt, nahe Marktplatz und Kirche. Hier dürfen Sie sich auf sympathische Atmosphäre und eine regional-saisonal ausgerichtete Küche freuen. Zur Wahl stehen ein Menü und Gerichte à la carte. Terrassen hat man zwei: die eine charmant und ruhig hinterm Haus, die andere etwas lebhafter vor dem Haus.

🍴 – Preis: €€

Pfarrgasse 18 ✉ 97346 – ☎ 09323 804488 – 99er-kulinarium.de – Geschlossen: Montag und Donnerstag

AUGUSTINER AM SEE

REGIONAL • GEMÜTLICH Schön liegt das Haus zwischen der Kirche St. Maria und dem kleinen Dorfsee im ehemaligen Klosterbereich. Ob im Klassenzimmer oder im Klosterstüble, man sitzt gemütlich bei saisonal-regionaler Küche. Tipp: Spezialitäten von der Kalbsleber jeden ersten Montag im Monat. Gekocht wird ganztägig, ab 20 Uhr nur noch kalte Gerichte. Beliebt: die Terrasse zum See!

🍴 ⇦ 🅿 – Preis: €€

Klostergasse 6 ✉ 97346 – ☎ 09326 978950 – www.augustiner-am-see.de – Geschlossen: Dienstag-Donnerstag

ZEHNTKELLER

REGIONAL • GEMÜTLICH In dem traditionsreichen Haus mitten im Ort bekommt man gute regionale Küche mit internationalen und saisonalen Einflüssen wie z. B. "Zanderfilet, Grillgemüse, Tomatenrisotto" oder "Fränkischen Zwiebelrostbraten", dazu eigene Bio-Weine. Gemütlich die Stuben, schön die Terrasse unter Glyzinien. Im gleichnamigen Hotel hat man stilvoll-klassische Zimmer.

🛏 🍴 ⇦ 🅿 – Preis: €€

Bahnhofstraße 12 ✉ 97346 – ☎ 09323 8440 – zehntkeller.de – Geschlossen: Montag

ZUR IPHÖFER KAMMER

MARKTKÜCHE • LÄNDLICH Mit persönlicher Note leiten die engagierten Gastgeber das hübsche historische Gasthaus direkt am Marktplatz des netten Weinortes. Gekocht wird ausdrucksstark und ambitioniert, so z. B. "Rotbarsch, Polenta, Mangold" oder "Rehragout, Steinpilzgnocchi, Pfifferlinge". Dazu gibt es sehr schöne Weine vom Weingut Wirsching.

🍴 – Preis: €€

Marktplatz 24 ✉ 97346 – ☎ 09323 8772677 – www.kammer-iphofen.com – Geschlossen: Montag und Dienstag, mittags: Mittwoch-Samstag, abends: Sonntag

ISNY IM ALLGÄU

Baden-Württemberg – Regionalatlas **5**–V4

☺ ALLGÄUER STUBEN

REGIONAL • GEMÜTLICH Zur guten Küche gesellt sich im Hause Rimmele auch noch eine überaus angenehme familiäre Atmosphäre. Die Betreiber sind hier mit Herzlichkeit und Engagement bei der Sache, nicht zuletzt Küchenchefin Susanne Rimmele. Sie kocht mit Bezug zur Region und auch mediterran. Umsorgt werden Sie charmant und stets mit einem Lächeln. Tipp: Man hat eine herrliche Terrasse. Auch Kochkurse werden angeboten: Pasta, Spargel, Wild... Im Hotel "Hohe Linde" können Sie gepflegt übernachten.

🍴 ⇦ 🅿 🚗 – Preis: €€

Lindauer Straße 75 ✉ 88316 – ☎ 07562 97597 – www.hotel-hohe-linde.de – Geschlossen: Sonntag, mittags: Montag-Samstag

JENA

Thüringen – Regionalatlas **4**–P3

LANDGRAFEN

REGIONAL • FREUNDLICH Einen fantastischen Blick über die Stadt bietet dieses Restaurant, das zu Recht als "Balkon Jenas" bezeichnet wird. Gekocht wird international mit regional-saisonalen Einflüssen. Schön auch der Biergarten vor dem Haus. Drei individuelle Gästezimmer zum Übernachten: Landhaus-, Art-déco- oder Hochzeitszimmer.

⇐ 🏠 🅿 – Preis: €€

Landgrafenstieg 25 ✉ *07743 –* ☎ *03641 507071 – www.landgrafen.com – Geschlossen: Montag-Mittwoch, mittags: Donnerstag und Freitag*

SCALA - DAS TURM RESTAURANT

INTERNATIONAL • CHIC Traumhaft die Aussicht auf die Stadt und die Umgebung hier oben im markanten "JenTower" in 128 m Höhe! Gekocht wird modern-international, abends als Sharing-Menü (auch vegetarisch), mittags als günstigerer Lunch. Tipp: Parkhaus "Neue Mitte"- über die Fahrstühle geht's hinauf ins Restaurant (ausgeschildert). Hotel in den Stockwerken unterhalb des Restaurants.

⇐ ⅙ 🖼 ⇕ – Preis: €€€

Leutragraben 1 ✉ *07743 –* ☎ *03641 356666 – www.scala-jena.de – Geschlossen abends: Sonntag*

JOHANNESBERG

Bayern – Regionalatlas **3**–L4

HELBIGS GASTHAUS

MARKTKÜCHE • FREUNDLICH Angenehm sitzt man in dem engagiert geführten Gasthaus neben der Kirche, freundlich das Ambiente, schön die Terrasse, dazu aufmerksamer und geschulter Service. Geboten werden Gerichte à la carte sowie das "Gasthausmenü", ein vegetarisches Menü und das abendliche "Genussmenü". Man beachte auch die Kunstsammlung im Haus! Eine Kochschule hat man ebenfalls.

🕷 ⅙ 🏠 🅿 – Preis: €€€

Hauptstraße 2 ✉ *63867 –* ☎ *06021 4548300 – auberge-de-temple.de – Geschlossen: Montag und Sonntag*

JUGENHEIM IN RHEINHESSEN

Rheinland-Pfalz – Regionalatlas **5**–T1

🕸 WEEDENHOF

MEDITERRAN • WEINBAR Schön gemütlich hat man es in dem mit Holz und Bruchstein hübsch gestalteten Restaurant. Dazu gibt es schmackhafte mediterran-regionale Küche aus sehr guten Produkten. Zur Wahl stehen ein A-la-carte-Angebot und saisonale Menüs, darunter auch eine vegetarische Variante. Übernachten können Sie übrigens auch richtig nett und gepflegt.

🏠 🅿 – Preis: €€

Mainzer Straße 6 ✉ *55270 –* ☎ *06130 941337 – www.weedenhof.de – Geschlossen: Montag und Dienstag, mittags: Mittwoch-Samstag*

JUIST

Niedersachsen – Regionalatlas **1**–A3

DANZER'S

INTERNATIONAL • FREUNDLICH Schon das zeitgemäße Ambiente in geradlinigem und zugleich wohnlichem Stil ist ansprechend - ganz zu schweigen von der Terrasse mit Deichblick! Dazu gibt es international-regionale Küche wie

"Wolfsbarschfilet in Speckbutter mit Wirsinggemüse aus dem Wok und Gnocchi".
Kleinere Mittagskarte.

🍴 ⇔ – Preis: €€

Wilhelmstraße 36 ⊠ 26571 – 𝄞 04935 8040 – www.hotel-achterdiek.de/de

KAISHEIM

Bayern – Regionalatlas 6–X2

WEINGÄRTNERHAUS

INTERNATIONAL • MINIMALISTISCH Im schönen Weingärtnerhaus von 1542
(benannt nach den unterhalb gelegenen Weinbergen) liest man auf der Speisekarte
z. B. "Spanferkelrücken mit Soja-Teriyaki-Lack" oder "Wolfsbarschfilet mit Vanille-
Zitronen-Schaum". Tipp: Man hat auch diverse südafrikanische Weine.

♿ 🍴 ⇔ 🅿 🍽 – Preis: €€

Schlossstraße 1 ⊠ 86687 – 𝄞 09097 485980 – schloss-leitheim.de –
Geschlossen mittags: Montag-Sonntag

KALLSTADT

Rheinland-Pfalz – Regionalatlas 7–B1

CROKUS ⓝ

KATALANISCH • CHIC Ein Stück Katalonien in Kallstadt - dafür sorgen Linda
Schulze und Francisco Sancho Zaragoza in dem schmucken historischen Haus.
Während der Chef seine katalanischen Wurzeln mit spanischen Einflüssen und einer
gelungenen Mischung aus Tradition und Moderne auf den Teller bringt, kümmert
sich die Chefin charmant um die Gäste. Chic das Ambiente: Hier trifft ein schönes
von Sandsteinsäulen getragenes Kreuzgewölbe auf modernes Design.

🅰🅲 – Preis: €€€

Weinstraße 80 ⊠ 67169 – 𝄞 06322 6054847 – www.crokusrestaurant.de –
Geschlossen: Montag-Mittwoch, mittags: Donnerstag-Samstag, abends: Sonntag

VINOTHEK IM WEINGUT AM NIL

INTERNATIONAL • CHIC Gelungen vereint man auf dem schönen Anwesen
Restaurant und Vinothek. Wertig und chic der Mix aus rustikal und modern in
dem historischen Gemäuer, dazu ein Traum vom Innenhof - hier speist man im
Sommer natürlich am liebsten! Die Küche ist international beeinflusst, sehr gut die
Weinauswahl vom eigenen Weingut. Tipp: Zum Übernachten hat man geschmack-
voll eingerichtete Gästezimmer.

🍴 ⇔ 🅿 – Preis: €€

Neugasse 21 ⊠ 67169 – 𝄞 06322 957910080 – seeinlilaloewe.de – Geschlossen:
Montag und Dienstag, mittags: Mittwoch-Samstag

KANDEL

Rheinland-Pfalz – Regionalatlas 5–T2

ZUM RIESEN

INTERNATIONAL • FREUNDLICH Mit Engagement leitet Familie Wenz ihren
Betrieb, so legt man auch in der Küche Wert auf Qualität. Aus guten Produkten entstehen modern inspirierte Gerichte, auch ein veganes Menü ist zu haben. Und dazu
vielleicht ein regionaler Wein? Im Sommer ist die Terrasse im Hof ein lauschiges
Plätzchen. Zum Übernachten hat man schöne individuelle Zimmer.

🍴 ⇔ 🅿 🍽 – Preis: €€

Rheinstraße 54 ⊠ 76870 – 𝄞 07275 3437 – www.hotelzumriesen.de –
Geschlossen: Montag, Dienstag, Sonntag, mittags: Mittwoch-Samstag

KAPPELRODECK

Baden-Württemberg – Regionalatlas **5**–T3

(😋) **ZUM REBSTOCK**

REGIONAL • **GASTHOF** Eine Adresse, die Spaß macht! In dem historischen Fachwerkhaus (seit 1750 in Familienhand) sitzt man in reizenden holzgetäfelten Stuben bei charmantem Service und richtig guter badischer Küche. Tipp: Vorspeise und Dessert als kleine "Versucherle"! Sehr schön die rund 500 Etiketten zählende Weinkarte. Für daheim: selbstgebranntes Kirsch- und Zwetschgenwasser. Gepflegte Gästezimmer.

🏡 ✿ 🅿 – Preis: €€

Kutzendorf 1 ⊠ 77876 – ☎ 07842 9480 – rebstock-waldulm.de – Geschlossen: Montag und Dienstag, mittags: Mittwoch-Freitag

KARBEN

Hessen – Regionalatlas **3**–L4

NEIDHARTS KÜCHE

REGIONAL • **FREUNDLICH** Etwas versteckt in einem Gewerbegebiet liegt das Restaurant der Neidharts. Möchten Sie etwas legerer im Bistrobereich sitzen oder lieber eleganter im klassisch eingedeckten Restaurant mit Wintergarten? Schön auch die Terrasse hinterm Haus. Gekocht wird saisonal-regional, dazu werden Sie charmant umsorgt.

🏡 – Preis: €€

Robert-Bosch-Straße 48 ⊠ 61184 – ☎ 06039 934443 – www.neidharts-kueche. de – Geschlossen: Montag und Dienstag, mittags: Mittwoch-Samstag

KARLSRUHE

Baden-Württemberg – Regionalatlas **5**–U2

🕸🕸 **SEIN**

Chef: Thorsten Bender

MODERNE KÜCHE • **INTIM** Die kreative Küche von Thorsten Bender macht einen Besuch in dem kleinen Restaurant in einer recht ruhigen Wohnstraße absolut lohnenswert. Die 6-gängigen - durch ein Käse-"Upgrade" erweiterbaren - Menüs "querbeet" und "grünzeug" (vegetarisch) zeigen seine eigene Stilistik. Die Gerichte überzeugen mit Kraft, klarem Aufbau und geschmacklicher Ausgewogenheit samt wohldosierten asiatischen Aromen. Top die Produktqualität! Das Ambiente dazu ist wertig und chic-modern. Umsorgt werden Sie freundlich und versiert - auch die Köche servieren mit. Mittags gibt es ein 3- oder 4-Gänge-Menü.

🆗 🏡 – Preis: €€€€

Scheffelstraße 57 ⊠ 76135 – ☎ 0721 40244776 – www.restaurant-sein.de – Geschlossen: Montag und Dienstag, mittags: Samstag und Sonntag

🕸 **TAWA YAMA FINE**

MODERNE KÜCHE • **CHIC** "FINE" heißt das schicke Gourmetrestaurant der "TAWA YAMA"-Gastronomie, das sich mit einer modernen Küche mit eigener Idee einen Namen gemacht hat. Ebenso modern und hochwertig das Ambiente. Das Serviceteam umsorgt Sie freundlich und angenehm diskret, der Sommelier hilft bei der Weinauswahl. "TAWA YAMA" kommt übrigens aus dem Japanischen und bedeutet "Turm Berg" - damit nimmt man Bezug auf den gleichnamigen Karlsruher Berg, den Sie von der herrlichen Terrasse aus im Blick haben. Neben dem "FINE" gibt es noch das trendige "EASY" mit einfacherer Karte, verbunden durch einen kleinen Gang mit Blick in die Küche. Praktisch: kostenfreies eigenes Parkhaus.

🆗 🏡 ✿ 🅿 – Preis: €€€€

Amalienbadstraße 41b ⊠ 76227 – ☎ 0721 9098950 – tawayama.de – Geschlossen: Montag und Sonntag, mittags: Dienstag-Samstag

BISTRO MARGARETE ⓝ

REGIONAL • HIP Neben dem "sein" betreibt Thorsten Bender nun auch noch ein zweites Restaurant. Die Atmosphäre ist stylish und lebendig, draußen lockt im Sommer eine fast schon romantische Innenhofterrasse. Gekocht wird schmackhaft und regional - auf der Karte finden sich Klassiker und moderne Gerichte. Dazu eine fair kalkulierte Weinkarte. Umsorgt wird man angenehm freundlich und leger. Tipp: attraktives Mittagsmenü.

🍽 – Preis: €€

Scheffelstraße 55 ⊠ 76133 – ☎ 0721 40244773 – www.bistro-margarete.de – Geschlossen: Montag und Dienstag, mittags: Samstag und Sonntag

EIGENART

INTERNATIONAL • FREUNDLICH Sie finden dieses Restaurant in einem gepflegten Stadthaus in zentraler Lage nahe dem Marktplatz. Hier sitzen Sie in angenehmer Atmosphäre und lassen sich freundlich umsorgen. In der Küche orientiert man sich an der Saison. Zur Wahl stehen ein Menü und Gerichte à la carte. Immer im Angebot: der beliebte Klassiker Wiener Schnitzel. Nach Absprache können Sie auch mittags und am Wochenende reservieren.

🍽 – Preis: €€€

Hebelstraße 17 ⊠ 76133 – ☎ 0721 5703443 – eigenart-karlsruhe.de – Geschlossen: Montag, Samstag, Sonntag, mittags: Dienstag-Freitag

ERASMUS

Chef: Marcello Gallotti

ITALIENISCH • GEMÜTLICH In dem denkmalgeschützten Gebäude von 1928 sorgen Andrea und Marcello Gallotti für charmanten Service samt trefflichen Empfehlungen von der gut sortierten Weinkarte sowie für ambitionierte italienisch-mediterrane Küche. Eine kleine Austernkarte gibt es ebenfalls. Herrlich die Terrasse zum Garten! Angeschlossen ein Feinkostladen. Man legt Wert auf Nachhaltigkeit und ist biozertifiziert.

🌿 *Engagement des Küchenchefs: Mein Restaurant ist biozertifiziert, daher verarbeite ich vom Bio-Ei bis zu MSC-zertifiziertem Fisch nur beste Ware, die Prinzipien „Nose to tail" und „Root to leaf" setze ich um, wo immer es geht, so möchte ich meinen Gästen gelebte Genussvielfalt ohne Reue, aber auch ohne Radikalität ermöglichen.*

🐝 ♿ 🍽 – Preis: €€€

Nürnberger Straße 1 ⊠ 76199 – ☎ 0721 40242391 – erasmus-karlsruhe.de – Geschlossen: Montag und Sonntag, mittags: Dienstag, Mittwoch, Samstag

IL TEATRO[2]

ITALIENISCH • KLASSISCHES AMBIENTE In dem langjährigen Familienbetrieb beim namengebenden Staatstheater serviert man Ihnen eine frische und geschmackvolle italienische Küche mit Einflüssen aus Frankreich und Deutschland. Die "Spaghetti Carbonara", der "Steinbutt an Champagnersoße" oder auch die "Exotische Schokolade" sind gute Beispiele dafür. Im Sommer locken die Terrassenplätze auf dem breiten Gehsteig.

🍽 – Preis: €€€

Ettlingerstraße 2c ⊠ 76137 – ☎ 0721 356566 – www.ilteatro.de – Geschlossen: Dienstag

IVY

MODERN • CHIC In dem Restaurant im EG des sehr zentral gelegenen "133 Boutique Hotel Karlsruhe" erwarten Sie stylish-schicker Bistrostil und modern-trendige Küche, die in zwei Services (18 und 20 Uhr) angeboten wird. Spaß machen auch die Sharing-Snacks vorab. Und zum Abschluss noch einen Cocktail an der angeschlossenen Bar?

Preis: €€€

Karlstraße 34 ⊠ 76133 – ☎ 0721 47004539 – ivy.restaurant – Geschlossen: Sonntag, mittags: Montag-Samstag

NAGELS KRANZ

REGIONAL • GEMÜTLICH In diesem sympathischen Restaurant legt man Wert auf Produktqualität, und die schmeckt man z. B. bei "Filet vom Loup de Mer mit gebratenem weißen Spargel, Morcheln à la Crème und Gnocchi". Die Atmosphäre stimmt ebenfalls, sowohl drinnen im gemütlichen Lokal als auch draußen auf der lauschigen Terrasse im Hof.

🌤 ⇔ – Preis: €€

Neureuter Hauptstraße 210 ⊠ 76149 – 𝒞 0721 705742 – www.nagels-kranz.de – Geschlossen: Montag und Sonntag, mittags: Dienstag, Freitag, Samstag

OBERLÄNDER WEINSTUBE ⓝ

KLASSISCHE KÜCHE • GEMÜTLICH Das Stadthaus von 1826 sprüht nur so vor Charme: Drinnen verbreiten die traditionellen holzgetäfelten Stuben Gemütlichkeit, draußen sitzt man herrlich im reizenden Innenhof mit Feigen- und Kastanienbaum. Gekocht wird klassisch-regional und mit mediterranem Einfluss. Mittags wählt man von einer kleineren Karte.

🌤 – Preis: €€

Akademiestraße 7 ⊠ 76133 – 𝒞 0721 25066 – www.oberlaender-weinstube.de – Geschlossen: Montag und Sonntag

RESTAURANT 1463

KLASSISCHE KÜCHE • GEMÜTLICH Das Fachwerkhaus a. d. J. 1463 war früher eine kleine Weinstube, heute geht es hier in gemütlich-rustikalem Ambiente gehobener zu. Auf der klassisch geprägten Karte liest man z. B. "Wolfsbarsch mit Artischocken-Gemüseragout". Richtig lauschig ist der Innenhof! Zum Übernachten gibt es sechs schöne wohnliche Apartments.

🌤 ⇔ – Preis: €€

Friedrichstraße 10 ⊠ 76229 – 𝒞 0721 66050650 – 1463.de – Geschlossen: Montag und Dienstag, mittags: Mittwoch und Donnerstag, abends: Sonntag

KASSEL

Hessen – Regionalatlas **3**-L3

MONDI

Chef: Pelle Kossmann

MODERNE KÜCHE • FREUNDLICH Engagiert setzen Patron Pelle Kossmann und sein junges Team hier ihre eigenen Ideen um. Geboten wird ein Wochenmenü, für das man ausgesuchte saisonale Produkte von regionalen Erzeugern verwendet und das komplette Tier verarbeitet. Dazu schlicht-modernes Ambiente mit teilweise einsehbarer Küche sowie freundlich-legerer Service. Wasser-Flatrate.

🌿 *Engagement des Küchenchefs: Mein Motto ist "Gute Küche muss transparent, regional und nachhaltig sein" und genau das versuchen wir hier täglich umzusetzen. Deshalb verarbeiten wir nur Produkte Nose-to-tail und Farm-to-plate von vertrauten Produzenten, servieren ein Menü, auch vegetarisch, um schnell auf die Saison zu reagieren.*

🌤 ⇔ – Preis: €€

Wilhelmshöher Allee 34 ⊠ 34117 – 𝒞 0561 83079318 – www.mondi-restaurant. de/de – Geschlossen: Montag und Sonntag, mittags: Dienstag-Samstag

KEITUM - Schleswig-Holstein ➜ Siehe Sylt (Insel)

KELSTERBACH

Hessen – Regionalatlas **3**-L4

AMBIENTE ITALIANO IN DER ALTEN OBERFÖRSTEREI

ITALIENISCH • ELEGANT In der schmucken Villa von 1902 sitzt man in einem eleganten Wintergarten mit Blick auf Kirche und Main, gefragt ist auch die wettergeschützte Terrasse. Geboten wird italienische Küche aus guten Produkten, dazu eine Weinkarte mit Schwerpunkt Italien. Tipp: Business Lunch mit schöner Auswahl. Parken kann man direkt vor dem Haus.

🕸 🎍 🅿 – Preis: €€

Staufenstraße 16 ✉ 65451 – 𝒞 06107 9896840 – ambienteitaliano.de –
Geschlossen: Sonntag, mittags: Samstag

TRATTORIA ALTE OBERFÖRSTEREI

ITALIENISCH • FREUNDLICH Sie essen gern traditionell-italienisch? In der gemütlichen Trattoria bietet man Ihnen auf guten Produkten basierende Gerichte - fragen Sie nach dem Fisch des Tages. Glutenfreie Speisen bekommt man übrigens ebenfalls. Umsorgt wird man ausgesprochen freundlich und aufmerksam.

🕸 🎍 🅿 – Preis: €€

Staufenstraße 16 ✉ 65451 – 𝒞 06107 9896840 – ambienteitaliano.de –
Geschlossen: Sonntag, mittags: Samstag

KENZINGEN

Baden-Württemberg – Regionalatlas **5**–T3

😋 SCHEIDELS RESTAURANT ZUM KRANZ

KLASSISCHE KÜCHE • TRADITIONELLES AMBIENTE Die lange Familientradition (7. Generation) verpflichtet und so geht es hier engagiert und zugleich traditionell-bodenständig zu. Historisch-charmant die Gaststube, herzlich der Service. Auf den Tisch kommen schmackhafte schnörkellose Gerichte mit regionalem und saisonalem Bezug. Es gibt auch ein vegetarisches Menü. Zudem bietet man Spezialitätenwochen.

🕸 🎍 🅿 – Preis: €€

Offenburger Straße 18 ✉ 79341 – 𝒞 07644 6855 – www.scheidels-kranz.de –
Geschlossen: Montag und Dienstag

KERNEN IM REMSTAL

Baden-Württemberg – Regionalatlas **7**–B2

😋 MALATHOUNIS

Chef: Joannis Malathounis

MEDITERRAN • STUBE Griechische Küche mit Stern? "Modern greek cuisine" liest man an der Haustür, und die findet man in dem geschmackvoll-charmanten Restaurant der Eheleute Malathounis dann auch vor. Filigran und aromareich, mit mediterraner Leichtigkeit und französischen Einflüssen kommen die Gerichte daher. Wohldosiert bringt Patron Joannis Malathounis seine griechischen Wurzeln mit ein, und das wirkt nie überladen oder forciert. Nicht fehlen darf da das hochwertige Olivenöl! Spannend, wie man hier die Küche Griechenlands interpretiert. Man bietet zwei Menüs, eines davon vegetarisch, sowie eine kleine A-la-carte-Auswahl. Umsorgt wird man in den gemütlichen Gasträumen überaus herzlich, und zwar von Chefin Anna Malathounis persönlich. Sie empfiehlt Ihnen auch gerne einen der schönen Weine aus Griechenland.

🕸 🎍 ♻ 🅿 🍽 – Preis: €€€

Gartenstraße 5 ✉ 71394 – 𝒞 07151 45252 – www.malathounis.de – Geschlossen:
Montag und Sonntag, mittags: Dienstag-Samstag

ZUM OCHSEN

INTERNATIONAL • GASTHOF Viele Stammgäste mögen dieses über 300 Jahre alte Gasthaus, das die Tradition wahrt und dennoch mit der Zeit geht. Gekocht wird schwäbisch, saisonal und mit internationalen Einflüssen. Man legt Wert auf regionale Produkte, darunter Fleisch- und Wurstwaren aus der eigenen Metzgerei.

🎍 ♻ – Preis: €€

Kirchstraße 15 ✉ 71394 – 𝒞 07151 94360 – ochsen-kernen.de – Geschlossen:
Montag und Dienstag, mittags: Mittwoch-Freitag

KERPEN

Nordrhein-Westfalen – Regionalatlas **3**–J3

✿ SCHLOSS LOERSFELD

FRANZÖSISCH-KLASSISCH • ELEGANT Das jahrhundertealte Schloss mit seiner weitläufigen Parkanlage ist schon ein herrliches Anwesen. Hinter dicken alten Mauern erwarten Sie stilvolle Räume und Salons mit antiken Details. Möchten Sie in diesem herrschaftlichen Rahmen nicht auch mal speisen? Geboten wird eine moderne klassisch basierte Küche. Die Gerichte überzeugen mit Produktqualität, geschmacklichem Ausdruck und Finesse und sind zudem auch noch ein Augenschmaus. Tipp: Graf-Berghe-von-Trips-Ausstellung im "Grünen Salon". Übernachten kann man übrigens auch, und zwar in drei hübschen Appartements in einem Nebenhaus.

🏵 🦽🛏🌤💿 – Preis: €€€€

Schloss Loersfeld 1 ✉ 50171 – ☏ 02273 57755 – www.schlossloersfeld.de – Geschlossen: Montag, Dienstag, Sonntag

KIEDRICH

Hessen – Regionalatlas **3**–K4

✿ WEINSCHÄNKE SCHLOSS GROENESTEYN

Chef: Dirk Schröer

MODERNE KÜCHE • GEMÜTLICH Etwas versteckt liegt das historische Fachwerkhaus im beschaulichen Kiedrich. In der ehemaligen Gutsschänke hat man es so schön gemütlich, dafür sorgt viel warmes Holz. An blanken alten Holztischen wird man bei wertiger Tischkultur freundlich und aufmerksam umsorgt. Patron und Küchenchef Dirk Schröer (zuvor im "Caroussel" in Dresden und im Gourmetrestaurant der "Burg Schwarzenstein" in Geisenheim) bietet eine aromareiche Küche, die klassische Elemente mit Regionalem verbindet. Zu seinen angenehm klar strukturierten Gerichten empfiehlt das Team um Gastgeberin Amila Begic so manch guten Wein aus der Region. Auf der Terrasse genießt man die Aussicht auf die Weinberge und Burg Scharfenstein.

🌤💿 – Preis: €€€€

Oberstraße 36 ✉ 65399 – ☏ 06123 1533 – www.groenesteyn.net – Geschlossen: Dienstag und Mittwoch, mittags: Montag, Donnerstag-Samstag

KIEL

Schleswig-Holstein – Regionalatlas **1**–D2

FLYGGE

REGIONAL • FREUNDLICH Nach erfolgreichen Jahren im Kieler "Ahlmanns" haben sich Mathias Apelt und Partnerin Britta Künzl mit diesem cool-urbanen Restaurant samt offener Küche und Chef's Table selbstständig gemacht. Gekocht wird modern, dabei legt man Wert auf regionale Produkte von ausgesuchten Erzeugern. Schön der Blick auf die Kieler Förde, vor allem von der Terrasse.

🌤 – Preis: €€

Düsternbrooker Weg 46 ✉ 24103 – ☏ 0431 566002 – www.flygge-kiel.de – Geschlossen: Montag und Sonntag, mittags: Dienstag-Samstag

KIRCHDORF (KREIS MÜHLDORF AM INN)

Bayern – Regionalatlas **6**–Y3

✿ CHRISTIAN'S RESTAURANT - GASTHOF GRAINER

Chef: Christian F. Grainer

KLASSISCHE KÜCHE • GEMÜTLICH Seit dem 16. Jh. betreibt Familie Grainer den stattlichen historischen Gasthof, inzwischen ist mit Christian F. Grainer und seiner Frau Christiane ein echtes "Dreamteam" am Ruder! Er ist verantwortlich für die exquisite klassisch-französische Küche, die sich aber auch Ausflüge in die Moderne erlaubt, sie ist Gastgeberin mit Leib und Seele! Serviert wird ein Überraschungsmenü, das schön aufs Wesentliche reduziert ist, im Fokus top Produkte. Die persönliche

Atmosphäre in dem gemütlich-eleganten Restaurant ist der herzlichen Chefin zu verdanken, ihrem vollen Charme und ihrer fachlichen Kompetenz. Als Sommelière hat sie auch treffliche Weinempfehlungen parat - über 1000 Positionen (darunter Raritäten und Großflaschen) lagern im alten Gewölbe-Weinkeller.

⅋ 🍽 ⌂ **P** – Preis: €€€

Dorfstraße 1 ✉ 83527 – ☏ 08072 8510 – christians-restaurant.de – Geschlossen: Montag-Mittwoch, mittags: Donnerstag-Samstag

KIRCHDORF AN DER AMPER
Bayern – Regionalatlas **6**–Y3

🏵 ZUM CAFÉWIRT
MARKTKÜCHE • FREUNDLICH In dem traditionellen Gasthaus mit der hübschen Fassadenmalerei sitzt man in schlichtem, freundlichem Ambiente bei regional-saisonaler Küche, und die reicht vom "Backhendl Caféwirt" über "Hirschmedaillons unter der Nusskruste mit Schwarzbrotknödel" bis zum sonntäglichen Schweinebraten. Preiswertes Tagesmenü.

🎦 🍽 ⌂ **P** 🚭 – Preis: €

Hirschbachstraße 9 ✉ 85414 – ☏ 08166 9987222 – Geschlossen: Montag-Donnerstag, mittags: Freitag und Samstag, abends: Sonntag

KIRCHDORF AN DER ILLER
Baden-Württemberg – Regionalatlas **5**–V3

🏵 LANDGASTHOF LÖWEN
KLASSISCHE KÜCHE • LÄNDLICH Alexander Ruhland leitet das Haus mittlerweile in 4. Generation und sorgt in dem traditionsreichen Landgasthof für richtig gute Küche. Er verbindet klassische und moderne Einflüsse, wobei regionaler und saisonaler Bezug eine große Rolle spielen. Tipp: Man bietet auch zeitgemäß-wohnliche Gästezimmer.

&. 🍽 ⌂ **P** – Preis: €

Kirchdorfer Straße 8 ✉ 88457 – ☏ 08395 667 – www.loewen-oberopfingen.de – Geschlossen: Montag-Mittwoch, mittags: Donnerstag-Samstag

KIRCHHEIM AN DER WEINSTRASSE
Rheinland-Pfalz – Regionalatlas **7**–B1

⅏ SCHWARZ GOURMET
Chef: Manfred Schwarz

FRANZÖSISCH • INTIM Seit 2017 findet man in dem hübschen roten Sandsteingebäude die beiden Restaurants der Familie Schwarz. Hier im "Gourmet" bietet der Chef - kein Unbekannter in der Fine-Dining-Szene - ein Menü mit bis zu sechs Gängen und kombiniert dabei internationale Zutaten gerne mit Erzeugnissen aus der hiesigen Region. Die Produkte sind von ausgesuchter Qualität und stehen ganz im Fokus. Manfred Schwarz hat übrigens schon so manchen Prominenten bewirtet, davon zeugen einige Fotos in dem schicken Restaurant. Seine Frau Angelika kümmert sich herzlich um die Gäste.

🍽 ⌂ 🚭 – Preis: €€€€

Weinstraße Süd 1 ✉ 67281 – ☏ 06359 9241702 – schwarz-restaurant.de – Geschlossen: Montag-Donnerstag, mittags: Freitag-Sonntag

KIRCHLAUTER
Bayern – Regionalatlas **4**–N4

🏵 GUTSHOF ANDRES
REGIONAL • FAMILIÄR Ein denkmalgeschützter Gutshof mit Familientradition seit 1839, eingerahmt von altem Baumbestand und mit kleinem Weiher vor der Tür - hier der schöne Biergarten. Gekocht wird frisch, regional und modern. Dazu

können Sie hausgemachte Aufstriche und Brände kaufen. Zwei Appartements im einstigen Brauhaus, geradlinig-schicke Doppelzimmer in der ehemaligen Remise.
🏡 🅿 – Preis: €€

Pettstadt 1 ✉ 96166 – 𝒞 09536 221 – gutshof-andres.de – Geschlossen: Montag und Dienstag, mittags: Mittwoch-Freitag

KIRCHZARTEN
Baden-Württemberg – Regionalatlas **7**–B1

SCHLEGELHOF
KLASSISCHE KÜCHE • LÄNDLICH Das volle Engagement der Schlegels merkt man hier am schönen ländlich-modernen Ambiente, am herzlichen, präsenten Service und an der guten Küche mit regionalen und internationalen Einflüssen. Zum Wohlfühlen auch die tolle Terrasse und der duftende Obst- und Kräutergarten, ebenso die Gästezimmer mit ihrem geschmackvollen Mix aus klaren Formen und warmem Holz.
🐾 🏡 🅿 – Preis: €€€

Höfener Straße 92 ✉ 79199 – 𝒞 07661 5051 – schlegelhof.de – Geschlossen: Mittwoch, mittags: Montag, Dienstag, Donnerstag-Samstag

KIRKEL
Saarland – Regionalatlas **5**–T2

RESSMANN'S RESIDENCE
MODERNE KÜCHE • FREUNDLICH Das moderne Ambiente mit klaren Formen und hellen warmen Tönen kommt bei den Gästen gut an, ebenso die ambitionierte international-saisonal beeinflusste Küche sowie die schöne kleine Weinkarte. Einer der Räume ist klimatisiert. Oder sitzen Sie lieber draußen? Der nette Biergarten liegt ruhig hinterm Haus. Gepflegt übernachten kann man ebenfalls.
🐾 🏡 ⇔ 🅿 – Preis: €€€

Kaiserstraße 87 ✉ 66459 – 𝒞 06849 90000 – www.ressmanns-residence.de – Geschlossen: Dienstag und Mittwoch, abends: Sonntag

KISSINGEN, BAD
Bayern – Regionalatlas **3**–M4

❀ ## LAUDENSACKS GOURMET RESTAURANT
KLASSISCHE KÜCHE • ELEGANT Geschmackvoll-elegant wie alles in "Laudensacks Parkhotel & Beauty Spa" kommt auch das Gourmetrestaurant daher. Seit 1994 wird die Küche mit Stern gewürdigt. Verantwortlich dafür ist bereits seit vielen Jahren Frederik Desch. Sein Kochstil: ein gelungener Mix aus Klassik und Moderne. Dafür verwendet er sehr gute Produkte wie Rhöner Lachsforelle, heimisches Reh oder Bresse-Poularde, deren Eigengeschmack er schön in den Vordergrund stellt. Tipp: Kommen Sie mal im Sommer - feines Essen und herzlichen Service samt guter Weinberatung gibt's dann auf der herrlichen Terrasse zum Park! Interessant: Man bietet auch verschiedene Genuss-Events.
🐾 🛏 🏡 🅿 – Preis: €€€€

Kurhausstraße 28 ✉ 97688 – 𝒞 0971 72240 – www.laudensacks.de – Geschlossen: Montag und Sonntag, mittags: Dienstag-Samstag

🍃 ## SCHUBERTS WEIN & WIRTSCHAFT
REGIONAL • WEINBAR Richtig schön und angenehm leger sitzt man hier in fünf charmanten Stuben und im hübschen Innenhof. Eine Besonderheit ist die original Weinstube a. d. 19. Jh. mit Wand- und Deckenmalerei. Sehr nett auch die Nische im Weinfass! Aus der Küche kommt Schmackhaftes wie "Kalbstafelspitz mit Schnittlauchsauce und Nudeln". Und dazu vielleicht einen Frankenwein?
🏡 ⇔ – Preis: €€

Kirchgasse 2 ✉ 97688 – 𝒞 0971 2624 – www.weinstube-schubert.de – Geschlossen: Montag-Mittwoch, mittags: Donnerstag und Freitag

KLEINES WIESENTAL

Baden-Württemberg – Regionalatlas **7**–B1

SENNHÜTTE

Cheffen: Maximilian und Jürgen Grether

REGIONAL • FREUNDLICH Familiäre Gastlichkeit ist hier Trumpf! Seit 1918 ist Familie Grether mit Herzblut im Einsatz. Das merkt man nicht zuletzt an der guten Küche, für die man meist regionale Produkte verwendet. Gerichte von bürgerlich bis leicht gehoben serviert man in verschiedenen Stuben oder auf der netten begrünten Terrasse. Vesper und Kuchen gibt's durchgehend. Eigene Brennerei, Räucherei, Sennerei. Zum Übernachten hat man hübsche wohnliche Zimmer.

Engagement des Küchenchefs: Unserer Familie sind Qualität, Eigenproduktion und Nachhaltigkeit sehr wichtig, daher haben wir in unser Haus energetisch investiert, produzieren unseren eigenen Käse und Schinken, wir backen unser Brot selbst, brennen unseren eigenen Schnaps und wir sind in der Region stark verankert.

🌭 ⇄ **P** – Preis: €€

Schwand 14 ✉ 79692 – ✆ 07629 91020 – www.sennhuette.com – Geschlossen: Montag und Dienstag

KLETTGAU

Baden-Württemberg – Regionalatlas **5**–U4

LANDGASTHOF MANGE

MARKTKÜCHE • FREUNDLICH Seit vielen Jahren ist dieses Haus eine feste kulinarische Größe in der Region! Hier isst man nicht nur richtig gut, die Preise sind auch noch überaus fair. Gekocht wird vorwiegend regional und mit Bezug zur Saison, dabei legt man Wert auf ausgesuchte Produkte. Nett die Terrasse mit schattenspendenden Platanen. Tipp: Probieren Sie auch mal Schnaps, Torten oder Brot aus der eigenen Produktion der Familie.

🌭 ⇄ **P** – Preis: €€

Kirchstraße 2 ✉ 79771 – ✆ 07742 5417 – www.mange-griessen.de – Geschlossen: Montag, Dienstag, Sonntag, mittags: Mittwoch-Freitag

KOBERN-GONDORF

Rheinland-Pfalz – Regionalatlas **3**–K4

ALTE MÜHLE THOMAS HÖRETH

REGIONAL • ROMANTISCH Das hat Charme: Die Stuben sind liebevoll dekoriert, dazu ein Innenhof, der idyllischer kaum sein könnte, und ein eigenes Weingut! Die regionale Küche bietet Klassiker sowie saisonale Gerichte. Sie möchten länger bleiben? Man hat individuelle und sehr wohnliche Gästezimmer, die schön ruhig liegen! Sie können sich hier übrigens auch standesamtlich trauen lassen.

🌭 ⇄ **P** – Preis: €€

Mühlental 17 ✉ 56330 – ✆ 02607 6474 – altemuehlehoereth.de – Geschlossen mittags: Montag-Samstag

KOBLENZ

Rheinland-Pfalz – Regionalatlas **3**–K4

GOTTHARDT'S

MODERNE KÜCHE • CHIC Richtig stylish kommt das Restaurant im Hotel "Fährhaus" daher. Klare Formen und ruhige warme Brauntöne bestimmen das Ambiente, dazu kann man durch bodentiefe Fenster zur Mosel schauen. Die Atmosphäre ist angenehm unkompliziert, der Service freundlich, aufmerksam und geschult. Und dann ist da noch die Küche von Frank Seyfried. Er bietet hier moderne klassisch und mediterran geprägte Gerichte, die Sie à la carte wählen oder sich selbst zu einem Menü zusammenstellen können. Als Vegetarier werden Sie auf der Karte ebenfalls fündig. Alternativ gibt es im Hotel noch das Restaurant "Landgang" mit schöner Terrasse.

⪡ & Ⓚ 𝐏 – Preis: €€€€

An der Fähre 3 ✉ 56068 – ☏ 0261 201710 – faehr.haus – Geschlossen: Montag, Dienstag, Sonntag, mittags: Mittwoch-Samstag

❀ SCHILLER'S MANUFAKTUR

Chef: Mike Schiller

KLASSISCHE KÜCHE • ELEGANT Hohes kulinarisches Niveau ist Ihnen im Hotel "Stein" nach wie vor gewiss, dafür sorgt Patron und Küchenchef Mike Schiller mit seinen mediterran beeinflussten klassischen Gerichten. Wählen können Sie diese aus einem ansprechenden A-la-carte-Angebot nebst "Meisterwerken" wie der Bouillabaisse und Tagesempfehlungen wie dem Bürgermeisterstück von Wagyu-Rind oder auch als vegetarisches "Gartenmenü". Auf Vorbestellung gibt es das "Klassische Menü" oder das saisonale "Spezial". Im Restaurant leitet die freundliche Chefin Melanie Stein-Schiller den Service. Schön sitzt man im gemütlichen Restaurant, im lichten Wintergarten oder auf der charmanten Terrasse im Garten. Tipp: Hausgemachtes für daheim.

🌤 ⇄ 𝐏 – Preis: €€€€

Mayenerstraße 126 ✉ 56070 – ☏ 0261 963530 – www.hotel-stein.de – Geschlossen: Samstag und Sonntag, mittags: Montag-Mittwoch

❀ VERBENE

Chef: David Johannes Weigang

MODERNE KÜCHE • TRENDY Eine wirklich interessante kulinarische Adresse ist dieses schmucke kleine Restaurant im Herzen der Altstadt mit seiner modern-saisonalen Küche. Die Produkte bezieht man gerne aus der Region. Geboten wird ein Menü mit vier bis sieben Gängen, erweiterbar um Apéro- und Käsegang. Sehr schön: Im charmanten "Brunnenhof" sitzt man ruhig abseits des städtischen Trubels.

🌤 – Preis: €€€€

Brunnenhof Königspfalz ✉ 56068 – ☏ 0261 10046221 – www.restaurant-verbene.de – Geschlossen: Montag, Dienstag, Sonntag, mittags: Mittwoch-Samstag

☺ GERHARDS GENUSSGESELLSCHAFT

KLASSISCHE KÜCHE • FREUNDLICH "Blumenhof" nennt sich diese tolle Adresse nicht weit vom Deutschen Eck, wo Rhein und Mosel zusammenfließen. Zu Klosterzeiten wurde hier Proviant gelagert, heute gibt es in dem schönen historischen Gewölbe mit modernem Interieur richtig gute Küche. Die Speisen sind klassisch-saisonal und mediterran-international beeinflusst. Herrlich die Terrasse.

& 🌤 ⇄ – Preis: €€

Danziger Freiheit 3 ✉ 56068 – ☏ 0261 91499133 – www.gerhards-genussgesellschaft.de – Geschlossen: Montag und Dienstag, mittags: Mittwoch-Samstag

LANDGANG

FRANZÖSISCH • CHIC Das moderne Restaurant in der 1. Etage des Hotels "Fährhaus" zieht schon allein durch seine herrliche Lage Gäste an - besonders gerne sitzt man auf der Terrasse mit Blick auf die Mosel, während man sich die französisch-mediterran geprägte Küche mit saisonal-regionalen Einflüssen schmecken lässt. Dazu eine sehr gut sortierte Weinkarte.

⪡ & Ⓚ 🌤 ⇄ 𝐏 – Preis: €€€

An der Fähre 3 ✉ 56072 – ☏ 0261 20171900 – faehr.haus

Nordrhein-Westfalen
Regionalatlas **3**–J3

KÖLN

Köln hat einen Neuzugang im Sternbereich: Mit ihrem **Sahila** hat sich Julia Komp nach kurzer Zeit etabliert und zeigt eine interessante Weltküche. Die beiden unveränderten gastronomischen Topstars sind das klassisch-französische Bistro **Le Moissonnier** und - als kompletter Stil-Kontrast - das **Ox & Klee** direkt in einem der Kranhäuser am Rhein. Beide liegen nach wie vor auf 2-Sterne-Niveau! Hotelempfehlungen haben wir Köln ebenfalls: Da ist natürlich der Klassiker am Dom, das **Excelsior Hotel Ernst** mit seinem asiatisch geprägten Sternerestaurant taku, aber auch der klassischeren und ambitionierten **Hansestube**. Dazu kommen u. a. das **25hours Hotel The Circle**, das frisch renovierte **Wasserturm Hotel Cologne** oder auch das Designhotel **The Qvest**.

✿✿ LE MOISSONNIER

FRANZÖSISCH-KREATIV • BISTRO Ohne Frage ein Klassiker der Stadt! Seit 1987 heißt es in dem angenehm legeren Restaurant "Savoir-vivre". Man fühlt sich direkt in das quirlige Paris mit seinen entzückenden Bistros versetzt. Charmante Jugendstilelemente und hübsches Interieur mit aparter Patina tragen ihr Übriges dazu bei. Äußerst zuvorkommend und schlichtweg perfekt im Umgang mit den Gästen zeigen sich die herzlichen Gastgeber Liliane und Vincent Moissonnier. Landsmann Monsieur Eric Menchon ist seit Beginn als Küchenchef mit von der Partie und begeistert mit einer aromenintensiven Küche, die auf seiner französischen Heimat basiert. Raffiniert bringt er seine unverkennbare Handschrift ein, ohne dabei das Produkt an sich aus den Augen zu verlieren.

🅰🅒 – Preis: €€€€

Stadtplan: F1-13 – *Krefelder Straße 25* ✉ *50670* – ☏ *0221 729479* – *lemoissonnier.de* – *Geschlossen: Montag und Sonntag*

✿✿ OX & KLEE

Chef: Daniel Gottschlich

MODERNE KÜCHE • CHIC Unter dem Namen "Experience Taste" setzt Küchenchef Daniel Gottschlich in seinen Menüs vom Appetizer bis zu den Chocolates die sechs Geschmacksrichtungen "süß", "sauer", "bitter", "salzig", "fett" und "umami" kreativ um, und zwar stark vegetabil geprägt. Es gibt zwei Menüs aus top Produkten: "Ox" mit Fisch und Fleisch, "Klee" rein vegetarisch, jeweils wählbar in bis zu 15 "Akten". Alles sehr ausdrucksstark und geschmacklich präsent. Cool die Location: mittleres Kranhaus 1, Industrie-Architektur und Hafenblick inklusive, dazu tolles Design.

Wer es noch etwas spezieller mag, bucht den "Supper Club": Am Chef's Table bietet man an ausgewählten Montagabenden ein 5-Gänge-Menü für max. zehn Personen.

🎴 – Preis: €€€€

Stadtplan: G3-12 – *Im Zollhafen 18 ⊠ 50678 – 𝒞 0221 16956603 – oxundklee. de – Geschlossen: Montag, Dienstag, Sonntag, mittags: Mittwoch-Samstag*

❀ ALFREDO

Chef: Roberto Carturan

ITALIENISCH • FREUNDLICH Wer in Köln authentische italienische Küche ohne große Schnörkel sucht, kommt an Roberto Carturan nicht vorbei. Sein Vater Alfredo hat 1973 den Grundstein für gehobene italienische Kulinarik gelegt, und die pflegt man hier in zweiter Generation mit einem geradlinigen und reduzierten Kochstil. Für eine freundliche, ungezwungene und zugleich elegante Atmosphäre sorgt nicht zuletzt der Chef selbst: Gerne ist er am Gast und erklärt seine Gerichte. Neben dem Kochen hat Roberto Carturan übrigens ein weiteres Talent: Er ist ausgebildeter Sänger – freitagabends gibt's die „musikalisch-kulinarische Soirée": 5-Gänge-Menü mit Gesang als Finale! Praktisch: Parken können Sie in den "Opern-Passagen" hinter dem Restaurant. Hier liegt übrigens auch das sehenswerte "4711"-Stammhaus samt Glockenspiel.

🎴 – Preis: €€€€

Stadtplan: F2-25 – *Tunisstraße 3 ⊠ 50667 – 𝒞 0221 2577380 – www.ristorante-alfredo.com – Geschlossen: Samstag und Sonntag*

❀ ASTREIN

Chef: Eric Werner

KLASSISCHE KÜCHE • CHIC Nach Stationen im Kölner "Himmel un Äd" und der "Résidence" in Essen bereichert Eric Werner seit August 2019 mit seinem eigenen kleinen Restaurant die Gastro-Szene der Domstadt. In der halboffenen Küche wird modern-kreativ gekocht. Harmonisch bringt man in den Menüs "Schunkele" und "Bützchen" (vegetarisch) kräftige Aromen und schöne Würze auf den Teller. Wer kein Menü essen möchte, kann die einzelnen Gänge auch à la carte wählen. Auch die Atmosphäre stimmt: Locker und entspannt ist es hier, der Service kompetent, freundlich, unprätentiös. Mit Engagement berät man Sie in Sachen Wein - man hat eine sehr gut sortierte Weinkarte. Passend die glasweise Begleitung zu den Gerichten. Auch eine alkoholfreie Alternative wird angeboten.

🍸 🎴 – Preis: €€€€

Stadtplan: B2-1 – *Krefelder Straße 37 ⊠ 50670 – 𝒞 0221 95623990 – www.astrein-restaurant.de – Geschlossen: Montag und Sonntag, mittags: Dienstag-Samstag*

❀ LA CUISINE RADEMACHER

Chef: Marlon Rademacher

FRANZÖSISCH-MODERN • TRENDY Die Gegend ist zwar nicht die attraktivste und das Zentrum von Köln ist auch nicht gerade um die Ecke, dennoch ist ein Besuch absolut lohnenswert. In einem äußerlich eher unauffälligen Eckhaus leitet das engagierte Team um Marlon Rademacher dieses sympathische Restaurant in trendig-schickem Bistrostil. Der Inhaber und Küchenchef bietet hier ein finessenreiches modernes Menü aus hervorragenden Produkten - auch als vegetarische Variante (auf Vorbestellung bei der Reservierung auch vegan möglich). Ebenso niveauvoll ist auch das fair kalkulierte Lunchmenü an drei Tagen in der Woche.

Preis: €€€€

Stadtplan: D1-5 – *Dellbrücker Hauptstraße 176 ⊠ 51069 – 𝒞 0221 96898898 – la-cuisine-koeln.de – Geschlossen: Montag und Dienstag, mittags: Samstag und Sonntag, abends: Mittwoch und Donnerstag*

❀ LA SOCIÉTÉ

MODERNE KÜCHE • NACHBARSCHAFTLICH Service, Ambiente, Küche…, in dem kleinen Gourmetrestaurant im Studentenviertel "Kwartier Latäng" stimmt alles! Neu ist hier neben dem geschmackvoll-modernen Look auch der Küchenchef. Seit August 2021 bringt Leon Hofmockel frische eigene Ideen auf den Teller.

Geschickt arbeitet er feine Kontraste heraus, spielt mit Säure und Texturen und schafft eine schöne Balance. Das Ergebnis sind intelligent strukturierte Gerichte voller geschmacklicher Überraschungen. Dazu kommt noch ein top Service: In sympathisch lebhafter Atmosphäre kümmern sich der äußerst engagierter Gastgeber Stefan Helfrich und sein Team herzlich und zuvorkommend um jeden Gast - alle sind mit Freude bei der Sache, das macht einfach gute Laune!

&& Ⓚ – Preis: €€€€

Stadtplan: E3-14 – *Kyffhäuser Straße 53* ✉ *50674* – ✆ *0221 232464* – *www. restaurant-lasociete.de* – *Geschlossen: Dienstag und Mittwoch, mittags: Montag, Donnerstag-Sonntag*

⍟ MAIBECK

Chef: Jan C. Maier

MODERNE KÜCHE • TRENDY Was das Restaurant von Jan Cornelius Maier und Tobias Becker (kurz "maiBeck") so beliebt macht? Hier sei vor allem die moderne Küche zu nennen, die überaus geschmacksintensiv und niveauvoll ist, dabei aber unkompliziert und verständlich. Was könnte dazu besser passen als eine unprätentiöse Atmosphäre? Diese ist nicht zuletzt den ausgesprochen sympathischen Gastgebern zu verdanken. Bei aller Produktqualität, auf die man hier großen Wert legt, sind die Preise richtig fair! Das gilt auch für die Weinkarte, besonders für die Flaschenweine. Und dann ist da noch die Altstadtlage zwischen Dom und Rhein - da heißt es auf der Terrasse "sehen und gesehen werden".

🛱 – Preis: €€

Stadtplan: G2-28 – *Am Frankenturm 5* ✉ *50667* – ✆ *0221 96267300* – *www. feinkost-maibeck.de* – *Geschlossen: Montag und Sonntag*

⍟ MAXIMILIAN LORENZ

MODERNE KÜCHE • CHIC Hier hat man sich ganz der deutschen Küche verschrieben. In dem Restaurant nahe Hauptbahnhof, Dom und Rhein ist das Team um Maximilian Lorenz kreativ am Werk. Das Menü ist ein Mix aus Moderne und Tradition. Gekonnt und facettenreich setzt man diese Kombination um. Top Produktqualität, Handwerk und Geschmack überzeugen dabei gleichermaßen. Eine schöne Begleitung ist die große Weinkarte mit sehr guter Champagner- und Sektauswahl. Und das Restaurant selbst? Wertig, chic, geradlinig. Interessant für Weinliebhaber ist übrigens auch das locker-moderne Weinlokal "heinzhermann" nebenan mit 1200 internationalen Weinen.

&& – Preis: €€€€

Stadtplan: F1-26 – *Johannisstraße 64* ✉ *50668* – ✆ *0221 37999192* – *www. restaurant-maximilianlorenz.de* – *Geschlossen: Montag und Sonntag, mittags: Dienstag-Samstag*

⍟ NEOBIOTA

Chef: Sonja Baumann und Erik Scheffler

MODERNE KÜCHE • HIP Frühstück oder lieber Gourmetküche? Hier finden Sie beides unter einem Dach. Von ihrer gemeinsamen Station im "Gut Lärchenhof" in Pulheim hat es das Gastgeber- und Küchenchef-Duo Sonja Baumann und Erik Scheffler in die Kölner Innenstadt verschlagen, wo die beiden seit Mai 2018 dieses Kombi-Konzept umsetzen. Es ist ein modernes und gänzlich unprätentiöses Restaurant mit offener Küche, dessen unkomplizierte Atmosphäre richtig gut ankommt. Von 10 - 14.30 Uhr gibt es im "Neo" ein gutes Frühstück, leckeres hausgemachtes Brot inklusive, am Abend bekommt man im "Biota" ein ausgezeichnetes saisonales Menü mit vier, sechs oder acht Gängen, das als konventionelles oder als vegetarisches Menü zu haben ist - oder lieber komplett vegan? Abendservice: 19 - 23 Uhr.

Ⓚ 🛱 – Preis: €€€€

Stadtplan: E2-15 – *Ehrenstraße 43c* ✉ *50672* – ✆ *0221 27088908* – *www. restaurant-neobiota.de* – *Geschlossen: Montag und Sonntag, mittags: Dienstag-Samstag*

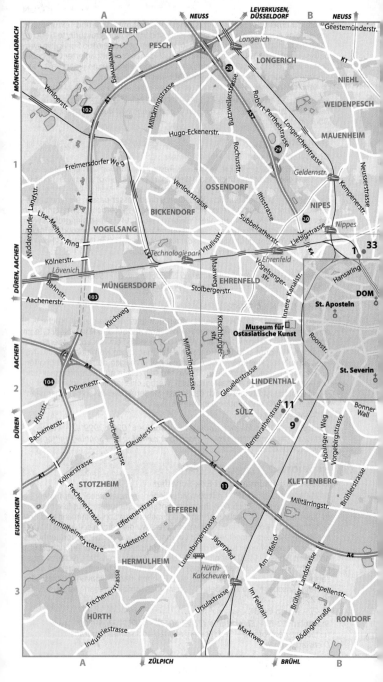

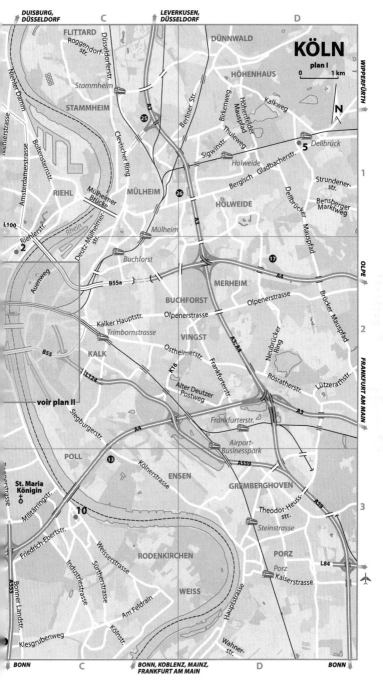

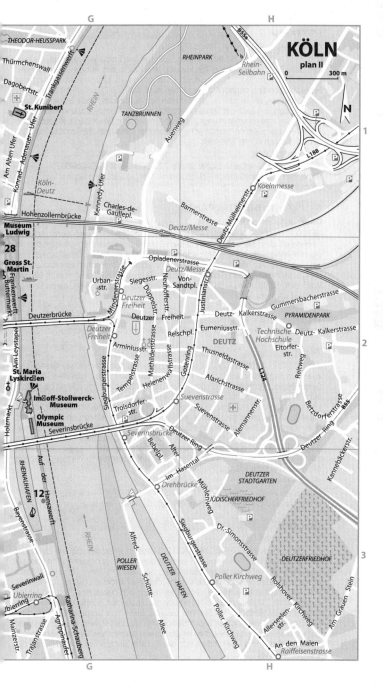

✿ POTTKIND

Chef: Enrico Sablotny

KREATIV • MINIMALISTISCH Enrico Sablotny und Lukas Winkelmann, die beiden Betreiber dieses kleinen Restaurants, sind Kinder des Ruhrpotts - daher der Name! Die Küche hier ist überaus interessant: modern, geschmackvoll und recht vegetabil geprägt, dennoch braucht man auf Fisch und Fleisch nicht zu verzichten. Erstklassig die Produkte. Da lässt man sich gerne vom "Carte Blanche"-Menü überraschen. Toll auch der Service: Sehr aufmerksam, kompetent und mit Charme schafft man eine angenehme unprätentiöse Atmosphäre. Besonders beliebt sind die Theken-Plätze an der offenen Küche. Im Sommer lockt auch die Terrasse inmitten der lebendigen Kölner Südstadt.

🌤 – Preis: €€€€

Stadtplan: F3-16 – *Darmstädter Straße 9 ✉ 50678 – 𝒞 0221 42318030 – www.restaurant-pottkind.de – Geschlossen: Montag und Sonntag, mittags: Dienstag-Samstag*

✿ SAHILA - THE RESTAURANT

Chef: Julia Komp

INTERNATIONAL • GEMÜTLICH Julia Komp, bekannt auch vom "Schloss Loersfeld", dem sie vor einigen Jahren Sterneküche bescherte, bietet hier in geschmackvoll-modernem Ambiente internationale Küche. Ihr Gourmetmenü ist eine Art Weltreise und erzählt von den zahlreichen kulinarischen Eindrücken, die die Chefin rund um den Globus erlebt hat. Ebenso weltoffen ist man in Sachen Wein aufgestellt, dazu wird man vom freundlichen und aufmerksamen Service sehr gut beraten.

🌤 – Preis: €€€€

Stadtplan: F2-4 – *Kämmergasse 18 ✉ 50676 – 𝒞 0221 247238 – sahila-restaurant.de – Geschlossen: Montag und Sonntag, mittags: Dienstag-Freitag*

✿ TAKU

ASIATISCH • MINIMALISTISCH Würden Sie in einem klassischen Grandhotel wie dem "Excelsior Ernst" von 1863 ein Restaurant in puristisch-asiatischer Geradlinigkeit vermuten? Bei aller Klassik hat das Traditionshaus direkt beim Dom auch eine stilvoll-moderne Seite, und da passt das "taku" perfekt ins Bild! Zum klaren eleganten Design gesellen sich die durchdachten modernen Gerichte von Mirko Gaul. Mit einer gelungenen Balance aus Schärfe, Säure und Süße schafft er eine aromareiche Fusion aus ostasiatischer Küche und westlich-internationalen Einflüssen. Hier und da findet sich unter den ausgesuchten Produkten auch Regionales. Geboten werden die Menüs "Degustation" und "Veggie", aus denen man auch à la carte wählen kann. Dazu eine sehr gut sortierte Weinkarte - schön die glasweise Empfehlung.

🕸 🅰 – Preis: €€€€

Stadtplan: F1-27 – *Trankgasse 1 ✉ 50667 – 𝒞 0221 2701 – www.taku.de – Geschlossen: Montag und Sonntag, mittags: Dienstag-Samstag*

✿ ZUR TANT

Chef: Thomas Lösche

KLASSISCHE KÜCHE • FREUNDLICH Das gepflegte Fachwerkhaus in idyllischer Lage am Rhein ist schon lange als Feinschmecker-Adresse bekannt. 2014 übergaben Franz und Petra Hütter die Leitung des viele Jahre mit einem MICHELIN Stern ausgezeichneten Restaurants an ihren Küchenchef Thomas Lösche. So klassisch wie das Interieur ist auch die Küche des gebürtigen Dresdners. Präzise werden ausgesuchte Zutaten verarbeitet, wobei man angenehm schnörkellos kocht. So beweist z. B. "Gefüllte Wachtel mit Sellerie, Birne und Grammelknödel", dass hier das Handwerk und der Geschmack im Mittelpunkt stehen. Dazu bietet man gute Weine - darf es vielleicht einer der vielen österreichischen sein? Schön der Blick auf den Rhein - besonders von den Fensterplätzen und natürlich von der Balkon-Terrasse!

⪘ 🏠 **P** – Preis: €€€

außerhalb Stadtplan – *Rheinbergstraße 49* ✉ *51143* – ☏ *02203 81883* – *www. zurtant.de* – *Geschlossen: Dienstag-Donnerstag*

CAPRICORN [I] ARIES BRASSERIE

FRANZÖSISCH-KLASSISCH • BISTRO Eine Brasserie, wie man sie sich wünscht: sympathisch-ungezwungen, gemütlich, lebendig! Und genauso unkompliziert ist auch die schmackhafte Küche, z. B. in Form von "Poularde, Gemüse, Kartoffelpüree". Charmant der Service.

🏠 ⇄🥨 – Preis: €€

Stadtplan: F3-17 – *Alteburgerstraße 31* ✉ *50678* – ☏ *0221 3975710* – *www. capricorniaries.com* – *Geschlossen: Montag, Dienstag, Sonntag, mittags: Mittwoch-Samstag*

CARUSO PASTABAR Ⓝ

ITALIENISCH • ENTSPANNT Die gebürtigen Neapolitaner Anna und Marcello Caruso setzen hier zusammen mit Emanuele Barbaro ein cooles Konzept um: lecker, locker und lebendig. In schicker Atmosphäre wird man von einem entspannten, aufmerksamen Team unter Leitung der charmanten Chefin umsorgt. Serviert wird ein preislich fair kalkuliertes 3-Gänge-Menü, das Sie sich selbst zusammenstellen können - als Hauptgang gibt's schmackhafte hausgemachte Pasta!

🏠 – Preis: €€

Stadtplan: B2-33 – *Kasparstraße 19* ✉ *50668* – ☏ *0221 9386311* – *www.caruso-pastabar.de* – *Geschlossen: Sonntag, mittags: Montag-Samstag*

GASTHAUS SCHERZ

ÖSTERREICHISCH • NACHBARSCHAFTLICH Als gebürtiger Vorarlberger setzt Michael Scherz - kein Unbekannter in der Kölner Gastro-Szene - auf österreichische Küche samt Klassikern wie Tafelspitz, Wiener Schnitzel oder Kaiserschmarrn. Dazu gibt's schöne Weine aus Österreich. Der Service flott, freundlich-leger und geschult. Sehr nett die Terrasse hinterm Haus.

🅰 🏠 ⇄🥨 – Preis: €€

Stadtplan: B2-11 – *Luxemburger Straße 256* ✉ *50937* – ☏ *0221 16929440* – *www.scherzrestaurant.de* – *Geschlossen: Montag, mittags: Dienstag-Samstag*

HENNE.WEINBAR

INTERNATIONAL • BRASSERIE Im Herzen der lebendigen Altstadt hat Hendrik ("Henne") Olfen sein sympathisches Lokal mit Bistro-Atmosphäre - und das ist richtig gefragt! Mittags gibt es eine kleinere Karte, am Abend laden modern-saisonale Gerichte im Tapas-Stil zum Teilen ein. Sensationell das Preis-Leistungs-Verhältnis! Nett die kleine Terrasse im Innenhof.

🏠 – Preis: €

Stadtplan: E2-22 – *Pfeilstraße 31* ✉ *50672* – ☏ *0221 34662647* – *www.henne-weinbar.de* – *Geschlossen: Sonntag*

PICCOLO

KLASSISCHE KÜCHE • FREUNDLICH Den Dom sieht man hier in Porz-Langel zwar nicht, dafür sitzt man praktisch in erster Reihe am Rhein! Geboten wird klassische Küche mit saisonalen und mediterranen Einflüssen, zubereitet aus guten Produkten. Sie können à la carte wählen oder sich ein 3-Gänge-Menü zu einem festen Preis zusammenstellen. Schön die Weinkarte mit Schwerpunkt Österreich und Deutschland.

⪘ 🏠 **P** – Preis: €€

außerhalb Stadtplan – *Rheinbergstraße 49* ✉ *51143* – ☏ *02203 81883* – *www. zurtant.de* – *Geschlossen: Dienstag-Donnerstag*

ACHT

INTERNATIONAL • TRENDY Eine trendig-urbane Adresse in den Spichern Höfen am Rande des Belgischen Viertels. Man sitzt an blanken Holztischen in angenehm unprätentiöser Atmosphäre, charmant und aufmerksam der Service. In der offenen Küche entstehen schmackhaft und unkompliziert zubereitete Gerichte, basierend auf regionalen und internationalen Produkten. Im Sommer zieht es die Gäste in den schönen Innenhof.

🛋 – Preis: €€

Stadtplan: E1-19 – *Spichernstraße 10* ✉ *50672* – ✆ *0221 16818408* – *www. restaurant-acht.de* – *Geschlossen: Sonntag, mittags: Montag-Samstag*

APPARE

JAPANISCH • MINIMALISTISCH Gekonnt verbindet man hier traditionelle japanische Washoku-Küche mit modernen Einflüssen und kombiniert fernöstliche Gewürze und Kochmethoden mit europäischen Lebensmitteln. Mittags gibt es zahlreiche Lunch-Menüs, abends ein 5-Gänge-Menü, dessen Vorspeise und Hauptgang Sie frei von der Karte wählen. "Appare" ist im Japanischen übrigens ein Ausruf der Begeisterung.

Preis: €

Stadtplan: E2-20 – *Balduinstraße 10* ✉ *50676* – ✆ *0221 27069058* – *www. appare.de* – *Geschlossen: Mittwoch und Sonntag*

CHRISTOPH PAULS RESTAURANT

INTERNATIONAL • MINIMALISTISCH Christoph Paul, kein Unbekannter in der rheinischen Gastro-Szene, leitet hier zusammen mit Ehefrau Juliane dieses modern-trendige Restaurant - markant das sakrale Motiv an der Wand, das an die ehemalige Kapelle erinnert. Gekocht wird international-saisonal. Schön die Terrasse unter alten Bäumen.

🛋🖼 – Preis: €€

Stadtplan: E2-21 – *Brüsseler Straße 26* ✉ *50674* – ✆ *0221 34663545* – *www. christoph-paul.koeln* – *Geschlossen: Montag, Dienstag, Sonntag, mittags: Mittwoch-Samstag*

GRUBER'S RESTAURANT

ÖSTERREICHISCH • FREUNDLICH Das charmante Restaurant im Agnesviertel ist seit Jahren eine österreichische Gastro-Institution in Köln! Ambitionierte und modernisierte österreichische Küche sowie tolle Weine aus der Alpenrepublik mischen sich hier mit lebendig-urbaner Atmosphäre. Bei allen Versuchungen der Speisekarte, am Wiener Schnitzel kommt man fast nicht vorbei!

🐟 🛋 ✿ – Preis: €€

Stadtplan: C2-2 – *Clever Straße 32* ✉ *50668* – ✆ *0221 7202670* – *www. grubersrestaurant.de* – *Geschlossen: Sonntag, mittags: Samstag*

HANSE STUBE ⓝ

KLASSISCHE KÜCHE • KLASSISCHES AMBIENTE Im noblen "Excelsior Hotel Ernst" direkt gegenüber dem Dom ist die gediegene und sehr elegante, mit dunklem Holz vertäfelte "Hanse Stube" ein absoluter Klassiker und gewissermaßen das "Wohnzimmer" der Kölner Gesellschaft. Geboten wird eine ambitionierte klassische Küche mit modernen Einflüssen. Mittags ist die Karte etwas kleiner. Dazu eine ausgezeichnete Weinkarte. Wunderschön die Terrasse.

🐟 ♿ 🅿 🛋 ✿ – Preis: €€€

Stadtplan: F1-31 – *Trankgasse 1* ✉ *50667* – ✆ *0221 2701* – *www. excelsiorhotelernst.com*

ITO

JAPANISCH • HIP Ein trendiges japanisches Restaurant im Belgischen Viertel, in dem Kengo Nishimi mit top Produkten und klarer Struktur die traditionelle Küche Japans mit modern-europäischen Einflüssen verbindet. Im vorderen Restaurantbereich kann man dem Chef an der Sushi-Theke bei der Arbeit zusehen. Am Abend A-la-carte-Angebot und Omakase-Menü, mittags günstigerer Lunch.

- Preis: €€

Stadtplan: E1-3 - *Antwerpener Straße 15 ✉ 50672 - ✆ 0221 3557327 - ito-restaurant.de - Geschlossen: Montag und Sonntag, mittags: Dienstag und Samstag*

LIMBOURG Ⓝ

FRANZÖSISCH-ZEITGEMÄSS • ENTSPANNT Eine echte Bereicherung für das Belgische Viertel von Köln. Die Atmosphäre ist angenehm leger und ebenso geschmackvoll, ob Sie im EG oder in der "BelEtage" sitzen. Patron und Küchenchef Alen Radic präsentiert Ihnen hier seine weltoffene Küche, die französisch geprägt ist und auf frischen, guten Produkten basiert. Besonders einladend ist im Sommer auch die geschützte Innenhofterrasse.

- Preis: €€€

Stadtplan: E1-30 - *Limburger Straße 35 ✉ 50668 - ✆ 0221 2508880 - limbourg.restaurant - Geschlossen: Sonntag, mittags: Montag-Samstag*

LUIS DIAS

MEDITERRAN • ELEGANT Seit März 2020 ist Luis Dias zurück in Rodenkirchen. Er kocht unverändert mediterran, ambitioniert und schmackhaft, sehr gute Produkte sind für ihn dabei selbstverständlich. In netter, recht eleganter Atmosphäre serviert man z. B. "36h-Duroc-Bauch, Erbsenpüree, Trüffel" oder auch "Steinbutt und Artischockensalat". Tipp für Autofahrer: Parkhaus am Maternusplatz.

- Preis: €€

Stadtplan: C3-10 - *Wilhelmstr. 35a ✉ 50996 - ✆ 0221 9352323 - www.luis-dias.com - Geschlossen: Montag und Dienstag, mittags: Samstag*

PHAEDRA

MEDITERRAN • TRENDY Lust auf mediterrane Küche mit griechischen Einflüssen? Es gibt z. B. "weißen Heilbutt vom Lavasteingrill mit Balsamico-Beurre-Blanc und Tomatenrisotto" oder auch hausgemachte "Mezze". Man verwendet gute Produkte wie Fleisch von Franz Keller oder Wildfang-Garnelen. Schön der trendige Bistro-Look, angenehm locker die Atmosphäre. Tipp: öffentliches Parkhaus gegenüber.

Preis: €€

Stadtplan: F3-23 - *Elsaßstraße 30 ✉ 50677 - ✆ 0221 16826625 - www.phaedra-restaurant.de - Geschlossen: Montag, Dienstag, Sonntag, mittags: Mittwoch-Samstag*

POISSON

FISCH UND MEERESFRÜCHTE • BISTRO Wer Fisch und Meeresfrüchte liebt, ist hier bestens aufgehoben! Großen Wert legt man auf die ausgezeichnete Qualität der Produkte, die ganz im Fokus stehen. Interessante Einblicke in deren Zubereitung bietet die offene Küche. Übrigens: Nicht nur der Fisch, auch die Desserts können sich sehen lassen! Mittags kommt man gerne zum preiswerten Lunch-Menü. Praktisch: Parkhaus gleich nebenan.

AC - Preis: €€€

Stadtplan: E2-24 - *Wolfsstraße 6 ✉ 50667 - ✆ 0221 27736883 - www.poisson-restaurant.de - Geschlossen: Montag und Sonntag*

PRUNIER COLOGNE

FRANZÖSISCH • CHIC Der Name "Prunier Cologne" nimmt Bezug auf das Pariser Original von 1927. Das stilvolle Interieur verbindet zurückhaltende Eleganz mit moderner Geradlinigkeit. Besondere Spezialitäten sind hier Balik-Lachs und Kaviar aus dem Hause Prunier. Geboten werden eine Klassikerkarte und wechselnde Empfehlungen, mittags ergänzt durch das "Menu de la semaine", am Abend durch das Menü "Paris-Cologne".

AC - Preis: €€

Stadtplan: F2-18 - *Am Hof 48 ✉ 50667 - ✆ 0221 71595520 - www.prunier-cologne.de - Geschlossen: Montag und Sonntag*

PULS ⓝ

MODERN • ENTSPANNT Im schicken Boutique-Hotel "Legend" hat Daniel Gottschlich (bekannt aus dem "Ox & Klee") mit diesem Gastro-Hotspot ein weiteres Restaurantkonzept in der Domstadt. Lebendig und modern-urban geht es hier zu. Man speist an der Bar, an Hochtischen oder "normalen" Tischen oder im Sommer auf der schönen Terrasse. Das Küchenteam um Johannes Langenstück bietet Bar-Food sowie Gerichte zum Teilen oder als Einzelportion. Gute Weinauswahl und interessante Cocktails samt "Signatures".

🍴 – Preis: €€

Stadtplan: F2-32 – *Bürgerstraße 2* ⊠ *50667* – ✆ *0221 22288700* – *www.pulsrestobar.com* – *Geschlossen: Montag und Sonntag, mittags: Dienstag-Samstag*

RAYS.

MODERNE KÜCHE • HIP Am Puls der Zeit liegt hier sowohl das trendig-legere Ambiente als auch die Küche. Geboten wird ein modern-saisonales Menü, das Sie als "Flora"- oder "Fauna"-Variante wählen können. Neben den Küchenchefs Erik Schmitz und Maksim Kusnezow waren übrigens auch Barmeister Michael Elter und Gastgeber Robby Jung zuvor im Kölner "Ox & Klee".

Preis: €€€

Stadtplan: B2-9 – *Gottesweg 135* ⊠ *50939* – ✆ *0221 446975* – *raysrestaurant. de* – *Geschlossen: Montag und Sonntag, mittags: Dienstag-Samstag*

KÖNGEN

Baden-Württemberg – Regionalatlas **7**–B2

🏵 SCHWANEN

REGIONAL • ZEITGEMÄSSES AMBIENTE Ein Familienunternehmen in 3. Generation. Chic-modern das Ambiente, frisch und schmackhaft die Küche, gerne verwendet man regionale Produkte. Alternativ gibt es noch das "Bistro K.B." mit kleinem schwäbisch-traditionellem Angebot. Gute Räume für besondere Anlässe. Zum Übernachten hat man zeitgemäß-funktionale Gästezimmer. Tipp: "Kultur & Genuss"-Veranstaltungen.

⅌ 🍴 ⇔ 🅿 – Preis: €

Schwanenstraße 1 ⊠ *73257* – ✆ *07024 97250* – *schwanen-koengen.de* – *Geschlossen: Montag und Sonntag*

TAFELHAUS

REGIONAL • FREUNDLICH Geschmackvoll-modern zeigt sich das engagiert geführte Restaurant des Businesshotels "Neckartal". Gekocht wird regional-saisonal und mit internationalen Einflüssen, gut die Produktqualität. Wo man im Sommer eine nette Terrasse hat, dient im Winter die "Tafelhütte" als Veranstaltungslocation. Nach Absprache auch Reservierung zum Lunch sowie an Sonn- und Montagen möglich.

⅌ 🎞 🍴 ⇔ 🅿 – Preis: €€

Bahnhofstraße 19 ⊠ *73257* – ✆ *07024 97220* – *www.hotel-neckartal.com/home. html* – *Geschlossen: Montag und Sonntag, mittags: Dienstag-Samstag*

KÖNIGSBRONN

Baden-Württemberg – Regionalatlas **5**–V2

❀ URSPRUNG

Chef: Andreas Widmann

KREATIV • CHIC Gastronomisch fahren Andreas und Anna Widmann (übrigens schon die 8. Generation) zweigleisig - und dies ist die Gourmet-Variante. Im ältesten Teil des "Widmann's Löwen", hier befand sich einst die Dorfmetzgerei, hat man ein kleines Restaurant mit fast schon intimer Atmosphäre eingerichtet. Wertig-chic der Mix aus modernen Formen und warmem Holz, das Bezug zur Region schafft. Passend dazu trifft in der Küche schwäbische Heimat auf gehobene Kulinarik. Die ausgezeichneten Zutaten bezieht man von Produzenten aus der Umgebung und bereitet sie kreativ, aromareich und mit eigener Idee zu. Im Service sorgt die sympathische Gastgeberin als ausgebildete Sommelière für die richtige Weinbegleitung. Übernachten können Sie ebenfalls, zudem gibt es einen Shop mit Gerichten und Feinkost zum Mitnehmen.

Engagement des Küchenchefs: Ich bin auf der Schwäbischen Alb verwurzelt, lebe, handle und arbeite „landbewusst"! Im Gourmetrestaurant spielt Nachhaltigkeit eine große Rolle, auch hier verarbeite ich regionale Produkte, oft Demeter-Ware ausgesuchter Erzeuger, auch Eigenanbau und die Schulung meiner Mitarbeiter sind mir wichtig!

& ⇔ 🄿 – Preis: €€€€

Struthstraße 17 ⌧ 89551 – ☏ 07328 96270 – www.widmanns-albleben.de – Geschlossen: Montag-Mittwoch, mittags: Donnerstag-Sonntag

GASTHAUS WIDMANN'S LÖWEN

Chef: Andreas Widmann

TRADITIONELLE KÜCHE • LÄNDLICH Hier serviert man in gemütlicher Atmosphäre schmackhafte saisonale Gerichte aus guten, frischen Produkten, wobei man großen Wert auf den Bezug zur Region legt. Probieren Sie z. B. Spezialitäten vom Ostalb-Lamm. Sonntags gibt es Brunch. Auch Grillabende und Kochkurse stehen auf dem Programm. Lassen Sie sich nicht den herrlichen Biergarten entgehen! Schöner Spielplatz.

Engagement des Küchenchefs: In unserem Gasthof steht die Genussregion Schwäbische Alb im Vordergrund! Traditionelle Küche aus Eigenanbau-Produkten, Demeter-Ware und Fleisch aus einer Kooperation zur Aufzucht von Rindern und Geflügel, dazu achte ich auf unser internes Ressourcenmanagement und den ökologischen Fingerabdruck.

🛏 🄿 – Preis: €€

Struthstraße 17 ⌧ 89551 – ☏ 07328 96270 – www.widmanns-albleben.de – Geschlossen: Dienstag, mittags: Montag und Mittwoch

KÖNIGSFELD IM SCHWARZWALD

Baden-Württemberg – Regionalatlas **5**–U3

CAFÉ RAPP

KLASSISCHE KÜCHE • FREUNDLICH Ein Abstecher in das nette kleine Dorf lohnt sich! Ursprünglich als Bäckerei und Café geführt, ist der Familienbetrieb heute auch ein Restaurant, in dem Qualität, Geschmack und Preis stimmen. Man kocht mit saisonalem Bezug. Zur Wahl stehen Menüs und Gerichte à la carte. Nachmittags ein Muss: die leckeren frischen Kuchen! Hübsche Gästezimmer.

🄿 ⇔ 🄿 – Preis: €€

Dörfle 22 ⌧ 78126 – ☏ 07725 91510 – cafe-rapp.de – Geschlossen: Montag und Dienstag

KÖTZING, BAD

Bayern – Regionalatlas **6**–Z2

LEOS BY STEPHAN BRANDL

KREATIV • GEMÜTLICH Rustikales Holz in Kombination mit wertig-geradlinigem Design und origineller Deko... Das "Leos" im schön oberhalb des Ortes gelegenen Wellnesshotel "Bayerwaldhof" ist eine modern interpretierte kleine „Stube" mit gerademal fünf Tischen. Zum schicken Look und der angenehm ungezwungenen Atmosphäre gesellen sich ein lockerer und dennoch fachlich sehr kompetenter Service und die durchdachten, klar strukturierten Gerichte von Küchenchef Stephan Brandl. Dass der gebürtige Oberpfälzer kochen kann, beweist er mit einem Menü, dessen wahlweise 5 oder 8 Gänge allesamt aus herausragenden Produkten bestehen. Stimmig auch die Auswahl an offenen Weinen dazu. Übrigens: Wer als Hotelgast hier speist, bekommt das Menü deutlich günstiger!

&️ 🅼 🅿 – Preis: €€€€

Liebenstein 25 ⊠ 93444 – ℰ 09941 94800 – www.bayerwaldhof.de –
Geschlossen: Montag, Dienstag, Sonntag, mittags: Mittwoch-Samstag

KONSTANZ

Baden-Württemberg – Regionalatlas **5**–U4

❀❀ OPHELIA

FRANZÖSISCH-KREATIV • ELEGANT Hinsetzen und wohlfühlen - das trifft es ganz genau, nicht nur wenn Sie auf der wunderbaren Terrasse sitzen und den Blick auf den Bodensee genießen. Das Hotel "Riva" - und somit auch dieses Gourmetrestaurant - besticht nicht nur durch seine Lage direkt an der Uferpromenade, sondern vor allem durch die präzise Küche von Dirk Hoberg. In der schönen Jugendstilvilla von 1909 serviert man Ihnen in stilvollem modern-elegantem Ambiente ein Degustationsmenü, dessen Gänge raffiniert daherkommen, französisch inspirierte Saucen inklusive. Sehr gut die international ausgerichtete Weinkarte. Der Chef serviert übrigens auch hin und wieder mit.

≼ 🅼 🛎 ⇆ 🅿 🍽 – Preis: €€€€

Seestraße 25 ⊠ 78464 – ℰ 07531 363090 – www.restaurant-ophelia.de –
Geschlossen: Montag-Mittwoch, mittags: Donnerstag-Sonntag

❀ SAN MARTINO - GOURMET BY JOCHEN FECHT

Chef: Jochen Fecht

KREATIV • FREUNDLICH Es lohnt sich, einen der wenigen Tische im Souterrain des Stadthauses im Herzen von Konstanz zu reservieren! Sie sitzen hier umgeben von aparten Natursteinwänden in einem geschmackvollen, geradlinig-eleganten kleinen Gourmetrestaurant und werden überaus freundlich und kompetent umsorgt. Patron und Küchenchef Jochen Fecht versteht es, klassische Küche modern umzusetzen, und zwar in Form eines kreativen Menüs, auf das man mit diversen Aperos eingestimmt wird. Die Gerichte sind klar strukturiert, exakt gearbeitet und prägnant in ihren Aromen. Hervorragend die Produktqualität.

🛎 – Preis: €€€€

Bruderturmgasse 3 ⊠ 78462 – ℰ 07531 2845678 – san-martino.net –
Geschlossen: Montag-Mittwoch, Sonntag, mittags: Donnerstag-Samstag

🐸 BRASSERIE COLETTE TIM RAUE

FRANZÖSISCH • BRASSERIE Eine französische Brasserie im Stil des Sternekochs Tim Raue. Wie auch in den "Colette"-Brasserien in Berlin und München gibt es typische Klassiker wie Austern, Bouillabaisse, Macarons etc. sowie modernere Gerichte und vegetarische oder vegane Speisen. Highlight ist hier im 1. Stock die Terrasse zur Fußgängerzone - die Plätze sind allerdings begrenzt, also reservieren Sie lieber!

🛎 – Preis: €€

Brotlaube 2A ⊠ 78462 – ℰ 07531 1285100 – www.brasseriecolette.de –
Geschlossen: Montag und Dienstag, mittags: Mittwoch-Sonntag

PAPAGENO ZUR SCHWEIZER GRENZE

KLASSISCHE KÜCHE • GASTHOF Sie finden dieses Restaurant nur einen Steinwurf vom kleinen Grenzübergang Tägerwilen entfernt. Patrick Stier (zuvor schon im "Papageno" am alten Standort) bietet hier eine klassisch ausgerichtete Küche mit mediterranem Einfluss. Serviert wird in einer gemütlichen Gaststube, in der eine Holztäfelung für traditionellen Charme sorgt. Nett ist auch die weinberankte Terrasse mit Lauben-Flair.

🛎 🅿 – Preis: €€

Gottlieber Straße 64 ⊠ 78462 – ℰ 07531 368660 – www.restaurant-papageno.
net – Geschlossen: Montag und Dienstag, mittags: Mittwoch und Donnerstag

RIVA

INTERNATIONAL • FREUNDLICH Hier lockt schon die fantastische Lage am See - da sind die Plätze auf der tollen Terrasse mit Blick aufs Wasser natürlich besonders gefragt! Aber auch drinnen in dem hellen, eleganten Restaurant des gleichnamigen Hotels sitzt man richtig schön - die bodentiefen Fenster zum See lassen sich öffnen. Gekocht wird mit klassischen und internationalen Einflüssen. Schicke Bar und chillige Außen-Lounge.

⋖ 念 🔳 🍴 ⇔ 🅿 – Preis: €€

Seestraße 25 ⊠ 78464 - ℰ 07531 363090 - www.hotel-riva.de/de

SAN MARTINO RESTAURANT

INTERNATIONAL • FREUNDLICH Im Bistro der "San Martino"-Gastronomie erwartet Sie ein klassisch-international ausgerichtetes Speiseangebot. Hier finden sich französische Einflüsse (z B. Bouillabaisse) ebenso wie italienische und spanische (Tapas am Mittag). Dazu wird man geschult und sehr freundlich umsorgt und genießt eine angenehm lockere Atmosphäre.

🍴 – Preis: €€

Bruderturmgasse 3 ⊠ 78462 - ℰ 07531 2845678 - san-martino.net -
Geschlossen: Montag, Dienstag, Sonntag

KORB

Baden-Württemberg - Regionalatlas **7**-B2

🙂 REBBLICK 🔟

KÜCHE • KÜCHE Bewusst hat man dem Restaurant in der örtlichen Remstalhalle einen gewissen 70er-Jahre-Touch bewahrt und gelungen mit chic-modernen Einrichtungsdetails kombiniert, dazu eine schöne große Fensterfront. Jochen Gromann bietet eine geschmackvolle saisonale Küche mit regionalen und internationalen Einflüssen (auch Schwäbischer Zwiebelrostbraten fehlt nicht), seine Frau Nadine leitet den freundlichen und geschulten Service, passend die Weinempfehlungen. Nette Terrasse, je nach Platz mit Rebblick.

🍴 ⇔ 🅿 – Preis: €€

Brucknerstraße 14 ⊠ 71404 - ℰ 07151 2740100 - www.rebblick-korb.de -
Geschlossen: Montag-Mittwoch, mittags: Donnerstag und Samstag, abends: Sonntag

KORSCHENBROICH

Nordrhein-Westfalen - Regionalatlas **3**-J3

GASTHAUS STAPPEN

REGIONAL • GASTHOF Gemütlich-modern ist das Ambiente in diesem engagiert geführten Haus, dafür sorgen klare Formen, warme Töne und dekorative Details. Schön sitzt man auch auf der begrünten Terrasse. Gekocht wird regional und mit internationalen Einflüssen. Fragen Sie auch nach den Weinproben in der Vinothek. Tipp: Sie können auch übernachten, es erwarten Sie chic-moderne Gästezimmer. Hinweis: nur Kartenzahlung.

🍴 ⇔ 🅿 – Preis: €€

Steinhausen 39 ⊠ 41352 - ℰ 02166 88226 - www.gasthaus-stappen.de -
Geschlossen: Montag und Dienstag, mittags: Mittwoch-Samstag

KRAIBURG AM INN

Bayern - Regionalatlas **6**-Y3

HARDTHAUS

INTERNATIONAL • ROMANTISCH In dem denkmalgeschützten Haus umgibt Sie das charmante Ambiente eines ehemaligen Kolonialwarenladens. Ebenso einladend der gemütliche Gewölbe-Weinkeller und die schöne Terrasse am Marktplatz.

Gekocht wird international und kreativ. Im Haus gegenüber hat man moderne, hochwertige Zimmer.

🏡 – Preis: €€

Marktplatz 31 ✉ 84559 – ☎ 08638 73067 – hardthaus.de – Geschlossen: Montag und Sonntag, mittags: Dienstag-Samstag

KRAKOW AM SEE

Mecklenburg-Vorpommern – Regionalatlas **2**–F3

🌼 **ICH WEISS EIN HAUS AM SEE**

FRANZÖSISCH-KLASSISCH • FAMILIÄR Irgendwo im Nirgendwo zwischen Berlin und Rostock... An diesem idyllischen Fleckchen Erde finden Sie ein kleines Hotel an einem einsamen See. Doch nicht nur gemütlich übernachten kann man hier, kulinarisch kommt man ebenfalls auf seine Kosten. Während die Gastgeber Petra und Adi König in dem eleganten Restaurant mit Landhausflair charmant und zuvorkommend für den Wohlfühlfaktor sorgen, widmet sich am Herd Raik Zeigner der klassischen Küche, die in diesem Haus seit jeher fest etabliert ist. In seinem allabendlich wechselnden 4-Gänge-Menü kommen z. B. bei "Rehrücken 'Müritzwald', Gartengemüse mit Pfifferlingen, Petersilienpüree und Wacholdersauce" beste Produkte zum Einsatz. Patron Adi König - gewissermaßen ein wandelndes Weinlexikon - empfiehlt zielsicher die passenden Weine zum Menü.

🕸 ⬉ 🚪 🅿 🪧 – Preis: €€€€

Paradiesweg 3 ✉ 18292 – ☎ 038457 23273 – www.hausamsee.de – Geschlossen: Montag und Sonntag, mittags: Dienstag-Samstag

KREUTH

Bayern – Regionalatlas **6**–Y4

MIZU SUSHI-BAR

JAPANISCH • DESIGN In diesem fernöstlich-reduziert designten Restaurant des nicht weit vom Tegernsee gelegenen "Spa & Resort Bachmair Weissach" gibt es einen Mix aus klassischer und moderner japanischer Küche. Traditionelles Sashimi und Nigiri oder Tempura-Gerichte finden sich hier ebenso wie Speisen im Nikkei-Style, die südamerikanische und japanische Elemente verbinden.

♿🏡🅿 – Preis: €€

Wiesseer Straße 1 ✉ 83700 – ☎ 08022 278523 – bachmair-weissach.com – Geschlossen: Montag und Dienstag, mittags: Mittwoch-Sonntag

KREUZNACH, BAD

Rheinland-Pfalz – Regionalatlas **5**–T1

😊 **IM KITTCHEN**

SAISONAL • WEINBAR Das kleine Restaurant liegt mitten in der Altstadt in einer kleinen Gasse nahe dem Eiermarkt. Rustikal ist es hier und man sitzt recht eng - das trägt ebenso zur charmanten Atmosphäre bei wie die herzliche Chefin im Service. Die schmackhaften Speisen wählt man von der Tafel. Die Gerichte von dort gibt es auch in kleineren Portionen als Überraschungsmenü. Dazu gibt es eine durchaus beachtliche Weinkarte mit rund 230 Positionen.

🕸 – Preis: €€

Alte Poststraße 2 ✉ 55545 – ☎ 0671 9200811 – imkittchen.de – Geschlossen: Montag, Dienstag, Sonntag, mittags: Mittwoch-Samstag

IM GÜTCHEN

MEDITERRAN • TRENDY Das Restaurant befindet sich in einem charmanten Barock-Anwesen im historischen Schlosspark. In einem modern-eleganten, luftig-hohen Raum serviert man eine auf ausgesuchten Produkten basierende Küche, die heimische, mediterrane, internationale und vegetarische Gerichte bietet. Sie können à la carte oder in Menüform speisen. Während der Patron die Küche leitet, kümmert sich seine Frau herzlich um die Gäste.

🏡 🅿 🍴 – Preis: €€€

Hüffelsheimer Straße 1 ✉ 55545 – ☎ 0671 42626 – www.im-guetchen.com –
Geschlossen: Dienstag und Mittwoch, mittags: Montag, Donnerstag-Samstag

KRONBERG IM TAUNUS

Hessen – Regionalatlas **3**–L4

GRÜNE GANS

MARKTKÜCHE • **FREUNDLICH** Seit 2007 ist die ehemalige Schlosserei in einem Gebäude von 1825 eine kulinarische Konstante inmitten der Altstadt. Hier erwartet Sie zum einen ein gemütlich-modernes Ambiente, zum anderen eine französisch-international geprägte und saisonal beeinflusste Küche. Auch Liebhaber von Flammkuchen dürfen sich freuen. Tipp für schöne Sommertage: die lauschige Terrasse im Hof.

🏡 – Preis: €€

Pferdstraße 20 ✉ 61476 – ☎ 06173 783666 – www.gruene-gans.com –
Geschlossen: Montag, Dienstag, Sonntag, mittags: Mittwoch-Samstag

KROZINGEN, BAD

Baden-Württemberg – Regionalatlas **7**–B1

✿ STORCHEN

Chef: Jochen Helfesrieder und Fritz Helfesrieder

KLASSISCHE KÜCHE • **GASTHOF** Klassische Gourmetküche oder lieber etwas Regionales? Mit "Der große Storch" und "Einfach Storchen" sorgt man im Hause Helfesrieder dafür, dass jeder Gast das Passende findet. Zwei Generationen sind hier mit Engagement im Einsatz. Bei der Wahl der Zutaten legen Jochen Helfesrieder und sein Vater Fritz Wert auf Saisonalität - Gemüse, Kräuter, Blüten oder Obst kommen aus dem eigenen Bauerngarten. Ausgesuchte Produkte aus der Umgebung stehen im Fokus, aber auch internationale Einflüsse finden sich auf der Karte. Ort des Genusses ist ein schmucker badischer Gasthof von 1764 mit geschmackvollen Stuben - mal ländlich-elegant mit altem Kachelofen und Holztäfelung, mal etwas moderner. Dazu eine hübsche Gartenterrasse mit Teich. Zum Übernachten hat man schöne wohnliche Gästezimmer.

🏡 ✿ 🅿 – Preis: €€€

Felix und Nabor Straße 2 ✉ 79189 – ☎ 07633 5329 – storchen-schmidhofen.de –
Geschlossen: Montag und Sonntag, mittags: Freitag

KRÜN

Bayern – Regionalatlas **6**–X4

✿✿ LUCE D'ORO

MODERNE KÜCHE • **CHIC** Was das einzigartige Hideaway "Schloss Elmau" im Hotel- und Spa-Bereich an Luxus bietet, findet im "Luce d'Oro" sein kulinarisches Pendant. Christoph Rainer - er machte bereits mit 2-Sterne-Küche in der "Villa Rothschild" und im Frankfurter "Tiger-Gourmetrestaurant" von sich reden - sorgt hier mit seinem kreativen franko-japanischen Stil für spannende Geschmacksbilder. Top die internationalen Produkte. Herausragend die Weinauswahl, ebenso die Beratung. Der Service glänzt durch Aufmerksamkeit, Charme und Kompetenz. Das wertige Interieur aus klarem Design und warmem Holz macht das niveauvolle Bild komplett. Kurzum: ein Ort, der Klasse und Wohlfühl-Atmosphäre vereint!

🍸 🅿 – Preis: €€€€

Elmau 2 ✉ 82493 – ☎ 08823 180 – www.schloss-elmau.de – Geschlossen:
Montag, Dienstag, Sonntag, mittags: Mittwoch-Samstag

KÜNZELSAU

Baden-Württemberg – Regionalatlas **5**–V2

ANNE-SOPHIE

INTERNATIONAL • FREUNDLICH Ein Tipp vorweg: Nehmen Sie am besten im luftig-lichten Wintergarten Platz, hier hat man einen schönen Blick in den Garten! Geboten werden schmackhafte saisonal-internationale Gerichte und Klassiker wie geschmälzte Maultaschen oder Zwiebelrostbraten. Mittags (außer am Wochenende und an Feiertagen) reduzierte Karte und preiswerte Tagessessen.
&⟨⟩ ⟨⟩ ⟨⟩ **P** – Preis: €€
Am Schlossplatz 9 ✉ *74653 –* ☎ *07940 93462041 – hotel-anne-sophie.de*

HANDICAP.

MODERNE KÜCHE • ELEGANT Hier ist der Name Programm: In dem geschmackvollen Restaurant werden Menschen mit Handicap integriert, und das mit Erfolg, wie das gute Team beweist! Stilvoll der Rahmen aus Geradlinigkeit und Kunst, an der Decke ein Himmelsgemälde von Markus Schmidgall. An schönen Sommertagen sitzt man sehr angenehm auf der Terrasse.
&⟨⟩ ⟨⟩ **P** – Preis: €€€
Hauptstraße 22 ✉ *74653 –* ☎ *07940 93460 – hotel-anne-sophie.de –*
Geschlossen: Montag und Dienstag, mittags: Mittwoch-Samstag, abends: Sonntag

KÜRTEN

Nordrhein-Westfalen – Regionalatlas **3**–K3

ZUR MÜHLE

INTERNATIONAL • GEMÜTLICH Hermann und Kerstin Berger sorgen in dem traditionsreichen Haus (bereits seit 1895 als Familienbetrieb geführt) für schmackhafte international inspirierte Küche, für die man sehr gute, teilweise regionale Produkte verwendet. Zur Wahl stehen ein Menü und Gerichte à la carte. Serviert wird in gemütlich-wertigem Ambiente mit moderner Note. Hinweis: Montagabends bietet man nur ein Überraschungsmenü.
⟨⟩ **P** ⟨⟩ – Preis: €€
Wipperfürther Straße 391 ✉ *51515 –* ☎ *02268 6629 – www.restaurant-zur-muehle.com – Geschlossen: Dienstag und Mittwoch, mittags: Montag, Donnerstag-Samstag*

LAASPHE, BAD

Nordrhein-Westfalen – Regionalatlas **3**–L3

RÔTISSERIE JAGDHOF STUBEN

TRADITIONELLE KÜCHE • GEMÜTLICH Schon allein der große Rôtisseriegrill neben der offenen Küche verbreitet in dem liebevoll dekorierten Restaurant Gemütlichkeit. Es gibt Leckeres vom Holzkohlegrill sowie traditionell-klassische und internationale Küche - auch das ein oder andere Lieblingsgericht von Patron Edmund Dornhöfer ist vertreten!
⟨⟩ ⟨⟩ **P** – Preis: €€
Glashütter Straße 20 ✉ *57334 –* ☎ *02754 3990 – www.jagdhof-glashuette.de –*
Geschlossen: Montag, mittags: Dienstag-Freitag

LADENBURG

Baden-Württemberg – Regionalatlas **5**–U1

BACKMULDE

FRANZÖSISCH-MODERN • GEMÜTLICH So ein Lokal wünscht man sich in der Nachbarschaft: tolles Essen, ausgesuchte Weine nebst versierter Beratung und dazu die gemütliche Atmosphäre eines charmanten jahrhundertealten

Fachwerkhauses, das schön in der Altstadt liegt! Zusätzlich zur saisonalen Speisekarte bietet man auch Tagesempfehlungen von der Tafel. Tipp: Schauen Sie sich auch im Weinladen gegenüber um.

😷 🍴 – Preis: €€€

Hauptstraße 61 ⊠ 68526 – ℰ 06203 404080 – www.back-mul.de – Geschlossen: Montag-Mittwoch, mittags: Donnerstag-Samstag

LAHR

Baden-Württemberg – Regionalatlas **5**-T3

🌸 ADLER

Chef: Daniel Fehrenbacher

FRANZÖSISCH-MODERN • CHIC Familie Fehrenbacher führt ihr Gasthaus seit vier Generationen mit viel Charme und sicherer Hand und schreibt damit eine Erfolgsgeschichte, denn seit 1990 wird das gemütliche Lokal ununterbrochen mit einem MICHELIN Stern ausgezeichnet! Für die vorzügliche modern-französische Küche ist Sohn Daniel Fehrenbacher verantwortlich, der das Ruder in der Sterneküche von seinem Vater Otto übernommen hat. Man legt Wert auf Bezug zur Region und zur Jahreszeit, was nicht zuletzt die Wildgerichte erkennen lassen. Geschickt bindet man interessante Kontraste in die Speisen ein. Die gelungene Kombination von Moderne und Klassik gilt übrigens auch fürs Ambiente: ein Mix aus geradlinig-schickem Stil und Schwarzwald-Charme. Für Kenner edler Tropfen gibt es im „Adler" schöne Weinempfehlungen durch den Service.

😷 🖼 ⇄ 🅿 – Preis: €€€

Reichenbacher Hauptstraße 18 ⊠ 77933 – ℰ 07821 906390 – adler-lahr.de – Geschlossen: Montag und Dienstag, mittags: Mittwoch-Samstag, abends: Sonntag

🏵 GASTHAUS

REGIONAL • GASTHOF Wie das Gourmetrestaurant vereint auch das "Gasthaus" Moderne und Tradition, von der Einrichtung bis zur Speisekarte. Hier geht es etwas legerer zu, gekocht wird aber ebenfalls richtig gut - das merkt man nicht zuletzt am Geschmack der Saucen! Ihr Menü können Sie sich selbst zusammenstellen - auch vegetarisch. Freundlicher Service.

🍴 ⇄ 🅿 – Preis: €€

Reichenbacher Hauptstraße 18 ⊠ 77933 – ℰ 07821 906390 – adler-lahr.de – Geschlossen: Montag und Dienstag

GRÜNER BAUM

REGIONAL • GASTHOF Besonders schön sitzt man auf der Terrasse hinter dem über 300 Jahre alten Gasthof unter einer großen Kastanie, aber auch drinnen hat man es bei den engagierten Gastgebern gemütlich. Serviert werden saisonal geprägte Gerichte wie z. B. "Kalbsrücken mit Gemüse und Kartoffelnocken".

🍴 ⇄ 🅿 – Preis: €€

Burgheimer Straße 105 ⊠ 77933 – ℰ 07821 22282 – www.xn--fegersgrnerbaum-lahr-wec.de – Geschlossen: Montag und Sonntag

LANDSHUT

Bayern – Regionalatlas **6**-Y3

FÜRSTENZIMMER UND HERZOGSTÜBERL

FRANZÖSISCH-KLASSISCH • FREUNDLICH Ob im stilvoll-eleganten Fürstenzimmer, im Herzogstüberl mit bayerischem Flair oder auf der charmanten Terrasse, Sie werden stets mit frischer klassischer Küche umsorgt. Geschult und herzlich der Service durch die Chefin. Dazu eine gut sortierte Weinkarte - schön die glasweise Weinbegleitung zum Menü. Tipp: Man bietet auch Koch- und Grillkurse an.

🍴 ⇄ 🅿 – Preis: €€€

Stethaimer Straße 3 ⊠ 84034 – ℰ 0871 92550 – hotel-fuerstenhof-landshut.de – Geschlossen: Montag und Sonntag, mittags: Dienstag-Samstag

LANGENARGEN

Baden-Württemberg – Regionalatlas **5**–V4

❀ ### SEO KÜCHENHANDWERK

MODERNE KÜCHE • CHIC Das hat schon eine gewisse Exklusivität: Das Restaurant im "Seevital Hotel" hat nur wenige Tische und ein überaus hochwertiges, schickes Interieur, dazu die Lage nur einen Steinwurf vom Wasser entfernt - herrlich die Terrasse mit wunderbarem See- und Bergblick! Nicht minder erwähnenswert ist die Küche von Roland Pieber. Der junge Österreicher kocht sehr ambitioniert, kreativ und modern. Erstklassig die Produkte, intensiv die Aromen. Das Küchenteam serviert übrigens mit und erklärt die Gerichte des 8-Gänge-Überraschungsmenüs. Freundlich und kompetent wird man auch in Sachen Wein beraten.

🦂 📽 🛋 – Preis: €€€€

Marktplatz 1 ✉ 88085 – ☏ 07543 93380 – www.restaurant-seo.de –
Geschlossen: Montag, Dienstag, Sonntag, mittags: Mittwoch-Samstag

SCHUPPEN 13

ITALIENISCH • GEMÜTLICH Das Restaurant ist eine feste Gastro-Größe direkt am Yachthafen - herrlich ist da natürlich die Terrasse! Aber auch das Lokal selbst mit seiner liebenswerten stilvoll-maritimen Einrichtung ist einen Besuch wert, nicht zu vergessen die frische, ambitionierte italienische Küche aus guten, oft regionalen Produkten. Probieren Sie z. B. Fischgerichte oder auch Pasta!

🛋 🅿 – Preis: €€

Argenweg 60 ✉ 88085 – ☏ 07543 1577 – www.schuppen13.de – Geschlossen:
Montag und Dienstag

LANGENAU

Baden-Württemberg – Regionalatlas **5**–V3

❀ ### GASTHOF ZUM BAD

Chef: Hans Häge

KLASSISCHE KÜCHE • ZEITGEMÄSSES AMBIENTE Es war eine gute Entscheidung, den elterlichen Betrieb zu übernehmen! Seit 2007 führt Juniorchef Hans Häge am Herd Regie und bietet eine klassisch-saisonale Küche, in der sich aber auch modern-internationale Einflüsse finden. Im abendlichen Menü liest man beispielsweise "Rücken & Ragout vom Langenauer Rehbock, Blumenkohl, Pfifferlinge, Fregola Sarda" oder auch "Rote Garnele & Perlhuhn, Duftreiscreme, Mango, asiatische Aromen". Obwohl er nur ausgesuchte Zutaten verwendet, sind die Preise fair kalkuliert! Dass sich der Patron auch auf schwäbische Spezialitäten versteht, zeigt die A-la-carte-Auswahl z. B. mit Maultaschensuppe und Zwiebelrostbraten. Übrigens: Der "Gasthof zum Bad" ist auch als zeitgemäße und wohnliche Übernachtungsadresse gefragt.

🅰 🛋 ⇔ 🅿 – Preis: €€

Burghof 11 ✉ 89129 – ☏ 07345 96000 – www.gasthof-zum-bad.de/home –
Geschlossen: Montag, mittags: Dienstag und Mittwoch, abends: Sonntag

LANGENHAGEN

Niedersachsen – Regionalatlas **3**–M1

MAX'ES Ⓝ

MARKTKÜCHE • FREUNDLICH Schickes Bistro-Ambiente, freundlicher Service und gute Küche erwarten Sie im Restaurant des seit 1957 als Familienbetrieb geführten "Hotel Wegner". Abends wird die Klassiker-Karte durch moderne "The Culinary Art"-Gerichte ergänzt. Zusätzlich bietet man Frühstück, nachmittags Kaffee & Kuchen und auf Vorbestellung auch "Afternoon Tea". Tipp: die ruhig gelegene begrünte Terrasse!

🛋 🅿 – Preis: €€

Walsroder Straße 39 ✉ 30851 – ☏ 0511 726910 – www.restaurant-maxes.de –
Geschlossen abends: Sonntag

LANGENZENN

Bayern – Regionalatlas **6**–X1

 KEIDENZELLER HOF

Chef: Martin Grimmer

MODERNE KÜCHE • LÄNDLICH Wirklich schön, wie man dem ehemaligen Bauernhof in dem kleinen Örtchen etwas von seinem ursprünglichen Charakter bewahrt und mit moderner Note kombiniert hat. Geschmackvoll, elegant und stylish mischen sich Holz und Stein mit wertig-schickem Interieur. Küchenchef Martin Grimmer bietet ein saisonales und kreatives Menü, auf Vorbestellung auch vegetarisch. Er kocht mit eigener Idee und schafft subtile Kombinationen - sehr gelungen schon die Kleinigkeiten vorab. Engagiert erklärt er die Gerichte, die seine Frau charmant serviert. Samstagmittags kommt man zum "Gourmet Lunch", sonntags zum Braten. Ideal für Feste: die Scheune.

🌫 ⇄ – Preis: €€€€

Fürther Straße 11 ⊠ 90579 – ℰ 09101 901226 – www.keidenzeller-hof.de – Geschlossen: Montag-Mittwoch, Sonntag, mittags: Donnerstag und Freitag

LANGERWEHE

Nordrhein-Westfalen – Regionalatlas **3**–J3

WETTSTEINS RESTAURANT

REGIONAL • LÄNDLICH Das schöne Anwesen liegt etwas abseits - da sitzt es sich an warmen Tagen angenehm auf der Terrasse. Seit vielen Jahren gibt es das Restaurant bereits. Neben herzlichen Gastgebern und freundlichem Service erwartet Sie eine regional geprägte Küche, die Sie als Menü oder à la carte wählen können. Zum Angebot gehören auch Grillgerichte wie z. B. Rumpsteak sowie Klassiker wie Schnitzel oder Rostbraten.

🌫 ⇄ 🅿 – Preis: €

Schlossstraße 66 ⊠ 52379 – ℰ 02423 2298 – www.wettsteins-restaurant.de – Geschlossen: Montag und Dienstag, abends: Sonntag

LAUF AN DER PEGNITZ

Bayern – Regionalatlas **6**–X1

WALDGASTHOF AM LETTEN

REGIONAL • LÄNDLICH Hier sitzen Sie in verschiedenen Stuben mit gemütlichen Nischen und charmant-rustikaler Note und lassen sich bei freundlichem Service frische regional-saisonale Küche mit internationalen Einflüssen schmecken. Schön sitzt man auf der Terrasse vor oder hinter dem Haus mit Blick ins Grüne. Auch zum Übernachten ist der am Waldrand und dennoch verkehrsgünstig gelegene Familienbetrieb ideal.

🏠🌫 ⇄ 🅿 – Preis: €€

Letten 13 ⊠ 91207 – ℰ 09123 9530 – www.waldgasthof-am-letten.de

LAUFFEN AM NECKAR

Baden-Württemberg – Regionalatlas **5**–U2

 ELEFANTEN

REGIONAL • BÜRGERLICH Im Herzen der netten Stadt hat Familie Glässing ihr freundliches Gasthaus - bereits die 4. Generation ist hier mit Engagement im Einsatz. Gekocht wird klassisch-regional und mit saisonalen Einflüssen, gerne verwendet man für die schmackhaften Speisen auch Produkte aus der Region. Dazu empfiehlt man u. a. Weine von regionalen Winzern.

🌫 ⇄ 🅿 – Preis: €€

Bahnhofstraße 12 ⊠ 74348 – ℰ 07133 95080 – www.hotel-elefanten.de – Geschlossen: Freitag, mittags: Montag-Donnerstag, Samstag, Sonntag

LAUINGEN

Bayern – Regionalatlas 5–V3

GENUSSWERKSTATT LODNER

FRANZÖSISCH-ZEITGEMÄSS • ENTSPANNT Sie finden dieses schicke Restaurant im Hotel "Lodner", einem gut 500 Jahre alten Gebäude. Unter einem schönen Kreuzgewölbe bietet man am Abend ambitionierte Küche in Menüform oder à la carte. Mittags ist das Angebot einfacher. Produkte aus der eigenen Gewürzmanufaktur werden gut eingebunden. Tipp: Spezialitäten zum Mitnehmen im angeschlossenen Feinkostladen.

🕸 🍽 – Preis: €€€

Imhofstraße 7 ⊠ 89415 – 𝒞 09072 95890 – hotel-lodner.de – Geschlossen: Montag und Sonntag, mittags: Dienstag

LAUTENBACH (ORTENAUKREIS)

Baden-Württemberg – Regionalatlas 5–T3

SONNE

INTERNATIONAL • LÄNDLICH Das komfortable Wellnesshotel "Sonnenhof" bietet Ihnen hier ein heimeliges Restaurant mit gastronomischem Anspruch. Zum wohnlich-wertigen Ambiente gesellt sich eine badische Küche mit Elsässer Einflüssen. Haben Sie auch das Bodenfenster gesehen? Unter Ihnen lagern schöne Weine, umfangreich die Auswahl. An den Ruhetagen der "Sonne" hat man das "Sonnenstüble" als etwas schlichtere Alternative.

🍽 ⇔ 🅿 – Preis: €

Hauptstraße 51 ⊠ 77794 – 𝒞 07802 704090 – www.sonnenhof-lautenbach.de – Geschlossen: Mittwoch und Donnerstag

LAUTERBACH

Hessen – Regionalatlas 3–L4

🐵 SCHUBERTS

REGIONAL • BRASSERIE Das Restaurant in der Innenstadt direkt an der Lauter kommt gut an mit seiner legeren Brasserie-Atmosphäre und der schmackhaften regional-saisonalen Küche mit mediterranen Einflüssen. Beliebt ist auch die gemütliche Weinstube "Entennest" - die Karte ist hier dieselbe. Sie möchten übernachten? Man hat auch schöne individuelle Gästezimmer.

🍽 ⇔ 🅿 – Preis: €€

Kanalstraße 12 ⊠ 36341 – 𝒞 06641 96070 – www.hotel-schubert.de – Geschlossen: Sonntag

LEBACH

Saarland – Regionalatlas 5–S1

LOCANDA GRAPPOLO D'ORO

MEDITERRAN • FREUNDLICH Hell und freundlich das Restaurant, sympathisch die Gastgeber, frisch und schmackhaft die mediterran inspirierte Küche. Pasta, Gnocchi, Brot..., alles ist hausgemacht. Und zum Abschluss gibt es einen richtig guten Espresso!

🍽 🅿 – Preis: €€

Mottener Straße 94 ⊠ 66822 – 𝒞 06881 3339 – Geschlossen: Montag, mittags: Dienstag und Samstag, abends: Sonntag

LEIPZIG

Mit seinem trendig-rustikalen Bist-rostil, einem ausgezeichneten Preis-Leistungs-Verhältnis und speziell mit der modernen, kreativen Küche hat uns dieses Jahr das **Kuultivo** überrascht. Aber auch auf unsere „Dauerbrenner" wie das zweifach besternte **Falco** über den Dächern der Stadt oder das mit einem Stern ausgezeichnete Restaurant **Stadtpfeiffer** im Gewandhaus ist unverändert Verlass - hier speist man auf Top-Niveau. Sie mögen es urban? Dann auf ins **Restaurant 7010** im 7. Stock des „Lebendigen Hauses" – klasse der Blick auf den Augustusplatz! Freunde der französischen Kulinarik und Lebensart kommen im **C'est la vie** auf ihre Kosten. Und versäumen Sie auch nicht die anspruchsvoll-moderne Gastronomie des sympathischen Restaurants **Frieda** in Gohlis.

✿✿ FALCO

KREATIV • DESIGN Ein Schwarzwälder in Sachsen... Peter Maria Schnurr hat sein Handwerk in den besten Sternerestaurants der Republik gelernt. Und das setzt er im Gourmetrestaurant des Hotels "The Westin" äußerst gekonnt um. Er präsentiert ideenreiche, kreative und technisch höchst aufwändige Gerichte, in denen die vielfältigsten Aromen kombiniert werden - als Menü oder à la carte. Da wird sogar der klasse Stadtblick von der 27. Etage zur Nebensache! Der herzliche und ausgezeichnete Service sowie die umfangreiche Weinauswahl mit sehr guter Jahrgangstiefe tun ihr Übriges. Witziges Detail: Die Praline zum Kaffee wird auf einer Badesandale serviert!

🛎 ⇐ 🅼 ⇩ 🅿 – Preis: €€€€

Stadtplan: A1-5 – *Gerberstraße 15 ⊠ 04105 – ℰ 0341 9882727 – falco-leipzig. de – Geschlossen: Montag und Sonntag, mittags: Dienstag-Samstag*

✿ FRIEDA

Chef: Lisa Angermann und Andreas Reinke

KREATIV • CHIC Sympathisch, erfrischend, unprätentiös - da macht es richtig Spaß, zu essen. Neben angenehm unkomplizierter Bistro-Atmosphäre und schickem Design kommt vor allem die Küche der beiden Betreiber an. Lisa Angermann und Andreas Reinke bieten hier produktorientierte moderne Gerichte in Form des monatlich wechselnden Menüs "Frieda En Vogue" - alternativ gibt's die vegetarische Variante "Frieda Naturell". Passend zur ökologischen Ausrichtung des Restaurants steht bei der Wahl der sehr guten Zutaten der regional-saisonale Aspekt klar im Fokus. Freundlich und geschult der Service samt charmanter Chefin. Eine nette Terrasse nebst Orangerie hat man ebenfalls. Übrigens:

Nebenbei betreibt man noch einen Genussbauernhof in Baldenhain: ein Mix aus Eventlocation, Landwirtschaft und Manufaktur.

🌿 *Engagement des Küchenchefs: Wir verarbeiten regionale und saisonale Produkte. Gemüse kommt auch vom eigenen "Genussbauernhof Baldenhain", Fisch vorrangig aus Süßgewässern oder aus nachhaltiger Zucht. Wir vermeiden Lebensmittelverschwendung und unsere Mitarbeiter werden regelmäßig zum Thema Nachhaltigkeit geschult.*

🍴 – Preis: €€€€

außerhalb Stadtplan – *Menckestraße 48* ✉ *04155* – ☎ *0341 56108648* – *www.frieda-restaurant.de* – Geschlossen: Montag und Sonntag, mittags: Dienstag-Samstag

✿ KUULTIVO Ⓝ

MODERNE KÜCHE • BISTRO Ein richtig nettes kleines Lokal in trendig-rustikalem Bistrostil, locker und ungezwungen die Atmosphäre. Neben auffälligen Lampen und so manch anderem Detail sticht vor allem die offene Küche ins Auge. Hier entstehen ambitionierte moderne Gerichte, die angenehm auf das Wesentliche reduziert sind. Dabei legt man Wert auf regionale Produkte. Sie können aus einem kleinen A-la-carte-Angebot wählen oder das preislich fair kalkulierte 4-Gänge-Menü bestellen.

🍴 – Preis: €€

außerhalb Stadtplan – *Könneritzstraße 24* ✉ *04229* – ☎ *0341 24884161* – *www.kuultivo.com* – Geschlossen: Montag, Dienstag, Sonntag, mittags: Mittwoch-Samstag

✿ STADTPFEIFFER

Chef: Detlef Schlegel

FRANZÖSISCH-MODERN • ELEGANT Nicht nur mit Konzerten lockt das Neue Gewandhaus, auch die Küche des "Stadtpfeiffer" ist gefragt. Detlef Schlegel und seine Frau Petra gehen kulinarisch mit der Zeit. In zwei Menüs (eines vegetarisch) interpretiert man klassisch-französische Küche auf moderne Art. Gekocht wird angenehm klar und ohne große Spielereien, dafür mit erstklassigen Produkten - gerne regional und saisonal sowie aus dem eigenen Kräutergarten. Das Serviceteam um Gastgeberin Petra Schlegel ist diskret, freundlich und geschult - auch die Köche servieren mit und erklären die Gerichte. Zeitlos-elegant die Ambiente. Der Name geht auf die "Leipziger Stadtpfeifer" a. d. 18. Jh. zurück, den Vorläufern des Gewandhausorchesters.

🔒 – Preis: €€€€

Stadtplan: B2-6 – *Augustusplatz 8* ✉ *04109* – ☎ *0341 2178920* – *www. stadtpfeiffer.de* – Geschlossen: Montag und Sonntag, mittags: Dienstag-Samstag

⊛ MICHAELIS

INTERNATIONAL • KLASSISCHES AMBIENTE Schmackhaft und frisch isst man in dem puristischen Restaurant in einem restaurierten Gebäude aus der Gründerzeit, das auch das gleichnamige komfortable Hotel beherbergt. Die Karte ist klassisch - es gibt verschiedene Menüs (eines davon vegetarisch) und eine gepflegte A-la-carte-Auswahl. Dazu freundlicher, aufmerksamer Service. Im Sommer lockt die Terrasse hinter dem Haus.

♿🍴 – Preis: €€

außerhalb Stadtplan – *Paul-Gruner-Straße 44* ✉ *04107* – ☎ *0341 26780* – *www. michaelis-leipzig.de* – Geschlossen: Sonntag, mittags: Montag-Samstag

C'EST LA VIE

FRANZÖSISCH • ELEGANT Hier hat man sich ganz der französischen Lebensart verschrieben. Während Sie gemütlich in stilvoll-modernem Ambiente sitzen und durch raumhohe Fenster nach draußen schauen, sorgen David Mahn und sein engagiertes Team in der offenen Küche für modern interpretierte und sehr ambitionierte Gerichte, die in Form dreier Menüs (eines davon vegetarisch) angeboten werden. Dazu ausschließlich französische Weine - und die werden mit Hilfe einer Landkarte charmant am Tisch vorgestellt. Tipp: Parkhaus direkt nebenan.

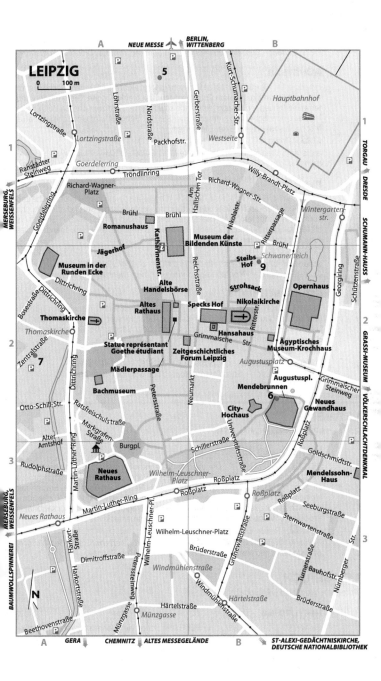

LEIPZIG

0   100 m

Lortzingstraße
Löhrstraße
Nordstraße
Gerberstraße
Kurt-Schumacher-Str.

5

Hauptbahnhof

Lortzingstraße
Lortzingstraße
Packhofstr.
Westseite

Ranstädter Steinweg
Goerdelerring
Tröndlinring
Richard-Wagner-Str.
Willy-Brandt-Platz

MERSEBURG, WEISSENFELS

TORGAU
DRESDE
SCHUMANN-HAUS

Richard-Wagner-Platz

Brühl
Brühl
Am Hallischen Tor
Nikolaist.
Ritterpassage
Wintergarten-str.

Romanushaus

Jägerhof

Katharinenstr.

Museum der Bildenden Künste

Brühl
Schwanenteich

Georgiring
Schützenstraße

Museum in der Runden Ecke

Dittrichring

Reichsstraße

Steibs Hof
9

Opernhaus

Bosestraße Dittrichring

Alte Handelsbörse

Altes Rathaus

Alte Börse

Strohsack

Specks Hof

Nikolaikirche

Ritterstr.

Thomaskirche

Thomaskirche

Zentralstraße

7

Statue représentant Goethe étudiant

Mädlerpassage

Bachmuseum

Grimmaische
Hansahaus
Str.

Grimmaische

Zeitgeschichtliches Forum Leipzig

Neumarkt

Petersstraße

Augustusplatz

Ägyptisches Museum-Krochhaus

Augustuspl.

Grimmaischer Steinweg

GRASSI-MUSEUM
VÖLKERSCHLACHTDENKMAL

MERSEBURG, WEISSENFELS

Otto-Schill-Str.

Ratsfreischulstraße

Markgrafen-Straße

Alter Amtshof

Burgpl.

Schillerstraße

Universitätsstraße

Mendebrunnen

6

City-Hochhaus

Roßplatz

Neues Gewandhaus

Goldschmidtstr.

Mendelssohn-Haus

Rudolphstraße

Neues Rathaus

Wilhelm-Leuschner-Platz

Roßplatz

Roßplatz

Seeburgstraße

Sternwartenstraße

Martin-Luther-Ring

Neues Rathaus

Martin-Luther-Ring

Wilhelm-Leuschner-Pl.

Roßplatz

Wilhelm-Leuschner-Platz

Grünewaldstraße

Harkort-Straße

Dimitroffstraße

Petersteinweg

Brüderstraße

Turnerstraße

Bahofstr.

Nürnberger

Brüderstraße

Harkortstraße

Windmühlenstraße

Windmühlenstraße

Härtelstraße

N

Beethovenstraße

Münzgasse

Münzgasse

Härtelstraße

Str.

BAUMWOLLSPINNEREI

🌿 ♔ – Preis: €€€

Stadtplan: A2-7 – *Zentralstraße 7* ✉ *04109* – ☎ *0341 97501210* – *www.cest-la-vie.restaurant* – *Geschlossen: Montag und Sonntag, mittags: Dienstag-Samstag*

MÜNSTERS

MARKTKÜCHE • GEMÜTLICH Eine sehr gefragte Adresse! Für gemütliche Bistro-Atmosphäre mit rustikalem Touch sorgen hier blanke Tische, Dielenboden und teilweise freiliegende Backsteinwände sowie nette Deko zum Thema Wein, dazu legerer, freundlicher und aufmerksamer Service. Geboten wird eine schmackhafte, frische Saisonküche. Toll der Biergarten!

🌿 🅿 – Preis: €€

außerhalb Stadtplan – *Platnerstraße 13* ✉ *04159* – ☎ *0341 5906309* – *münsters.com* – *Geschlossen: Montag und Sonntag, mittags: Dienstag-Samstag*

PLANERTS

INTERNATIONAL • MINIMALISTISCH "Casual fine dining" nahe Nikolaikirche und Oper. Hohe Decken, frei liegende Lüftungsschächte, urbaner Stil und offene Küche vermitteln trendigen "Industrial Style". Gekocht wird mit asiatischen Einflüssen. Mittags bietet man einen Tagesteller oder Empfehlungen am Tisch, abends ist das Angebot ambitionierter.

🌿 – Preis: €€

Stadtplan: B2-9 – *Ritterstraße 23* ✉ *04109* – ☎ *0341 99999975* – *planerts.com* – *Geschlossen: Montag und Sonntag, mittags: Dienstag und Mittwoch*

SCHAARSCHMIDT'S

BÜRGERLICHE KÜCHE • GEMÜTLICH Das Restaurant ist wirklich hübsch und wird engagiert geführt. Hier isst man Tatar, Hirschrücken, Crêpe Suzette... Die Renner auf der Karte: Gohliser Filettopf oder Sächsische Rinderroulade! Mit Bäumchen begrünte kleine Terrasse zur Straße.

🌿 – Preis: €€

außerhalb Stadtplan – *Coppistraße 32* ✉ *04157* – ☎ *0341 9120517* – *schaarschmidts.de* – *Geschlossen: Montag und Sonntag, mittags: Dienstag-Samstag*

LEIWEN
Rheinland-Pfalz – Regionalatlas **5**–S1

VIERZEHN 85 ⓝ

MODERN • ENTSPANNT Der ehemalige Zehnthof a. d. J. 1485 - auch heute noch mit schöner Fachwerkfassade - bietet neben wohnlich-modernen Gästezimmern ein sehr nettes, geschmackvolles und legeres Restaurant über zwei Etagen mit kleineren und größeren Räumen sowie charmanten Nischen. Aus der Küche kommen richtig gute zeitgemäße Gerichte aus vielen regionalen und immer saisonalen Produkten. Weine vom eigenen Wingert. Im Sommer lockt die Terrasse.

🌿 ♔ 🅿 – Preis: €€€

Euchariusstraße 10 ✉ *54340* – ☎ *06507 9393901* – *vierzehn85.de* – *Geschlossen: Dienstag und Mittwoch, mittags: Montag, Donnerstag-Sonntag*

LENGERICH
Nordrhein-Westfalen – Regionalatlas **3**–K1

HINTERDING

FRANZÖSISCH-KLASSISCH • ELEGANT Schon viele Jahre ist die stattliche ehemalige Ärztevilla für gute Gastronomie in stilvollem Rahmen bekannt. Sie sitzen in hohen wohnlich-eleganten Räumen oder auf der schönen Terrasse, charmant der Service unter der Leitung der Chefin. Klassisch die Küche des Patrons, ausgesucht die Produkte.

⛱ ⇄ **P** – Preis: €€

*Bahnhofstraße 72 ✉ 49525 – ☎ 05481 94240 – hinterding-lengerich.de –
Geschlossen: Montag und Dienstag, mittags: Mittwoch-Samstag*

LENGGRIES
Bayern – Regionalatlas **6**–X4

SCHWEIZER WIRT

REGIONAL • **GEMÜTLICH** Seit Jahren eine beständige Adresse für schmackhafte Küche. Gekocht wird frisch, regional und ohne Schnickschnack. Man verwendet gute Produkte und konzentriert sich auf das Wesentliche. Dazu charmante Atmosphäre und freundlicher Service. Das schön gelegene traditionsreiche Gasthaus hat auch eine tolle Terrasse. Parken können Sie direkt vor dem Haus.

⛱ ⇄ **P** – Preis: €

*Schlegldorf 83 ✉ 83661 – ☎ 08042 8902 – schweizer-wirt.de – Geschlossen:
Montag und Dienstag*

LICHTENBERG
Bayern – Regionalatlas **4**–P4

⊛ **HARMONIE**

Chef: Iris Steiner

REGIONAL • **FREUNDLICH** Das charmante Haus von 1823 hat seinen traditionellen Charakter bewahrt - schönes altes Holz macht es richtig gemütlich! Freundlich umsorgt speist man hier regional-saisonale Gerichte. Probieren sollten Sie auch die Spezialität des Hauses: Schiefertrüffelsuppe. Beim Eingang kann man übrigens einen Blick in die Küche erhaschen.

Engagement des Küchenchefs:Ich züchte Ziegen und Hühner selbst, in meiner Küche verarbeiten wir ganze regionale Bio-Weiderinder und Strohschweine, das Biogemüse wird nur 3 km weiter angebaut und ich betreibe teils auch Eigenanbau. Ständiger persönlicher Kontakt zu den Erzeugern. Energie wird wo auch immer möglich eingespart.

⛱ ⇄ – Preis: €

*Schloßberg 2 ✉ 95192 – ☎ 09288 246 – www.harmonie-lichtenberg.de –
Geschlossen: Montag und Dienstag, mittags: Mittwoch-Samstag, abends:
Sonntag*

LIEBENZELL, BAD
Baden-Württemberg – Regionalatlas **7**–B2

⊛ **HIRSCH GENUSSHANDWERK**

Cheff: Andreas Sondej

MARKTKÜCHE • **GASTHOF** In diesem netten Gasthaus in dem kleinen Dörfchen kocht man klassisch und modern inspiriert, orientiert sich sehr an der Saison und verwendet ausgesuchte Produkte, gerne aus der Region oder auch aus Eigenanbau. Zur sympathischen Atmosphäre trägt auch der freundliche und engagierte Service bei. Schön die Terrasse.

Engagement des Küchenchefs: Mit eigener Landwirtschaft bin ich schon aufgewachsen, heute verarbeite ich bevorzugt Kartoffeln, Gemüse, Kräuter von Opa Knapp, Fleisch und Fisch aus der Region, und nach dem Essen servieren wir gern selbst gebrannten Schnaps. Unser Haus wird nachhaltig mit Energie und Wärme versorgt.

♿ ⛱ ⇄ **P** – Preis: €€

*Monbachstraße 47 ✉ 75378 – ☎ 07052 2367 – www.hirsch-genusshandwerk.
de – Geschlossen: Dienstag-Donnerstag, mittags: Montag und Freitag*

LIESER

Rheinland-Pfalz – Regionalatlas **5**–S1

PURICELLI ⓝ

MODERN • KLASSISCHES AMBIENTE Passend zum historischen Rahmen des aufwändig sanierten "Schloss Lieser" a. d. 19. Jh. (toll die markante Fassade!) kommt das "Puricelli" mit hoher Kreuzgewölbe-Decke, schönem alten Parkett, Kristalllüstern und stilvollem Mobiliar daher. Durch die Fensterfront schaut man in den Garten und zur Mosel. Geboten wird eine zeitgemäß interpretierte klassische Küche. Weine auch vom eigenen Weingut. Hübsche Gästezimmer.

🅰🅒 ⇩ – Preis: €€€

Moselstraße 33 ✉ 54470 – 𝒞 06531 986990 – www.schlosslieser.de/de/restaurant-puricelli – Geschlossen mittags: Montag-Sonntag

LIMBACH-OBERFROHNA

Sachsen – Regionalatlas **4**–Q3

RATSSTUBE

MODERNE KÜCHE • FREUNDLICH Mitten im Ort, im Seitenflügel des Rathauses haben Antje und Ronny Pester ihr schönes Restaurant. In geschmackvoll-wohnlicher Atmosphäre wird hier eine ambitionierte modern-saisonale Küche geboten. Umsorgt wird man aufmerksam und freundlich - gerne empfiehlt Ihnen die Chefin den passenden Wein. Auf der Rückseite des Hauses hat man eine hübsche Terrasse.

🛋 – Preis: €€

Rathausplatz 1 ✉ 09212 – 𝒞 03722 92480 – ratsstube-restaurant.de – Geschlossen: Montag und Dienstag, mittags: Mittwoch-Samstag, abends: Sonntag

LIMBURG AN DER LAHN

Hessen – Regionalatlas **3**–K4

🕸 360°

Chef: Alexander Hohlwein

MODERNE KÜCHE • MINIMALISTISCH "360°"... Wer denkt da nicht an eine tolle Aussicht? Highlight in dem geradlinig-modernen Restaurant in der 3. Etage ist die Dachterrasse! Aber auch drinnen genießt man dank großer Fenster den Stadtblick. Etwas fürs Auge bietet auch die einsehbare Küche, in der Alexander Hohlwein und sein Team das kreative Menü "Weltreise" zubereiten. Seine Partnerin Rebekka Weickert leitet als herzliche Gastgeberin den Service und berät Sie kompetent in Sachen Wein - eine alkoholfreie Getränkebegleitung bekommt man ebenfalls. Das Menü gibt es Fr. und Sa. auch mittags. Mi. bis Sa. zusätzliche einfachere Lunchkarte. Man hat übrigens ein Bienenvolk auf der Terrasse, das für eigenen Honig sorgt. Tipp: Parken Sie in der Tiefgarage des Einkaufszentrums "WERKStadt".

⟵🅰🅒🛋 – Preis: €€€€

Bahnhofsplatz 1a ✉ 65549 – 𝒞 06431 2113360 – www.restaurant360grad.de – Geschlossen: Montag, Dienstag, Sonntag

MARGAUX ⓝ

FRANZÖSISCH-ZEITGEMÄSS • ENTSPANNT Mitten in der Altstadt liegt das kernsanierte historische Haus a. d. 14. Jh., in dem sich Fabian Sollbach mit seinem geschmackvoll-modernen Restaurant selbständig gemacht hat. Er lässt eine zeitgemäß interpretierte französische Küche servieren, die auch italienische und regionale Einflüsse zeigt. Einige Tische befinden sich auf einer kleinen Empore. Im Sommer hat man schöne Terrassenplätze am Kornmarkt.

🅖🛋 – Preis: €€€

Kornmarkt 7 ✉ 65549 – 𝒞 06431 5975677 – www.margaux-restaurant.de – Geschlossen: Montag und Sonntag

LINDAU IM BODENSEE

Bayern – Regionalatlas **5**–V4

 VILLINO

MODERNE KÜCHE • KLASSISCHES AMBIENTE Fast schon mediterran ist dieses schmucke Anwesen inmitten von Obstplantagen, vom stilvollen, luftig-hohen Raum mit Orangerie-Flair bis zum reizenden Innenhof mit Brunnen. Hier ist eine Familie mit vollem Elan bei der Sache: Gastgeberin Sonja Fischer, Tochter Alisa sowie Bruder Rainer Hörmann, seines Zeichens Sommelier. Da ist Ihnen herzlicher, professioneller Service samt trefflichen Weinempfehlungen gewiss - die Chefin ist auch immer selbst am Gast. Die Küche von Toni Neumann zeigt deutliche mediterrane, vor allem italienische Einflüsse, die sich mit asiatischen Inspirationen verbinden. Man bietet drei Menüs: eines eher klassisch, eines kreativer und ein vegetarisches. Tipp: Übernachten Sie im gleichnamigen Hotel.

🕸 🛏🌭🅿 – Preis: €€€€

Mittenbuch 6 ⊠ 88131 – ℰ 08382 93450 – www.villino.de – Geschlossen: Montag und Sonntag, mittags: Dienstag-Samstag

KARRISMA

KREATIV • FREUNDLICH Richtig chic ist das kleine Restaurant mit seinem charmant-modernen Interieur - ein Hingucker sind die zahlreichen Spiegel an der Wand. Umsorgt wird man sehr freundlich - der Chef kocht nicht nur, er ist auch mit im Service. Tipp: der eigene Wein zum wechselnden Menü. Schön ist auch die Terrasse hier in der Altstadt.

🌭 – Preis: €€€

Alter Schulplatz 1 ⊠ 88131 – ℰ 08382 9435041 – adara-lindau.de/restaurant – Geschlossen: Montag und Sonntag, mittags: Dienstag-Samstag

VALENTIN

MODERN • CHIC In einer kleinen Seitengasse der Insel-Altstadt finden Sie dieses Restaurant in einem schönen Kellergewölbe. In attraktivem modernem Ambiente serviert man Ihnen eine saisonal beeinflusste Küche. Umsorgt wird man von einem freundlichen Team. Ein angenehmes Plätzchen ist auch die lauschige Terrasse im Hof. Zudem hat man noch eine Weinbar.

🌭 – Preis: €€€

In der Grub 28A ⊠ 88131 – ℰ 08382 5043740 – valentin-lindau.de – Geschlossen: Montag und Sonntag, mittags: Dienstag-Samstag

LINSENGERICHT

Hessen – Regionalatlas **3**–L4

DER LÖWE

REGIONAL • GASTHOF Seit Jahren wird das gepflegte Haus der Sauters für seine schmackhafte Küche geschätzt. Gefragt ist beispielsweise Wild aus der Region, aber auch international angehauchte Gerichte kommen gut an. Dazu wird man in gediegener Atmosphäre freundlich und aufmerksam umsorgt.

🌭 ✿ 🅿 – Preis: €€

Dorfstraße 20 ⊠ 63589 – ℰ 06051 71343 – www.derloewe.com – Geschlossen: Montag und Dienstag, mittags: Mittwoch-Freitag

LIST – Schleswig-Holstein ➜ Siehe Sylt (Insel)

LÖRRACH

Baden-Württemberg – Regionalatlas 7–B1

🏵 WIRTSHAUS MÄTTLE

MARKTKÜCHE • DESIGN Geschmackvoll-modern kommt das Gasthaus von 1848 daher. Hier genießt man eine frische Marktküche mit mediterranen und regionalen Akzenten, zubereitet aus guten Produkten. Neben Gerichten à la carte (ein Klassiker ist z. B. "Forelle - im Ganzen gebraten") bietet man auch ein Überraschungsmenü. Schön die Terrasse. Im UG gibt es noch das "THEODOR": ein Mix aus Restaurant und Bar, auch für Veranstaltungen ideal.

&. 🛋 ⇔ – Preis: €€

Freiburger Straße 314 ⊠ 79539 – ℰ 07624 91720 – wio-group.de/maettle – Geschlossen: Montag und Sonntag, mittags: Samstag

VILLA FEER

INTERNATIONAL • ELEGANT Seit 2012 leitet Inhaberin Kathrin Bucher die schmucke alte Villa nahe der Lörracher Messe. Sie sitzen hier in wohnlichen, licht-durchfluteten Gasträumen oder im Sommer auf der herrlichen Terrasse. Man bietet nur noch Mittagsservice: Bis 15 Uhr dürfen Sie sich auf ein Menü sowie eine kleine Karte mit Lieblingsgerichten der letzten zehn Jahre freuen. Danach gibt es bis 17 Uhr Desserts und Eis/Sorbets.

🛋 🛋 ⇔ 🅿 – Preis: €€

Beim Haagensteg 1 ⊠ 79541 – ℰ 07621 5791077 – www.villa-feer.com – Geschlossen: Montag-Mittwoch, abends: Donnerstag-Sonntag

LOHMAR

Nordrhein-Westfalen – Regionalatlas 3–K3

GASTHAUS SCHEIDERHÖHE

MODERNE KÜCHE • GASTHOF Das schöne bergische Fachwerk-Gasthaus ist ein Paradebeispiel für tolle "Bistronomie", wie man Sie heute liebt! Stephanie und Daniel Lengsfeld wissen, was ihre Gäste mögen: sich bei herzlichem, geschultem Service und freundlicher, gemütlicher Atmosphäre mit modernen Gerichten aus guten, häufig regionalen Zutaten umsorgen lassen. Für den Sommer hat man eine angenehme Terrasse.

&. 🛋 ⇔ 🅿 – Preis: €€€

Scheiderhöher Straße 49 ⊠ 53797 – ℰ 02246 18892 – www.gasthaus-scheiderhoehe.de – Geschlossen: Montag-Mittwoch, mittags: Donnerstag-Samstag

LOHR AM MAIN

Bayern – Regionalatlas 5–V1

SPESSARTTOR

TRADITIONELLE KÜCHE • GASTHOF Der alteingesessene Familienbetrieb ist ein seriös geführtes Haus, in dem man in gemütlichen Stuben sitzt und regional isst. Auf der Karte macht Leckeres wie der "Hirschbraten mit Blaukraut und Knödel" Appetit. Im Gasthof sowie im 300 m entfernten Gästehaus kann man auch sehr gut übernachten.

🛋 ⇔ 🅿 – Preis: €

Wombacher Straße 140 ⊠ 97816 – ℰ 09352 87330 – www.hotel-spessarttor.de – Geschlossen: Montag und Dienstag, mittags: Mittwoch-Samstag

LOTTSTETTEN

Baden-Württemberg – Regionalatlas 5–U4

🏵 GASTHOF ZUM KRANZ

SAISONAL • GASTHOF Bereits seit 1769 pflegt man hier die gastronomische Tradition! Der Familienbetrieb im beschaulichen kleinen Örtchen Nack nahe der Schweizer Grenze verbindet modern-eleganten Stil und charmante historische

Details. Schön auch die Terrasse mit Loungebereich. Gekocht wird mit internationalen Einflüssen und deutlichem regional-saisonalem Bezug. Zum Übernachten hat man vier einfache, aber gepflegte Zimmer (ohne TV).

&. 🏠 ⇔ 🅿 – Preis: €€

Dorfstraße 23 ✉ 79807 – 𝒞 07745 7302 – www.gasthof-zum-kranz.de – Geschlossen: Dienstag und Mittwoch

LUDWIGSBURG

Baden-Württemberg – Regionalatlas **7**–B2

DANZA ⓝ

MODERNE KÜCHE • **CHIC** In der 1. Etage des Kultur- und Kongresszentrums "Forum am Schlosspark" erwartet Sie ein interessantes Konzept aus Restaurant und Weinbar. Gekocht wird modern-saisonal und international, aber auch mit klassischen Einflüssen - als Menü oder à la carte. Dazu gute Weine, freundlicher, aufmerksamer Service und schickes, luftig-lichtes Ambiente. Schön die Terrasse mit Blick auf die Kastanienallee. Tipp: Parken auf der Bärenwiese gegenüber.

&. 🎦 🏠 – Preis: €€€€

Stuttgarter Straße 33 ✉ 71638 – 𝒞 07141 977970 – www.danza-restaurant.de – Geschlossen: Montag und Dienstag, mittags: Mittwoch-Samstag

GUTSSCHENKE

INTERNATIONAL • **FREUNDLICH** Wirklich schön, wie man das geschmackvollmoderne Interieur der "Gutsschenke" in den historischen Rahmen der Domäne Monrepos eingebunden hat - hübsch die Terrasse. Geboten wird eine klassisch basierte international-regionale Küche mit Bezug zur Saison. Zur Wahl stehen zwei Menüs (eins davon vegetarisch) sowie Gerichte à la carte.

🛏 🏠 ⇔ 🅿 – Preis: €€

Monrepos 22 ✉ 71634 – 𝒞 07141 3020 – www.schlosshotel-monrepos.de/de – Geschlossen: Montag und Sonntag

LÜBECK

Schleswig-Holstein – Regionalatlas **1**–D2

⁂ WULLENWEVER

Chef: Roy Petermann

KLASSISCHE KÜCHE • **ELEGANT** Bereits seit 1990 führt Roy Petermann sein "Wullenwever" in dem wunderschönen Patrizierhaus von 1585 und bietet hier eine mediterran beeinflusste klassische Küche ohne Effekthascherei. Dabei stehen erstklassige Produkte im Fokus, aus denen überaus stimmige Gerichte entstehen. Es gibt ein alle drei Wochen wechselndes Menü sowie - tischweise vorbestellt - ein Überraschungsmenü. An Vegetarier ist ebenfalls gedacht. Gut die Weinauswahl mit Schwerpunkt Deutschland und Europa, aber auch Weinen aus der Neuen Welt. Der gebürtige Hamburger leitet das geschmackvolle elegante Restaurant mitten in der Altstadt gemeinsam mit seiner sympathischen Frau Manuela, die sich aufmerksam und charmant um die Gäste kümmert. Herrlich der Innenhof mit hübsch begrünter Terrasse!

🕸 🏠 ⇔ – Preis: €€€€

Beckergrube 71 ✉ 23552 – 𝒞 0451 704333 – www.wullenwever.de – Geschlossen: Montag, Dienstag, Sonntag, mittags: Mittwoch-Samstag

FANGFRISCH ⓝ

REGIONAL • **INDUSTRIELL** Ein sympathisch-legeres Konzept am Rande der Innenstadt, nur fünf Minuten vom Holstentor. Trendiges Ambiente im Industrial Style, sehr freundlicher und lockerer junger Service und nicht zuletzt eine schmackhafte moderne Küche. Hier legt man Wert auf regionale Produkte - so kommt z. B. der Wels aus einer Bio-Zucht in Brandenburg. Man bietet durchgehend warme Küche, aber auch Stullen und Fischbrötchen auf die Hand.

Preis: €€

An der Untertrave 51 ✉ 23552 – 𝒞 0451 39686609 – fangfrisch-luebeck.de

JOHANNA BERGER

INTERNATIONAL • ELEGANT Etwas versteckt liegt das Haus aus der Gründerzeit mitten im Zentrum. Charmant das Interieur mit Dielenboden, Lüstern und elegantem Touch, draußen die hübsche Terrasse. Geboten wird eine mediterran beeinflusste Frischeküche, die es als Überraschungsmenü oder à la carte gibt. Schöne Auswahl an deutschen und internationalen Weinen, auch im offenen Ausschank.

🌡 – Preis: €€

Doktor-Julius-Leber-Straße 69 ✉ 23552 – ☎ 0451 58696890 – www.restaurant-johanna-berger.de – Geschlossen: Montag, Dienstag, Sonntag, mittags: Mittwoch-Samstag

MEILENSTEIN ⓝ

MODERN • CHIC Eine attraktive Adresse ist das geschichtsträchtige Gesellschaftshaus. In dem schicken Restaurant mit Bar und schöner Terrasse gibt es ein modern inspiriertes Menü, das Sie sich selbst zusammenstellen können. Freundlich und geschult der Service. Interessant auch die Cocktails. Sie suchen eine stilvolle Location für Ihre Feier? Verschiedene Säle bieten den passenden Rahmen.

✿ – Preis: €€€

Königstraße 5 ✉ 23552 – ☎ 0451 92994168 – meilenstein-luebeck.de – Geschlossen: Montag und Sonntag, mittags: Dienstag-Samstag

LÜNEBURG
Niedersachsen – Regionalatlas 1–D3

☺ RÖHMS DELI

MARKTKÜCHE • BISTRO Ein angenehm unkompliziertes Konzept, das gut ankommt. In freundlich-moderner Atmosphäre serviert man regional und international beeinflusste Küche - das A-la-carte-Angebot wird ergänzt durch Tagesgerichte von der Tafel. Sie mögen Süßes? Ein Highlight ist die Theke mit feiner hausgemachter Patisserie! Aufmerksam der Service. Nett sitzt man auch auf der Terrasse.

🆔 🌡 – Preis: €

Heiligengeiststraße 30 ✉ 21335 – ☎ 04131 24160 – www.roehmsdeli.de – Geschlossen: Montag und Sonntag

LÜTJENBURG
Schleswig-Holstein – Regionalatlas 1–D2

PUR

MARKTKÜCHE • BISTRO In dem netten geradlinig gehaltenen kleinen Bistro in Zentrumsnähe kocht man saisonal und überwiegend mit Produkten aus der Region, darunter einiges in Bio-Qualität. Tipp: Im Sommer sitzt man schön auf der Terrasse im Garten hinter dem Haus. Man hat übrigens auch eine Manufaktur - hier gibt's u. a. selbstgemachte Vinaigrettes, Saucen, Fruchtaufstriche oder Gerichte im Glas.

🌡 – Preis: €

Neuwerkstraße 9 ✉ 24321 – ☎ 04381 404147 – www.einfachpurgeniessen.de – Geschlossen: Montag, Dienstag, Sonntag, mittags: Mittwoch und Donnerstag

LUNDEN
Schleswig-Holstein – Regionalatlas 1–C2

LINDENHOF 1887

REGIONAL • FAMILIÄR An einem begrünten Platz mit Lindenbäumen steht der erweiterte Gasthof von 1887. In schönem modernem Ambiente (klare Formen und warme Farben) speist man regional-saisonal, z. B. "Nordseescholle mit Speck" oder "geschmorte Lammkeule, weiße Bohnen, grüner Spargel". Attraktiv auch die geradlinig-zeitgemäßen Gästezimmer.

&. 🛋 ⇔ 🅿 – Preis: €€

*Friedrichstraße 39 ✉ 25774 – ☎ 04882 407 – www.lindenhof1887.de –
Geschlossen: Dienstag, mittags: Montag, Mittwoch-Freitag*

MAGDEBURG
Sachsen-Anhalt – Regionalatlas **4**–P1

😊 LANDHAUS HADRYS

REGIONAL • FREUNDLICH Seit 2003 steht Sebastian Hadrys für anspruchsvolle Küche! Sein Restaurant ist geschmackvoll-elegant, aber keineswegs steif, dazu kommt ein aufmerksamer Service. Gekocht wird saisonal und mit viel Geschmack, begleitet wird das gute Essen von einer schönen Weinkarte. Hübsch die Terrasse. Tipp: Kochkurse kann man hier ebenfalls machen.

🛋 ⇔ 🅿 – Preis: €€

An der Halberstädter Chaussee 1 ✉ 39116 – ☎ 0391 6626680 – www.landhaus-hadrys.de – Geschlossen: Montag, Dienstag, Sonntag, mittags: Mittwoch-Freitag

HIGH KITCHEN 🆕

KREATIV • CHIC In der 8. Etage eines Bürohauses mitten in der City von Magdeburg finden Sie diesen kulinarischen Hotspot. Im Sommer ist die Terrasse ein Traum, herrlich der Blick über die Stadt und auf den über 500-jährigen gotischen Dom! Die Küche zeigt sich sehr kreativ und wird in Menüform serviert - diverse Kleinigkeiten drumherum inklusive. Dazu bietet der freundliche und angenehme legere Service auch eine schön abgestimmte Weinbegleitung an.

≼🛋 – Preis: €€€€

Otto-Von-Guericke-Straße 86a ✉ 39104 – ☎ 0391 5639395 – highkitchen.de – Geschlossen: Montag, Dienstag, Sonntag, mittags: Mittwoch-Samstag

MAIKAMMER
Rheinland-Pfalz – Regionalatlas **7**–B1

😊 DORF-CHRONIK

MARKTKÜCHE • GEMÜTLICH Mitten im Ort steht das schöne Winzerhaus von 1747. Sandstein und Fachwerk sorgen für gemütliches Ambiente, dekorative Bilder setzen moderne Akzente. Charmant die Terrasse im Hof. Geboten wird schmackhafte regional-saisonale Küche, dazu freundlicher Service durch Gastgeberin Marion Schwaab und ihr Team. Man hat auch eine Vinothek und Weine vom eigenen Weingut.

🛋 ⊡ – Preis: €€

Marktstraße 7 ✉ 67487 – ☎ 06321 58240 – www.restaurant-dorfchronik.de – Geschlossen: Mittwoch und Donnerstag, mittags: Montag, Dienstag, Freitag, Samstag

MAINTAL
Hessen – Regionalatlas **3**–L4

😊 FLEUR DE SEL

FRANZÖSISCH-KLASSISCH • LÄNDLICH Französisch-mediterranes Flair erwartet man nicht unbedingt in diesem Wohngebiet in Maintal-Dörnigheim. Doch genau das bieten sowohl das Ambiente als auch die saisonal beeinflusste Küche von Patrick Theumer. Besonders attraktiv sind die drei Menüs, eines davon vegetarisch. Dazu freundlicher Service. Nett die schön begrünte Terrasse.

🛋 🅿 – Preis: €€

Florscheidstraße 19 ✉ 63477 – ☎ 06181 9683385 – restaurant-fleurdesel.de – Geschlossen: Montag und Sonntag, mittags: Dienstag-Freitag

MAINZ

Rheinland-Pfalz – Regionalatlas **5**–T1

🏵 **FAVORITE RESTAURANT**

FRANZÖSISCH-MODERN • ELEGANT Nicht nur wohnen lässt es sich im
"Favorite Parkhotel" niveauvoll, auch gastronomisch ist das im Mainzer Stadtpark
gelegene Haus der engagierten Familie Barth eine gerne besuchte Adresse. Beim
Küchenchef für ihr Gourmetrestaurant haben die Betreiber eine gute Wahl getrof-
fen: Tobias Schmitt, ehemals Souschef im Frankfurter "Lafleur". Er kocht modern
und mit tollen Produkten. Die Kombinationen sind nicht überladen und ergeben
immer Sinn. Geboten werden die Menüs "Roots" ("Die Wurzeln des Kochens")
und "Blossom" ("Leichte, moderne & zeitgemäße Küche") sowie eine vegetarische Alternative. Und das Restaurant selbst? Wertig-elegant ist das Ambiente
hier. Fragen Sie am besten nach einem Platz am Fenster - oder speisen Sie auf der
schönen Terrasse mit Blick auf Rhein und Taunus.

⬔ & 🎦 🎛 **P** – Preis: €€€€

Karl-Weiser-Straße 1 ✉ *55131* – ☏ *06131 8015133* – *favorite-mainz.de* –
Geschlossen: Montag, Dienstag, Sonntag

🏵 **STEINS TRAUBE**

Chef: Philipp Stein

MARKTKÜCHE • FREUNDLICH Was Anfang des 20. Jh. mit einer Dorfschänke
begann, hat sich dank des Engagements der Familie Stein im Laufe der Jahrzehnte
zu einem modernen Restaurant mit anspruchsvoller Küche gemausert. Mit Philipp
Stein ist inzwischen die 6. Generation als Patron und Küchenchef am Ruder. Dass
er kochen kann, steht völlig außer Frage. So finden sich auf dem Teller weder Show
noch Spielerei. Was auf den ersten Blick einfach erscheinen mag, ist in Geschmack
und Harmonie sehr komplex, aber stets zugänglich. Man kocht mit zurückhaltender
Eleganz und der nötigen Portion Mut an den richtigen Stellen. Bei der Platzwahl
fällt die Entscheidung nicht ganz leicht, denn das freundliche, geradlinig-schicke
Ambiente drinnen ist ebenso einladend wie der schöne Innenhof. Angenehm: die
herzliche Juniorchefin Alina Stein im Service.

🐜 🎦 ♻ **P** – Preis: €€€

Poststraße 4 ✉ *55126* – ☏ *06131 40249* – *steins-traube.de* – *Geschlossen:*
Montag, mittags: Dienstag und Mittwoch

🥗 **GEBERTS WEINSTUBEN**

KLASSISCHE KÜCHE • WEINBAR Frische, Geschmack, Aroma - dafür steht die
Küche von Frank Gebert. Für seine klassischen Gerichte verwendet er gerne auch
Produkte aus der Region. Das in einer Seitenstraße unweit des Rheins gelegene
Restaurant ist mit elegantem Touch eingerichtet, draußen sitzt man schön im Hof
auf der weinberankten Terrasse.

🎦 – Preis: €€

Frauenlobstraße 94 ✉ *55118* – ☏ *06131 611619* – *www.geberts-weinstuben.de* –
Geschlossen: Montag und Dienstag

MAISACH

Bayern – Regionalatlas **6**–X3

GASTHOF WIDMANN

INTERNATIONAL • GEMÜTLICH Man schmeckt, dass hier mit Freude gekocht
wird. Es gibt Saisonales und Internationales mit Bezug zur Region - probieren Sie
z. B. "Medaillon vom Kalbsfilet, geröstete Artischocken, Estragonsauce"! Serviert
wird in zwei gemütlichen Stuben.

P 🍽 – Preis: €€

Bergstraße 4 ✉ *82216* – ☏ *08135 485* – *Geschlossen: Montag, Dienstag,*
Sonntag, mittags: Mittwoch-Samstag

MALENTE-GREMSMÜHLEN, BAD

Schleswig-Holstein – Regionalatlas **1**–D2

🍴 MELKHUS

REGIONAL • REGIONALES AMBIENTE Im ehemaligen Kuhstall des toll sanierten historischen Guts "Immenhof" finden Sie diese charmante Alternative zum Restaurant "Rodesand". Gekocht wird frisch, saisonal und mit regionalen Produkten. 15-18 Uhr reduzierte Klassiker-Karte sowie Kaffee und Kuchen. Von der Terrasse schaut man auf den Kellersee. Tipp: Im Hofladen gibt's hausgemachte Marmelade, Souvenirs etc.

⊱ & 🏠 🅿 – Preis: €€

Rothensande 1 ✉ 23714 – ℰ 04523 8828441 – www.gut-immenhof.de

RODESAND

FRANZÖSISCH-MODERN • ELEGANT Wer kennt nicht die "Immenhof"-Filme? Sie machten das herrlich am Kellersee gelegene Gut bekannt. Im schmucken weißen Herrenhaus serviert man heute in stilvoll-elegantem Ambiente eine ambitionierte modern-klassische Küche. Die Gerichte können Sie als Menü oder à la carte wählen. Schön ist auch die Terrasse mit Blick ins Grüne. Ebenfalls auf dem Gut: Hotel, Reitanlage, Hofladen.

🛏 & 🏠 ⇆ 🅿 – Preis: €€€€

Rothensande 1 ✉ 23714 – ℰ 04523 8828441 – www.gut-immenhof.de –
Geschlossen: Montag und Sonntag, mittags: Dienstag-Samstag

MANDELBACHTAL

Saarland – Regionalatlas **5**–S2

GRÄFINTHALER HOF

REGIONAL • LÄNDLICH Ein sehr gepflegtes Anwesen ist die schön gelegene einstige Klosteranlage a. d. 13. Jh. Drinnen hat man recht elegante Räume, draußen eine charmante Terrasse unter Bäumen. Man kocht mit guten regionalen Produkten wie Saibling aus Ballweiler, Ziegenkäse aus Erfweiler, Bliesgaulamm... Es gibt auch ein vegetarisches Menü.

🏠 ⇆ 🅿 – Preis: €€

Gräfinthal ✉ 66399 – ℰ 06804 91100 – www.graefinthaler-hof.de –
Geschlossen: Montag und Dienstag, abends: Sonntag

MANNHEIM

Baden-Württemberg – Regionalatlas **5**–U1

❀❀ OPUS V

MODERNE KÜCHE • CHIC Shopping und kulinarischer Genuss unter einem Dach? Das gibt's hoch oben im Modehaus „engelhorn Mode im Quadrat". Unter der Leitung von Dominik Paul wird modern-kreativ gekocht. Die Gerichte des 6-Gänge-Menüs begeistern mal mit lauten, kraftvollen Tönen, mal mit leisen, subtilen, sehr eleganten Noten. Das Ganze stets angenehm reduziert und wunderbar ausgewogen, basierend auf ausgezeichneten Produkten. Auch die durchdachte Weinbegleitung überzeugt mit einigen Überraschungen. Am Mittag (samstags) ist das Menü um einen Gang verkürzt. Attraktiv das geradlinig-moderne Ambiente mit nordischer Note, dazu die einsehbare Küche. Highlight ist natürlich die Dachterrasse mit Blick über die Stadt! Hinweis: Das Restaurant hat auch einen separaten Eingang.

 ⊱ & 🆊 🏠 ⇆ – Preis: €€€€

O5, 9-12 ✉ 68161 – ℰ 0621 1671199 – www.restaurant-opus-v.de – Geschlossen:
Montag, Dienstag, Sonntag, mittags: Mittwoch-Freitag

❀ DOBLER'S

KLASSISCHE KÜCHE • ELEGANT Wahrhaftig eine Institution in der Quadratestadt und immer gut gebucht! Seit über 30 Jahren erfreuen Gabriele und Norbert Dobler ihre Gäste mit ausgezeichneten Speisen, die klassisch zubereitet werden, dabei aber keineswegs altbacken sind. Handwerk und Produktqualität überzeugen bei Norbert Dobler gleichermaßen, Effekthascherei braucht es da nicht. In hellem, geradlinig-elegantem Ambiente leitet Gabriele Dobler charmant den Service. Sicher ist dies mit ein Grund, weshalb so viele Stammgäste den sympathischen Gastgebern seit vielen Jahren die Treue halten. Toll: Sie können das große Menü auch am Mittag wählen - dazu bietet man noch ein kleines Mittagsmenü und A-la-carte-Gerichte. Mögen Sie Wein? Man hat eine attraktive Auswahl aus der Region.

🅰🅲 🏵 ⇔🏴 – Preis: €€€

Seckenheimer Straße 20 ⊠ 68159 – 𝒞 0621 14397 – www.doblers.de – Geschlossen: Montag und Sonntag

LE COMPTOIR 17

FRANZÖSISCH • BISTRO Der Namenszusatz "Bistrot Parisien" passt! Wer sympathisch-unkomplizierte Bistro-Atmosphäre und klassisch-französisch geprägte Küche mag, ist hier genau richtig! Man legt Wert auf sehr gute Produkte, die beispielsweise in Klassikern wie Blutwurst, Rindertatar, Muscheln oder Fischsuppe zum Einsatz kommen. Neben der regulären Speisekarte gibt es zusätzliche Angebote auf der Tafel.

🏵🏴 – Preis: €€

Lameystraße 17 ⊠ 68165 – 𝒞 0621 73617000 – comptoir17.com – Geschlossen: Montag und Sonntag, mittags: Samstag

MARBURG
Hessen – Regionalatlas **3**–L3

✿ | **MARBURGER ESSZIMMER** ⓝ

Chef: Denis Feix

FRANZÖSISCH-MODERN • CHIC "Green Fine Dining" nennt sich das neue Konzept, das Denis Feix ins "MARBURGER Esszimmer" gebracht hat. Der einstige Küchenchef des "Il Giardino" in Bad Griesbach und der Stuttgarter "Zirbelstube" präsentiert sehr vegetabil geprägte Gerichte mit Gemüse vom eigenen Hofgut Dagobertshausen. Aber auch auf tolle Fisch- und Fleischprodukte muss man nicht verzichten. Dazu eine stilvolle Atmosphäre mit Charme, zu der nicht zuletzt Kathrin Feix mit ihrem omnipräsenten und äußerst aufmerksamen Serviceteam beiträgt. Tipp: Übernachten Sie im Hotel "VILA VITA Rosenpark" nur wenige Gehminuten entfernt.

✿ *Engagement des Küchenchefs: Die Möglichkeiten, die unser Hofgut Dagobertshausen bieten, sind vielfältig, sie erleichtern unsere Idee vom stark vegetabil geprägten Menü. Alle Fisch- und Fleischprodukte kommen von Kleinerzeugern und nachhaltigen Fischern, fragwürdige, unethische tierische Produkte sind für uns ein Tabu!*

⅋ 🅰🅲 🏵 – Preis: €€€€

Anneliese Pohl Allee 1 ⊠ 35037 – 𝒞 06421 8890471 – www.marburger-esszimmer.de – Geschlossen: Montag und Dienstag, mittags: Mittwoch-Samstag, abends: Sonntag

MARKTBERGEL
Bayern – Regionalatlas **5**–V1

🏵 | **ROTES ROSS**

REGIONAL • GASTHOF Wer frische saisonal-regionale Küche mag, ist bei Familie Bogner genau richtig. In ihrem Restaurant sitzt man in gemütlichem Ambiente und wird unter der Leitung der Chefin freundlich und geschult umsorgt. In Sachen Wein setzt man ebenfalls auf die Region. Im Sommer zieht es die Gäste auf die begrünte Terrasse im Hof. Übernachten kann man hier auch, dafür stehen gepflegte, wohnliche Zimmer zur Verfügung.

⅋ 🏵 ⇔ – Preis: €€

Würzburger Straße 3 ⊠ 91613 – 𝒞 09843 936600 – www.rotes-ross-marktbergel.de – Geschlossen: Montag, mittags: Dienstag-Samstag, abends: Sonntag

MARKTBREIT

Bayern – Regionalatlas **5**–V1

ⓐ ALTER ESEL

MARKTKÜCHE • FAMILIÄR Das herzliche und engagierte Betreiberpaar bietet hier saisonale Küche mit regionalen und mediterranen Einflüssen. Serviert wird in der gemütlichen, liebevoll dekorierten Gaststube oder an einem der wenigen Tische im Freien mit Blick auf die historischen Häuser des charmanten kleinen Städtchens.

⇔ – Preis: €€

Marktstraße 10 ⊠ 97340 – ℰ 09332 5949477 – www.alteresel-marktbreit.
de – Geschlossen: Montag und Dienstag, mittags: Mittwoch-Samstag, abends:
Sonntag

ⓐ MICHELS STERN

REGIONAL • TRADITIONELLES AMBIENTE Seit jeher steckt Familie Michel jede Menge Engagement in ihr Gasthaus, inzwischen ist die 4. Generation am Ruder. Zwei Brüder sorgen für Ihr Wohl: Wolfgang Michel kocht von bürgerlich bis fein - schmackhafte Gerichte, die auf guten Produkten basieren. Stefan empfiehlt dazu mit Leidenschaft den passenden Frankenwein. Zum Übernachten stehen gepflegte Gästezimmer bereit.

🕸 🏠 ⇔ – Preis: €€

Bahnhofstraße 9 ⊠ 97340 – ℰ 09332 1316 – www.michelsstern.de –
Geschlossen: Mittwoch und Donnerstag, mittags: Montag und Dienstag

MARKTHEIDENFELD

Bayern – Regionalatlas **5**–V1

ⓐ WEINHAUS ANKER

FRANZÖSISCH • GEMÜTLICH Ein Haus mit Tradition, das engagiert geführt wird. In schönen Stuben mit historischem Charme wählt man von einer umfangreichen Karte, die regional ausgerichtet ist, aber auch französisch geprägte Gerichte bietet. Dazu wird man freundlich umsorgt. Im Winter Do. - Sa. abends kleine fränkische Karte im rustikalen Gewölbe "Schöpple". Gepflegt übernachten kann man ebenfalls.

& 🏠 ⇔ 🅿 – Preis: €

Obertorstraße 13 ⊠ 97828 – ℰ 09391 6004801 – www.hotel-anker.de –
Geschlossen mittags: Montag, abends: Sonntag

MASELHEIM

Baden-Württemberg – Regionalatlas **5**–V3

ⓐ LAMM

REGIONAL • LÄNDLICH Einladend ist hier schon die sehr gepflegte Fassade. Drinnen wird man überaus freundlich empfangen, nimmt in charmantem Ambiente Platz und isst auch noch ausgesprochen gut! Der Chef kocht klassisch, reduziert und mit ausgesuchten Produkten, bei denen man sich an der Saison orientiert. Zur Wahl stehen Gerichte à la carte und ein Menü, das es auch als vegetarische Variante gibt.

🏠 ⇔ 🅿 – Preis: €€

Baltringer Straße 14 ⊠ 88437 – ℰ 07356 937078 – sulminger-lamm.de –
Geschlossen: Montag und Sonntag, mittags: Dienstag-Samstag

MASSWEILER

Rheinland-Pfalz – Regionalatlas **5**-T2

 BORST

Chef: Harry Borst

FRANZÖSISCH-KLASSISCH • FAMILIÄR Seit vielen Jahren stehen Monika und Harry Borst mit ihrem Haus im Ortskern für Qualität und Niveau, inzwischen ist Junior Maximilian mit von der Partie. In der Küche bleibt er der klassischen Linie treu, kocht angenehm reduziert, aber auch raffiniert abgestimmt und auf Basis hochwertiger Produkte. Dazu u. a. schöne Weine aus der Region. Serviert wird in geschmackvollem Ambiente mit modern-eleganter Note oder auf der Terrasse. Freundlich und aufmerksam der Service. Gepflegt übernachten kann man ebenfalls.

🌳 ⇔ 🅿 – Preis: €€€

Luitpoldstraße 4 ⊠ 66506 – ☎ 06334 1431 – www.restaurant-borst.de –
Geschlossen: Montag und Dienstag

MAXHÜTTE-HAIDHOF

Bayern – Regionalatlas **6**-Y2

😊 **KANDLBINDER KÜCHE**

MARKTKÜCHE • FREUNDLICH Die gelbe Fassade der alten Poststation sticht einem schon bei der Anfahrt ins Auge. Drinnen hat man den stilvollen Rahmen gelungen mit einer dezent modernen Note kombiniert. Gekocht wird mit saisonalen und internationalen Einflüssen. Chef Martin Kandlbinder bietet hier im "Salon" das "Kandlbinder Menü" und ein Überraschungsmenü. Alternativ kann man in der "Einkehr" etwas bodenständiger speisen. Hier wie dort legt man Wert auf gute Produkte.

🌳 ⇔ 🅿 ⊡ – Preis: €€

Postplatz 1 ⊠ 93142 – ☎ 09471 6050646 – www.kandlbinderkueche.de –
Geschlossen: Dienstag und Mittwoch, mittags: Montag, Donnerstag-Sonntag

MEERBUSCH

Nordrhein-Westfalen – Regionalatlas **3**-J3

❀ **ANTHONY'S KITCHEN**

Chef: Anthony Sarpong

INNOVATIV • TRENDY Einen tollen Mix aus Restaurant und Kochschule hat Gastgeber Anthony Sarpong hier. Der gebürtige Ghanaer kann sich auf ein engagiertes Team verlassen, und das sorgt für innovative internationale Küche mit saisonalen Einflüssen. Geboten werden die beiden Menüs "The Expedition" und "Green Journey" (vegetarisch) - durchdachte Kreationen mit interessant kombinierten Aromen ausgesuchter Produkte. Die Gerichte treffen ebenso den Zeitgeist wie das wertig-schicke Design und die locker-legere Atmosphäre - teilweise servieren die Köche mit. Das Restaurant ist übrigens biozertifiziert und man legt viel Wert auf Nachhaltigkeit.

❀ *Engagement des Küchenchefs: Als Mitglied des wissenschaftlichen Beirats und kulinarischer Botschafter der Gesellschaft für Prävention sorge ich mich ebenso um die Gesundheit meiner Gäste wie auch um ihren Genuss! Natürliche Ressourcen, Saisonalität und die Wahrung des natürlichen Gleichgewichts stehen dabei im Vordergrund.*

🆎 🌳 – Preis: €€€€

Moerser Straße 81 ⊠ 40667 – ☎ 02132 9851425 – www.anthonys.kitchen –
Geschlossen: Montag-Mittwoch, mittags: Donnerstag-Sonntag

LANDHAUS MÖNCHENWERTH

KLASSISCHE KÜCHE • ELEGANT In dem einladenden Landhaus direkt am Rhein (toll die Terrasse!) bietet man mediterran und modern beeinflusste Küche - da macht z. B. "Maibock mit karamellisiertem Rhabarber und Marsala-Jus" Appetit. Sehr charmant der Service.

⇐🍴⇔🅿 – Preis: €€€

Niederlöricker Straße 56 ⊠ 40667 – ☎ 02132 757650 – www.moenchenwerth. de – Geschlossen: Montag, mittags: Dienstag-Samstag

MEERFELD

Rheinland-Pfalz – Regionalatlas **3**–J4

🏵 POSTSTUBEN

INTERNATIONAL • GEMÜTLICH Neben den guten Produkten erkennt man hier noch etwas ganz klar auf dem Teller: Talent und Handwerk. Beides beweist die regional beeinflusste Küche von Sven Molitor. Sie ist bodenständig, zeigt aber hier und da auch eine gewisse Finesse. Dazu aufmerksamer und charmanter Service. Zum Übernachten hat der traditionsreiche Familienbetrieb "Zur Post" gepflegte Gästezimmer.

🍴🅿 – Preis: €€

Meerbachstraße 24 ⊠ 54531 – ☎ 06572 931900 – www.die-post-meerfeld.de – Geschlossen: Montag und Dienstag, mittags: Mittwoch-Samstag

MEERSBURG

Baden-Württemberg – Regionalatlas **5**–U4

⛬ CASALA

MODERNE KÜCHE • ELEGANT Ist es nicht herrlich, bei schönem Wetter auf der Terrasse zu sitzen, auf den Bodensee zu schauen und ausgezeichnet zu speisen? Im Gourmetrestaurant des Hotels "Residenz am See" ist Küchenchef Markus Philippi dafür verantwortlich, dass Sie moderne und saisonale, technisch präzise und aromareiche Gerichte aus sehr guten Produkten genießen. Im Fokus steht das Überraschungsmenü, auf Vorbestellung können Sie auch individuell wählen. Dazu ein hochwertiges und geschmackvolles Interieur sowie ein ausgesprochen zuvorkommender, freundlicher und kompetenter Service. Auch der versierte Sommelier trägt mit seinen trefflichen Weinempfehlungen zum runden Bild bei.

🐜 ⇐⇐🍴🅿 – Preis: €€€€

Uferpromenade 11 ⊠ 88709 – ☎ 07532 80040 – hotel-residenz-meersburg.com – Geschlossen: Dienstag und Mittwoch, mittags: Montag, Donnerstag-Sonntag

RESIDENZ AM SEE

MODERN • ELEGANT Auch im Zweitrestaurant des Hotels "Residenz am See" erwartet Sie hochwertige Gastronomie. Man sitzt hier in elegantem Ambiente und wird sehr höflich und aufmerksam umsorgt. Nach dem Baukasten-Prinzip können Sie sich selbst ein Menü mit zwei bis fünf Gängen zusammenstellen. Schön die Plätze am Fenster oder auf der Terrasse mit Seeblick!

⇐🍴⇔🅿 – Preis: €€

Uferpromenade 11 ⊠ 88709 – ☎ 07532 80040 – hotel-residenz-meersburg. com – Geschlossen: Dienstag und Mittwoch

MEISENHEIM

Rheinland-Pfalz – Regionalatlas **5**–T1

MEISENHEIMER HOF

MARKTKÜCHE • GEMÜTLICH In drei hübschen kleinen Stuben genießt man ambitionierte klassische und regionale Küche. Dazu eine schöne Weinkarte mit vielen deutschen Weinen und Jahrgängen. Das Gebäudeensemble des "Meisenheimer Hofs" ist ein attraktiver Mix aus Historie und Moderne - im Restaurant wie auch in den Themenzimmern des Hotels. Im Sommer sitzt man nett auf der Terrasse zwischen den Häusern.

𝔅 ♿🏠♻🅿 – Preis: €€

Obergasse 33 ✉ 55590 – ☎ 06753 1237780 – www.meisenheimer-hof.de/
startseite – Geschlossen: Montag, mittags: Dienstag-Samstag

MEPPEN
Niedersachsen – Regionalatlas **1**–A4

☺ **VON EUCH**

INTERNATIONAL • **FREUNDLICH** Wirklich einladend: Hier sitzt man nicht nur schön in hellem, elegantem Ambiente oder auf der begrünten Terrasse hinterm Haus, man isst auch noch richtig gut. Alles, was auch der Küche kommt, ist frisch und reich an Aromen. Im gleichnamigen Hotel finden Sie tipptopp gepflegte, neuzeitlich eingerichtete Zimmer.

♿🆒🏠♻ – Preis: €

Kuhstraße 21 ✉ 49716 – ☎ 05931 4950100 – www.voneuch.de – Geschlossen:
Montag und Sonntag, mittags: Dienstag-Samstag

MESCHEDE
Nordrhein-Westfalen – Regionalatlas **3**–K2

LANDHOTEL DONNER

REGIONAL • **LÄNDLICH** Im Restaurant des schön gelegenen "Landhotel Donner" sitzt man in gemütlichen Stuben, in denen warmes Holz und hübsche Stoffe eine charmant-traditionelle Atmosphäre schaffen. Gekocht wird klassisch-regional und mit saisonalen Einflüssen. Dazu freundlicher Service. Die Gästezimmer in dem gut geführten Familienbetrieb sind sehr gepflegt und wohnlich.

♿🏠♻🅿 – Preis: €€

Zur Alten Schmiede 4 ✉ 59872 – ☎ 0291 952700 – landhotel-donner.de –
Geschlossen: Mittwoch und Sonntag, mittags: Montag, Dienstag, Donnerstag,
Freitag

VON KORFF

INTERNATIONAL • **MINIMALISTISCH** Ein Patrizierhaus von 1902 nebst architektonisch gelungener Erweiterung beherbergt das Restaurant samt Weinhandel sowie das gleichnamige Hotel. Ansprechend das geradlinige Ambiente. Interessant auch der Weinkeller, in dem auf Reservierung auch Verkostungen möglich sind. Tipp: "von Korff's Vorratsschrank" bietet Gerichte und Feinkost für daheim.

𝔅 ♿🏠♻🅿 – Preis: €

Le-Puy-Straße 19 ✉ 59872 – ☎ 0291 99140 – www.hotelvonkorff.de –
Geschlossen: Sonntag

METZINGEN
Baden-Württemberg – Regionalatlas **7**–B2

ZUR SCHWANE

MARKTKÜCHE • **LANDHAUS** Hier wird das Thema Alb groß geschrieben. Beim saisonal wechselnden Speisenangebot legt man Wert auf gute Produkte aus der Region. Beliebt auch die "Mittags-Specials" von "Low Carb" bis "Vegi". Hingucker im Restaurant ist ein großes Panoramabild der Schwäbischen Alb. Tipp: Im Haus hat man auch schicke Gästezimmer, zudem ist die Lage in der "Outlet-City" interessant.

♿🏠♻🅿 – Preis: €

Bei der Martinskirche 10 ✉ 72555 – ☎ 07123 9460 – hotel-schwanen-metzingen.
de – Geschlossen: Sonntag

MIESBACH

Bayern – Regionalatlas **6**–Y4

MANUELIS

MARKTKÜCHE • **NACHBARSCHAFTLICH** Richtig charmant ist das recht zentral gelegene Restaurant mit seiner gemütlichen Atmosphäre und dem herzlichen Service. Man setzt auf regionale und saisonale Produkte und legt Wert auf Respekt vor den Lebensmitteln. Das angebotene Menü gibt es in unterschiedlichen Längen - auf Vorbestellung auch vegetarisch. Dazu ausschließlich deutsche Weine. Tipp: Zu bestimmten Terminen kann man auch Themenmenüs buchen.

🏠 – Preis: €€

Kolpingstraße 2 ✉ *83714 –* ☎ *08025 9229693 – manuelis.de – Geschlossen: Montag-Mittwoch, mittags: Donnerstag-Sonntag*

MITTELBIBERACH

Baden-Württemberg – Regionalatlas **5**–V3

ESSZIMMER ⓝ

KÜCHE • **KÜCHE** Einladend ist dieses etwas außerhalb in einem Sportcenter gelegene Restaurant, dafür sorgen das geradlinig-moderne Interieur in warmen Tönen, der freundliche, geschulte Service und die regional-saisonale Küche, bei der man Wert legt auf Nachhaltigkeit. Man bietet zwei Menüs, eines davon vegetarisch, sowie Klassiker à la carte wie z. B. Rostbraten oder Maultaschen. "Dry Aged"-Fleisch kommt aus dem eigenen Reifeschrank.

🅿 – Preis: €€€

Ziegeleistraße 37 ✉ *88441 –* ☎ *07351 5749890 – www.restaurantesszimmer.de – Geschlossen: Montag und Sonntag, mittags: Dienstag-Samstag*

MITTENWALD

Bayern – Regionalatlas **6**–X4

✿ DAS MARKTRESTAURANT

Chef: Andreas Hillejan

REGIONAL • **MINIMALISTISCH** Sehr zur Freude seiner Gäste hat es den ursprünglich von Niederrhein stammenden Andreas Hillejan vor Jahren nach Oberbayern verschlagen. Hier bietet er in dem wunderschönen, am Fuße des Karwendelgebirges gelegenen Örtchen Mittenwald seine eigene verfeinerte Wirtshausküche, und die kommt richtig gut an. In legerer, unkomplizierter Atmosphäre gibt es das Menü "Wirtshaus mal anders" sowie ansprechende Gerichte à la carte. Tipp: Machen Sie vor oder nach dem Essen einen Spaziergang durch das schmucke historische Zentrum des Geigenbau- und Luftkurortes mit seinen bunt bemalten Häusern - Sie haben es nicht weit, das Restaurant liegt ganz in der Nähe der Fußgängerzone.

🏠 ✿ – Preis: €€€

Dekan-Karl-Platz 21 ✉ *82481 –* ☎ *08823 9269595 – www.das-marktrestaurant. de – Geschlossen: Montag und Sonntag, mittags: Dienstag-Donnerstag*

MITTERSKIRCHEN

Bayern – Regionalatlas **6**–Z3

FREILINGER WIRT

MARKTKÜCHE • **FREUNDLICH** Seit 1870 gibt es das traditionelle bayerische Wirtshaus, das heute mit einem schönen Mix aus geradlinig-modernem Stil und warmem Holz daherkommt. Patron und Küchenchef Michael Freilinger, übrigens Metzgermeister, legt bei seinen saisonalen Gerichten Wert auf Produkte aus der Region. In den eigenen Gärten baut man selbst Gemüse, Kräuter und Blüten an. Beliebt die große Terrasse.

🍴 ♻ 🅿 🥢 – Preis: €

Hofmarkstraße 5 ✉ 84335 – 📞 08725 200 – freilinger-wirt.de – Geschlossen: Montag und Dienstag, mittags: Mittwoch-Freitag

MÖNCHENGLADBACH

Nordrhein-Westfalen – Regionalatlas 3–J3

LINDENHOF-KASTEEL

MODERNE KÜCHE • GASTHOF Seit vielen Jahren kümmern sich Volker und Susanne Kasteel mit Engagement um ihre Gäste. Gemütlich sitzt man hier in gediegenem Ambiente (die Deckenbalken stammen aus dem ursprünglichen Haus von 1682) und lassen sich eine produktorientierte und saisonal inspirierte Küche mit klassischen und modernen Einflüssen servieren. Übernachten können Sie hier ebenfalls - im gleichnamigen Hotel hat man gepflegte Gästezimmer.

🅿 🥢 – Preis: €€€

Vorster Straße 535 ✉ 41169 – 📞 02161 551122 – www.lindenhof-mg.de – Geschlossen: Montag und Sonntag, mittags: Dienstag-Samstag

MOERS

Nordrhein-Westfalen – Regionalatlas 3–J2

KURLBAUM

KLASSISCHE KÜCHE • ELEGANT Über zwei Etagen verteilt sich das zeitloselegante Restaurant - im Sommer gibt es zudem einige Plätze draußen in der Fußgängerzone. Man hat hier zahlreiche Stammgäste, und die mögen die klassisch geprägte Küche. Gerne kommt man auch zur Mittagszeit - da gibt es ein 2-Gänge-Menü zu einem attraktiven Preis!

🥢 – Preis: €€

Burgstraße 7 ✉ 47441 – 📞 02841 27200 – www.restaurant-kurlbaum.de – Geschlossen: Montag und Dienstag, mittags: Samstag und Sonntag

MOLFSEE

Schleswig-Holstein – Regionalatlas 1–D2

🍽 BÄRENKRUG

REGIONAL • LÄNDLICH Von der "Friesenstube" bis zum lauschigen Hofgarten mit alten Kastanienbäumen und viel Grün, im Haus der Familie Sierks darf man sich auf gute Küche mit mit regionalem und saisonalem Bezug freuen. Sie können nen Tagesempfehlungen, Klassiker oder Menüs wählen. Tipp: Probieren Sie auch die hausgemachten Pralinen! Im gleichnamigen Hotel des langjährigen Familienbetriebs gibt es auch hübsche, wohnliche Zimmer.

♿ 🍴 ♻ 🅿 – Preis: €€

Hamburger Chaussee 10 ✉ 24113 – 📞 04347 71200 – baerenkrug.de – Geschlossen: Montag und Dienstag, mittags: Mittwoch-Sonntag

MÜHLHAUSEN

Thüringen – Regionalatlas 3–M3

DIE BÜRGERMEISTEREI 1728 🆕

MODERN • CHIC Hier speist man an einem Ort mit Geschichte! Das aufwändig sanierte Gebäude direkt am Markt ist die ehemalige Bürgermeister-Residenz von 1728. Der schicke Mix aus modernem Stil und historischen Details schafft Atmosphäre. Gekocht wird ambitioniert und saisonal, geschmackvoll und frisch. Auch in Sachen Wein wird einiges geboten. Im Sommer sollten Sie sich nicht die lauschige Terrasse entgehen lassen!

🍴 ♿ – Preis: €€

Untermarkt 13 ✉ 99974 – ☎ 01520 9121728 – die-buergermeisterei.de –
Geschlossen: Montag und Dienstag, mittags: Mittwoch, abends: Sonntag

MÜLHEIM-KÄRLICH

Rheinland-Pfalz – Regionalatlas **3**–K4

ZUR LINDE Ⓝ

MARKTKÜCHE • **GEMÜTLICH** Bereits in 5. Generation wird dieses Haus als
Familienbetrieb geführt. Mit Engagement sorgen Sandra und Marco Linden hier für
charmante Atmosphäre und gute Küche - sie leitet zuvorkommend und kompetent
den Service, er ist für die schmackhaften regional und saisonal geprägten Gerichte
verantwortlich, die stets modern inspiriert sind - wählbar als Menü oder à la carte.

🅰️ 🍴 ♿ – Preis: €€

Bachstraße 12 ✉ 56218 – ☎ 02630 4130 – www.zurlinde.info – Geschlossen:
Montag und Dienstag, mittags: Samstag

MÜLLHEIM

Baden-Württemberg – Regionalatlas **7**–B1

GASTHOF OCHSEN

REGIONAL • **GASTHOF** Schon seit seiner Gründung im Jahre 1763 ist dieser sympathische, engagiert geführte Gasthof in Familienbesitz. Richtig einladend ist es
hier: drinnen reizende Stuben, draußen eine hübsche Terrasse und ein Innenhof. Die
Küche ist badisch und saisonal ausgerichtet, Klassiker wie "Kalbsrückensteak nach
Art des Hauses" oder Innereien inklusive. Schön übernachten kann man ebenfalls.

🍴 ♿ 🅿️ – Preis: €

Bürgelnstraße 32 ✉ 79379 – ☎ 07631 3503 – www.ochsen-feldberg.de –
Geschlossen: Mittwoch und Donnerstag

TABERNA

MARKTKÜCHE • **HIP** Im Herzen von Müllheim leiten die sympathischen Birks' (sie
gebürtige Südafrikanerin, er Engländer) dieses charmante Restaurant. Modern inspirierte Gerichte wie "Kalbsragout, grüner Spargel, Morcheln, Karotten & geröstete
Kartoffeln" können frei zum Menü kombiniert werden. Tipp: die Terrasse am bzw.
über dem Klemmbach!

🍴 – Preis: €€

Marktplatz 7 ✉ 79379 – ☎ 07631 174884 – www.taberna-restaurant.de –
Geschlossen: Montag, Dienstag, Sonntag, mittags: Samstag

MÜNCHEN

Bayern – Regionalatlas **6**–X3

In der bayerischen Landeshauptstadt hat uns in Sachen Fine Dining so manche Neuerung überzeugt. Darunter das neu eröffnete **JAN**, das unter Jan Hartwig als Inhaber und Küchenchef direkt den Sprung auf drei Sterne schaffte, sowie das **Alois - Dallmayr Fine Dining**, das mit neuem Konzept und Küchenchef Max Natmessnig dort weitermacht, wo es aufgehört hatte: auf 2-Sterne-Niveau. Ganz am Puls der Zeit und mit vollem Fokus auf Qualität präsentiert sich das **Brothers** der Zwillingsbrüder Klaas. **Tohru in der Schreiberei** trumpft mit japanisch-europäischer Küche samt ganz eigener Handschrift und kraftvollen Aromen. Ein wenig Kontrast bietet das **falke23**, ein rustikales Wirtshaus, in dem es sowohl traditionelle Klassiker als auch ein ambitioniertes Menü gibt. Im **Chang** in Grünwald sowie im **Chang Bistro** in Solln bekommt man eine gute Sushi-Auswahl, aber auch tolle Wok-Gerichte. Neben vielen Sehenswürdigkeiten bietet sich in München auch einfach mal ein Spaziergang im Englischen Garten an - mit anschließender Einkehr in einem der berühmten Biergärten, z. B. am Seehaus oder am Chinesischen Turm.

UNSERE BESTEN RESTAURANTS

STERNE-RESTAURANTS

BIB GOURMAND 🐶

ClarkandCompany/Getty Images Plus

RESTAURANTS AM SONNTAG GEÖFFNET

UNSERE RESTAURANTAUSWAHL

ALLE RESTAURANTS VON A BIS Z

Mariha-kitchen/Getty Images Plus

Anastasia Dobrusina/Getty Images Plus

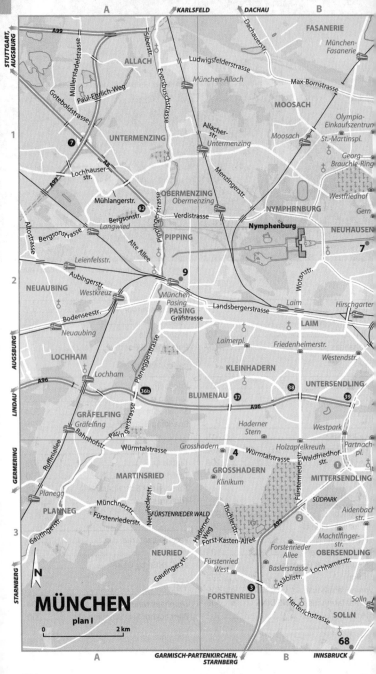

MÜNCHEN

plan I

0   2 km

N

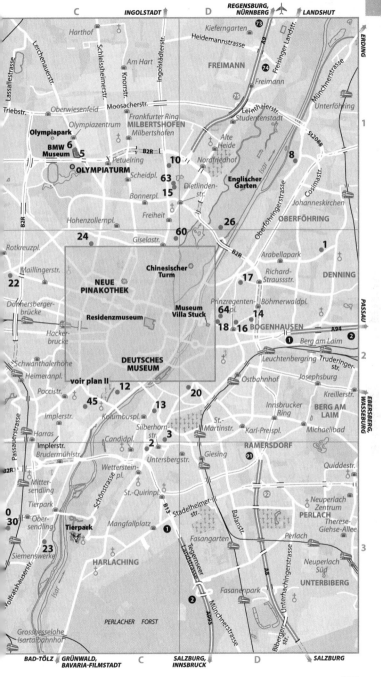

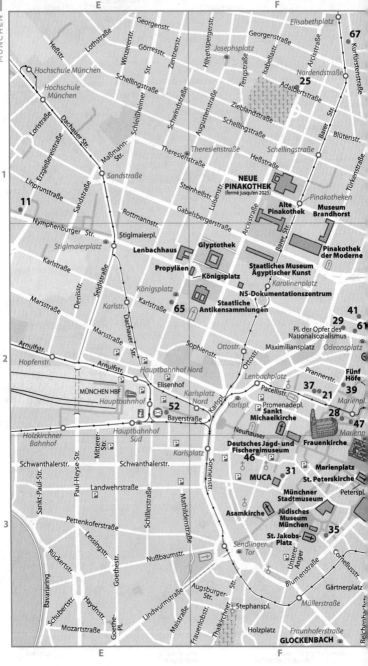

E   F

Elisabethplatz

67

Georgenstr.

Georgenstraße

Heßstr.

Lothstraße

Winzererstr.

Görresstr.

Zentnerstr.

Hiltenspergerstr.

Josephsplatz

Tengstraße

Isabellastr.

Arcisstraße

Kurfürstenstraße

Hochschule München

Hochschule München

Schellingstraße

Nordendstraße

25

Adalbertstraße

Barer Str.

Schleißheimer Str.

Schwindstr.

Augustenstraße

Zieblandstraße

Schellingstraße

Blütenstr.

Loristraße

Dachauer Str.

Erzgießereistraße

Maßmann-Str.

Theresienstraße

Schellingstraße

Türkenstraße

Linprunstraße

Sandstraße

Theresienstraße

Steinhellstr.

Heßstr.

Arcisstraße

1

Sandstraße

Rottmannstr.

Gabelsbergerstraße

Lutzenstr.

NEUE PINAKOTHEK
(fermé jusqu'en 2025)

Alte Pinakothek

Pinakotheken

Museum Brandhorst

Nymphenburger Str.

11

Stiglmaierpl.

Stiglmaierplatz

Lenbachhaus

Glyptothek

Karlstraße

Seidlstraße

Propyläen

Königsplatz

Staatliches Museum Ägyptischer Kunst

Pinakothek der Moderne

Marsstraße

Denisstr.

Königsplatz

Karlstr.

Karlstraße

65

Staatliche Antikensammlungen

NS-Dokumentationszentrum

Karolinenplatz

Barer Str.

Marsstraße

Dachauer Str.

Sophienstr.

Ottostr.

Pl. der Opfer des Nationalsozialismus

41

29

61

Arnulfstr.

Arnulfstr.

Ottostr.

Maximiliansplatz

Odeonsplatz

2

Hopfenstr.

Arnulfstr.

Hauptbahnhof Nord

Lenbachplatz

Prannerstr.

Fünf Höfe

MÜNCHEN HBF

Elisenhof

Pacellistr.

37

21

39

Hauptbahnhof

Karlsplatz Nord

Karlspl.

Promenadepl.

28

Marienpl.

52

Bayerstraße

Karlspl.

Sankt Michaelkirche

47

Marienp

Holzkirchner Bahnhof

Hauptbahnhof Süd

Neuhauser

Frauenkirche

Karlsplatz

Deutsches Jagd- und Fischereimuseum

46

Marienplatz

Schwanthalerstr.

Mitterer-Str.

Schwanthalerstr.

MUCA

31

St. Peterskirche

Peterspl.

Paul-Heyse-Str.

Sankt-Paul-Str.

Landwehrstraße

Schillerstraße

Mathildenstraße

Münchner Stadtmuseum

Asamkirche

Jüdisches Museum München

35

3

Pettenkoferstraße

Lessingstr.

St. Jakobs-Platz

Rückertstr.

Nußbaumstr.

Sendlinger Tor

Unterer Anger

Bavariaring

Goethestr.

Haydnstr.

Lindwurmstraße

Augsburger-Str.

Sonnenstr.

Blumenstraße

Gärtnerplatz

Cornelius str.

Schubertstr.

Mozartstraße

Goethe-Pl.

Maistraße

Frauenlobstr.

Thalkirchner Str.

Stephanspl.

Müllerstraße

Reichenbach

Holzplatz

Fraunhoferstraße

GLOCKENBACH

E   F

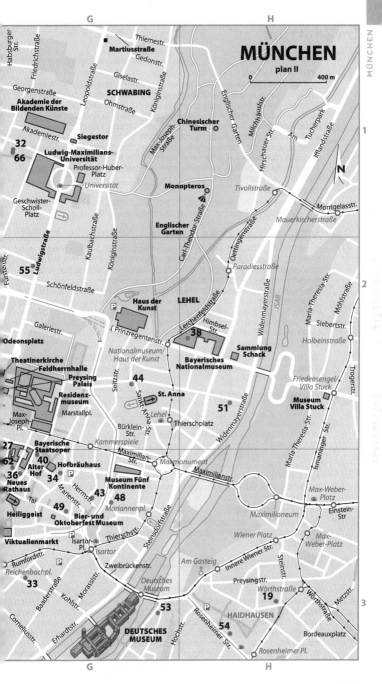

MÜNCHEN

plan II

0   400 m

Habsburger-Str.
Friedrichstraße
Thiemestr.
Martiusstraße
Gedonstr.
Georgenstraße
Giselastr.
Akademie der Bildenden Künste
Leopoldstraße
Königinstraße
SCHWABING
Ohmstraße
Akademiestr.
Siegestor
32
66
Ludwig-Maximilians-Universität
Professor-Huber-Platz
Chinesischer Turm
Max-Joseph-Straße
Englischer Garten
Milchhäusstr.
Hirschauer Str.
Am
Tucherpark
Ifflandstr.
Maria-Theresia-Str.
N

Universität
Geschwister-Scholl-Platz
Kaulbachstraße
Königinstraße
Monopteros
Carl-Theodor-Straße
Tivolistraße
Montgelasstr.
Mauerkircherstraße

55
Ludwigstraße
Fürstenstr.
Schönfeldstraße
Englischer Garten
Oettingenstraße
Paradiesstraße
Widenmayerstraße
ISAR
Maria-Theresia-Str.
Möhlstr.
Siebertstr.
Holbeinstraße

Galeriestr.
Haus der Kunst
P
LEHEL
Lerchenfeldstraße
Himbsel-Str.
38
Sammlung Schack
Friedensengel·Villa Stuck
Trogerstr.

Odeonplatz
Prinzregentenstr.
Nationalmuseum/ Haus der Kunst
Bayerisches Nationalmuseum
Museum Villa Stuck

Theatinerkirche
Feldherrnhalle
Preysing Palais
Residenz-museum
Seitzstr.
44
Sankt-Anna-Str.
St. Anna
Lehel
51
Widenmayerstraße
Maria-Theresia-Str.
Ismaninger Str.

Max-Joseph-Pl.
Marstallpl.
Bürklein-Str.
Thierschplatz

27
62
Bayerische Staatsoper
Kammerspiele
40
Hofbräuhaus
Maximilian-Str.
Maxmonument
Maximilianstr.
Max-Weber-Platz
Einstein-Str

36
Alter Hof
34
Neues Rathaus
Herrnstr.
Marienstr.
Museum Fünf Kontinente
43
48
Maximilianeum
Wiener Platz
Max-Weber-Platz

Heiliggeist
Tal
49
Bier- und Oktoberfest Museum
Mariannenpl.
Steinsdorfstraße
Steinstr.
Wörthstraße

Viktualienmarkt
Thierschstr.
Isartor-Pl.
Isartor
Am Gasteig
Innere Wiener Str.
Preysingstr.
19
Wörthstraße
Wörthstraße
Metzstr.

Rumfordstr.
P
Zweibrückenstr.
Deutsches Museum
HAIDHAUSEN
Bordeauxplatz

Reichenbachpl.
33
Baaderstraße
Kohlstr.
Morassstr.
53
P
54
Rosenheimer Str.
Hochstr.

Corneliusstr.
Erhardtstr.
DEUTSCHES MUSEUM
Rosenheimer Pl.

Im Zentrum

❀❀❀ JAN ⓝ

Chef: Jan Hartwig

KREATIV • CHIC Jan Hartwig hat ihn sich erfüllt - den Traum vom eigenen Restaurant! Hier kreiert er ein fixes Menü mit sieben Gängen, erweiterbar durch Signature Dishes. Alles ist präzise und durchdacht bis ins Detail, eigene Identität inklusive - klasse Kombinationen, die auch mal unerwartet sind. Das Menü gibt es mittags wie abends, am Mittag auch als verkürzte Variante. Klar, chic und wertig das Design, je nach Platz kann man durch die offene Tür oder den offenen Pass in die Küche schauen - man nennt sie "Labor der Liebe". Stimmig die Atmosphäre, engagiert und professionell das Serviceteam um Maître Kilian Skalet und Sommelier Jochen Benz bei. Schöne Weinkarte samt Spezialitäten wie Magnums, Doppel-Magnums und besondere Jahrgänge.

⇔ – Preis: €€€€

Stadtplan: E2-65 – *Luisenstraße 27* ⊠ *80333* – *℘ 089 23708658 – jan-hartwig. com* – *Geschlossen: Montag, Samstag, Sonntag, mittags: Dienstag*

❀❀ ALOIS - DALLMAYR FINE DINING ⓝ

KREATIV • ELEGANT Nach der Wiedereröffnung weht hier ein frischer Wind in der Küche. Unter der Leitung des gebürtigen Österreichers Max Natmessnig entsteht ein Menü mit um die 17 Gängen, die als Fingerfood und kleine Gerichte serviert werden - mal kreativ-international, mal klassischer, aber immer stimmig, präzise und aus top Produkten. Mittags gibt es das Menü in etwas reduzierter Form. Unverändert das elegante Interieur mit schicken Design-Details, gewohnt niveauvoll der Service. Bekah Roberts-Natmessnig und Julien Morlat, seines Zeichens auch Sommelier, kümmern sich versiert und charmant um die Gäste. Die Köche samt Küchenchef servieren immer wieder mit und erklären die Gerichte.

🕸 🅰🅲 – Preis: €€€€

Stadtplan: G3-27 – *Dienerstraße 14* ⊠ *80331* – *℘ 089 2135100 – www.dallmayr. com/de/delikatessenhaus/restaurant* – *Geschlossen: Montag, Dienstag, Sonntag, mittags: Mittwoch*

❀❀ ATELIER

FRANZÖSISCH-KREATIV • ELEGANT Was Anton Gschwendtner und sein Team hier im Gourmetrestaurant des "Bayerischen Hofs" auf den Teller bringen, ist eine moderne Küche aus hervorragenden saisonalen Produkten, die angenehm reduziert, überaus präzise und geschickt strukturiert ist und klassische wie auch asiatische Akzente einbindet. Das angebotene Menü ist in der Anzahl der Gänge variabel, eine vegetarische Variante gibt es ebenfalls. Überzeugend auch das professionelle, aufmerksame und sehr freundliche Serviceteam. Und das Ambiente? Angesichts des wertig-schicken Interieurs von Axel Vervoordt verspricht der Name "Atelier" nicht zu viel.

🕸 ♿ 🅰🅲 – Preis: €€€€

Stadtplan: F2-21 – *Promenadeplatz 2* ⊠ *80331* – *℘ 089 21200 – www. bayerischerhof.de/de* – *Geschlossen: Montag und Sonntag, mittags: Dienstag-Samstag*

❀❀ TOHRU IN DER SCHREIBEREI

Chef: Tohru Nakamura

MODERNE KÜCHE • ELEGANT Absolut stimmig, wie dieses geschmackvolle und hochwertige Restaurant im Herzen der Stadt die Brücke zwischen Historie und Moderne schlägt. Im OG der denkmalgeschützten ehemaligen Stadtschreiberei können Sie in Tohru Nakamuras Gourmetrestaurant ein kreatives 10-Gänge-Menü genießen. Der Chef hat eine ganz eigene Stilistik, die sich nicht zuletzt in gelungenen japanischen Würzungen und Geschmacksbildern äußert. Die hervorragende Qualität der Produkte ist über jeden Zweifel erhaben - Informationen über deren Herkunft sind selbstverständlich. Die professionelle und elegante Servicebrigade berät Sie auch kompetent in Sachen Wein und Sake.

Preis: €€€€

Stadtplan: G3-62 – *Burgstraße 5* ✉ *80331* – ☎ *089 21529172* – *schreiberei-muc. de* – *Geschlossen: Samstag und Sonntag, mittags: Montag-Freitag*

❀ **LES DEUX**

FRANZÖSISCH-MODERN • CHIC Sie finden das schicke Restaurant von Katrin und Fabrice Kieffer in der 1. Etage eines modernen Gebäudes im Herzen der Altstadt. Sie sitzen hier in einem dreieckigen Raum mit bodentiefen Fenstern, die den Blick auf das geschäftige Treiben der City freigeben. Unter der Leitung von Nathalie Leblond entstehen modern-französische Speisen, die es als Menü oder à la carte gibt. Präzise die Zubereitung, interessant die Kombinationen, geschickt das Spiel mit Texturen und Temperaturen. Das Serviceteam um Patron Fabrice Kieffer - Gastgeber mit Leib und Seele und zugleich Sommelier - umsorgt Sie sehr freundlich und engagiert, fachkundige Weinempfehlungen von einer über 500 Positionen umfassenden Karte inklusive.

🕸 🔠 – Preis: €€€€

Stadtplan: F2-28 – *Maffeistraße 3a* ✉ *80333* – ☎ *089 710407373* – *lesdeux-muc.de* – *Geschlossen: Samstag und Sonntag, mittags: Montag-Freitag*

❀ **MURAL**

Chef: Joshua Leise

KREATIV • MINIMALISTISCH Was die Küche hier so besonders macht? Junger Esprit und echtes Talent! Untergebracht ist das Restaurant im MUCA, dem "Museum of Urban and Contemporary Art", daran angelehnt das Design des "mural". Das engagierte Küchenteam gibt hier ein kreatives Menü zum Besten, kreativ und voller intensiver Aromen - auch als 100% veganes Menü. Die Produkte stammen fast ausschließlich aus Bayern - im Hochgenuss z. B. die Forelle in absoluter Spitzenqualität! Dazu sympathischer und freundschaftlicher Service, auch die Köche sind mit von der Partie. Angenehm unkompliziert die Weinberatung - interessant sind u. a. die Empfehlungen aus dem schönen Angebot an Naturweinen.

🌿 *Engagement des Küchenchefs:* *Über 50 Lieferanten aus dem Münchner Umland, mit denen wir eng zusammenarbeiten, sind unsere Basis. Dazu kommt unser eigener Garten mit Gemüsen und Kräutern, darunter viele alte und vergessene Sorten. Zudem sind wir bemüht, junge Talente auszubilden und zu fördern, aber sie auch mit einzubinden!*

🕸 🪑 – Preis: €€€€

Stadtplan: F3-31 – *Hotterstraße 12* ✉ *80331* – ☎ *089 23023186* – *muralrestaurant.de* – *Geschlossen: Montag und Sonntag, mittags: Dienstag-Samstag*

❀ **SPARKLING BISTRO**

Chef: Jürgen Wolfsgruber

MODERNE KÜCHE • BISTRO Das hübsche kleine Bistro liegt ein bisschen versteckt in der Amalienpassage, doch die Suche lohnt sich! Dafür sorgen ausgezeichnete Küche und angenehme Atmosphäre. Steife Etikette brauchen Sie nicht zu fürchten, vielmehr ist es hier schön entspannt und unkompliziert. Der Service ist zuvorkommend, natürlich und sehr freundlich, und auch in Sachen Wein wird man trefflich beraten. Mit Inhaber Jürgen Wolfsgruber und Johannes Maria Kneip hat man eine Doppelspitze am Herd. Mit dem Menü "Gustostückerl" beweist man ein Gefühl für subtile Aromen und eine durchdachte Struktur - der Fokus liegt ganz auf den top Produkten.

🪑 – Preis: €€€€

Stadtplan: G1-32 – *Amalienstraße 79* ✉ *80799* – ☎ *089 46138267* – *www. restaurantsparklingbistro.com* – *Geschlossen: Montag, Dienstag, Sonntag, mittags: Mittwoch-Freitag*

🐾 **BAR MURAL**

MODERN • HIP Diese Bar ist eine angesagte Adresse! Laut, lebendig und trendigleger ist es hier, das hat schon Charme! Auf der kleinen Speisekarte finden sich verschiedene Aufschnitt-Teller sowie sehr schmackhafte und durchdachte Gerichte, die man auch als Menü anbietet - eine vegetarische Variante gibt es ebenfalls. Dazu ein geschultes und lockeres Serviceteam, das Sie auch in Sachen Getränke gut berät.

🅰🅲 🍴 – Preis: €€

Stadtplan: G1-55 – *Theresienstraße 1* ✉ *80333* – ☏ *089 27373380 – www. barmural.com – Geschlossen: Montag und Sonntag, mittags: Dienstag-Samstag*

😊 BRASSERIE COLETTE TIM RAUE

FRANZÖSISCH • BRASSERIE Mit diesem Konzept trifft Tim Raue den Nerv der Zeit: Man fühlt sich wie in einer französischen Brasserie, die Atmosphäre stilvoll-gemütlich und angenehm ungezwungen, die Küche richtig gut und schmackhaft. Da macht z. B. die "Bouillabaisse" Appetit - sie ist auch als Vorspeise zu haben! Vegetarier freuen sich z. B. über "Pariser Gnocchi". Hochwertige Produkte sind selbstverständlich.

🤝 🍴 – Preis: €€

Stadtplan: C2-12 – *Klenzestraße 72* ✉ *80469* – ☏ *089 23002555 – www. brasseriecolette.de – Geschlossen mittags: Montag-Sonntag*

😊 MÉNAGE BAR

KREATIV • HIP Ein Hauch Berlin in der Bayernmetropole? Da ist die angesagte kleine Bar im Glockenbachviertel schon nah dran mit ihrem urbanen Flair - ein echtes Szenelokal. Man bestellt ein Menü mit vier Gängen oder Barfood (probieren Sie unbedingt das "Fried Chicken" von Küchenchef Luke!). Auch die nicht alltägliche Cocktail-Begleitung sollten Sie sich nicht entgehen lassen.

🍴 – Preis: €

Stadtplan: G3-33 – *Buttermelcherstraße 9* ✉ *80469* – ☏ *089 23232680 – www. menage-bar.com – Geschlossen: Montag, mittags: Dienstag-Sonntag*

AIMY 🆕

THAILÄNDISCH • FREUNDLICH Wer thailändische Küche mag, ist in diesem Restaurant gut aufgehoben. In ansprechendem Ambiente serviert man Ihnen schmackhafte Gerichte, die aus guten Produkten zubereitet werden. Typische Thai-Aromen sind Ihnen hier gewiss. Tipp: Auch ein Blick auf die Cocktailkarte lohnt sich. Nett ist auch die Bar im hinteren Bereich des Restaurants. Im Sommer locken die Plätze im Innenhof.

🍴 – Preis: €€

Stadtplan: F2-29 – *Brienner Straße 10* ✉ *80333* – ☏ *089 45212755 – aimy-restaurant.de – Geschlossen: Sonntag, mittags: Samstag*

ATLANTIK

FISCH UND MEERESFRÜCHTE • KLASSISCHES AMBIENTE Wer in München eine richtig gute Adresse für Fisch und Meeresfrüchte sucht, sollte das Dreimühlenviertel ansteuern. Hier steht ein hübsches Backsteinhaus, in dem man hauptsächlich Feines aus dem Meer auf den Teller bringt. Auf der Karte finden sich moderne internationale Kreationen wie z. B. "Gelbflossenmakrele mit Kokos und Limette" oder "Seeteufel mit Kopf und Kragen". Oder mögen Sie lieber Hummer? Die Speisen sind ambitioniert, sehr exakt und mit Finesse gearbeitet, toll die Produktqualität. Im Sommer hat man eine schöne Terrasse vor dem Haus, drinnen sitzt man im Barbereich an Hochtischen. Für private Events gibt es diverse Séparées sowie die Kunstgalerie im 1. Stock.

🅰🅲 🍴 ⇔ – Preis: €€€€

Stadtplan: C2-45 – *Zenettistraße 12* ✉ *80337* – ☏ *089 74790610 – www. atlantik-muenchen.de – Geschlossen: Montag und Sonntag, mittags: Dienstag-Donnerstag, Samstag*

BLAUER BOCK

INTERNATIONAL • CHIC Der "Blaue Bock" steht schon seit Jahren für hohe Kontinuität! Man sitzt hier in geschmackvollem, geradlinig-zeitgemäßem Ambiente - dekorativ die markanten Bilder an den Wänden. Gekocht wird klassisch mit modernen Einflüssen. Draußen sind die Plätzen zur Fußgängerzone gefragt. Gepflegt übernachten können Sie ebenfalls.

🍴 – Preis: €€

Stadtplan: F3-35 – *Sebastiansplatz 9* ✉ *80331 –* 📞 *089 45222333 – www. restaurant-blauerbock.de – Geschlossen: Montag und Sonntag*

BRASSERIE LES DEUX

INTERNATIONAL • BRASSERIE Das moderne Bistro ist sozusagen der "kleine Bruder" des Fine-Dining-Restaurants "Les Deux" und liegt im EG des Hauses. Auf der Karte finden sich sowohl internationale Speisen als auch Klassiker wie Austern oder Gerichte mit Kaviar, dazu saisonale Empfehlungen. Die Weinauswahl wird durch einige Cocktails ergänzt.

🦪 🍴 – Preis: €€

Stadtplan: F2-47 – *Maffeistraße 3a* ✉ *80333 –* 📞 *089 710407373 – lesdeux-muc.de – Geschlossen: Sonntag*

CHANG BISTRO ⓝ

ASIATISCH • HIP Als Pendant zum Haupthaus "Chang" in Grünwald finden sich auf der Karte dieses trendig-schicken Bistros überwiegend thailändische Gerichte und Einflüsse aus Japan oder China. Auch hier setzt man auf hochwertige Produkte. Thai-Curries sind ebenso zu empfehlen wie Sushi. Zusätzliches Lunch-Angebot. Schön die Terrasse, auch als verglaste Variante im Wintergarten-Stil.

🍴🌿 – Preis: €€€

außerhalb Stadtplan – *Wolfratshauser Straße 268* ✉ *81479 –* 📞 *089 72779953 – www.chang-restaurant.de – Geschlossen: Sonntag, mittags: Samstag*

GALLERIA

ITALIENISCH • GEMÜTLICH Eine sehr sympathische Adresse ganz in der Nähe des Marienplatzes. In dem freundlich-modernen kleinen Restaurant (ein Hingucker sind die farbenfrohen Bilder) gibt es richtig gute italienische Küche, darunter auch Klassiker wie Vitello Tonnato oder hausgemachte Pasta. Dazu aufmerksamer Service.

🅐🅚 – Preis: €€€

Stadtplan: G3-36 – *Sparkassenstraße 11* ✉ *80331 –* 📞 *089 297995 – ristorante-galleria.de*

GARDEN-RESTAURANT

MODERN • FREUNDLICH Ausgesprochen chic ist das Restaurant des luxuriösen Grandhotels "Bayerischer Hof". Die hohe Wintergartenkonstruktion mit ihrem Industrial-Style und der lichten Atmosphäre hat ein bisschen was von einem Künstleratelier. Aus der Küche kommen neben Klassikern auch moderne, leichte Gerichte.

♿ 🅐🅚 🍴 – Preis: €€€

Stadtplan: F2-37 – *Promenadeplatz 2* ✉ *80333 –* 📞 *089 21200 – www. bayerischerhof.de/de – Geschlossen: Samstag und Sonntag*

JIN

ASIATISCH • MINIMALISTISCH Besonders ist hier sowohl das wertige geradlinig-fernöstliche Interieur als auch die aromenreiche panasiatische Küche, die chinesisch geprägt ist, aber auch japanische und europäische Einflüsse zeigt. Tipp: Mit dem Menü bekommen Sie den besten Eindruck vom Können des Chefs.

🍴 🔄 – Preis: €€

Stadtplan: G3-48 – *Kanalstraße 14* ✉ *80538 –* 📞 *089 21949970 – www. restaurant-jin.de – Geschlossen: Montag, mittags: Dienstag-Freitag*

KOI

JAPANISCH-ZEITGEMÄSS • FREUNDLICH Sie mögen es modern-japanisch? Auf zwei Etagen sitzt man hier in trendiger, lebhafter Atmosphäre und wählt aus einem umfangreichen Angebot an Sushi, aber auch Fleischgerichten sowie Snacks. Auch ein offener Holzkohlegrill kommt zum Einsatz.

&. 🅰 – Preis: €€€

Stadtplan: F2-61 – *Wittelsbacherplatz 1* ⊠ *80333* – 𝒞 *089 89081926 – www. koi-restaurant.de – Geschlossen: Sonntag, mittags: Montag und Samstag*

LE STOLLBERG

KLASSISCHE KÜCHE • FREUNDLICH Das sympathisch-lebendige kleine Restaurant wird nicht nur sehr persönlich geführt, man bekommt auch gute, frische Küche zu einem fairen Preis. Die Patronne kocht saisonal inspiriert und mit französisch-mediterranem Einschlag. Tipp: "Plateau de Fruits de Mer" gibt es auf Vorbestellung auch zum Mitnehmen. Kompetent die Weinempfehlung. Gegenüber: Kleinigkeiten im Tagesbistro "Le Petit Stollberg".

🅰 🍸 – Preis: €€

Stadtplan: G3-43 – *Stollbergstraße 2* ⊠ *80539* – 𝒞 *089 24243450 – lestollberg. de – Geschlossen: Montag, Dienstag, Sonntag, mittags: Samstag*

LITTLE LONDON

GRILLGERICHTE • FREUNDLICH Lebendig geht es in dem Steakhouse unweit des Isartors zu, vorne die große klassische Bar mit toller Whiskey- und Gin-Auswahl. Freuen Sie sich auf hochwertiges Fleisch - gefragt ist da z. B. Black Angus Prime Beef vom Grill. Tipp: Nehmen Sie doch mal an einem "Beef Tasting" teil. Mit verschiedenen Lounges bietet man auch für private Feste den passenden Rahmen.

🍸 🍴 – Preis: €€€

Stadtplan: G3-49 – *Tal 31* ⊠ *80331* – 𝒞 *089 122239470 – little-london.de – Geschlossen: Montag und Sonntag, mittags: Dienstag-Samstag*

MATSUHISA MUNICH

JAPANISCH-ZEITGEMÄSS • TRENDY Hochwertig wie alles im luxuriösen "Mandarin Oriental" ist auch das geradlinig-elegante Restaurant von Nobuyuki Matsuhisa, der weltweit Restaurants betreibt. Gekocht wird japanisch-peruanisch. Neben Sushi und Sashimi gibt es spannende Gerichte wie "Peruvian Rib-Eye Anticucho" oder auch den Klassiker schlechthin, "Black Cod". Alles ist zum Teilen gedacht, so kann man mehr probieren!

🅰 🍴 – Preis: €€€

Stadtplan: G3-34 – *Neuturmstraße 1* ⊠ *80331* – 𝒞 *089 290981875 – www. mandarinoriental.de/munich/altstadt/fine-dining – Geschlossen mittags: Montag-Sonntag*

MUSEUM

SAISONAL • CHIC Eine angesagte Adresse im Bayerischen Nationalmuseum. Am liebsten sitzt man im Freien auf der gemütlichen Terrasse, ansonsten unter Kreuzgewölbe und hohen Decken in chic-modernem Brasserie-Ambiente. Mittags kleinere, einfachere Karte, am Abend etwas ambitioniertere saisonal-mediterrane Küche. Weinkarte mit Spezialitäten, aber auch Weinen für zwischendurch.

🕸 &. 🍸 🅿 – Preis: €€

Stadtplan: H2-38 – *Prinzregentenstraße 3* ⊠ *80538* – 𝒞 *089 45224430 – www. museum-muenchen.de – Geschlossen: Montag, abends: Dienstag und Sonntag*

NYMPHENBURGER HOF

INTERNATIONAL • KLASSISCHES AMBIENTE Diese schöne Traditionsadresse ist ein sehr klassisches Restaurant, das gilt für Ambiente und Küche gleichermaßen. Letztere zeigt regionale, österreichische, mediterrane und französische Einflüsse. Der langjährige Chef ist gebürtiger Steirer, da ist es kein Zufall, dass sich auf der Weinkarte vor allem Weine aus Österreich finden. Nett sitzt man auf der lauschigen Terrasse.

🍸 – Preis: €€€

Stadtplan: E1-11 – *Nymphenburger Straße 24* ⊠ *80335* – 𝒞 *089 1233830 – www. nymphenburgerhof.de – Geschlossen: Montag und Sonntag, mittags: Samstag*

PAGEOU

MEDITERRAN • GEMÜTLICH Im schönen historischen Gebäude des CityQuartiers "Fünf Höfe" bietet Ali Güngörmüs eine moderne Küche, die orientalische und mediterrane Einflüsse verbindet. Auch an Vegetarier ist gedacht. Tipp: Probieren Sie mal einen der türkischen Weine. Dazu geschmackvolles Interieur und entspannte Atmosphäre. Herrlich die Terrasse im Innenhof.

🌿 – Preis: €€€

Stadtplan: F2-39 – Kardinal-Faulhaber-Straße 10 ⊠ 80333 – ☏ 089 24231310 – www.pageou.de/de – Geschlossen: Montag und Sonntag, mittags: Dienstag-Samstag

PFISTERMÜHLE

REGIONAL • REGIONALES AMBIENTE In der einstigen herzoglichen Mühle von 1573 speist man in stilvoll-bayerischem Ambiente - schön das Kreuzgewölbe. Tipp für den eiligen Mittagsgast: Mo. - Fr. günstiges "Pfistermühlen Brettl"- Menü mit vier kleinen Gängen - auch vegetarisch. Toll auch die Lage nur einen Steinwurf vom berühmten Platzl.

🌿 – Preis: €€

Stadtplan: G3-40 – Pfisterstraße 4 ⊠ 80331 – ☏ 089 23703865 – www. pfistermuehle.de – Geschlossen: Montag und Sonntag

ROCCA RIVIERA

MEDITERRAN • TRENDY Stylish-elegant kommt das Restaurant unweit des Odeonsplatzes daher, Blickfang die Bar im Retro-Style. Man bietet mediterrane Küche, die ideal ist zum Teilen. Tolles Fleisch und Fisch vom Holzkohlegrill, dazu typische italienische Gerichte, aber auch nordafrikanische und französische Einflüsse. Im Sommer serviert man vor dem Haus auf dem Wittelsbacherplatz.

&. 🎦 🌿 ⇔ – Preis: €€

Stadtplan: F2-41 – Wittelsbacherplatz 2 ⊠ 80333 – ☏ 089 28724421 – www. roccariviera.com – Geschlossen: Sonntag, mittags: Samstag

SANSARO Ⓝ

JAPANISCH • MINIMALISTISCH Einladend sind hier sowohl das japanisch-minimalistische Interieur des Restaurants als auch die tolle begrünte Innenhofterrasse. In der Küche legt man den Fokus auf Sushi und Sashimi, ergänzt durch ein paar weitere Gerichte. Eine schöne Idee sind die kurzen Erklärungen auf der Speisekarte. Gut auch die Auswahl an Sake und japanischen Whiskys.

🌿 – Preis: €€

Stadtplan: G1-66 – Amalienpassage ⊠ 80799 – ☏ 089 28808442 – www. sushiya.de – Geschlossen: Montag, mittags: Dienstag-Sonntag

TRICHARDS

FRANZÖSISCH-KLASSISCH • CHIC Im Quartier Lehel finden Sie dieses chic-modern gestaltete Restaurant, das gleichzeitig eine Weinbar ist! Der Patron stammt aus Frankreich, entsprechende Einflüsse zeigt auch die Küche. Zu den saisonal ausgerichteten Speisen bietet man eine gut sortierte Weinkarte. Ideal für alle, die gerne im Freien sitzen: Terrasse und Schanigarten sind überdacht und somit wettergeschützt!

🌿 – Preis: €€

Stadtplan: H2-51 – Reitmorstraße 21 ⊠ 80538 – ☏ 089 54843526 – www. trichards.de – Geschlossen: Montag und Sonntag, mittags: Dienstag-Samstag

VECCHIA LANTERNA

MEDITERRAN • FAMILIÄR Das schicke kleine Restaurant liegt im komfortablen Stadthotel "domus" im Lehel. Aus der Küche kommen mediterrane Speisen mit italienischem Schwerpunkt - der Chef stammt aus Kalabrien. Probieren Sie z. B. "Tagliatelle mit Jakobsmuscheln" oder "Glattbutt mit frischen Morcheln"! Auch in Sachen Wein wird man hier fündig. Sehr nett die geschützt liegende Terrasse.

🍴 – Preis: €€

Stadtplan: G2-44 – *Sankt-Anna-Straße 31* ✉ *80538* – ☎ *089 81892096* –
www.vecchia-lanterna.de – *Geschlossen: Montag und Sonntag, mittags:*
Dienstag-Samstag

VINOTHEK BY GEISEL

INTERNATIONAL • RUSTIKAL Gemütlich-rustikal hat man es in der Vinothek des
komfortablen Hotels "EXCELSIOR by Geisel". Sie sitzen hier unter einer schönen
Gewölbedecke und lassen sich zum tollen Weinangebot mediterran inspirierte
Gerichte schmecken. Tipp: Mittags gibt es auch ein fair kalkuliertes Menü inkl.
Kaffee und Wasser. Kochkurse und Küchenpartys werden ebenfalls angeboten.

🅑 🅚 🍴 – Preis: €€

Stadtplan: E2-52 – *Schützenstraße 11* ✉ *80335* – ☎ *089 551377140* – *www.*
excelsior-hotel.de/vinothek – *Geschlossen: Montag und Sonntag, mittags:*
Samstag

WEINHAUS NEUNER

TRADITIONELLE KÜCHE • TRADITIONELLES AMBIENTE Ein wirklich hübsches
Bild, wie Kreuzgewölbe, Fischgrätparkett und Holztäfelung hier den traditionellen
Charme des historischen Hauses bewahren. Dazu serviert man Ihnen Speisen, die
zu einem gehobenen Münchner Wirtshaus passen. Tipp: "Weinhaus Neuner Spezial:
Getrüffeltes Hühnerfrikassee unter der Blätterteighaube". Schöne Weinkarte samt
guter Champagnerauswahl.

🅑 🅚 🍴 ⇔ – Preis: €€

Stadtplan: F3-46 – *Herzogspitalstraße 8* ✉ *80331* – ☎ *089 2603954* –
weinhaus-neuner.de – *Geschlossen: Sonntag*

Außerhalb des Zentrums

In München-Au-Haidhausen

❀ **SHOWROOM**

Chef: Dominik Käppeler

KREATIV • FREUNDLICH Der Name "Showroom" trifft es genau, denn hier präsentieren die beiden Küchenchefs Dominik Käppeler und Tobias Bacher ihren Gästen
ein 14-tägig wechselndes Überraschungsmenü mit sechs bis acht Gängen, die sich
an der Saison orientieren und ihre ganze Kreativität widerspiegeln. Hochwertige
Produkte werden modern und mit eigener Idee zubereitet, bisweilen auch mit einer
verspielten Note, interessanten Techniken oder ungewöhnlichen Kombinationen.
Dazu urbanes Ambiente und freundlicher, aufmerksamer Service, interessante
Weinempfehlungen inklusive.

🍴 – Preis: €€€€

Stadtplan: H3-53 – *Lilienstraße 6* ✉ *81169* – ☎ *089 44429082* – *www.*
showroom-restaurant.de – *Geschlossen: Samstag und Sonntag, mittags:*
Montag-Freitag

🙂 **FALKE23** Ⓝ

REGIONAL • RUSTIKAL Richtig nett hat man es hier in gepflegtem typisch
rustikalem Wirtshaus-Ambiente. An großen Holztischen sitzt man in lebendiger, stimmungsvoller und angenehm ungezwungener Atmosphäre, locker der
Service. Das Speisenangebot ist zweigeteilt: ein modern-kreatives Menü sowie
eine Schmankerlkarte mit altbekannten Klassikern wie z. B. Kalbsrahmgulasch oder
Käsespätzle - ein schöner Mix, der für jeden das Passende bietet. Interessant auch
die regelmäßigen Event- und Themenabende.

Preis: €€

Stadtplan: C2-13 – *Falkenstraße 23* ✉ *81541* – ☎ *089 24643126* – *www.falke23.*
de – *Geschlossen: Sonntag, mittags: Montag-Samstag*

ATELIER GOURMET

FRANZÖSISCH-KLASSISCH • BISTRO Klein, eng, lebhaft, gut besucht - einfach eine nette Adresse! Das kulinarische Pendant zur sympathisch-nachbarschaftlichen Atmosphäre ist eine gute zeitgemäß-französische Küche, die mit der Saison geht. Geboten wird ein Menü, das Sie mit einer variablen Anzahl an Gängen von der Tafel wählen. Dazu freundlicher Service. Bei schönem Wetter gibt es ein paar Tische auf dem Gehsteig.

🛗 – Preis: €€€

Stadtplan: D2-20 – *Rablstraße 37* ✉ *81667* – ☎ *089 487220 – ateliergourmet. de – Geschlossen: Sonntag, mittags: Montag-Samstag*

MONA GOURMET

MEDITERRAN • TRENDY Im Gourmetrestaurant des "Hilton München City" steckt die Ausrichtung der Speisekarte bereits im Namen: von MOnaco bis NApoli. In der offenen Küche verarbeitet ein ambitioniertes Team ausgesuchte Produkte. Die ansprechende Speisenauswahl wird ergänzt durch eine Grillkarte. Der Service ist sehr freundlich und präsent.

🎟 🛗 – Preis: €€€

Stadtplan: H3-54 – *Rosenheimer Straße 15* ✉ *81667* – ☎ *089 44249500 – mona-restaurant.de/de – Geschlossen: Sonntag*

VINAIOLO

ITALIENISCH • GEMÜTLICH Ein Stück "Dolce Vita" finden Sie hier in der Altstadt von Haidhausen - dafür sorgen der geschulte, freundliche Service mit südländischem Charme und die typisch italienische Küche. Zur Wahl stehen ein Menü sowie Gerichte à la carte. Komplett wird das gemütlich-authentische Bild durch Einrichtungsstücke eines a. d. J. 1904 stammenden Krämerladens aus Triest!

Preis: €€

Stadtplan: H3-19 – *Steinstraße 42* ✉ *81667* – ☎ *089 48950356 – www.vinaiolo. de – Geschlossen: Montag, mittags: Samstag*

In München-Bogenhausen

 ## ACQUARELLO

Chef: Mario Gamba

ITALIENISCH • FREUNDLICH Was könnte besser zum südländischen Flair dieses freundlich-eleganten Restaurants passen als italienisch-mediterrane und französische Küche? Patron und Küchenchef Mario Gamba, ursprünglich gelernter Übersetzer, ist Autodidakt in Sachen Kochen, doch als Gastronomen-Sohn liegt ihm die Leidenschaft für diesen Beruf gewissermaßen im Blut. Im Mittelpunkt seiner "Cucina del Sole" steht die Produktqualität, da konzentriert sich der gebürtige Italiener bei seinen Gerichten ganz auf das Wesentliche. Dazu natürlich schöne Weine aus Italien. Während Sie auf stilvollen Polsterstühlen an wertig eingedeckten Tischen sitzen, werden Sie aufmerksam und geschult umsorgt. Mit von der Partie ist hier übrigens auch Massimo Gamba, der Sohn des Patrons.

🎟 🛗 – Preis: €€€€

Stadtplan: D2-14 – *Mühlbaurstraße 36* ✉ *81677* – ☎ *089 4704848 – www. acquarello.com – Geschlossen: Montag, mittags: Samstag und Sonntag*

HIPPOCAMPUS

ITALIENISCH • ELEGANT Das "Hippocampus" im noblen Bogenhausen ist nicht irgendein Italiener, sondern ein richtig nettes, lebendiges Ristorante mit klassisch-italienischer Cucina. Sie können à la carte wählen oder sich ein Überraschungsmenü zusammenstellen lassen. Auch auf die Weinempfehlungen können Sie sich verlassen! Dazu ein schönes Ambiente mit stilvollen Details wie halbhohen Nussbaumholz-Wandertäfelungen, Marmorboden und Jugendstillampen.

🍴 – Preis: €€

Stadtplan: D2-16 – *Mühlbaurstraße 5* ✉ *81677* – ☎ *089 475855* – *www. hippocampus-restaurant.de* – *Geschlossen: Montag und Dienstag, mittags: Samstag*

HUBER

INTERNATIONAL • TRENDY Neben einem attraktiven Ambiente - das geradlinig-moderne Interieur des Restaurants stammt von einem Münchner Designer - erwarten Sie hier ambitionierte international und saisonal ausgerichtete Speisen, zu denen man eine schöne Weinauswahl bietet. Auch eine vegetarische Menü-Variante findet sich auf der Karte. Dazu werden Sie aufmerksam und geschult umsorgt.

🍴 ⇄ – Preis: €€€

Stadtplan: D2-17 – *Newtonstraße 13* ✉ *81679* – ☎ *089 985152* – *www.huber-restaurant.de* – *Geschlossen: Montag und Sonntag, mittags: Dienstag-Samstag*

KÄFER-SCHÄNKE

SAISONAL • GEMÜTLICH Der Name "Käfer" gehört einfach zur Münchner Gastroszene! Der Feinkostladen unter einem Dach mit dem gemütlichen Restaurant garantiert sehr gute Zutaten, aus denen man u. a. beliebte Klassiker zubereitet. Für besondere Anlässe: zahlreiche ganz individuelle Stuben.

🍸 🍴 ⇄ – Preis: €€€

Stadtplan: D2-18 – *Prinzregentenstraße 73* ✉ *81675* – ☎ *089 4168247* – *www. feinkost-kaefer.de/schaenke* – *Geschlossen: Sonntag*

MARTINELLI

ITALIENISCH • FREUNDLICH In dem sympathischen Ristorante von Elena und Luca - sie managt charmant den Service, er in steht am Herd - erwartet Sie eine modern interpretierte italienische Küche, die auf saisonalen Zutaten basiert. Auf der kleinen, aber schön zusammengestellten Weinkarte finden sich unter den Raritäten einige der besten italienischen Weine.

🍴 – Preis: €€€

Stadtplan: D2-1 – *Wilhelm-Dieß-Weg 2* ✉ *81927* – ☎ *089 931416* – *www. ristorantemartinelli.de* – *Geschlossen: Sonntag, mittags: Dienstag, Donnerstag, Samstag*

In München-Flughafen-Oberding

🏵 **MOUNTAIN HUB GOURMET**

MODERNE KÜCHE • CHIC Das Gourmetrestaurant des direkt am Flughafen gelegenen Hotels "Hilton Munich Airport" lockt mit einer aromareichen Küche, in der hervorragende Produkte im Mittelpunkt stehen und den modern umgesetzten Gerichten hier und da einen regionalen Touch verleihen. Auf Wunsch bietet man Ihnen die passende Weinbegleitung. Umsorgt werden Sie vom aufmerksamen, freundlichen Serviceteam um den stilvoll-charmanten Maître Johannes J. Gahberger. Nicht zu vergessen das Restaurant selbst mit seinem besonderen Ambiente: Es ist halbrund angelegt, schön großzügig und chic-modern im Design.

🅰🅲 – Preis: €€€€

außerhalb Stadtplan – *Terminalstraße Mitte 20* ✉ *85356* – ☎ *089 97824500* – *mountainhub.de* – *Geschlossen: Montag, Samstag, Sonntag, mittags: Dienstag*

In München-Giesing

🏵 **GABELSPIEL**

Chef: Florian Berger

MODERNE KÜCHE • MINIMALISTISCH Sabrina und Florian Berger kommen mit ihrem kleinen Restaurant mitten in Giesing richtig gut an! Das liegt zum einen an der gänzlich unprätentiösen und angenehm familiären Atmosphäre - da spürt man das Herzblut der Gastgeber! Die sympathische Chefin ist mit im Service - unheimlich freundlich und fachlich geschult sorgt sie für einen reibungslosen Ablauf. Aber auch die moderne Küche aus regionalen Zutaten zieht Gäste an. Was man hier in Form eines Menüs bekommt, sind erstklassige Produkte wie z. B. der im Noriblatt servierte Saibling. Florian Berger zeigt wirklich tolles Handwerk und setzt seine Erfahrungen in der Sternegastronomie (u. a. "Hangar 7", "Tantris", "Restaurant N° 15") geschickt um.

🍴 – Preis: €€€€

Stadtplan: C3-2 – *Zehentbauernstraße 20* ✉ *81539* – ✆ *089 12253940* – *www.restaurant-gabelspiel.de* – *Geschlossen: Montag und Sonntag, mittags: Dienstag-Samstag*

DER DANTLER

MODERNE KÜCHE • NACHBARSCHAFTLICH Man nennt sich selbst "Bayrisch' Deli". In alpenländisch-charmanter Atmosphäre bekommt man mittags à la carte Pasta, Pastrami-Sandwich, Ramen-Suppe oder Fisch des Tages sowie einen 3-Gänge-Business-Lunch. Am Abend gibt es ambitioniertere modern-kreative Küche in Menüform - auch eine vegetarische oder pescetarische Variante ist möglich. Der Service ist locker, persönlich und ungezwungen. Nebenan: Weinstube als Eventlocation & Pop-up (donnerstags).

⇔ – Preis: €€€

Stadtplan: C2-3 – *Werinherstraße 15* ✉ *81541* – ✆ *089 39292689* – *derdantler. de* – *Geschlossen: Montag, Samstag, Sonntag*

In München-Großhadern

JOHANNAS

SAISONAL • FREUNDLICH Einladend ist dieses Restaurant im familiengeführten Hotel "Neumayr". Das gilt für die freundliche Gasthaus-Atmosphäre und die schöne Innenhofterrasse ebenso wie für die gute Küche. Gekocht wird klassisch-französisch und mediterran, aber auch regional-saisonal. Gerne verwendet man heimische Produkte, Kräuter kommen aus dem eigenen Garten, Wild aus eigener Jagd. Dazu über 1000 Positionen Wein.

🐾 ♿ 🎦 🍴 – Preis: €€

Stadtplan: B3-4 – *Heiglhofstraße 18* ✉ *81377* – ✆ *089 7411440* – *www. restaurant-johannas.de* – *Geschlossen: Montag und Dienstag, mittags: Mittwoch und Donnerstag*

In München-Milbertshofen

🌸🌸 ESSZIMMER

FRANZÖSISCH-MODERN • DESIGN Fast wirkt es so, als schwebe das verglaste Restaurant über der Fahrzeug-Ausstellung der BMW Welt am Fuße des Olympiaturms. Wenn Sie in der 3. Etage den Aufzug verlassen, gelangen Sie in eine gemütliche Lounge, bevor Sie im chic-urbanen Restaurant Platz nehmen. Von den Tischen an den bodentiefen Fenstern blickt man auf exklusive Autos. Vor allem beeindruckt aber die modern-kreative Küche, die das Team um Bobby Bräuer bietet: durchdachte Gerichte mit Tiefe in Geschmack und Textur, hier und da ein spielerisches Element. Das Menü mit fünf bis acht Gängen gibt es auch als Vegi-Variante. Schön die Weinkarte mit toller Auswahl aus Deutschland und Österreich. Elegant und professionell der Service.

🐾 ♿ 🎦 – Preis: €€€€

Stadtplan: C1-5 – *Am Olympiapark 1* ✉ *80807* – ✆ *089 358991814* – *www. feinkost-kaefer.de/esszimmer-muenchen* – *Geschlossen: Montag und Sonntag, mittags: Dienstag-Samstag*

BAVARIE

MARKTKÜCHE • TRENDY Regionalität und Nachhaltigkeit sind zwei Grundgedanken der "Bavarie" hier in der BMW Welt. So setzt man beim Kombinieren bayerischer und französischer Elemente auf hochwertige Produkte. Sie können à la carte speisen oder in Menüform - es gibt auch eine vegane Variante.

Mittags 3-gängiger Business Lunch . Angenehm die Atmosphäre in dem großzügigen luftig-hohen Raum. Schön auch die Terrasse mit Blick auf Olympiapark
und -turm.

&. 🎦 🏠 ⇔ – Preis: €€

Stadtplan: C1-6 – *Am Olympiapark 1 ⊠ 80331 – 𝒞 089 358991818 – www.
feinkost-kaefer.de – Geschlossen: Sonntag, abends: Montag*

In München-Nymphenburg

ACETAIA

ITALIENISCH • GEMÜTLICH Eine wirklich sympathische Adresse ist das bereits seit
1999 bestehende Restaurant am Nymphenburger Kanal. Gemütliche Atmosphäre mit
tollem Jugendstil-Flair und charmanter Service versprühen italienische Lebensfreude,
nicht zu vergessen die italienische Küche - probieren Sie die Schafskäse-Ravioli! Den
namengebenden alten Aceto Balsamico kann man hier übrigens auch kaufen.

🍴 🏠 – Preis: €€

Stadtplan: C2-7 – *Nymphenburger Straße 215 ⊠ 80639 – 𝒞 089 13929077 –
www.restaurant-acetaia.de – Geschlossen: Mittwoch, mittags: Samstag*

BROEDING

KLASSISCHE KÜCHE • GEMÜTLICH Das gemütlich-lebendige Lokal gehört zu
den Institutionen von Neuhausen, und was das Konzept und die bemerkenswerte,
praktisch rein österreichische Weinauswahl angeht, sogar von ganz München.
Jeden Abend gibt es ein neues Menü, auf Wunsch mit passender Weinbegleitung.
Dazu charmanter Service und eine lauschige Innenhofterrasse. Tipp: Kommen Sie
auch mal zum kleineren Vorabendmenü mit drei Gängen.

🍴 🏠 – Preis: €€€

Stadtplan: C2-22 – *Schulstraße 9 ⊠ 80636 – 𝒞 089 164238 – www.broeding.
de/restaurant.html – Geschlossen: Sonntag, mittags: Montag-Samstag*

In München-Oberföhring

😊 FREISINGER HOF

TRADITIONELLE KÜCHE • GASTHOF Nicht ohne Grund ist der charmante
Gasthof von 1875 immer gut besucht. Die Atmosphäre hier ist stilvoll und lebhaft
und das Essen schmeckt! Geboten werden Klassiker aus Bayern und Österreich - im
Mittelpunkt steht Gekochtes vom Rind! Oder lieber Backhendl? Wenn Sie Glück
haben, gibt es mittags den tollen Kalbsrahmgulasch. Der Service ist flott und hilfs-
bereit. Gut übernachten kann man in tipptopp gepflegten Zimmern.

🏠 ⇔ 🅿 – Preis: €€

Stadtplan: D1-8 – *Oberföhringer Straße 189 ⊠ 81925 – 𝒞 089 189082400 –
www.freisinger-hof.de/de*

In München-Obersendling

🌸 MURAL FARMHOUSE - FINE DINE ⓝ

Chef: Rico Birndt

SAISONAL • HIP Das Schwesterrestaurant des besternten "mural" liegt in
Sendling, integriert in das Hotel "WunderLocke". Trendig-stylish der Look
mit "Farmhouse"-Touch. Rico Birndt, zuvor im Hamburger "Lakeside" sowie in
Dänemark und Neuseeland tätig, bietet ein kreatives Überraschungsmenü mit je
nach Saison bis zu 16 kleinen Gängen. Man setzt auf Produkte aus der Umgebung,
arbeitet mit nordischen und asiatischen Techniken, fermentiert und legt ein, Miso
und Sojasoße stellt man selbst her. Neben einer wertigen Weinauswahl gibt es
Alkoholfreies aus eigener Herstellung.

🌸 *Engagement des Küchenchefs: Die Restaurants der Mural-Familie arbeiten
generell sehr stark regional bezogen und nachhaltig. Wir beziehen Produkte vom
eigenen Dachgarten aus unseren Hochbeeten, unserem eigenen Garten, dazu biodynamische oder biologische Weine, auch setzen wir eigene Kombuchas, Garums
und Essig an.*

&& & – Preis: €€€€

Stadtplan: C3-50 – *Gmunder Straße 27 ⊠ 81379 – ℰ 089 262089079 – muralfarmhouse.de – Geschlossen: Montag und Sonntag, mittags: Dienstag-Samstag*

MURAL FARMHOUSE - À LA CARTE Ⓝ

Chef: Rico Birndt

REGIONAL • MINIMALISTISCH Der zweite Teil des "mural farmhouse" ist ein locker-legeres Bistro, das ebenfalls auf Nachhaltigkeit und Regionalität setzt. Produkte aus der Umgebung sowie von den eigenen Hochbeeten auf dem Dach des zugehörigen Hotels "WunderLocke" werden unter der Ägide von Küchenchef Rico Birndt zu geschmackvollen, unkomplizierten und aussagekräftigen Gerichten zubereitet. Toll die Weinauswahl: alles Bio- oder biodynamische Weine von erstklassigen Erzeugern.

🌿 *Engagement des Küchenchefs: Auch in unserer vermeintlich etwas einfacheren Küche geht es ausschließlich regional und nachhaltig zu, auch hier profitieren wir von den Produkten unserer Hochbeete, unserem eigenen Garten knapp außerhalb von München, aber auch von der Regionalität unserer Fisch- und Fleischprodukte.*

&& 𝕂 ♨ 🗭 – Preis: €€

Stadtplan: C3-30 – *Gmunder Straße 27 ⊠ 81379 – ℰ 089 262089079 – muralfarmhouse.de – Geschlossen: Montag*

In München-Pasing

ESSENCE

KLASSISCHE KÜCHE • CHIC In dem geschmackvollen, geradlinig gehaltenen Restaurant samt wunderbarer Terrasse bietet man eine modern umgesetzte französisch-klassische Küche, die hier und da mit kreativen Einflüssen gespickt ist. Am Abend gibt es zwei ambitionierte Menüs, darunter ein vegetarisches. Mittags lockt ein günstigeres Menü, das Sie mit drei bis fünf Gängen wählen können. Dazu freundlicher und versierter Service. Tipp: Tiefgarage direkt am Gebäude.

𝕂 ♨ – Preis: €€€

Stadtplan: A2-9 – *Gottfried-Keller-Straße 35 ⊠ 81245 – ℰ 089 80040025 – www.essence-restaurant.de – Geschlossen: Montag und Dienstag, mittags: Mittwoch-Sonntag*

In München-Schwabing

⁂⁂ TANTRIS

FRANZÖSISCH-KLASSISCH • VINTAGE Der Look des "Tantris" ist einfach unverwechselbar, das gilt für die Fassade ebenso wie für das Interieur. Hier hat man inzwischen ein paar moderne Akzente geschaffen - markant der begehbare gläserne Weinschrank. Dennoch ist der legendäre "Tantris"-Stil mit seinem 70er-Jahre-Flair und all seiner Originalität erhalten geblieben. Gekocht wird stark französisch beeinflusst. Küchenchef Benjamin Chmura und sein Team bieten am Mittag ein Menü mit vier oder sechs Gängen, am Abend eines mit sechs oder acht Gängen. Dazu gibt es die passende Weinbegleitung - trotzdem sollten Sie es nicht versäumen, auf die beeindruckende Weinkarte zu schauen!

&& 𝕂 ♨ ✿ 🍷🄿 – Preis: €€€€

Stadtplan: C1-63 – *Johann-Fichte-Straße 7 ⊠ 80805 – ℰ 089 3619590 – tantris.de – Geschlossen: Montag, Dienstag, Sonntag*

⁂ BROTHERS Ⓝ

MODERNE KÜCHE • HIP "Brothers" steht für die Zwillingsbrüder Klaas, die sich als Maître und Sommelier in der Gourmetszene bereits einen Namen gemacht haben, aber auch allgemein für den brüderlichen Geist im Team. Dazu zählt auch Küchenchef Daniel Bodamer, der nach Top-Adressen nun hier für moderne Gerichte mit klassischer Basis und internationalen Einflüssen sorgt, ausgezeichnet die Produkte. Es gibt eine A-la-carte-Auswahl sowie ein fixes Menü daraus. Dazu eine gut aufgestellte Weinkarte mit eigener Note. Die Atmosphäre ist locker-leger und chic-urban. Von den Plätzen an der Theke schaut man in die Küche.

⅋ & – Preis: €€€€

Stadtplan: F1-67 – *Kurfürstenstraße 31* ⊠ *80801* – ☏ *089 45461930* – *www. brothers-munich.com* – *Geschlossen: Montag und Dienstag, mittags: Mittwoch-Samstag, abends: Sonntag*

🛇 ## TANTRIS DNA

FRANZÖSISCH-KLASSISCH • ELEGANT Unter dem Namen "Tantris Maison Culinaire" findet man neben dem Menürestaurant "Tantris" auch das "DNA". Hier zelebriert man die klassische französische Küche à la carte und würdigt die namhaften Vorgänger am Herd, Eckart Witzigmann, Heinz Winkler und Hans Haas. Gekonnt präsentiert man die Klassiker der Großmeister aus fünf Jahrzehnten dieser Münchner Institution in leicht abgewandelter Form, aber auch neue eigene Kreationen der überaus talentierten französischen Küchenchefin Virginie Protat sind auf der Karte vertreten. Umsorgt werden Sie vom charmanten Maître und Sommelier Mathieu Mermelstein, der Ihnen zu Gerichten wie z. B. "Jakobsmuschel, Topinambur, schwarzer Trüffel" erlesene Tropfen aus einer der wohl interessantesten Weinkarten des Landes serviert - Tipp: Burgunder!

⅋ 🅰🅲 🅿 – Preis: €€€€

Stadtplan: C1-15 – *Johann-Fichte-Straße 7* ⊠ *80805* – ☏ *089 3619590* – *tantris. de* – *Geschlossen: Dienstag-Donnerstag*

🛇 ## WERNECKHOF SIGI SCHELLING

Chef: Sigi Schelling

FRANZÖSISCH-ZEITGEMÄSS • ELEGANT Hinter seiner schmucken gelben Fassade hat der traditionsreiche "Werneckhof" nahe dem Englischen Garten den stilvollen Charakter von einst bewahrt und gelungen mit schicken Sesseln im Retro-Look und moderner Kunst kombiniert. Inhaberin und Küchenchefin Sigi Schelling (zuvor 14 Jahre im "Tantris") bietet hier eine raffinierte klassisch basierte Küche voller stimmiger Aromen und Texturen. Ausgefallene moderne Trends braucht es da nicht, vielmehr setzt man auf ehrliche Küche, die sich am saisonalen Angebot orientiert. Mittags gibt es einen "Business Lunch" mit drei oder vier Gängen, am Abend ein noch etwas anspruchsvolleres 5-Gänge-Menü. Der Service samt kompetentem Sommelier ist angenehm locker und zugleich professionell und aufmerksam.

🅰🅲 – Preis: €€€€

Stadtplan: C2-60 – *Werneckstraße 11* ⊠ *80802* – ☏ *089 244189190* – *werneckhof-schelling.de* – *Geschlossen: Montag, Dienstag, Sonntag*

1804 HIRSCHAU

MODERN • HISTORISCHES AMBIENTE Modernes "Fine Dining" heißt es nun in dieser alteingesessenen Gastro-Location direkt am Englischen Garten. In dem historischen Gebäude in idyllischer Lage hat man ein stylisches Interieur mit alpinem Touch geschaffen - ein geschmackvoller Mix aus klaren Formen, Holz, Glas und hübschen Accessoires. Gekocht wird modern und mit saisonalem Bezug, die sehr guten Produkte bezieht man überwiegend von regionalen Erzeugern. Unter der Leitung des engagierten Küchenchefs Lukas Adebahr entstehen technisch überaus anspruchsvolle Gerichte, die Sie à la carte oder als Menü wählen können. Sehr angenehm der freundliche und professionelle Service.

🍽 🍴 🅿 – Preis: €€€

Stadtplan: D1-26 – *Gyßlingstraße 15* ⊠ *80805* – ☏ *089 36090490* – *www.1804muc.de* – *Geschlossen: Montag, Dienstag, Sonntag, mittags: Mittwoch-Samstag*

GREEN BEETLE

Chef: Felix Adebahr

VEGETARISCH • FREUNDLICH Der Name lässt es bereits erahnen: Hier wird vegetarisch und vegan gekocht. In dem freundlich-modernen Restaurant ca. 200 m vom Stammhaus der Familie Käfer heißt es "Käfer Goes Green": Von den Produkten bis zur Einrichtung ist man ganz umweltbewusst ausgerichtet. Der Service angenehm locker und geschult. Schön die überdachte Terrasse.

🌿 *Engagement des Küchenchefs: Es ist mir ein Anliegen, im Herzensprojekt von Patron Michael Käfer vegetarische/vegane und nachhaltige Küche neu zu kochen!*

Unser Restaurant geht sehr in die Tiefe, Bioprodukte, Mitarbeiterkleidung aus Altplastik, Schuhe aus Tresterresten, eine Barwand aus Nussschalen, es gibt viel zu entdecken...!

🍴 – Preis: €€€

Stadtplan: D2-64 – *Schumannstraße 9* ✉ *80538* – ☎ *0176 14168023* – *www.feinkost-kaefer.de/greenbeetle* – *Geschlossen: Montag und Sonntag*

IL BORGO

ITALIENISCH • ELEGANT Seit 1989 ist dieses italienische Restaurant eine schöne Konstante in Schwabing. Das Ambiente ist modern-elegant und gemütlich zugleich, gelungen hat man alte Wandfliesen und die ursprüngliche Theke integriert. Die häufig wechselnde Karte bietet Abwechslung einschließlich 5-Gänge-Degustationsmenü und Gerichte für zwei Personen. Mittags zudem günstiges 2-Gänge-Menü.

🍴 – Preis: €€

Stadtplan: C2-24 – *Georgenstraße 144* ✉ *80797* – ☎ *089 1292119* – *il-borgo.de* – *Geschlossen: Montag und Sonntag, mittags: Samstag*

LA BOHÈME

FLEISCH • TRENDY Schön gesellig und locker ist es hier! Wer hochwertige Steak-Cuts schätzt, ist in dem Restaurant mit der trendig-urbanen Atmosphäre genau richtig. Aber auch mit anderen Gerichten und leckeren Desserts macht die Karte Appetit. Einen besonders guten Eindruck von der Küche bieten die "Sharings" - auch vegetarisch. Samstags und sonntags kommt man gerne zum Brunch.

🍴 – Preis: €€

Stadtplan: C1-10 – *Leopoldstraße 180* ✉ *80804* – ☎ *089 23762323* – *boheme-schwabing.de* – *Geschlossen mittags: Montag-Freitag*

PURE WINE & FOOD

MEDITERRAN • TRENDY Angenehm locker ist es hier, trendig der Bistrostil. Aus der Küche kommen saisonal-mediterrane Gerichte - aus frischen Produkten klar und modern zubereitet, teils auch mit internationalen Einflüssen. Zur Wahl stehen das "Chef's Choice Menü", ein vegetarisches Menü sowie Gerichte à la carte. Toll: über 250 (Bio-) Weine - auch zum Mitnehmen. Tipp: Buchen Sie ein "Winetasting".

🍷 – Preis: €€

Stadtplan: F1-25 – *Neureutherstraße 15* ✉ *80799* – ☎ *089 399936* – *pure-wine-food.de* – *Geschlossen: Montag und Sonntag, mittags: Dienstag-Samstag*

In München-Thalkirchen

ASAM SCHLÖSSL

BAYRISCH • FREUNDLICH In seinem charmanten Restaurant etwas außerhalb des Zentrums bietet der gebürtige Ire Shane McMahon schmackhafte bayerische Küche, in die er geschickt seine eigene Note einbringt. Hier finden sich Wirtshaus-Klassiker, aber auch Modernes sowie Steaks vom "Big Green Egg". Sie sitzen in gepflegter, freundlicher Wirtshaus-Atmosphäre und werden aufmerksam umsorgt.

🍴🍽 – Preis: €€€

Stadtplan: C3-23 – *Maria-Einsiedel-Straße 45* ✉ *81379* – ☎ *089 780167790* – *www.asamschloessl.de* – *Geschlossen: Montag*

MÜNSTER (WESTFALEN)

Nordrhein-Westfalen – Regionalatlas 3–K2

✿✿ COEUR D'ARTICHAUT

FRANZÖSISCH-MODERN • CHIC Ein bisschen versteckt in einem Innenhof (im Sommer mit schicker Terrasse) und nur wenige Gehminuten vom Dom findet man dieses attraktive "Casual Fine Dining"-Konzept: In wohnlicher Atmosphäre schaut man in die offene Küche - das erinnert fast ein bisschen an eine Theaterbühne. Hier verbindet der gebürtige Franzose Frédéric Morel überaus gekonnt seine bretonischen Wurzeln mit Einflüssen seiner norddeutschen Wahlheimat sowie einer modern-kreativen Note - hervorragend die Saucen und Fonds! Bei der Wahl der top Produkte achtet er auf saisonalen Bezug und regionale Herkunft. Das monatlich wechselnde Menü "Morel's Tasting" gibt es mit vier, sechs oder acht Gängen. Statt Wein kann man auch eine alkoholfreie Begleitung wählen.

🎴 🍴 – Preis: €€€€

Alter Fischmarkt 11A ✉ 48143 – 𝒞 0251 39582823 – www.coeur-dartichaut.de – Geschlossen: Montag und Dienstag, mittags: Mittwoch-Samstag, abends: Sonntag

✿ BOK RESTAURANT BRUST ODER KEULE

MARKTKÜCHE • FREUNDLICH Es sind nur wenige Stufen hinab ins Parterre des gepflegten Eckhauses. In dem hübschen geradlinig gehaltenen Restaurant führt Laurin Kux am Herd Regie. Der ehemalige Küchenchef des "Ferment" in Münster-Roxel bietet hier eine moderne, saisonal geprägte Küche, die es Di. bis Do. à la carte und in Menüform (auch vegetarisch) gibt, Fr. und Sa. nur als Menü. Dazu freundlicher, geschulter Service samt guter Weinberatung. Schön ist auch die kleine Terrasse vor dem Haus. Tipp: An der Theke serviert man Ihnen auf Wunsch Kleinigkeiten zu einem Glas Wein.

🕸 🍴 – Preis: €€€

Melchersstraße 32 ✉ 48149 – 𝒞 0251 9179656 – www.brustoderkeule.de – Geschlossen: Montag und Sonntag, mittags: Dienstag-Samstag

✿ SPITZNER

FRANZÖSISCH-MODERN • HISTORISCHES AMBIENTE In dem geschmackvoll gestalteten Restaurant im historischen Oerschen Hof in der Innenstadt wird eine saisonale Küche mit französischen Einflüssen geboten. Liebhaber von Klassikern wie "Hase à la Royal" oder "Pâté en croûte" dürfen sich freuen, Spezialitäten wie diese finden sich immer mal auf der Karte. Sehr gekonnt holt man auf dem Teller die klassische Linie in die heutige Zeit. Dazu berät Sie der kompetente Service um Maître und Sommelier Sebastian Uppena ungezwungen und stilvoll. Auch Küchenchef Karl-Nikolas Spitzner serviert hin und wieder mit.

🍴 ✿ – Preis: €€€

Königsstraße 42 ✉ 48143 – 𝒞 0251 41441550 – spitzner-restaurant.de – Geschlossen: Montag und Sonntag, mittags: Dienstag-Freitag

VILLA MEDICI

MEDITERRAN • CHIC Schön liegt die schmucke Villa in einem ruhigen Wohngebiet am Rande der Innenstadt. In schickem Ambiente wird man freundlich mit mediterraner Küche und italienischem Wein umsorgt. Sehr nett ist auch die seitlich gelegene Terrasse. Sie möchten übernachten? Man hat auch fünf hübsche Gästezimmer.

🍴 ✿ 🅿 – Preis: €€

Prozessionsweg 402 ✉ 48155 – 𝒞 0251 34218 – villa-medici-muenster.de – Geschlossen: Montag und Dienstag, mittags: Samstag

VON RHEMEN

FRANZÖSISCH-KLASSISCH • ELEGANT Im Restaurant des stilvollen Hotels "Schloss Wilkinghege" sitzt man in einem eleganten hohen Raum mit historischem Flair unter einer schönen Stuckdecke. Gekocht wird klassisch und mit saisonalem Bezug - zur Wahl stehen Gerichte à la carte, das Schlossmenü oder ein vegetarisches Menü. Als Alternative bietet man zusätzlich noch die "Kleine Karte". Dazu werden Sie freundlich und geschult umsorgt.

🍸 ✿ 🅿 – Preis: €€€

Steinfurter Straße 374 ✉ 48159 – 𝒞 0251 144270 – schloss-wilkinghege.de – Geschlossen: Montag und Sonntag, mittags: Dienstag-Samstag

MÜNSTERTAL

Baden-Württemberg – Regionalatlas **7**–B1

SPIELWEG

Chef: Viktoria Fuchs

FRANZÖSISCH-KLASSISCH • GEMÜTLICH Richtig gemütlich hat man es bei Familie Fuchs in dem 1705 erstmals urkundlich erwähnten "Spielweg"-Stammhaus. In charmanten Stuben im Schwarzwälder Stil wird man sehr freundlich und

LAFONT

MICHELIN
2023

MICHELIN
2023

LAFONT

GLOBAL PARTNER

www.a-lafont.com

aufmerksam umsorgt. Gekocht wird regional, klassisch, aber auch mit asiatischem Einfluss, immer ambitioniert und mit Geschmack. Zum Übernachten hat man individuell eingerichtete Zimmer.

🦋 *Engagement des Küchenchefs: Ich fühle mich der Tradition meines Vaters verpflichtet und lege größten Wert auf Regionalität! Als „Naturparkwirtin" verarbeite ich eigene saisonale Kräuter, Essblumen, Pflücksalate und Gemüse, habe eigene Obstbäume und eine eigene Käserei mit Naturreifekeller. Wichtig ist uns die eigene Jagd!*

🛏 🅿 – Preis: €

Spielweg 61 ⌧ 79244 – ✆ 07636 7090 – www.spielweg.com

MUGGENSTURM

Baden-Württemberg – Regionalatlas **5**–T2

😊 **LAMM**

INTERNATIONAL • GASTHOF Hier trifft traditionelle Gasthof-Herzlichkeit auf geschmackvoll-modernes Ambiente aus geradlinigem Stil, wertigen Materialien und warmen Tönen. Die Karte macht mit einem interessanten Mix aus badisch-regionalen und internationalen Gerichten Appetit. Schön auch die Menüs, darunter ein veganes. Eine sehr gefragte Adresse - für die Wochenenden sollten Sie frühzeitig reservieren!

🛏 – Preis: €€

Hauptstraße 24 ⌧ 76461 – ✆ 07222 52005 – www.lamm-muggensturm.com – Geschlossen: Dienstag und Mittwoch, mittags: Samstag

MULFINGEN

Baden-Württemberg – Regionalatlas **5**–V2

JAGSTMÜHLE

FRANZÖSISCH-KLASSISCH • LÄNDLICH Mit gemütlich-elegantem Interieur und reizvoller Terrasse passt das Restaurant wunderbar ins charmante Bild des romantisch an der Jagst gelegenen Anwesens. Helle Holztäfelung, Kachelofen, hübsche Stoffe - all das sorgt für Behagen. Gekocht wird klassisch-französisch und mit regional-saisonalem Bezug. Alternativ gibt es die rustikale "Mühlenscheune" mit schwäbischer Küche. Zum Übernachten hat man schöne Gästezimmer.

🛏 🛏 ♻ 🅿 – Preis: €€€

Jagstmühlenweg 10 ⌧ 74673 – ✆ 07938 90300 – www.jagstmuehle.de – Geschlossen: Montag und Dienstag, mittags: Mittwoch-Samstag, abends: Sonntag

MUNKMARSCH - Schleswig-Holstein ➜ Siehe Sylt (Insel)

NAGOLD

Baden-Württemberg – Regionalatlas **7**–B2

OSTARIA DA GINO

ITALIENISCH • FAMILIÄR Eine richtig sympathische familiäre Adresse! Typisch italienisch die Speisen, ungezwungen und charmant die Atmosphäre! Man berät Sie gerne bei der Auswahl von der Tafel, ebenso in Sachen Wein. Tipp: der günstige Mittagstisch. Und darf es vielleicht noch etwas Leckeres für zuhause aus dem Feinkostladen sein?

🛏 ♻ – Preis: €€

Querstraße 3 ⌧ 72202 – ✆ 07452 66610 – www.dagino-nagold.de – Geschlossen: Sonntag

NAURATH/WALD

Rheinland-Pfalz – Regionalatlas **5**–S1

සි **RÜSSEL'S LANDHAUS**

Chef: Harald Rüssel

KREATIV • CHIC Schon bei der Anfahrt über die kleine Brücke spürt man das Landhausflair - gelungen hat man den Charakter der idyllischen alten Mühle bewahrt! Hier zeigt sich das Herzblut, das Ruth und Harald Rüssel in ihr Haus stecken, ebenso wie in der Küche. Das starke Team um den Patron bietet ein Menü mit fünf bis sieben Gängen, das nicht zuletzt durch die Qualität der Produkte besticht - und die bezieht man am liebsten von lokalen Produzenten, Wild sogar aus eigener Jagd! Die klassische Basis der Küche scheint immer durch, wird aber elegant durch kreative Elemente ergänzt, ohne verspielt oder gekünstelt zu wirken. Lassen Sie sich bei der Weinbegleitung überraschen - gerne empfiehlt man schöne Moselweine. Auf der Terrasse sitzt man herrlich an einem kleinen See! Hübsche Hotelzimmer hat man ebenfalls.

⅗ ╔╡ᕼ🎬🅿 – Preis: €€€€

Büdlicherbrück 1 ⊠ 54426 – 𝒞 06509 91400 – www.ruessels-landhaus.de –
Geschlossen: Dienstag und Mittwoch, mittags: Montag, Donnerstag, Freitag

RÜSSEL'S HASENPFEFFER

REGIONAL • LÄNDLICH Eine wirklich hübsche Alternative zum Rüssel'schen Gourmetrestaurant und beliebt bei den Gästen, denn hier kocht man schmackhaft und mit guten Produkten. Gerne bestellt man z. B. Wild und Geschmortes - ein Hasengericht findet sich übrigens auch immer auf der regional-saisonalen Karte.

╔╡ᕼ🎬🅿 – Preis: €€€

Büdlicherbrück 1 ⊠ 54426 – 𝒞 06509 91400 – www.ruessels-landhaus.de –
Geschlossen: Dienstag und Mittwoch, mittags: Donnerstag

NECKARGEMÜND

Baden-Württemberg – Regionalatlas **5**–U2

CHRISTIANS RESTAURANT

FRANZÖSISCH-KLASSISCH • ZEITGEMÄSSES AMBIENTE Eine attraktive Adresse ist das Restaurant von Sandy und Christian Heß - das gilt für die Atmosphäre ebenso wie für die Küche. Das Ambiente ist geradlinig, hell und freundlich, schöne Rundbogenfenster geben den Blick auf den Neckar frei - auch für Feierlichkeiten ein hübscher Rahmen. Auf der Speisekarte findet sich Klassisches mit mediterranem Einfluss - als Menü oder à la carte.

ᕼ🔄📐 – Preis: €€

Neckarstraße 40 ⊠ 69151 – 𝒞 06223 9737323 – restaurant-christian.de –
Geschlossen: Montag-Mittwoch, mittags: Donnerstag und Freitag

ZUM RÖSSL

REGIONAL • LÄNDLICH Ein langjähriger Familienbetrieb in einer ehemaligen Poststation von 1642. In dem hübschen traditionell gehaltenen Restaurant wählt man zwischen regionalen Klassikern sowie mediterran und saisonal beeinflussten Tagesempfehlungen. Auf Vorbestellung gibt es auch ein Überraschungsmenü. Tipp: die idyllische Terrasse!

ᕼ🔄🅿 – Preis: €€

Heidelberger Straße 15 ⊠ 69151 – 𝒞 06223 2665 – www.roessl-waldhilsbach.
de – Geschlossen: Montag-Mittwoch

NENNDORF, BAD

Niedersachsen – Regionalatlas **3**–L1

🙂 **AUGUST**

INTERNATIONAL • GEMÜTLICH Lange Familientradition und richtig gute Küche - dafür stehen die Gehrkes. Gekocht wird frisch, saisonal und mit internationalem

Einfluss: "Hirschkeulenbraten mit Waldpilzsauce", "Entenbrust und Spitzkohl mit Chorizo und Rosinen", "Seehechtfilet auf Bandnudel-Wokgemüse"... Weinschrank mit toller Auswahl! Zum Übernachten hat das "Schmiedegasthaus Gehrke" schöne Zimmer.

🕸 🍴 ⇔ 🅿 – Preis: €

Riepener Straße 21 ⊠ 31542 – 𝒞 05725 94410 – www.schmiedegasthaus.de – Geschlossen: Montag und Dienstag, mittags: Mittwoch-Freitag

NEUBEUERN

Bayern – Regionalatlas **6**–Y4

😊 AUERS SCHLOSSWIRTSCHAFT

Chef: Astrid Hilse

REGIONAL • GASTHOF Seit über 30 Jahren ist man hier mit Engagement im Einsatz. In dem netten ländlich-schlichten Gasthaus führt Chefin Astrid Hilse am Herd Regie, sie kocht schmackhaft, tagesfrisch und konzentriert sich ganz auf die sehr guten Zutaten, darunter viele Bio-Produkte. Schön sitzt man auf der Terrasse mit Bäumen.

🌱 *Engagement des Küchenchefs: Ich nenne meine Küche „Heimische Gourmetküche"! Will heißen, beste Produkte aus direkter Umgebung geschmackvoll und mit Pfiff verarbeitet, Fische aus hiesiger Zucht, Biogemüse, Wild kommt vom Heuberg und aus dem Chiemgau, Biogetreide und Mehl aus einer nahen Mühle, eben gelebte Nachhaltigkeit!*

🍴 ⇔ 🅿 🍽 – Preis: €€

Rosenheimer Straße 8 ⊠ 83115 – 𝒞 08035 2669 – www.auers-schlosswirtschaft. de – Geschlossen: Montag, Dienstag, Sonntag, mittags: Mittwoch-Samstag

NEUBURG AN DER DONAU

Bayern – Regionalatlas **6**–X2

😊 GASTSTUBE ZUM KLOSTERBRÄU

BAYRISCH • LÄNDLICH So stellt man sich eine historische bayerische Gaststube vor: Holzbalken an der Decke, Dielenboden, Kachelofen - rustikal, wohnlich und herrlich gemütlich, oder wie man hier sagt: "zünftig"! Und draußen lockt eine wunderbare Terrasse. Gekocht wird klassisch und regional-saisonal - à la carte oder in Form dreier Menüs, eines davon vegetarisch. Dazu gibt es schöne Weine. Tipp: Besuchen Sie auch das barocke "Münster Heilig Kreuz" in Bergen.

🍴 🍴 ⇔ 🅿 – Preis: €€

Kirchplatz 1 ⊠ 86633 – 𝒞 08431 67750 – www.zum-klosterbraeu.de – Geschlossen mittags: Montag

NEUENAHR-AHRWEILER, BAD

Rheinland-Pfalz – Regionalatlas **3**–J4

✿✿ STEINHEUERS RESTAURANT ZUR ALTEN POST

Chef: Hans Stefan Steinheuer

FRANZÖSISCH-KLASSISCH • ELEGANT Ausgezeichnete Küche in Wohlfühl-Atmosphäre - kein Wunder, dass sich bei den engagierten Steinheuers seit vielen Jahren die (Stamm-) Gäste die Klinke in die Hand geben. Da ist zum einen das schöne hochwertig-elegante Interieur, zum anderen die beiden Menüs von Christian Binder (übrigens Schwiegersohn von Patron Hans Stefan Steinheuer). Sie ist klassisch und hat Bezug zur Region, zeigt aber auch dezente internationale Einflüsse. Mit Gabriele Steinheuer und Tochter Désirée - ihres Zeichens Sommelière - leiten die Damen der Familie charmant und kompetent den Service. Toll auch die Beratung in Sachen Wein - man beachte die bemerkenswerte Karte!

🕸 🅼 🅿 – Preis: €€€€

Landskroner Straße 110 ⊠ 53474 – 𝒞 02641 94860 – www.steinheuers.de – Geschlossen: Montag-Mittwoch, mittags: Donnerstag-Samstag

STEINHEUERS LANDGASTHOF POSTSTUBEN

REGIONAL • ZEITGEMÄSSES AMBIENTE Dies ist nicht "Steinheuer light", sondern ein ganz eigenständiges Restaurant, in dem ambitioniert gekocht wird. Die Küche ist regional-klassisch und hat saisonale Einflüsse. Dazu reicht man dieselbe sehr gut sortierte Weinkarte wie im Gourmet. Schön auch die begrünte Terrasse. Wer übernachten möchte, wählt die Doppelzimmer im Haupthaus oder das komfortable Gästehaus.

భ 🏧 🛋 🅿 – Preis: €€€

Landskroner Straße 110 ⊠ 53474 – ☎ 02641 94860 – www.steinheuers.de – Geschlossen: Dienstag und Mittwoch

NEUENDORF BEI WILSTER

Schleswig-Holstein – Regionalatlas 1–C2

🙂 ZUM DÜCKERSTIEG

REGIONAL • LÄNDLICH Ein hübsches, gemütliches Restaurant mit ländlichem Flair, in dem saisonal und regional gekocht wird. Freuen Sie sich auf Gerichte voller Kraft und Aroma. Die gute Auswahl reicht von Lachs über Nordseekrabben bis Wolfsbarsch, von Spanferkel bis Wild. Der traditionsreiche Familienbetrieb - inzwischen übrigens in 4. Generation geführt - hat auch schöne wohnliche Gästezimmer für Sie.

🛋 ⇔ 🅿 – Preis: €€

Dückerstieg 7 ⊠ 25554 – ☎ 04823 92929 – www.dueckerstieg.de – Geschlossen: Montag und Dienstag, mittags: Mittwoch und Donnerstag

NEUENSTEIN

Baden-Württemberg – Regionalatlas 5–V2

GOLDENE SONNE ⓝ

MODERN • RUSTIKAL Gemeinsam mit seiner Frau hat Heiner Bohnet der "Goldenen Sonne" in dem schmucken historischen Fachwerkhaus neues Leben eingehaucht. Das Paar blickt auf Top-Stationen in Frankreich zurück, u. a. bei Spitzenkoch Sébastien Bras. Man sitzt hier in sehr gemütlichen Stuben und lässt sich ambitionierte kreative Küche servieren. Im Fokus stehen regionale Produkte und die enge Zusammenarbeit mit heimischen Erzeugern.

🛋 – Preis: €€€

Vorstadt 2 ⊠ 74632 – ☎ 07942 9290614 – goldene-sonne.com – Geschlossen: Montag und Sonntag, mittags: Dienstag-Samstag

NEUHAUSEN (ENZKREIS)

Baden-Württemberg – Regionalatlas 7–B2

☸ ALTE BAIZ

MODERNE KÜCHE • CHIC In der "Alten Baiz" erwarten Sie hochwertiges Ambiente mit charmant-rustikalem Touch sowie die modern inspirierte Küche von Claudio Urru. Er kocht durchdacht und bringt seine Gerichte geschmacklich stets auf den Punkt, ganz gleich ob Sie das Gourmetmenü oder gehoben-regionale Speisen (z. B. Rostbraten von der Färse) wählen. Interessant auch die Auswahl an Gerichten für zwei Personen wie Côte de Boeuf, Wolfsbarsch oder Maishähnchen - alles am Tisch tranchiert/filetiert. Freundlich und geschult der Service.

🅿 – Preis: €€€€

Hauptstraße 2 ⊠ 75242 – ☎ 07234 9473899 – www.gruenerwald.de – Geschlossen: Montag und Dienstag, mittags: Mittwoch-Freitag

NEUHÜTTEN

Rheinland-Pfalz – Regionalatlas **5**–S1

⁣❀ LE TEMPLE

Chefs: Oliver Schäfer und Christiane Detemple-Schäfer

FRANZÖSISCH-MODERN • **CHIC** Ein absolut eingespieltes Team: Christiane Detemple-Schäfer und Oliver Schäfer. Seit 1992 sind sie hier mit beachtlichem Engagement im Einsatz und haben ihren "Tempel" zu einer festen gastronomischen Größe gemacht – nicht nur im kleinen Neuhütten, auch unter den rheinland-pfälzischen Sterne-Restaurants. Sie bieten eine klassisch basierte und modern umgesetzte Küche mit den besten Produkten der Saison, sehr filigran und überaus präzise. Das geschmackvoll-elegante Ambiente würde auch wunderbar in eine Großstadt passen, dazu eine Cigar-Lounge. Wer umgeben von der schönen Landschaft des Hunsrücks übernachten möchte, kann dies in wohnlichen Gästezimmern - ein leckeres Frühstück gibt's ebenfalls!

🏡 🅿 – Preis: €€€€

Saarstraße 2 ✉ 54422 – ☎ 06503 7669 – www.le-temple.de – Geschlossen: Montag-Mittwoch, mittags: Donnerstag-Samstag

☺ BISTRO

REGIONAL • **BISTRO** Kennen Sie auch das zweite Restaurant im Hause Detemple-Schäfer? Als richtig nette Alternative zum Gourmetrestaurant hat man noch das Bistro, das mit seiner schmackhaften regional ausgerichteten Küche und sympathischer, angenehm unkomplizierter Atmosphäre sehr gut ankommt.

🏡 🅿 – Preis: €€

Saarstraße 2 ✉ 54422 – ☎ 06503 7669 – www.le-temple.de – Geschlossen: Mittwoch, mittags: Montag, Dienstag, Donnerstag-Samstag

NEUJELLINGSDORF - Schleswig-Holstein ➜ Siehe Fehmarn (Insel)

NEUKIRCHEN-VLUYN

Nordrhein-Westfalen – Regionalatlas **3**-J2

☺ LITTLE JOHN'S

MARKTKÜCHE • **GEMÜTLICH** Ein hübsches Wohnhaus von 1905 beherbergt dieses sympathische Restaurant mit skandinavischem Charme und freundlichem Service. Im Eingangsbereich kann man in die Küche schauen - das macht Appetit! Gekocht wird bodenständig und zugleich modern, gerne mit regionalen und saisonalen Produkten. Mittags ist auch das günstige Lunch-Menü beliebt. Hinweis: nur Barzahlung!

🏡 🌤 – Preis: €€

Niederrheinallee 310 ✉ 47506 – ☎ 02845 7908210 – www.little-johns.de – Geschlossen: Montag, Dienstag, Sonntag, mittags: Mittwoch und Samstag

NEULEININGEN

Rheinland-Pfalz – Regionalatlas **7**–B1

⁣❀ ALTE PFARREY

Chef: Silvio Lange

FRANZÖSISCH-MODERN • **ELEGANT** Wirklich reizend, wie sich das hübsche Anwesen des jahrhundertealten Pfarrhauses in das malerische Ortsbild einfügt. Hierher hat es Sternekoch Silvio Lange und seine Frau Bettina 2015 zurück verschlagen - Jahre zuvor leitete er schon einmal die "Pfarrey"-Küche. Was man bei den sympathischen Gastgebern geboten bekommt, ist kreativ, saisonal und besteht aus top Produkten. Zwei Menüs stehen zur Wahl. Möchten Sie in schönem klassisch-historischem Ambiente speisen oder lieber im lichten modern-eleganten Wintergarten an tollen schweren Holztischen mit Blick auf das alte Gemäuer? Freundlicher und geschulter Service samt passender Weinberatung ist Ihnen überall gewiss! Draußen lockt zudem der herrliche Innenhof - und zum Übernachten laden so geschmackvolle wie individuelle Zimmer ein.

🍴 ⇄ – Preis: €€€

Untergasse 54 ✉ 67271 – ℰ 06359 86066 – www.altepfarrey.com – Geschlossen: Montag und Sonntag, mittags: Dienstag-Donnerstag

H'MANNS

KLASSISCHE KÜCHE • LÄNDLICH Dieses wirklich charmante Haus der Hegmanns wird Ihnen gefallen! Aus der Küche kommen nur beste Produkte, und die werden mit Geschmack und Sorgfalt zubereitet. Sie können ein Menü oder à la carte wählen, donnerstags bietet man nur Tapas. Dazu eine sehr gute Weinkarte. Umsorgt wird man ausgesprochen freundlich. Tipp: Es gibt einen "Chefs Table" ganz in der Nähe der Küche, aber dennoch geschützt.

❀ 🍴 🅿 – Preis: €€€

Am Goldberg 2 ✉ 67271 – ℰ 06359 5341 – www.hmanns.de – Geschlossen: Montag-Mittwoch, mittags: Donnerstag-Sonntag

NEUMÜNSTER

Schleswig-Holstein – Regionalatlas **1**–D2

AM KAMIN

KLASSISCHE KÜCHE • ELEGANT Charmant und heimelig ist die Atmosphäre in dem liebevoll eingerichteten Restaurant. Über die Servicetheke kann man einen Blick in die teils offene Küche werfen und Patron Karl Ress bei der Arbeit zusehen. Er versteht sein Handwerk und kocht mit Geschmack und Sorgfalt. Das Angebot ist klassisch und saisonal ausgerichtet - Sie können das Überraschungsmenü wählen oder Gerichte à la carte.

Preis: €€€

Propstenstraße 13 ✉ 24534 – ℰ 04321 42853 – www.am-kamin.info – Geschlossen: Montag und Sonntag, mittags: Dienstag-Samstag

NEUNBURG VORM WALD

Bayern – Regionalatlas **6**–Y2

❀❀ OBENDORFERS EISVOGEL

Chef: Hubert Obendorfer und Sebastian Obendorfer

KREATIV • ZEITGEMÄSSES AMBIENTE Sebastian Obendorfer hat inzwischen die Leitung der Küche von seinem Vater Hubert übernommen. In einem Degustationsmenü präsentiert er seinen eigenen Stil, in dem er Klassik, Kreativität und internationale Inspirationen vereint. Toll auch der Käsewagen des berühmten Affineurs Antony aus dem Elsass! Gut die Weinbegleitung, auch alkoholfrei möglich. Die Gäste sitzen komfortabel in modern-elegantem Ambiente, ein Hingucker ist der ellipsenförmige Weinschrank mitten im Raum. Dank der freien Lage auf einer Kuppe blickt man durch die großen Fenster auf die Oberpfälzer Hügellandschaft - grandiose Sonnenuntergänge inklusive! Der Service ist herzlich und versiert. Tipp: Übernachten Sie im Hotel "Der Birkenhof".

❀ ⇄ 占 🅿 – Preis: €€€€

Hofenstetten 43 ✉ 92431 – ℰ 09439 9500 – www.der-birkenhof.de – Geschlossen: Montag und Sonntag, mittags: Dienstag-Samstag

TURMSTUBE

REGIONAL • ELEGANT Freundlich und elegant hat man es hier, während man sich gute saisonal inspirierte Küche servieren lässt, die auf ausgesuchten Produkten basiert. Auch Wiener Schnitzel fehlt nicht auf der Karte. Tipp: Genießen Sie die Aussicht von der Terrasse. Sie möchten etwas länger bleiben? Gäste des Hotels "Der Birkenhof" dürfen sich auf komfortables Wohnen und Wellness freuen.

⇄ 占 🍴 ⇄ 🅿 – Preis: €€

Hofenstetten 55 ✉ 92431 – ℰ 09439 9500 – www.der-birkenhof.de

NEUPOTZ

Rheinland-Pfalz – Regionalatlas **5**–T2

😊 GEHRLEIN'S HARDTWALD

REGIONAL • LÄNDLICH Es liegt etwas versteckt, das Restaurant der Familie Gehrlein. Drinnen ist es schön gemütlich, im Garten die hübsche Terrasse. Probieren Sie mal den Klassiker des Hauses: "Gebackenes paniertes Zanderfilet, Kartoffelsalat und Sauce Remoulade". Fisch kommt übrigens aus der eigenen Fischerei am Rhein. Tipp: richtig wohnliche Zimmer im Gästehaus vis-à-vis.

🌳 ♻ **P** – Preis: €€

Sandhohl 14 ✉ 76777 – ☎ 07272 2440 – www.gehrlein-hardtwald.de –
Geschlossen: Mittwoch und Donnerstag

😊 ZUM LAMM

KLASSISCHE KÜCHE • LÄNDLICH Ein Gasthof im besten Sinne! Ulrike und Manfred Kreger sind herzliche Gastgeber und führen ihr stets gut besuchtes Lokal mit großem Engagement. Aus der Küche des Patrons kommen regionale Gerichte, eine Spezialität ist Zander aus dem Rhein - und der liegt quasi vor der Tür! Im Sommer speisen die Gäste gerne im Garten hinterm Haus. Zum Übernachten hat man gepflegte Zimmer.

🌳 ♻ **P** 🍽 – Preis: €€

Hauptstraße 7 ✉ 76777 – ☎ 07272 2809 – www.gasthof-lamm-neupotz.de –
Geschlossen: Montag, mittags: Dienstag-Samstag, abends: Sonntag

NEUSS

Nordrhein-Westfalen – Regionalatlas **3**–J3

HERZOG VON BURGUND

MARKTKÜCHE • ELEGANT Außen schöne Villa, innen gemütliches klassisch-elegantes Ambiente. Der Service freundlich-versiert, die Küche saisonal - ein Klassiker ist das Wiener Schnitzel. Zusätzliches Mittagsmenü. Die Terrasse ist eine grüne Oase inmitten der Stadt!

🌳 ♻ – Preis: €€

Erftstraße 88 ✉ 41460 – ☎ 02131 23552 – herzogvonburgund.de – Geschlossen:
Montag und Sonntag, mittags: Samstag

SPITZWEG

MARKTKÜCHE • BISTRO Chic der geradlinig-moderne Look samt markantem Rot und dekorativen Bildern an den Wänden. Draußen an der Straße die lebendige Terrasse. Auf der Karte finden sich saisonale, regionale und internationale Gerichte.

🌳 ♻ – Preis: €€

Glockhammer 43a ✉ 41460 – ☎ 02131 6639660 – www.restaurant-spitzweg.
de – Geschlossen: Sonntag, mittags: Montag-Samstag

NEUSTADT AN DER WALDNAAB

Bayern – Regionalatlas **6**–Y1

KUHLEMANN

KREATIV • RUSTIKAL Man merkt der Küche an, dass der Chef in guten Adressen gearbeitet hat. Hier im Restaurant des familiengeführten Hotels "Grader" setzt er seinen interessanten Kochstil in Form eines kreativen Menüs um. Dazu eine ansprechende kleine Weinkarte. Das Ambiente: ein sympathischer Mix aus rustikal und modern.

♻ **P** – Preis: €€€

Freyung 39 ✉ 92660 – ☎ 09602 941872 – restaurant-kuhlemann.de –
Geschlossen: Montag, Dienstag, Sonntag, mittags: Mittwoch-Samstag

NEUSTADT AN DER WEINSTRASSE

Rheinland-Pfalz – Regionalatlas **7**–B1

⸎ RESTAURANT URGESTEIN

Chef: Hedi Rink

MODERNE KÜCHE • ROMANTISCH Wo Altstadt und Fußgängerzone beginnen, zeugt das charmante Ensemble historischer Fachwerkhäuser samt tollem Innenhof von einer langen Geschichte. Es ist der älteste pfälzische Bürgerhof mit Ursprung im 13. Jh. Hier im ehemaligen Marstall mit wunderschöner Kreuzgewölbedecke aus Backstein und modernem Interieur (reizvoll der Kontrast!) bieten Patron Hanno und Küchenchefin Hedi Rink kreative Sterneküche in Menüform. Neben eigenen Ideen überzeugen sehr gute Produkte, die man auch gerne aus der Region bezieht. Vorab gibt es frisch gebackenes "Urgesteinbrot" - einfach fantastisch! Die Weinempfehlungen durch den Sommelier sind absolut stimmig und preislich fair. Und wenn Sie übernachten möchten: Man hat auch hübsche Gästezimmer.

🍴 ⇧ – Preis: €€€€

Rathausstraße 6a ⊠ 67433 – ℰ 06321 489060 – www.restaurant-urgestein.de – Geschlossen: Montag und Sonntag, mittags: Dienstag-Samstag

DAS ESSZIMMER

MEDITERRAN • GEMÜTLICH Richtig nett hat man es in dem Gasthaus in der Altstadt: hübsch das freundliche, geradlinig-moderne Ambiente, angenehm intim die Atmosphäre. Aus der offenen Küche kommen italienisch-mediterrane Gerichte. Di. und Mi. serviert man ausschließlich das "Spezialitätentage-Überraschungsmenü", Do. nur das "Tastingmenü". Fr. und Sa. gibt es ein Menü, das Sie sich selbst von der Karte zusammenstellen. Schön sitzt man auch auf der Terrasse.

🍴 – Preis: €€

Hintergasse 38 ⊠ 67433 – ℰ 06321 354996 – www.esszimmer-neustadt.de – Geschlossen: Montag und Sonntag, mittags: Dienstag-Samstag

IRORI Ⓝ

KREATIV • ENTSPANNT Max Goldberg und Kerstin Bauer, bekannt aus dem "Oxalis" am Schluchsee, sind hier nach vorübergehendem "Pop-up"-Konzept nun sesshaft geworden - er steht am Herd, sie leitet locker, charmant und versiert den Service. In wertigem Ambiente mit Kreuzgewölbe gibt es ein Menü mit bis zu elf Gängen. Gekocht wird modern, kreativ und mit japanischen und nordischen Techniken. Die Gerichte sind oft komplex, aber sehr stimmig kombiniert. Die Produkte sind saisonal und kommen überwiegend aus der Region. Gut selektierte Weinkarte.

🐾 🅿 – Preis: €€€€

Weinstraße 507 ⊠ 67433 – ℰ 0175 2437801 – www.the-irori.com – Geschlossen: Dienstag-Donnerstag, mittags: Montag, Freitag, Samstag, abends: Sonntag

SPINNE

REGIONAL • FREUNDLICH In dem Restaurant in schöner erhöhter Lage am Waldrand wird mit regional-saisonalem Bezug gekocht, dabei setzt Patron Jörg Friedrich auf frische, gute Produkte. Das angebotene Menü können Sie sich individuell zusammenstellen. Umsorgt werden Sie aufmerksam und engagiert unter der Leitung der herzlichen Chefin. Sehr angenehm sitzt man auf der Terrasse. Sie möchten übernachten? Man hat freundliche Gästezimmer.

🕭 🍴 🅿 🍽 – Preis: €€

Eichkehle 58 ⊠ 67433 – ℰ 06321 9597799 – www.restaurant-spinne.de – Geschlossen: Montag-Mittwoch, mittags: Donnerstag-Sonntag

NEU-ULM

Bayern – Regionalatlas **5**–V3

STEPHANS-STUBEN

KLASSISCHE KÜCHE • **CHIC** Gastfreundschaft und schmackhafte Küche, dafür stehen Franziska und Siegfried Pfnür seit 1995 und das schätzen auch die vielen Stammgäste. Bei den saisonal geprägten Gerichten geht man in Puncto Produktqualität keine Kompromisse ein. Dazu freundliches Ambiente mit modern-mediterraner Note sowie charmanter Service.

Preis: €€

Bahnhofstraße 65 ⊠ 89231 – ℰ 0731 723872 – stephans-stuben.bayern – Geschlossen: Montag, Dienstag, Sonntag, mittags: Samstag

NEUWIED

Rheinland-Pfalz – Regionalatlas **3**–K4

BRASSERIE NODHAUSEN

MARKTKÜCHE • **ELEGANT** In der Brasserie des schmucken historischen Anwesens gibt es international, regional und saisonal geprägte Küche - auf der Karte z. B. "Kabeljau mit Blattspinat und Orangengnocchi". Oder darf es vielleicht ein Steak sein? Ansprechend auch das Wintergartenflair.

🛱 ⇔ 🅿 – Preis: €€

Nodhausen 1 ⊠ 56567 – ℰ 02631 344880 – s258353772.online.de – Geschlossen: Montag und Sonntag, mittags: Dienstag-Samstag

NEUZELLE

Brandenburg – Regionalatlas **4**–R1

WILDE KLOSTERKÜCHE Ⓝ

MARKTKÜCHE • **DESIGN** In der Nähe des a. d. 13. Jh. stammenden Zisterzienserklosters mit barocker Kirche finden Sie dieses Restaurant. Das Ambiente chic und modern-leger, die Küche teilweise einsehbar. Hier wird mit Geschmack und Sorgfalt gekocht, dabei richtet man sich nach der Saison und bezieht die Produkte überwiegend aus der Region. Tipp: Gin aus eigener Herstellung. Schön übernachten können Sie im separat geführten "Klosterhotel".

🕭 🛱 ⇔ 🅿 – Preis: €€

Bahnhofstraße 18 ⊠ 15898 – ℰ 033652 823991 – www.wildeklosterkueche.de – Geschlossen: Montag-Mittwoch

NIDEGGEN

Nordrhein-Westfalen – Regionalatlas **3**–J3

⁂ BURG NIDEGGEN - BROCKEL SCHLIMBACH

Chef: Tobias Schlimbach und Herbert Brockel

MODERNE KÜCHE • **LÄNDLICH** Das Besondere hier? Da wäre zum einen die Lage in einer Burg a. d. 12. Jh. oberhalb von Nideggen - fantastische Aussicht inklusive! Zum anderen das attraktive Ambiente: eine historische kleine Stube, in der viel schönes Holz und modernes Design für eine ganz eigene Atmosphäre sorgen. Und "last but not least" die Küche. Viele Ideen, viel Kraft, viel Leidenschaft - das steckt in dem modernen Menü der namengebenden Patrons Herbert Brockel (zuvor viele Jahre im Erftstadter "Husarenquartier" mit Stern) und Tobias Schlimbach (ebenfalls mit langjähriger Sterne-Erfahrung). Nicht zu vergessen die ausgesuchten Produkte, auf denen die tollen Gerichte basieren. Während die Chefs ihre Speisen selbst servieren, empfehlen ihre Ehefrauen interessante Weine.

≼ 🛱 ⇔ 🅿 – Preis: €€€€

Kirchgasse 10 a ⊠ 52385 – ℰ 02427 9091066 – www.burgrestaurant-nideggen.de – Geschlossen: Montag-Donnerstag, mittags: Freitag und Samstag, abends: Sonntag

KAISERBLICK

MARKTKÜCHE • TRENDY Eine schöne Alternative zum "Brockel Schlimbach" ist dieses Restaurant auf der jahrhundertealten Burg Nideggen. Man bietet eine Marktküche mit regionalen Gerichten, zubereitet aus frischen saisonalen Zutaten vorwiegend von Lieferanten und Produzenten aus der Region. Sie sitzen in modernem Ambiente und werden sehr freundlich und zuvorkommend umsorgt. Wenn das Wetter es zulässt, können Sie auf der hübschen Terrasse im Innenhof speisen.

🍴 🅿 – Preis: €€

Kirchgasse 10 a ✉ 52385 – ☎ 02427 9091066 – www.burgrestaurant-nideggen. de – Geschlossen: Montag-Mittwoch, mittags: Donnerstag

NIEDERHAUSEN

Rheinland-Pfalz – Regionalatlas 5–T1

HERMANNSHÖHLE

KLASSISCHE KÜCHE • GEMÜTLICH Das ehemalige Fährhaus von 1517 hat so manchen Stammgast. Was Patron Wigbert Weck auf den Teller bringt, wird aus frischen Produkten zubereitet und schmeckt! Tipp: Überraschungsmenü (nur tischweise). Drinnen modernes Vinothek-Ambiente samt verglastem Weinkühlschrank (Schwerpunkt regionale Weine), draußen die nette Terrasse - nur durch die Straße von der Nahe getrennt. Zum Übernachten hat man zwei Ferienappartements.

🍴 ⇔ 🅿 🛏 – Preis: €€

Hermannshöhle 1 ✉ 55585 – ☎ 06758 6486 – hermannshoehle-weck.de – Geschlossen: Montag und Dienstag

NIEDERKASSEL

Nordrhein-Westfalen – Regionalatlas 3–J3

❀ CLOSTERMANNS LE GOURMET

KREATIV • ELEGANT Über den tollen Innenhof des zum Hotel erweiterten denkmalgeschützten Vierseithofs gelangt man zum "Le Gourmet". Sie können direkt auf der herrlichen Terrasse Platz nehmen oder drinnen in etwas privaterer Atmosphäre speisen. Auf dem Weg in das geschmackvolle modern-elegante kleine Restaurant kommen Sie an der verglasten Küche vorbei. Unter der Leitung von Thomas Gilles entsteht hier ein aufwändiges modernes Menü mit klassischer Basis, vielen Kontrasten und interessanten Geschmackskombinationen. Sehr angenehm der immer freundliche und präsente Service, trefflich die Weinempfehlungen. Tipp: Übernachten Sie in den komfortablen Zimmern des Hotels "Clostermanns Hof".

♿ 🍴 🅿 – Preis: €€€

Heerstraße 2a ✉ 53859 – ☎ 02208 94800 – www.clostermannshof.de – Geschlossen: Montag, Dienstag, Sonntag, mittags: Mittwoch-Samstag

NIEDERWEIS

Rheinland-Pfalz – Regionalatlas 5–S1

❀ SCHLOSS NIEDERWEIS

KLASSISCHE KÜCHE • LÄNDLICH Ein geschmackvolles Restaurant in der ehemaligen Kornscheune des Barockschlosses von 1751 - spannend der Mix aus rustikalem Flair (markant der offene Dachstuhl) und modernem Interieur. Die aromatischen Gerichte werden à la carte oder als frei wählbares Menü angeboten. Dazu eine schöne Weinkarte samt Raritäten im Offenausschank. Reizvoll der Garten. Festsaal und Standesamt gibt es auch. Praktisch: problemloses Parken.

🐾 ♿ 🍴 ⇔ 🅿 – Preis: €€

Hauptstraße 9 ✉ 54668 – ☎ 06568 9696450 – schloss-niederweis.de – Geschlossen: Montag und Dienstag

NIEDERWINKLING

Bayern – Regionalatlas **6**–Z2

✿ BUCHNER WELCHENBERG 1658

Chef: Mathias Achatz

MODERNE KÜCHE • RUSTIKAL Seit 1882 ist der Gutshof a. d. 16. Jh. bereits in Familienbesitz, mit Mathias Achatz führt inzwischen die 5. Generation Regie am Herd. Sein Koch-Talent wurde ihm schon in die Wiege gelegt, denn seine Mutter hat hier zuvor auch schon niveauvoll gekocht! Mit welch großem Engagement der Patron und Küchenchef bei der Sache ist, kommt in seinen modern inspirierten klassischen Gerichten zum Ausdruck. Regionale Einflüsse finden sich auf der Karte ebenso wie der ein oder andere asiatische Akzent. Dazu darf man sich auf eine angenehme Atmosphäre freuen, die nicht zuletzt dem aufmerksamen und versierten Service zu verdanken ist. Für die Zusammenstellung der erstklassigen Weinauswahl ist Mathias' Bruder Andreas zuständig - er kümmert sich vor allem um das eigene Hotel 2 km weiter.

🐕 🏵 ⇔ 🅿 – Preis: €€

Freymannstraße 15 ✉ 94559 – 𝒞 09962 730 – www.buchner-welchenberg.de – Geschlossen: Montag-Mittwoch, mittags: Donnerstag

NIENSTÄDT

Niedersachsen – Regionalatlas **3**–L1

😊 SÜLBECKER KRUG

FLEISCH • FREUNDLICH Lust auf Prime Beef aus dem 800°-Ofen? Das Haus ist bekannt für richtig gutes Fleisch. Auf der Karte finden sich Klassiker wie Ribeye, Rumpsteak oder Flanksteak, dazu gibt es tolle Saucen - und alles wird auf dem Holzbrett serviert! Eine Weinbar hat man ebenfalls. Übers Jahr werden auch verschiedene Aktionen angeboten - fragen Sie ruhig nach!

🏵 ⇔ 🅿 – Preis: €€

Mindener Straße 6 ✉ 31688 – 𝒞 05724 3992550 – www.suelbeckerkrug.de – Geschlossen: Montag-Mittwoch, mittags: Donnerstag-Sonntag

NITTEL

Rheinland-Pfalz – Regionalatlas **5**–S1

CULINARIUM

MARKTKÜCHE • ELEGANT Das geradlinig-schicke Restaurant mit schönem Terrassenbereich befindet sich im Weingut Matthias Dostert, wo man auch wohnliche Gästezimmer bietet. Am Herd sorgt Patron Walter Curman für schmackhafte und handwerklich sehr sauber zubereitete Gerichte. Die Klassiker auf der Karte lassen seine österreichische Herkunft erkennen - geschmorte Kalbsbäckchen sind da ebenso lecker wie Kaiserschmarrn!

🏵 🅿 – Preis: €€

Weinstraße 5 ✉ 54453 – 𝒞 06584 91450 – www.culinarium-nittel.de – Geschlossen: Montag und Dienstag, mittags: Mittwoch-Samstag, abends: Sonntag

NÖRDLINGEN

Bayern – Regionalatlas **5**–V2

✿ WIRTSHAUS MEYERS KELLER

Chef: Joachim Kaiser

MARKTKÜCHE • LÄNDLICH Es ist schon etwas Besonderes, das sympathische rustikal-trendige Restaurant, das Joachim (genannt Jockl) Kaiser zusammen mit seiner Frau Evelin bereits in 3. Generation betreibt. Kreativ und zugleich bodenständig ist das interessante Küchenkonzept. Neben dem feinen saisonalen Menü (konventionell oder vegetarisch) gibt es auch Wirtshaus-Klassiker. Das volle Kaiser'sche Engagement merkt man auch am sehr freundlichen, angenehm natürlich-unkomplizierten und gleichermaßen geschulten Service. Übrigens: Im ehemaligen Bierkeller unter Ihnen reift Culatello-Schinken - den sollten Sie probieren! Im Sommer sitzt man am liebsten unter alten Linden und Kastanien! Sie suchen ein Mitbringsel? Man hat auch einen Shop.

🍴 ⇄ 🅿 – Preis: €€€

Marienhöhe 8 ✉ 86720 – ☎ 09081 4493 – jockl-kaiser.de – Geschlossen: Montag und Dienstag, mittags: Mittwoch

NÖRTEN-HARDENBERG

Niedersachsen – Regionalatlas **3**–M2

NOVALIS

INTERNATIONAL • ELEGANT Drinnen sitzt man in schönem elegantem Ambiente, draußen mit Blick auf die historische Burganlage. Gekocht wird saisonal, mit Geschmack und Aroma, basierend auf sehr guten, gerne regionalen Produkten, so z. B. Wild aus eigener Jagd oder Leinetaler Räucherfische. Auch ein rein vegetarisches Menü wird angeboten. Der Service ist aufmerksam und herzlich. Tipp: Weinkarte mit großer Auswahl an französischen Rotweinen. Geschmackvolle Gästezimmer im "Hardenberg BurgHotel".

🍴 ⇄ 🅿 – Preis: €€€

Hinterhaus 11a ✉ 37176 – ☎ 05503 9810 – www.hardenberg-burghotel.de – Geschlossen: Sonntag, mittags: Montag-Samstag

NONNENHORN

Bayern – Regionalatlas **5**–V4

TORKEL

MARKTKÜCHE • GASTHOF Bei Familie Stoppel erwartet Sie eine mediterran und klassisch geprägte Küche, in der sich auch viel Regionales findet. Wem die Wahl schwerfällt, bestell am besten das kleine "Fine Dining Menü". Auch ein Blick in die Weinkarte lohnt sich. Serviert wird in freundlichen Räumen oder auf der hübschen Terrasse.

🍴 ⇄ 🅿 – Preis: €€

Seehalde 14 ✉ 88149 – ☎ 08382 98620 – www.hotel-torkel.de – Geschlossen: Mittwoch

NORDERNEY (INSEL)

Niedersachsen – Regionalatlas **1**–A3

In Norderney

❀ **SEESTEG**

MODERNE KÜCHE • CHIC Was für ein Glück, dass sich der gebürtige Baden-Württemberger Markus Kebschull an der Nordsee so wohlfühlt, dass er diesem schönen Fleckchen auch nach seiner Zeit im Cuxhavener "Sterneck" als Küchenchef erhalten bleibt. Untergebracht im gleichnamigen kleinen Boutique-Hotel direkt am Meer hätte er angesichts der allgegenwärtigen Exklusivität kaum einen passenderen Ort für seine niveauvolle Küche finden können. Sie ist modern-klassisch, hat saisonal-internationale Einflüsse und setzt auf ausgesuchte Produkte. Es gibt zwei Menüs (eines davon vegetarisch), aus denen man auch à la carte wählen kann. Oder lieber einen "Seesteg"-Klassiker? Dazu wertig-geschmackvolles Ambiente samt verglaster Showküche sowie ein reizvoller Blick Richtung Nordsee - Tipp: die Seeterrasse!

🍴 – Preis: €€€

Damenpfad 36a ✉ 26548 – ☎ 04932 893600 – www.seesteg-norderney.de

NORDHAUSEN

Thüringen – Regionalatlas **4**–N2

⊛ FEINE SPEISESCHENKE

MARKTKÜCHE • FREUNDLICH Sie finden dieses freundliche Restaurant in einem von Wald und Wiesen umgebenen kleinen Ort in einem ruhigen Seitental. Serviert wird saisonale Küche mit regionalen und internationalen Einflüssen. Etwas Besonderes: Man züchtet schottische Hochlandrinder. Sie wählen aus verschiedenen Menüs (darunter ein vegetarisches) oder von der Klassiker-Karte.

(🍴 🎪 ✿ 🅿 – Preis: €

Winkelberg 13 ✉ 99734 – ☎ 03631 4736490 – speiseschenke.de – Geschlossen: Montag und Dienstag, mittags: Mittwoch-Samstag, abends: Sonntag

NORDHEIM AM MAIN

Bayern – Regionalatlas **5**–V1

REISERS ZEHNTHOF

REGIONAL • HISTORISCHES AMBIENTE Mitten in dem malerischen Weindorf liegt der denkmalgeschützte 400 Jahre alte Zehnthof. Drinnen sitzt man in gemütlich-rustikalen Gasträumen mit historischem Charme, draußen locken angenehme Terrassenplätze im wunderbaren Innenhof mit zwei schattenspendenden Platanen. Küche und Weinkarte sind regional ausgerichtet. Hinweis: Sie erreichen das Restaurant durch die Hofeinfahrt in der Langgasse.

& 🎪 ✿ – Preis: €€

Hauptstraße 2 ✉ 97334 – ☎ 09381 1702 – www.der-reiser.de/restaurants/3-zehnthof-nordheim-reloaded – Geschlossen: Montag-Mittwoch, mittags: Donnerstag und Freitag

NORDKIRCHEN

Nordrhein-Westfalen – Regionalatlas **3**–K2

SCHLOSS RESTAURANT VENUS

INTERNATIONAL • KLASSISCHES AMBIENTE Im "Westfälischen Versailles" finden Sie dieses klassisch-gediegene Gewölberestaurant - die zahlreichen Gemälde stammen übrigens von Patron Franz L. Lauter, einem passionierten Maler! Geboten wird das "Anbiss"-Menü, aus dem man auch à la carte wählen kann. Eine einfachere, legere Alternative am Mittage ist das Bistro mit großer Terrasse. Tipp: Vor oder nach dem Essen bietet sich ein Spaziergang um das Schloss mit Park an.

(🍴 ✿ 🅿 🗡 – Preis: €€€

Schloss 1 ✉ 59394 – ☎ 02596 972472 – lauter-nordkirchen.de – Geschlossen: Montag-Mittwoch, mittags: Donnerstag und Freitag

Bayern
Regionalatlas **6**–X1

NÜRNBERG

Nürnberg ha eine tolle Auswahl an 1- und 2-Sterne-Restaurants mit unterschiedlichen Konzepten. Spitzenreiter sind unverändert das **Essigbrätlein** und das **etz**! Beide sind ebenso wie das **Veles** für ihre Nachhaltigkeits-Philosophie mit dem Grünen Stern ausgezeichnet. Das **Tisane** lockt mit einem interessanten ″Counter Dining″-Konzept auf Sternniveau. Im **ZweiSinn Meiers** erwarten Sie gleich zwei Optionen: modern-kreativ im **Fine Dining** oder französisch-mediterran im **Bistro**. Das **Würzhaus** kommt mit seinem Doppelkonzept aus Wirtshausküche am Mittag und ambitioniertem Menü am Abend gut an. Und vergessen Sie nicht, eines der typischen Bratwurst-Lokale zu besuchen! Ein Spaziergang durch die historische Altstadt mit ihren Sehenswürdigkeiten lohnt sich ebenfalls. Tipp für den Wochenend-Bummel: die kleine Eismanufaktur in der charmanten Weißgerbergasse!

🏵️ 🏵️ **ESSIGBRÄTLEIN**

Chef: Andree Köthe und Yves Ollech

INNOVATIV • GEMÜTLICH Man muss an der Glocke läuten, um in das kleine ″Essigbrätlein″ mitten in der Nürnberger Altstadt zu kommen. Ein schönes intimes Restaurant. Die Atmosphäre gemütlich und heimelig, alle sind ausgesprochen charmant und aufmerksam! In der Küche geht es äußerst innovativ zu, ganz im Fokus die Saison und ausgesuchte Produzenten. Entsprechend dem eigenen nachhaltigen Ansatz setzt man die ″leaf to root″-Philosophie absolut konsequent um. Patron Andree Köthe und Küchenchef Yves Ollech - seit Jahren ein eingespieltes Team am Herd - haben ein Faible für Kräuter, Gewürze und Gemüse. Man fermentiert und weckt ein. Zur kreativen Naturküche gibt es wirklich gut abgestimmte Weinbegleitungen. Tipp: Vegetarisches Mittagsmenü am besten bei der Reservierung anfragen.

🏵️ *Engagement des Küchenchefs: Wir sehen uns als Impulsgeber und als Schnittstelle zwischen Haute Cuisine und Nachhaltigkeit in der Küche. Wir beziehen unsere Ware von Bauern aus der Region, sehen diese Reduzierung als kreative Herausforderung, sind oft selbst auf dem Feld, tierische Produkte spielen eine immer geringere Rolle.*

🍽️ Ⓚ ⇔ – Preis: €€€€

Stadtplan: B2-8 - *Weinmarkt 3* ✉ *90403 -* 📞 *0911 225131 - essigbraetlein.de - Geschlossen: Montag, Dienstag, Sonntag*

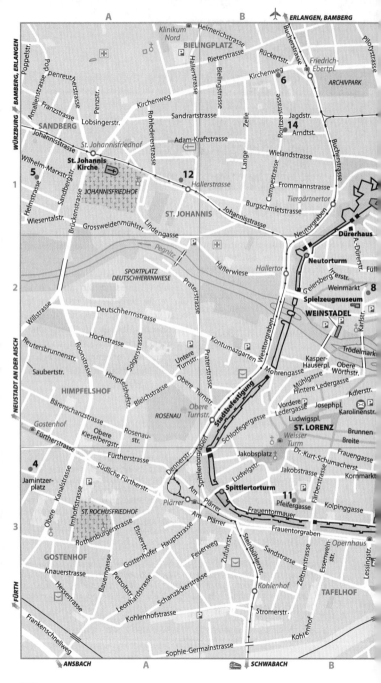

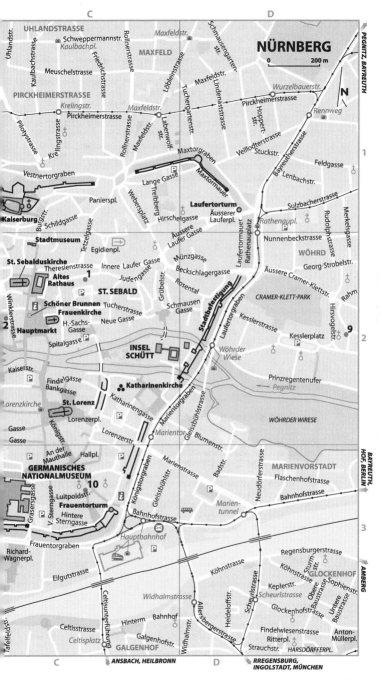

🐾🐾 ETZ

Chef: Felix Schneider

KREATIV • CHIC In einem Stadtviertel im Nordwesten, unweit der Pegnitz und ihren Auen, hat Felix Schneider nun sein "etz". Es liegt etwas versteckt in einem Hinterhof (Zugang über Kirschgartenstr. 6). Bei der kreativen Küche setzt das Team ganz auf Nachhaltigkeit. Man pflanzt selbst Obst und Gemüse an, alles ist selbst produziert, von Schinken über Butter bis hin zu Miso und Essig. Die Atmosphäre ist angenehm leger und modern-urban. An den Tischen bei der offenen Küche kommt man schon mal mit den Köchen ins Gespräch - diese servieren auch selbst. Ab 18.15 Uhr genießt man über vier bis fünf Stunden ein Menü mit 12 - 16 Gängen, omnivor (Fisch und Fleisch) oder vegetarisch. Dazu wählt man zwischen Wein- oder alkoholfreier Begleitung.

🐾 *Engagement des Küchenchefs: Ich achte auf regionalen Einkauf (95% der Produkte aus der nächsten Umgebung) und verarbeite nur ganze Tiere. Zukünftig möchten wir uns noch stärker vegetarisch ausrichten. Wir reduzieren CO2 und setzen auf mitarbeiterfreundliche Arbeitszeiten. Wir denken ganzheitlich, über den Tellerrand hinaus.*

Preis: €€€€

Stadtplan: C2-1 – Wiesentalstraße 40 ⊠ 90419 – 𝒞 0911 47712809 – etzrestaurant. de – Geschlossen: Montag-Mittwoch, Sonntag, mittags: Donnerstag-Samstag

🐾 ENTENSTUBEN

Chef: Fabian Denninger

MODERNE KÜCHE • ELEGANT Wer vor dem eher unscheinbaren Haus im Stadtteil "Wöhrd" steht, würde hier nicht unbedingt ein solch geschmackvoll-elegantes Restaurant erwarten. Es ist die Wirkungsstätte von Fabian Denninger. Nachdem der gebürtige Mannheimer u. a. im "Edsbacka krog" in Sollentuna bei Stockholm, in der "Burg Wernberg" und im "Waldhotel Sonnora" in Wittlich tätig war, leitete er hier in Nürnberg zuerst die Küche des "Koch und Kellner", bevor er im Juni 2014 Inhaber und Küchenchef der "Entenstuben" wurde. Er kocht auf klassischer Basis, mit guten, frischen Produkten und schönen Säurekontrasten. Das sehr ansprechend präsentierte Menü gibt es auch als vegetarische Variante. Tipp: die ruhige, charmant-begrünte Terrasse hinter dem Haus.

🐾 🏠 – Preis: €€€€

Stadtplan: D2-9 – Schranke 9 ⊠ 90403 – 𝒞 0911 5209128 – www.entenstuben. de – Geschlossen: Montag und Sonntag, mittags: Dienstag-Samstag

🐾 KOCH UND KELLNER

MODERNE KÜCHE • BISTRO Einer der großen Klassiker der Nürnberger Gourmet-Szene hat mit Felix Bruegel (zuvor als Souschef hier tätig) einen neuen Chef am Herd. Seine Gerichte sind in einer Art "modernisierten Klassik" beheimatet. Nicht fehlen darf natürlich Patron und "Kellner" Frank Mackert mit seinem unnachahmlichen fränkischen Charme und profunder Weinexpertise, die er bei seiner rund 500 Etiketten umfassenden Karte versiert und nonchalant einbringen kann. Dazu schaffen klare Formen, freundliche, warme Farben und Parkettboden ein schönes Ambiente. Hinweis: Mo. - Sa. mittags (11.30 - 14.30 Uhr) nur auf Vorreservierung.

🐾 – Preis: €€€

Stadtplan: A3-4 – Obere Seitenstraße 4 ⊠ 90429 – 𝒞 0911 266166 – www. kochundkellner.de – Geschlossen: Sonntag

🐾 TISANE ⓝ

MODERNE KÜCHE • DESIGN Cool, trendig und kommunikativ! In diesem "Chef's Table Restaurant" auf dem schicken Areal des Augustinerhofs in der Altstadt ist die offene Küche das Herzstück. Hier sitzen Sie an einer markanten Theke im Naturstein-Look, der Austausch zwischen Köchen und Gästen ist Teil des Konzepts. Sie erleben hautnah mit, wie das Team um René Stein (bekannt aus dem "Schwarzen Adler") ein modern-kreatives Menü mit angenehm reduzierten Gerichten aus top Produkten zubereitet - auf Vorbestellung auch vegetarisch.

Preis: €€€€

Stadtplan: C2-2 – Augustinerhof 1 ⊠ 90403 – 𝒞 0911 376766276 – restaurant-tisane.de – Geschlossen: Montag, Dienstag, Sonntag, mittags: Mittwoch-Samstag

VELES

Chef: Vadim Karasev

MODERNE KÜCHE • GEMÜTLICH Ein Gourmetrestaurant im Nürnberger Szeneviertel Gostenhof? Warum eigentlich nicht? Umgeben von einem alternativ angehauchten Umfeld legt Küchenchef und Patron Vadim Karasev in seinem Restaurant viel Wert auf Regionalität und Saisonalität. Viele der Zutaten kommen von Kleinerzeugern direkt aus dem Knoblauchsland, das quasi um die Ecke liegt. Neben ausgezeichneter Produktqualität ist Ihnen in den fünf bis sieben Gängen des durchdachten Menüs geschmackliche Tiefe ebenso sicher wie Finesse. Dazu biodynamische Weine. Das Ambiente ist unkompliziert, locker und durchaus trendig. Freundlich und motiviert das Team, das Sie mit Enthusiasmus betreut und kulinarisch überrascht.

Engagement des Küchenchefs: Ich bin sehr auf das Produkt fokussiert, gehe respektvoll damit um und lasse mich zu ständigen Veränderungen inspirieren. Die Produkte kommen aus der unmittelbaren Umgebung, z. B. Fisch aus Erlangen, Gemüse aus dem Knoblauchsland. Alles wird komplett verarbeitet, teils fermentiert oder gepickelt.

🍽 – Preis: €€€

außerhalb Stadtplan – *Kernstraße 29 ✉ 90429 – 𝒞 0911 5985385 – www.veles-restaurant.de – Geschlossen: Montag und Sonntag, mittags: Dienstag-Samstag*

WAIDWERK

Chef: Valentin Rottner

MODERNE KÜCHE • CHIC Die Gourmet-Keimzelle im Hause Rottner! Wo einst Vater Stefan das kulinarische Wohl der Region geprägt hat, lebt Sohn Valentin Rottner die Tradition sehr gekonnt weiter. Geboten wird ein modernes Menü mit vier bis sieben Gängen - ab zwei Personen gibt es auf Wunsch auch ein Tranchiergericht als Hauptgang. Dazu wird man unter der Leitung von Sommelier Thomas Wachter umsorgt, der professionell und freundlich mit Witz und Charme den Service leitet. Ebenso anspruchsvoll das Interieur: Richtig chic ist der geradlinige Stil in Kombination mit einem ländlichen Touch und Bezug zur Jagd - Letzteres kommt nicht von ungefähr: Küchenchef Valentin Rottner ist Jäger.

🅰🅲 🅿 – Preis: €€€€

außerhalb Stadtplan – *Winterstraße 15 ✉ 90431 – 𝒞 0911 612032 – www.rottner-hotel.de – Geschlossen: Montag, Dienstag, Sonntag, mittags: Mittwoch-Samstag*

ZWEISINN MEIERS | FINE DINING

Chef: Stefan Meier

KREATIV • ZEITGEMÄSSES AMBIENTE Eine echte kulinarische Bereicherung für die Frankenmetropole ist dieses stylish-moderne Restaurant etwas außerhalb des Nürnberger Stadtzentrums, mit dem sich Stefan Meier nach erstklassigen Stationen im "Louis C. Jacob" in Hamburg, im "Amador" in Langen oder bei Johanna Maier im österreichischen Filzmoos vor einigen Jahren selbstständig gemacht hat. Gemeinsam mit seinem motivierten Team kombiniert er beste handverlesene Produkte zu kreativen und geschmacklich ausbalancierten Gerichten mit eigener Idee. An Vegetarier ist ebenfalls gedacht. Zur Wohlfühlatmosphäre in dem geradlinig-schicken Restaurant trägt nicht zuletzt auch der professionelle, sehr freundliche und aufmerksame Service bei.

🐝 ♿🍽 – Preis: €€€€

außerhalb Stadtplan – *Äußere Sulzbacher Straße 118 ✉ 90491 – 𝒞 0911 92300823 – www.meierszweisinn.de – Geschlossen: Montag und Sonntag, mittags: Dienstag-Samstag*

[W]EINKLANG 🇳

MODERN • CHIC Chic ist das kleine Restaurant im Nürnberger Nordwesten, gemütlich die Atmosphäre. Hier bieten Tomas Spanu, Patron mit sardisch-französischer Abstammung, und Küchenchef Gerald Hoffmann (in Nürnberg alles andere als ein Unbekannter) ein Menü mit vier oder fünf Gängen - angenehm reduziert und auf das Produkt bezogen. Der freundliche und aufmerksame Service macht das angenehme Bild komplett. Da wird man gerne zum Wiederholungstäter!

⅃ Ⓐ – Preis: €€€

außerhalb Stadtplan – *Johannisstraße 130* ✉ *90402* – ℰ *0911 91947480* – *www. weinklang.co* – *Geschlossen: Montag und Sonntag, mittags: Dienstag-Samstag*

DER SCHWARZE ADLER

MODERNE KÜCHE • ROMANTISCH Hier ist man mit Herzblut bei der Sache - das merkt man an den stilvollen Stuben des wunderschön restaurierten jahrhunderte-alten Hauses ebenso wie am engagierten Service und nicht zuletzt an der internationalen, modern-saisonalen Küche von Christian Brieske, regionale Produkte aus dem Knoblauchsland inklusive. Das Angebot ist auf "Sharing" ausgelegt. Reizend die Terrasse im Garten - im Sommer steht hier der Outdoor-Grill im Mittelpunkt.

🕍 ⇔ – Preis: €€€

außerhalb Stadtplan – *Kraftshofer Hauptstraße 166* ✉ *90427* – ℰ *0911 305858* – *schwarzeradler.de* – *Geschlossen: Montag und Dienstag, mittags: Mittwoch-Sonntag*

IMPERIAL BY ALEXANDER HERRMANN

INTERNATIONAL • TRENDY Ein interessante Location ist dieses Restaurant schon allein durch seinen Mix aus architektonischen Details des Altbaus sowie dem modernen, chic-urbanen Look samt einsehbarer mittig angelegter Küche. Hier wird man in unkomplizierter, entspannter Atmosphäre freundlich umsorgt. Gekocht wird international und mit fränkischem Einfluss. Es stehen verschiedene Menüs zur Wahl.

Ⓐ – Preis: €€€€

Stadtplan: C3-10 – *Königstraße 70* ✉ *90402* – ℰ *0911 24029955* – *ah-imperial. de* – *Geschlossen: Montag und Sonntag, mittags: Dienstag-Samstag*

IU & ON

THAILÄNDISCH • TRENDY Seit 1972 gibt es diesen Familienbetrieb im Herzen von Nürnberg - übrigens das erste thailändische Restaurant der Stadt. Man hat viele Stammgäste und die schätzen die aromareichen Gerichte, zu denen auch Klassiker wie "Laab" oder "Tom Yam" zählen. Dazu erwarten Sie klares, minimalistisches Ambiente und freundlicher Service.

🕍 – Preis: €

Stadtplan: B1-14 – *Roritzerstraße 10* ✉ *90419* – ℰ *0911 336767* – *thai-restaurant-nuernberg.de* – *Geschlossen: Montag und Dienstag, mittags: Mittwoch-Freitag*

LE VIRAGE

FRANZÖSISCH • FAMILIÄR In dem charmanten kleinen Bistro erfährt man ein Stückchen französische Lebensart in Nürnberg! Es gibt traditionelle Gerichte, die in Menüform angeboten werden. Gekocht wird eher schlicht, aber mit Geschmack - und alles ist frisch!

🗗 – Preis: €€

Stadtplan: A1-5 – *Helmstraße 19* ✉ *90419* – ℰ *0911 9928957* – *www.nefkom. net/le.virage* – *Geschlossen: Montag und Dienstag, mittags: Mittwoch-Sonntag*

MINNECI LEONARDO

ITALIENISCH • MEDITERRANES AMBIENTE Richtig schön verbindet sich der historische Charakter des alten Stadthauses von 1560 mit der Atmosphäre eines italienischen Ristorante. Auf der Karte z. B. "Lammcarré rosa gebraten, Caponata, römische Gnocchi", der Service freundlich und charmant.

🕍 – Preis: €€

Stadtplan: B3-11 – *Zirkelschmiedsgasse 28* ✉ *90402* – ℰ *0911 209655* – *minneci-ristorante.de* – *Geschlossen: Montag und Sonntag*

WONKA

MODERNE KÜCHE • HIP Seit über 20 Jahren betreibt Christian Wonka dieses sympathische Restaurant. Gekocht wird ambitioniert und mit sehr guten, oft regionalen Produkten. Abends gibt es ein kreatives Menü, auch vegetarisch. Mittags ist das Menü kleiner. Neben verschiedenen geschmackvollen Räumen hat man noch eine wirklich nette Terrasse.

🍴 ⇩ – Preis: €€€

Stadtplan: A1-12 – *Johannisstraße 38 ⊠ 90419 – ☏ 0911 396215 – www. restaurant-wonka.de – Geschlossen: Montag und Sonntag, mittags: Dienstag und Samstag*

WÜRZHAUS

MODERNE KÜCHE • MINIMALISTISCH Eine wirklich interessante Adresse! Während man sich in der Mittagspause auf ein einfacheres, fair kalkuliertes Lunch-Angebot freuen darf (à la carte oder als kleines Menü), zeigt sich das Restaurant am Abend von seiner aufwändigeren Seite samt modern-kreativer Küche. In ihrem Menü verbindet Küchenchefin Diana Burkel regional-saisonale Produkte mit internationalen Einflüssen. Freundlich und versiert der Service, sympathisch die Atmosphäre.

🍴 – Preis: €€€

Stadtplan: B1-6 – *Kirchenweg 3a ⊠ 90419 – ☏ 0911 9373455 – www.wuerzhaus. info – Geschlossen: Montag und Sonntag, mittags: Samstag*

ZIRBELSTUBE

REGIONAL • RUSTIKAL Der Weg in Nürnbergs Umland lohnt sich, denn in dem charmenten Sandsteingebäude von 1860 erwartet Sie neben dem schönen Ambiente der Zirbelstube oder des Gewölbes eine gute regional-saisonale Küche mit klassischen und internationalen Einflüssen. Die Gerichte der beiden Menüs können Sie auch variieren. Reizend die Terrasse. Der freundlich geführte Familienbetrieb hat auch hübsche Gästezimmer.

♿ 🍴 ⇩ 🅿 – Preis: €€€

außerhalb Stadtplan – *Friedrich-Overbeck-Straße 1 ⊠ 90455 – ☏ 0911 998820 – www.zirbelstube.com – Geschlossen: Montag und Sonntag, mittags: Dienstag-Samstag*

ZWEISINN MEIERS | BISTRO

MODERNE KÜCHE • BISTRO Wer in Nürnberg ein richtig nettes Bistro sucht, ist hier genau richtig! Angenehme gepflegte Atmosphäre, freundlicher Service und gutes Essen erwarten Sie. Mittags ist der günstige Tagesteller gefragt. Das Gourmetrestaurant des Hauses befindet sich im hinteren Bereich und ist nicht minder beliebt.

🕸 ♿ 🍴 – Preis: €€

außerhalb Stadtplan – *Äußere Sulzbacher Straße 118 ⊠ 90491 – ☏ 0911 92300823 – www.meierszweisinn.de – Geschlossen: Montag und Sonntag, mittags: Samstag*

NUTHETAL

Brandenburg – Regionalatlas **4**–Q1

PHILIPPSTHAL

SAISONAL • RUSTIKAL Der Weg zu diesem denkmalgeschützten Anwesen lohnt sich: schön das Ambiente mit seinem Mix aus Rustikalem und Modernem, reizend der Hofgarten und gekocht wird richtig gut. Aus der einsehbaren Küche kommen französisch-mediterrane und deutsch-regionale Speisen, darunter Klassiker, aber auch tagesaktuelle Spezialitäten.

🍴 🅿 📋 – Preis: €€

Philippsthaler Dorfstraße 35 ⊠ 14558 – ☏ 033200 524432 – www.restaurant-philippsthal.de – Geschlossen: Montag und Dienstag, mittags: Mittwoch

OBERAUDORF

Bayern – Regionalatlas **6**–Y4

BERNHARD'S

MARKTKÜCHE • FREUNDLICH Das Restaurant der Familie Bernhard liegt sehr zentral, ist gemütlich und lockt viele Stammgäste an. Tipp: Gerichte mit Schweizer Akzent - der Senior ist gebürtiger Graubündner! Lecker auch Regionales wie "geschmortes Audorfer Lamm, Bärlauch-Knödel-Terrine, Frühlingsgemüse, gebratene Pilze". Übernachten können Sie hier oder im "Seebacher Haus" unter gleicher Leitung.

🍴 ⇄ 🅿 – Preis: €€

Marienplatz 2 ✉ 83080 – 𝄞 08033 30570 – www.bernhards.biz – Geschlossen: Dienstag und Mittwoch, mittags: Donnerstag

OBERBOIHINGEN

Baden-Württemberg – Regionalatlas **7**–B2

🏵 ZUR LINDE

REGIONAL • BÜRGERLICH Seit Jahrzehnten ein bewährter Klassiker in der Region - hier bekommen Sie richtig traditionelle Küche. Die aus sehr guten Produkten zubereiteten Gerichte sind schmackhaft und zudem preislich fair. Beliebt auch das günstige Tagesessen. Tipp: Vieles gibt es auch für zuhause: Maultaschen, Spätzle, Wurst- und Fleischwaren... Für Langzeitgäste: topmoderne Apartments im Nebenhaus.

🍴 ⇄ 🅿 🍷 – Preis: €

Nürtinger Straße 24 ✉ 72644 – 𝄞 07022 61168 – www.linde-oberboihingen.de – Geschlossen: Montag und Dienstag

OBERHAUSEN

Nordrhein-Westfalen – Regionalatlas **3**–J2

HACKBARTH'S RESTAURANT

MODERNE KÜCHE • MEDITERRANES AMBIENTE Hinter der roten Eingangstür erwartet Sie ein trendig-schickes Ambiente, in dem Sie das herzliche Hackbarth-Team aufmerksam umsorgt. Man kocht modern-saisonal mit traditionellen und internationalen Einflüssen - wie wär's z. B. mit "Tapas Cross Over"? Gut sortierte Weinkarte. Schön sitzt man auch auf der Terrasse.

🍴 ⇄ 🅿 – Preis: €€

Im Lipperfeld 44 ✉ 46047 – 𝄞 0208 22188 – www.hackbarths.de – Geschlossen: Montag und Sonntag, mittags: Samstag

OBERKIRCH

Baden-Württemberg – Regionalatlas **5**–T3

🏵 SPRINGBRUNNEN 🄽

REGIONAL • LANDHAUS Nach fast 30 Jahren Mallorca hat es den gebürtigen Tschechen Martin Sklenar und seine Frau Lucie von der Baleareninsel in die Weinberge von Oberkirch verschlagen. Hier bieten sie in gemütlichem Ambiente mit rustikalem Touch oder auf der herrlichen Terrasse, dem "Weinberggarten", einen interessanten Mix aus badisch-regionaler, mallorquinischer und böhmisch inspirierter Küche. Zu den produktorientierten Gerichten serviert man überwiegend regionale Weine.

🦽 🍴 ⇄ 🅿 – Preis: €€

Springstraße 11 ✉ 77704 – 𝄞 07802 7058383 – www.restaurant-springbrunnen.de – Geschlossen: Dienstag und Mittwoch, mittags: Montag, Donnerstag-Samstag

OBERRIED

Baden-Württemberg – Regionalatlas **7**–B1

🕙 DIE HALDE

REGIONAL • RUSTIKAL Hier oben in 1147 m Höhe ist mit diesem stilvollen Restaurant der Spagat zwischen Historie und Moderne geglückt! Sie sitzen in gemütlichen Stuben und lassen sich freundlich und geschult umsorgen. In der Küche arbeitet man gerne mit heimischen Produkten, Wasser kommt aus der Haus-Bergquelle. Zum Übernachten gibt es schöne Zimmer in modern-regionalem Stil.
&⛱️🅿️ – Preis: €€
Halde 2 ⊠ 79254 – 𝒞 07602 94470 – www.halde.com

🕙 GASTHAUS STERNEN POST

REGIONAL • LÄNDLICH Bereits seit 2006 sind Bernd Lutz und seine Frau Rosemarie in dem sympathischen Gasthaus von 1875 für ihre Gäste da. Der Patron und sein Team sorgen hier für schmackhafte klassisch-saisonale Gerichte, für die sie viele Produkte aus der Region verwenden. Charmant die Stuben, hübsch die Terrasse. Zum Übernachten hat man freundliche Zimmer und eine schöne Ferienwohnung.
⛱️✧🅿️ – Preis: €€
Hauptstraße 30 ⊠ 79254 – 𝒞 07661 989849 – www.gasthaus-sternen-post.de – Geschlossen: Dienstag und Mittwoch, abends: Montag

OBERSTAUFEN

Bayern – Regionalatlas **5**–V4

ALPENKÖNIG

FRANZÖSISCH-ZEITGEMÄSS • REGIONALES AMBIENTE Hier sitzen Sie in schönen, wertig eingerichteten Stuben von charmant-traditionell bis chic-modern und lassen sich vom herzlichen, geschulten Service mit frischer regionaler Küche umsorgen. Dazu eine ansprechende Weinkarte. Das Restaurant befindet sich übrigens im attraktiven gleichnamigen Hotel mit wohnlichen Zimmern und modernem Wellnessbereich, umgeben von reizvoller Allgäuer Landschaft.
⛄🅰️🅿️ – Preis: €€
Kalzhofer Straße 25 ⊠ 87534 – 𝒞 08386 93450 – www.hotel-alpenkoenig.de – Geschlossen: Montag, Dienstag, Sonntag, mittags: Mittwoch-Samstag

DIE.SPEISEKAMMER

MODERNE KÜCHE • TRENDY "Casual Fine Dining" nennt sich das Konzept im Restaurant des chic-alpinen Hotels "DAS.HOCHGRAT". Zum trendig-wertigen Design aus klaren Linien und warmem Holz bietet man eine moderne Küche. Zur Wahl stehen Gerichte à la carte sowie ein Menü, das in der Anzahl der Gänge variabel ist. Eine vegetarische Variante gibt es ebenfalls. Dazu eine gut aufgestellte Weinkarte.
🕸️ &⛱️ – Preis: €€
Rothenfelsstraße 6 ⊠ 87534 – 𝒞 08386 9914620 – www.das-hochgrat. de/essen.html – Geschlossen: Dienstag und Mittwoch, mittags: Montag, Donnerstag-Samstag

OBERSTDORF

Bayern – Regionalatlas **5**–V4

✿ DAS MAXIMILIANS

MODERNE KÜCHE • GEMÜTLICH "Das Maximilians" ist das Aushängeschild der Fetz'schen Gastronomie! In dem kleinen Gourmetrestaurant des familiengeführten Hotels "Das Freiberg" verarbeitet das engagierte Küchenteam ausgezeichnete Produkte zu modernen, international inspirierten und durchdachten Speisen. Dazu herrscht eine echte Wohlfühl-Atmosphäre, zu der neben dem wertigen Interieur auch der aufmerksame Service samt charmanter Gastgeberin Margret Bolkart-Fetz beiträgt. Auch die Köche servieren mit und erklären die Gerichte am Tisch.

🛏🍽️🅿️ – Preis: €€€€

Freibergstraße 21 ✉ 87561 – ☎ 08322 96780 – www.das-maximilians.de –
Geschlossen: Montag, Dienstag, Sonntag, mittags: Mittwoch-Samstag

❀ ESS ATELIER STRAUSS

Chef: Peter A. Strauss

KLASSISCHE KÜCHE • GEMÜTLICH Hochwertige Möbel aus Altholz, bequeme, mit schönen Karo-Stoffen bezogene Designerstühle, in die Decke eingelassene Edelweißleuchten und geradlinige, edle Tischkultur – so frisch und modern präsentiert sich das Restaurant. Aber nicht nur der chic-alpine Look gefällt den Gästen, alles, was Hausherr Peter A. Strauss hier auf den Teller bringt, begeistert ebenso. Man verwöhnt Sie mit klassischen Gerichten, die modern-kreativ beeinflusst sind und angenehm reduziert zubereitet werden. Die Produkte sind von ausgezeichneter Qualität. Blickfang ist der 18 qm große verglaste Weinklimaschrank! Rund 300 verschiedene Weine aus Deutschland, Frankreich, Österreich und Italien sind zu haben.

♿ Ⓜ️🎼 – Preis: €€€

Kirchstraße 1 ✉ 87561 – ☎ 08322 800080 – www.loewen-strauss.de –
Geschlossen: Montag-Mittwoch, mittags: Donnerstag-Sonntag

☺ DAS FETZWERK

INTERNATIONAL • TRENDY Modern und angenehm unkompliziert kommt "Das Fetzwerk" daher - das gilt sowohl für das trendige Ambiente als auch für die Küche. Geboten werden schmackhafte, frische Gerichte mit einem gewissen Pfiff. Dazu wird man freundlich und aufmerksam umsorgt. Das Restaurant befindet sich übrigens im komfortablen Hotel "Das Freiberg" und hat ab 13 Uhr geöffnet. Bei schönem Wetter ist die Terrasse geradezu ein Muss!

🍽️🅿️ – Preis: €

Freibergstraße 21 ✉ 87561 – ☎ 08322 96780 – www.das-fetzwerk.de

☺ DAS JAGDHAUS

REGIONAL • LÄNDLICH Das charmante Holzhaus von 1856 mit seinen drei Stuben ist ein netter Ableger des Gourmetrestaurants "Das Maximilians". Auf den Tisch kommen nur Produkte aus Deutschland, bevorzugt aus der Region, so finden sich auch tolle Wildgerichte auf der traditionellen Karte. Schöne Weinauswahl. Im hübschen Biergarten sitzt man unter Kastanien.

🍽️♻️🅿️ – Preis: €€

Ludwigstraße 13 ✉ 87561 – ☎ 08322 987380 – www.das-jagdhaus.de –
Geschlossen: Mittwoch und Donnerstag

☺ LÖWEN-WIRTSCHAFT

REGIONAL • GASTHOF Im alpinen Lifestyle-Hotel "Löwen & Strauss" gibt es neben dem Gourmetrestaurant auch diese wirklich nette Alternative. Der modern-rustikale Stil (schön die liebevollen Details wie alte Skier, Kuhglocken etc.) kommt ebenso gut an wie der freundliche Service und die schmackhafte Küche, die regional und saisonal ausgerichtet ist. Tipp: Nehmen Sie auch einen Drink in der Bar "Berggold" im Haus nebenan.

♿🍽️🅿️ – Preis: €

Kirchstraße 1 ✉ 87561 – ☎ 08322 800088 – www.loewen-strauss.de –
Geschlossen: Montag und Dienstag

ONDERSCH GENUSSWIRTSCHAFT

MODERNE KÜCHE • FREUNDLICH Hinter dem Namen "Ondersch" (Dialekt für "Anders") verbirgt sich ein trendiges Konzept, das ankommt. Hier im "LOFT" findet man Kino, Streetfood-Bar und das Restaurant "Genusswirtschaft" unter einem Dach. Letzteres befindet sich in der oberen Etage, unkompliziert und urban die Atmosphäre, freundlich der Service. Geboten wird eine schmackhafte moderne Küche mit regionalem und saisonalem Bezug.

&. – Preis: €€
Ludwigstraße 7 ⊠ 87561 – ℰ 08322 3004885 – www.ondersch.de –
Geschlossen: Montag und Sonntag, mittags: Dienstag-Samstag

OBERTHAL
Saarland – Regionalatlas **5**–S1

ZUM BLAUEN FUCHS
FRANZÖSISCH-KLASSISCH • LÄNDLICH In gemütlich-elegantem Ambiente
lassen Sie sich mit guter klassischer Küche umsorgen, die in Form zweier Menüs
angeboten wird - hier z. B. "Flankensteak mit getrüffeltem Kartoffelstampf". Dazu
berät Sie die Chefin freundlich in Sachen Wein.
�については P – Preis: €€
Walhausener Straße 1 ⊠ 66649 – ℰ 06852 6740 – www.zumblauenfuchs.
de – Geschlossen: Montag-Donnerstag, mittags: Freitag und Samstag, abends:
Sonntag

OBERURSEL (TAUNUS)
Hessen – Regionalatlas **3**–L4

KRAFTWERK
MODERN • TRENDY Das einstige Kraftwerk ist nicht nur eine schicke Location,
man isst hier auch richtig gut. Die Küche verbindet klassische, mediterrane und
österreichische Einflüsse. Sie sitzen in einer hohen Halle mit Industrie-Charme und
lassen sich freundlich umsorgen. Serviert werden moderne Menüs, zu denen man
Ihnen auf Wunsch auch eine ausgewählte Weinbegleitung anbietet.
⅜ 🌿 P – Preis: €€
Zimmersmühlenweg 2 ⊠ 61440 – ℰ 06171 929982 – kraftwerkrestaurant.de –
Geschlossen: Montag und Sonntag, mittags: Dienstag-Samstag

ODENTHAL
Nordrhein-Westfalen – Regionalatlas **3**–J3

✿ ZUR POST
Chef: Alejandro Wilbrand und Christopher Wilbrand
MODERNE KÜCHE • ELEGANT Einen Ort zum Genießen und Wohlfühlen haben
die Brüder Alejandro und Christopher Wilbrand aus dem historischen Gasthaus
gemacht. Mit ihrer Küche gelingt ihnen ein interessanter Spannungsbogen zwi-
schen Klassik und kreativ angehauchter Moderne. Dafür verarbeiten sie ausge-
zeichnete Produkte zu einem konventionellen und einem vegetarischen Menü. Der
Bezug zur Region findet sich in den durchdachten Gerichten ebenso wie andere
europäische Einflüsse. Trefflich die Empfehlungen aus dem schönen Weinangebot.
Neben ihrem Gourmetrestaurant haben die Wilbrands hier auch noch die legerere
„Postschänke" und ein komfortables kleines Hotel.
🆇 ⇔ P – Preis: €€€
Altenberger-Dom-Straße 23 ⊠ 51519 – ℰ 02202 977780 – www.zurpost.
eu – Geschlossen: Montag und Dienstag, mittags: Mittwoch-Samstag, abends:
Sonntag

POSTSCHÄNKE
MARKTKÜCHE • BISTRO Gemütlich und sympathisch-lebhaft ist die Atmosphäre
hier. Die "Postschänke" ist die schöne Alternative zum Gourmetrestaurant "Zur
Post" und kommt gut an mit ihrer schmackhaften saisonal ausgerichteten Küche,
für die ausgesuchte, frische Produkte zum Einsatz kommen. Geboten wird ein
Tagesmenü mit Wahlmöglichkeit sowie Tagesempfehlungen. Der Service ist sehr
freundlich und aufmerksam.

ODENTHAL

🏠 **P** – Preis: €€

Altenberger-Dom-Straße 23 ✉ 51519 – ☎ 02202 977780 – www.zurpost.eu –
Geschlossen: Montag und Dienstag, abends: Sonntag

OFTERSCHWANG
Bayern – Regionalatlas **5**–V4

❀ **SILBERDISTEL**

KLASSISCHE KÜCHE • ELEGANT Das seit 1919 von Familie Fäßler geführte
"Sonnenalp Resort" hat auch eine tolle gastronomische Seite. Das Team der
"Silberdistel"-Küche verarbeitet ausgesuchte saisonale Zutaten, die man gerne
aus der Region bezieht. Die Speiskarte teilt sich in Klassiker à la carte und das
"Weitblick-Menü". Hier in der 4. Etage hat man übrigens eine wunderbare
Aussicht - vielleicht können Sie ja einen Fensterplatz ergattern. Doch auch das
Restaurant selbst kann sich sehen lassen: geschmackvoll und hochwertig der Mix
aus elegantem Stil und alpenländischem Charme. Dazu kommt das Bemühen um
den Gast, das in diesem traditionsreichen Haus allgegenwärtig ist.

⪦🦽🅰️**P** – Preis: €€€€

Sonnenalp 1 ✉ 87527 – ☎ 08321 2720 – www.sonnenalp.de – Geschlossen:
Montag und Dienstag, mittags: Mittwoch-Sonntag

FREISTIL

Chef: Constantin Kiehne

MODERNE KÜCHE • FREUNDLICH Neben einem schönen modernen Ambiente
aus klaren Formen und warmem Holz erwartet Sie hier eine regional und saisonal
ausgerichtete Küche mit modernen Gerichten, die Sie in Menüform (auch vegetarisch) oder à la carte wählen können. Sie möchten übernachten? Im Boutiquehotel
hat man hübsche wohnlich gestaltete Gästezimmer für Sie.

❀ *Engagement des Küchenchefs: Saisonalität und handverlesene*
Produktqualität stehen für mich an erster Stelle, das Allgäu hat hier viel zu bieten!
Wir verarbeiten Tiere von A - Z, Wild aus der Umgebung, Fische aus regionaler
Zucht, ich stehe für faire und gute Arbeitsbedingungen, Strom beziehen wir aus
dem Blockheizkraftwerk.

🏠 **P** – Preis: €€

Schweineberg 20 ✉ 87527 – ☎ 08321 7071 – kiehnes-freistil.de – Geschlossen
mittags: Montag-Sonntag

ÖHNINGEN
Baden-Württemberg – Regionalatlas **5**–U4

❀ **FALCONERA**

Chef: Johannes Wuhrer

FRANZÖSISCH-KLASSISCH • FAMILIÄR Eine schöne Adresse ist die ehemalige
Mühle im Grünen unweit des Bodensees. Mit Falken- und Mühlenstube hat man
in dem jahrhundertealten Fachwerkhaus einen geschmackvollen Mix aus elegant
und rustikal geschaffen. Nicht zu vergessen der tolle Garten! Dass man hier viele
Stammgäste hat, ist nicht nur dem hübschen Rahmen zu verdanken, auch die
herzliche Art der Gastgeber kommt an. Und dann ist da noch die hervorragende
Küche, die Leidenschaft und Können widerspiegelt. Patron Johannes Wuhrer kocht
klassisch-saisonal und verarbeitet ausgesuchte, frische Produkte. Sie können das
"Menü Falconera" oder das "Gemüsemenü" wählen - oder lieber Gerichte à la carte?
Mittags gibt es zusätzlich ein günstigeres 3-Gänge-Menü.

🕏 🏠 ↔ **P** – Preis: €€€

Zum Mühlental 1 ✉ 78337 – ☎ 07735 2340 – falconera.de – Geschlossen:
Montag, Dienstag, Sonntag, mittags: Mittwoch

ÖHRINGEN

Baden-Württemberg – Regionalatlas **5**–U2

KLEINOD

KREATIV • TRENDY In der schicken Orangerie neben dem Hoftheater heißt das Motto "Orient trifft Okzident": Cross-Over-Küche in Form eines kreativen Menüs. Während der Betriebsferien im Sommer öffnet die herrliche Terrasse mit einer anderen, einfacheren Karte. Der angrenzende öffentliche Park lädt förmlich zum Spazierengehen ein.

Preis: €€€

Uhlandstraße 27 ⊠ 74613 – ℰ 07941 9894727 – www.restaurant-kleinod.de –
Geschlossen: Montag, Dienstag, Sonntag, mittags: Mittwoch-Samstag

OLDENBURG

Niedersachsen – Regionalatlas **1**–B4

KEVIN GIDEON ⓝ

MODERNE KÜCHE • HIP Das Restaurant in bester Innenstadtlage kommt wertig, geradlinig-modern und mit "Industrial"-Touch daher, große Fenster lassen Licht herein. Man sitzt hier in freundlich-nachbarschaftlicher Atmosphäre, der zum Raum hin offen angeschlossene Küchenpass gewährt je nach Sitzplatz interessante Einblicke. Kevin Gideon und sein kleines Team bieten ein kreativ-modernes Menü mit kraftvollen Gerichten, auch als vegetarische Variante.

&. – Preis: €€€

Heiligengeistwall 9 ⊠ 26122 – ℰ 0441 18005066 – kevingideon.de –
Geschlossen: Montag und Sonntag, mittags: Dienstag-Samstag

OSNABRÜCK

Niedersachsen – Regionalatlas **3**–K1

✿ FRIEDRICH

FRANZÖSISCH-MODERN • CHIC In dem gepflegten Stadthaus am kleinen Hans-Callmeyer-Platz überzeugt Lars Keiling mit moderner französischer Küche, in die er kreative Momente sowie internationale und mediterrane Aromen einbezieht. Zu den vier bis sieben Gängen des Menüs können Sie die passende glasweise Weinbegleitung wählen oder sich überaus kompetent beraten lassen. Für die charmant-professionelle Gästebetreuung ist Restaurantleiterin und Sommelière Gina Duesmann zuständig, die sehr aufmerksam auf jeden Gast eingeht. Zum tollen Essen und dem angenehmen Service gesellt sich noch ein geschmackvolles chic-elegantes Ambiente. Alternativ hat man das Bistro "Kleiner Friedrich" mit schöner Terrasse unter schattenspendenden Kastanien.

⅋ – Preis: €€€€

Lotter Straße 99 ⊠ 49078 – ℰ 0541 96380899 – friedrich-osnabrueck.de –
Geschlossen: Montag, Dienstag, Sonntag, mittags: Mittwoch-Samstag

✿ IKO

Chef: Tom Elstermeyer

MODERNE KÜCHE • MINIMALISTISCH Gelungen hat man hier die drei Bereiche "Iko-Flowers", "Iko-Atelier" und "Iko-Restaurant" verbunden. Das Ergebnis: ein attraktives geradlinig-modernes Interieur mit trendig-rustikalem Touch, Blumendeko aus dem angeschlossenen Laden und handgefertigtem Geschirr aus der integrierten Töpferei. In der offenen Küche verarbeitet man ausgesuchte Produkte zu einem modern-kreativen Menü mit fünf oder sieben Gängen - auch vegetarisch. Die Köche servieren die Gerichte selbst. Charmant und geschult empfiehlt man dazu auch gerne alkoholfreie selbst kreierte Cocktails. Hübsche Gartenterrasse. Übrigens: Man bietet auch Töpfer-Kurse an.

🏠 ⇄ 🀙 – Preis: €€€€

Stadtweg 38a ✉ 49086 – ☏ 0541 44018030 – www.iko-restaurant.de –
Geschlossen: Montag, Dienstag, Sonntag, mittags: Mittwoch-Samstag

✿ KESSELHAUS

KREATIV • TRENDY Einst Event- und Party-Location, ist diese aparte Adresse im Gewerbegebiet heute ein cooler Rahmen für Sterneküche. Attraktive Industrie-Architektur prägt das Bild: vor dem Gebäude die nette Terrasse am markanten Ziegelschornstein, drinnen tolles Loft-Ambiente: Sie sitzen unter einer hohen Decke, um Sie herum freiliegende Backsteinmauern, hohe Sprossenfenster und schicke Design-Elemente wie der mittige "Center Table" aus massivem Holz oder Comic-Kunst an der Wand. Während unter der Leitung von Randy de Jong moderne und kreative Gerichte entstehen, sorgt Restaurantleiterin und Inhaberin Thayarni Garthoff in relaxter Atmosphäre für professionellen Service. Es gibt auch zwei schöne Salons, einer davon mit Blick in die verglaste Küche. Samstags auch Lunch.

🏠 ⇄ 🄿 – Preis: €€€€

Neulandstraße 12 ✉ 49084 – ☏ 0541 97000072 – www.kesselhaus-os.de –
Geschlossen: Montag-Mittwoch, Sonntag, mittags: Donnerstag und Freitag

WILDE TRIEBE

REGIONAL • TRENDY Trendig-puristisch und ideenreich vereint das über 150 Jahre alte ehemalige Bahnhofsgebäude Kunst und Kulinarik. Wertiges Ambiente aus Backstein, Beton, Stahl und Holz, überaus charmanter Service und sehr produktbezogene Küche auf eigens gebranntem Ton-Geschirr. Besuchen Sie auch das "stille Örtchen": Durch eine Glasabdeckung schaut man hier in einen Brunnenschacht!

🏠 🄿 – Preis: €€

Am Sutthauser Bahnhof 5 ✉ 49082 – ☏ 0541 60079033 – www.wilde-triebe.
de – Geschlossen: Montag, Dienstag, Sonntag, mittags: Mittwoch-Samstag

OSTRACH
Baden-Württemberg – Regionalatlas **5**–U4

⊛ LANDHOTEL ZUM HIRSCH

BÜRGERLICHE KÜCHE • FREUNDLICH In dem über 300 Jahre alten Gasthaus gibt es gute schnörkellose bürgerliche Küche. Wie wär's mit einem Klassiker? Vielleicht "Ochsenfleisch vom Bürgermeisterstück mit Meerrettichsöße"? Ebenfalls lecker die "Maultaschen im Eimantel gebraten mit Kartoffelsalat". Auch asiatische Einflüsse machen die Küche interessant. Zum Übernachten hat man wohnliche Zimmer.

♿ 🏠 ⇄ 🄿 – Preis: €

Hauptstraße 27 ✉ 88356 – ☏ 07585 92490 – www.landhotel-hirsch.de –
Geschlossen: Sonntag

ÖTISHEIM
Baden-Württemberg – Regionalatlas **7**–B2

⊛ STERNENSCHANZ

BÜRGERLICHE KÜCHE • GASTHOF Bei Familie Linck kann man richtig gut und preislich fair essen! Kein Wunder, dass man zahlreiche Stammgäste hat, und die mögen frische schwäbische Gerichte wie Kutteln, Maultäschle & Co. Im Sommer ist der schöne Garten beliebt.

🏠 ⇄ 🄿 – Preis: €€

Gottlob-Linck-Straße 2 ✉ 75443 – ☏ 07041 6667 – www.sternenschanz.de –
Geschlossen: Montag und Dienstag

PADERBORN

Nordrhein-Westfalen – Regionalatlas **3**–L2

 BALTHASAR

Chef: Elmar Simon

FRANZÖSISCH-MODERN • ELEGANT Nicht ohne Grund findet das "Balthazar" regen Zuspruch bei den Gästen. Inhaber und Küchenchef Elmar Simon überzeugt hier mit klassisch-modernen Speisen, während seine charmante Frau Laura, ihres Zeichens Sommelière, mit ihrem Team für einen lockeren und gleichermaßen professionellen Service sorgt, gute Weinempfehlungen inklusive. Dazu wertig-elegantes Ambiente - helles Holz, warme Brauntöne und angenehme Beleuchtung schaffen eine entspannte Atmosphäre. Interessant: Auf dem Weg ins Restaurant gewährt das Bullauge im Eingangsbereich einen Blick in die Küche - das steigert die Vorfreude auf das ausgezeichnete Essen. Geboten werden zwei Menüs, eines davon vegetarisch.

🕭🏠↔🅿 – Preis: €€€€

Warburger Straße 28 ✉ 33098 – 𝒞 05251 24448 – www.restaurant-balthasar. de – Geschlossen: Montag und Sonntag, mittags: Dienstag-Samstag

PANKER

Schleswig-Holstein – Regionalatlas **1**–D2

 RESTAURANT 1797

FRANZÖSISCH-KREATIV • LÄNDLICH Wie gemalt liegt das jahrhundertealte Gut Panker in einer reizvollen Wald- und Wiesenlandschaft. Bekannt ist das herrliche Anwesen mit dem dörflichen Charme als Trakehner-Gestüt. Während um Sie herum der Gutsbetrieb läuft, werden Sie von Küchenchef Volker M. Fuhrwerk mit einem kreativen saisonalen Menü verwöhnt. Dabei stellt er ausgesuchte Produkte aus Norddeutschland in den Mittelpunkt - Gemüse, Obst und Kräuter kommen sogar aus dem eigenen Garten. Umsorgt wird man sehr aufmerksam und geschult, schöne glasweise Weinempfehlungen inklusive. Mit dem Blick auf grüne Weiden und mit ihrer schattenspendenden alten Rotbuche ist die Terrasse prädestiniert, um die Seele baumeln zu lassen! Nicht minder einladend ist das ehemalige Jagdzimmer mit seinem äußerst stilvollen ländlich-eleganten Interieur.

🕭🏠🅿 – Preis: €€€€

Gut Panker ✉ 24321 – 𝒞 04381 90690 – www.ole-liese.de – Geschlossen: Montag, Dienstag, Sonntag, mittags: Mittwoch-Samstag

FORSTHAUS HESSENSTEIN

MARKTKÜCHE • GEMÜTLICH Dass das ehemalige Forsthaus in schöner Lage eine gefragte Adresse ist, liegt an den heimelig-charmanten Stuben, am freundlichen Service und nicht zuletzt an der guten Küche, die es z. B. in Form von Klassikern wie Wiener Schnitzel, Zwiebelrostbraten oder Crème brûlée gibt. Tipp: Nehmen Sie sich etwas Zeit und besteigen Sie den Aussichtsturm. Daneben laden die Feldwege ringsum zu einem Spaziergang ein.

🏠↔🅿🍽 – Preis: €€

Hessenstein 1 ✉ 24321 – 𝒞 04381 9416 – www.forsthaus-hessenstein.com – Geschlossen: Montag und Dienstag, mittags: Mittwoch-Samstag

OLE LIESE WIRTSCHAFT

REGIONAL • GEMÜTLICH Eine sympathische Alternative zum Gourmetrestaurant "1797" ist die ländlich-gemütliche "Wirtschaft". Gekocht wird auf traditioneller Basis, großen Wert legt man auf regionalen und saisonalen Bezug. Sie können à la carte oder in Menüform speisen. Tipp: Am Nachmittag serviert man Kaffee und Kuchen. Wunderschön die Terrasse mit Blick auf das tolle Anwesen von Gut Panker!

🕭🏠↔🅿 – Preis: €€

Gut Panker ✉ 24321 – 𝒞 04381 90690 – www.ole-liese.de – Geschlossen: Montag und Dienstag, mittags: Mittwoch-Sonntag

PAPPENHEIM

Bayern – Regionalatlas **6**–X2

🏵 ZUR SONNE

REGIONAL • **GASTHOF** Bei Familie Glück kann man richtig gut essen! Darf es etwas Saisonales sein oder lieber ein regionaler Klassiker? Wild macht hier ebenso Appetit wie Gerichte vom Altmühltaler Lamm. Viele Produkte kommen aus der Region. Mittags speist man im lichten Wintergarten im Neubau, im Sommer lockt die Terrasse. Die "Sonne" hat auch schöne Gästezimmer, darunter Themenzimmer.

🍴 ⇔ – Preis: €

Deisinger Straße 20 ✉ 91788 – 𝒞 09143 837837 – www.sonne-pappenheim.de –
Geschlossen: Dienstag und Mittwoch, mittags: Montag

PASSAU

Bayern – Regionalatlas **6**–Z3

🏵 WEINGUT

INTERNATIONAL • **TRENDY** Sie möchten nach einem Stadtbummel in schicker trendig-moderner Atmosphäre speisen? Gerne wählt man ein Tagesgericht von der Tafel, Sie können aber auch einfach Tapas oder ein Glas Wein bestellen - Letzteren kann man hier auch kaufen. Der Service ist sehr freundlich und aufmerksam. Dekorative Weinregale und Hochtische tragen zur schönen Vinothek-Atmosphäre bei.

🍴 – Preis: €€

Theresienstraße 28 ✉ 94032 – 𝒞 0851 37930500 – www.weingut-passau.de –
Geschlossen: Montag und Sonntag, mittags: Dienstag-Samstag

PERASDORF

Bayern – Regionalatlas **6**–Z2

❀ GASTHAUS JAKOB

Chef: Michael Klaus Ammon

KLASSISCHE KÜCHE • **GEMÜTLICH** Man muss schon wissen, wo dieses kleine 250 Jahre alte Landgasthaus zu finden ist. Aber die Suche lohnt sich, denn hier sitzen Sie richtig gemütlich (im Sommer auch auf der Terrasse vor dem Haus) und werden wirklich charmant umsorgt. Geboten wird eine feine Küche, die man hier ab vom Schuss mitten im Bayerischen Wald nicht unbedingt erwarten würde! Küchenchef und Inhaber Michael Klaus Ammon kocht auf klassischer Basis, aber mit modernen Ideen - so entstehen z. B. eine ausdrucksstarke geröstete Hummersuppe mit gebackenem Hummer oder auch eine angenehm leichte Joghurt-Crème-brûlée. Zum Team des gebürtigen Oberfranken gehören übrigens auch seine Lebensgefährtin Mona Haka und sein Bruder Andreas, die zusammen den Service leiten - schön auch die offenen Weinempfehlungen.

🐾 🍴 🅿 🎝 – Preis: €€€

Haigrub 19 ✉ 94366 – 𝒞 09965 80014 – genuss-jakob.de – Geschlossen:
Montag und Dienstag, mittags: Mittwoch-Samstag, abends: Sonntag

PERL

Saarland – Regionalatlas **5**–S1

❀❀❀ VICTOR'S FINE DINING BY CHRISTIAN BAU

Chef: Christian Bau

KREATIV • **ELEGANT** Wer könnte präziser, unkomplizierter und charakteristischer die Aromen der französischen und der japanischen Küche zusammenführen als Christian Bau? Sein akkurates Handwerk ist über jeden Zweifel erhaben, ebenso die absolute Spitzenqualität der Produkte. Geschickt setzt er neue Ideen um, ohne seinem Stil untreu zu werden. Auf perfekte Balance, wunderbare Finesse und nicht zuletzt die Einzigartigkeit seiner Küche ist Verlass! Dazu wird man in stilvoll-modernem Ambiente professionell und charmant umsorgt. Das toll eingespielte Team um Sommelière Nina Mann und Restaurantleiter Felix Kress ist stets präsent und dennoch angenehm zurückhaltend.

&# 🅺 🅿 – Preis: €€€€

Schlossstraße 27 ⊠ 66706 – ☎ 06866 79118 – www.victors-fine-dining.de – Geschlossen: Montag-Mittwoch, mittags: Donnerstag und Freitag

PETERSTAL-GRIESBACH, BAD

Baden-Württemberg – Regionalatlas **5**–T3

❀ ❀ LE PAVILLON

FRANZÖSISCH-KLASSISCH • KLASSISCHES AMBIENTE Nicht nur Naturliebhaber zieht es in die idyllische Schwarzwaldlandschaft, dafür sorgt der reizvoll gelegene Familienbetrieb „Dollenberg". Hier findet man neben dem wunderschönen Hotel-Resort ein fantastisches Gourmetrestaurant. Küchenchef Martin Herrmann zelebriert Klassik, ohne sich der Moderne zu verschließen. Geboten wird ein 8-Gänge-Menü, das Sie aber auch kürzen können. Angenehm reduziert die Gerichte, hochwertig die Produkte - ein Highlight sind die Saucen! Dazu gesellen sich ein gemütlich-elegantes Ambiente nebst herrlichem Blick durch die bodentiefen Fenster sowie ein ungezwungener und zugleich stilvoller Service samt sehr guter Weinberatung. Sommelier Christophe Meyer empfiehlt u. a. Weine der eigenen "CM-Edition".

&# ≤ 🖙 & 🅿 – Preis: €€€€

Dollenberg 3 ⊠ 77740 – ☎ 07806 780 – www.dollenberg.de – Geschlossen: Dienstag und Mittwoch, mittags: Montag, Donnerstag-Sonntag

✿ KAMIN- UND BAUERNSTUBE

REGIONAL • LÄNDLICH In diesem gastronomischen Teil des exklusiven Hotels "Dollenberg" haben Sie die Wahl zwischen der gemütlich-rustikalen Bauernstube, der eleganten Kaminstube und der tollen großen Terrasse - von hier und der Kaminstube hat man eine schöne Aussicht auf den Schwarzwald. Überall dürfen Sie sich auf eine gute regional-internationale Küche freuen. Die ausgesuchte Weinkarte des Gourmetrestaurants bekommen Sie übrigens auch hier! Tipp: das Menü der Woche!

&# 🖙 & 🏠 🅿 – Preis: €€

Dollenberg 3 ⊠ 77740 – ☎ 07806 780 – www.dollenberg.de

PFINZTAL

Baden-Württemberg – Regionalatlas **5**–U2

VILLA HAMMERSCHMIEDE

KLASSISCHE KÜCHE • GEMÜTLICH Ob in behaglichen Stuben oder im lichten Pavillon, man serviert Ihnen klassisch-regionale Küche, vom interessanten "Villa Lunch" bis zum Feinschmecker-Menü am Abend. Auf der Karte liest man z. B. „Kleiner Sauerbraten von der Rehschulter an einem Kartoffel-Birnenpüree mit sautierten Rosenkohlblättern, Walnuss und einer Dattel-Auberginencreme". Reizvolle Terrasse.

&# 🖙 & 🅺 🏠 ❀ 🅿 – Preis: €€

Hauptstraße 162 ⊠ 76327 – ☎ 07240 6010 – villa-hammerschmiede.de – Geschlossen: Montag und Sonntag, mittags: Samstag

PFORZHEIM

Baden-Württemberg – Regionalatlas **5**–U2

HOPPE'S

FRANZÖSISCH • FREUNDLICH Man kommt immer wieder gerne hierher, denn das Restaurant ist gemütlich, charmant-lebendig und richtig sympathisch! Wer's

elsässisch-badisch mag, darf sich z. B. auf "Coq au vin à la chef" oder "Flusszander mit Rieslingsauce" freuen. Sie können übrigens auch nach kleinen Portionen fragen.
📶 🍴 – Preis: €€

Weiherstraße 15 ✉ 75173 – ☏ 07231 105776 – www.hoppes-pforzheim.de –
Geschlossen: Montag und Sonntag, mittags: Dienstag-Samstag

RIVA BY TRISTAN BRANDT 🔘

MODERNE KÜCHE • CHIC Unter der Leitung von Tristan Brandt, kein Unbekannter in der Gastro-Szene, wird hier ein modernes Konzept umgesetzt. In schickem Ambiente bietet man am Abend eine gehobene Küche, die Sie als Menü oder à la carte wählen können. Mittags gibt es eine kleinere Karte, die gut angenommen wird. Tipp: die Bar für einen Apero oder Drink nach dem Essen. Im Sommer serviert man auf der Terrasse vor der Tür direkt in der Stadtmitte.
🍴 – Preis: €€

Poststrasse 8 ✉ 75172 – ☏ 07231 397272 – riva-by-tristan-brandt.de –
Geschlossen: Montag und Sonntag, mittags: Samstag

PFRONTEN

Bayern – Regionalatlas **5**–V4

❀ PAVO IM BURGHOTEL FALKENSTEIN

Chef: Simon Schlachter

MODERNE KÜCHE • INTIM "Sharing Experience" in wunderbarer Lage in 1250 m Höhe - grandiose Aussicht inklusive! Simon Schlachter überzeugt in dem kleinen Restaurant mit moderner Küche. Er hat seinen eigenen Stil, und der ist kreativ und aufwändig. Ziel ist es, den Gästen ein gemeinsames Erlebnis zu bescheren. Daher gibt es ein Menü, dessen Gänge jeweils aus mehreren kleinen Gerichten bestehen und perfekt zum Teilen sind! Geschult und auf herzlich-natürliche Art kümmert man sich um Sie und erklärt die einzelnen Gänge. Dazu edles Interieur aus wertigen Materialien, königlichem Blau, einem kunstvollen Gemälde an der Decke und Pfauenfedern als Deko ("Pavo" ist das thailändische Wort für "Pfau"). Alternativ gibt es noch das "Restaurant zu Pfronten" mit regionaler Küche. Und zum Übernachten hat man geschmackvolle Zimmer.
≤ 🄿 – Preis: €€€€

Auf dem Falkenstein 1 ✉ 87459 – ☏ 08363 914540 – www.burghotel-falkenstein.
de/de-DE – Geschlossen: Montag-Mittwoch, mittags: Donnerstag-Sonntag

BERGHOTEL SCHLOSSANGER ALP

REGIONAL • GEMÜTLICH Im Restaurant des charmanten gleichnamigen Hotels vor schöner Bergkulisse wird mit regionalem und saisonalem Bezug gekocht. Die Gäste sitzen in gemütlichen Stuben oder im Wintergarten und werden freundlich umsorgt. Im Sommer lockt natürlich die Terrasse.
≤ 🍴 ♻ 🄿 – Preis: €€

Am Schlossanger 1 ✉ 87459 – ☏ 08363 914550 – www.schlossanger.de

PIDING

Bayern – Regionalatlas **6**–Z4

☺ LOHMAYR STUB'N

REGIONAL • LÄNDLICH Chef Sebastian Oberholzner ist Koch mit Leib und Seele, entsprechend gefragt sind seine leckeren Gerichte, bei denen er auf saisonale und regionale Zutaten setzt - man kennt seine Lieferanten und die Herkunft der Produkte. Dazu gibt es eine gute Weinauswahl. Charmant umsorgt wird man in dem schönen historischen Haus ebenfalls.
🍴 🄿 – Preis: €€

Salzburger Straße 13 ✉ 83451 – ☏ 08651 714478 – www.lohmayr.com –
Geschlossen: Dienstag und Mittwoch, mittags: Montag, Donnerstag-Samstag

PIESPORT

Rheinland-Pfalz – Regionalatlas **5**–S1

🏵🏵🏵 SCHANZ. RESTAURANT.

Chef: Thomas Schanz

FRANZÖSISCH-MODERN • CHIC Seit Thomas Schanz sein Restaurant betreibt, hat sich die für Spitzenweine bekannte Gemeinde Piesport auch noch zu einem wahren kulinarischen Magneten entwickelt! Der Chef zählt zu den deutschen Top-Köchen. Mit eigener Handschrift setzt er klassische Küche modern um. Mutig kombinierte Aromen fügt er auf dem Teller harmonisch zusammen. Bei der Produktqualität geht er keine Kompromisse ein. Ein Signature Dish ist das Trüffel-Ei. Engagiert empfiehlt man den passenden Wein - auch das eigene Weingut ist vertreten. Dazu der freundliche und professionelle Service. Der Patron, nicht nur gelernter Koch, sondern auch Hotelfachmann, bietet im einst elterlichen Betrieb auch schöne Gästezimmer.

& 🖾 🛱 🄿 – Preis: €€€€

Bahnhofstraße 8a ⊠ 54498 – 𝒞 06507 92520 – www.schanz-restaurant.de/de – Geschlossen: Montag, Dienstag, Sonntag, mittags: Mittwoch und Freitag

PILSACH

Bayern – Regionalatlas **6**–X2

🏵 LANDGASTHOF MEIER

Chef: Michael Meier

REGIONAL • LÄNDLICH Herrlich die Lage im Grünen, toll der Garten und die Terrasse, gelungen der Mix aus Tradition und Moderne. Familie Meier bietet in ihrem schönen Haus richtig schmackhafte Küche aus Bio-Produkten, die aus der Region kommen oder sogar vom eigenen Gemüsefeld bzw. aus dem Kräutergarten. Sehr charmant der Service. Chic übernachten können Sie übrigens auch.

🏵 *Engagement des Küchenchefs: In meiner Küche sind mir nicht nur Traditionen wichtig, sondern das natürliche Bewusstsein, dass man mit eigenem Bio-Gemüse, frischen Kräutern aus dem Garten, Fleisch vom Nachbarn aus artgerechter Haltung oder erstklassigen Bio-Kartoffeln aus einem nahen Kloster einfach geschmackvoll kochen kann.*

& 🛱 ⇔ 🄿 – Preis: €€

Hilzhofen 18 ⊠ 92367 – 𝒞 09186 237 – www.landgasthof-meier.de – Geschlossen: Montag und Dienstag

PINNEBERG

Schleswig-Holstein – Regionalatlas **1**–C3

ROLIN

INTERNATIONAL • KLASSISCHES AMBIENTE Sie sitzen hier in charmantem elegant-maritimem Ambiente, lassen sich vom geschulten, aufmerksamen Service ausgesprochen freundlich umsorgen und genießen schmackhafte und mit Pfiff zubereitete Regionalküche. Zum Übernachten hat das Hotel "Cap Polonio" gepflegte Zimmer. Der Kapitän des gleichnamigen Schiffes von einst gab dem Restaurant übrigens seinen Namen.

🛱 ⇔ 🄿 – Preis: €€

Fahltskamp 48 ⊠ 25421 – 𝒞 04101 5330 – cap-polonio.de – Geschlossen: Montag, Dienstag, Sonntag, mittags: Mittwoch-Samstag

PIRK
Bayern – Regionalatlas **6**–Y1

GENUSSSCHMIEDE

REGIONAL • **HIP** In der 1682 erbauten Schmiede widmet man sich heute einer modernen, saisonal beeinflussten Küche aus frischen Produkten. Man sitzt hier in ansprechendem geradlinig-trendigem Ambiente unter einer hohen Stahldecke und wählt zwischen einem Menü und Gerichten à la carte. Auch Vegetarier werden auf der Karte fündig.

🍴 – Preis: €€

Rathausplatz 6 ⊠ 92712 – ☏ 0961 48026600 – www.genussschmiede-pirk.de –
Geschlossen: Montag und Dienstag, mittags: Mittwoch und Donnerstag

PIRMASENS
Rheinland-Pfalz – Regionalatlas **5**–T2

❀ ### DIE BRASSERIE

Chef: Vjekoslav Pavic

KLASSISCHE KÜCHE • **BRASSERIE** Hier trifft die unkomplizierte Atmosphäre einer Brasserie auf das Niveau eines Sternerestaurants! Hinter der auffallenden roten Fassade speisen Sie in schönem mediterranem Ambiente. Im vorderen Bistrobereich nimmt man an Hochtischen Platz, hinten im Restaurant unter einem dekorativen Deckengemälde auf bequemen Korbstühlen. Bei Patron und Küchenchef Vjekoslav Pavic steht das Produkt im Fokus, entsprechend ausgesucht die Qualität. Seine Gerichte sind durchdacht, haben die richtige Balance und intensiven Geschmack - so wünscht man sich ein Essen! Dass man sich hier wohlfühlt, liegt auch mit am Service samt charmanter Chefin, der geschult, sehr freundlich und angenehm locker bei der Sache ist. Da verwundern die zahlreichen Stammgäste nicht! Tipp: die hübsche Terrasse!

🚫 📺 🍴 ➡ 🅿 🎞 – Preis: €€€

Landauer Straße 105 ⊠ 66953 – ☏ 06331 7255544 – www.diebrasserie-ps.de –
Geschlossen: Montag-Mittwoch, Sonntag

PIRNA
Sachsen – Regionalatlas **4**–R3

🐸 ### FELSENBIRNE

MARKTKÜCHE • **CHIC** Chic-modern und wohnlich ist es in dem Restaurant mitten in der schönen Altstadt, nicht weit von der Elbe. Patron und Küchenchef Felix Mikulla kocht mit saisonalem Bezug - die Gerichte sind schmackhaft, frisch und zudem noch preislich attraktiv! Nett sitzt man im Sommer auch auf der Terrasse im Innenhof.

🍴 – Preis: €€

Lange Straße 34 ⊠ 01796 – ☏ 03501 7599791 – www.felsenbirne-restaurant.de –
Geschlossen: Sonntag, mittags: Dienstag und Mittwoch

PLEISKIRCHEN
Bayern – Regionalatlas **6**–Y3

❀ ### HUBERWIRT

Chef: Alexander Huber

MODERNE KÜCHE • **REGIONALES AMBIENTE** Seit 1612 ist der gestandene Gasthof bereits in Familienbesitz und mit Alexander Huber in den besten Händen. Gekonnt bezieht der Chef bayerische Bodenständigkeit ebenso in seine Küche ein wie raffinierte Moderne. Dabei werden ausgezeichnete Produkte verarbeitet, die Speisen haben Intensität und Kraft, aber auch Finesse. Da fällt die Entscheidung zwischen regionalen Klassikern und modernen Gerichten nicht ganz leicht. Am

Mittag ist das Angebot etwas kleiner. Man sitzt in gemütlichen Stuben oder auf der wunderbaren, teilweise überdachten Terrasse, der Service ist herzlich, aufmerksam und angenehm unkompliziert, und er empfiehlt schöne offene Weine zum Essen. Erwähnenswert ist auch das richtig gute Preis-Leistungs-Verhältnis! Eine tolle Adresse mit Charme und Atmosphäre!

🏠 ⇔ 🅿 – Preis: €€€

Hofmark 3 ⊠ 84568 – ℰ 08635 201 – www.huber-wirt.de – Geschlossen: Montag und Dienstag, mittags: Mittwoch und Donnerstag

PLIEZHAUSEN

Baden-Württemberg – Regionalatlas **7**–B2

SCHÖNBUCH

MODERN • ELEGANT Im Restaurant des gleichnamigen Tagungshotels wird ambitioniert gekocht. Es gibt Modernes wie "Thunfisch, Salat Nicoise, Sojagel, Wasabi-Mayonnaise, Sesam", aber auch Klassiker wie Rostbraten. A-la-carte-Angebot von Mi. - Fr. abends sowie Sa. mittags und abends. So., Mo. und Di. sind Thementage. Schön die Weinkarte. Für Whisky-Liebhaber: rund 200 Positionen.

🕸 ≼ 🏠 ⅙ ⇔ 🅿 – Preis: €

Lichtensteinstraße 45 ⊠ 72124 – ℰ 07127 56070 – www.hotel-schoenbuch.de – Geschlossen mittags: Montag-Samstag, abends: Sonntag

PLOCHINGEN

Baden-Württemberg – Regionalatlas **7**–B2

🕸 CERVUS

TRADITIONELLE KÜCHE • RUSTIKAL Im Zentrum finden Sie dieses gut geführte kleine Restaurant in rustikalem Stil. Johannes Füller bietet eine regional geprägte Karte mit einigen internationalen Akzenten. Die Speisen werden sorgfältig und schmackhaft zubereitet. Von machnen Tischen kann man einen Blick in die Küche erhaschen. Mittags kleinere, einfachere Karte. Charmanter Innenhof.

🏠 – Preis: €€

Bergstraße 1 ⊠ 73207 – ℰ 07153 558869 – www.gasthaus-cervus.de – Geschlossen: Montag und Sonntag, mittags: Freitag und Samstag

🕸 STUMPENHOF

REGIONAL • RUSTIKAL Wo man so herzlich umsorgt wird, kann man sich nur wohlfühlen! Der Service in dem langjährigen Familienbetrieb ist superfreundlich, auch die Chefin selbst hat immer ein offenes Ohr für ihre Gäste und versprüht gute Laune. Ob fair kalkuliertes Mittags-Menü, Klassiker der regionalen Küche oder auch Vespergerichte, Sie finden bestimmt das Passende! Schöne Terrasse.

≼ 🏠 ⇔ 🅿 ⌿ – Preis: €€

Am Stumpenhof 1 ⊠ 73207 – ℰ 07153 22425 – www.stumpenhof.de – Geschlossen: Montag-Mittwoch

POLLE

Niedersachsen – Regionalatlas **3**–L2

🕸 GRAF EVERSTEIN

REGIONAL • FREUNDLICH Hier lockt nicht nur die wunderschöne Aussicht auf die Weser, bei Familie Multhoff wird auch noch richtig gut gekocht. Der Chef bietet eine klassische Küche mit Kraft und Aroma, für die er ausgesuchte Produkte verwendet. Dazu werden Sie freundlich und aufmerksam umsorgt. Im Sommer speist man natürlich gerne auf der Terrasse, den Blick aufs Tal kann man dank großer Fensterfront aber auch drinnen genießen.

≤ 🏠 ⇆ 🅿 – Preis: €€

Amtstraße 6 ✉ 37647 – ☏ 05535 999780 – www.graf-everstein.de –
Geschlossen: Montag-Mittwoch, mittags: Donnerstag

POTSDAM
Brandenburg – Regionalatlas **4**-Q1

❀ ### KOCHZIMMER IN DER GASTSTÄTTE ZUR RATSWAAGE

MODERNE KÜCHE • DESIGN Richtig stylish ist die Ratswaage a. d. 18. Jh.! Außen
die historische Fassade, innen puristisches Interieur mit schicken Details wie silber-
grauen Wänden, Leuchtern im 50er-Jahre-Stil und orange-roten Designer-Stühlen.
Familie Frankenhäuser und ihr Team setzen hier auf "neue preußische Küche".
Unter der Leitung von David Schubert werden top Produkte verarbeitet, gerne
von Brandenburger Erzeugern. Sie können zwischen zwei Menüs wählen, eines
davon ist vegetarisch. Dazu sollten Sie auf die Weinempfehlungen von Patron
Jörg Frankenhäuser vertrauen! Tipp für den Sommer: Versuchen Sie einen Tisch im
traumhaften Innenhof zu bekommen - leider sind die Plätze hier begrenzt!

❀ 🏠 ⇆ – Preis: €€€€

Am Neuen Markt 10 ✉ 14467 – ☏ 0331 20090666 – www.restaurant-
kochzimmer.de – Geschlossen: Montag, Dienstag, Sonntag, mittags:
Mittwoch-Samstag

JULIETTE

FRANZÖSISCH-KLASSISCH • GEMÜTLICH Sie suchen ein Stück französische Lebensart mitten in Potsdam? Im Holländischen Viertel finden Sie dieses
wirklich liebenswert gestaltete Restaurant, untergebracht in einem charmanten
Fachwerkhaus a. d. 17. Jh. Hier sitzen Sie auf drei Ebenen und lassen sich bei dezen-
ter Chansons-Begleitung ambitionierte klassische Küche servieren. Zur guten
Küche empfiehlt man die passenden Weine.

Preis: €€

Jägerstraße 39 ✉ 14467 – ☏ 0331 2701791 – www.restaurant-juliette.de –
Geschlossen: Montag und Dienstag, mittags: Mittwoch-Freitag

VILLA KELLERMANN - TIM RAUE

DEUTSCH • CHIC Sehr geschmackvoll ist die 1914 erbaute Villa am Heiligen
See. "Salon Alter Fritz", "Elefantensalon", "Grüner Salon" - jeder Raum hat seinen eigenen Charme! Geboten wird deutsche Küche mit traditioneller Basis und
modernem Twist. Auf der gut sortierten Weinkarte ist auch das Weingut "Von
Othegraven" vertreten, das Villa-Inhaber Günther Jauch und seine Frau übernommen haben. Kulinarischer Berater: Tim Raue.

& 🏠 ⇆ – Preis: €€€

Mangerstraße 34 ✉ 14467 – ☏ 0331 20046540 – villakellermann.de/de –
Geschlossen: Montag, Dienstag, Sonntag, mittags: Mittwoch-Freitag

PRESSECK
Bayern – Regionalatlas **4**-N4

😊 ### GASTHOF BERGHOF - URSPRUNG

REGIONAL • FREUNDLICH "Tradition trifft Moderne" lautet hier das Motto
und das gilt sowohl fürs Ambiente als auch für die Küche. Bei den schmackhaften Gerichten setzt man auf saisonalen Bezug. Tipp: Speisen Sie im Sommer auf
der gemütlichen Terrasse im Innenhof! Zum Übernachten hat man gepflegte
Gästezimmer und ein hübsches modernes Ferienhaus.

🏠 ⇆ 🅿 – Preis: €€

Wartenfels 85 ✉ 95355 – ☏ 09223 229 – www.berghof-wartenfels.de –
Geschlossen: Montag und Dienstag, mittags: Mittwoch und Donnerstag

PRIEN AM CHIEMSEE

Bayern – Regionalatlas **6**–Y4

❀ WACHTER FOODBAR ❶

Chef: Dominik Wachter

MODERNE KÜCHE • CHIC In der ehemaligen Kochschule und Bistro seines Lehrmeisters Thomas Mühlberger setzt der junge Dominik Wachter ein modernes Tresen-Konzept um. Cool, chic und urban ist die Atmosphäre hier. Sie sitzen bequem an der großen mittigen Bar oder an Hochtischen und beobachten das Geschehen am Küchenpass. Aus überwiegend regionalen Produkten entstehen interessante, schlüssige Kreationen, die man in Form eines Menüs serviert. Dazu bietet man die passende Weinbegleitung.

🅿 – Preis: €€€€

Bernauer Straße 31 ✉ 83209 – ☎ 08051 966888 – www.wachter-foodbar.de – Geschlossen: Montag, Dienstag, Sonntag, mittags: Mittwoch-Samstag

REINHART

MODERN • GEMÜTLICH Was in diesem gepflegten Restaurant des am Chiemsee gelegenen "Garden Hotel Reinhart" serviert wird, sind schmackhafte ambitionierte Gerichte, für die man sehr gute Produkte verwendet. Im Sommer sitzen die Gäste am liebsten auf der schönen Terrasse.

🏡 ♻ 🅿 – Preis: €€

Erlenweg 16 ✉ 83209 – ☎ 08051 6940 – www.restaurant-reinhart.de – Geschlossen mittags: Montag-Sonntag

PULHEIM

Nordrhein-Westfalen – Regionalatlas **3**–J3

❀ GUT LÄRCHENHOF

FRANZÖSISCH-MODERN • ELEGANT Als Peter Hesseler hier im Jahre 1997 begann, hätte er sich wohl nicht träumen lassen, dass das Haus einmal mit Sternetradition von sich reden macht. Seit 2017 ist Torben Schuster auf dem wunderbaren Anwesen des hochrangigen Golfplatzes für die Küche verantwortlich. Er kocht modern, mutig und kreativ und verliert dennoch nicht die klassische Basis aus den Augen. Da hat man mit nicht alltäglichen Speisen wie z. B. "Kalbsbries, Bohne, Buttermilch, Knoblauch & Epoisses" durchaus auch mal ein Signature Dish auf dem Teller! Dazu werden Sie von Gastgeber Peter Hesseler und seinem Team sehr freundlich und kompetent betreut, fundierte Weinberatung inklusive. Tipp: Auf der herrlichen Terrasse kommt Urlaubsfeeling auf!

🕸 🏡 ♻ 🅿 – Preis: €€€€

Hahnenstraße ✉ 50259 – ☎ 02238 9231016 – restaurant-gutlaerchenhof.de – Geschlossen: Montag-Mittwoch, mittags: Donnerstag und Freitag

BISTRO

MARKTKÜCHE • BISTRO Im Bistro des noblen Golfclubs Gut Lärchenhof vor den Toren Kölns isst man zwar etwas einfacher als im gleichnamigen Gourmetrestaurant, aber Geschmack und top Frische sind Ihnen hier ebenso gewiss - mittags und abends. Die Bandbreite an Gerichten ist groß, von Currywurst über Königsberger Klopse bis hin zu Kaviar. Herrlich ist natürlich auch die Terrasse mit Blick aufs Green!

🏡 ♻ 🅿 – Preis: €€

Hahnenstraße ✉ 50259 – ☎ 02238 9231016 – restaurant-gutlaerchenhof.de

QUEDLINBURG

Sachsen-Anhalt – Regionalatlas **4**–N2

❁ WEINSTUBE

INTERNATIONAL • KLASSISCHES AMBIENTE Die ehemalige Stallung ist heute ein reizendes Restaurant, in dem Terrakottafliesen, warme Töne und eine alte

Backsteindecke für ein schönes Ambiente mit ländlichem Touch sorgen. Geboten wird eine internationale Küche mit Bezug zur Saison. Dazu wird man freundlich und geschult umsorgt. Zum Übernachten hat das "Hotel Am Brühl" charmant-elegante Zimmer.

🛋 ⇄ 🅿 – Preis: €€

Billungstraße 11 ✉ *06484 –* 📞 *03946 96180 – www.hotelambruehl.de – Geschlossen mittags: Montag-Sonntag*

RADEBEUL
Sachsen – Regionalatlas **4**–Q3

❀ **ATELIER SANSSOUCI**

KLASSISCHE KÜCHE • **ELEGANT** "Atelier Sanssouci" - schon der Name klingt stilvoll, und genau so ist das wundervolle Anwesen a. d. 18. Jh. auch! Nicht nur von außen ist die "Villa Sorgenfrei" samt herrlichem Garten eine Augenweide, absolut sehenswert auch das Interieur: ein mediterran-eleganter Saal mit markanten Lüstern und hoher Stuckdecke. Ebenso niveauvoll die Küche. Aus sehr guten Produkten entsteht ein gelungener Mix aus Klassik und Moderne. Zur Wahl stehen ein konventionelles und ein vegetarisches Menü. Dazu gibt es eine schöne Weinbegleitung, versiert die Beratung durch den Sommelier. Zum Übernachten hat man geschmackvolle Zimmer.

🛏 🛋 🅿 – Preis: €€€€

Augustusweg 48 ✉ *01445 –* 📞 *0351 7956660 – www.hotel-villa-sorgenfrei. de/restaurant – Geschlossen: Dienstag und Mittwoch, mittags: Montag, Donnerstag-Sonntag*

RANTUM – Schleswig-Holstein ➜ Siehe Sylt (Insel)

RATHENOW
Brandenburg – Regionalatlas **2**–F4

HASENPFEFFER

MODERN • **ELEGANT** Das elegante Restaurant im idyllisch gelegenen "Golf Resort Semlin" ist gewissermaßen ein kulinarischer Leuchtturm in der Region. Aus der Küche kommen zeitgemäße Kreationen mit saisonalem und regionalem Bezug, zubereitet aus sehr guten Produkten - wählbar als Menü oder à la carte. Erwähnenswert ist auch der schöne Blick auf den Golfplatz - der bodentiefen Fenster sei Dank!

🍃 🛏 🅿 – Preis: €€€

Ferchesarer Straße 8B ✉ *14712 –* 📞 *03385 5540 – www.golfresort-semlin.de – Geschlossen: Montag und Sonntag, mittags: Dienstag-Samstag*

RATSHAUSEN
Baden-Württemberg – Regionalatlas **5**–U3

☻ **ADLER**

MARKTKÜCHE • **RUSTIKAL** Gemütlich-rustikal ist es in dem historischen Gasthaus, herzlich der Service unter der Leitung der Chefin - die charmante Steirerin ist eine tolle Gastgeberin! In der Küche bereiten Vater und Sohn z. B. "Kutteln in Lemberger mit Bratkartoffeln", "Rehpfeffer" oder auch "Tarte Tatin" zu. Ob gehoben oder bürgerlich, man kocht richtig schmackhaft! Tipp: eigene Brände.

🛋 ⇄ 🅿 – Preis: €€

Hohnerstraße 3 ✉ *72365 –* 📞 *07427 2260 – www.adler-ratshausen.de – Geschlossen: Montag und Dienstag, mittags: Mittwoch-Samstag*

RAUHENEBRACH

Bayern – Regionalatlas **5**–V1

🕙 GASTHAUS HOFMANN

REGIONAL • GASTHOF Nicht ohne Grund zieht es viele Stammgäste hier hinaus zu Bettina Hofmann, denn man hat es in den netten rustikalen Stuben nicht nur gemütlich, man isst auch gut. Gekocht wird regional-saisonal und mit modernen Einflüssen, dazu schöne Weine. Es gibt auch eine vegetarische Menüvariante. Wohnliche Gästezimmer hat man ebenfalls. Die Eier fürs Frühstück stammen übrigens aus eigener Hühnerhaltung!

🖼 🅿 ⊄ – Preis: €

Schindelsee 1 ✉ 96181 – ☏ 09549 98760 – www.schindelsee.de – Geschlossen: Montag, Dienstag, Donnerstag, mittags: Mittwoch, Freitag, Samstag

RAVENSBURG

Baden-Württemberg – Regionalatlas **5**–V4

ATELIER TIAN ⓝ

INTERNATIONAL • FREUNDLICH Die Lage in der historischen Veitsburg ist schon etwas Besonderes. Oben angekommen, erwartet Sie nicht nur eine tolle Aussicht auf Ravensburg, sondern auch die ambitionierte, schmackhafte Küche von Christian Ott. Die Gerichte von der Karte können Sie sich selbst zu einem Menü zusammenstellen - da ist man schön flexibel! Professionell und freundlich umsorgt wird man ebenfalls. Tipp: Reservieren Sie rechtzeitig - diese Location ist nicht nur bei Einheimischen beliebt!

≤ 🅿 – Preis: €€€€

Veitsburgstraße 2 ✉ 88212 – ☏ 0751 95125949 – www.atelier-tian.de – Geschlossen: Montag, Dienstag, Sonntag, mittags: Mittwoch-Samstag

BRASSERIE COCOTTE

FRANZÖSISCH • BRASSERIE Hier erwartet Sie nicht nur eine wirklich schöne Brasserie-Atmosphäre (dekorativ die Bilder von Kochlegenden wie Paul Bocuse oder Marco Pierre White), gut essen können Sie ebenfalls. Beliebt sind schmackhafte französische Klassiker wie Salade Niçoise, Boeuf Bourguignon, Confit Canard, Tarte au Citron etc. Einladend ist auch die Terrasse unter schattenspendenden Bäumen.

🖼 – Preis: €€

Grüner-Turm-Straße 16 ✉ 88212 – ☏ 0751 88879001 – www.brasserie-cocotte. de – Geschlossen: Montag und Sonntag, mittags: Dienstag-Freitag

LUMPERHOF

REGIONAL • LÄNDLICH Idyllisch liegt der familiengeführte Landgasthof im Grünen - reizvoll die Terrasse mit mächtiger alter Linde! Die schmackhaften regional-saisonalen Gerichte nennen sich z. B. "Rehragout mit Spätzle und Pilzen" oder "Ravensburger Spargel mit gebackenem Maischollenfilet und Sauce Hollandaise". Nur Barzahlung.

🖼 ✿ 🅿 ⊄ – Preis: €

Lumper 1 ✉ 88212 – ☏ 0751 3525001 – lumperhof.de – Geschlossen: Montag und Dienstag, mittags: Mittwoch-Freitag

REES AM RHEIN

Nordrhein-Westfalen – Regionalatlas **3**–J2

LANDHAUS DREI RABEN

REGIONAL • GEMÜTLICH Seit 1995 steht Familie Koep für beständig gute Gastronomie, und die gibt es auf dem historischen Anwesen mit Landgut-Charakter in gemütlichen Räumen (im Winter mit wärmendem Kamin) oder auf der tollen Terrasse mit Blick zum Mahnensee. Man kocht international, regional und saisonal,

z. B. "Entenbrust mit Portwein-Aprikosen". Tagsüber beliebt: Flammkuchen und Kuchen.

🏡 ⇔ 🅿 ⌗ – Preis: €€

Reeserward 5 ⊠ 46459 – ☏ 02851 1852 – www.landhaus-drei-raben.de –
Geschlossen: Montag-Donnerstag, mittags: Freitag und Samstag

REGENSBURG

Bayern – Regionalatlas **6**–Y2

❀ ASKA

JAPANISCH • INTIM Zwei Restaurants mit schwedischem Namen unter einem Dach. Im Gegensatz zum Mutterbetrieb "Storstad" ist das "Aska" aber ein kleines Sushi-Restaurant, und zwar eines mit persönlicher Note. Übersetzt bedeutet der Name "Asche", entsprechend dunkel ist das klare Interieur gehalten. Man sitzt an der Theke oder an einem der wenigen Tische in Nischen und genießt authentische Sushi-Küche in Form eines 8- oder 10-Gänge-Menüs, dazu zwei zusätzliche Empfehlungen. Meister Atsushi Sugimoto lernte sein Handwerk in seiner Heimatstadt Osaka und verarbeitet hier nun top Produkte zu den besten klassischen Sushi weit und breit! Der aufmerksame und charmante Service bietet die passende Sake-Begleitung zum Menü, dazu eine Wasser- und Grüntee-"Flat" - nicht gerade alltäglich in Deutschland!

♿ – Preis: €€€€

Watmarkt 5 ⊠ 93047 – ☏ 0941 59993000 – aska.restaurant – Geschlossen:
Montag und Sonntag, mittags: Dienstag-Freitag

❀ ROTER HAHN

Chef: Maximilian Schmidt

MODERNE KÜCHE • ENTSPANNT Auf eine richtig lange Geschichte kann dieses historische Stadthaus im Herzen von Regensburg zurückblicken. Im 13. Jh. erstmals urkundlich erwähnt und seit Jahrhunderten als Gasthof bekannt, ist hier mit Maximilian Schmidt bereits die 3. Generation der Familie am Ruder. In angenehm ungezwungener Atmosphäre serviert man eine moderne Küche, die Wert legt auf Regionalität, aber auch französische, skandinavische und asiatische Einflüsse zeigt. Im Fokus steht das Abendmenü, Sie können aber auch à la carte speisen. Mittags bietet man zusätzlich zum günstigeren Lunch auch die kleinere Variante des Abendmenüs. Sie möchten übernachten? Im Hotelbereich erwarten Sie Zimmer mit individueller Note.

🏡 ⇔ – Preis: €€€€

Rote-Hahnen-Gasse 10 ⊠ 93047 – ☏ 0941 595090 – www.roter-hahn.com –
Geschlossen: Montag und Sonntag, mittags: Dienstag-Donnerstag

❀ STORSTAD

Chef: Anton Schmaus

KREATIV • TRENDY Schwedisch ist hier nicht nur der Name ("storstad" bedeutet "Großstadt" und nimmt Bezug auf die Zeit des Chefs in Stockholm), nordische Akzente finden sich auch im Design sowie in der Küche des chic-urbanen Restaurants im 5. Stock des Turmtheaters. Man hat hier oben im historischen Goliathhaus übrigens auch eine herrliche Terrasse mit Blick auf den Dom! In der Küche kann sich Patron Anton Schmaus auf ein engagiertes Team verlassen. Unter der Leitung von Küchenchef Josef Weig entstehen kreative Gerichte, die man in Form eines "konventionellen" Menüs oder einer vegetarischen Variante genießen kann. Begleitet wird das ausgezeichnete Essen von schön abgestimmten Weinen und einem versierten, zuvorkommenden Serviceteam. Mittags gibt es ein kleineres Menü sowie einen Auszug aus der Abendkarte.

🐝 🏡 ⇔ – Preis: €€€€

Watmarkt 5 ⊠ 93047 – ☏ 0941 59993000 – storstad.de – Geschlossen: Montag
und Sonntag, mittags: Dienstag und Mittwoch

ⓐ STICKY FINGERS

MODERN • HIP In der schönen Altstadt finden Sie dieses coole Restaurant samt Bar. Trendiger Look und moderne Musik verleihen dieser legeren Adresse ein bisschen Club-Atmosphäre. Auf der interessanten internationalen Karte finden sich schmackhafte Gerichte von Panzanella über Fish & Chips bis Paella. Sehr freundlich der Service. Man bietet nicht nur Weine, auch die umfangreiche Cocktail-Auswahl lockt viele Gäste hierher.

Preis: €€

Unteren Bachgasse 9 ⊠ 93047 – ℰ 0941 58658808 – stickyfingers.restaurant – Geschlossen: Montag, Dienstag, Sonntag, mittags: Mittwoch-Samstag

KREUTZER'S

INTERNATIONAL • TRENDY Die Lage beim Westhafen ist zwar etwas ab vom Schuss, doch der Besuch lohnt sich, denn hier gibt es richtig gutes Fleisch und Fisch vom Grill! Und auch die klassisch-internationalen Vorspeisen und Desserts können sich sehen lassen, ebenso der Business Lunch. Im Sommer locken Terrasse und "Garden Lounge".

&. 🛋 🅿 – Preis: €€

Prinz-Ludwig-Straße 15a ⊠ 93055 – ℰ 0941 569565020 – www.kreutzers. kitchen – Geschlossen: Sonntag, mittags: Samstag

LUMA ⓝ

MARKTKÜCHE • CHIC Unweit der Donau, gegenüber der Altstadt haben die engagierten Gastgeber, zuvor Betreiber der "Silbernen Gans", dieses freundliche Restaurant mit schönem modernen Interieur und netter Terrasse. Geboten wird eine saisonal-internationale Küche. Mittags gibt es ein zusätzliches Lunch-Angebot mit günstigem kleinen Menü. Praktisch: In der Tiefgarage parkt man kostenfrei.

&. 🛋 – Preis: €€€

Frankenstraße 7a ⊠ 93059 – ℰ 0941 2805598 – www.luma-regensburg.de – Geschlossen: Montag und Sonntag, mittags: Samstag

ONTRA ⓝ

MARKTKÜCHE • HIP Im Technologiezentrum "Tech Square" südlich der Stadtmitte finden Sie dieses geschmackvoll-modern designte Restaurant. Geboten wird eine saisonal ausgerichtete Küche, die Sie als Menü (auch als vegatarische Variante) oder à la carte wählen können. Dazu werden Sie freundlich und geschult umsorgt. Mittags ist das Speisenangebot kleiner und günstiger.

🛋 ✛ 🅿 – Preis: €€

Franz-Mayer-Straße 5a ⊠ 93053 – ℰ 0941 20492049 – www.ontra-regensburg. de/kontakt – Geschlossen mittags: Montag, Samstag, Sonntag

REHLINGEN-SIERSBURG

Saarland – Regionalatlas **5**–S2

NIEDMÜHLE

FRANZÖSISCH-ZEITGEMÄSS • LANDHAUS Wertig-elegant das Interieur, schön die Tischkultur, aufmerksam und geschult der Service. Dazu ambitionierte klassische Küche aus guten Produkten - und werfen Sie auch mal einen Blick in die fair kalkulierte Weinkarte. Gerne sitzt man im romantischen, zur Nied gelegenen Garten mit altem Baumbestand. Zum Übernachten: hell und wohnlich-modern eingerichtete Zimmer.

🛏 🛋 🅿 – Preis: €€€

Niedtalstraße 23 ⊠ 66780 – ℰ 06835 67450 – www.restaurant-niedmuehle. com – Geschlossen: Montag und Sonntag, mittags: Samstag

REICHENAU INSEL

Baden-Württemberg – Regionalatlas **5**–U4

GANTER RESTAURANT MOHREN

MARKTKÜCHE • GEMÜTLICH Ob in gemütlich-rustikalem oder chic-modernem Ambiente, im Restaurant des "Ganter Hotel Mohren" gibt es eine saisonal geprägte Küche sowie Klassiker - auf der Karte z. B. "gebratenes Saiblingsfilet mit Balsamico-Albinsen" oder auch "Original Wiener Schnitzel". Schön übernachten kann man im historischen Stammhaus oder im Neubau.

🍴 ⇔ 🅿 – Preis: €€

Pirminstraße 141 ✉ 78479 – 𝒞 07534 9944607 – www.mohren-bodensee.de/de – Geschlossen: Montag und Sonntag, mittags: Dienstag-Samstag

REICHERTSHAUSEN

Bayern – Regionalatlas **6**–X3

GASTHOF ZUM MAURERWIRT

KLASSISCHE KÜCHE • LÄNDLICH Ein schöner Gasthof in einem kleinen Dorf. Gemütlich sitzt man in geschmackvollen Stuben, der ländliche Charme passt zur langen Tradition des Hauses. Man bietet zwei Menüs, deren Gerichte auch einzeln bestellt werden können. Der freundliche Service empfiehlt dazu den passenden Wein.

🆎 🍴 🅿 – Preis: €€

Scheyerer Straße 3 ✉ 85293 – 𝒞 08137 809066 – www.maurerwirt.de – Geschlossen: Montag-Mittwoch, mittags: Donnerstag-Samstag

REICHSHOF

Nordrhein-Westfalen – Regionalatlas **3**–K3

BALLEBÄUSCHEN

FRANZÖSISCH-KLASSISCH • GEMÜTLICH Seit über 30 Jahren betreibt Familie Allmann dieses nette Restaurant - man lebt die Tradition und bleibt dennoch nicht stehen. Die Küche ist schmackhaft, frisch und ehrlich, sie reicht von regional bis klassisch und bietet auch Wild aus eigener Jagd. Mittags kleine Tageskarte. Schöne Terrasse hinterm Haus.

🍴 ⇔ 🅿 – Preis: €

Hasseler Straße 10 ✉ 51580 – 𝒞 02265 9394 – www.ballebaeuschen.de – Geschlossen: Montag-Donnerstag, mittags: Freitag

REIL

Rheinland-Pfalz – Regionalatlas **5**–S1

😊 HEIM'S RESTAURANT

TRADITIONELLE KÜCHE • FAMILIÄR In dem rund 300 Jahre alten Haus genießt man in geschmackvollem Ambiente frische saisonale Küche. Zu den regional und mediterran beeinflussten Speisen gibt es auch den passenden Mosel-Wein. Herrlich die Terrasse mit Blick auf Weinberge und Mosel. Küchen-Öffnungszeiten: 12 - 21 Uhr. Zum Übernachten hat der "Reiler Hof" schöne Zimmer.

≼ 🍴 ⇔ 🅿 – Preis: €€

Moselstraße 27 ✉ 56861 – 𝒞 06542 2629 – www.reiler-hof.de/de – Geschlossen: Mittwoch

VILLA'S WINE & DINE 🆕

MODERN • ENTSPANNT Im Gourmetrestaurant der "Villa Melsheimer" dürfen Sie sich auf fantasievolle und modern-kreative Gerichte aus sehr guten und frischen Produkten freuen. Im Sommer lockt die wirklich wunderschöne Terrasse zur Mosel! Sollte das Wetter nicht mitspielen, können Sie den Blick auch vom lichten

Wintergarten aus genießen. Zum Übernachten stehen im eigenen Boutique-Hotel wohnliche Gästezimmer bereit.

🌳 🅿 – Preis: €€€

Moselstraße 5 ✉ 54486 – ☎ 06542 900034 – www.melsheimer.de –
Geschlossen: Montag-Mittwoch

REIT IM WINKL
Bayern – Regionalatlas **6**–Y4

GUT STEINBACH
Chef: Achim Hack

REGIONAL • **LANDHAUS** "Heimat", "Auerhahn Stuben", "Bayern Stuben" oder "Tiroler Stuben" - unterschiedliche Räume bietet das Restaurant des schmucken gleichnamigen Hotels mit Spa, allesamt geschmackvoll und gemütlich. Die Speisekarte ist überall die gleiche. Man kocht saisonal und mit Produkten aus der Region.

🌿 *Engagement des Küchenchefs:* Das Prinzip „Farm to table" geht mir über alles, daher auch meine Philosophie und das Credo des Hauses „80 Prozent aller Produkte aus maximal 80 km Entfernung". Dabei helfen sowohl Eigenanbau als auch handverlesene Produzenten, die zum ökologischen Fingerabdruck unseres Hauses passen.

🌳 ♻ 🅿 – Preis: €

Steinbachweg 10 ✉ 83242 – ☎ 08640 8070 – www.gutsteinbach.de

REMAGEN
Rheinland-Pfalz – Regionalatlas **3**–K4

ALTE REBE

INTERNATIONAL • **MINIMALISTISCH** Eine hübsche Adresse direkt am Marktplatz etwas oberhalb des Rheins. Hier erwarten Sie ein geradlinig-modernes Ambiente (markant die Farbakzente in Lila) sowie ein charmanter Service. Geboten wird eine international ausgerichtete Küche mit saisonalen Einflüssen. Mittags bietet man eine kleinere Karte.

🌳 ⛱ – Preis: €€

Kirchstraße 4 ✉ 53424 – ☎ 02642 9029269 – www.alte-rebe-remagen.de –
Geschlossen: Montag und Dienstag, mittags: Samstag

REMCHINGEN
Baden-Württemberg – Regionalatlas **5**–U2

ZUM HIRSCH

REGIONAL • **GEMÜTLICH** Schon lange sind Markus und Britta Nagy in der Region als ambitionierte Gastronomen bekannt. Hier bieten sie in dem charmanten Fachwerk-Gasthof von 1688 regional und mediterran inspirierte Küche. Im Winter sitzt man gerne in der hübschen Ofenstube, im Sommer auf der schönen Terrasse. Mittags: preiswertes 3-Gänge-Menü "Eat & Talk". Gepflegt übernachten kann man ebenfalls.

🌳 ♻ 🅿 – Preis: €€

Hauptstraße 23 ✉ 75196 – ☎ 07232 79636 – www.hirsch-remchingen.de –
Geschlossen: Montag und Sonntag

REMSCHEID
Nordrhein-Westfalen – Regionalatlas **3**–K3

HELDMANN & HERZHAFT

KLASSISCHE KÜCHE • **GEMÜTLICH** Die schmucke Industriellenvilla a. d. 19. Jh. ist der perfekte Rahmen für die ambitionierte Küche, die Ulrich Heldmann seinen

Gästen bietet. Ob Sie das Saisonmenü oder Gerichte à la carte wählen, hier überzeugen Frische, Geschmack und Sorgfalt. Dazu das wirklich schöne Ambiente mit hohen Decken, edlem Parkett und gepflegter Tischkultur - und im Sommer ist die Terrasse natürlich besonders beliebt.

&. 斎 ⇔ 🅿 - Preis: €€

Brüderstraße 56 ✉ 42853 - 𝄞 02191 291941 - www.heldmann-herzhaft.de - Geschlossen: Montag, Dienstag, Sonntag, mittags: Mittwoch-Samstag

RHEDA-WIEDENBRÜCK

Nordrhein-Westfalen – Regionalatlas **3**–K2

⁕ REUTER

Chef: Iris Bettinger

FRANZÖSISCH-MODERN • ELEGANT Familientradition seit 1894 - da ist Ihnen echtes Engagement gewiss. In dem schönen wertig-eleganten Restaurant des gleichnamigen Hotels macht Iris Bettinger mit ihrem "interregiomediterraneurasischen" Menü von sich reden. Nach Stationen wie dem "Colombi" in Freiburg, der "Käfer-Schänke" und dem "Mandarin Oriental" in München hat sie hier im Jahre 2007 in 4. Generation die Küchenleitung übernommen. Mit kreativer Note kombiniert sie regional-saisonale Produkte, die sie am liebsten von Bauernhöfen aus der Umgebung bezieht. Dazu werden die Gäste angenehm professionell umsorgt. Auch der Sommelier berät Sie mit Herzblut - mit rund 250 Positionen hat man eine gut sortierte Weinauswahl. Tipp: Mi. und Do. auf Reservierung "TWENÜ" für Gäste unter 30.

斎 🅿 - Preis: €€€€

Bleichstraße 3 ✉ 33378 - 𝄞 05242 94520 - www.hotelreuter.de/restaurant/ gourmet-restaurant - Geschlossen: Montag-Mittwoch, Sonntag, mittags: Donnerstag-Samstag

GASTWIRTSCHAFT FERDINAND REUTER

MARKTKÜCHE • BISTRO In dem traditionsreichen Familienbetrieb dürfen Sie sich auf eine gute Küche mit regionalem und saisonalem Bezug freuen, die einen Mix aus Klassikern und gehobeneren Gerichten bietet. Das Ambiente dazu ist freundlich und gemütlich, im moderneren Teil sitzt man zusammen an langen Holztischen. Das Restaurant befindet sich im Hotel "Reuter", in dem es sich auch gut übernachten lässt.

斎 🅿 - Preis: €€

Bleichstraße 3 ✉ 33378 - 𝄞 05242 94520 - www.hotelreuter.de/gastwirtschaft/ gastwirtschaft-ferdinand - Geschlossen: Montag und Sonntag, mittags: Dienstag-Samstag

RHEINAU

Baden-Württemberg – Regionalatlas **5**–T3

GIOIAS ⓝ

FUSION • GEMÜTLICH Mitten im kleinen Rheinau findet man dieses gepflegte Gasthaus, in dem Francesco D'Agostino in einem interessanten, vielfältigen Menu Surprise seine Herkunft und gastronomischen Erfahrungen umsetzt - "Fusions-Küche seines Lebenslaufs" nennt er es selbst. Seine italienischen Wurzeln finden sich hier ebenso wie Einflüsse aus Venezuela, Deutschland und Frankreich. Dazu kommen eine lebendige Atmosphäre und ein liebevoll gestaltetes Interieur sowie ein sehr freundlicher und aufmerksamer Service.

&. 斎 🅿 - Preis: €€€€

Hauptstraße 215 ✉ 77866 - 𝄞 07844 9182299 - www.gioias.de/gioias-restaurant-fine-dining - Geschlossen: Montag-Mittwoch, mittags: Donnerstag-Samstag

RHEINE

Nordrhein-Westfalen – Regionalatlas **3**–K1

 BEESTEN

KLASSISCHE KÜCHE • FREUNDLICH Mit Engagement und Herz betreibt Familie Beesten seit 1906, inzwischen in 4. Generation, das Traditionsgasthaus mitten in Rheine. Drinnen gediegenes Ambiente, draußen eine Terrasse unter alten Kastanien. Der Chef steht selbst am Herd und kocht klassisch-saisonal. Sie wählen à la carte oder das wöchentlich wechselnde Menü. Ein vegatarisches Menü gibt es ebenfalls. Die Chefin leitet freundlich den Service.

🍽 ⇔ 🅿 – Preis: €€

Eichenstraße 3 ✉ 48431 – ℰ 05971 3253 – www.restaurant-beesten.
de – Geschlossen: Mittwoch und Donnerstag, mittags: Montag, Dienstag,
Freitag-Sonntag

RIEDENBURG

Bayern – Regionalatlas **6**–Y2

FORST'S LANDHAUS

INTERNATIONAL • FREUNDLICH An einem kleinen Bach liegt dieses engagiert geführte Haus - da sind die Terrassenplätze zum Wasser hin natürlich gefragt. Gekocht wird saisonal und mit internationalen Einflüssen. Dazu sorgt die freundliche Chefin für guten Service mit persönlicher Note. Zum Übernachten stehen einfache, aber gepflegte Zimmer bereit.

🍽 ⇔ – Preis: €€

Mühlstraße 37b ✉ 93339 – ℰ 09442 9919399 – www.forsts-landhaus.de –
Geschlossen: Montag und Dienstag, mittags: Mittwoch-Freitag, abends: Sonntag

RIETBERG

Nordrhein-Westfalen – Regionalatlas **3**–L2

DOMSCHENKE

REGIONAL • KLASSISCHES AMBIENTE In dem bereits in 3. Generation familiengeführten Restaurant sitzt man in der rustikalen Gaststube mit Stammtisch oder im freundlichen Wintergarten und wird herzlich umsorgt. Geboten wird ein Mix aus bürgerlich-regionalen und gehobeneren Gerichten. Die Speisekarte wird ergänzt durch Tagesempfehlungen von der Tafel. Im Sommer locken die Plätze im Freien unter alten Bäumen.

♿ 🍽 ⇔ 🅿 🍽 – Preis: €€

Lippstädter Straße 1 ✉ 33397 – ℰ 02944 318 – domschenke-mastholte.de –
Geschlossen: Dienstag und Mittwoch, mittags: Montag, Donnerstag-Samstag

RIPPOLDSAU-SCHAPBACH, BAD

Baden-Württemberg – Regionalatlas **5**–T3

 KLÖSTERLE HOF

REGIONAL • FAMILIÄR Küchenchef Markus Klein und seine Frau führen das Haus mit Engagement und Herz. Man sitzt hier in nettem ländlichem Ambiente und lässt sich freundlich umsorgen. Serviert werden schmackhafte regional-saisonal ausgerichtete Speisen aus guten Produkten. Tipp für Übernachtungsgäste: die "Wohlfühl-" und "Komfortzimmer".

🍽 🅿 – Preis: €€

Klösterleweg 2 ✉ 77776 – ℰ 07440 215 – kloesterlehof.de – Geschlossen:
Montag und Sonntag

RÖDENTAL

Bayern – Regionalatlas **4**–N4

FROSCHGRUNDSEE 🆕

MARKTKÜCHE • REGIONALES AMBIENTE Oberhalb eines kleinen Sees finden Sie das nette Landhaus im Ortsteil Schönstädt. Dass Hannes Scammell ein guter Koch ist, beweist er mit schmackhaften, frischen Gerichten, die sich an der Saison orientieren. Auch draußen kann man schön sitzen. Mittags ist das Angebot etwas reduzierter. Grill-Fans aufgepasst: Man bietet auch interessante "Smoker-Abende" an.

&🔥🅿 – Preis: €€

Schönstädt 14 ✉ 96472 – 𝒸 09563 8013 – www.restaurant-froschgrundsee.de – Geschlossen: Montag und Dienstag, abends: Sonntag

ALTE MÜHLE

MEDITERRAN • GEMÜTLICH Freundlich und in geradlinigem Stil kommt dieses Restaurant daher - es ist angebaut an das historische Gebäude einer einstigen Kornmühle, in der Sie heute gepflegt übernachten können. Gekocht wird mediterran, regional und saisonal ausgerichtet. Wer vegetarisch/vegan speisen möchte, wird auf der Karte ebenfalls fündig. Do. - Sa. gibt es auch Mittagessen.

🔥🅿 – Preis: €€

Mühlgarten 5 ✉ 96472 – 𝒸 09563 72380 – www.alte-muehle-hotel.com – Geschlossen: Montag und Sonntag, mittags: Dienstag und Mittwoch

ROSENBERG

Baden-Württemberg – Regionalatlas **5**–V2

LANDGASTHOF ADLER 🆕

MARKTKÜCHE • GEMÜTLICH Schon lange ist der jahrhundertealte Gasthof in der Region für gute Küche bekannt. Daran knüpft seit Februar 2022 Michael Vogel an, der hier Jahre zuvor schon tätig war und nach seiner Zeit bei Spitzenkoch Andreas Caminada die Regie übernommen hat. Charmant das Ambiente mit seinem Mix aus Tradition und Moderne. Tipp: Das "Lädle" mit regionalen Produkten. Hübsche Gästezimmer.

⇔🅿🍽 – Preis: €€

Ellwanger Straße 15 ✉ 73494 – 𝒸 07967 513 – www.landgasthofadler.de – Geschlossen: Montag und Dienstag, mittags: Mittwoch und Donnerstag, abends: Sonntag

ROSTOCK

Mecklenburg-Vorpommern – Regionalatlas **2**–F2

GOURMET-RESTAURANT DER BUTT

MODERNE KÜCHE • KLASSISCHES AMBIENTE Was die beeindruckende "Yachthafenresidenz Hohe Düne" Hotelgästen an Wohnkomfort und Wellness bietet, findet sich im "Butt" als gastronomisches Pendant. Modern und angenehm klar ist hier die Küche. Verantwortlich dafür ist André Münch. Er kocht überaus durchdacht und mit handwerklicher Präzision. Das Ergebnis sind reduzierte, intensive und geschmacklich sehr fein ausbalancierte Gerichte, in denen er exzellente Produkte toll zur Geltung bringt. Zum kulinarischen Genuss kommt noch ein optischer: Hier im obersten Stock eines Pavillons hat man eine fantastische Sicht über den Yachthafen - nicht zuletzt bei Sonnenuntergang ein echtes Highlight!

⇐&🔢🅿 – Preis: €€€€

Am Yachthafen 1 ✉ 18119 – 𝒸 0381 50400 – www.hohe-duene.de/hotel-ostsee/ restaurant/gourmetrestaurant-der-butt.html – Geschlossen: Montag und Sonntag, mittags: Dienstag-Samstag

ROT AM SEE

Baden-Württemberg – Regionalatlas **5**–V2

🐴 **LANDHAUS HOHENLOHE**

MEDITERRAN • ELEGANT Warum der langjährige Familienbetrieb so beliebt ist? Bei Matthias Mack erwartet Sie neben freundlicher Atmosphäre auch eine gute, frische Küche, die sich an der Saison orientiert und Bezug zur Region hat. Interessant auch das mediterran inspirierte Tapas-Menü. Kräuter, Salate und Gemüse baut man teilweise selbst an. Übernachten können Sie ebenfalls.

🏡 ⇔ 🅿 – Preis: €€

Erlenweg 24 ✉ 74585 – ☎ 07955 93100 – www.landhaus-hohenlohe.de – Geschlossen: Montag, mittags: Dienstag-Samstag, abends: Sonntag

ROTHENBURG OB DER TAUBER

Bayern – Regionalatlas **5**–V2

MITTERMEIER

MODERNE KÜCHE • HIP Vorbei an der einsehbaren Küche gelangt man in den trendigen Gastraum, wo man freundlich und geschult umsorgt wird - auch die Köche servieren ihre Speisen immer mal selbst. Eine nette Idee: Kleine Kärtchen informieren über die modernen, saisonalen und oft auch regional beeinflussten Gerichte, die Sie sich frei zu einem Menü zusammenstellen können. Tipp: Im Hotel "Villa Mittermeier" kann man sehr geschmackvoll übernachten.

😋 🏡 ⇔ 🅿 – Preis: €€€€

Vorm Würzburger Tor 7 ✉ 91541 – ☎ 09861 94540 – www.villamittermeier.de – Geschlossen: Montag und Sonntag, mittags: Dienstag-Samstag

ROTTACH-EGERN

Bayern – Regionalatlas **6**–Y4

❀❀❀ **RESTAURANT ÜBERFAHRT CHRISTIAN JÜRGENS**

KREATIV • ELEGANT Christian Jürgens - dieser Name steht für Perfektion auf dem Teller und spürbare Leidenschaft! Geschmack, Technik, Optik..., alles wie aus einem Guss! Kaum ein anderer setzt seine Passion so ungezwungen und mit beeindruckender Leichtigkeit um! Top das Spiel mit Texturen und Säure. Seine Kreationen ergeben immer Sinn, sind angenehm klar, nichts wirkt forciert oder schwer. Die fantastische Produktqualität steht völlig außer Frage. Der Klasse seiner Küche ebenbürtig: Ambiente und Service, beides gleichermaßen stilvoll. Stets präsent, charmant-leger und versiert begleitet Sie das Team durch das Menü - toll die Weinempfehlungen von der sehr gut sortierten Karte.

😋 ᕕ ⇔ – Preis: €€€€

Überfahrtstraße 10 ✉ 83700 – ☎ 08022 6690 – www.althoffcollection.com/de – Geschlossen: Montag und Dienstag, mittags: Mittwoch-Samstag, abends: Sonntag

❀❀ **GOURMETRESTAURANT DICHTER**

FRANZÖSISCH-ZEITGEMÄSS • ELEGANT Wer nicht den Seiteneingang nimmt, erreicht das Gourmetrestaurant über die Lobby des luxuriösen "Park-Hotels Egerner Höfe", vorbei an der schicken Bar und an dekorativen verglasten Weinschränken. Das Ambiente wertig und geradlinig-modern - Blickfang sind drei japanische Stechpalmen, jede in einem markanten Glaskubus. Durch bodentiefe Fenster schaut man zum Park mit Kunstobjekten. In der Küche wird französische Klassik modern interpretiert, dabei achtet man sehr auf Regionalität. Geboten wird ein Menü mit fünf bis neun Gängen, als zusätzlichen Gang gibt es "Kellermanns Klassiker". Aufmerksam und freundlich der Service. In Sachen Wein können Sie ganz auf den bemerkenswerten Sommelier Tobias Blaha vertrauen!

🏵 🖔🔥♿🅿 – Preis: €€€€

Aribostraße 19 ⊠ 83700 – ☎ 08022 666566 – www.gourmetrestaurant-dichter. de – Geschlossen: Montag, Dienstag, Sonntag, mittags: Mittwoch-Samstag

🕸 HAUBENTAUCHER

Chef: Alois Neuschmid

INTERNATIONAL • **BISTRO** Die tolle Lage direkt am See nebst wunderbarer Terrasse ist zweifelsfrei ein echtes Highlight, aber längst nicht alles, was den Gästen hier Freude macht. Dafür sorgt Inhaber und Küchenchef Alois Neuschmid, der übrigens Jahre zuvor mit seinem "Lois" hier im Ort bereits einen Stern hatte. Er kocht modern und konzentriert sich ganz auf die ausgezeichneten Produkte. Während man am Mittag Gerichte von der Tafel wählt, gibt es abends ein Überraschungsmenü, zu dem man eine sehr passende Weinreise empfiehlt. Zum hervorragenden Essen gesellt sich die angenehm unprätentiöse Atmosphäre samt ausgesprochen freundlichem Service - auch der Patron selbst ist in dem sympathischen, gemütlich-maritimen Restaurant präsent.

⛵🏡 – Preis: €€€

Seestraße 30 ⊠ 83700 – ☎ 08022 6615704 – www.haubentaucher-tegernsee. de – Geschlossen: Montag, Dienstag, Sonntag

ALOIS-ANTON KAMINRESTAURANT ⓝ

REGIONAL • **GEMÜTLICH** Eine schöne Alternative zum Gourmetrestaurant des "Park-Hotels Egerner Höfe". Sie haben die Wahl: Möchten Sie in den bayerisch-gemütlichen Stuben "Alois" und "Anton" speisen? Oder lieber im etwas schickeren "Kaminrestaurant"? Ebenso reizvoll ist die windgeschützte Terrasse mit Blick auf Weide und Berge. Herzlich umsorgt lässt man sich in angenehm ungezwungener Atmosphäre regional-saisonale Gerichte schmecken.

♿🏡🅿 – Preis: €€€

Aribostraße 19 ⊠ 83700 – ☎ 08022 666502 – www.egerner-hoefe.de

FÄHRHÜTTE 14

INTERNATIONAL • **RUSTIKAL** Natur pur! Idyllisch liegt das Restaurant der "Überfahrt" am Seeufer. Das Ambiente modern mit maritim-rustikalem Touch, herzlich-leger und versiert der Service. Die Küche ist international-saisonal ausgerichtet. Tipp: Mieten Sie einen Liegestuhl am Strand! Hinweis: Nicht mit dem Auto erreichbar, 300 m Fußweg.

⛵🏡 – Preis: €€

Weißachdamm 50 ⊠ 83700 – ☎ 08022 188220 – www.althoffcollection. com/de/althoff-seehotel-ueberfahrt/restaurants-und-bar/faehrhuette-14 – Geschlossen: Montag-Mittwoch, mittags: Donnerstag-Sonntag

KIRSCHNER STUBEN

INTERNATIONAL • **RUSTIKAL** Heimelig-gemütlich und sympathisch-lebendig ist es hier, toll die Terrasse mit Seeblick. Dazu ein schöner Mix an guten, frischen Gerichten. Die Produkte dafür kommen vorwiegend von regionalen Erzeugern. Mittags Schmankerlkarte. Tipp: Salatdressing, Bratensaft oder Jus gibt's auch zum Kauf für zuhause. Im Hotel "Maier zum Kirschner" hat man hübsche Zimmer mit alpenländischem Charme.

🏡♿🅿🏊 – Preis: €€

Seestraße 23 ⊠ 83700 – ☎ 08022 273939 – www.maier-kirschner.de – Geschlossen: Dienstag und Mittwoch

RUDERTING

Bayern – Regionalatlas **6**–Z3

🍸 LANDGASTHOF ZUM MÜLLER ⓝ

REGIONAL • **RUSTIKAL** In dem gestandenen Landgasthof von Ingrid und Markus Buchner gibt es eine frische regional-saisonale Küche mit international-mediterranen Einflüssen. Einladend die Atmosphäre - dazu trägt der sympathisch-herzliche

Service ebenso bei wie das gemütlich-rustikale Ambiente der Gaststuben, nicht zu vergessen die sehr schöne begrünte Terrasse mit kleiner offener Scheune. Zum Übernachten hat man ländlich-moderne Zimmer.

🛆 ⇄ 🅿 – Preis: €€

Passauer Straße 16 ⊠ 94161 – ☏ 08509 1224 – www.landgasthofzummueller.de –
Geschlossen: Dienstag und Mittwoch, mittags: Montag, Donnerstag-Samstag

RÜTHEN

Nordrhein-Westfalen – Regionalatlas **3**–L2

🍴 **KNIPPSCHILD**

REGIONAL • FREUNDLICH Richtig gemütliche Stuben voller Charme und Liebe zum Detail haben die Knippschilds in ihrem traditionsreichen Haus. Man kocht sauerländisch und saisonal, mit einer Portion Bodenständigkeit und internationalen Einflüssen. Tipp: Wild aus der Region - der Chef ist selbst Jäger. Freundlich der Service. Nett: Absacker im "Wirtshaus". Für Übernachtungsgäste: schöne Zimmer und Wellness.

🛆 ⇄ 🅿 – Preis: €€

Theodor-Ernst-Straße 3 ⊠ 59602 – ☏ 02902 80330 – hotel-knippschild.de –
Geschlossen mittags: Montag

RÜGEN (INSEL)

Mecklenburg-Vorpommern – Regionalatlas **2**–G2

In Binz

✿ **FREUSTIL**

Chef: Ralf Haug

KREATIV • FARBENFROH Ein echter Glücksfall für das schöne Ostseebad Binz, dass es den gebürtigen Schwarzwälder Ralf Haug in den hohen Norden verschlagen hat. Von der besternten Rügener "niXe" kam er 2013 in das Hotel "Vier Jahreszeiten", wo er seither im Gourmetrestaurant mit bemerkenswerter Kreativität und ebensolcher Finesse begeistert. Erwähnt werden muss auch das tolle Preis-Leistungs-Verhältnis bei exzellenter Produktqualität! Gerichte wie "mixed pickles, quinoa, malz" oder "bavette, bbq flavour, cole slaw" lassen schon beim Lesen der Karte vermuten, dass hier ideenreich und modern gekocht wird. So unkompliziert wie die Küche ist auch die Atmosphäre. Das liegt nicht zuletzt am sehr sympathischen und aufmerksamen Service. Tipp: Mittags zusätzlicher günstiger Lunch.

🛆 – Preis: €€€

Zeppelinstraße 8 ⊠ 18609 – ☏ 038393 50444 – www.freustil.de – Geschlossen:
Montag und Dienstag

In Klein Kubbelkow

GUTSHAUS KUBBELKOW

INTERNATIONAL • ELEGANT Schön liegt das schmucke denkmalgeschützte Gutshaus in einem Park. In den stilvollen Räumen spürt man die über 100-jährige Geschichte des Anwesens. Für Gerichte wie z. B. "gebratener Boddenzander auf Kubbelkower Gemüse- und Kräuter-Gazpacho" verwendet man gerne regionale und saisonale Produkte. Tipp: Dieses Idyll bietet auch geschmackvolle, individuelle Gästezimmer.

🍴🛆 🅿 – Preis: €€€

Im Dorfe 8 ⊠ 18528 – ☏ 03838 8227777 – www.kubbelkow.de/de – Geschlossen:
Montag und Sonntag, mittags: Dienstag-Samstag

In Sellin

AMBIANCE

INTERNATIONAL • KLASSISCHES AMBIENTE Hier erwarten Sie ein ansprechender klassischer Rahmen, herzlicher, aufmerksamer und versierter Service sowie eine ambitionierte Küche mit internationalen und regionalen Einflüssen. Schön sitzt man auch auf der Terrasse. Zu finden ist das Restaurant in "ROEWERS Privthotel", einem hübschen Villen-Ensemble mit wohnlich-eleganten Zimmern, Spa und Park.

⅋ 🏡 🅿 – Preis: €€

Wilhelmstraße 34 ⊠ 18586 – 𝒸 038303 1220 – www.roewers.de/de/wellnesshotel-ruegen

RUPPERTSBERG

Rheinland-Pfalz – Regionalatlas **7**–B1

HOFGUT RUPPERTSBERG

Chef: Jean-Philippe Aiguier

REGIONAL • RUSTIKAL Das historische Anwesen am Ortsrand ist eine der Keimzellen des Weinguts Bürklin-Wolf und heute ein charmantes Restaurant samt herrlichem Innenhof. Gekocht wird französisch, regional und saisonal, dabei setzt man auf Bio-Produkte, die man möglichst aus der nächsten Umgebung bezieht. Zur Wahl stehen zwei Menüs, eines davon vegetarisch. Für exklusive Feiern kann man das Teehaus buchen. Tipp: Im Hofladen gibt's Leckeres für daheim.

� *Engagement des Küchenchefs: In meiner Küche verwenden wir nur regionale und saisonale Bioprodukte und ich kenne alle Lieferanten, das Thema Nachhaltigkeit geht bei uns über die Küche hinaus, das Haus ist seit 2010 biozertifiziert, Müllvermeidung, Personalmanagement, eigener Bio-Hofladen, alles hat unsere volle Aufmerksamkeit!*

🏡 ♻ 🅿 – Preis: €€€

Obergasse 2 ⊠ 67152 – 𝒸 06326 982097 – dashofgut.com – Geschlossen: Montag, Dienstag, Sonntag, mittags: Mittwoch-Samstag

RUST

Baden-Württemberg – Regionalatlas **5**–T3

⁂ AMMOLITE - THE LIGHTHOUSE RESTAURANT

MODERNE KÜCHE • DESIGN Sie müssen nur dem markanten Leuchtturm folgen, um das exklusive Restaurant im „Europa Park" zu finden. Zeitlos-chic und elegant ist das Ambiente hier, leicht transparente Vorhänge in einem warmen Goldton geben dem runden Raum eine intime Note und vermitteln Ruhe. Während Sie auf edlen Samtsesseln an hochwertig eingedeckten Tischen sitzen und von einem gut eingespielten Serviceteam aufmerksam und kompetent umsorgt werden, gibt Küchenchef Peter Hagen-Wiest zwei tolle Menüs mit sieben Gängen zum Besten: "Around the World" sowie die vegetarische Variante "Green Forest". Er kocht eine klassisch basierte Küche mit modernen Einflüssen, die er angenehm ausgewogen umsetzt. Dazu empfiehlt man hervorragend abgestimmte Weine und präsentiert sie fachlich sehr fundiert.

🦽 🅰🅺 🏡 🅿 – Preis: €€€€

Peter-Thumb-Straße 6 ⊠ 77977 – 𝒸 07822 776699 – www.ammolite-restaurant. de – Geschlossen: Montag und Dienstag, mittags: Mittwoch-Samstag

EATRENALIN ⓝ

MODERNE KÜCHE • CHIC Eine geradezu futuristische Form der Erlebnis-Gastronomie! Man entscheidet sich vorab per Ticketsystem für eines der Menüs - "Red Dimensions" oder "Green Dimensions" (vegetarisch) - und für die passende Getränkebegleitung. Vor Ort wird man mit Hilfe von künstlicher Intelligenz in englischer Sprache durch verschiedene Themenwelten und Räume geführt, wo jeweils abgestimmte Speisen serviert werden - mal in kleiner Häppchen-Form, mal als Tellergericht. Die Küche ist ambitioniert und zeigt internationale, modern-kreative und auch klassische Einflüsse. Start ist in der Lounge, Abschluss in der Bar.

&. 🅰️ 🅿️ – Preis: €€€€

Roland-Mack-Ring 5 ⌧ 77977 – ℰ 07822 776677 – www.eatrenalin.de –
Geschlossen: Dienstag und Mittwoch, mittags: Montag, Donnerstag-Sonntag

SAARBRÜCKEN

Saarland – Regionalatlas **5**–S2

✿✿ ESPLANADE

KLASSISCHE KÜCHE • CHIC Durch und durch geschmackvoll ist die ehemalige Schule mitten im Zentrum, die auch ein schmuckes kleines Boutique-Hotel beherbergt. Im Mittelpunkt steht aber das chic-moderne Restaurant. Küchenchef Silio Del Fabro verbindet hier Klassisches mit modernen und mediterranen Einflüssen, und das schön klar strukturiert, handwerklich top und finessenreich - ein Gedicht die Saucen und Fonds! Zur Wahl stehen das Menü "Signature" und Speisen à la carte, darunter tolle Gerichte für zwei Personen. Mittags interessanter "Plat du Jour". Erwähnenswert ist auch der klasse Service unter der Leitung von Jérôme Pourchère, Gastgeber und Sommelier aus Leidenschaft!

🅰️ 🍴 ↔ 🅿️ – Preis: €€€€

Nauwieserstraße 5 ⌧ 66111 – ℰ 0681 8596566 – www.esplanade-sb.de –
Geschlossen: Montag, Dienstag, Sonntag

✿✿ GÄSTEHAUS KLAUS ERFORT

Chef: Klaus Erfort

FRANZÖSISCH-KLASSISCH • ELEGANT Was die stilvolle weiße Villa in der Innenstadt von Saarbrücken schon von außen an Klasse und Eleganz verspricht, hält auch das Interieur mit seiner gelungenen Liaison aus klassisch-historischem Rahmen und moderner Geradlinigkeit. Eine stimmige Kombination von Klassik und modernen Akzenten findet sich auch in der Küche von Klaus Erfort. In einem Menü mit vier, fünf oder sieben Gängen präsentiert er finessenreiche und angenehm reduzierte Gerichte. Dazu eine gut aufgestellte Weinkarte. Das Serviceteam kümmert sich freundlich, ungezwungen und gleichermaßen professionell um die Gäste.

🕸 🚗&. ↔ 🅿️ – Preis: €€€€

Mainzer Straße 95 ⌧ 66121 – ℰ 0681 9582682 – www.gaestehaus-erfort.de –
Geschlossen: Samstag und Sonntag

🙂 JOULIARD

KLASSISCHE KÜCHE • BISTRO In einem gepflegten Stadthaus etwas außerhalb des Zentrums finden Sie dieses französische Bistro. Die Küche überzeugt mit gutem Handwerk und vor allem mit Geschmack. Auf der ansprechenden Karte liest man Klassiker, aber auch Kreationen, die man nicht überall findet. Nett sitzt man auch auf der Terrasse vor dem Haus.

🍴 – Preis: €€

Scheidter Straße 66 ⌧ 66123 – ℰ 0681 68615322 – www.jouliard.de –
Geschlossen: Sonntag, mittags: Montag-Samstag

ALBRECHTS CASINO AM STADEN

FRANZÖSISCH • KLASSISCHES AMBIENTE Ein "place to be" ist die schöne Jugendstilvilla etwas außerhalb des Zentrums an einer Grünanlage - ein Restaurant mit Charakter, im Stil einer luxuriösen Brasserie. Serviert werden interessante Gerichte wie "Duett Jakobsmuschel & saarländische Blutwurst, pochierte Birne, junger Lauch, Bergpfeffer, Süßkartoffelcreme".

🕸 🚗🍴 ↔ 🅿️ – Preis: €€

Bismarckstraße 47 ⌧ 66121 – ℰ 0681 62364 – www.albrechts-casino.de –
Geschlossen: Montag und Dienstag

LE COMPTOIR

FRANZÖSISCH-ZEITGEMÄSS • BISTRO Sie finden dieses Restaurant in einem historischen Sandstein-Klinkerhaus im Nauwieser Viertel, übrigens das Geburtshaus des Regisseurs Max Ophüls. Hier erwarten Sie ein attraktives modernes Interieur und eine sympathische Atmosphäre. Am Abend bietet man ein modern-französisch ausgerichtetes Menü, das bei der Anzahl der Gänge etwas variabel ist. Die Köche selbst servieren die Gerichte.

Preis: €€€

Försterstraße 15 ⊠ 66111 – ☎ 0681 83907886 – www.lecomptoir-saarbruecken. de – Geschlossen: Montag und Sonntag, mittags: Dienstag-Samstag

RESTAURANT QUACK IN DER VILLA WEISMÜLLER Ⓝ

MEDITERRAN • HIP Schön sitzt man hier über der Stadt auf der Terrasse oder in den geschmackvollen Gasträumen mit ihrem Mix aus Villen-Flair und trendig-schickem Stil. Die ambitionierte saisonale Küche bietet Mediterranes, aber auch Regionales. Interessant der Chefs Table: Thekenkonzept mit Überraschungsmenü und Blick in die Küche. Gute Weinkarte. Hinweis: Zufahrt über schmalen Privatweg.

🍴 ♿ 🅿 – Preis: €€

Gersweilerstraße 43A ⊠ 66117 – ☎ 0681 52153 – www.restaurant-quack.de – Geschlossen: Montag, Dienstag, Sonntag

SAARLOUIS

Saarland – Regionalatlas 5-S2

✿✿ LOUIS RESTAURANT

KREATIV • ELEGANT Mit modern-kreativer Küche trumpft das Restaurant im geschmackvollen Boutique-Hotel "LA MAISON". Hier gibt es ein fixes Menüs mit sieben Gängen, auch als vegetarische Variante. Die Gerichte sind aufwändig zubereitet und verbinden eine klassische Basis mit internationalen Einflüssen - pfiffige Kontraste inklusive. Und das Ambiente? Der hohe Raum kommt mit seinem schicken, modern-eleganten Interieur recht stylish und durchaus luxuriös daher. Der freundliche und professionelle Service tut ein Übriges - hier sei auch Sommelier Robert Jankowski erwähnt. Toll die Terrasse.

🐟 🍴 🅿 – Preis: €€€€

Prälat-Subtil-Ring 22 ⊠ 66740 – ☎ 06831 89440440 – lamaison-hotel.de – Geschlossen: Montag, Dienstag, Sonntag, mittags: Mittwoch-Samstag

SAAROW, BAD

Brandenburg – Regionalatlas 4-R1

AS AM SEE

MODERNE KÜCHE • CHIC "AS" steht hier u. a. für "Am See" und "Andreas Staack" (Inhaber und Küchenchef). Der sympathische Patron empfiehlt in diesem einladenden, freundlichen Mix aus Vinothek und Bistro moderne Küche in Form eines Menüs mit frei wählbaren Gängen (z. B. "Kabeljaurücken mit Rote-Beete-Senf-Creme") sowie einige Snack-Klassiker.

🍴 🅿 – Preis: €€

Seestraße 9 ⊠ 15526 – ☎ 033631 599244 – www.asamsee.de – Geschlossen: Montag und Dienstag, mittags: Mittwoch-Samstag, abends: Sonntag

SÄCKINGEN, BAD

Baden-Württemberg – Regionalatlas 5-T4

✿ GENUSS-APOTHEKE

Chef: Raimar Pilz

KREATIV • TRENDY Von der einstigen Apotheke ist nur der Namenszusatz geblieben. Hinter den großen Fenstern erwartet Sie heute ein frisches, modernes

Restaurantkonzept. Sie sitzen in einem hellen, geradlinig gehaltenen Raum an wertig eingedeckten Tischen, Blickfang ist die markante offene Küche. Hier kocht Patron Raimar Pilz kreativ und angenehm reduziert - top die Produkte, vom zarten Eifellamm bis zum aromatischen Taschenkrebs. Gelungen bindet man immer wieder würzige Kräuter in die saisonalen Gerichte ein. Jeden Abend serviert man ein Gourmetmenü mit fünf bis acht Gängen. Dass man sich hier wohlfühlt, liegt auch mit an den Service, der Sie herzlich und aufmerksam umsorgt und gut in Sachen Wein berät.

&% – Preis: €€€€

Schönaugasse 11 ⊠ 79713 – ℰ 07761 9333767 – www.genuss-apotheke.de –
Geschlossen: Montag, Dienstag, Sonntag, mittags: Mittwoch-Samstag

SALACH
Baden-Württemberg – Regionalatlas **5**-V3

⸎ GOURMETRESTAURANT "FINE DINING RS"

Chef: Rolf Straubinger

FRANZÖSISCH-ZEITGEMÄSS • ELEGANT Wunderbar die einsame, ruhige Lage hier oben auf Burg Staufeneck, herrlich der Blick über das Filstal! Den genießt man im Gourmetrestaurant des Burghotels dank großer Panoramafenster - bei schönem Wetter kann man sogar den Stuttgarter Flughafen und den Fernsehturm sehen! Sie sitzen in geschmackvollem puristisch-elegantem Ambiente, professionell der bisweilen charmant "schwäbelnde" Service - hier lebt man die Region! Geboten werden zwei moderne Menüs, eines davon vegetarisch. Das Team um Rolf Straubinger und seinen langjährigen Küchenchef Markus Waibel begeistert mit sehr aufwändigen Gerichten, die fein und angenehm leicht sind und interessante Kontraste zeigen. Alternativ gibt es noch das Burgrestaurant "oifach andersch" - hier kocht man schwäbisch, aber auch mit internationalen Einflüssen.

&% ⇐🅿 – Preis: €€€€

Burg Staufeneck 1 ⊠ 73084 – ℰ 07162 9334473 – www.burg-staufeneck.de/de –
Geschlossen: Montag-Mittwoch, mittags: Donnerstag-Sonntag

SALEM
Baden-Württemberg – Regionalatlas **5**-U4

⊛ RECK'S

REGIONAL • GASTHOF Küche, Kunst und Wohnen sind in dem langjährigen Familienbetrieb vereint. Drei Schwestern leiten das Hotel mit teils klassischen, teils stilvoll-modernen Gästezimmern sowie das Restaurant, in dem man richtig gute saisonal beeinflusste Küche bietet. Drinnen hat man drei behagliche Stuben, draußen sitzen Sie herrlich auf der Terrasse unter Platanen und schauen auf Streuobstwiesen! Schön: Kunst findet sich überall im Haus.

🛋 ⇔🅿 – Preis: €€

Bahnhofstraße 111 ⊠ 88682 – ℰ 07553 201 – www.recks-hotel.de – Geschlossen:
Mittwoch und Donnerstag

SAMERBERG
Bayern – Regionalatlas **6**-Y4

⊛ GASTHOF ALPENROSE

REGIONAL • GASTHOF Immer gut gebucht und auch bei den vielen Stammgästen beliebt ist der schöne alteingesessene Gasthof bei der Kirche - Familienbetrieb seit 1868. Drinnen gemütliche Stuben, draußen lauschiger Biergarten und Terrasse. Gekocht wird bayerisch-saisonal, gerne verarbeitet man Produkte aus der nächsten Umgebung. Hübsche Gästezimmer hat man ebenfalls.

🛋 ⇔🅿 – Preis: €

Kirchplatz 2 ⊠ 83122 – ℰ 08032 8263 – www.alpenrose-samerberg.de –
Geschlossen: Montag und Dienstag

SANKT INGBERT

Saarland – Regionalatlas **5**–S2

⚇ DIE ALTE BRAUEREI

FRANZÖSISCH • KLASSISCHES AMBIENTE Die sympathischen Gastgeber Eric und Isabelle Dauphin sorgen in ihrem gemütlichen Restaurant für eine französische Note, auch auf dem Teller. Aus guten Produkten entstehen schmackhafte Gerichte, die auch noch preislich fair sind. Sehr beliebt ist das günstige Mittagsmenü. Das Restaurant samt individuellen Gästezimmern erreichen Sie über den Innenhof.

🍽 🅿 – Preis: €

Kaiserstraße 101 ✉ 66386 – ☎ 06894 92860 – www.diealtebrauerei.com – Geschlossen: Dienstag, mittags: Samstag

SANKT MÄRGEN

Baden-Württemberg – Regionalatlas **7**–B1

⚇ ZUM KREUZ

REGIONAL • GEMÜTLICH Seit 1683 gibt es das Gasthaus bereits, Familie Schwer führt die Tradition in 3. Generation fort. Hier etwas außerhalb von St. Märgen in ca. 1030 m Höhe sorgen Vater und Sohn für gute Küche: Saisonales wie z. B. heimisches Wild sowie Klassiker (Maultaschen, Schnitzel,...). Es gibt ein A-la-carte-Angebot, das Menü "Tradition" sowie das "Gemussmenü" (nur auf Vorbestellung). Zum Übernachten hat man wohnliche Zimmer und Appartements.

🅿 🛏 – Preis: €

Hohlengraben 1 ✉ 79274 – ☎ 07669 91010 – www.gasthaus-zum-kreuz.de – Geschlossen: Mittwoch und Donnerstag

SANKT PETER

Baden-Württemberg – Regionalatlas **7**–B1

ZUR SONNE

Chef: Hanspeter Rombach

REGIONAL • GASTHOF Hanspeter Rombach legt in seinem einladenden freundlichen Restaurant Wert auf regionale und saisonale Produkte. Die "Heimat"- und die "Sonne"-Gerichte können Sie als Menü oder à la carte wählen. Tipp: Im "Heimatladen" gibt's Leckeres vom Bio-Gemüse über Brot bis zum Mittagstisch. Für Übernachtungsgäste hat man wohnliche Zimmer und einen hübschen Saunabereich.

🌿 *Engagement des Küchenchefs: Nachhaltig arbeiten war für mich schon immer ein wichtiges Thema, daher ist mein Haus bereits seit 2006 bio-zertifiziert, ich verarbeite am liebsten Fleisch von Rindern, die auf Schwarzwaldwiesen grasen, backe unser Bio-Brot selbst und angeschlossen an das Fernwärmenetz ist mein Haus klimaneutral.*

🍽 🅿 – Preis: €€

Zähringerstraße 2 ✉ 79271 – ☎ 07660 94010 – www.sonne-schwarzwald.de – Geschlossen: Montag

SANKT PETER-ORDING

Schleswig-Holstein – Regionalatlas **1**–B2

SALT & SILVER AM MEER ⓝ

GRILLGERICHTE • HIP Beeindruckend ist hier schon die Lage in einem 8 m hohen Pfahlbau direkt am Strand, dem Meer ganz nah. Geboten wird frische Küche, teils mit Produkten aus der Region. Die Karte lockt mit Fisch und Fleisch vom Grill, auch "Ceviche" darf als "Signatur Dish" nicht fehlen. Richtig nett die lebhafte Atmosphäre, drinnen wie draußen auf der tollen Terrasse. Neben den beiden Hamburger Restaurants eine weitere "Salt & Silver"-Variante.

⪍ 🍽 🅿 – Preis: €€

Zum Böhler Strand ✉ 25826 – saltandsilver.de – Geschlossen: Mittwoch

SANKT WENDEL
Saarland – Regionalatlas **5**-S1

✿ KUNZ GOURMET

Chef: Alexander Kunz

FRANZÖSISCH-KLASSISCH • FAMILIÄR Anke und Alexander Kunz sind ein eingespieltes Team, in 2. Generation leiten sie den Familienbetrieb. Das Team um den Patron und seinen Küchenchef Patrick Jenal sorgt für geradlinige Gerichte ohne Schnörkel - Geschmack und top Produkte stehen im Fokus. Sie können neben dem klassisch-französischen Menü des Gourmetrestaurants auch von der Karte des "Kunz Traditionelle" wählen. Sehr freundlich und versiert der Service. Toll auch der Blick auf den beachtlichen "Bliestaldom" St. Remigius, den die Glasfront des schicken modern-eleganten Wintergartens freigibt. Alexander Kunz ist übrigens auch für sein Event-Catering und die Dinnershow "Alexander Kunz Theatre" in Saarbrücken bekannt.

🏧 🅿 – Preis: €€€

Kirchstraße 22 ✉ 66606 – ☏ 06854 8145 – www.restaurant-kunz.de –
Geschlossen: Montag-Mittwoch, mittags: Donnerstag-Samstag, abends: Sonntag

☺ KUNZ TRADITIONELLE

FLEISCH • FREUNDLICH Event-Catering, zwei tolle Restaurants, "Alexander Kunz Theatre" in Saarbrücken..., der Kunz'sche Unternehmergeist ist vielfältig! Hier wird schmackhaft, frisch und mit ausgesuchten Produkten gekocht, auf der Karte finden sich klassische, mediterrane und regionale Einflüsse. Dazu freundlicher Service und ein geschmackvolles gemütlich-modernes Ambiente.

🏡 🅿 – Preis: €€

Kirchstraße 22 ✉ 66606 – ☏ 06854 8145 – www.restaurant-kunz.de –
Geschlossen: Montag-Mittwoch, mittags: Donnerstag-Samstag, abends: Sonntag

SASBACHWALDEN
Baden-Württemberg – Regionalatlas **5**-T3

☺ DER ENGEL

REGIONAL • LÄNDLICH Hier passt einfach alles zusammen: Familientradition seit 1764, charmante Stuben hinter historischen Fachwerkmauern (mal traditioneller, mal moderner), herzliche Atmosphäre und schmackhafte regionale Küche. Zur Wahl stehen Klassiker, Tagesgerichte oder auch Menüs. Schön übernachten können Sie übrigens ebenfalls.

🏡 ✧ 🅿 – Preis: €€

Talstraße 14 ✉ 77887 – ☏ 07841 3000 – engel-sasbachwalden.de – Geschlossen:
Montag

SAULGAU, BAD
Baden-Württemberg – Regionalatlas **5**-U4

KLEBERS

INTERNATIONAL • CHIC Ob Sie drinnen in angenehm lichter Atmosphäre sitzen oder im Sommer draußen auf der herrlichen Terrasse, Sie werden freundlich und charmant umsorgt und genießen eine international und regional geprägte Küche aus sehr guten Produkten. Zur Wahl stehen verschiedene Menüs (darunter ein vegetarisches) sowie einige Gerichte à la carte. Das Restaurant befindet sich übrigens im geschmackvollen Hotel "Kleber Post".

♿ 🏧 🏡 ✧ – Preis: €€

Poststraße 1 ✉ 88348 – ☏ 07581 5010 – www.kleberpost.de – Geschlossen:
Dienstag, mittags: Samstag

SAULHEIM

Rheinland-Pfalz – Regionalatlas **5**–T1

🐭 MUNDART RESTAURANT

KLASSISCHE KÜCHE • **LÄNDLICH** Eine charmante Adresse ist das alte Dorfhaus mitten in dem kleinen Weinort. Es gibt frische klassisch geprägte Küche, die man sich drinnen in hübschem ländlich-modernem Ambiente oder draußen auf der Terrasse im reizenden Innenhof schmecken lässt. Ideal für Feierlichkeiten ist die umgebaute Scheune.

🍴 ⇄ 🅿 – Preis: €€

Weedengasse 8 ✉ 55291 – ☏ 06732 9322966 – www.mundart-restaurant.de – Geschlossen: Mittwoch und Donnerstag, mittags: Montag, Dienstag, Freitag, Samstag

SCHALKHAM

Bayern – Regionalatlas **6**–Y3

SEBASTIANIHOF

INTERNATIONAL • **RUSTIKAL** Hier erwartet Sie ein wunderschönes Anwesen samt reizvollem Innenhof, das gelungen rustikale und moderne Elemente verbindet. Im geschmackvollen Restaurant sorgt die luftige Architektur für Atmosphäre, dazu aufmerksamer Service und gute Küche. Zu den feinen, saisonal geprägten Gerichten (z. B. heimisches Wild) bietet man auf Wunsch eine passende Weinbegleitung.

🍴 ⇄ 🅿 🍽 – Preis: €€

Brunnenstraße 9 ✉ 84175 – ☏ 08744 919445 – www.sebastianihof.de – Geschlossen: Montag-Mittwoch, mittags: Donnerstag-Samstag, abends: Sonntag

SCHARBEUTZ

Schleswig-Holstein – Regionalatlas **1**–D2

❀ DIVA

FRANZÖSISCH-MODERN • **ELEGANT** Die mediterrane Note des direkt am Ostseestrand gelegenen Hotels "BelVeder" findet sich auch im kleinen Gourmetrestaurant mit seinem eleganten, in warmen Tönen gehaltenen Interieur wieder. Auf Meerblick müssen Sie hier trotz der schönen Lage an der Lübecker Bucht leider verzichten, es sei denn Sie sitzen draußen auf der Terrasse! Volle Aufmerksamkeit verdient aber ohnehin die klassisch basierte Küche von Gunter Ehinger. Gekonnt kombiniert man z. B. bei "Steinbutt und Rauchlachs mit Sauce von Bouchotmuscheln und Avocadosalsa" regionale und internationale Produkte oder verbindet bei "Kaisergranat und Kohlrabi" moderne Ideen mit feiner Raffinesse. Gut die glasweise Weinbegleitung zum Menü. A-la-carte-Wahl ist ebenfalls möglich. Dazu werden Sie aufmerksam und geschult umsorgt.

♿ 🄰 🍴 🅿 – Preis: €€€

Strandallee 146 ✉ 23683 – ☏ 04503 3526600 – www.hotel-belveder.de – Geschlossen: Montag, Dienstag, Sonntag, mittags: Mittwoch-Samstag

SCHEIDEGG

Bayern – Regionalatlas **5**–V4

ZUM HIRSCHEN & GASTHAUS BEIM STÖCKELER

REGIONAL • **RUSTIKAL** Eine feste Größe im Ort und in der Region ist dieser familiengeführte Gasthof. Gemütlich-rustikal die Räume, schön die Terrasse im Schatten der Kirche, regional-saisonal die Küche. Man hat auch eine gute Auswahl an glutenfreien Gerichten. Übernachtungsgäste dürfen sich auf schöne modern-alpine Zimmer und ein gutes Frühstück freuen - vielleicht auf der Balkonterrasse?

&. 🏠 ⇔ 🅿 – Preis: €

Kirchstraße 1 ⊠ 88175 – ℰ 08381 2119 – www.zumhirschenscheidegg.de –
Geschlossen: Mittwoch, mittags: Donnerstag

SCHERMBECK

Nordrhein-Westfalen – Regionalatlas **3**–J2

LANDHOTEL VOSHÖVEL

MARKTKÜCHE • **GEMÜTLICH** Die Gastronomie des komfortablen, engagiert
geführten "Landhotel Voshövel" bietet Ihnen gleich mehrere Optionen: Da wäre
zum einen die charmante "Wirtschaft" mit regional geprägter Küche à la carte,
zum anderen die schicke, modern-gemütliche "Lindenstube", in der man ein kreativ inspiriertes Menü serviert. Oder speisen Sie lieber im "Pop-Up Restaurant"
(Gartenhaus und Scheune) mit internationalem Angebot?

🏠 ⇔ 🅿 – Preis: €

Am Voshövel 1 ⊠ 46514 – ℰ 02856 91400 – www.landhotel.de

SCHIFFERSTADT

Rheinland-Pfalz – Regionalatlas **5**–U2

MÖLLERS RESTAURANT

INTERNATIONAL • **CHIC** Das gemütliche Restaurant im Hotel "Salischer Hof" bietet Ihnen frische Marktküche mit regionalen, aber auch internationalen Einflüssen.
Tipp: Kommen Sie mal zum fair kalkulierten 10-Gänge-"Amuse-Gueule-Menü" - das
gibt es jeden 1. Freitag im Monat. Freundlich der Service. Sehr nett die Terrasse
hinterm Haus. Schön übernachten kann man in wohnlichen Gästezimmern.

🏠 ⇔ 🅿 – Preis: €€

Burgstraße 12 ⊠ 67105 – ℰ 06235 9310 – www.salischer-hof.de – Geschlossen:
Dienstag, Mittwoch, Sonntag, mittags: Montag, Donnerstag-Samstag

SCHIRGISWALDE-KIRSCHAU

Sachsen – Regionalatlas **4**–R3

🕸 JUWEL

FRANZÖSISCH-MODERN • **CHIC** Das Gourmetrestaurant im Hause Schumann
trägt seinen Namen nicht umsonst, das beginnt schon beim wertigen Interieur
in schickem Lila-Schwarz samt ausgesuchten Details wie Amethysten und
Swarovski-Kristallen. Dazu kommt eine modern-kreativ inspirierte Küche mit klassischen Einflüssen. Für die ist Robert Hauptvogel verantwortlich, seit Sommer
2020 der Chef am "Juwel"-Herd. Nicht unerwähnt bleiben darf auch die feine
Patisserie von Beatrice Tobias! Zum sehr guten Essen gesellt sich noch ein weiterer Wohlfühlfaktor: das überaus freundliche und geschulte Serviceteam um Patrick
Grunewald, das Sie auch in Sachen Wein kompetent berät - Tipp: Man hat eine
beachtliche Champagner-Auswahl!

🍷 🅿 – Preis: €€€€

Bautzener Straße 74 ⊠ 02681 – ℰ 03592 5200 – www.bei-schumann.de –
Geschlossen: Montag-Mittwoch, Sonntag, mittags: Donnerstag-Samstag

AL FORNO

ITALIENISCH • **FREUNDLICH** Richtig gemütlich hat man es hier bei authen-
tischen italienischen Gerichten. Aus der offenen Küche kommen natürlich u. a.
Klassiker wie Antipasti, Pasta und Pizza aus dem Steinofen! Schön sitzt man im
Sommer auf der Terrasse mit Blick auf den "SEEWUNDERBAR".

🏠 🅿 – Preis: €€

Bautzener Straße 74 ⊠ 02681 – ℰ 03592 5200 – www.bei-schumann.de –
Geschlossen: Mittwoch, mittags: Montag, Dienstag, Donnerstag-Sonntag

WEBERSTUBE

MARKTKÜCHE • RUSTIKAL Holztäfelung, Kachelofen, hübsche Deko... Die gemütlich-rustikale Stube ist überaus charmant! Gekocht wird saisonal, dabei legt man Wert auf regionale Produkte. Auf der Karte z. B. "In Rotweinsauce geschmortes Schulterscherzel" oder "Tatar vom Oberlausitzer Weiderind". Umsorgt wird man herzlich und geschult.

🛋 🅿 – Preis: €€

Bautzener Straße 74 ⊠ 02681 – ☎ 03592 5200 – www.bei-schumann.de – Geschlossen: Montag und Sonntag, mittags: Dienstag-Samstag

SCHLECHING
Bayern – Regionalatlas **6**–Y4

🏵 RAIT'NER WIRT

REGIONAL • GEMÜTLICH Das schön sanierte gestandene Wirtshaus a. d. 17. Jh. beherbergt heute hübsche, wohnliche Gästezimmer und richtig gemütliche Restauranträume - und draußen lockt im Sommer der herrliche Biergarten! Serviert werden schmackhafte Gerichte mit regionalem und saisonalem Bezug - der Schweinsbraten darf auf der Karte nicht fehlen! Gute Weinauswahl.

🤵 🛋 🅿 – Preis: €

Achentalstraße 8 ⊠ 83259 – ☎ 08641 5911170 – raitnerwirt.de – Geschlossen: Montag und Dienstag, mittags: Mittwoch-Samstag

SCHLUCHSEE
Baden-Württemberg – Regionalatlas **7**–B1

✿✿ MÜHLE

FRANZÖSISCH-MODERN • ENTSPANNT Niclas Nußbaumer heißt der Chef am Herd des Gourmetrestaurants im gleichnamigen kleinen Boutique-Hotel, das schön etwas abseits liegt. Sein Stil: klassisch-französisch basierte Küche mit modernen, innovativen Elementen. Ausgesuchte saisonale Produkte, die man gerne aus der Region bezieht, werden gekonnt in Szene gesetzt. Das Menü können Sie auf Wunsch um einen Käse-Gang erweitern. Stimmig die Getränkebegleitung. Sympathisch und angenehm persönlich der Service unter der Leitung der charmanten Lea Rupp - auch die Köche servieren mit und erklären die Gerichte. Tipp: Bleiben Sie über Nacht - die Zimmer in dem schmucken Haus von 1603 sind sehr geschmackvoll.

🆎 ♿ 🅿 – Preis: €€€€

Unterer Mühlenweg 13 ⊠ 79859 – ☎ 07656 209 – www.muehle-schluchsee.de – Geschlossen: Dienstag und Mittwoch, mittags: Montag, Donnerstag-Sonntag

SCHMALLENBERG
Nordrhein-Westfalen – Regionalatlas **3**–K3

✿ HOFSTUBE

MODERNE KÜCHE • CHIC Man bietet hier nur ein Menü und das steckt voller Aromen, Ausdruck und akkuratem Handwerk. Verantwortlicher am Herd ist Felix Weber, der auf moderne saisonale Küche setzt. Nach ausgezeichneten Stationen wie dem "Waldhotel Sonnora" in Wittlich, dem "La Vie" in Osnabrück oder "Rüssel's Landhaus St. Urban" in Naurath (Wald) beweist er in der "Hofstube" sein Gefühl für top Produkte, die er gerne aus der Region bezieht. Geschulter, freundlich-aufmerksamer Service und attraktives wertiges Ambiente machen den Genuss komplett. Untergebracht ist das Gourmetrestaurant übrigens im Ferien- und Wellnesshotel "Deimann" - entstanden aus einem Herrenhaus von 1880 und seit 1917 im Besitz der Familie Deimann.

⅍ **P** – Preis: €€€€

Alte Handelsstraße 5 ⊠ 57392 – 𝒞 02975 810 – www.deimann.de/hofstube –
Geschlossen: Montag, Dienstag, Sonntag, mittags: Mittwoch-Samstag

GASTHOF SCHÜTTE

REGIONAL • RUSTIKAL In der bei Wanderern und Bikern beliebten Region finden
Sie dieses traditionelle familiär geführte Landhotel samt Wellness, in dem man
auch gut essen kann. Gekocht wird regional und klassisch-international. Mittags
ist die Karte etwas kleiner. Im Winter sorgt ein offener Kamin in dem charmanten
Restaurant für zusätzliche Atmosphäre.

🛏 ⇔ **P** – Preis: €€

Eggeweg 2 ⊠ 57392 – 𝒞 02975 820 – www.gasthof-schuette.de

SCHNEVERDINGEN

Niedersachsen – Regionalatlas **1**–C4

😊 **RAMSTER**

Chef: Marcus Ramster

REGIONAL • FAMILIÄR Eine sympathisch-familiäre Adresse, die für gute saisonal
ausgerichtete Küche steht. Man fühlt sich der Region verbunden, entsprechend
verwendet man überwiegend heimische Produkte. Auf der Karte finden sich traditionelle Gerichte - Schneverdinger Heidschnucke darf da als Spezialität nicht
fehlen. Schön die Terrasse zum Garten. Übernachtungsgäste freuen sich über sehr
wohnliche Zimmer, teilweise mit Balkon.

🍃 *Engagement des Küchenchefs: Das Thema Nachhaltigkeit beschäftigt*
mich schon lange, daher bin ich auch Gründungsmitglied bei „greentable", einer
Non-Profit-Initiative für Nachhaltigkeit in der Gastronomie! Entsprechend gehe ich
das Thema auch in meinem Haus an, Ökostrom, eigenes Blockheizkraftwerk, Waren
aus direkter Umgebung!

🛏 ⇔ **P** – Preis: €

Heberer Straße 16 ⊠ 29640 – 𝒞 05193 6888 – www.hotel-ramster.de –
Geschlossen: Montag, mittags: Dienstag-Donnerstag

SCHÖNWALD IM SCHWARZWALD

Baden-Württemberg – Regionalatlas **7**–B1

ZUM OCHSEN

REGIONAL • FREUNDLICH Schön gemütlich hat man es in den Stuben mit
ihrer charmanten, für die Region ganz typischen Deko. Aus der Küche kommen
schmackhafte ambitionierte Gerichte, die regional und saisonal ausgerichtet sind
und gelegentlich auch einen internationalen Twist zeigen. Übernachtungsgäste
dürfen sich in dem traditionsreichen Familienbetrieb auf wohnliche Zimmer und
einen Wellnessbereich mit diversen Anwendungen und Pool freuen.

⩽ 🛏 ⇔ **P** – Preis: €€

Ludwig-Uhland-Straße 18 ⊠ 78141 – 𝒞 07722 866480 – www.ochsen.com –
Geschlossen mittags: Montag-Donnerstag

SCHORNDORF

Baden-Württemberg – Regionalatlas **7**–B2

❀ **GOURMETRESTAURANT NICO BURKHARDT**

Chef: Nico Burkhardt

FRANZÖSISCH-MODERN • CHIC In dem sehenswerten historischen
Fachwerkhaus in der Altstadt bekommt man so einiges geboten. Hier befindet sich
das Gourmetrestaurant des "Boutiquehotels Pfauen". Mit eigenem Stil und reichlich
Details bereitet Inhaber und Küchenchef Nico Burkhardt ausgezeichnete Produkte
modern und filigran zu - das gilt für den bretonischen Steinbutt ebenso wie für

die Étouffée-Taube. Besonders stechen dabei sein präzises Handwerk und der enorme Aufwand hervor. Serviert wird in einem geschmackvoll und warm eingerichteten Raum mit nur wenigen Tischen. Hier fühlt man sich wirklich wohl, denn die Atmosphäre ist angenehm intim und man wird zudem noch richtig aufmerksam und herzlich umsorgt, was nicht zuletzt der charmanten Gastgeberin Bianca Burkhardt zu verdanken ist.

🖅 🖼 – Preis: €€€€

Höllgasse 9 ✉ 73614 – ☎ 07181 6699010 – pfauen-schorndorf.de/
gourmetrestaurant-nico-burkhardt-3 – Geschlossen: Montag, Dienstag, Sonntag,
mittags: Mittwoch-Samstag

SCHRAMBERG
Baden-Württemberg – Regionalatlas **5**-U3

GASTHOF HIRSCH

KLASSISCHE KÜCHE • KLASSISCHES AMBIENTE Im Zentrum des Schwarzwaldortes liegt der hübsche Gasthof von 1748. Eine gefragte Adresse, denn man bietet hier eine klassisch orientierte Küche mit Geschmack und Kraft, für die man ausgesuchte Produkte verwendet. Und die Atmosphäre stimmt ebenfalls, dafür sorgen das schöne Ambiente und die sehr freundliche, aufmerksame Gastgeberin. Tipp: Zum Übernachten hat man individuelle, hochwertige Zimmer.

🖼 🖼 – Preis: €€

Hauptstraße 11 ✉ 78144 – ☎ 07422 280120 – www.hotel-gasthof-hirsch.com –
Geschlossen: Dienstag und Mittwoch

SCHWÄBISCH GMÜND
Baden-Württemberg – Regionalatlas **5**-V2

🏵 KRIETSCH

MARKTKÜCHE • FREUNDLICH Auch unter dem Namen "Krietsch" bietet das ehemalige Restaurant "Fuggerei" richtig gute Küche. Gekocht wird saisonal und mit Bezug zur Region, aber auch mit internationalen Einflüssen. Mittags gibt es ein Tagesmenü. Man sitzt schön unter einer hohen historischen Gewölbedecke - oder speisen Sie lieber auf der hübschen Terrasse? Tipp: Besuchen Sie das Münster direkt hinter dem Restaurant.

🖼 🖼 🖼 – Preis: €€

Münstergasse 2 ✉ 73525 – ☎ 07171 30003 – restaurant-krietsch.de –
Geschlossen: Montag und Sonntag

SCHWÄBISCH HALL
Baden-Württemberg – Regionalatlas **5**-V2

🏵 EISENBAHN

Chef: Thomas Wolf und Josef Wolf

FRANZÖSISCH-MODERN • ELEGANT Die Erfahrungen und Idee zweier Generationen stecken im Hause Wolf. Das spiegelt sich auch in der Küche des seit 1997 besternten Restaurants wider. Sie ist sowohl klassisch als auch modern-international inspiriert. Ausgesucht die Produkte, fein die Aromen, intensiv der Geschmack. Man konzentriert sich auf das Wesentliche und präsentiert die Gerichte ohne Schnickschnack. Serviert werden diese in Form eines saisonalen Menüs, wählbar in unterschiedlichen Längen. Neben dem ausgezeichneten Essen darf man sich auf herzliche und geschulte Gästebetreuung freuen. Einladend auch das geschmackvolle Interieur und die hübsche Terrasse hinter dem Haus. Sie mögen Wein? Man hat eine tolle internationale Auswahl. Als Zweitrestaurant gibt es das "Bistro s'Bähnle". Übernachten können Sie ebenfalls.

🖼 🖼 🖼 🅿 – Preis: €€€€

Karl-Kurz-Straße 2 ✉ 74523 – ☎ 0791 930660 – www.landhauswolf.eu –
Geschlossen: Montag, Dienstag, Sonntag, mittags: Mittwoch-Samstag

✿ REBERS PFLUG

Chef: Hans-Harald Reber

MARKTKÜCHE • **GEMÜTLICH** Schon beim Betreten des Restaurants kommt man an der offenen Küche vorbei, das weckt die Vorfreude! Die Karte ist recht breit gefächert, da finden sich regionale Klassiker wie Tafelspitz oder Rostbraten, aber auch das "Genießer-Menü", das man mit drei bis sechs Gängen wählen kann. Eine vegetarische Variante gibt es auch. Und dann sind da noch die hochwertigen Steaks! Das hervorragende Fleisch bezieht Patron und Küchenchef Hans-Harald Reber selbstverständlich vom Metzger seines Vertrauens, seinem Groß-Cousin! Schön sitzt man hier in freundlicher und angenehm ungezwungener Atmosphäre, dabei wird man aufmerksam und geschult umsorgt. Zum Übernachten stehen wohnliche Zimmer bereit.

❀ 🏧 🌭 ⇦ **P** – Preis: €€€

Weckriedener Straße 2 ✉ *74523 –* 📞 *0791 931230 – www.rebers-pflug.de/ startseite.html – Geschlossen: Sonntag, mittags: Montag-Samstag*

🏠 LANDHAUS ZUM RÖSSLE

MARKTKÜCHE • **GASTHOF** Familientradition seit 1780! Da hat Gastfreundschaft einen ebenso hohen Stellenwert wie die schmackhafte Küche aus regionalen Produkten. Die Karte wechselt mit der Saison und je nach Einkauf. Im Sommer ist der Garten ein herrliches Plätzchen! Tipp: Es gibt auch einen Hofladen. Für Feste hat man eine tolle Scheune. Gut übernachten kann man ebenfalls.

♿ 🌭 ⇦ **P** – Preis: €€

Zeilwiesen 5 ✉ *74523 –* 📞 *0791 2593 – roessle-veinau.de – Geschlossen: Mittwoch, mittags: Montag, Dienstag, Donnerstag-Samstag, abends: Sonntag*

SCHWARZENFELD

Bayern – Regionalatlas **6**–Y2

🏠 ESSKUNST

MODERNE KÜCHE • **CHIC** Ein geradlinig-schickes Restaurant, in dem man sich auf ambitionierte Küche freuen darf. Geboten werden modern inspirierte Gerichte auf klassischer Basis, die schön angerichtet sind und mit Geschmack überzeugen. Sie können à la carte oder ein Menü wählen. Dazu sehr herzlicher und engagierter Service. Hinweis: Zugang über den Eingang der Sparkasse!

🌭 ⇗ – Preis: €€

Hauptstraße 24 ✉ *92521 –* 📞 *09435 6999610 – www.restaurant-esskunst.de – Geschlossen: Montag und Dienstag, mittags: Mittwoch-Samstag*

SCHWEINFURT

Bayern – Regionalatlas **3**–M4

🏠 KUGELMÜHLE

FRANZÖSISCH-KLASSISCH • **TRENDY** Seit 2001 führt Max Matreux nun schon dieses klar designte Restaurant in einem Seitenflügel einer Fabrik. Dabei legt er großen Wert auf Nachhaltigkeit, und das zeigt sich auch in seiner klassisch geprägten Küche, für die er gerne saisonale und regionale Produkte verwendet. Freundlich und geschult der Service.

🏧 ⇦ **P** – Preis: €€

Georg-Schäfer-Straße 30 ✉ *97421 –* 📞 *09721 914702 – restaurant-kugelmuehle. de – Geschlossen: Samstag und Sonntag*

KINGS AND QUEENS

INTERNATIONAL • **FREUNDLICH** Das kleine Restaurant hat viele Stammgäste. Das liegt an der modern-eleganten Atmosphäre, am engagierten, aufmerksamen Service und an der international-saisonalen Küche. Die gibt es z. B. als "Calamaretti, Kokos-Curry-Sud, Saubohne, Chili & Bulgur". Dazu schöne Weine - besonders gut sortiert die regionale Auswahl.

Preis: €€
Bauerngasse 101 ⊠ 97421 – ℰ 09721 533242 – www.kingsqueens.eu –
Geschlossen: Montag, Dienstag, Sonntag, mittags: Mittwoch-Samstag

SCHWENDI
Baden-Württemberg – Regionalatlas **5**–V3

❀ ESSZIMMER IM OBERSCHWÄBISCHEN HOF
Chef: Julius Reisch

MODERNE KÜCHE • FREUNDLICH Seit Julius Reisch nach seinen Wanderjahren
mit Stationen u. a. in der "Traube Tonbach" in Baiersbronn und im "Söl'ring Hof"
auf Sylt in den elterlichen Betrieb zurückgekehrt ist, sind er und Ehefrau Anna
im "Esszimmer" mit vollem Engagement im Einsatz - er als Küchenchef, sie als
Restaurantleiterin und Sommelière. Geboten wird ambitioniertes "Fine Dining" in
Form zweier Menüs, eines davon rein vegetarisch. Eine klassisch basierte Küche, die
modern interpretiert wird - ausdrucksstark und aromareich. Dazu gibt es eine sehr
gelungen abgestimmte Weinbegleitung - hier serviert man auch gerne gereifte
Weine. Übernachten können Sie im "Oberschwäbischen Hof" ebenfalls.

❀ ♿🅿 – Preis: €€€
Hauptstrasse 9 ⊠ 88477 – ℰ 07353 98490 – www.oberschwaebischer-hof.de –
Geschlossen: Montag, Dienstag, Sonntag, mittags: Mittwoch-Freitag

😊 LAZARUS STUBE IM OBERSCHWÄBISCHEN HOF
MARKTKÜCHE • FREUNDLICH Lust auf richtig schmackhafte regional-saisonale
Küche samt Klassikern wie Zwiebelrostbraten oder hausgemachte Maultaschen?
Für das ansprechende A-la-carte-Angebot kommen in der "Lazarus Stube"
gute, frische Produkte zum Einsatz. Wer es ambitionierter mag, darf sich auf die
Gourmetkarte des Zweitrestaurants "Esszimmer" freuen. Daneben bietet der
"Oberschwäbische Hof" modern-funktionale Gästezimmer.

♿🍴🔄🅿 – Preis: €€
Hauptstraße 9 ⊠ 88477 – ℰ 07353 98490 – www.oberschwaebischer-hof.de –
Geschlossen: Montag und Sonntag, mittags: Dienstag-Freitag, abends: Samstag

SCHWERIN
Mecklenburg-Vorpommern – Regionalatlas **2**–E3

😊 CUBE BY MIKA 🆕
IZAKAYA • HIP Eine trendig-lebendige Adresse ist das etwas versteckt gelegene
Restaurant, das im Maisonette-Stil auf zwei Etagen aufgeteilt ist. Locker und leger
geht es hier zu, im unteren Bereich kann man auch an Hochtischen sitzen. Die
schmackhafte Küche gibt es im Izakaya-Style: überwiegend asiatische Gerichte
und Snacks zum Teilen. Zu bestimmten Terminen bietet man auch ein ambitioniertes Degustations-Menü.

🍴 – Preis: €€
Domhof 6 ⊠ 19053 – ℰ 0385 77887706 – cube-bymika.de – Geschlossen:
Montag und Sonntag, mittags: Dienstag-Samstag

😊 WEINBISTRO
MARKTKÜCHE • WEINBAR Das Zweitrestaurant im Hotel "Weinhaus Uhle" ist
ein Mix aus Weinhandlung und nettem Ganztagsrestaurant. Hier serviert man
Ihnen von 12 bis 21 Uhr geschmackvolle, unkomplizierte Gerichte, die auf nachhaltig erzeugten Produkten sowie Bioware basieren. Typisch "Weinhaus Uhle" ist
auch die sehr schöne Einrichtung - wertig und mit gewissem Chic. Dazu eine gute
Weinauswahl.

🍴 – Preis: €
Schusterstraße 13 ⊠ 19053 – ℰ 0385 48939430 – www.weinhaus-uhle.de/
weinbistro

GOURMETFABRIK

INTERNATIONAL • BISTRO Keine Frage, dank der Lage am Schweriner See sind hier die Terrassenplätze mit Blick aufs Wasser besonders gefragt! Modern und leger die Atmosphäre, frisch die internationale Küche - wie wär's z. B. mit einem Burger oder einem Tomahawk-Steak?

舒 – Preis: €€

Werderstraße 74B ⊠ 19055 – ℰ 0385 76098570 – www.gourmetfabrik.de – Geschlossen: Montag und Sonntag, mittags: Samstag

GOURMETRESTAURANT 1751

INTERNATIONAL • HISTORISCHES AMBIENTE Mit seinem tollen historischen Flair zählt das Restaurant in dem über 250 Jahre alten Weinhaus im Herzen der Stadt zu den schönsten der Region. In einem aufwändig restaurierten Tonnengewölbe serviert man ein ambitioniertes Menü aus sehr guten, fast ausschließlich regionalen Produkten. Dazu eine Weinkarte mit so mancher Rarität! Das Hotel "Weinhaus Uhle" bietet geschmackvolle Zimmer.

✿ – Preis: €€€

Schusterstraße 15 ⊠ 19055 – ℰ 0385 48939430 – www.weinhaus-uhle.de – Geschlossen: Montag und Sonntag, mittags: Dienstag-Samstag

LA BOUCHE ET EL PATO

INTERNATIONAL • BISTRO Das Bistro mit der sympathisch-gemütlichen Atmosphäre liegt mitten in der Stadt, der Dom ist nur einen Steinwurf entfernt. Im EG sitzt man im "La Bouche", in der 1. Etage im "El Pato" - das international-mediterrane Angebot ist überall gleich. Freundlich der Service. Nett auch die Terrasse in der Fußgängerzone.

舒 ✿ – Preis: €

Buschstraße 9 ⊠ 19053 – ℰ 0385 39456092 – www.bistrolabouche.de – Geschlossen: Montag und Sonntag, mittags: Dienstag-Freitag

SELLIN – Mecklenburg-Vorpommern ➜ Siehe Rügen (Insel)

SELZEN

Rheinland-Pfalz – Regionalatlas 5-T1

⹕ KAUPERS RESTAURANT IM KAPELLENHOF

Chef: Sebastian Kauper

MODERNE KÜCHE • INTIM Eine Adresse mit Potential zum Lieblingslokal! Dafür sorgen Nora Breyer und Sebastian Kauper (beide ausgebildete Köche) in dem über 300 Jahre alten Kapellenhof. Das sympathische Betreiberpaar hat unter dem offenen Dachgiebel ein ausgesprochen gemütliches Ambiente geschaffen und ist hier als eingespieltes Team bei der Sache. Die Gastgeberin umsorgt Sie herzlich und empfiehlt auch tolle Weine. Nicht zu vergessen die moderne Küche von Sebastian Kauper. Für sein saisonales Menü verwendet der gebürtige Münchner nur ausgesuchte Produkte und bereitet sie durchdacht und mit Gefühl zu. Die ein oder andere alte Gemüsesorte baut man im eigenen Garten selbst an. Tipp: die wunderbare, hübsch begrünte Dachterrasse! Fragen Sie auch nach den "Late Lunch"-Terminen (sonn- und feiertags ab 14 Uhr).

舒 🅿 ⧫ – Preis: €€€€

Kapellenstraße 18a ⊠ 55278 – ℰ 06737 8325 – www.kaupers-kapellenhof.de – Geschlossen: Montag-Donnerstag, mittags: Freitag und Samstag

SENDEN

Nordrhein-Westfalen – Regionalatlas **3**–K2

HOF GROTHUES-POTTHOFF - HASENKLEE

MARKTKÜCHE • **FREUNDLICH** Eine charmant-moderne Adresse mit saisonaler Küche, für die man gerne Produkte aus eigenem Anbau verwendet. Geboten werden zwei Menüs (eines davon vegetarisch), aus denen Sie auch à la carte wählen können. Freundlich der Service, gut die Weinberatung durch den Chef. Auf dem schönen Hof finden sich auch eine Bäckerei, ein Hofladen und ein Hotel.

&. ⇔ ▣ – Preis: €€

Hof Grothues-Potthoff 4 ✉ 48308 – ☏ 02597 696418 – www.hof-grothues-potthoff.de – Geschlossen: Montag, Dienstag, Sonntag, mittags: Mittwoch-Samstag

SIMMERATH

Nordrhein-Westfalen – Regionalatlas **3**–J4

GENIESSER WIRTSHAUS

REGIONAL • **GEMÜTLICH** Gemütlichkeit kommt auf, wenn man bei regionalen Gerichten wie "Döppekooche" in liebenswerten Stuben sitzt oder nach dem Abendessen in charmanten Themenzimmern (Motto "Genuss") in ein kuscheliges Bett sinkt! Und draußen: ein schöner Obstgarten mit eigenen Hühnern, Räucherhaus, Feuerstelle, Scheune mit Verkaufsladen.

🛖 ▣ ⊿ – Preis: €€

Hövel 15 ✉ 52152 – ☏ 02473 3212 – geniesserwirtshaus.de – Geschlossen: Montag-Mittwoch, mittags: Donnerstag

SIMONSWALD

Baden-Württemberg – Regionalatlas **7**–B1

HUGENHOF

INTERNATIONAL • **GEMÜTLICH** Altes Gebälk, Kamin, charmante Einrichtung - da kommt Gemütlichkeit auf, während Chef Klaus Ditz Ihnen am Tisch sein ambitioniertes und schmackhaftes 4-Gänge-Menü annonciert und Chefin Petra Ringwald freundlich-versiert die passenden Weine empfiehlt. Dank der Lage oberhalb des Ortes hat man einen schönen Blick auf das Tal. Übernachten kann man in dem persönlich geführten Haus ebenfalls.

🐾 ⇐ 🏠 ▣ ⊿ – Preis: €€€

Am Neuenberg 14 ✉ 79263 – ☏ 07683 930066 – www.hugenhof.de – Geschlossen: Montag und Dienstag, mittags: Mittwoch-Sonntag

SINZIG

Rheinland-Pfalz – Regionalatlas **3**–K4

FEINSCHLIFF Ⓝ

MODERNE KÜCHE • **HIP** In dem Restaurant im Herzen von Sinzig erwartet Sie ein trendig-schickes Ambiente mit zentraler, durch ein Fenster einsehbarer Küche. Durch große bodentiefe Fenster schaut man zum Kirchplatz mit der Pfarrkirche St. Peter. Am Abend gibt es ein modernes Menü mit dezenten asiatischen Einflüssen, das für alle um 18.30 Uhr beginnt (nur auf Vorbestellung). Gute, fair kalkulierte Weinbegleitung. Mittags bietet man nur ein Tagesgericht.

🅰🅲 – Preis: €€€

Kirchplatz 4 ✉ 53489 – ☏ 02642 9959699 – www.restaurant-feinschliff.de – Geschlossen: Dienstag und Mittwoch

SOBERNHEIM, BAD

Rheinland-Pfalz – Regionalatlas **5**–T1

 JUNGBORN

MODERNE KÜCHE • ELEGANT Wertigkeit ist Trumpf in dem imposanten Hotelkomplex des "BollAnts", dem steht auch das "Jungborn" in nichts nach: elegant das Ambiente samt wunderbarem Sandstein-Tonnengewölbe, herzlich der Service, toll die Küche von Philipp Helzle. Sein Kochstil ist mit moderner Klassik treffend beschrieben. Er kocht angenehm reduziert und französisch geprägt, hier und da mit internationalen Einflüssen. Ausgezeichnet die Qualität der Produkte. Zu den beiden angebotenen Menüs empfiehlt man gerne Wein aus der Region. Der Name "Jungborn" stammt übrigens aus der Gründerzeit des ehemaligen "Felke-Jungborn Kurhaus Dhonau", dem heutigen "BollAnts", und bezieht sich auf dessen Gesundheitsphilosophie.

🛋 🅿 – Preis: €€€€

Felkestraße 100 ✉ 55566 – ☎ 06751 93390 – www.bollants.de – Geschlossen: Montag und Sonntag, mittags: Dienstag-Samstag

HERMANNSHOF

MEDITERRAN • LÄNDLICH Das hübsche Gewölbe bestimmt auch im zweiten Restaurant des geschmackvollen Hotels "BollAnts - SPA im Park" das Ambiente, ebenso das ausgesprochen schöne Interieur im attraktiven Vintage-Look. Einladend ist auch die Terrasse im Innenhof. Gekocht wird mediterran und mit regionalen Einflüssen. Zur Wahl stehen zwei täglich wechselnde Menüs, die auch miteinander kombiniert werden können.

🛋 🅿 – Preis: €€

Felkestraße 100 ✉ 55566 – ☎ 06751 93390 – www.bollants.de – Geschlossen: Montag und Sonntag, mittags: Dienstag-Samstag

SODEN AM TAUNUS, BAD

Hessen – Regionalatlas **3**–L4

BELLASLOKAL 🆕

KÜCHE • KÜCHE In ihrem Restaurant in einer engen Dorfstraße im Ortsteil Altenhain empfängt Sie Inhaberin und Küchenchefin Isabelle Pering in angenehm hellen Räumen in geschmackvollem klaren Design. Mit A-la-carte-Gerichten und einem Überraschungsmenü (auch vegetarisch) beweist die Chefin ein Händchen für stimmige Geschmacksbilder - hier zeigen sich ihre Stationen in guten Adressen. Produkte und Weine kommen überwiegend aus der Region, meist in Bio-Qualität. Schöne Terrasse.

🛋 – Preis: €€€

Langstraße 15 ✉ 65812 – ☎ 06174 9529141 – bellaslokal.de – Geschlossen: Dienstag und Mittwoch, mittags: Montag, Donnerstag-Samstag, abends: Sonntag

SOLINGEN

Nordrhein-Westfalen – Regionalatlas **3**–J3

PFAFFENBERG

INTERNATIONAL • MINIMALISTISCH Schön die Lage im Grünen, chic-modern das Interieur, toll die Terrasse mit Blick über die Landschaft. Auf der Karte liest man z. B. "gebratener Heilbutt, Schwarzwurzel, Chorizo, Belper Knolle". Täglich geöffnet: das Bistro - hier Burger, Steaks, internationale Gerichte, Waffeln.

♿ 🎴 🛋 🅿 – Preis: €

Pfaffenberger Weg 284 ✉ 42659 – ☎ 0212 42363 – www.pfaffenberg.com – Geschlossen: Dienstag und Mittwoch, mittags: Montag, Donnerstag, Freitag

SOMMERHAUSEN

Bayern – Regionalatlas **5**–V1

✿ PHILIPP

Chef: Michael Philipp

FRANZÖSISCH-MODERN • GEMÜTLICH Seit über 20 Jahren kümmern sich Heike und Michael Philipp mit viel Herzlichkeit um ihre Gäste. Nach ihrer gemeinsamen Ausbildung in den legendären "Schweizer Stuben" in Wertheim-Bettingen hat es die beiden in die fränkische Heimatregion des Patrons verschlagen. Nicht nur Gäste von hier schätzen seine klassisch-moderne Küche, die auch mediterrane und asiatische Einflüsse zeigt. In Punkto Wein können Sie voll und ganz auf die Empfehlungen von Gastgeberin und Sommelière Heike Philipp vertrauen, die Sie fachkundig und äußerst charmant umsorgt. Erwähnenswert ist auch der Rahmen: ein stilvoll-gemütliches Restaurant mit historischem Flair, untergebracht in einem schmucken über 400 Jahre alten Renaissance-Palais mitten in dem malerischen Winzerörtchen.

🏡 ⇔ – Preis: €€€

Hauptstraße 12 ✉ 97286 – ℰ 09333 1406 – www.restaurant-philipp.de –
Geschlossen: Montag-Donnerstag, mittags: Freitag

SONNENBÜHL

Baden-Württemberg – Regionalatlas **5**–U3

✿ HIRSCH

Chef: Gerd Windhösel

KLASSISCHE KÜCHE • FAMILIÄR Seit vielen Jahren eine gastronomische Institution auf der Schwäbischen Alb, mit Herzlichkeit und Leidenschaft von Gerd und Silke Windhösel geführt. Der Patron steht selbst am Herd und verarbeitet nur ausgesuchte Zutaten, die er am liebsten aus der Umgebung bezieht, vom Älbler Weidelamm über Seckach-Forellen bis Alb-Safran. Er setzt auf eine angenehm schnörkellose Küche - saisonal-klassisch und auch gerne traditionsbewusst, aber immer auf hohem Niveau. Zur Wahl stehen verschiedene Menüs, darunter ein vegetarisches, sowie "Hirsch-Klassiker" à la carte. Sie möchten übernachten? Das schöne wohnliche Ambiente des Restaurants findet sich auch in den Gästezimmern.

🅰 🏡 ⇔ 🅿 – Preis: €€

Im Dorf 12 ✉ 72820 – ℰ 07128 92910 – www.romantikhotel-hirsch.de/de –
Geschlossen: Montag-Mittwoch, mittags: Donnerstag

🏠 DORFSTUBE

REGIONAL • GEMÜTLICH Der "Hirsch" ist wirklich ein Refugium für "Schleckermäulchen"! Alternativ zum Gourmetrestaurant verwöhnt man Sie auch in der "Dorfstube". Hier kommt richtig gute schwäbisch-bürgerliche Küche auf den Tisch, z. B. in Form von "In Sonnenblumenkernbutter gebratenem Waller mit Roter Bete". Und vorab vielleicht die "süß-sauren Lamm-Nierchen mit Apfel und Rosmarin"?

🅰 🏡 ⇔ 🅿 – Preis: €€

Im Dorf 12 ✉ 72820 – ℰ 07128 92910 – www.romantikhotel-hirsch.de/de

SPALT

Bayern – Regionalatlas **6**–X2

🏠 GASTHOF BLUMENTHAL

Chef: Lukas Strobel und Josef Kocher

REGIONAL • GASTHOF Ein Familienbetrieb in 5. Generation und ein fränkisches Gasthaus im besten Sinne! Gemütlich die Restauranträume, herrlich die Terrasse. In entspannter Atmosphäre wird man angenehm leger und überaus charmant umsorgt. Auf den Tisch kommt eine unkomplizierte, einfache und schmackhafte regionale Küche aus guten Produkten. Tipp: Saibling und Forelle aus eigener Zucht!

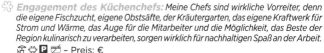 *Engagement des Küchenchefs: Meine Chefs sind wirkliche Vorreiter, denn die eigene Fischzucht, eigene Obstsäfte, der Kräutergarten, das eigene Kraftwerk für Strom und Wärme, das Auge für die Mitarbeiter und die Möglichkeit, das Beste der Region kulinarisch zu verarbeiten, sorgen wirklich für nachhaltigen Spaß an der Arbeit.*
🏡 ⇄ 🅿 📺 – Preis: €

Stiegelmühle 42 ✉ 91174 – ☎ 09873 332 – www.gasthof-blumenthal.de – Geschlossen: Montag und Dienstag, abends: Sonntag

SPEYER

Rheinland-Pfalz – Regionalatlas **5**–U2

CLYNE - DAS RESTAURANT

REGIONAL • FREUNDLICH Am Rand der Altstadt und nur einen Steinwurf von der Fußgängerzone entfernt liegt diese gemütliche, persönlich geführte Restaurant. Der Name "CLYNe" steht für "klein" und nimmt Bezug auf die wenigen Plätze - da ist eine Reservierung ratsam! Man kocht saisonal und bringt Produkte aus der Region schmackhaft auf den Teller. Es gibt das "Menü vom Land", das "Menü aus dem Wasser" und das "Menü nich' Fisch, nich' Fleisch".
🆎 📺 – Preis: €€

Große Greifengasse 5 ✉ 67346 – ☎ 06232 1008285 – www.restaurant-clyne. de – Geschlossen: Montag-Mittwoch, mittags: Donnerstag-Samstag, abends: Sonntag

SPROCKHÖVEL

Nordrhein-Westfalen – Regionalatlas **3**–K2

HABBEL'S

INTERNATIONAL • GEMÜTLICH Seit 1878 ist diese Adresse ein Ort der Bewirtung und hat sich seither stetig weiterentwickelt. Auf der Karte finden sich regionale, saisonale und internationale Einflüsse. Man hat übrigens eigenes Quellwasser im Ausschank. Tipp: Destillate aus der Habbel-Manufactur - darunter ein 77er Whisky!
🏡 🅿 – Preis: €€

Gevelsberger Straße 127 ✉ 45549 – ☎ 02339 914312 – habbel-restaurant.de – Geschlossen: Montag, mittags: Dienstag-Samstag

STARNBERG

Bayern – Regionalatlas **6**–X4

🍃 AUBERGINE

KREATIV • CHIC Gehobene Gastronomie in einem Businesshotel? Im Gourmetrestaurant des komfortablen "Vier Jahreszeiten Starnberg" kann man diese Erfahrung machen. In einem verglasten Anbau im Wintergartenstil erwarten Sie wertiges modern-elegantes Interieur sowie die kreative Küche von Maximilian Moser. In seinen beiden Menüs (eines davon vegetarisch) bringt er internationale Einflüsse ebenso ein wie den Bezug zur Saison. Umsorgt wird man zuvorkommend und kompetent, gut auch die Weinberatung. Tipp: Verfolgen Sie auch den kulinarischen Kalender - hier finden sich interessante Angebote.
♿ – Preis: €€€€

Münchner Straße 17 ✉ 82319 – ☎ 08151 4470290 – www.aubergine-starnberg. de – Geschlossen: Montag, Dienstag, Sonntag, mittags: Mittwoch-Samstag

STAUFEN IM BREISGAU

Baden-Württemberg – Regionalatlas **7**–B1

🕸 DIE KRONE

REGIONAL • GEMÜTLICH Es hat schon Charme, das mitten im Ort gelegene historische Gasthaus mit seinen gemütlichen Stuben und der netten Terrasse. Familie

Lahn ist mit Engagement bei der Sache, das zeigt nicht zuletzt die schmackhafte klassisch-regionale Küche aus frischen, guten Produkten. Man kann hier auch schön übernachten - einige Zimmer mit Schlossblick.

🏡 🅿 – Preis: €€

Hauptstraße 30 ⊠ 79219 – 𝒞 07633 5840 – www.die-krone-staufen.de – Geschlossen: Samstag, mittags: Montag-Freitag

AMBIENTE

MARKTKÜCHE • FREUNDLICH Man muss schon wissen, dass in dem unscheinbaren Gewerbegebiet solch ein geschmackvolles Restaurant zu finden ist! Die freundliche Chefin umsorgt sehr aufmerksam die Gäste, während der Patron frische klassische Gerichte wie z. B. "Perlhuhnbrust, wilder Brokkoli, Shiitake-Pilzrisotto" zubereitet - à la carte oder in Menüform (auch vegetarisch).

🏡 🅿 – Preis: €€

Ballrechterstraße 8 ⊠ 79219 – 𝒞 07633 802442 – restaurant-ambiente.com – Geschlossen: Mittwoch und Donnerstag, mittags: Freitag und Samstag

STEINENBRONN

Baden-Württemberg – Regionalatlas **7**–B2

KRONE

MARKTKÜCHE • FREUNDLICH Im Herzen von Steinenbronn liegt das seit vielen Jahren familiär geführte Haus. Hier trifft Moderne auf Tradition, das gilt fürs Ambiente ebenso wie für die Küche. Alternativ zum Restaurant gibt es das nette legere "Krönle" - preislich sehr fair die Gerichte von der Tafel. Toll sind übrigens die handgeschabten Spätzle hier im Haus! Zum Übernachten hat man funktionelle Zimmer.

🏡 ⇔ 🅿 – Preis: €€

Stuttgarter Straße 45 ⊠ 71144 – 𝒞 07157 7330 – www.krone-steinenbronn.de – Geschlossen: Montag und Sonntag

STEPHANSKIRCHEN

Bayern – Regionalatlas **6**–Y4

GOCKLWIRT

BÜRGERLICHE KÜCHE • RUSTIKAL Warum es Stammgäste und Ausflügler gleichermaßen hierher zieht? Die reichlich dekorierten Stuben sind schön urig und die beachtliche Sammlung an Landmaschinen ist schon sehenswert! Gekocht wird regional und klassisch-international, von "Spicy Lachstatar" über "Böfflamott" bis zum 4-Gänge-Menü. Zum Übernachten: Doppelzimmer im Nachbarhaus.

🏡 ⇔ 🅿 🍽 – Preis: €

Weinbergstraße 9 ⊠ 83071 – 𝒞 08036 1215 – www.gocklwirt.de – Geschlossen: Montag-Mittwoch, mittags: Donnerstag

STOLPE

Mecklenburg-Vorpommern – Regionalatlas **2**–G2

🏵 GUTSHAUS STOLPE

KREATIV • LANDHAUS Auf dem wunderschönen Anwesen führt eine gepflasterte Allee zu dem sorgsam sanierten historischen Gutshaus. Ein stilvoll-charmanter Rahmen, in den sich das elegante Restaurant mit seinem englischen Landhausflair bestens einfügt. Chef am Herd ist Christian Somann, der zu früheren Zeiten bereits im Gutshaus tätig war und hier nach Stationen in renommierten Häusern seit Mitte 2022 handwerklich anspruchsvolle Gerichte mit Kraft und Finesse bietet. Für sein Menü kommen hochwertige Produkte zum Einsatz. Sehr angenehm auch die herrliche Terrasse zum Park! Zum Übernachten lädt das geschmackvolle Hotel ein.

🛏🍴🄿 - Preis: €€€€

Peenstraße 33 ✉ 17391 - ☎ 039721 5500 - www.gutshaus-stolpe.de -
Geschlossen: Montag, Dienstag, Sonntag, mittags: Mittwoch-Samstag

STROMBERG (KREIS KREUZNACH)

Rheinland-Pfalz - Regionalatlas **5**-T1

LE DÉLICE

MARKTKÜCHE • ELEGANT Elegante Atmosphäre und aufmerksamer Service
kommen in diesem Restaurant ebenso gut an wie die ambitionierte Küche mit international inspirierten Gerichten. Geboten wird ein Menü mit vier bis sieben Gängen,
dazu die passende Weinbegleitung.

&🄿 - Preis: €€€

Am Buchenring 6 ✉ 55442 - ☎ 06724 6000 - www.golfhotel-stromberg.de -
Geschlossen: Montag und Sonntag, mittags: Dienstag-Samstag

STÜHLINGEN

Baden-Württemberg - Regionalatlas **5**-U4

🐸 ## GASTHAUS SCHWANEN

REGIONAL • GEMÜTLICH Eine charmante Adresse mit guter Küche ist das in 3.
Generation als Familienbetrieb geführte Gasthaus gegenüber der Kirche. Drinnen
erwartet Sie behagliche Atmosphäre, draußen lockt die idyllische Gartenterrasse.
Man verwendet teilweise eigene Produkte, hat u. a. Hühner, eine Jagd, stellt Liköre
her... Zum Übernachten: "Gasthaus Schwanen", "Villa Pfarrhus" mit schönem
Garten sowie Gästehaus "Malermeisterhaus".

🍴🄿⛱ - Preis: €€

Talstraße 9 ✉ 79780 - ☎ 07744 5177 - www.gasthaus-schwanen.de -
Geschlossen: Mittwoch und Donnerstag, mittags: Montag, Dienstag, Freitag,
Samstag

GENGS LINDE

TRADITIONELLE KÜCHE • ZEITGEMÄSSES AMBIENTE Christian und Silvia
Geng leiten das Haus in 4. Generation - er in der Küche, sie im Service. Gekocht
wird überwiegend traditionell und mit saisonalem Bezug. Nicht fehlen darf auch die
Vesperkarte. Gut die Auswahl an Weinen, vor allem an regionalen und deutschen.
Für Kinder gibt's die "Karte für unsere Kids" und einen Spielplatz. Schön das tren-
dig-moderne Ambiente. Attraktive Gästezimmer hat man ebenfalls.

&🄰🍴🄿 - Preis: €€

St.-Gallus-Straße 37 ✉ 79780 - ☎ 07744 1255 - gengslinde.de - Geschlossen:
Dienstag, mittags: Montag, Mittwoch-Samstag

Baden-Württemberg
Regionalatlas **7**–B2

STUTTGART

Wer Lust auf feine japanische Küche mit französisch-modernem Einfluss hat, ist im **Nagare** im Stadtteil Feuerbach genau richtig. Hier finden Sie auch das neu gelistete **new josch** mit modern inspiriertem Angebot. Kreatives Fine Dining dürfen Sie nach wie vor im stylischen **Ritzi Gourmet** erwarten - gut isst man übrigens auch in der angeschlossenen Brasserie **Ritzi**. Ein schöner Tipp ist zudem **Schweizers Restaurant** mit ambitionierter klassisch-saisonaler Küche - hier lockt im Sommer die charmante ruhige Innenhofterrasse. Neu in der Sterneliga ist das **Hegel Eins** im Linden-Museum für Völkerkunde. Für Gourmets lohnt sich auch der Weg in den Süden Stuttgarts - hier bietet das **Hupperts** ein tolles saisonal inspiriertes Menü. Ebenfalls einen Besuch wert: **Vetter**. mit Bib Gourmand. Unkomplizierte italienische Küche gibt's im außerhalb gelegenen **Nannina**. Eine hippe Übernachtungsadresse ist das Design-Hotel **Jaz in the City Stuttgart**.

🏵🏵 **SPEISEMEISTEREI**

MODERNE KÜCHE • CHIC Im Kavaliersbau des Schlosses Hohenheim ist über viele Jahre ein Ort der anspruchsvollen und feinen Kulinarik gewachsen. Anteil daran hat nicht zuletzt Stefan Gschwendtner. Seit 2008 in der Speisemeisterei tätig und seit 2016 Küchenchef, hat er seinen eigenen Stil entwickelt und verfeinert. Das Produkt ist zweifelsohne der Star seiner Küche, mit reichlich Handwerk, Technik und Ideen entstehen aus den exzellenten Zutaten sehr intelligente und ausdrucksstarke Gerichte wie z. B. "Huchen von Nikolai Birnbaum, Yamswurzel, Speck, Tosazu-Zwiebel". Umsorgt werden Sie von einem äußerst kompetenten, überaus freundlichen und charmanten Serviceteam, das Sie auch bei der Weinfindung bestens berät. Übrigens: Im Sommer bekommt das schicke Restaurant durchaus Konkurrenz von der herrlichen stimmungsvollen Terrasse!

🖕🏵♿🅿 – Preis: €€€€

Stadtplan: B3-2 – *Schloss Hohenheim 1B* ✉ *70599* – ☏ *0711 34217979* – *www. speisemeisterei.de* – *Geschlossen: Dienstag und Mittwoch, mittags: Montag, Donnerstag-Sonntag*

🏵 **5**

MODERNE KÜCHE • HIP Auch nach vielen Jahren ist das "5" noch "up to date"! Das liegt in erster Linie an der modernen Küche von Alexander Dinter. Seit 2018 ist er der kreative Chef am Herd und bringt gelungen eigene Ideen in sein saisonal inspiriertes Menü ein. Auch der Rahmen ist etwas Besonderes: Im ersten Stuttgarter Bahnhof nahe dem Schlossgarten sorgt ein leger-urbanes und dennoch stilvolles

Lounge-Flair für eine spezielle Atmosphäre. Und die begleitet Sie von der stylischen Bar im EG bis zum "Casual Fine Dining"-Restaurant im 1. OG. Hier sitzen die Gäste auf schicken, individuell designten Stühlen an blanken Tischen und genießen neben der ausgezeichneten Küche auch einen ebenso niveauvollen Service samt versierter Weinberatung. Günstig für Autofahrer sind die Parkhäuser in unmittelbarer Umgebung.

🅰🅲 – Preis: €€€

Stadtplan: E2-15 – *Bolzstraße 8* ✉ *70173* – ☎ *0711 65557011* – *www.5.fo* – *Geschlossen: Montag, mittags: Dienstag-Sonntag*

❄ DÉLICE

KREATIV • FREUNDLICH Zu schade, dass in dem schönen Tonnengewölbe nur recht wenige Gäste Platz finden! Doch das gehört ebenso zum besonderen Charme des Restaurants wie die überaus zuvorkommende, herzliche und kompetente Gästebetreuung, und die ist Chefsache! Evangelos Pattas - übrigens gebürtiger Belgier griechischer Abstammung - ist ein bemerkenswerter Gastgeber, der jede Menge Herzblut an den Tag legt. Das gilt auch für die Weinberatung, denn der Patron ist Sommelier und gewissermaßen ein Weinlexikon auf zwei Beinen! In der offenen Küche ist Andreas Hettinger alleiniger Herr am Herd. Aus sehr guten Produkten bereitet er ein saisonales Menü zu, das klassische, mediterrane und kreative Einflüsse zeigt. Auf Wunsch können Sie die fünf Gänge des Menüs auf vier reduzieren.

🕸 🅰🅲 – Preis: €€€€

Stadtplan: E2-13 – *Hauptstätter Straße 61* ✉ *70178* – ☎ *0711 6403222* – *www. restaurant-delice.de/de* – *Geschlossen: Montag, Samstag, Sonntag, mittags: Dienstag-Freitag*

❄ DER ZAUBERLEHRLING

Chef: Fabian Heldmann

KREATIV • CHIC Weinliebhaber dürften sich freuen, wenn ihnen beim Betreten des Restaurants der begehbare verglaste Weinklimaschrank ins Auge sticht - hier bekommt man schon mal einen Vorgeschmack auf das rund 300 Positionen umfassende Angebot. Auch das schicke Interieur mit seinem stilvollen klaren Design und individuellen Details ist ein Eyecatcher. Das sorgt ebenso für eine angenehme Atmosphäre wie der sehr charmante und versierte Service. Dieser anspruchsvolle Rahmen ist die perfekte Untermalung für die sehr moderne und kontrastreiche Küche von Fabian Heldmann, die mit geschmacklicher Tiefe und schöner Balance trumpft. Hinweis: Samstags bietet man nur "Candle Light Dinner". Zum Übernachten hat das gleichnamige kleine Designhotel mitten im Zentrum geschmackvolle, ganz individuelle Gästezimmer.

🕸 🅰🅲 – Preis: €€€

Stadtplan: E2-14 – *Rosenstraße 38* ✉ *70182* – ☎ *0711 2377770* – *www. zauberlehrling.de* – *Geschlossen: Sonntag, mittags: Montag-Samstag*

❄ HEGEL EINS

MODERNE KÜCHE • CHIC Sie finden dieses interessante Restaurant im staatlichen Museum für Völkerkunde, dem Linden-Museum. Das engagierte Team um Patron Jan Tomasic und seine Köche bieten am Abend ein modern-kreatives Überraschungsmenü mit fünf oder sieben Gängen, zubereitet aus sehr guten Produkten. Eine vegetarische Variante ist auf Vorbestellung ebenfalls möglich. Das Interieur ist richtig chic und schafft Atmosphäre, umsorgt wird man freundlich und kompetent. Mittags gibt es eine einfachere und günstigere kleine Karte, die ideal ist für Museumsbesucher.

Preis: €€€€

Stadtplan: D1-11 – *Hegelplatz 1* ✉ *70174* – ☎ *0711 6744360* – *hegeleins.de* – *Geschlossen: Montag und Sonntag, mittags: Dienstag-Samstag*

Weit über seltene Jahrgänge hinaus

DIE KREATION
DES IDEALEN JAHRGANGS

99/100	98/100	19/20
JAMESSUCKLING.COM	falstaff	Jancis Robinson

Grand Siècle N°23 in der Magnum-Flasche.
Limitierte Edition – nur auf Anfrage.
www.laurent-perrier.com · @ #grandsiecle

Foto of Iris Velghe – Design LUMA

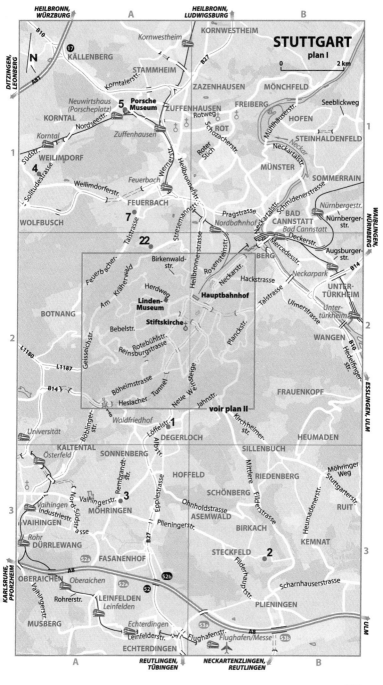

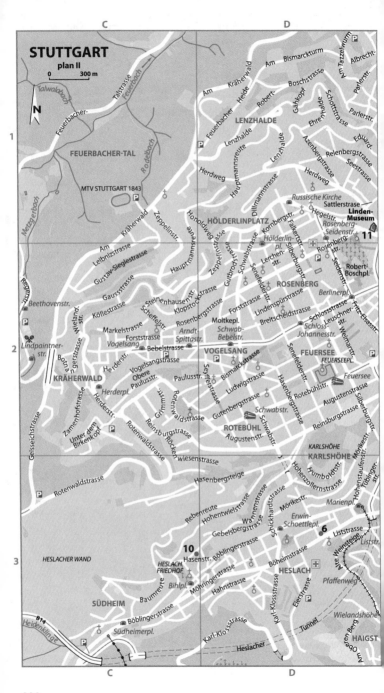

STUTTGART
plan II

0   300 m

N

Talwaldbach

Feuerbacher-

FEUERBACHER-TAL

Feuerbach

Rodelbach

Metzgerbach

MTV STUTTGART 1843

LENZHALDE

Am Bismarckturm

Albrecht-

Am Kräherwald

Boschstrasse

Am Tazzelwurm

Parlerstr.

Gähkopf

Schottstrasse

Am Kräherwald

Robert

Parlerstr.

Ehrmische

Lenzhalde

Feuerbacher Helde

Hauptmannsreute

Herdweg

Lenzhalde

Azenbergstrasse

Edward

Relenbergstrasse

Seestrasse

Herdweg

Zeppelinstr.

Honoldweg

HÖLDERLINPLATZ

Dillmannstrasse

Kornbergstr.

Russische Kirche

Sattlerstrasse

Hegelstr.

Linden-Museum

Rosenberg-Seidenstr.

11

Am Kräherwald

Leibnizstrasse

Gustav-Siegle-strasse

Zeppelinstr.

Hauptmannsreute

Zeppelinstrasse

Schwabstrasse

Gutbrodstrasse

Senefelderstr.

Lerchen-str.

Hölderlin-pl.

Silberburgstr.

Falkertstr.

Rosenberg-str.

Rosenberg

Jerdenstr.

Robert-Boschpl.

Beethovenstr.

Praga-strasse

Gaussstrasse

Köllestrasse

Steinhausenstr.

Scheffelstr.

Klopstockstrasse

Rosenbergstrasse

Forststrasse

Lindenspürstrasse

ROSENBERG

Berlinerpl.

Breitscheidstrasse

Schlossstrasse

Schloss-Johannesstr.

Leuschner-str.

Weimar-str.

Ebastr.

P

Lindpaintner-str.

Markelstrasse

Forststrasse

Vogelsang

Arndt-Spittastr.

Bebelstrasse

Wieland-str.

Bürgerstrasse

Bohn-

Moltkepl.

Schwab-Bebelstr.

VOGELSANG

Senefeldstr.

FEUERSEE

FEUERSEEPL.

Feuersee

P

KRÄHERWALD

Herderstr.

Vogelsangstrasse

Obere Paulusstr.

Paulusstr.

Seyffertstrasse

Bismarckstr.

Ludwigstrasse

Hasenbergstrasse

Rotebühlstr.

Feuerbühlstr.

Augustenstrasse

Silberburgstr.

Reinsburgstrasse

Feuersee

Zamenhofstrasse

Herderpl.

Unter dem Birkenkopf

Reinsburgstrasse

Rotenwaldstrasse

Grillenstr.

Gutenbergstrasse

Schwabstr.

ROTEBÜHL

Augustenstr.

Schwabstr.

P

Rotenwaldstrasse

Wiesenstrasse

Hasenbergsteige

Rebenreute

Hohentwielstrasse

Wannenstrasse

Mörikestr.

Schickhardtstrasse

KARLSHÖHE

KARLSHÖHE

Humboldtstr.

Hohenzollernstrasse

Hohenstaufenstr.

Mörikestr.

Tübinger-str.

Marienpl.

Erwin-Schoettlepl.

6

Liststrasse

Liststr.

HESLACHER WAND

10

Hasenstr.

Gebelsbergstrasse

Böblingerstrasse

Böheimstrasse

Alte Weinsteige

HESLACH

HESLACH FRIEDHOF

Bihlpl.

Möhringerstrasse

Hahnstrasse

Karl-Klossstrasse

Eiertstrasse

Pfaffenweg

SÜDHEIM

Baumreute

Böblingerstrasse

Südheimerpl.

Karl-Klossstrasse

Tunnel

Wielandshöhe

B14

Heidenklinge

Karl-Klossstrasse

Heslacher

Am Oberen Berg

HAIGST

P

C   D

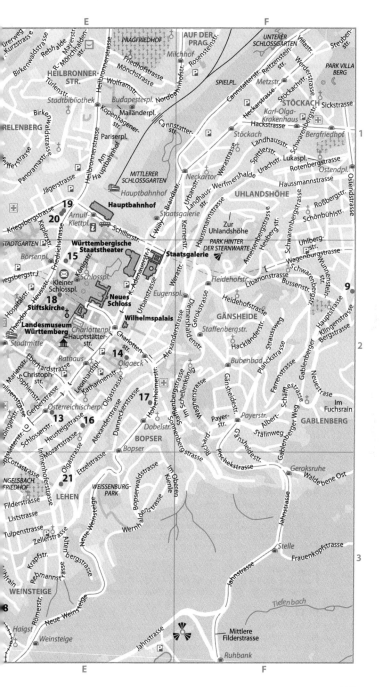

E   F

PRAGFRIEDHOF
AUF DER PRAG.
UNTERER SCHLOSSGARTEN
Villastr.
Steuben-str.
Kurzstrasse
Reb.halde
R.-Mönchhalden-str.
Mayerstr.
Birkenwaldstrasse
Friedhofstrasse
Mönchhalden-str.
Milchhof
Rosensteinstr.
PARK VILLA BERG
HEILBRONNER-STR.
Türlenstr.
Wolframstr.
SPIELPL.
Cannstatterstr.
Metzstr.
Werderstrasse
Stadtbibliothek
Budapesterpl.
Nordbahnhofstr.
Neckarstrasse
Stöckachstr.
Sickstrasse
STÖCKACH
Birke
Kopenhagener-str.
Mailänderpl.
Karl-Olga-Krakenhaus
Hackstrasse
RELENBERG
Pariserpl.
Cannstatter-str.
Stöckach
Bergfriedhof
-fferstrasse
Landhausstr.
Spittlerstr. Lukaspl.
Panoramastr.
P
Jägerstrasse
P
MITTLERER SCHLOSSGARTEN
Neckartor
Urbanstr.
Landhaus-str.
Werfmershalde
Urachstr.
Rotenbergstrasse
Ostendpl.
Hausmannstrasse
Ostendstrasse
Kriegsbergstrasse
Keplerstr.
Hauptbahnhof
19
Arnulf-Klettpl.
20
Schillerstr.
Staatsgalerie
Hausmannstrasse
W.Villy
Brandstr.
Kernerstr.
UHLANDSHÖHE
Roßbergstr.
Schönbühlstr.
Schwarenbergstrasse
STADTGARTEN P
Börsenpl.
Friedrichstr.
Württembergische Staatstheater
15
Königstr.
Schloßpl.
Staatsgalerie
Urbanstr.
PARK HINTER DER STERNWARTE
Zur Uhlandshöhe
Amisenbergstrasse
Hedberg str.
Uhlberg-str.
P
Wagenburgstrasse
Schwarenberg-str.
Wunnenstein
9
-egsbergstr.J
Kleiner Schlosspl.
18
Stiftskirche
Neues Schloss
Heidehofstr.
Eugenspl.
Gerokstrasse
Heidehofstrasse
Libanonstrasse
Bussenstr.
Hospitalstr.
Theodor-Heuss-str.
Wilhelmspalais
Alexanderstr.
Diemershaldenstr.
GÄNSHEIDE
Klingenstrasse
Hauptstrasse
Bergstrasse
Landesmuseum Württemberg
Charlottenpl.
Charlottenstr.
Staffenbergstr.
Hacklanderstr.
Strausweg
Gablenberger
Neuestrasse
Stadtmitte
Hauptstätter-str.
14
Olgaeck
Bubenbad
Plancktstrasse
Farrenstrasse
Schäffstrasse
Im Fuchsrain
Rathaus
Leonhardspl.
Karharinenstr.
Olgastrasse
Hohenheimerstr.
Sonnenbergstrasse
Payer-str.
Albert-Stälinweg
Gablenberger Weg
GABLENBERG
Christoph-str.
13
16
Heustegstr.
Alexanderstrasse
Danneckerstrasse
Dobelstr.
17
Neckarstrasse
Im schellenkönig
Weberstr.
Gänsheidestr.
Payerstr.
Pischekstrasse
Cottastrasse
21
Mozartstrasse
Olgastrasse
Etzelstrasse
Bopser
BOPSER
Im Oberen Kienle
Gerokstrasse
Geroksruhe
Waldebene Ost
NGELSBACH-FRIEDHOF
Filderstrasse
LEHEN
WEISSENBURG-PARK
Bopserwaldstrasse
Wernhalden-strasse
Jahnstrasse
Listrasse
Tulpenstrasse
Zellerstrasse
Neue Weinsteige
Altenbergstrasse
Stelle
Frauenkopfstrasse
3
Krafstr.
Rebmannstr.
WEINSTEIGE
8
Haigst
Römerstr.
Neue Weinsteige
Jahnstrasse
Tiefenbach
Weinsteige
Jahnstrasse
P
Mittlere Filderstrasse
Ruhbank

E   F

387

⍟ HUPPERTS

KLASSISCHE KÜCHE • FREUNDLICH Sie finden dieses Restaurant mitten in einem Wohngebiet im Stuttgarter Süden. Bei den engagierten Hupperts erwarten Sie nicht nur geschmackvolles Ambiente sowie aufmerksamer und versierter Service unter der Leitung von Claudia Johnson. Küchenchef und Inhaber Michael Huppert tischt Ihnen zudem ein anspruchsvolles Menü auf, das mit "modernisierter Klassik" am besten beschrieben ist. Er konzentriert sich auf die ausgezeichneten, vorwiegend regionalen Produkte und sorgt ohne Chichi für Finesse und jede Menge Ausdruck, geschickt eingebundene Kontraste inklusive.

🖭 🛆 ⇔ – Preis: €€€€

Stadtplan: C3-10 – *Gebelsbergstraße 97* ✉ *70199* – ✆ *0711 6406467* – *www.hupperts-restaurant.de* – *Geschlossen: Montag und Sonntag, mittags: Dienstag-Samstag*

⍟ RITZI GOURMET

FRANZÖSISCH-KREATIV • CHIC In zentraler Lage, ganz in der Nähe von Hauptbahnhof und Zeppelin-Carré, erwartet Sie ein gastronomisches Doppelkonzept. Neben der schicken Brasserie hat das "Ritzi" auch eine Gourmet-Variante. In dem eleganten Restaurant - auf einer kleinen Empore teilweise offen an die Brasserie angeschlossen - bietet Ben Benasr ein kreativ-modernes Menü mit bis zu sechs Gängen. Aus tollen Produkten entstehen Speisen mit französischer Basis und Einflüssen aus dem Orient - schöne Finesse und kraftvolle Akzente inklusive. Dazu versierter Service samt guter Weinberatung.

🖭 – Preis: €€€€

Stadtplan: E1-20 – *Friedrichstraße 6* ✉ *70174* – ✆ *0711 137920* – *ritzi-stuttgart. de* – *Geschlossen: Montag, Dienstag, Sonntag, mittags: Mittwoch-Samstag*

⍟ WIELANDSHÖHE

Chef: Vincent Klink

FRANZÖSISCH-KLASSISCH • ELEGANT Stolz thront die „Wielandshöhe" von Koch-Urgestein Vincent Klink in exponierter Lage, umgeben von saftigen Reben, in einer der besten Wohngegenden Stuttgarts. Große Fenster geben in dem schlicht-elegant gehaltenen Restaurant den Blick über die Stadt frei. Patron Vincent Klink und sein Küchenchef Jörg Neth setzen auf Klassik und lassen sich auch von ihrer schwäbischen Heimat beeinflussen. Chichi und Effekthascherei werden Sie auf dem Teller nicht finden, stattdessen richtig gutes Handwerk und gelungen hervorgehobene Aromen bester Zutaten. Da ist es nicht verwunderlich, dass seit 1993 fast ununterbrochen ein MICHELIN Stern über dem Restaurant leuchtet.

⅍ ⪪ 🛆 ⇔ – Preis: €€€

Stadtplan: E3-8 – *Alte Weinsteige 71* ✉ *70597* – ✆ *0711 6408848* – *www. wielandshoehe.de* – *Geschlossen: Montag und Sonntag*

☺ GOLDENER ADLER

REGIONAL • TRENDY Solch ein gemütlich-lebendiges Restaurant hätte wohl jeder gerne in der Nachbarschaft! Das Ambiente neuzeitlich und mit rustikalem Touch, die Küche frisch und regional-traditionell. Das Angebot reicht vom Klassiker über international inspirierte Gerichte bis zu Vegetarischem. Trotz der Lage an einer Straße sitzt man schön auf der großen Terrasse (im Winter kann man hier parken).

🛆 🅿 – Preis: €

Stadtplan: D3-6 – *Böheimstraße 38* ✉ *70178* – ✆ *0711 6338802* – *goldener-adler-stuttgart.de* – *Geschlossen mittags: Montag-Sonntag*

☺ VETTER.

MARKTKÜCHE • FREUNDLICH Eine beliebte Adresse mit sympathischer Atmosphäre und guter Küche ist das Restaurant in einem von schönen Altbauten geprägten Stadtviertel. Für die regionalen, traditionellen oder auch mediterranen Gerichte werden frische Produkte angenehm unkompliziert und handwerklich gekonnt zubereitet. Im Sommer ist die hübsche Terrasse am Mozartplatz gefragt.

🏠 – Preis: €

Stadtplan: E2-16 – *Bopserstraße 18 ⊠ 70180 – 𝒫 0711 241916 – www.
vetter-essen-trinken.de – Geschlossen: Montag und Sonntag, mittags:
Dienstag-Samstag*

ZUR LINDE

REGIONAL • GASTHOF Engagiert betreiben die Brüder Trautwein die rund
300 Jahre alte ehemalige Poststation - charmant der Mix aus historisch und
modern. Es gibt schwäbische Klassiker wie Gaisburger Marsch, Maultaschen oder
Zwiebelrostbraten, zudem Saisonales. Hinter dem Haus hat man eine schöne
begrünte Terrasse. Uriger Gewölbekeller für Veranstaltungen.

🏠 ✿ – Preis: €€

Stadtplan: A3-3 – *Sigmaringer Straße 49 ⊠ 70567 – 𝒫 0711 7199590 – www.
linde-stuttgart.de – Geschlossen: Sonntag, mittags: Montag-Samstag*

CHRISTOPHORUS

MEDITERRAN • DESIGN Sie sind Auto-Enthusiast und Freund guter Küche? Mit
Blick ins Porsche Museum oder auf den Porscheplatz können Sie hier mediterran-
international speisen - Tipp für Fleisch-Liebhaber: das US-Prime-Beef! Interessant:
Front-Cooking. Gute Weinkarte mit über 500 Positionen. Das Restaurant in der 3.
Etage ist vom Parkhaus mit dem Lift direkt zu erreichen.

🅟 & 🎞 ✿ – Preis: €€€

Stadtplan: A1-5 – *Porscheplatz 5 ⊠ 70435 – 𝒫 0711 91125980 – www.porsche.
com/germany/aboutporsche/porschemuseum/refreshments/christophorus –
Geschlossen: Montag und Sonntag*

CUBE

INTERNATIONAL • TRENDY Die absolute Top-Lage ist hier ebenso interessant
wie die Glas-Architektur, das Design und die ambitionierte weltoffene Küche.
Einfachere Mittagskarte. Nett: Frühstück, Kuchen oder "After Work"-Drinks an
der "o.T. Bar". Schön die Terrasse am Schlossplatz vor dem Kunstmuseum. Tipp für
Theater- und Konzertbesucher: Fragen Sie nach dem "Late Night"-Essen.

🍃 & 🎞 – Preis: €€

Stadtplan: E2-18 – *Kleiner Schlossplatz 1 ⊠ 70173 – 𝒫 0711 93964279 – www.
cube-restaurant.de/de/cube*

FÄSSLE LE RESTAURANT

FRANZÖSISCH-KLASSISCH • NACHBARSCHAFTLICH Patrick Giboin bietet hier in gemütlichem Ambiente seine Version der klassisch-französischen
Küche. Appetit macht z. B. "Brust & Keule von der Étouffée-Taube mit sautierten Pfifferlingen, Chorizo, Mais und Polenta". Auch an Vegetarier ist gedacht.
Kindermenüs gibt es ebenfalls.

🎞 🏠 ✿ – Preis: €

Stadtplan: A2-1 – *Löwenstraße 51 ⊠ 70597 – 𝒫 0711 760100 – restaurant-
faessle.de – Geschlossen: Montag und Sonntag, mittags: Dienstag*

MEISTER LAMPE

KLASSISCHE KÜCHE • FAMILIÄR Schon viele Jahre betreibt Patron und
Küchenchef Daniel Stübler dieses Restaurant. Die Atmosphäre ist gemütlich und
gut essen kann man hier ebenfalls. Neben klassisch-saisonalen Gerichten darf auch
Regionales wie der beliebte Zwiebelrostbraten auf der Karte nicht fehlen.

🅟 🏠 – Preis: €€

Stadtplan: A1-4 – *Solitudestraße 261 ⊠ 70499 – 𝒫 0711 9898980 – restaurant-
meisterlampe.com – Geschlossen: Montag, mittags: Dienstag-Samstag, abends:
Sonntag*

NAGARE ⓝ

JAPANISCH • MINIMALISTISCH Lassen Sie sich nicht vom unscheinbaren
Äußeren des Eckhauses irritieren! Drinnen erwarten Sie ein ansprechendes

fernöstlich-minimalistisches Ambiente sowie eine japanische Küche mit kreativen, modern-französischen Einflüssen. Man bietet Menüs und A-la-carte-Gerichte - auch Sushi und Vegetarisches sind vertreten. Der Service freundlich, höflich und geschult.

Preis: €€

Stadtplan: A1-7 – *Feuerbacher-Tal-Straße 34* ✉ *70469* – ✆ *0711 93541290* – *www.restaurant-nagare.de* – *Geschlossen: Montag-Mittwoch, mittags: Donnerstag-Sonntag*

NANNINA

ITALIENISCH • **FREUNDLICH** Gastgeberin Giovanna Di Tommaso (genannt Nannina) widmet sich in dem kleinen Restaurant ganz ihrer Leidenschaft, der italienischen Küche. Gekocht wird frisch und ambitioniert. Nett die Terrasse hinterm Haus. Tipp: Mit dem Auto kommt man recht schnell zum Cannstatter Wasen oder zum Mercedes-Benz Museum auf der gegenüberliegenden Neckarseite.

�ూ 🅿 – Preis: €€

Stadtplan: F2-9 – *Gaishämmerstraße 14* ✉ *70186* – ✆ *0711 7775172* – *www. nannina.de* – *Geschlossen: Montag, mittags: Dienstag-Donnerstag, Samstag*

NEW JOSCH ⓝ

FRANZÖSISCH-MODERN • **CHIC** In das gepflegte Haus in einem Wohngebiet auf dem Killesberg ist mit dem "new josch" neues gastronomisches Leben eingezogen. Klare Formen, ruhige Töne und warmes Holz schaffen ein wertiges, geschmackvoll-modernes Ambiente. Freundlich, umsichtig und geschult serviert man Ihnen eine französisch-internationale Küche mit modernem Touch, zubereitet aus sehr guten Produkten. Dazu schöne Weinempfehlungen. An warmen Sommertagen lockt die Terrasse im Hinterhof. Im 1. Stock gibt es zwei hübsche Salons.

🕭 🅰🅲 🌫 🌫 – Preis: €€€

Stadtplan: A2-22 – *Feuerbacher Weg 101* ✉ *70192* – ✆ *0711 3608350* – *new-josch.de* – *Geschlossen: Montag und Sonntag, mittags: Dienstag-Samstag*

RITZI

MODERN • **BRASSERIE** Nur einen Steinwurf von Hauptbahnhof und Zeppelin-Carré entfernt liegt diese schicke Brasserie mit recht stylischer und wertiger Einrichtung. Aus der Küche kommen modern-klassische Gerichte mit mediterraner Note, darunter z. B. "gegrillter Oktopus mit geschmorten Steckrüben" oder "Pot au feu von Edelfischen".

🅰🅲 🌫 – Preis: €€

Stadtplan: E1-19 – *Friedrichstraße 6* ✉ *70174* – ✆ *0711 137920* – *ritzi-stuttgart. de* – *Geschlossen: Montag und Sonntag, mittags: Dienstag-Samstag*

SCHWEIZERS RESTAURANT

KLASSISCHE KÜCHE • **KLASSISCHES AMBIENTE** In dem sorgsam restaurierten denkmalgeschützten Haus - 1903 als "Schweizer Hof" eröffnet - nehmen Sie in schöner Jugendstil-Atmosphäre Platz und genießen ein klassisch-saisonales Menü, das es auch vegetarisch gibt. Dazu wählen Sie von der gut sortierten Weinkarte oder entscheiden sich für die glasweise Weinbegleitung. Umsorgt werden Sie freundlich und aufmerksam. Angenehm die ruhige, schattige Innenhofterrasse!

🌫 🌫 – Preis: €€€

Stadtplan: E3-21 – *Olgastraße 133 B* ✉ *70180* – ✆ *0711 60197540* – *schweizers-restaurant.de* – *Geschlossen: Montag und Sonntag, mittags: Dienstag-Samstag*

ZUR WEINSTEIGE

SAISONAL • **FAMILIÄR** Hier spürt man das Engagement der Brüder Scherle, die den langjährigen Familienbetrieb führen. Gekocht wird klassisch-modern mit dezenten fernöstlichen Aromen und saisonalen Einflüssen. Zur Wahl stehen drei Menüs, eines davon vegetarisch. Toll: Im begehbaren Gewölbe von 1870 lagern ca. 1500 Weine und ca. 200 Destillate! Im Hotel übernachtet man von rustikal bis elegant.

🍸 Ⓜ 🍴 🅿 – Preis: €€
Stadtplan: E2-17 – *Hohenheimer Straße 30 ✉ 70184 – 𝒞 0711 2367000 –*
www.zur-weinsteige.de – Geschlossen: Montag und Sonntag, mittags:
Dienstag-Samstag

SÜDHARZ
Sachsen-Anhalt – Regionalatlas **4**–N2

2OZWANZIG
MARKTKÜCHE • CHIC Das Restaurant des ruhig am Ortsrand gelegenen Hotels
"Freiwerk" befindet sich im modernen Anbau einer schmucken Fachwerk-Villa
von 1894. Trendig-chic das Ambiente, schön der Blick ins Grüne durch die große
Fensterfront. Gekocht wird regional und saisonal. Der Service ist freundlich und
geschult.
♿ Ⓜ 🍴 ⇄ 🅿 – Preis: €€
Thyrahöhe 24 ✉ 06536 – 𝒞 034654 85900 – www.hotel-freiwerk.de –
Geschlossen: Montag und Sonntag, mittags: Dienstag-Freitag

SULZBURG
Baden-Württemberg – Regionalatlas **7**–B1

✿✿ HIRSCHEN
Chef: Douce Steiner
FRANZÖSISCH-KLASSISCH • ELEGANT Warum zahlreiche Gäste von nah
und fern zu Douce Steiner und Udo Weiler in das beschauliche Örtchen im
Markgräflerland pilgern? In den schmucken über 500 Jahre alten Haus sitzt man
in charmant-eleganten Stuben, freundlich und aufmerksam der Service. Gekocht
wird klassisch-französisch, aber keinesfalls altbacken. Die kontrastreichen, fein
ausbalancierten und überaus aromatischen Gerichte lassen durchaus eine feminine
Handschrift erkennen. In Sachen Produktqualität gehen die beiden Chefs keine
Kompromisse ein! Gerne nimmt man im idyllischen Innenhof einen Digestif ein.
Tipp: kleine Boutique mit Kochbüchern, Marmelade etc. Zum Übernachten hat man
sehr geschmackvolle Zimmer.
🍸 ⇄ – Preis: €€€€
Hauptstraße 69 ✉ 79295 – 𝒞 07634 8208 – www.douce-steiner.de/de_home.
html – Geschlossen: Montag, Dienstag, Sonntag, mittags: Mittwoch-Samstag

🍃 LANDGASTHOF REBSTOCK
REGIONAL • GEMÜTLICH Im Herzen des Weindorfs leitet Familie Keller dieses
gemütlich-ländliche jahrhundertealte Haus, in dem die herzlichen Gastgeber fri-
sche saisonal inspirierte Küche bieten. Gerne verwendet man Produkte aus der
Region, internationale Einflüsse finden sich aber ebenfalls auf der Karte. Geschult
und sehr aufmerksam der Service. Gut übernachten kann man hier übrigens auch.
🍴 ⇄ 🅿 – Preis: €€
Hauptstraße 77 ✉ 79295 – 𝒞 07634 503140 – www.rebstock-in-sulzburg.de –
Geschlossen: Mittwoch und Sonntag

3LIS
MODERN • FREUNDLICH In dem charmanten historischen Gasthof mitten in dem
kleinen Winzerort Laufen wird modern-innovativ gekocht - da lässt der junge Chef
Sükrü Türker seine sehr guten Stationen in Deutschland und der Schweiz erken-
nen. Tipp: Hinter dem Haus hat man eine tolle Terrasse mit schattenspendender
Weinreben-Pergola.
🍴 ⇄ 🅿 – Preis: €€€
Weinstraße 38 ✉ 79295 – 𝒞 07634 6954242 – www.troislis.de – Geschlossen:
Montag und Dienstag, mittags: Mittwoch-Samstag, abends: Sonntag

LA MAISON ERIC

KLASSISCHE KÜCHE • GEMÜTLICH Ein wahres Schmuckstück ist das alte Fachwerkhaus, das etwas versteckt in einer Seitenstraße liegt. Drinnen erwartet Sie ein geschmackvolles Interieur, draußen eine wunderbare Terrasse zum herrlichen Garten. Geboten wird klassische Küche in Form eines kleinen Mittagsmenüs. Nachmittags gibt es Kaffee und Kuchen sowie Eis.

🖐️🏠🛎️🍽️ – Preis: €€

Im Brühl 7 ✉ 79295 – ☏ 07634 6110 – lebenformen.wixsite.com/eric – Geschlossen: Montag und Dienstag, abends: Mittwoch-Sonntag

SYLT (INSEL)

Schleswig-Holstein – Regionalatlas **1**–B1

In Hörnum

 KAI3

KREATIV • TRENDY "Nordic Fusion" heißt es im Gourmetrestaurant des luxuriösen "BUDERSAND Hotel - Golf & Spa". Unter diesem Motto nimmt Küchenchef Felix Gabel Sie mit auf eine kreative Reise. Dabei kombiniert er ausgesuchte heimische Produkte und Einflüsse verschiedener Länder und bindet gekonnt unterschiedliche Gewürze und Aromen ein. Zur Wahl stehen das Menü "Große Aromenreise" und die vegetarische Alternative "Kraut & Rüben". Passend zur Küche kommt auch das Ambiente nordisch-modern daher. Und dann ist da noch der wunderbare Blick auf die Nordsee, den die raumhohen Fenster freigeben. Highlight ist die Terrasse - der herrlichen Lage des Hauses am Südende von Sylt sei Dank!

🍸 🍷♿🅰️🏠🅿️ – Preis: €€€€

Am Kai 3 ✉ 25997 – ☏ 04651 46070 – www.budersand.de/de – Geschlossen: Mittwoch und Donnerstag, mittags: Montag, Dienstag, Freitag-Sonntag

In Keitum

BROT & BIER

KREATIV • FREUNDLICH Ein trendig-cooles Konzept, das toll zu Sylt passt! Hier gibt es unter "WATT Belegtes" Stullen der besonderen Art oder auch "WATT anderes" von der Frikadelle bis zur Waffel. Dabei setzt man auf Qualität und Handwerk. Tipp: Im Shop nebenan kann man Sylter Produkte kaufen, von Meersalz bis Bier. Nett auch die Terrasse.

🅰️🏠🅿️ – Preis: €

Gurtstig 1 ✉ 25980 – ☏ 04651 9363743 – www.brot-und-bier.de – Geschlossen: Montag und Sonntag

OMA WILMA HEIMATKÜCHE

TRADITIONELLE KÜCHE • REGIONALES AMBIENTE Charmant kommt das historische Reetdachhaus im Herzen von Keitum daher: drinnen friesisch-modernes Ambiente, draußen die schöne Gartenterrasse und dazu sympathisch-legerer, geschulter Service. Die Küche ist ein ambitionierter Mix aus Tradition und Moderne. Mittags kleinere Karte. Okt. - Ostern Mo. und Di. geschlossen, sonst nur Di.

🏠 – Preis: €€

Gurtstig 32 ✉ 25980 – ☏ 04651 8860066 – omawilma.de – Geschlossen: Montag und Sonntag

SALON 1900 🆕

REGIONAL • Das etwas abseits in Keitum gelegene Reetdachhaus ist schon von außen richtig einladend, und das hübsche Bild setzt sich im Inneren fort: Niedrige Decken und dekorative Details wie Bilder, alte Nähmaschinen, Kaffeemühlen und so manches mehr schaffen ein gemütlich-charmantes Ambiente mit nostalgischem

Flair. Freundlich serviert man Ihnen klassisch-regionale Küche mit modernem Einschlag.

🛋 **P** – Preis: €€

Keitumer Süderstr. 40 ✉ 25980 – ☎ 04651 936000 – www.salon1900.de – Geschlossen: Montag

In List

🏵 **KÖNIGSHAFEN**

TRADITIONELLE KÜCHE • BÜRGERLICH Der Weg hinauf in den Norden der Insel lohnt sich! Die Tradition reicht bis ins Jahr 1881 zurück, bereits die 5. Generation kümmert sich in dem gepflegten weißen Backsteinhaus um das Wohl der Gäste, nicht zuletzt mit guter regional-saisonaler Küche. Nett die Gartenterrasse hinterm Haus. Im Winter Mo. + Di. Ruhetag.

🛋 **P** – Preis: €€

Alte Dorfstraße 1 ✉ 25992 – ☎ 04651 870446 – www.koenigshafen.de – Geschlossen: Montag und Dienstag, mittags: Mittwoch-Samstag

In Munkmarsch

KÄPT'N SELMER STUBE

FRANZÖSISCH-KLASSISCH • LÄNDLICH Überall sieht man die Liebe zum Detail: original blau-weiße Kacheln, Antiquitäten, nordischer Stil, dazu eine traumhafte Terrasse... Das Restaurant des schönen Hotels "Fährhaus" bietet eine ambitionierte klassisch-französische Küche mit regionalen und internationalen Einflüssen. Mittags ist die Karte kleiner, nachmittags locken hausgemachte Kuchenspezialitäten.

⛵ 🛋 & 🛋 ↔ **P** – Preis: €€

Bi Heef 1 ✉ 25980 – ☎ 04651 93970 – www.faehrhaus-sylt.de

In Rantum

❀❀ **SÖL'RING HOF**

KREATIV • ELEGANT Besser könnte die Lage kaum sein! Auf Ihr Klingeln öffnet sich das weiße Tor und über eine gepflasterte Auffahrt erreichen Sie das schöne reetgedeckte Landhaus, das am Rande von Rantum auf einer Düne thront - klasse Blick auf die Nordsee inklusive! Das wertige Interieur in nordischem Stil vereint Eleganz und Gemütlichkeit, der charmante und ebenso professionelle Service tut ein Übriges - hier sei auch die exzellente Weinberatung durch Restaurantleiterin und Sommelière Bärbel Ring erwähnt! Man kann in die Küche schauen, wo das Team um Jan-Philipp Berner aus besten - möglichst regionalen - Produkten ein kreatives Menü zubereitet, nicht zu vergessen die leckeren Kleinigkeiten vorab und danach.

🕸 ⛵ 🛋 ↔ **P** – Preis: €€€€

Am Sandwall 1 ✉ 25980 – ☎ 04651 836200 – www.soelring-hof.de – Geschlossen: Montag und Sonntag, mittags: Dienstag-Samstag

SANSIBAR

INTERNATIONAL • RUSTIKAL Eine Adresse mit Kultstatus! Das Strandhütten-Flair ist sehr gefragt, da geht man gern fünf Minuten zu Fuß durch die Dünen - oder Sie nutzen den Shuttleservice. Neben der Tages-/Abendkarte gibt es noch Sansibar-Highlights wie Kaviar sowie die Steakkarte. Toll die Weinauswahl. Mittags keine Reservierung möglich.

🕸 🛋 **P** – Preis: €€

Hörnumer Straße 80 ✉ 25980 – ☎ 04651 964646 – www.sansibar.de

In Tinnum

⭐ **BODENDORF'S**

FRANZÖSISCH-MODERN • **ELEGANT** Wer im Gourmetrestaurant des schmucken "Landhaus Stricker" speist, erlebt eine Küche, die Spaß macht! Verantwortlich dafür ist das Team um Holger Bodendorf und Denis Brühl, das ein 6- bis 9-Gänge-Menü mit handwerklich sehr exakten und klar strukturierten Gerichten auf klassischer Basis bietet. Aus top Produkten entstehen aromareiche Kombinationen mit aufwändigen kleinen Details. Auch das Ambiente kann sich sehen lassen: Blanke Eichentische und moderne Bilder schaffen eine frische Note. Das passt gut zum kompetenten jungen Serviceteam, das sich freundlich und angenehm leger um die Gäste kümmert. Versiert auch die Weinberatung - man hat über 900 Positionen. Tipp: Vor dem Essen ein Apero in der coolen "Miles Bar".

🕸 ⅏ 🅿 – Preis: €€€€

Boy-Nielsen-Straße 10 ✉ *25980 –* ☏ *04651 88990 – www.landhaus-stricker. com – Geschlossen: Montag und Sonntag, mittags: Dienstag-Samstag*

TANGSTEDT

Schleswig-Holstein – Regionalatlas **1**–D3

😊 **GUTSKÜCHE**

Chef: Matthias Gfrörer

REGIONAL • **TRENDY** "Gutsküche" trifft es genau, denn in dem ehemaligen Sägewerk kocht man schmackhaft, unkompliziert und nachhaltig-regional, sehr gut die frischen (Bio-) Zutaten. Tipp: süße und herzhafte Snacks im "GutsDeli" nebst Delikatessen-Shop sowie Bioprodukte im Hofladen des Guts Wulksfelde direkt vor Ort. Schön im Sommer der GutsGarten.

🌿 *Engagement des Küchenchefs: Meine Küche kann ich guten Gewissens als „bedingungslos nachhaltig" bezeichnen. Bei uns geht es um pure Produktliebe und Zubereitung von Genuss mit gutem Gewissen. Eine ehrliche, leidenschaftliche Küche aus fairen Produkten und ökologischem Anbau, schließlich ist "bio" das Normalste auf dieser Welt.*

🍴 🅿 – Preis: €€

Wulksfelder Damm 15 ✉ *22889 –* ☏ *040 64419441 – www.gutskueche.de – Geschlossen: Montag*

TEINACH-ZAVELSTEIN, BAD

Baden-Württemberg – Regionalatlas **5**–U3

⭐ **GOURMETRESTAURANT BERLINS KRONE**

FRANZÖSISCH-MODERN • **GEMÜTLICH** In geschmackvoller und gemütlicher Atmosphäre sitzen, sich überaus freundlich und kompetent umsorgen lassen und dann auch noch ausgezeichnet speisen? Das einstige "Gasthaus Krone" der Familie Berlin hat sich zu einer wahren Gourmetadresse gemausert und ist eine echte Bereicherung der baden-württembergischen Sterne-Gastronomie. In der Küche hat Patron Franz Berlin die Leitung inne und sorgt für eine gelungene Mischung aus Klassischem und Mediterranem. Die Gerichte sind aufwändig und modern, aber dennoch stimmig und klar verständlich. In Sachen Wein kann man getrost den trefflichen Empfehlungen des Sommeliers folgen. Übernachtungsgäste dürfen sich auf wohnliche Zimmer und ein gutes Wellnessangebot freuen.

🕸 ⅏ 🅿 – Preis: €€€€

Marktplatz 2 ✉ *75385 –* ☏ *07053 92940 – www.berlins-hotel.de – Geschlossen: Montag, Dienstag, Sonntag, mittags: Mittwoch-Samstag*

TEISNACH

Bayern – Regionalatlas **6**–Z2

⌘ OSWALD'S GOURMETSTUBE

FRANZÖSISCH-MODERN • ELEGANT Das kulinarische Herzstück im Hause Oswald! Im Souterrain befindet sich eine edle Gourmetstube, wie man sie in dem rund 550 Einwohner zählenden Kaikenried im Bayerischen Wald kaum vermuten würde: großzügig, sehr chic und elegant, fast schon luxuriös! Hier ist Thomas Gerber Küchenchef, der zuvor viele Jahre bei Heinz Winkler in Aschau und davor bei Christian Bau in Perl als Souschef tätig war. Er bietet ein modern inspiriertes Menü, das fein ausbalanciert ist und auf erstklassigen Produkten basiert. Dazu eine gut sortierte Weinkarte mit rund 350 Positionen und ein aufmerksamer, sehr freundlicher Service. Tipp: Auf Anfrage "Dinner-Highlight" im Weinkeller (6 - 8 Pers.)

🅰 ⇔ 🅿 – Preis: €€€€

Am Platzl 2 ✉ 94244 – ☎ 09923 84100 – www.hotel-oswald.de – Geschlossen: Montag, Dienstag, Sonntag, mittags: Mittwoch-Samstag

TENGEN

Baden-Württemberg – Regionalatlas **5**–U4

⌂ GASTHOF ZUR SONNE

REGIONAL • GASTHOF Praktisch direkt an der Schweizer Grenze kann man hier in netter traditioneller Atmosphäre schmackhafte, frische Küche mit regionalen, aber auch mediterranen Einflüssen genießen. Gerne wählen die Gäste das "Sonnen-Menü", aber auch das A-la-carte-Angebot kommt gut an. Nicht nur für Weintrinker interessant: Zum Übernachten hat man drei einfache, gepflegte Zimmer.

🏨 ☞ ⇔ 🅿 – Preis: €€

Hauptstraße 57 ✉ 78250 – ☎ 07736 7543 – www.sonne-wiechs.de – Geschlossen: Montag und Dienstag, mittags: Mittwoch und Donnerstag

TIEFENBRONN

Baden-Württemberg – Regionalatlas **7**–B2

⌂ BAUERNSTUBEN

REGIONAL • LÄNDLICH Gemütlich hat man es im urig-heimeligen Restaurant der altehrwürdigen "Ochsen-Post". Das Angebot reicht von badisch-schwäbisch bis international beeinflusst. Da finden sich neben Steak & Co. auch Gerichte abseits des Mainstreams - wo gibt es noch Schweinsohrensalat, Saure Nierle oder Kuttelsuppe? Dazu eine wunderbare Terrasse, aufmerksamer Service und eine gepflegte Weinkarte mit einigen Raritäten. Tipp: Das tolle Brot kann man auch für zuhause kaufen! Schöne Gästezimmer.

☞ ⇔ 🅿 – Preis: €

Franz-Josef-Gall-Straße 13 ✉ 75233 – ☎ 07234 95450 – www.ochsen-post.de – Geschlossen: Sonntag, mittags: Montag

TIMMENDORFER STRAND

Schleswig-Holstein – Regionalatlas **1**–D2

⌘ ORANGERIE

FRANZÖSISCH-KLASSISCH • ELEGANT Wer einen echten Klassiker an der Ostsee erleben möchte, ist in diesem eleganten Gourmetrestaurant in einem Seitenflügel des "Maritim Seehotels" genau richtig. Und das liegt nicht zuletzt an Lutz Niemann, der bereits seit 1990 die Geschicke in der Küche leitet. An seiner Seite hat er ein eingespieltes Team samt langjährigem Souschef. Klassische Gerichte wie z. B. "Variation von der Jakobsmuschel mit Ponzu-Gelee und Palmenherzen" zeugen von präzisem Handwerk und ausgezeichneter Produktqualität. Menü oder à la carte? Beides ist möglich. Dazu freundlicher und professioneller Service unter der

Leitung von Sommelier Ralf Brönner - da sind Ihnen stimmige Weinempfehlungen gewiss. Terrasse zum kleinen Park und zur Ostsee-Promenade.

❀ 🖾 ☂ 🅿 – Preis: €€€

Strandallee 73 ✉ 23669 – ☏ 04503 6052424 – www.orangerie-timmendorfer-strand.de – Geschlossen: Montag-Donnerstag, mittags: Freitag-Sonntag

TINNUM – Schleswig-Holstein ➜ Siehe Sylt (Insel)

TODTNAU
Baden-Württemberg – Regionalatlas 7–B1

🛞 DERWALDFRIEDEN
Chef: Volker Hupfer

REGIONAL • LÄNDLICH Ruhig liegt der Familienbetrieb der Hupfers auf dem Herrenschwander Hochplateau auf 1020 m. Sohn Volker sorgt für richtig gute Küche, die ganz auf die Region und die Saison setzt. Neben Menüs (konventionell oder vegan) und dem A-la-carte-Angebot gibt es auch eine Zusatzkarte mit Schwarzwälder Vesper-Spezialitäten. Nett die Gartenterrasse. Zum Übernachten hat man Zimmer im "stammHaus" und im "spaHaus".

🌿 *Engagement des Küchenchefs: Als Gründungsmitglied der Naturparkwirte war mein Bestreben um Regionalität und Nachhaltigkeit schon immer zentral. Mein Haus ist EMAS-zertifiziert, wir führen interne Audits durch, um ständige Entwicklung zu garantieren, und mein Betrieb wird regelmäßig von unabhängigen Umweltgutachtern geprüft!*

🛏 ☂ ♻ 🅿 – Preis: €€

Dorfstraße 8 ✉ 79674 – ☏ 07674 920930 – www.derwaldfrieden.de – Geschlossen: Dienstag

TÖLZ, BAD
Bayern – Regionalatlas 6–Y4

❀ SCHWINGSHACKL ESSKULTUR GOURMET
Chef: Erich Schwingshackl

FRANZÖSISCH-KLASSISCH • CHIC Im ehemaligen Fährhaus direkt am Ufer der Isar setzen die engagierten Gastgeber Erich und Katharina Schwingshackl auf klassische Küche aus erstklassigen Produkten. Eine Küche, die keine Spielerei braucht, vielmehr zählen Kraft, Intensität und vor allem Geschmack. Scheinbar mühelos schafft der Patron eine fantastische Harmonie auf dem Teller, geschickt verleiht er jedem kleinen Detail ein klares und prägnantes Aroma - nicht zuletzt die herrlichen Saucen bleiben hier in Erinnerung! Sehr herzlich begleitet Katharina Schwingshackl Sie durch den Abend, gut die Empfehlungen von der interessanten Weinkarte. Neben dem Gourmetrestaurant gibt es noch "Schwingshackl HEIMATKÜCHE" - hier kann man auch zu Mittag essen. Herrlich die Terrasse zum Fluss. Übernachten kann man ebenfalls.

♻ 🅿 – Preis: €€€€

An der Isarlust 1 ✉ 83646 – ☏ 08041 6030 – www.schwingshackl-esskultur.de – Geschlossen: Montag und Dienstag, mittags: Mittwoch-Sonntag

🛞 JÄGERWIRT
Chef: Martin Rank und Peter Rank

REGIONAL • LÄNDLICH Ein bayerisches Wirtshaus, wie man es sich wünscht: urig-gemütliche Atmosphäre, charmanter Service und eine unkomplizierte, schmackhafte Küche. Auf Vorbestellung: die beliebten Kalbs- und Schweinshaxen vom Grill sowie Gans und Ente! Nett ist auch die ländliche Umgebung.

🌿 *Engagement des Küchenchefs: Regionalität, kurze Wege und Kontakt zu den nah gelegenen Produzenten unserer Waren ist mir wichtig! Ob Rind, Wild,*

Lamm, Fisch oder Bauernbrot, alles direkt vom Erzeuger. Im Hausgarten sind Wildkräuter wie Bärlauch, Löwenzahn und Kresse feste Bestandteile, ebenso das regionale Bier im Wirtshaus.
🌿 ♻ 🅿 – Preis: €€
Nikolaus-Rank-Straße 1 ✉ 83646 – ☏ 08041 9548 – jaegerwirt.de – Geschlossen: Dienstag und Mittwoch, mittags: Donnerstag

SCHWINGSHACKL HEIMATKÜCHE

REGIONAL • CHIC Auch das Zweitrestaurant im Hause Schwingshackl ist einen Besuch wert. Auch hier kommen für die schmackhaften Gerichte nur ausgesuchte Produkte zum Einsatz, man legt Wert auf regionalen und saisonalen Bezug. Wer Südtiroler Küche mag, darf sich freuen: Der Chef stammt von dort und setzt das auch kulinarisch um - lassen Sie sich nicht den Südtiroler Apfelstrudel entgehen! Ganz wunderbar ist im Sommer die Terrasse zur Isar!
🌿 🅿 – Preis: €€
An der Isarlust 1 ✉ 83646 – ☏ 08041 6030 – www.schwingshackl-esskultur.de – Geschlossen: Montag und Dienstag

TRABEN-TRARBACH
Rheinland-Pfalz – Regionalatlas **5**–S1

BAUER'S RESTAURANT

MARKTKÜCHE • BISTRO Hier wird gut gekocht, und zwar regional-saisonale Gerichte wie "Hunsrücker Hirschgulasch mit Pfifferlingen in Wacholdersauce" oder "geschmorte Lammkeule in Dornfelder Sauce mit Frühlingskräutern". Beliebt: die Terrasse mit Moselblick. Das Restaurant befindet sich im traditionsreichen Hotel "Moseltor" mit wohnlichen und individuellen Zimmern.
🌿 – Preis: €
Moselstraße 1 ✉ 56841 – ☏ 06541 6551 – www.moseltor.de – Geschlossen: Montag und Dienstag, mittags: Mittwoch-Sonntag

TRECHTINGSHAUSEN
Rheinland-Pfalz – Regionalatlas **5**–T1

PURICELLI

SAISONAL • FREUNDLICH Hier genießt man in wunderbarer Lage eine saisonale, regionale und mediterrane Küche. Drinnen sitzt man in freundlichem geradlinig-modernem Ambiente mit rustikaler Note, von der Terrasse blickt man auf den Rhein. Schwerpunkt der Weinkarte ist die umliegende Region. Zum Übernachten hat das Hotel "Burg Reichenstein" individuelle Gästezimmer.
⛰ 🌿 ♻ 🅿 – Preis: €€
Burgweg 24 ✉ 55413 – ☏ 06721 6117 – www.burg-reichenstein.com – Geschlossen: Montag und Dienstag, mittags: Mittwoch-Samstag

TREIS-KARDEN
Rheinland-Pfalz – Regionalatlas **3**–K4

WEIN- UND SCHLOSSSTUBE

REGIONAL • FREUNDLICH Ob in der klassisch-eleganten "Schloßstube" oder in der rustikaleren "Weinstube", serviert werden saisonal-regionale Gerichte wie z. B. "Gebratener Wolfsbarsch mit Rahmpfifferlingen und Mandel-Brokkoli". Das Restaurant befindet sich im "Schloß-Hotel Petry" mit schönen individuellen Zimmern.
🌿 ♻ 🅿 – Preis: €€
St.-Castor-Straße 80 ✉ 56253 – ☏ 02672 9340 – www.schloss-hotel-petry.de

TRIEFENSTEIN

Bayern – Regionalatlas **5**–V1

🏠 WEINHAUS ZUM RITTER

REGIONAL • GEMÜTLICH Das 500 Jahre alte ehemalige Bauernhaus hat schon Charakter. Die vielen Stammgäste mögen die gemütliche Atmosphäre in der reizenden Stube (Hingucker ist ein altes Schweizer Kirchenfenster), den herzlichen Service und natürlich die frische regionale Küche von Patron Thomas Hausin - die schmackhaften Gerichte lassen erkennen, dass der Chef in guten Häusern gearbeitet hat! Hinweis: Im Sommer hat man andere Öffnungszeiten.

🍴� – Preis: €€

Rittergasse 2 ⊠ 97855 – ℰ 09395 1506 – www.weinhaus-ritter.de – Geschlossen: Montag, mittags: Dienstag-Samstag

TRIER

Rheinland-Pfalz – Regionalatlas **5**–S1

❀ BAGATELLE ⓝ

FRANZÖSISCH-ZEITGEMÄSS • CHIC Das Team um Küchenchef Gerald Schöberl (zuvor Souschef bei Sternekoch Christian Bau) hat frischen Wind in die bereits seit Jahren existierende "Bagatelle" gebracht. Die moderne Küche zeigt klassisch-französische Einflüsse und interessante japanische Akzente. Zudem erwartet Sie ein schickes Interieur und freundlich-charmanter Service. Schön sitzt man auf der geschützten Terrasse mit Blick auf die Mosel, die nur einen Steinwurf entfernt ist.

♿🍴↔ – Preis: €€€

Zurlaubener Ufer 78 ⊠ 54292 – ℰ 0651 43697380 – bagatelle.de – Geschlossen: Montag und Dienstag, mittags: Mittwoch, Donnerstag, Samstag

❀ BECKER'S

Chef: Wolfgang Becker

KREATIV • CHIC Passend zum architektonisch interessanten gleichnamigen Designhotel erwartet Sie hier ein wertiges Gourmetrestaurant in puristisch-schickem Stil. In einem Ambiente aus ledernen Schalensesseln, edlem Parkettboden und grau verkleideten Wänden genießen Sie bei moderner Hintergrundmusik ein sehr produktbezogenes Menü. Auf Chichi verzichtet Patron und Küchenchef Wolfgang Becker dabei bewusst, stattdessen stellt er den Geschmack in den Fokus. Der Chef ist übrigens nicht nur Koch, er hat auch ein Faible für gute Tropfen. So hat er auch das Winzer-Handwerk gelernt und bietet u. a. Weine aus eigenem Anbau.

🅰🅿 – Preis: €€€€

Olewiger Straße 206 ⊠ 54295 – ℰ 0651 938080 – www.beckers-trier.de – Geschlossen: Montag, Dienstag, Sonntag, mittags: Mittwoch-Samstag

BECKER'S WEINHAUS

KLASSISCHE KÜCHE • WEINBAR Ein Kontrast zum modernen Neubau des Hotels ist das Stammhaus, in dem sich das Becker'sche Zweitrestaurant befindet. Viel helles Holz macht die Atmosphäre hier behaglich, angeschlossen das Backsteingewölbe. Dazu wählen Sie am Abend zwischen Menü und A-la-carte-Gerichten, mittags serviert man ausschließlich ein 3-Gänge-Lunchmenü. Ein hübsches Plätzchen ist auch die Terrasse.

🍴↔🅿 – Preis: €€

Olewiger Straße 206 ⊠ 54295 – ℰ 0651 938080 – www.beckers-trier.de – Geschlossen: Montag und Dienstag, abends: Sonntag

GASTRAUM

MODERNE KÜCHE • FREUNDLICH Geradlinig-elegant ist es hier im modernen Anbau der schmucken Villa, durch die raumhohe Fensterfront hat man eine schöne Aussicht auf Trier - die genießt man aber am besten von der tollen Terrasse! Mit guten Produkten wird saisonal inspiriert gekocht.

🍴 – Preis: €€

Bernhardstraße 14 ✉ 54295 – ☏ 0651 937100 – www.hotel-villa-huegel.de –
Geschlossen: Sonntag, mittags: Montag-Samstag

SCHLOSS MONAISE

FRANZÖSISCH-KLASSISCH • **HISTORISCHES AMBIENTE** Mit der Küche von Hubert Scheid erwartet Sie hier ein echter kulinarischer Klassiker der Region! Seine Handschrift: angenehm schnörkellose Zubereitungen aus hervorragenden Produkten. Serviert wird in stilvollen hohen Räumen mit dem herrschaftlichem Flair der 1783 erbauten ehemaligen Sommerresidenz - oder speisen Sie lieber auf der wunderbaren Terrasse mit Blick ins Grüne und zur Mosel?

🕮 🍴 ♿ 🅿 – Preis: €€€

Schloss Monaise 7 ✉ 54294 – ☏ 0651 828670 – www.schloss-monaise.de –
Geschlossen: Montag und Dienstag

TRITTENHEIM

Rheinland-Pfalz – Regionalatlas **5**–S1

❀ WEIN- UND TAFELHAUS

Chef: Alexander Oos

MARKTKÜCHE • **FREUNDLICH** Daniela und Alexander Oos haben in dem kleinen Weinort aus einem ehemaligen Winzerhaus von 1672 eine richtig schöne Gourmetadresse zum Wohlfühlen gemacht. Während der Chef mediterran inspiriert und saisonal-klassisch kocht, kümmert sich die Chefin sehr herzlich um die Gäste - ihr sympathischer Tiroler Charme kommt an! Zu den durchdachten und angenehm klaren Gerichten aus top Produkten gibt es eine tolle Weinkarte mit regionalem Schwerpunkt. Dazu ein Genuss der anderen Art: Man speist in einem verglasten Kubus mit wunderbarem Blick auf die berühmte Weinlage "Trittenheimer Apotheke" auf der anderen Moselseite. Das Ambiente modern-elegant, draußen der hübsche Garten mit herrlicher Terrasse. Angeschlossen ein geschmackvolles kleines Boutique-Hotel.

🕮 ⬿ ♿ 🅿 – Preis: €€€€

Moselpromenade 4 ✉ 54349 – ☏ 06507 702803 – www.wein-tafelhaus.de –
Geschlossen: Montag und Sonntag, mittags: Dienstag-Samstag

TÜBINGEN

Baden-Württemberg – Regionalatlas **7**–B2

BASILIKUM

ITALIENISCH • **GEMÜTLICH** Lust auf gute italienische Küche? In dem stilvollgemütlichen Restaurant heißt es "Cucina Casalinga", und die macht z. B. mit gegrilltem Wolfsbarsch, hausgemachter Pasta oder Panna Cotta Appetit. Interessant: günstiger Business Lunch.

🍴 – Preis: €€

Kreuzstraße 24 ✉ 72074 – ☏ 07071 87549 – www.ristorantebasilikum.de –
Geschlossen: Sonntag

SCHRANNERS WALDHORN

KLASSISCHE KÜCHE • **GEMÜTLICH** Einfach zum Wohlfühlen: Schön und gemütlich hat man es bei Maximilian und Marie-Luise Schranner. Mit viel Liebe haben sie dem traditionsreichen Gasthaus ein geschmackvolles Interieur verliehen. Maximilian Schranner setzt auf klassische Küche. Geboten werden das "Menü Gourmet", das "Menü vegetarisch" und das "Wirthaus-Menü" - Sie können die Gerichte aus den Menüs aber auch à la carte bestellen. Ein besonderes Highlight ist es, an warmen Tagen auf der herrlichen Terrasse am Seebach zu sitzen und den wunderschönen Blick Richtung Schloss zu genießen. Hinweis: Mi. - Sa. mittags nur Lunchmenü.

🏡 ♻ 🅿 – Preis: €€

*Schönbuchstraße 49 ✉ 72074 – 𝒸 07071 61270 – www.schranners-waldhorn.
de – Geschlossen: Montag und Dienstag*

TUNAU
Baden-Württemberg – Regionalatlas **7**–B1

ZUR TANNE
REGIONAL • RUSTIKAL Eine Adresse mit Charme: außen historisches
Bauernhaus, drinnen urige Gemütlichkeit! Auf den Tisch kommen schmackhafte
Speisen, bei deren Zubereitung man Wert legt auf gute Produkte sowie regionalen
und saisonalen Bezug. Sie möchten übernachten? Gepflegte Gästezimmer hat man
ebenfalls - TV gibt es nicht, aber hier genießt man sowieso lieber die Ruhe!
 – Preis: €€

*Alter Weg 4 ✉ 79677 – 𝒸 07673 310 – www.tanne-tunau.de – Geschlossen:
Montag-Donnerstag, mittags: Freitag und Samstag*

TUTTLINGEN
Baden-Württemberg – Regionalatlas **5**–U4

🕸 ANIMA
Chef: Heiko Lacher
KREATIV • DESIGN Im Erdgeschoss eines modernen Gebäudes sitzen Sie hier
in einem geradlinig designten Raum, der durch raumhohe Fenster den Blick nach
draußen freigibt - nur eine Hecke trennt Sie von der Donau. In der offenen Küche
zeigt Chef Heiko Lacher seine Persönlichkeit - hier erklärt sich auch der Name
"Anima" (das lateinische Wort für "Seele"). Sein Stil: die kreative und gleichermaßen harmonische Verbindung verschiedener gastronomischer Kulturen, nicht
zuletzt der französischen und italienischen. Auf Basis ausgezeichneter Produkte
gelingen schöne Aromenkombinationen, zu denen auch selbst angebaute Kräuter
beitragen. Tipp: Austern oder Kaviar als Extra zum Menü!
&. 🏡 – Preis: €€€€

*In Wöhrden 5 ✉ 78532 – 𝒸 07461 7803020 – www.restaurant-anima.de –
Geschlossen: Montag, Dienstag, Sonntag, mittags: Mittwoch-Samstag*

MEET & EAT BY SANDRO
FLEISCH • ZEITGEMÄSSES AMBIENTE Am Rathaussteg über die Donau
liegt das "Hotel Stadt Tuttlingen", in dessen EG Sie dieses geradlinig-moderne
Restaurant finden. Im Mittelpunkt der ambitionierten Küche steht Dry Aged Beef.
Aber auch Gerichte wie "Gebratener Steinbutt unter der Kartoffelhaube, Kohlrabi,
Rotweinbutter" liest man auf der Karte. Vor dem Haus die überdachte Terrasse zur
Fußgängerzone.
&. 🏡 – Preis: €€

*Donaustraße 30 ✉ 78532 – 𝒸 07461 930120 – meet-eat-restaurant.de –
Geschlossen: Sonntag, mittags: Montag-Samstag*

TUTZING
Bayern – Regionalatlas **6**-X4

FORSTHAUS ILKAHÖHE
MARKTKÜCHE • REGIONALES AMBIENTE Mit Liebe hat man das ehemalige Forsthaus frisch, modern und wertig gestaltet - von Stube über Bistro-Stil
bis Wintergarten-Flair. Es gibt saisonale Küche mit mediterran-internationalen
Einflüssen sowie regionalen Klassikern. Idyllisch die erhöhte Lage mit Seeblick - da
lockt natürlich die Terrasse! Dazu SB-Biergarten.
≼ 🏡 ♻ 🅿 – Preis: €€

*Oberzeismering 2 ✉ 82327 – 𝒸 08158 8242 – www.restaurant-ilkahoehe.de –
Geschlossen: Dienstag und Mittwoch*

TWIST

Niedersachsen – Regionalatlas **1**–A4

😀 **LANDGASTHOF BACKERS**

REGIONAL • **GASTHOF** Dass man bei Familie Backers (übrigens bereits die 5. Generation) gerne isst, liegt am behaglichen Ambiente und natürlich an der frischen regional-saisonal geprägten Küche - beliebt z. B. heimisches Reh oder Diepholzer Gänse. Man ist übrigens seit Jahren "Slow Food"-Mitglied. Tipp: "Backers zum Kennenlernen": 4-Gänge-Regionalmenü mit Getränken und Übernachtung.

🛏️ &️ 🍴 ⇔ 🅿️ – Preis: €€

Kirchstraße 25 ⌧ 49767 – ☏ 05936 904770 – www.gasthof-backers.de –
Geschlossen: Montag und Dienstag, mittags: Mittwoch-Samstag

ÜBERLINGEN

Baden-Württemberg – Regionalatlas **5**–U4

JOHANNITER-KREUZ

KLASSISCHE KÜCHE • **ROMANTISCH** Aus dem über 350 Jahre alten ehemaligen Bauernhof ist nicht nur ein schönes Romantikhotel entstanden, im einstigen Stall befindet sich auch ein geschmackvoll-rustikales Restaurant, in dem altes Gebälk und der mittige Kamin für eine gemütliche Atmosphäre sorgen. Gekocht wird klassisch basiert, mit Bezug zur Region und saisonalen Einflüssen. An Vegetarier ist ebenfalls gedacht. Gut die Weinauswahl.

🛏️ 🍴 ⇔ 🅿️ – Preis: €€

Johanniterweg 11 ⌧ 88662 – ☏ 07551 937060 – www.johanniter-kreuz.de –
Geschlossen: Montag, mittags: Dienstag

LANDGASTHOF ZUM ADLER

REGIONAL • **GASTHOF** Eine charmante Adresse, von den gemütlichen Stuben im schönen alten Fachwerkhaus bis zu den hübschen, wohnlich-ländlichen Übernachtungszimmern (verteilt auf Haupthaus und Gästehaus). Serviert werden überwiegend regional geprägte Gerichte wie z. B. "Kalbszunge mit Rahmsauce, sautierten Pfifferlingen und hausgemachten Spätzle", aber auch ein Feinschmeckermenü.

🍴 ⇔ 🅿️ – Preis: €

Hauptstraße 44 ⌧ 88662 – ☏ 07553 82550 – www.adler-lippertsreute.de –
Geschlossen: Mittwoch und Donnerstag

UHINGEN

Baden-Württemberg – Regionalatlas **5**–V3

🌿 **SCHLOSS FILSECK**

MEDITERRAN • **KLASSISCHES AMBIENTE** Schloss Filseck ist nicht nur ein Ort der Begegnung, Kunst und Bildung, sondern auch ein Treffpunkt für Feinschmecker! Das Restaurant mischt klassische Atmosphäre mit modernen Akzenten, dazu schaffen Holzdecke und Bruchsteinwände eine angenehme historisch-rustikale Note. Oder möchten Sie lieber auf der herrlichen Terrasse im Innenhof speisen? Die Küche ist stark mediterran und auch italienisch geprägt. Stimmig und handwerklich präzise bereitet Küchenchef Daniele Corona das abendliche Gourmetmenü zu. Auch eine vegetarische Variante wird angeboten. Dazu eine gut sortierte Weinkarte nebst versierter Beratung. Tipp: Für Mittagsgäste gibt es das günstige Lunchmenü. Praktisch: kostenfreier Shuttle-Service im Radius von ca. 20 km um Schloss Filseck.

🍴 🛏️ 🍴 ⇔ 🅿️ – Preis: €€€

Filseck 1 ⌧ 73066 – ☏ 07161 28380 – www.restaurant-auf-schloss-filseck.de –
Geschlossen: Montag und Sonntag, mittags: Samstag

UHLDINGEN-MÜHLHOFEN

Baden-Württemberg – Regionalatlas **5**–U4

SEEHALDE

REGIONAL • FREUNDLICH Das Haus der Brüder Gruler liegt nicht nur klasse, man isst hier auch richtig gut. Die frische, ambitionierte Küche gibt es z. B. als "Bodensee-Hecht mit Birne, Bohne und Speck". Dazu eine schöne Weinkarte. Im Sommer sitzt man am liebsten auf der wirklich herrlichen Terrasse am See! Zum Übernachten hat man gepflegte Zimmer, die meist tollen Seeblick bieten.

⤝ 🛏 🏠 ↺ 🅿 🛁 – Preis: €€

Birnau-Maurach 1 ✉ 88690 – ☏ 07556 92210 – seehalde.de – Geschlossen: Dienstag und Mittwoch

ULM (DONAU)

Baden-Württemberg – Regionalatlas **5**–V3

❀ **BI:BRAUD**

Chef: Alina Meissner-Bebrout

MODERN • GEMÜTLICH Das kleine Restaurant mit der charmanten unkompli-zierten Atmosphäre liegt etwas versteckt in der Altstadt, nicht weit vom Ulmer Münster. Hier bietet das engagierte junge Team um Chefin und Namensgeberin Alina Meissner-Bebrout ein interessantes modernes Menü mit drei bis fünf Gängen - auch als vegetarische Variante.

🏠 – Preis: €€€

Büchsengasse 20 ✉ 89073 – ☏ 0731 1537512 – bebrout.com – Geschlossen: Montag und Sonntag, mittags: Dienstag-Samstag

❀ **SEESTERN**

FRANZÖSISCH-MODERN • CHIC Sie lassen den Blick über den See direkt vor Ihnen schweifen und genießen dabei Sterneküche - schöner geht's kaum! Im Gourmetrestaurant des Hotels "Lago" ist neben der Aussicht auch das Interieur ein Hingucker: warmes Holz und maritime Farben - wertig und nordisch-chic. Im Sommer lockt die Terrasse nebst Lounge und kleinem Sandstrand, im Winter sorgt der Kaminofen für Behaglichkeit. Im Mittelpunkt steht die moderne Küche von Klaus Buderath. Er war für die Sterneküche im "Landgasthof Adler" in Rammingen verantwortlich und bescherte auch dem Restaurant "Lago" einen Stern. Der gebür-tige Böblinger kocht technisch anspruchsvoll, aufwändig und äußerst exakt, über-zeugend die klare Linie und die Finesse. Tipp: Probieren Sie mal die alkoholfreie Getränkebegleitung!

⤝ 🆎 🏠 🅿 – Preis: €€€

Friedrichsau 50 ✉ 89073 – ☏ 0731 2064000 – hotel.lago-ulm.de – Geschlossen: Montag, Dienstag, Sonntag, mittags: Mittwoch-Samstag

❀ **SIEDEPUNKT**

EUROPÄISCH-ZEITGEMÄSS • ZEITGEMÄSSES AMBIENTE Wer würde ein solches Restaurant in einem Businesshotel erwarten? Modern-elegant ist das Ambiente hier im Anbau des "Atrium" - ein Hingucker ist die markante Wand aus verglasten Weinkühlschränken. Dank der erhöhten Lage des Hauses sitzt man im Sommer natürlich gerne auf der Terrasse mit schöner Aussicht. Zur angenehmen Atmosphäre trägt auch der sehr freundliche und geschulte Service bei. Geboten wird ein Menü in variabler Länge, das die Heimatverbundenheit widerspiegelt. Der Küchenchef arbeitet mit überwiegend lokalen Erzeugnissen, Kräuter spielen eine wichtige Rolle. Stolz würdigt man auf der Karte die Produzenten.

🆎 🏠 🅿 – Preis: €€€€

Eberhard-Finckh-Straße 17 ✉ 89075 – ☏ 0731 9271666 – www.siedepunkt-restaurant.de – Geschlossen: Montag, Dienstag, Sonntag, mittags: Mittwoch-Samstag

TREIBGUT

Chef: Nico Körner

MODERN • CHIC Das "Treibgut" als niveauvolle Alternative zum "Seestern" macht das "Lago" nochmal mehr zum Gourmethotel! In trendiger und recht stylischer Atmosphäre serviert man moderne Küche. Es gibt auch Gerichte zum Teilen, z. B. Steak-Cuts, Fisch im Ganzen oder Vesperplatten. Man bietet eine schöne Auswahl an Produkten aus der eigenen Bäckerei, Metzgerei oder Eismanufaktur.

❀ *Engagement des Küchenchefs: Unser als Klimahotel zertifiziertes LAGO ermöglicht mir nicht nur gute Küche zu bieten, sondern auch nachhaltig zu arbeiten. Eigenanbau von Obst, eigene Metzgerei, Bäckerei, Brennerei, Kräutergarten, Honig aus unserer Imkerei usw. Die „Genusswerkstatt" hält ständig Kontakt zu ihren Lieferanten.*

🅰🅒 🛋 🅿 – Preis: €€

Friedrichsau 50 ✉ *89073 –* ☎ *0731 2064000 – hotel.lago-ulm.de/de – Geschlossen: Sonntag, mittags: Montag-Samstag*

UNTERAMMERGAU

Bayern – Regionalatlas **6**–X4

DORFWIRT

REGIONAL • GEMÜTLICH Bei aller Tradition wird in dem schönen alten Gasthaus doch recht modern gekocht. Besonderheit: Eine klassische Speisekarte gibt es hier nicht. Stattdessen bietet man ein Überraschungsmenü mit schmackhaften Gerichten, für die man gerne regionale Produkte verwendet - man hat übrigens eigene Wollschweine. Dazu erwartet Sie eine gemütliche Atmosphäre, zu der nicht zuletzt der herzliche Service beiträgt.

🛋 ✿ 🅿 – Preis: €€€

Pürschlingstraße 2 ✉ *82497 –* ☎ *08822 9496949 – www.gasthaus-dorfwirt. com – Geschlossen: Montag-Mittwoch, mittags: Donnerstag-Samstag*

URACH, BAD

Baden-Württemberg – Regionalatlas **7**–B2

KESSELHAUS

REGIONAL • BISTRO Das Bistro im Kesselhaus der ehemaligen Brauerei Quenzer verbindet Industrie-Charme mit gemütlicher, trendig-rustikaler Atmosphäre samt allerlei Brauerei-Deko. Serviert wird schwäbisches Soulfood mit internationalen Einflüssen, z. B. "Pulled Beef Burger" oder "Zwiebelrostbraten mit Spätzle". Daneben gibt es noch das Event-Restaurant "Wilder Mann".

🛋 ✿ – Preis: €€

Pfählerstraße 7 ✉ *72574 –* ☎ *07125 947330 – www.bischoffs-badurach.de/ bischoffs – Geschlossen: Sonntag, mittags: Montag-Samstag*

USEDOM (INSEL)

Mecklenburg-Vorpommern – Regionalatlas **2**–H2

In Ahlbeck

😊 **KAISERS ECK**

INTERNATIONAL • FREUNDLICH Direkt an der Ahlbecker Kirche finden Sie dieses freundlich gestaltete Restaurant. Neben der sympathischen unkomplizierten Atmosphäre kommt auch die Küche gut an. Und das hat seinen Grund, denn man verarbeitet ausgesuchte Produkte und die regional-international ausgerichteten Speisen sind frisch und richtig schmackhaft.

🍽 – Preis: €€

Kaiserstraße 1 ✉ *17419 –* ☎ *038378 30058 – www.kaiserseck.de – Geschlossen: Sonntag, mittags: Montag-Samstag*

In Heringsdorf

🐣 **KULMECK BY TOM WICKBOLDT**

Chef: Tom Wickboldt

MODERNE KÜCHE • ENTSPANNT Tom Wickboldt ist kein Unbekannter auf der Insel, hat er hier doch schon zuvor für Sterneküche gesorgt. Nun hat er mit dem "Kulmeck" eine Adresse mit Tradition wiederbelebt. In seinem ambitionierten Menü versteht er es, ausgesuchte, hochwertige Produkte geschickt zu kombinieren und kreativ zu präsentieren. Man setzt gekonnt Kontraste und schafft eine schöne Balance. Der Service überzeugt ebenfalls: Die Gäste werden charmant, geschult und souverän umsorgt. Das Ambiente dazu ist modern und casual-chic, Küche ist teilweise einsehbar.

Preis: €€€€

Kulmstraße 17 ✉ 17424 – 𝒞 038378 488040 – www.kulmeck.de – Geschlossen: Montag, Dienstag, Sonntag, mittags: Mittwoch-Samstag

🐣 **THE O'ROOM**

KREATIV • CHIC Das hat schon besonderen Charme und trifft absolut den Zeitgeist: "casual fine dining" unter einem Dach mit dem "Marc O'Polo Strandcasino"-Store. Küchenchef in dem stylischen kleinen Restaurant ist André Kähler, der hier ein modern-kreatives Menü mit schönem geschmacklichem Ausdruck und Mut zu eigenen Ideen bietet. Zu jedem Gang informiert ein Kärtchen über die Inspiration. Dazu schickes Design und angenehm lockerer und professioneller Service. Tipp: Man hat eine kleine Feinkost-Ecke, in der es z. B. die ausgeschenkten Weine zum Mitnehmen gibt. Wer es mal etwas legerer mag, speist im "O'ne" mit modern-regionalem Angebot.

🅰🅺 – Preis: €€€€

Kulmstraße 33 ✉ 17424 – 𝒞 038378 183912 – www.strandcasino-marc-o-polo. com – Geschlossen: Montag, Dienstag, Sonntag, mittags: Mittwoch-Samstag

BELVEDERE

MODERNE KÜCHE • CHIC Das kulinarische Aushängeschild des Hotels "Travel Charme Strandidyll". In der 4. Etage sitzt man unter einer Glaskuppel und genießt bei modern-eleganter Atmosphäre die herrliche Sicht - schön auch die Terrasse. Dazu freundlich-kompetenter Service und ambitionierte Küche mit klassischer Basis, die durch internationale Aromen und kreative Kombinationen einen gewissen Twist bekommt. Ihr Menü können Sie sich selbst zusammenstellen.

🅰🅺 🍴 – Preis: €€€

Delbrückstraße 10 ✉ 17419 – 𝒞 038378 476547 – www.travelcharme.com/ hotels/strandidyll-heringsdorf – Geschlossen: Montag und Sonntag, mittags: Dienstag-Samstag

USINGEN IM TAUNUS

Hessen – Regionalatlas **3**–L4

UWE & ULI - ZUHAUSE BEI UNS

INTERNATIONAL • GEMÜTLICH Schon von außen ist das a. d. 17. Jh. stammende denkmalgeschützte Liefrink-Haus direkt am Marktplatz einladend. Auch unter neuem Namen (ehemals „essWebers - Küche am Markt") sitzt man hinter der hübschen Fachwerkfassade in charmant-modernem Ambiente. Gekocht wird international-saisonal. Neben dem "Chef-Menü" gibt es auch Gerichte à la carte sowie eine Auswahl an Steaks.

🍴 ✿ – Preis: €€

Marktplatz 21 ✉ 61250 – 𝒞 06081 5763760 – www.uwe-uli.de – Geschlossen: Sonntag, mittags: Samstag

VAIHINGEN AN DER ENZ

Baden-Württemberg – Regionalatlas **7**–B2

🕸 LAMM ROSSWAG

Chef: Steffen Ruggaber

MODERNE KÜCHE • GASTHOF Auch in einem beschaulichen kleinen Weinort wie diesem muss man nicht auf kreative Sterneküche verzichten! Die modernen Gerichte sind durchdacht, intelligente Kompositionen voller Harmonie, interessanter Details und bester Produkte - und der Chef hat eindeutig ein Händchen für intensive Saucen! Dank der sympathischen, herzlichen Gastgeber kommt auch die Atmosphäre im langjährigen Familienbetrieb der Ruggabers nicht zu kurz. Der Service ist angenehm leger und zugleich professionell, kompetent die Weinberatung - man hat eine schöne deutsche Auswahl. Mittwochs und donnerstags ist das Abendmenü etwas kleiner als am Wochenende. Das Mittagsangebot ist ein bisschen einfacher. Auf Vorbestellung bekommen Sie auch eine vegetarische Menü-Variante. Und möchten Sie vielleicht auch übernachten?

🕸 🛤 🄿 – Preis: €€€

Rathausstraße 4 ⊠ 71665 – ☎ 07042 21413 – www.lamm-rosswag.de –
Geschlossen: Montag, Dienstag, Sonntag, mittags: Mittwoch-Freitag

VALLENDAR

Rheinland-Pfalz – Regionalatlas **3**–K4

DIE TRAUBE

SAISONAL • RUSTIKAL Gemütlich sitzt man in dem reizenden Fachwerkhaus von 1647 auf kleinen Bänken und lässt sich eine ambitionierte saisonal-mediterrane Küche aus tollen Produkten schmecken. Sehr nett ist auch die Terrasse vor der alten Scheune mit Glockenspiel. Tipp: Gleich um die Ecke finden Sie ein öffentliches Parkhaus.

🛤 ✪ – Preis: €€

Rathausplatz 12 ⊠ 56179 – ☎ 0261 61162 – dietraube-vallendar.de – Geschlossen:
Montag, Dienstag, Sonntag

VALLEY

Bayern – Regionalatlas **6**–Y4

WALDRESTAURANT MAXLMÜHLE

REGIONAL • GEMÜTLICH Mögen Sie Forellen? Die räuchert man hier selbst - auch Sülze und Pasteten sind aus eigener Herstellung! Ebenso lecker ist z. B. "gekochtes Rindfleisch mit Lauchsauce und böhmischem Knödel". Das Gasthaus liegt schön einsam am Ende der Straße direkt am Wasser - da kommt natürlich auch der Biergarten gut an.

🛤 🄿 – Preis: €€

Maxlmühle ⊠ 83626 – ☎ 08020 1772 – maxlmuehle.de – Geschlossen:
Montag-Donnerstag

VELBERT

Nordrhein-Westfalen – Regionalatlas **3**–J3

🕸 HAUS STEMBERG

Chef: Sascha Stemberg

MARKTKÜCHE • GASTHOF "Zwei Küchen von einem Herd" lautet hier das Motto, und das umfasst Modernes ebenso wie Klassisches. Umgesetzt wird das Ganze von Sascha Stemberg, der den Familienbetrieb von 1864 schon in 5. Generation führt. Sein Stil: Die Verbindung von regionalen und modern-internationalen Einflüssen, und das mit tollen Produkten. Für die guten Grillgerichte kommt der "Big Green Egg" zum Einsatz. Ein Klassiker ist die "Kuhlendahler Perlgraupensuppe". Dazu eine sehr gut sortierte Weinkarte mit interessanten Raritäten. Die Tradition, die der Gasthof mit der Schieferfassade schon von außen vermittelt, spürt man auch drinnen: Von der gemütlichen Gaststube über das elegante Kaminzimmer bis zum Wintergarten finden sich ursprüngliche Details wie alte Holzbalken und Vertäfelungen. Auffallend freundlich der Service!

🦟 🍴 ⇄ 🅿 – Preis: €€€

Kuhlendahler Straße 295 ✉ 42553 – ☏ 02053 5649 – haus-stemberg.de – Geschlossen: Donnerstag und Freitag, mittags: Montag-Mittwoch

VELDENZ
Rheinland-Pfalz – Regionalatlas **5**–S1

RITTERSTURZ

KLASSISCHE KÜCHE • GEMÜTLICH Das hat Charme: liebenswerte, gemütliche Räume, freundlicher und aufmerksamer Service und dazu die idyllische Lage im Grünen! Besonders gerne sitzt man da auf der Terrasse und genießt den Blick auf Schlossruine und Rittersturz-Fels. Die klassisch-saisonal geprägte Küche können Sie in Menüform oder à la carte wählen. Dafür kommen Wildkräuter, Obst, Gemüse etc. aus dem Umland zum Einsatz.

🍴 ⇄ 🅿 – Preis: €€

Veldenzer Hammer 1a ✉ 54472 – ☏ 06534 18292 – www.rendezvousmitgenuss. de – Geschlossen: Montag und Dienstag, mittags: Mittwoch-Samstag

VERDEN (ALLER)
Niedersachsen – Regionalatlas **1**–C4

😊 PADES RESTAURANT

REGIONAL • FREUNDLICH Wolfgang Pade ist ein sehr engagierter Botschafter seines Fachs. Seine saisonalen Gerichte sind schmackhaft und stellen die ausgesuchten, gerne regionalen Produkte in den Mittelpunkt. Service und Ambiente in dem schmucken Patrizierhaus stehen der Küche in nichts nach. Herrlich die Gartenterrasse mit altem Baumbestand. Hinweis: Es gibt zwei Servicezeiten: 17.45 Uhr und 20.15 Uhr.

🍴 ⇄ – Preis: €€

Grüne Straße 15 ✉ 27283 – ☏ 04231 3060 – www.pades.de – Geschlossen mittags: Montag-Samstag

VILBEL, BAD
Hessen – Regionalatlas **3**–L4

OYSTER LODGE

Chef: Jay Lee

SUSHI • MINIMALISTISCH Passen Sie auf, dass Sie das äußerlich unscheinbare Haus an der Bad Vilbeler Einkaufsstraße nicht übersehen, denn hier gibt Chef Jay Lee anspruchsvolle traditionell japanische Küche zum Besten. Er bietet ein Omakase-Menü aus hervorragenden Produkten. Und dazu ein interessanter Sake? Maximal zehn Gäste finden in dem freundlichen, minimalistisch gehaltenen Restaurant an der Theke oder auch an einem normalen Tisch Platz.

Preis: €€€€

Frankfurter Straße 4 ✉ 61118 – ☏ 06101 9898966 – www.oyster-lodge.de – Geschlossen: Montag, mittags: Dienstag-Sonntag

VILLINGEN-SCHWENNINGEN

Baden-Württemberg – Regionalatlas **5**–U3

RINDENMÜHLE

MARKTKÜCHE • **FREUNDLICH** Man sitzt hier gemütlich in ländlich-elegantem Ambiente oder im Sommer auf der schönen Gartenterrasse. Die saisonale Küche gibt es à la carte oder als Menü, das man sich aus den Gerichten selbst zusammenstellen kann. Auch an Vegetarier ist gedacht. Für Übernachtungsgäste: wohnliche, zeitgemäße Zimmer sowie Sauna- und Fitnessbereich. Tipp: ein Spaziergang im angrenzenden Kurpark.

🛏️🌲**P** – Preis: €€

*Am Kneippbad 9 ✉ 78052 – ☎ 07721 88680 – www.rindenmuehle.de/
restaurant – Geschlossen: Montag und Sonntag*

VÖHRINGEN

Bayern – Regionalatlas **5**–V3

🐵 ### SPEISEMEISTEREI BURGTHALSCHENKE

KLASSISCHE KÜCHE • **FAMILIÄR** Familie Großhammer ist seit vielen Jahren für gute Gastronomie bekannt! Die Küche ist der Saison angepasst, die Produkte kommen aus der Region. Menü, Klassiker und Gerichte von der Tageskarte kommen gleichermaßen gut an. Das Restaurant ist in ländlichem Stil gehalten und auf drei Ebenen angelegt, dazu hat man eine nette Terrasse. Praktisch: der große Parkplatz.

🌲♿**P** – Preis: €

*Untere Hauptstraße 4 ✉ 89269 – ☎ 07306 5265 – speisemeisterei-
burgthalschenke.de – Geschlossen: Montag und Dienstag*

VÖRSTETTEN

Baden-Württemberg – Regionalatlas **7**–B1

SONNE

REGIONAL • **GEMÜTLICH** In dem historischen Gasthaus mit der schönen Fachwerkfassade sitzt man in gemütlich-ländlicher Atmosphäre und wird angenehm locker, freundlich und geschult umsorgt. Die Küche basiert auf frischen Produkten, die man gerne aus der Region bezieht. Im Sommer lockt die herrliche Gartenterrasse. Gepflegt übernachten können Sie ebenfalls.

🌲**P** – Preis: €

*Freiburger Straße 4 ✉ 79279 – ☎ 07666 2326 – www.sonne-voerstetten.de –
Geschlossen: Montag und Dienstag, mittags: Mittwoch-Samstag*

VOGTSBURG IM KAISERSTUHL

Baden-Württemberg – Regionalatlas **7**–B1

❀ ### SCHWARZER ADLER

FRANZÖSISCH-KLASSISCH • **KLASSISCHES AMBIENTE** Ein Haus mit Tradition! Patron Fritz Keller (seine Mutter Irma erkochte übrigens bereits 1969 einen MICHELIN Stern) weiß um das Engagement von Küchenchef Christian Baur, die klassisch-französische Kulinarik des legendären „Schwarzen Adlers" fortzuführen. Tipp: am Tisch tranchierte Gerichte ab zwei Personen. Für Weinliebhaber ist das gemütliche stilvoll-elegante Restaurant geradezu ein Eldorado, sensationell die Weinkarte, toll die Bordeaux-Auswahl mit Jahrgangstiefe! Auch das hauseigene Weingut (in der dritten Generation im Besitz der Familie) ist vertreten. Da bieten sich die geschmackvollen Gästezimmer zum Übernachten an. Als bodenständigere Restaurantalternative hat man übrigens noch das "Winzerhaus Rebstock".

🍷 🌲**P** – Preis: €€€€

*Badbergstraße 23 ✉ 79235 – ☎ 07662 933010 – www.franz-keller.de –
Geschlossen: Mittwoch und Donnerstag, mittags: Montag, Dienstag, Freitag*

DIE ACHKARRER KRONE

REGIONAL • RUSTIKAL Bis 1561 reicht die gastronomische Tradition des Gasthofs zurück. Heute erfreut man sich an Wild aus eigener Jagd, badischen Hechtklößchen, Kalbsnierle oder geschmorten Ochsenbäckle. Regionale Küche und Weine gibt's in heimeligen Stuben oder auf der Terrasse. Man hat auch wohnliche Gästezimmer.

🛏️ 🅿 – Preis: €

Schlossbergstraße 15 ✉ 79235 – ☎ 07662 93130 – www.hotel-krone-achkarren.de

KÖPFERS STEINBUCK

REGIONAL • LÄNDLICH Schon die tolle exponierte Lage mitten in den Reben lockt einen hierher, aber auch die international-saisonale Küche ist einen Besuch wert. Dazu schöne Weine, gut die regionale Auswahl. Traumhaft die Terrasse mit Loungebereich. Restaurant im Winter nur Fr. und Sa. geöffnet. Mitte Okt. - Mitte Feb. Rustikales in "Köpfers Chalet", Do. - Mo. abends. Gepflegt übernachten kann man ebenfalls.

≤ 🛏️ 🏡 ⇔ 🅿 – Preis: €€

Steinbuckstraße 20 ✉ 79235 – ☎ 07662 9494650 – koepfers-steinbuck.de – Geschlossen: Montag und Sonntag, mittags: Dienstag-Samstag

REBSTOCK 🆕

INTERNATIONAL • GEMÜTLICH Seit 2019 betreiben der Elsässer Stéphane Mergen und seine Frau Simone dieses kleine Hotel mit wohnlichen Zimmern und geschmackvollem, liebevoll dekoriertem Restaurant. Hier sorgt der Patron für regionale Gerichte mit internationalen Einflüssen, während die Chefin freundlich und aufmerksam den Service leitet. Im Sommer hat man eine herrliche Terrasse - entsprechend begehrt sind die Plätze hier!

🏡 🅿 – Preis: €€€

Neunlindenstraße 23 ✉ 79235 – ☎ 07662 5999930 – www.rebstock-bickensohl. com – Geschlossen: Montag, mittags: Dienstag-Sonntag

STEINBUCK STUBE

KLASSISCHE KÜCHE • ELEGANT Mitten im Zentrum liegt das schmucke, aufwändig restaurierte über 400 Jahre alte Haus. Man sitzt im geschmackvoll-gemütlichen Restaurant, im neuzeitlichen Weinstübchen oder auf der dazwischengelegenen Terrasse. Freundlich wird man mit saisonal und mediterran beeinflussten klassischen Gerichten umsorgt, dazu nur regionale Weine. Schön übernachten kann man ebenfalls.

🏡 ⇔ 🅿 – Preis: €€

Talstraße 2 ✉ 79235 – ☎ 07662 911210 – steinbuck-stube.de – Geschlossen: Montag und Dienstag, mittags: Mittwoch-Samstag

VOLKACH

Bayern – Regionalatlas **5**–V1

🏵️ **WEINSTOCK**

KREATIV • CHIC Richtig chic ist das Restaurant in der 1. Etage des traditionsreichen Hotels "Zur Schwane" - hier trifft Moderne auf schöne historische Bausubstanz. In der Küche heißt es Konzentration auf das Wesentliche: Das Team um Cornelia Fischer reduziert sich gekonnt auf das Produkt (teilweise aus dem eigenen Garten) und den Geschmack - so entstehen moderne regionale Gerichte mit klassischen Wurzeln. Dazu sehr gute fränkische Weine, auch vom eigenen Weingut (diese alle auch glasweise). Interessant die Empfehlungen zum Menü. Kompetent, stets präsent und angenehm locker das Service-Duo Franziska Weickert und Jan Pislcajt. Übernachtungsgäste erwarten attraktive individuelle Zimmer.

🍴 🎞 – Preis: €€€€

Hauptstraße 12 ✉ 97332 – ☎ 09381 80660 – www.schwane.de – Geschlossen: Mittwoch-Freitag, mittags: Montag, Dienstag, Samstag, Sonntag

SCHWANE 1404 Ⓝ

REGIONAL • GEMÜTLICH In dem jahrhundertealten Gasthaus in der schönen Altstadt ist dies eine wirklich charmante Alternative zum Gourmetrestaurant. Die gemütlich-rustikale Gaststube lockt ebenso wie der tolle Innenhof - etwas Besonderes ist hier der sieben Meter lange Eichentisch. Gekocht wird modern-saisonal, vieles kommt aus der Region, Gemüse teils aus dem eigenen Garten, dazu eigene Weine. Reduzierte Mittagskarte.

🛋 – Preis: €€

Hauptstraße 12 ✉ 97332 – ☎ 09381 80660 – www.schwane.de – Geschlossen: Mittwoch und Donnerstag

VREDEN

Nordrhein-Westfalen – Regionalatlas 3–J1

🏵 AM KRING - BÜSCHKER'S STUBEN

TRADITIONELLE KÜCHE • FREUNDLICH In einem kleinen Dorf bei Vreden, gleich neben der Kirche, finden Sie diese gepflegte, regionstypisch gehaltene Adresse. Die Speisekarte ist saisonal ausgerichtet und bietet auch Klassiker. Dazu werden Sie freundlich und geschult umsorgt - der Chef ist ebenfalls präsent. Sie möchten übernachten? Dafür stehen im Hotel "Am Kring" neuzeitliche Gästezimmer bereit.

🔥 🅼 🛋 ⇔ 🅿 – Preis: €€

Kring 6 ✉ 48691 – ☎ 02564 93080 – www.amkring.de – Geschlossen: Montag und Sonntag, mittags: Dienstag-Samstag

WACHENHEIM AN DER WEINSTRASSE

Rheinland-Pfalz – Regionalatlas 7–B1

✿ INTENSE Ⓝ

Chef: Benjamin Peifer

FUSION • CHIC Sie kennen das "Intense" aus Kallstadt? Hier in Wachenheim bieten Bettina Thiel und Benjamin Peifer ein neues, anderes und sehr interessantes Konzept! Nach Empfang, Snacks und Apero in der "Gud Stubb" im ehemaligen Pfarrhaus werden Sie in der Speisekammer in die Küchenphilosophie eingeführt, bevor Sie im puristisch-urbanen Restaurant direkt an der Küchentheke, an kleinen Tischen oder Nischen ("Koshitsu") Platz nehmen. Serviert wird eine ganz spezielle Fusion aus Pfalz und Japan - Kochen über offenem Feuer bringt Pfiff und eine eigene Note. Dazu betreut Sie ein stets präsentes, aber zurückhaltendes Team, der Chef serviert oft selbst. Gut auch die Weinempfehlungen.

🐜 🅼 🅿 – Preis: €€€€

Weinstraße 31 ✉ 67157 – ☎ 06322 9897877 – www.restaurant-inten.se – Geschlossen: Montag und Sonntag, mittags: Dienstag-Samstag

THE IZAKAYA

MODERNE KÜCHE • TRENDY Als "japanisch-pfälzische Kneipe" könnte man diese lebendige, trendig-legere Adresse bezeichnen, für deren interessantes Konzept Benjamin Peifer verantwortlich zeichnet. Geboten wird hier eine gelungene Fusion aus heimischer und japanischer Küche. Man serviert ein Omakase-Menü zum Teilen sowie ein paar kleine A-la-carte-Gerichte. Dazu werden Sie sehr aufmerksam und freundlich umsorgt, stimmig auch die Weinberatung. Passend zur Küche gibt es regionale Weine und einige Sake.

🛋 ⇔ – Preis: €€€

Weinstraße 36 ✉ 67157 – ☎ 06322 9593729 – www.the-izakaya.com – Geschlossen: Montag und Sonntag, mittags: Dienstag-Samstag

WACHTBERG

Nordrhein-Westfalen – Regionalatlas **3**–J4

KRÄUTERGARTEN

KLASSISCHE KÜCHE • TRADITIONELLES AMBIENTE Bereits seit 1983 leiten die freundlichen und engagierten Gastgeber das Restaurant mit dem netten gepflegten Ambiente. Nicht ohne Grund hat man hier viele Stammgäste: Geboten wird eine klassisch ausgerichtete Küche, die sich an der Saison orientiert und bei der man auf Produktqualität und Frische setzt. Dazu werden Sie aufmerksam umsorgt. Da kommt man gerne wieder!

🍽 – Preis: €€€

Töpferstraße 30 ⊠ 53343 – 𝒞 02225 7578 – gasthaus-kraeutergarten.de – Geschlossen: Dienstag-Donnerstag, mittags: Montag, Freitag, Samstag, abends: Sonntag

WACKERSBERG

Bayern – Regionalatlas **6**–X4

🏵 TÖLZER SCHIESSSTÄTTE - HAGER

REGIONAL • RUSTIKAL Richtig gut isst man in der Schießstätte der Tölzer Schützen, entsprechend gefragt ist das sympathisch-ländliche Restaurant - da sollten Sie auf jeden Fall reservieren! Andreas und Michaela Hager sind ein eingespieltes Team, das merkt man nicht zuletzt an den schmackhaften Gerichten, für die man sehr gute Produkte aus der Region verwendet. Dazu freundlicher Service.

🍽 🅿 🎏 – Preis: €€

Kiefersau 138 ⊠ 83646 – 𝒞 08041 3545 – www.michaela-hager.de – Geschlossen: Montag und Donnerstag, abends: Sonntag

WAGING AM SEE

Bayern – Regionalatlas **6**–Z4

🏵 LANDHAUS TANNER

Chef: Franz Tanner

REGIONAL • GEMÜTLICH Mit Stefanie und Franz Tanner sind Ihnen in dem langjährigen Familienbetrieb herzliche Gastgeber gewiss. Ihr Engagement merkt man an den schicken modern-alpenländischen Zimmern wie auch am geschmackvollen Restaurant und der guten Küche. Gekocht wird saisonal und mit ausgesuchten Produkten - durchgehend von 12:30 - 21:00 Uhr. Man ist übrigens "Slow Food"-Mitglied.

🌱 *Engagement des Küchenchefs: Wir achten sehr auf unsere Umwelt, nutzen grünen Strom aus Wasserkraft, haben unsere eigene Solaranlage, Heizung aus Biomasse, E-Tankstelle. Wir verarbeiten überwiegend regionale Produkte, aber auch unserer Hochbeete für Kräuter und unsere eigene ungespritzte Obstplantage fließen ein.*

🍽 ♻ 🅿 – Preis: €€

Aglassing 1 ⊠ 83329 – 𝒞 08681 69750 – www.landhaus-tanner.de – Geschlossen: Sonntag, mittags: Montag

WAIBLINGEN

Baden-Württemberg – Regionalatlas **7**–B2

🏵 BACHOFER

Chef: Bernd Bachofer

KREATIV • FREUNDLICH Das schöne Haus am Marktplatz - übrigens das zweitälteste in Waiblingen - stammt von 1647 und war einst eine Apotheke. Heute schafft eine schicke, trendig-lebendige Atmosphäre einen attraktiven Kontrast zum historischen Rahmen. Wer am Tresen sitzt, hat den besten Blick in die verglaste Küche. Hier sorgt Patron Bernd Bachofer für eine gelungene moderne Mischung aus klassischen und fernöstlichen Elementen. Exzellente Produkte werden kreativ und aufwändig zubereitet, interessant die Vielfalt an Aromen. Es gibt auch ein vegetarisches Menü. Dazu professioneller, sehr freundlicher Service samt engagierter Weinberatung - gut die Auswahl an Weinen und Sake. Fair kalkulierter Lunch. Tipp: Über dem Restaurant hat man schmucke Gästezimmer.

🍴 ⇔ - Preis: €€€€

Marktplatz 6 ☒ 71332 - ☎ 07151 976430 - www.bachofer.info - Geschlossen: Montag, Dienstag, Sonntag, mittags: Mittwoch, Freitag, Samstag

BRUNNENSTUBEN

REGIONAL • FREUNDLICH Gastfreundschaft auf solch stilvolle Art würde man hier angesichts der unscheinbaren Fassade auf den ersten Blick eher nicht vermuten. Doch Petra und Thorsten Beyer betreiben ihr Haus mit Herzblut - sie kocht richtig gut, er umsorgt Sie kompetent, auch in Sachen Wein. Die Küche bietet Regionales, Saisonales und Mediterranes, à la carte oder als Menü (auch vegetarisch). Schön die Terrasse mit schattenspendenden Bäumen.

🍴 ⇔ 🅿 - Preis: €€

Quellenstraße 14 ☒ 71332 - ☎ 07151 9441227 - brunnenstuben.de - Geschlossen: Montag und Dienstag, mittags: Mittwoch-Samstag

WALDBRONN

Baden-Württemberg - Regionalatlas **5**-U2

✿ SCHWITZER'S GOURMET-RESTAURANT

Chef: Cédric Schwitzer

KLASSISCHE KÜCHE • ELEGANT In der einstigen Bar des "Schwitzer's Hotel am Park" hat nun das schicke kleine Gourmet-Restaurant seinen Platz gefunden. In der offenen Küche bereiten Patron Cédric Schwitzer und sein Team ein klassisch und zugleich modern inspiriertes 6-Gänge-Menü aus hochwertigen Produkten zu, das Sie mit Fisch und Fleisch oder vegetarisch wählen können. Liebevolles Detail: Am Tisch erklären bebilderte Kärtchen die Gerichte. Umsorgt werden Sie überaus freundlich und aufmerksam unter der Leitung von Stephanie Schwitzer, serviert wird an Tischen oder an der Theke.

🐃 ♿ 🎬 🍴 ⇔ 🅿 - Preis: €€€€

Etzenroter Straße 4 ☒ 76337 - ☎ 07243 354850 - schwitzers.com - Geschlossen: Montag, Dienstag, Sonntag, mittags: Mittwoch-Samstag

SCHWITZER'S BRASSERIE

INTERNATIONAL • BRASSERIE Sie mögen leger-moderne Brasserie-Lounge-Atmosphäre? In diesem Restaurant des "Schwitzer's Hotel am Park" gleich nebenan im Kurhaus bietet man frische Küche aus guten Produkten, vom trendigen Burger über Roastbeef vom Weiderind bis zum gebratenen Saibling, aber auch Vegetarisches. Und als Dessert vielleicht Eis aus eigener Herstellung? Im Sommer lockt die angenehme Terrasse.

♿ 🍴 - Preis: €

Etzenroter Straße 2 ☒ 76337 - ☎ 07243 354850 - schwitzers.com/brasserie

SCHWITZER'S PUR ⓝ

SAISONAL • ZEITGEMÄSSES AMBIENTE Es hat sich einiges getan im Hause Schwitzer: In den neu renovierten Räumlichkeiten des ehemaligen Gourmetrestaurants samt raumhoher Fensterfront und Parkblick heißt es „Saison-Genuss-Reise": Mit saisonal wechselnden Konzepten präsentiert man Ihnen verschiedene Küchenstile - à la carte oder als Menu Surprise mit drei Gängen. Wer übernachten möchte, findet in „Schwitzer's Hotel am Park" hochwertig ausgestattete Gästezimmer.

♿ 🍴 🅿 - Preis: €€€

Etzenroter Straße 4 ☒ 76337 - ☎ 07243 354850 - schwitzers.com - Geschlossen: Mittwoch und Donnerstag, mittags: Montag, Dienstag, Freitag, Samstag, abends: Sonntag

WALDENBUCH

Baden-Württemberg – Regionalatlas **7**–B2

❀ **GASTHOF KRONE**

Chef: Erik Metzger

KLASSISCHE KÜCHE • **LÄNDLICH** Ein richtig sympathischer Gasthof, der wunderbar in die Region passt! Wenn Erik Metzger seine klassischen Speisen zubereitet, entstehen angenehm reduzierte, harmonische Kombinationen ohne unnötige Spielerei. Produktqualität steht dabei natürlich völlig außer Frage. Dazu gemütlich-historisches Ambiente. Die Räume „Schiller-Salon" und „Goethe-Salon" tragen ihre Namen nicht umsonst: Auf der alten Tischplatte im Eingangsbereich haben sich im 18. Jh. die beiden Namengeber verewigt! Der Service stimmt ebenfalls. Gastgeber Matthias Gugeler ist gewissermaßen die gute Seele des Hauses und sorgt dafür, dass Sie kompetent und mit persönlicher Note umsorgt werden, versiert auch die Weinberatung. Tipp: der Mittagstisch - Qualität ist hier nämlich auch etwas preisgünstiger zu haben!

🦞 🏠 ♿ 🅿 🍽 – Preis: €€€

Nürtinger Straße 14 ✉ 71111 – ☎ 07157 408849 – krone-waldenbuch.de/startseite.html – Geschlossen: Montag und Dienstag, mittags: Mittwoch und Samstag

WALDKIRCH

Baden-Württemberg – Regionalatlas **7**–B1

☺ **ZUM STORCHEN**

MARKTKÜCHE • **GEMÜTLICH** Richtig gut isst man bei Familie Trienen in dem schön sanierten alten Stadthaus. Man kocht saisonal-regional und mit modern-internationalen Einflüssen. Tipp: Probieren Sie mal die Tagesempfehlung als Menü. Schöne Plätze im Freien bietet die Terrasse auf dem Gehsteig oder im ruhigeren Hinterhof.

🏠 ♿ – Preis: €€

Lange Straße 24 ✉ 79183 – ☎ 07681 4749590 – zum-storchen-waldkirch.de – Geschlossen: Montag und Sonntag, mittags: Dienstag-Samstag

WALDKIRCHEN

Bayern – Regionalatlas **6**–Z2

❀ **JOHANNS**

MODERNE KÜCHE • **TRENDY** Wer sein Einkaufserlebnis mit einem kulinarischen Erlebnis verbinden möchte, der ist im 2. Stock des bekannten Modehauses „Garhammer" gut aufgehoben. In schickem, fast schon urbanem Ambiente genießt man die ausdrucksstarke Küche von Patron Michael Simon Reis. Der gebürtige Passauer versteht es, Innovatives mit Traditionellem zu kombinieren, großen Wert legt er dabei auf Produkte aus der Region. Erwähnenswert ist auch das unschlagbare Preis-Leistungs-Verhältnis! Tipp: Die Terrasse bietet einen schönen Blick über die Region.

⛄ ♿ 🎦 🏠 🅿 – Preis: €€

Marktplatz 24 ✉ 94065 – ☎ 08581 2082000 – www.restaurant-johanns.de – Geschlossen: Sonntag

WALDSEE, BAD

Baden-Württemberg – Regionalatlas **5**–V4

GASTHOF KREUZ

REGIONAL • **GASTHOF** Eine sympathische Adresse ist der bei der Kirche gelegene Gasthof. Hier sitzen Sie in freundlich-rustikaler Atmosphäre und lässt sich eine regional und saisonal ausgerichtete Küche schmecken. Darf es z. B. Wild aus heimischer Jagd sein? Es gibt auch das günstige "Regio Menü". Im Sommer sitzt man gerne im Freien vor dem Haus. Gepflegt übernachten können Sie ebenfalls.

🏡 ⇔ – Preis: €

Gut-Betha-Platz 1 ✉ 88339 – ✆ 07524 3927 – kreuz-gasthof.de – Geschlossen: Montag und Dienstag, abends: Sonntag

SCALA

REGIONAL • TRENDY Das moderne Restaurant mit dem schönen Blick zum See - herrlich die Terrasse! - bietet Ihnen eine ambitionierte saisonal geprägte Küche. Hier legt man Wert auf regionale Produkte und verwertet die pflanzlichen und tierischen Zutaten komplett. Dazu freundlicher Service und gepflegte Weine.

≼ ⅁ 🏡 ⇔ – Preis: €€

Wurzacher Straße 55 ✉ 88339 – ✆ 07524 9787773 – www.scala-bad-waldsee. de – Geschlossen: Montag und Dienstag, abends: Sonntag

WALLUF

Hessen – Regionalatlas **3**–K4

ZUR SCHLUPP

SAISONAL • GEMÜTLICH Sehr engagiert leitet Familie Ehrhardt ihr charmantes kleines Restaurant in dem Haus a. d. J. 1608. Die Atmosphäre ist gemütlich, die Küche frisch und saisonal geprägt - und dazu einen der schönen Weine aus der Region? Vergessen Sie nicht, zu reservieren. Tipp: Romantisch ist im Sommer der Innenhof!

🏡 ☑ – Preis: €€

Hauptstraße 25 ✉ 65396 – ✆ 06123 72638 – gasthauszurschlupp.de – Geschlossen: Dienstag-Donnerstag, mittags: Montag, Freitag, Samstag

WALTROP

Nordrhein-Westfalen – Regionalatlas **3**–K2

⊛ GASTHAUS STROMBERG

MARKTKÜCHE • FREUNDLICH In dem alteingesessenen Gasthaus in der Fußgängerzone trifft Tradition auf Moderne, das Ambiente ist puristisch und gemütlich zugleich, sehr nett die Terrasse. Auf der Karte finden sich saisonale Gerichte, Klassiker und auch Vegetarisches. Gerne verwendet man Produkte aus der Region. Tipp: Man hat einige Parkplätze am Haus. Für Gesellschaften ist die 1,5 km entfernte "Werkstatt" ideal.

🏡 🅿 – Preis: €€

Dortmunder Straße 5 ✉ 45731 – ✆ 02309 4228 – www.gasthaus-stromberg.de – Geschlossen: Montag und Sonntag, mittags: Dienstag-Freitag

WANGELS

Schleswig-Holstein – Regionalatlas **1**–D2

⚙⚙ COURTIER

KREATIV • ELEGANT Ein wunderbarer Ort ist dieses Schlossgut von 1896 samt romantischer Parkanlage mit altem Baumbestand, Schlossweiher und Blickschneise zur Ostsee. Keine Frage, dass man da im Sommer am liebsten auf der Terrasse mit traumhafter Aussicht sitzt! Küchenchef Christian Scharrer wählt die besten Produkte, die der Markt zu bieten hat, und verbindet sie zu geschmacks-intensiven kreativen Gerichten wie z. B. "Jakobsmuschel, Fenchel, Bouillabaisse". Und wie sollte es bei diesem herrschaftlichen Anwesen anders sein, speist man in edlen Sälen mit stilvollen Details wie Kronleuchtern, Wandgemälden und Stuck. Dazu sorgt die herzliche Gastgeberin Nathalie Scharrer mit ihrem sehr gut ein-gespielten Team für einen versierten und aufmerksamen Service.

⊛ ⇔⅁🏡 🅿 – Preis: €€€€

Parkallee 1 ✉ 23758 – ✆ 04382 92620 – www.weissenhaus.de – Geschlossen: Montag und Sonntag, mittags: Dienstag-Samstag

BOOTSHAUS ⓝ

INTERNATIONAL • HIP Traumhaft die Lage direkt am Strand - näher an der Ostsee geht kaum! Drinnen sitzt man in moderner Atmosphäre, dank großer Fenster hat man eine schöne Aussicht. Besuchermagnet ist aber natürlich die Terrasse! Die Küche ist ein frischer mediterraner Mix - mittags etwas einfacher, am Abend gehobener, von Klassikern bis zu eleganten Kombinationen. Serviert wird von 13 Uhr bis 16.30 Uhr und von 18 Uhr bis 22 Uhr.

⪡ 🏠 ⇔ – Preis: €€

Strandstraße 4 ✉ 23758 – ☏ 04382 92620 – www.weissenhaus.de – Geschlossen: Mittwoch, mittags: Montag, Dienstag, Donnerstag

WANGEN IM ALLGÄU

Baden-Württemberg – Regionalatlas 5–V4

😊 ADLER

REGIONAL • GEMÜTLICH Sie mögen regionale Küche und auch asiatische Einflüsse hier und da? Die aus frischen, guten Produkten zubereiteten Gerichte nennen sich z. B. "Perlhuhnbrust mit Currynudeln und Kräutern" oder "Skrei auf Rote-Bete-Risotto mit Meerrettichschaum". Wirklich schön das gemütlich-elegante Ambiente und der Garten!

🏠 ⇔ 🅿 ⌂ – Preis: €€

Obere Dorfstraße 4 ✉ 88239 – ☏ 07522 707477 – s364439699.website-start. de – Geschlossen: Mittwoch

WAREN (MÜRITZ)

Mecklenburg-Vorpommern – Regionalatlas 2–F3

😊 KLEINES MEER

MARKTKÜCHE • FREUNDLICH Nett sitzt man in dem freundlichen, auf zwei Ebenen angelegten Restaurant, der offene Dachstuhl macht es schön luftig. Vor dem Haus die Müritz - da ist die Terrasse mit kleinem Lounge-Bereich natürlich gefragt. Geboten wird eine regional und saisonal ausgerichtete Küche aus guten Produkten. Vegetarische Gerichte finden sich ebenfalls auf der Karte. Im gleichnamigen Hotel können Sie in gepflegten Zimmern übernachten.

♿ 🏠 ⇔ – Preis: €€

Alter Markt 7 ✉ 17192 – ☏ 03991 648200 – www.restaurant-kleinesmeer.de – Geschlossen: Montag und Sonntag, mittags: Dienstag-Samstag

WASSERBURG AM BODENSEE

Bayern – Regionalatlas 5–V4

CARALEON

MODERNE KÜCHE • KLASSISCHES AMBIENTE Sehr geschmackvoll und wertig ist das Restaurant in dem toll gelegenen kleinen Boutique-Hotel, dazu die schöne Sicht auf den See! Geboten werden Klassiker wie Rindercarpaccio, Caesar Salad oder Wiener Schnitzel, am Abend zudem noch ein "Fine Dining"-Menü. Freundlich und kompetent der Service. Tipp: "Sunset Lounge" für einen Absacker direkt am See.

⪡ 🏠 ⇔ 🅿 – Preis: €€

Halbinselstraße 70 ✉ 88142 – ☏ 08382 9800 – caraleon.de – Geschlossen: Montag und Dienstag, mittags: Mittwoch-Samstag

WASSERBURG AM INN

Bayern – Regionalatlas 6–Y3

😊 WEISSES RÖSSL

REGIONAL • FAMILIÄR Sie finden das "Weisse Rössl" im Herzen der schönen Altstadt mit ihren historischen Gebäuden. Hinter der bemalten Fassade erwartet

Sie eine freundliche Atmosphäre, die klassischen und modernen Stil verbindet. Gekocht wird regional und saisonal. Tagesempfehlungen sind auf der Tafel angeschrieben. Tipp: Mittagsmenü zu sehr gutem Preis-Leistungs-Verhältnis. Im Sommer hat man eine nette Terrasse vor dem Haus.

🍽 – Preis: €

Herrengasse 1 ⊠ 83512 – ℰ 08071 5263213 – www.xn--weisses-rssl-djb.de – Geschlossen: Montag und Sonntag

WEIKERSHEIM

Baden-Württemberg – Regionalatlas **5**–V1

❀ **LAURENTIUS**

Chef: Jürgen Koch

REGIONAL • ELEGANT Das Haus der Familie Koch ist gewissermaßen ein "Rundum sorglos"-Paket, denn man kann hier am Marktplatz sehr schön wohnen, richtig gut essen und wird überaus zuvorkommend betreut. Patron Jürgen Koch und seine Frau Sabine haben sich in dem aparten Natursteintonnengewölbe mit dem modern-eleganten Ambiente regionale Küche auf die Fahnen geschrieben. Man verarbeitet hochwertige saisonale Produkte. Statt Schnörkel und Chichi bieten die Gerichte Finesse, Harmonie und jede Menge Geschmack. Und dazu vielleicht einen schönen Wein aus dem Taubertal, Franken oder Baden-Württemberg? Daneben ist u. a. auch Frankreich vertreten. Tipp: Nehmen Sie sich gute Zutaten für daheim mit, die gibt's im "Hohenloher Märktle".

🅺 🅿 – Preis: €€€

Marktplatz 5 ⊠ 97990 – ℰ 07934 91080 – hotel-laurentius.de – Geschlossen: Montag und Dienstag, mittags: Mittwoch-Samstag, abends: Sonntag

WEIL AM RHEIN

Baden-Württemberg – Regionalatlas **5**–T4

❀ **CAFÉ GUPI** ⓝ

MODERN • WEINBAR Im einstigen Gärtnerhaus eines historischen Landguts erwartet Sie das trendige Restaurant-Bar-Konzept der Gastronomen- und Winzerfamilien Düster und Schneider. Geboten werden schmackhafte modern-saisonale Gerichte - à la carte oder als Menü. Im Sommer lockt die Terrasse unter den großen Bäumen des schönen Läublinparks. Der Restaurantname setzt sich übrigens aus den regionalen "GUPI"-Weinen "GUtedel und PInot zusammen. Tipp: Reservieren Sie.

🍴🍽↻ – Preis: €€

Römerstraße 1 ⊠ 79576 – ℰ 07621 9358553 – www.cafegupi.de – Geschlossen: Montag, Dienstag, Sonntag, mittags: Mittwoch-Samstag

WEIMAR

Thüringen – Regionalatlas **4**–N3

ANNA

MODERNE KÜCHE • CHIC In dem dank viel Glas herrlich lichtdurchfluteten Restaurant des komfortablen Hotels "Elephant" sitzt man unter einer hohen Decke in schönem geradlinigem Ambiente - dekorativ die Bilder im Eingangsbereich. Geboten wird eine modern-kreativ ausgerichtete Regionalküche. Tipp: Machen Sie einen Spaziergang durch die hübsche Altstadt.

🐾 ♿ 🅺 🍽 ↻ 🅿 – Preis: €€

Markt 19 ⊠ 99423 – ℰ 03643 8020 – www.hotelelephantweimar.de

WEINGARTEN

Baden-Württemberg – Regionalatlas **5**–V4

❁ MARKOS

Chef: Marco Akuzun

KREATIV • CHIC In der "Syrlin Speisewelt" erwartet Sie Marco Akuzuns Doppelkonzept aus dem Gourmetrestaurant "MARKOS" und dem optisch etwas abgetrennten Bistro "KOSTBAR". Geboten wird ein kreatives Menü mit sehr aufwändigen modernen Gerichten. Stylish-elegant und dennoch gemütlich das Interieur aus klaren Formen, hochwertigen Materialien und markanten Holzelementen, die dem Raum eine gewisse Wärme verleihen.

🅰🄲 🅿 – Preis: €€€€

Ravensburger Straße 56 ✉ 88250 – ✆ 0751 56163714 – syrlin-speisewelt.de – Geschlossen: Montag und Sonntag, mittags: Dienstag-Samstag

KOSTBAR

MODERNE KÜCHE • CHIC Nur durch optische Raumteiler vom angeschlossenen Gourmetrestaurant "MARKOS" getrennt, kommt das "KOSTBAR" mit seinem wertigen Interieur aus warmem Holz und klarem Design ebenso chic und zugleich gemütlich daher. Wer sich angesichts der schönen Auswahl an modernen Gerichten nicht entscheiden kann, lässt sich beim "Probiererle Menü" überraschen. Toll: überdachte Terrasse mit aktivem Wasserrad!

🍴 🅿 – Preis: €€

Ravensburger Straße 56 ✉ 88250 – ✆ 0751 56163714 – syrlin-speisewelt.de/ kostbar – Geschlossen: Montag und Sonntag, mittags: Dienstag-Samstag

WEINGARTEN KREIS KARLSRUHE

Baden-Württemberg – Regionalatlas **5**–U2

❁ ZEIT|GEIST

KREATIV • GEMÜTLICH Das jahrhundertealte Walk'sche Haus im Herzen von Weingarten hat wirklich Charme: Außen sticht einem die hübsche Fachwerkfassade ins Auge, drinnen mischt sich elegante Geradlinigkeit mit Gemütlichkeit. Am Herd sorgt Küchenchef Sebastian Syrbe dafür, dass die Moderne nicht zu kurz kommt. Seine kreativen Gerichten präsentieren sich recht leger und schnörkellos, dennoch fehlen weder Kraft noch Aroma. Das Produkt steht absolut im Mittelpunkt. Auf Chichi und Tellerkunst legt man keinen Wert, auf Geschmack dafür umso mehr! Das geschulte und freundlich-aufmerksame Serviceteam sorgt zudem für einen reibungslosen Ablauf. Schön übernachten können Sie hier übrigens ebenfalls.

🍴 ✿ 🅿 – Preis: €€€

Marktplatz 7 ✉ 76356 – ✆ 07244 70370 – www.walksches-haus.de – Geschlossen: Montag und Sonntag, mittags: Dienstag-Samstag

WEINHEIM AN DER BERGSTRASSE

Baden-Württemberg – Regionalatlas **5**–U1

BISTRONAUTEN

MARKTKÜCHE • BISTRO Ein Tipp vorweg: Reservieren Sie unbedingt, denn diese wirklich nette Adresse ist immer gut besucht! In dem ehemaligen OEG-Bahnhof von 1903 sitzt man in ungezwungen-moderner Atmosphäre mit Industrie-Charme und isst richtig gut. Auf der Tafel steht ein saisonales Menü angeschrieben, beim Hauptgang wählt man zwischen Fleisch, Fisch und Vegi. Dazu gibt es deutsche Weine. Wer an der Theke speist, schaut in die offene Küche.

🍴 🅿 – Preis: €€

Kopernikusstraße 43 ✉ 69469 – ✆ 06201 8461856 – www.bistronauten.de – Geschlossen: Montag und Sonntag, mittags: Dienstag-Samstag

ESSZIMMER IN DER ALTEN POST

MODERNE KÜCHE • FAMILIÄR Klare Linien, ruhige Töne, schöner alter Dielenboden... Trendig und zugleich wohnlich kommt das Ambiente in diesem Restaurant daher. Gekocht wird modern-kreativ und mit saisonalem Bezug sowie mit internationalen Einflüssen. Aus guten Produkten entsteht ein Menü mit vier bis sechs Gängen - inkludiert sind übrigens Snacks zur Einstimmung, Brotzeit und Salat sowie zum Abschluss ein Petit Four.

🕼 – Preis: €€€

Alte Postgasse 53 ⊠ 69469 – ℰ 06201 8776787 – esszimmer-weinheim.de –
Geschlossen: Montag, Dienstag, Sonntag, mittags: Mittwoch-Samstag

WEINSTADT
Baden-Württemberg – Regionalatlas **7**–B2

CÉDRIC 🆕

MODERNE KÜCHE • KLASSISCHES AMBIENTE Mit Cédric Staudenmayer hat in der ehemaligen "Krone" im Ortsteil Beutelsbach der Enkel des einstigen Chefs Otto Koch die Nachfolge am Herd angetreten. Gekocht wird ambitioniert und modern aus einer klassischen Basis heraus. Das angebotene Menü ist auf Vorbestellung auch als vegetarische Variante möglich. Gelungen hat man das klassisch-traditionelle Ambiente in dem Gebäude von 1800 mit dezenten modernen Elementen gespickt. Im "Weinstadt-Hotel" nebenan können Sie gut übernachten.

Preis: €€€

Marktstraße 39 ⊠ 71384 – ℰ 07151 3048228 – www.restaurant-cedric.de –
Geschlossen: Samstag und Sonntag, mittags: Montag-Freitag

WEISENHEIM AM BERG
Rheinland-Pfalz – Regionalatlas **7**–B1

⚘ ADMIRAL

Chef: Holger Stehr

MODERN • FAMILIÄR Tolle Qualität zu einem richtig guten Preis-Leistungs-Verhältnis! Ein wirklich charmantes Restaurant und zudem ein Klassiker in der Region, dem die engagierten Inhaber eine eigene Note verpasst haben. Am Herd sorgt Patron Holger Stehr für eine interessante moderne Küche in Form eines Menüs mit fünf bis acht Gängen. Gastgeberin Martina Kraemer-Stehr, ihres Zeichens Sommelière, ist für den freundlichen und versierten Service verantwortlich. Weinkarte und -beratung überzeugen ebenfalls. Die offenen Weine gibt es zum Menü auch als Weinreise. Tipp: das hübsche Gästezimmer im schmucken Sandstein-Pavillon innerhalb des "Admiral"-Gartens.

🕼 🅿 🖵 – Preis: €€€€

Leistadter Straße 6 ⊠ 67273 – ℰ 06353 4175 – www.admiral-weisenheim.de –
Geschlossen: Montag und Dienstag, mittags: Mittwoch-Samstag

WEISSENBRUNN
Bayern – Regionalatlas **4**–N4

⚘ GASTHOF ALEX 🆕

Chef: Domenik Alex

MARKTKÜCHE • FREUNDLICH Domenik Alex und Madlen Häckel leiten den Familienbetrieb von 1886 in 5. Generation. Der Chef bietet unter der Woche am Abend ein modernes, regional-saisonal inspiriertes Menü. Einige Produkte stammen aus eigenem Anbau. Menüstart ist für alle um 18.30 Uhr. Sonntags heißt es dagegen traditionell-fränkischer Mittagstisch samt Braten! Attraktiv das Ambiente aus warmem Holz und geradlinigem Stil, freundlich und kompetent der Service durch die Chefin. Zum Übernachten hat man wohnliche Zimmer.

邱 ⇔ **P** – Preis: €€€

Gössersdorf 25 ⊠ 96369 – ℰ 09223 1234 – www.gasthofalex.de – Geschlossen: Montag und Dienstag, mittags: Mittwoch-Samstag, abends: Sonntag

WEISSENSTADT
Bayern – Regionalatlas **4**–P4

GASTHAUS EGERTAL

REGIONAL • **BISTRO** Familie Rupprecht hat in ihrem hübschen traditionsreichen Gasthaus zwei Konzepte zu einem vereint: Im eleganten Restaurant und im Bistro bietet man dieselbe Karte: frische Gerichte mit regionalen und klassischen Einflüssen. Obst und Gemüse kommt teils aus eigenem Anbau. Sehr freundlich der Service durch den Chef und sein Team. Schön die Terrasse vor dem Haus.

邱 ⇔ **P** – Preis: €€

Wunsiedler Straße 49 ⊠ 95163 – ℰ 09253 237 – gasthausegertal.de – Geschlossen: Dienstag und Mittwoch, mittags: Montag, Donnerstag-Samstag

WERDER (HAVEL)
Brandenburg – Regionalatlas **4**–Q1

ALTE ÜBERFAHRT

Chef: Thomas Hübner

MODERNE KÜCHE • CHIC Reizvoll ist schon die Lage an der Uferpromenade der kleinen Havel-Insel. Ebenso attraktiv das Restaurant mit seinem wertigen modern-eleganten Interieur und seiner fast schon intimen Atmosphäre. Nicht zu vergessen die kreative Küche, die überwiegend vegetarisch ausgerichtet ist. Die Gerichte zeichnen sich aus durch exaktes Handwerk, klaren Aufbau und schöne Balance - da merkt man die top Adressen in Deutschland und Italien, in denen Küchenchef Thomas Hübner bisher tätig war. Mit Herzblut kümmert sich Patron Patrick Schwatke – übrigens ebenfalls sterneerfahrener Koch - um die Gäste und schafft eine persönliche Note.

Engagement des Küchenchefs: Unser Engagement in Sachen Nachhaltigkeit ist sehr groß. Wir verwenden nur Bioprodukte, ernten in den Schlossgärten eigens für uns angebautes Gemüse, setzen auf "Nose to Tail", Ziel ist "Zero Waste" und wir unterstützen Müritzfischer und erstklassige Fleisch- und Geflügelzüchter in direkter Umgebung.

Preis: €€€

Fischerstraße 48b ⊠ 14542 – ℰ 03327 7313336 – www.alte-ueberfahrt.de – Geschlossen: Montag, mittags: Dienstag-Freitag

WERDOHL
Nordrhein-Westfalen – Regionalatlas **3**–K3

THUNS DORFKRUG

INTERNATIONAL • **ZEITGEMÄSSES AMBIENTE** Zeitgemäß und mit elegantem Touch kommt das Restaurant daher, schön die modernen Bilder und der Parkettboden. Geboten werden schmackhafte regionale und internationale Gerichte. Gepflegt übernachten kann man ebenfalls: Die Zimmer sind geradlinig und funktionell.

邱 **P** – Preis: €€

Brauck 7 ⊠ 58791 – ℰ 02392 97980 – www.thuns.de – Geschlossen: Montag und Sonntag, mittags: Dienstag-Samstag

WERNBERG-KÖBLITZ

Bayern – Regionalatlas **6**-Y1

🍴 **WIRTSSTUBE IM HOTEL BURKHARD**

REGIONAL • RUSTIKAL Im Restaurant des langjährigen Familienbetriebs "Landgasthofs Burkhard" setzt man auf Geschmack und Produktqualität. Tipp: das regional-saisonale Marktmenü. Mittags etwas kleineres Angebot mit Lunchmenü. Man speist in hübschen, wohnlichen Räumen - neben der "Wirtsstube" kann man auch im "Esszimmer" sitzen. Sehr nett auch die Innenhofterrasse.

🏡 ⇄ 🅿 – Preis: €€

Marktplatz 10 ✉ 92533 – ☎ 09604 92180 – www.hotel-burkhard.de –
Geschlossen: Freitag, mittags: Samstag, abends: Donnerstag und Sonntag

WERNIGERODE

Sachsen-Anhalt – Regionalatlas **4**-N2

✿ **PIETSCH**

Chef: Robin Pietsch

KREATIV • GASTHOF Ein interessantes modernes Gastro-Konzept. Beginn ist um 19.30 Uhr mit dem Eintreffen der Gäste, Menüstart ist um 19.45. Es gibt nur ein Menü mit zahlreichen kleinen Gängen, die weltoffen mit chinesischen, japanischen und koreanischen Einflüssen daherkommen und kreativ, technisch aufwändig und aromareich umgesetzt sind. Man sitzt an der Theke zur offenen Küche und kann den Köchen bei der Arbeit zuschauen. Das schafft eine kommunikative und unterhaltsame Atmosphäre, die gut zum trendig-urbanen Look passt. Schön selektierte Weinkarte samt eigenen Editionen - alternativ kann man eine selbst kreierte alkoholfreie Begleitung wählen. Nebenan: Robin Pietschs Restaurant "Zeitwerk".

Preis: €€€€

Breite Straße 53a ✉ 38855 – ☎ 03943 5536053 – robin-pietsch.de –
Geschlossen: Montag, Dienstag, Sonntag, mittags: Mittwoch-Samstag

✿ **ZEITWERK**

Chef: Robin Pietsch

KREATIV • MINIMALISTISCH Ein Menü - viele kleine Gänge. Und die sind kreativ, ausgeklügelt und angenehm reduziert - das macht Freude und bleibt in Erinnerung! Das junge Team um Inhaber und Küchenchef Robin Pietsch, der übrigens nicht nur Koch, sondern auch gelernter Konditor ist, arbeitet mit ausgesuchten Produkten, greift die Heimat auf und setzt sie modern um. Das Menü beginnt für alle Gäste um 19.15 Uhr. Der Rahmen dazu: wertiges minimalistisch-trendiges Interieur, entspannte familiäre Atmosphäre und versierter, charmant-legerer Service. Durch eine große Glasscheibe kann man in die Küche schauen. Das Restaurant liegt etwas versteckt in einem Innenhof, wo der Patron auch sein Restaurant "Pietsch" betreibt.

🅰 🏡 – Preis: €€€€

Breite Str. 53a ✉ 38855 – ☎ 03943 6947884 – robin-pietsch.de/zeitwerk –
Geschlossen: Montag, Dienstag, Sonntag, mittags: Mittwoch-Samstag

WERTINGEN

Bayern – Regionalatlas **6**-X3

GÄNSWEID

REGIONAL • TRENDY Schön, was aus der einstigen Autowerkstatt geworden ist: ein hübsch dekoriertes, gemütlich-modernes Restaurant mit regional-internationalen Gerichten, die auf einer Tafel angeschrieben sind. Folgen Sie den Weinempfehlungen der Chefin. Wenn die Weine Ihren Geschmack treffen, können Sie sie hier auch kaufen! Mittags ist das Speisenangebot kleiner und einfacher.

♿ 🏡 – Preis: €€

Gänsweid 1 ✉ 86637 – ☎ 08272 642132 – www.gaensweid.de – Geschlossen:
Dienstag und Mittwoch, mittags: Samstag

WIESAU

Bayern – Regionalatlas **6**–Y1

HOLZFELLAS 🅽

MARKTKÜCHE • **GEMÜTLICH** Ein schöner Mix aus klaren Formen, warmem Holz und Wandelementen aus Bruchstein schafft hier ein gemütlich-modernes Ambiente, dazu eine einladende Terrasse. Da fühlt man sich drinnen und draußen gleichermaßen wohl. Und obendrein wird man noch freundlich umsorgt. Geboten wird eine moderne Küche mit saisonalem und regionalem Bezug. Zum Übernachten stehen attraktive Gästezimmer bereit.

🛋 🅿 – Preis: €€

Industriestraße 8 ⊠ 95676 – ℰ 09636 92094800 – www.holzfellas.restaurant – Geschlossen: Montag und Sonntag, mittags: Dienstag-Samstag

WIESBADEN

Hessen – Regionalatlas **3**–K4

⊛ ENTE

FRANZÖSISCH-KLASSISCH • **ELEGANT** Klassischer geht es kaum! Der "Nassauer Hof", ein schmuckes Grandhotel von 1813, bildet den stilvollen Rahmen für die elegante "Ente". Auf zwei Ebenen - eine geschwungene Treppe mit schmiedeeisernem Geländer führt hinauf auf die Empore - sitzt man an wertig eingedeckten Tischen und wird aufmerksam und geschult umsorgt. So klassisch wie das Ambiente und die Servicebrigade ist auch die Küche von Michael Kammermeier. Dennoch finden sich auch moderne Elemente, angenehm dezent eingesetzt in Form von interessanten Kontrasten und Texturen. Zur Wahl stehen die Menüs "Die Ente" und "Küchenrunde". Sehr schön sitzt man übrigens auch auf der Terrasse vor dem Haus.

⊛ ⅋ 🅺 🛋 🅿 – Preis: €€€

Kaiser-Friedrich-Platz 3 ⊠ 65183 – ℰ 0611 133666 – www.hommage-hotels. com/nassauer-hof-wiesbaden/kulinarik/restaurant-ente – Geschlossen: Montag, Dienstag, Sonntag, mittags: Mittwoch-Samstag

DAS GOLDSTEIN BY GOLLNER'S

SAISONAL • **CHIC** Richtig stylish kommt das schön im Grünen gelegene ehemalige Schützenhaus daher - wertig das geradlinig-schicke Design, viel Holz bewahrt den Bezug zur Natur. Die ambitionierte Küche bietet traditionelle Klassiker sowie Modernes und Internationales. Toll der begehbare Weinkeller sowie die umfangreiche Weinkarte.

⊛ 🚆 ⅋ 🛋 ⇆ 🅿 – Preis: €€

Goldsteintal 50 ⊠ 65207 – ℰ 0611 541187 – gollners.de – Geschlossen: Montag und Dienstag, mittags: Mittwoch

ENTE-BISTRO

FRANZÖSISCH-KLASSISCH • **BISTRO** Der kleine Ableger der berühmten "Ente" ist ebenfalls eine feste Größe in der Stadt. Das Ambiente ist typisch für ein Bistro: eng, gemütlich, viele Fotos an den Wänden zeugen von bekannten Gästen. Bodentiefe Fenster machen es dazu schön hell. Man kocht klassisch-französisch mit saisonalen und mediterranen Einflüssen.

🅺 🛋 – Preis: €€

Kaiser-Friedrich-Platz 3 ⊠ 65183 – ℰ 0611 133666 – www.hommage-hotels.com/ nassauer-hof-wiesbaden/unser-hotel – Geschlossen: Montag, Dienstag, Sonntag, abends: Mittwoch-Samstag

MARTINO KITCHEN

SAISONAL • **BISTRO** Ein sympathisches Bistro mit charmantem Service und mediterran beeinflusster Küche von handgemachter Pasta bis Zitronen-Hühnchen. Darf es vielleicht mal das "Carte blanche"-Menü am Chef's Table sein?

Das Restaurant befindet sich im Hotel "Citta Trüffel" mit chic designten Zimmern und Feinkostladen.

🆎 – Preis: €€

Webergasse 6 ✉ 65183 – ℰ 0611 9905530 – www.martino.kitchen – Geschlossen: Montag und Sonntag

WIESSEE, BAD

Bayern – Regionalatlas **6**–Y4

😊 FREIHAUS BRENNER

REGIONAL • GEMÜTLICH Auf schmackhafte und frische regional-saisonale Küche darf man sich hier in sensationeller Lage oberhalb von Bad Wiessee freuen - nicht nur heimische Forellen oder Wiener Backhendl kommen gut an. Drinnen sitzt man in gemütlichen kleinen Stuben, draußen genießt man von der Terrasse die fantastische Sicht auf den Tegernsee. Tipp: die schöne Ferien-Suite im DG.

≼🍽❄️🅿 – Preis: €€

Freihaus 4 ✉ 83707 – ℰ 08022 86560 – www.freihaus-brenner.de – Geschlossen: Dienstag und Mittwoch

WILDBERG

Baden-Württemberg – Regionalatlas **7**–B2

😊 TALBLICK

REGIONAL • FREUNDLICH Claus Weitbrecht ist ein Könner seines Fachs, der in den besten Betrieben Deutschlands gelernt hat und hier eine aufwändige Küche voller Geschmack bietet, Vegetarisches inklusive. Kein Wunder, dass diese Adresse so gefragt ist! Auf rechtzeitige Vorbestellung bekommt man auch ein Gourmetmenü. Schön gepflegt übernachten kann man ebenfalls.

≼🍽❄️🅿 – Preis: €€

Bahnhofsträßle 6 ✉ 72218 – ℰ 07054 5247 – www.talblick-wildberg.de – Geschlossen: Dienstag

WILDEMANN

Niedersachsen – Regionalatlas **3**–M2

RATHAUS

MODERNE KÜCHE • HIP Wo einst das Rathaus stand, kann man heute in gemüt-lich-trendigem Ambiente speisen. Schön hat man Design-Elemente, warmes Holz und Naturtöne kombiniert und nimmt so Bezug zum Harz. Geboten wird eine krea-tiv-moderne Regionalküche, originell die Namen der Gerichte. Angenehm sitzt man im Sommer draußen unter Linden. Gut übernachten können Sie ebenfalls.

🍽❄️🅿 – Preis: €€

Bohlweg 37 ✉ 38709 – ℰ 05323 6261 – www.hotel-rathaus-wildemann.de – Geschlossen: Montag und Dienstag

WILLINGEN (UPLAND)

Hessen – Regionalatlas **3**–L3

GUTSHOF ITTERBACH

FRANZÖSISCH-KLASSISCH • ELEGANT "Skrei, Balsamico-Linsen, Krustentierjus", "irisches Rinderfilet, Süßkartoffeln, Café-de-Paris-Butter"... Zur klassischen Küche kommen gemütliches Ambiente, eine Terrasse mit Blick ins Grüne und aufmerksamer Service. Sonntags Brunch.

♿🍽❄️🅿 – Preis: €€

Mühlenkopfstraße 7 ✉ 34508 – ℰ 05632 96940 – www.gutshof-itterbach.de – Geschlossen: Montag-Mittwoch, mittags: Donnerstag und Freitag, abends: Sonntag

WILTHEN

Sachsen – Regionalatlas **4**–R3

⊛ **ERBGERICHT TAUTEWALDE**

INTERNATIONAL • GEMÜTLICH Drinnen hübsche ländlich-moderne Räume, draußen ein herrlicher Innenhof mit Blick in die Küche. Gekocht wird saisonal, regional und international - gerne verwendet man dafür heimische Produkte. Zur Wahl stehen das "Landidyll-Menü" und das "A la carte-Menü". Gut übernachten kann man im traditionsreichen "Erbgericht" ebenfalls.

� ⇔ 🅿 – Preis: €

Hauptstraße 25 ⊠ 02681 – ℰ 03592 38300 – www.tautewalde.de – Geschlossen: Sonntag, mittags: Montag-Donnerstag

WINDELSBACH

Bayern – Regionalatlas **5**–V2

⊛ **LANDHAUS LEBERT**

REGIONAL • FREUNDLICH In dem kleinen Ort rund 10 km von Rothenburg ob der Tauber erwartet Sie ein gemütliches Restaurant mit richtig schmackhafter Küche aus guten Produkten der Region - man achtet auf Nachhaltigkeit. Im Sommer hat man einen netten Biergarten. Zudem gibt es gepflegte Zimmer zum Übernachten und eine Scheune für Feierlichkeiten. Tipp: Im Schäferwagen können Sie Hausgemachtes wie z. B. Zitronenlikör, Gewürzmischungen, Gelees und Konfitüren kaufen.

🌳 ⇔ 🅿 🛏 – Preis: €€

Schloßstraße 8 ⊠ 91635 – ℰ 09867 9570 – hotel-restaurant-rothenburg.de – Geschlossen: Montag, mittags: Dienstag-Samstag

WINDORF

Bayern – Regionalatlas **6**–Z3

⊛ **FEILMEIERS LANDLEBEN**

REGIONAL • GEMÜTLICH Gastlichkeit wird in den gemütlich-modernen Stuben groß geschrieben! Seine "Landleben"-Küche ist für Johann (genannt Hans) Feilmeier Heimatliebe und Verpflichtung zugleich. Man kocht regional, saisonal und überaus geschmacksintensiv. Sie können eines der verschiedenen Menüs oder à la carte wählen. Äußerst charmant und herzlich der Service. Tipp: Feinkost für daheim.

🌳 ⇔ 🅿 🛏 – Preis: €

Schwarzhöring 14 ⊠ 94575 – ℰ 08541 8293 – www.feilmeiers-landleben.de – Geschlossen: Montag und Dienstag, mittags: Mittwoch-Freitag

WINDSHEIM, BAD

Bayern – Regionalatlas **5**–V1

WEINSTUBE ZU DEN 3 KRONEN

REGIONAL • TRADITIONELLES AMBIENTE Das traditionsreiche Gasthaus mit seiner charmanten holzgetäfelten alten Stube bietet eine interessante fränkisch-japanische Fusionsküche. Es gibt ein "Classic Menu" und ein "Signature Menu" sowie Klassiker und Saisongerichte. Dazu werden Sie sympathisch-herzlich umsorgt. Neben Wein und Bier - beides kommt aus der Region - hat man eine große Auswahl an Rum, Whisky, Gin und Cocktails.

🌳 – Preis: €€

Schüsselmarkt 7 ⊠ 91438 – ℰ 09841 9199903 – www.weinstubedreikronen.de – Geschlossen: Dienstag und Mittwoch, mittags: Montag, Donnerstag-Sonntag

WINTERBACH

Baden-Württemberg – Regionalatlas **7**–B2

LANDGASTHAUS HIRSCH

REGIONAL • **LÄNDLICH** Bei Familie Waldenmaier (bereits die 4. Generation) wird richtig gut gekocht, und zwar regional-saisonal. Während Chef Sven am Herd steht, umsorgt Chefin Simone auf herzliche Art die Gäste. Wild kommt übrigens aus eigener Jagd, Schnaps brennt man selbst! Das nett dekorierte, gemütliche Restaurant befindet sich im 1. Stock und hat hier auch eine hübsche Balkon-Terrasse.

🏮 ⇆ **P** – Preis: €€

Kaiserstraße 8 ✉ *73650 –* ☎ *07181 41515 – www.hirsch-manolzweiler.de –*
Geschlossen: Montag-Donnerstag

WIRSBERG

Bayern – Regionalatlas **4**–P4

✿✿ ALEXANDER HERRMANN BY TOBIAS BÄTZ

KREATIV • **CHIC** Er ist Sterne-Koch, Gastronom, Kochbuchautor und zudem bekannt aus diversen TV-Kochsendungen. Die Rede ist von Alexander Herrmann. Im traditionsreichen Herrmann'schen Familienbetrieb, dem "Posthotel" in Wirsberg, hat er sich mit dem schicken modern-eleganten Gourmetrestaurant einen Namen gemacht. Am Herd bildet er zusammen mit Tobias Bätz ein eingespieltes Küchenchef-Duo. Gekocht wird kreativ, stimmig, durchdacht und mit eigener Idee. Um 18 Uhr ist Menüstart - es gibt eine konventionelle und eine vegetarische Variante. Dazu fränkische Weine. Umsorgt wird man freundlich und souverän - auch die Köche servieren mit. Eine schöne Idee: kleine Kärtchen mit interessanten Informationen zu den Produkten.

🆎 **P** – Preis: €€€€

Marktplatz 11 ✉ *95339 –* ☎ *09227 2080 – herrmanns-posthotel.de/*
gourmet-restaurant – Geschlossen: Montag, Dienstag, Sonntag, mittags:
Mittwoch-Samstag

AH - DAS BISTRO

REGIONAL • **BISTRO** Das Bistro im traditionsreichen "Posthotel" ist eine schöne Alternative zum Gourmetrestaurant. Die Atmosphäre angenehm leger-modern, die Küche regional-saisonal. Auf der Karte: "Fränkische Tapas", "Heimatmenü" und "Entenessen" (nur sonntags). Tipp: Während der Sommermonate und der Festspielzeit in Bayreuth bietet man auch einen Mittagstisch.

🆎 🏮 ⇆ **P** – Preis: €€€

Marktplatz 11 ✉ *95339 –* ☎ *09227 2080 – herrmanns-posthotel.de/bistro –*
Geschlossen mittags: Montag-Freitag

WISMAR

Mecklenburg-Vorpommern – Regionalatlas **2**–E2

TAFELHUUS

INTERNATIONAL • **ELEGANT** Ein attraktiver Ort ist das Restaurant im Hotel "WONNEMAR Resort". Man sitzt hier in chic und klar designtem Ambiente und lässt sich eine mediterran-international geprägte Küche mit saisonalem Bezug servieren. Fisch-Liebhaber kommen ebenso auf ihre Kosten wie Steak-Fans.

🆎 🏮 **P** – Preis: €€

Bürgermeister-Haupt-Straße 36 ✉ *23966 –* ☎ *03841 3742 420 – www.tafelhuus-*
restaurant.de – Geschlossen mittags: Montag-Sonntag

WITTNAU

Baden-Württemberg – Regionalatlas **7**–B1

RISTORANTE ENGEL 🆕

ITALIENISCH • GEMÜTLICH Das Haus mit fast 200-jähriger Gastro-Geschichte ist seit über 40 Jahren in italienischer Hand. Nach seinen Eltern leitet heute Franco Iaia das Ristorante mit seiner Frau Yvonne. Die gemütlichen Stuben mit Kachelofen und warmem Holz sind voller Leben und Charme, herrlich die Terrasse "La Piazza" unter Maulbeerbäumen. Die "Cucina italiana strettamente classica" bietet Highlights wie hausgemachte Pasta, Brasato, Ossobuco...

🌳🅿 – Preis: €€€

Weinbergstraße 2 ✉ 79299 – 𝒞 0761 402805 – www.ristorante-engel.de – Geschlossen: Montag und Dienstag, mittags: Mittwoch-Samstag

WOLFSBURG

Niedersachsen – Regionalatlas **4**–N1

🕸🕸🕸 AQUA

KREATIV • ZEITGEMÄSSES AMBIENTE Mitten in der an sich schon beeindruckenden Autostadt von Volkswagen liegt das "The Ritz-Carlton", und hier - etwas versteckt im Erdgeschoss am Ende eines Korridors - ein wahrhaft lohnendes Ziel für alle Gourmets: Das „Aqua". Das Design edel und geradlinig, der Service unter der Leitung von Gastgeber und Sommelier Marcel Runge professionell und zugleich angenehm ungezwungen und charmant - Berührungsängste mit 3-Sterne-Kulinarik braucht man hier nicht zu haben! Auf dem Teller beeindrucken interessante, bisweilen auch überraschende Kreationen und herausragende klare Kombinationen. Sven Elverfeld gelingt es immer wieder, komplexe Gerichte mit Leichtigkeit zu präsentieren. Fazit: Hier geht es um das Essen, das Erleben und den Genuss!

🕸 ♿🄺🕸🅿 – Preis: €€€€

Parkstraße 1 ✉ 38440 – 𝒞 05361 606056 – www.restaurant-aqua.com – Geschlossen: Montag, Dienstag, Sonntag, mittags: Mittwoch-Samstag

TERRA

MODERNE KÜCHE • ZEITGEMÄSSES AMBIENTE In diesem Restaurant im attraktiven Hotel "The Ritz-Carlton" erwartet Sie eine lichtes modern-elegante Atmosphäre und ein spannender Blick auf die VW-Werke und das Hafenbecken, den die große Fensterfront freigibt. Geboten wird eine saisonal ausgerichtete Küche, die Sie à la carte oder als Menü wählen können. Auch Vegetarier werden hier fündig.

⪡♿🄺🅿 – Preis: €€€

Parkstraße 1 ✉ 38440 – 𝒞 05361 607091 – www.ritzcarlton.com/de/hotels/ germany/wolfsburg/dining/terra – Geschlossen: Montag und Sonntag, mittags: Dienstag-Samstag

WILDFRISCH GUTSKÜCHE

REGIONAL • ZEITGEMÄSSES AMBIENTE Vor den Toren Wolfsburgs finden Sie das ehemalige Pförtnerhaus des Ritterguts der Familie von der Schulenburg. Hier hat man ein recht schlichtes, aber schickes modernes Restaurant eingerichtet - Mittelpunkt ist die komplett offene Küche. Gekocht wird unkompliziert und saisonal, gerne mit regionalen Produkten. Sonntags bis 17 Uhr geöffnet, dann auch Kuchen und Torten.

🌳🔄🅿 – Preis: €€

Schulenburgstraße,16 ✉ 38446 – 𝒞 05363 8133310 – www.wildfrisch.de – Geschlossen: Montag, mittags: Dienstag-Samstag, abends: Sonntag

WÜRSELEN

Nordrhein-Westfalen – Regionalatlas **3**–J3

ALTE FEUERWACHE

REGIONAL • TRENDY Das Engagement der herzlichen Gastgeber Kurt und Monika Podobnik zeigt sich nicht zuletzt in der ambitionierten Küche des Patrons. Am Abend bietet man verschiedene Menüs (darunter ein vegetarisches), mittags wählt man das etwas reduzierte Lunchmenü oder Gerichte à la carte. Dazu schönes geradliniges Ambiente, legere Atmosphäre und geschulter Service.

 – Preis: €€

Oppener Straße 115 ⊠ 52146 – ℰ 02405 4290112 – www.alte-feuerwache-wuerselen.de – Geschlossen: Montag und Sonntag, mittags: Samstag, abends: Dienstag

WÜRZBURG

Bayern – Regionalatlas **5**–V1

✿ KUNO 1408

KREATIV • CHIC Wirklich schön ist dieses im Zentrum der Barockstadt gelegene Restaurant, dessen Geschichte über 600 Jahre zurückreicht, genauer gesagt bis ins Jahr 1408. Zu dieser Zeit soll Kuno von Rebstock einer der ersten Besitzer des Anwesens „Zum Rebstock" gewesen sein - daher der Name. Heute dürfen sich Gäste hier auf eine produktorientierte Küche freuen. Zu den modern-kreativ inspirierten Gerichten gesellt sich ein versiertes und freundlich-lockeres Serviceteam, das Ihnen auch die passenden Weine empfiehlt. Ein Hingucker ist auch das Restaurant selbst mit seinem modern-eleganten Interieur aus schicken Sesseln, Designerlampen und warmen Erdtönen. Zum Übernachten hat das Hotel "Rebstock" individuelle, wohnliche Zimmer.

⛳ 🅰 – Preis: €€€

Neubaustraße 7 ⊠ 97070 – ℰ 0931 30931408 – www.restaurant-kuno. de/main/index.php – Geschlossen: Montag, Dienstag, Sonntag, mittags: Mittwoch-Samstag

WUPPERTAL

Nordrhein-Westfalen – Regionalatlas **3**–J3

✿ SHIRAZ

FRANZÖSISCH-KLASSISCH • ELEGANT Man muss ein bisschen Acht geben, dass man an dem kleinen, mit Schiefer verkleideten Gasthaus nicht vorbeifährt. Es empfängt und umsorgt Sie Serkan Akgün, der sich hier 2017 selbstständig gemacht hat - seit rund 30 Jahren sind Gastgebertum und die Welt der Weine sein Metier. Am Herd ist seit Oktober 2020 Alexander Hoppe für ambitionierte klassische Küche mit modernen Einflüssen verantwortlich. Sein Steckenpferd ist u. a. die Patisserie. Die "Genussreise" können Sie als Menü oder à la carte wählen - eine Menü-Erweiterung, z. B. mit N25 Kaviar, ist ebenfalls möglich. Geschmackvoll hat man dem rustikalen Rahmen des Hauses eine elegante Note verliehen, dazu der schöne Blick über das "Wuppertal" - auch von der Terrasse.

🍽 🅰 – Preis: €€€€

Wittener Straße 288 ⊠ 42279 – ℰ 0202 26533779 – restaurant-shiraz.com – Geschlossen: Montag, Dienstag, Sonntag, mittags: Mittwoch-Samstag

79 °

MARKTKÜCHE • FARBENFROH Angenehm unprätentiös und trendig ist hier die Atmosphäre, freundlich-leger der Service, ambitioniert die Küche - das kommt an! Man orientiert sich an der Saison, auch Vegetarisches wird angeboten. Schön der Innenhof.

சி – Preis: €€€

Luisenstraße 61 ⊠ 42103 – ℰ 0202 27097070 – www.79grad.com – Geschlossen: Montag und Sonntag, mittags: Dienstag-Samstag

SCARPATI

ITALIENISCH • ELEGANT Schon seit 1982 betreiben die Scarpatis dieses einladende Restaurant. In einer gepflegten Jugendstilvilla nehmen Sie in klassischelegantem Ambiente Platz und lassen sich vom aufmerksamen Service mit italienischer Küche umsorgen. Richtig schön (und geschützt dank Markise) ist auch die tolle Gartenterrasse. Tipp: Jeden Mittwoch gibt es das fair kalkulierte "Amuse Bouche Menü".

🅰 சி ⇆ 🅿 – Preis: €€

Scheffelstraße 41 ⊠ 42327 – ℰ 0202 784074 – www.scarpati.de – Geschlossen: Montag und Dienstag, mittags: Mittwoch-Samstag

TRATTORIA

ITALIENISCH • KLASSISCHES AMBIENTE Kein Wunder, dass man hier viele Stammgäste hat, denn was man in der etwas legereren Restaurantvariante der Familie Scarpati aufgetischt bekommt, kann sich sehen lassen. Serviert werden schmackhafte und frische italienische Gerichte, einschließlich beliebter Klassiker wie "Vitello Tonnato". Sie können à la carte oder in Menüform speisen. Auch die freundliche Gästebetreuung kommt an.

🅰 சி ⇆ 🅿 – Preis: €€

Scheffelstraße 41 ⊠ 42327 – ℰ 0202 784074 – www.scarpati.de – Geschlossen: Montag und Dienstag, mittags: Mittwoch-Samstag

WURSTER NORDSEEKÜSTE

Niedersachsen – Regionalatlas 1–B3

☺ GASTHAUS WOLTERS - ZUR BÖRSE

REGIONAL • RUSTIKAL Ein schönes Gasthaus mit Tradition ist diese ehemalige Viehbörse. Hinter der typischen Fassade aus Backstein und Fachwerk sitzt man in netter ländlicher Atmosphäre und lässt sich eine bürgerlich-regional ausgerichtete Küche aus guten Produkten schmecken. Dazu wird man herzlich umsorgt. Tipp: Reservieren Sie lieber, die Tische im Hause Wolters sind meist gut gebucht!

⇆ – Preis: €€

In der Langen Straße 22 ⊠ 27639 – ℰ 04705 1277 – www.zur-boerse.de – Geschlossen: Dienstag und Mittwoch

WUSTROW

Mecklenburg-Vorpommern – Regionalatlas 2–F2

☺ SCHIMMEL'S

REGIONAL • CHIC Ein echter Blickfang: außen die markante rote Fassade, drinnen wertig-moderner Chic gepaart mit Wohlfühl-Atmosphäre. Aus der offenen Küche kommen frische, aromatische Gerichte mit vielen regionalen Produkten auf die schönen Holztische. Im Service die herzliche und aufmerksame Chefin. Tipp: Man hat auch hübsche Gästezimmer und Ferienwohnungen.

சி 🅿 ⊿ – Preis: €€

Parkstraße 1 ⊠ 18347 – ℰ 038220 66500 – www.schimmels.de – Geschlossen: Donnerstag, mittags: Montag-Mittwoch, Freitag, Samstag

WYK – Schleswig-Holstein ➜ Siehe Föhr (Insel)

XANTEN

Nordrhein-Westfalen – Regionalatlas **3**–J2

⸙ LANDHAUS KÖPP

Chef: Jürgen Köpp

FRANZÖSISCH-KLASSISCH • ELEGANT Klassik pur, ohne großes Tamtam, dafür handwerklich top und sehr produktorientiert - Jürgen Köpp bleibt seinem Stil seit der Eröffnung des Restaurants im Jahr 1991 treu. Dass er zu einer festen Größe in der Region geworden ist, liegt an seinem Geschick, Klassisches grundsolide, aber niemals angestaubt auf den Teller zu bringen. Eine Küche, die keine modischen Trends braucht! Gerne fährt man dafür auch aufs Land - denn das Köpp'sche Landhaus liegt zwischen Wiesen und Weiden in der Abgeschiedenheit des direkt am Rheinbogen gelegenen kleinen Obermörmter. Sie essen auch gern mal bürgerlicher? Als Alternative zum Gourmet hat man noch das "Filius". Kochkurse bietet man ebenfalls.

🅿 ⌷ – Preis: €€€

Husenweg 147 ⊠ 46509 – ℰ 02804 1626 – www.landhauskoepp.de – Geschlossen: Montag, mittags: Samstag, abends: Sonntag

ZELL IM WIESENTAL

Baden-Württemberg – Regionalatlas **7**–B1

⸙ BERGGASTHOF SCHLÜSSEL

REGIONAL • GASTHOF Der über 100 Jahre alte Berggasthof liegt im 700 m hoch gelegenen Ortsteil Pfaffenberg - da genießt man die Aussicht über die Region besonders gut von der Terrasse. Die engagierten Gastgeber bieten in verschiedenen Stuben mit ländlichem Flair eine frische, modern inspirierte und sehr saisonale Regionalküche. Vesperkarte durchgehend. Tipp: Tisch Nr. 15 am Kachelofen. Zum Übernachten hat man gepflegte Gästezimmer.

⪡ 🏠 ♿ 🅿 – Preis: €€

Pfaffenberg 2 ⊠ 79669 – ℰ 07625 375 – berggasthof-schluessel.de – Geschlossen: Dienstag und Mittwoch

ZELTINGEN-RACHTIG

Rheinland-Pfalz – Regionalatlas **5**–S1

SAXLERS RESTAURANT

INTERNATIONAL • LÄNDLICH Das Restaurant befindet sich im wohnlich eingerichteten "Weinhotel St. Stephanus" an der Uferpromenade unweit des alten Marktplatzes. Hier erwarten Sie klassisches Ambiente, freundlich-engagierte Gastgeber und schmackhafte Küche aus sehr guten Produkten, auch vegetarisch. Tipp: Lassen Sie Platz für die leckeren Desserts! Im UG hat man einen Braukeller mit Bier vom Kloster Machern.

⪡ 🏠 🅿 – Preis: €€

Uferallee 9 ⊠ 54492 – ℰ 06532 680 – www.hotel-stephanus.de/weinhotel. html – Geschlossen mittags: Montag-Samstag

ZERBST

Sachsen-Anhalt – Regionalatlas **4**–P2

PARK-RESTAURANT VOGELHERD

MARKTKÜCHE • LÄNDLICH Idyllisch liegt das einstige Gutshaus im Grünen. Das seit über 100 Jahren familiär geleitete Restaurant bietet saisonale Küche von "Rindergulasch" bis "Fasanenbrust mit Champagnerkraut und Püree". Gefragt ist auch die hübsche Terrasse bei einem kleinen Teich.

ZERBST

🌳 ⇆ 🅿 – Preis: €€

Lindauer Straße 78 ✉ 39264 – ☎ 03923 780444 – Geschlossen: Montag und
Dienstag, mittags: Mittwoch-Freitag, abends: Samstag und Sonntag

ZORNEDING
Bayern – Regionalatlas **6**–Y3

😊 **ALTE POSTHALTEREI**

MARKTKÜCHE • **GEMÜTLICH** In den liebenswerten Stuben dieses gestandenen
familiengeführten Gasthofs bietet man Ihnen eine regional und saisonal ausgerichtete Küche. Auf der Karte machen Klassiker wie z. B. Forelle "Müllerin", Wiener
Schnitzel oder Rinderfiletgulasch "Stroganoff" Appetit. Sie sitzen gerne im Freien?
Man hat einen lauschigen Biergarten unter Kastanien. Zum Übernachten stehen
schöne großzügige Gästezimmer bereit.

🌳 ⇆ 🅿 – Preis: €

Anton-Grandauer-Straße 9 ✉ 85604 – ☎ 08106 20007 – www.alteposthalterei-
zorneding.de – Geschlossen: Montag und Dienstag

ZWEIBRÜCKEN
Rheinland-Pfalz – Regionalatlas **5**–T2

ESSLIBRIS

MEDITERRAN • **ELEGANT** Schön sitzt man in lichtem modern-elegantem
Ambiente, genießt den Blick zum Garten und wird von einem herzlichen, geschulten Service umsorgt. Hier im Restaurant des in einem herrlichen Park gelegenen
und geschmackvoll eingerichteten Hotels "Landschloss Fasanerie" wird mediterran
mit regionalem und saisonalem Bezug gekocht - auch Klassiker finden sich immer
mal auf der Karte. An Veganer ist ebenfalls gedacht.

🌳 🅿 – Preis: €€

Fasanerie 1 ✉ 66482 – ☎ 06332 9730 – www.landschloss-fasanerie.com/de

ZWEIFLINGEN
Baden-Württemberg – Regionalatlas **5**–U2

❀❀ **LE CERF**

FRANZÖSISCH-KLASSISCH • **ELEGANT** Elegant und klassisch, geradezu opulent zeigt sich das kulinarische Herzstück des "Wald & Schlosshotel Friedrichsruhe"!
Erlesene Details wie edle Stoffe, feine Tapeten und Kristallleuchter passen perfekt
zum historischen Schloss. Auch die Küche hat eine klassische Basis, wird aber von
Boris Rommel und seinem Team modern interpretiert. Dabei überzeugen akkurates Handwerk und herausragende Produktqualität, präzise werden die einzelnen
Komponenten bis ins kleinste Detail ausgearbeitet. Man bietet zwei Menüs (eines
vegetarisch), aus denen man auch à la carte wählen kann. Dazu werden Sie freundlich und kompetent umsorgt. Auch der Küchenchef kommt gerne an den Tisch und
erklärt seine Speisen. Tipp: Apero an der Hotelbar.

🐾 🍴♿🎔🌳🅿 – Preis: €€€€

Kärcherstraße 11 ✉ 74639 – ☎ 07941 60870 – schlosshotel-friedrichsruhe.de –
Geschlossen: Montag, Dienstag, Samstag, Sonntag, mittags: Mittwoch-Freitag

ZWINGENBERG
Hessen – Regionalatlas **5**–U1

😊 **KALTWASSERS WOHNZIMMER**

MODERNE KÜCHE • **RUSTIKAL** Richtig nett sitzt man hier in gemütlicher
Wohnzimmer-Atmosphäre, charmante nostalgische Details setzten hübsche Akzente. Sie speisen gerne draußen? Dann wird Ihnen das "Atrium" mit

Innenhof-Flair und Blick in die verglaste Küche gefallen. Auf der Karte machen produktorientierte modern-regionale Gerichte Appetit.

🏠 ⇔ ⌷ – Preis: €€

Obergasse 15 ⊠ 64673 – ℰ 06251 1058640 – www.kaltwasserswohnzimmer.de – Geschlossen: Montag und Dienstag, mittags: Mittwoch-Samstag

ZWISCHENAHN, BAD

Niedersachsen – Regionalatlas **1**–B4

 APICIUS

FRANZÖSISCH-MODERN • ELEGANT Richtig chic ist das Gourmetrestaurant des seit Generationen von Familie zur Brügge geführten Hotels "Jagdhaus Eiden", schön entspannt die Atmosphäre. Dazu trägt nicht zuletzt der kompetente, aufmerksame und angenehm ruhige Service bei. Ein toller Rahmen für die Küche von Tim Extra. Sie verbindet Klassik mit Moderne und setzt auf hochwertige Produkte. Geboten werden zwei Menüs, eines konventionell, das andere vegetarisch. Die Gerichte überzeugen mit präzisem Handwerk, gelungen abgestimmten Aromen, Finesse und Ausdruck. Erwähnenswert sind auch die diversen Snacks vorab sowie die süßen Leckereien vom "Petit Four"-Wagen! Tipp: eigene Spielbank im Haus.

🕸 🛏 ♿ 🏠 🅿 – Preis: €€€€

Eiden 9 ⊠ 26160 – ℰ 04403 698416 – www.jagdhaus-eiden.de – Geschlossen: Montag, Dienstag, Sonntag, mittags: Mittwoch-Samstag

EIDEN RESTAURANT

REGIONAL • LÄNDLICH Die Lage des Jagdhauses in einem 10 ha großen Park ist fantastisch - da ist die herrliche Gartenterrasse natürlich besonders gefragt! Auch drinnen sitzt man schön bei regionalen Fisch- und Wildspezialitäten sowie internationalen Klassikern. Verbinden Sie Ihr Essen doch mit einem Besuch der Spielbank direkt im Haus.

🏠 ⇔ 🅿 – Preis: €€€

Eiden 9 ⊠ 26160 – ℰ 04403 698000 – www.jagdhaus-eiden.de

NOTIZEN

NOTIZEN

Allgemeiner Index

STERNE-RESTAURANTS

STARRED RESTAURANTS ❀

N *Neu ausgezeichnetes Haus*
N *Newly awarded distinction*

Stadt	Restaurant	Seite
Baiersbronn	Restaurant Bareiss	72
Baiersbronn	Schwarzwaldstube	72
Berlin	Rutz ❀	88
Dreis	Waldhotel Sonnora	130
Hamburg	The Table Kevin Fehling	200
München	JAN **N**	298
Perl	Victor's Fine Dining by christian bau	342
Piesport	schanz. restaurant.	345
Rottach-Egern	Restaurant Überfahrt Christian Jürgens	359
Wolfsburg	Aqua	424

Stadt	Restaurant	Seite
Andernach	PURS	66
Augsburg	August	68
Bergisch Gladbach	Vendôme	77
Berlin	CODA Dessert Dining	101
Berlin	FACIL	88
Berlin	Horváth ❀	98
Berlin	Lorenz Adlon Esszimmer	88
Berlin	Tim Raue	98
Deidesheim	L.A. Jordan **N**	122
Donaueschingen	Ösch Noir	128
Frankfurt am Main	Gustav ❀	163
Frankfurt am Main	Lafleur	166
Glücksburg	Meierei Dirk Luther	184
Grassau	ES:SENZ	185
Hamburg	100/200 Kitchen ❀	208
Hamburg	bianc	200
Hamburg	Haerlin	200
Hamburg	Lakeside **N**	200
Hannover	Jante	214
Hannover	Votum **N**	214

A

B

STERNE-RESTAURANTS

STERNE-RESTAURANTS

L

Stadt	Restaurant	Seite
Lahr	Adler	263
Langenargen	SEO Küchenhandwerk	264
Langenau	Gasthof zum Bad	264
Langenzenn	Keidenzeller Hof	265
Leipzig	Frieda ❀	267
Leipzig	Kuultivo **N**	268
Leipzig	Stadtpfeiffer	268
Limburg an der Lahn	360°	272
Lindau im Bodensee	VILLINO	273
Lübeck	Wullenwever	275

M

Stadt	Restaurant	Seite
Mainz	FAVORITE restaurant	278
Mainz	Steins Traube	278
Mannheim	Dobler's	279
Marburg	MARBURGER Esszimmer ❀ **N**	280
Maßweiler	Borst **N**	282
Meerbusch	Anthony's Kitchen ❀	282
Meersburg	Casala	283
Mittenwald	Das Marktrestaurant	285
München	Acquarello	305
München	Brothers **N**	309
München	Gabelspiel	306
München	Les Deux	299
München	Mountain Hub Gourmet	306
München	mural ❀	299
München	mural farmhouse - FINE DINE ❀ **N**	308
München	Showroom	304
München	Sparkling Bistro	299
München	Tantris DNA	310
München	Werneckhof Sigi Schelling	310
Münster (Westfalen)	BOK Restaurant Brust oder Keule **N**	312
Münster (Westfalen)	Spitzner **N**	312

N

Stadt	Restaurant	Seite
Naurath/Wald	Rüssel's Landhaus	314
Neuhausen (Enzkreis)	Alte Baiz	316
Neuhütten	Le temple	317
Neuleiningen	Alte Pfarrey	317
Neustadt an der Weinstraße	Restaurant Urgestein	320
Nideggen	Burg Nideggen - Brockel Schlimbach	321
Niederkassel	Clostermanns Le Gourmet	322
Niederwinkling	Buchner Welchenberg 1658	323
Nördlingen	Wirtshaus Meyers Keller	323
Norderney (Insel)	Seesteg	324

STERNE-RESTAURANTS

443

T

U

V

W

X-Z

STERNE-RESTAURANTS

BIB GOURMANDS

BIB GOURMAND 😊

N *Neu ausgezeichnetes Haus*
N *Newly awarded distinction*

A

Stadt	Restaurant	Seite
Aachen	Bistro	62
Bad Abbach	Schwögler	63
Adelshofen	Zum Falken	63
Aldersbach	das asam	64
Altenahr	Gasthaus Assenmacher	64
Aue	Lotters Wirtschaft - Tausendgüldenstube	67
Auerbach (Vogtland)	Renoir	67

B

Stadt	Restaurant	Seite
Baden-Baden	Weinstube zum Engel **N**	70
Baiersbronn	Dorfstuben	73
Baiersbronn	Schatzhauser **N**	73
Bad Bellingen	Landgasthof Schwanen	75
Berghaupten	Hirsch	77
Bergkirchen	Gasthaus Weißenbeck	77
Berlin	Barra	102
Berlin	Brasserie Colette Tim Raue	104
Berlin	Funky Fisch **N**	91
Berlin	Gärtnerei	91
Berlin	Jäger & Lustig **N**	98
Berlin	Long March Canteen	100
Berlin	Lucky Leek	103
Berlin	November Brasserie **N**	92
Berlin	Nußbaumerin	92
Bindlach	Landhaus Gräfenthal	108
Blankenbach	Behl's Restaurant	110
Blieskastel	Landgenuss	111
Bonndorf im Schwarzwald	Sommerau ⊛	114
Brilon	Almer Schlossmühle	117
Bühlertal	Bergfriedel ⊛	117
Bürgstadt	Weinhaus Stern	118

C

Stadt	Restaurant	Seite
Cham	Gasthaus Ödenturm	120
Chemnitz	Villa Esche	120

D

E

F

BIB GOURMANDS

T

U-V

W

Z

Die Hotelselektion des Guide MICHELIN

BUCHEN SIE DIE AUSSERGEWÖHNLICHSTEN HOTELS DER WELT

Seit mehr als einem Jahrhundert nutzt man den Guide MICHELIN, um die besten Restaurants zu finden...

Wussten Sie, dass der Guide MICHELIN auch die besten Hotels der Welt enthält?

Die neue Hotelselektion des Guide MICHELIN wurde mit größter Sorgfalt von unseren Hotelexperten zusammengestellt und enthält außergewöhnliche Häuser in mehr als 130 Ländern und für jedes Budget, die sich durch ihren Stil, Service und eine besondere Einzigartigkeit auszeichnen.

Diese Hotels sind mehr als nur eine Unterkunft für die Nacht - sie werden Ihrer Reise besonders machen.

Besuchen Sie unsere Website oder die App des Guide MICHELIN, um die gesamte Restaurantselektion zu sehen und die unvergesslichsten Hotels zu buchen.

Schloss Elmau Luxury Spa Retreat & Cultural Hideaway
Elmau, Germany

Ont contribué à ce guide :

Rédaction en chef : les équipes du Guide MICHELIN (inspection et rédaction)
sous la direction de Gwendal Poulennec

Édition : Marie-Pierre Renier

Iconographie: Marion Capéra, Marie Simonet

Cartographie : Costina-Ionela Lungu, Ecaterina-Paula Cepraga

Composition : Bogdan Gheorghiu, Mihaita Constantin

Conception graphique : Benjamin Heuzé (couverture) ;
Laurent Muller, Marie-Pierre Renier (maquette intérieure)

Fabrication : Sandrine Combeau ; Renaud Leblanc

Pilotage : Dominique Auclair, Pascal Grougon

Remerciements : Philippe Orain, Philippe Sablayrolles

Régie publicitaire et partenariats :
contact.clients@editions.michelin.com

*Le contenu des pages de publicité insérées dans ce guide n'engage que la
responsabilité des annonceurs.*

MICHELIN Éditions

Société par actions simplifiée au capital de 487 500 €
57 rue Gaston Tessier - 75019 Paris (France)
R.C.S. Paris 882 639 354

©2023 **Michelin Éditions** – Tous droits réservés
Dépôt légal : mars 2023
Imprimé en Italie - mars 2023 sur du papier issu de forêts bien gérées

Plans et cartes : © MICHELIN 2023

Compograveur : MICHELIN Éditions, Voluntari (Roumanie)
Imprimeur-relieur : LEGO, Lavis (Italie)

Unser Redaktionsteam hat die Informationen für diesen Guide mit größter Sorgfalt zusammengestellt
und überprüft. Trotzdem ist jede praktische Information (offizielle Angaben, Preise, Adressen,
Telefonnummern, Internetadressen etc.) Veränderungen unterworfen und kann daher nur als
Anhaltspunkt betrachtet werden. Es ist nicht auszuschließen, dass einige Angaben zum Zeitpunkt des
Erscheinens des Guide nicht mehr korrekt oder komplett sind. Bitte fragen Sie daher zusätzlich bei der
zuständigen offiziellen Stelle nach den genauen Angaben (insbesondere in Bezug auf Verwaltungs-
und Zollformalitäten). Eine Haftung können wir in keinem Fall übernehmen.